Unfair Competition Prevention and Trade Secret Protection Act

부정경쟁방지법 판례백선

발 간 사

부정경쟁방지법은 부정경쟁행위와 영업비밀 침해행위를 방지하여 건전한 거래질서를 유지함을 목적으로 하는 법률로서, 부정경쟁행위와 영업비밀 침해행위를 유형화하여 규정하고 있습니다. 그러나 경제사회의 변화와 기술발전에 따라 새로운 형태의 행위도 부정경쟁방지법에서 말하는 부정경쟁행위나 영업비밀 침해행위에 해당하는지에 대한 논의가 끊임없이 제기되고 있습니다.

법원 지적재산권법연구회는 2000년 설립 이래 매년 지적재산권 관련 재판을 담당하게 된 법관들을 대상으로 지적재산권 분야 전반에 걸친 소송 실무상의 쟁점을 소개하는 실무연수와 대법원 및 각급법원의 주요 재판사례를 정리하여 발표하는 정기세미나를 실시해오면서, 우리나라 판결에 대한 평석뿐만 아니라 외국의 판결례와 논문 등 지적재산권법 분야에 관한 방대한 자료를 축적하여 왔습니다.

최근에는 지적재산권법의 특정 분야를 심층적으로 연구하여 검토하는 심화연수도 격년으로 실시해 왔는데, 2022년에는 부정경쟁방지법상의 주요쟁점이라는 주제로 국내의 저명한 교수님들을 강사로 초빙하여 부정경쟁방지법 관련 판례에 관하여 평석을 듣는 심화연수를 개최하였습니다. 이는 지적재산권법 분야 중에서 특허법이나 상표법의 경우 특허법원 등에서 소송실무 자료를 발간하여 많은 실무가들이 이를 참조하고 있는 반면, 부정경쟁방지법의 경우 이와 같은 역할을 하는 자료가 상대적으로 부족한 점을 감안하여, '부정경쟁방지법 판례백선' 책자의 발간을 염두에 둔 것이었습니다.

'부정경쟁방지법 판례백선'의 판례선정은 우리 연구회의 2022년 심화연수에 강사로 초빙되신 서울대 정상조 교수님, 고려대 이대희 교수님, 한양대 박성호 교수님, 숙명여대 문선영 교수님, 연세대 나종갑 교수님, 서울서부지방법원 박태일 부장판사님으로부터 74개의 판례를 추천받은 후, 이와 같이 추천받은 판례들을 기초로 마침 부정경쟁방지법 판례백선의 발간 취지와 필요성에 공감한 (사)한국특허법학회와 함께 '간행위원회' 및 '편집위원회'를 구성하여 간행위원회에서 총 100개의 판례를 선정하였습니다.

'부정경쟁방지법 판례백선'의 공동발간에 흔쾌히 참여해주신 (사)한국특허법학회 김지수 회장님을 비롯한 학회 관계자분들께 감사의 말씀을 드립니다. 그리고 재판업무로 바쁜 와중에도 틈틈이 시간을 내어 원고 집필과 감수에 직접 참여해주신 우리 연구회의 회원님들과 판례선정, 편집, 감수 등 책자 발간을 위한 총괄적인 노력을 해주신 정택수, 김광남 고

법판사님 및 재판연구원 업무로 항상 시간이 부족한 상황 속에서도 편집위원으로 활동하신 서울고등법원 지적재산권부 재판연구원님께 감사드립니다. 앞으로 이 책자가 우리나라 지적재산권법 분야의 법리 발전에 큰 기여를 하리라고 믿습니다.

2024년 1월

법원 지적재산권법연구회 회장
서울고등법원 부장판사
설 범 식

머 리 말

현대에 접어들면서 부동산, 기계장치와 같은 유형자산보다 지식재산권과 같은 무형자산의 가치가 점점 높아지고 있습니다. 미국의 오션 토모(Ocean Tomo)가 2022년에 발표한 보고서에 따르면, S&P500 기업의 시가총액 중 무형자산이 차지하는 비중이 1975년 17%에서 2020년 90%까지 증가하였습니다. 그중에서 특허, 상표, 디자인, 저작권 및 영업비밀과 같은 지식재산권은 무형자산 중 50% 이상을 차지하여 지식재산권이 기업의 성패를 좌우하는 핵심요인으로 작용하고 있습니다.

또한, 2020년 포네몬 연구소(Ponemon Institute)의 보고서에 따르면, 지식재산권 중 기업에 위협요인이 되는 분야는 영업비밀이 42%를 차지하여 무등록 권리의 보호도 중요해지고 있는 것을 알 수 있습니다. 이에 발맞추어, 우리나라의 "부정경쟁방지및영업비밀보호에관한법률"(이하 '부정경쟁방지법')은 부정경쟁행위와 영업비밀 침해행위로부터 보다 더 강력하게 권리자를 보호하는 방향으로 법이 개정되어 왔습니다.

우리나라의 부정경쟁방지법은 1998년에 '영업비밀보호'라는 용어가 법의 제목으로 추가된 이래, 2013년에는 타인 성과의 부정사용이 부정경쟁행위의 보충적 일반조항으로 신설되었고, 2015년에는 영업비밀의 비밀관리성 요건이 상당한 노력에서 합리적인 노력으로 변경되었으며, 2018년에는 상거래시 아이디어를 탈취하는 행위가 부정경쟁행위로 추가되었고, 2019년에는 영업비밀에 대한 3배 징벌적 손해배상제도의 도입과 함께 영업비밀 침해죄의 형량이 상향되었습니다. 또한, 2021년에는 부정경쟁행위에 대해 행정조사 및 시정권고를 할 수 있는 근거가 마련되었고, 2022년에는 데이터 부정사용행위와 유명인의 초상·성명 등과 관련된 퍼블리시티권 보호규정이 마련되었습니다.

특히, 최근에는 대기업의 중소기업 기술탈취와 우리나라 국가핵심기술의 해외유출 문제가 사회적으로 중요한 이슈가 되고 있어서, 부정경쟁행위를 방지하고 영업비밀의 침해를 막는 것이 공정하고 건전한 거래질서를 유지하는 데 필수적이라고 하겠습니다.

이에 따라, 이번 "부정경쟁방지법 판례백선"은 부정경쟁행위 및 영업비밀과 관련된 방대한 판례에서 기준이 될 만한 핵심 판례 100개를 선정하여 정리하였는데, 단순히 판례 정리에 머무른 것이 아니라 판례의 내면에 흐르는 법리를 이해하기 쉽게 평석하는 데 초점을 두었으므로, 부정경쟁방지법을 다루는 실무자들과 학계에 계신 분들에게 큰 도움이 될 것으로 기대됩니다.

'한국특허법학회'는 학회정관에 따라 2004년 창립 이래, 특허법 등 산업재산권법뿐만 아니라 저작권법 및 부정경쟁방지법에 대한 연구를 이어오고 있습니다. 특별히 이번 부정경쟁방지법에 관한 책자는 '법원 지적재산권법연구회'와 공동으로 발간하게 되어 더욱 뜻깊게 생각합니다. 오랜 기간 동안 이 책자의 발간에 참여하신 한국특허법학회 및 법원 지적재산권법연구회 회원 분들의 노고와 헌신에 감사의 말씀을 전하고, 이 책자가 지식재산권 분야에 종사하거나 연구하시는 분들에게 많은 도움이 되기를 기대합니다.

2024년 1월

사단법인 한국특허법학회 회장
특허청 국장
김 지 수

[**집필진명단**](가나다순)

계 승 균 (부산대학교)	윤 태 식 (부산지방법원)
곽 부 규 (법무법인 광장)	이 경 은 (춘천지방법원)
구 민 승 (법무법인 율촌)	이 규 홍 (서울고등법원)
구 성 진 (대법원)	이 상 현 (법무법인 태평양)
권 동 주 (법무법인 화우)	이 숙 연 (특허법원)
권 보 원 (특허법원)	이 승 엽 (대구고등법원)
권 창 환 (부산회생법원)	이 영 광 (서울중앙지방법원)
김 관 식 (한남대학교)	이 우 용 (서울중앙지방법원)
김 광 남 (서울고등법원)	이 윤 재 (서울중앙지방법원)
김 기 수 (특허법원)	이 응 세 (법무법인 바른)
김 동 규 (수원고등법원)	이 주 환 (한국발명진흥회)
김 동 준 (충남대학교)	이 준 영 (서울고등법원)
김 선 아 (서울고등법원)	이 지 영 (특허법원)
김 세 용 (서울중앙지방법원)	이 춘 수 (김·장 법률사무소)
김 수 민 (특허법원)	이 한 상 (대법원)
김 수 현 (서울고등법원)	이 현 경 (대법원)
김 수 현 (서울중앙지방법원)	이 형 원 (특허청)
김 연 수 (서울북부지방법원)	이 혜 진 (특허법원)
김 영 기 (특허법원)	이 희 준 (서울고등법원)
김 영 민 (서울고등법원)	임 해 지 (서울중앙지방법원)
김 영 현 (서울고등법원)	장 윤 식 (대법원)
김 용 주 (특허법원 국제지식재산권법연구센터)	장 현 진 (김·장 법률사무소)
김 원 (김·장 법률사무소)	장 희 나 (대법원)
김 종 근 (사법정책연구원)	정 승 호 (대구지방법원 서부지원)
김 종 석 (김·장 법률사무소)	정 영 훈 (법무법인 바른)
김 지 수 (특허청)	정 윤 형 (서울고등법원)
김 창 권 (법무법인 화우)	정 차 호 (성균관대학교)
김 형 진 (서울고등법원 춘천재판부)	정 태 호 (경기대학교)
남 현 (법무법인 세움)	정 택 수 (특허법원)
문 선 영 (숙명여대)	정 현 미 (서울고등법원)
박 민 정 (김·장 법률사무소)	정 현 순 (대법원)
박 운 정 (김·장 법률사무소)	조 성 훈 (김·장 법률사무소)
박 정 현 (부산지방법원)	조 진 용 (서울중앙지방법원)
박 찬 석 (서울중앙지방법원)	조 현 선 (청주지방법원)
박 태 일 (서울서부지방법원)	조 호 연 (서울중앙지방법원)
배 효 인 (서울고등법원)	좌 승 관 (특허청)
설 범 식 (서울고등법원)	진 주 (수원고등법원)
성 창 익 (법무법인 지평)	진 현 섭 (사법정책연구원)
손 영 언 (특허법원)	차 상 육 (경북대학교)
손 천 우 (김·장 법률사무소)	최 성 보 (서울고등법원)
송 현 정 (대전지방법원 홍성지원)	최 성 준 (서울고등법원)
시 용 재 (서울북부지방법원)	최 승 재 (세종대학교)
양 인 수 (특허청)	최 형 준 (서울중앙지방법원)
염 호 준 (법무법인 태평양)	한 규 현 (서울고등법원)
오 흥 록 (부산지방법원 서부지원)	한 동 수 (법무법인 정세)
우 성 엽 (특허법원)	한 지 윤 (특허법원)

차　례

[1] 상품의 용기나 포장을 상품표지로 인정하기 위한 요건

—대법원 2001. 4. 10. 선고 98도2250 판결—

박 민 정 (김 · 장 법률사무소)

[사실 개요]

1. 피해자 회사는 식품포장용 랩을 좌우가 긴 직육면체의 상자 모양의 포장용기에 넣어 장기간 계속적, 독점적, 배타적으로 사용하고 지속적인 선전광고를 해왔다.
2. 피고인은 식품포장용 랩 등을 제조, 판매하는 업체의 대표이사로서 식품포장용 랩을 제조, 판매하면서 좌우가 긴 직육면체의 상자 모양의 포장용기에 넣어 판매하였다.

[판결 요지]

1. 일반적으로 상품의 용기나 포장은 상품의 출처를 표시하는 기능을 가진 것은 아니고, 다만 어떤 용기나 포장의 형상과 구조 또는 문양과 색상 등이 상품에 독특한 개성을 부여하는 수단으로 사용되고, 그것이 장기간 계속적, 독점적, 배타적으로 사용되거나 지속적인 선전광고 등에 의하여 그 형상과 구조 또는 색상 등이 갖는 차별적 특징이 거래자 또는 수요자에게 특정한 품질을 가지는 특정 출처의 상품임을 연상시킬 정도로 현저하게 개별화되기에 이른 경우에만 비로소 구 부정경쟁방지법(1998. 12. 31. 법률 제5621호 부정경쟁방지및영업비밀보호에관한법률로 개정되기 전의 것) 제2조 제1호 (가)목에서 정하는 '타인의 상품임을 표시한 표지'에 해당된다.

2. 특정 출처의 상품임을 표시한 표지가 문자, 도형, 기호, 색채 등 여러 요소로 이루어진 경우에 있어서 구 부정경쟁방지법 제2조 제1호 (가)목 소정의 상품표지의 유사 여부에 관한 판단은, 상품의 출처를 표시함에 기여하고 있는 일체의 요소들을 참작하여 그 표지의 외관, 호칭 및 관념을 거래자 또는 일반 수요자의 입장에서 전체적, 이격적으로 관찰하여 비교하여야 한다.

3. 구 부정경쟁방지법 제2조 제1호 (가)목 소정의 타인의 상품과 혼동을 일으키게 하는지 여부는 상품표지의 주지성과 식별력의 정도, 표지의 유사 정도, 사용태양, 상품의 유사 및 고객층의 중복 등으로 인한 경업 · 경합관계의 존부, 그리고 모방자의 악의(사용의도) 유무 등을 종합하여 판단하여야 한다.

4. 식품포장용 랩 상품인 "새론 그린랩(GREEN WRAP)"의 상품표지가 동종상품인 "크린랩(CLEAN WRAP)"의 상품표지와 유사하고 혼동을 일으킨다는 이유로 구 부정경쟁방지법에 위반된다고 한 사례.

해설

Ⅰ. 대상판결의 쟁점

부정경쟁방지법 제2조 제1호 (가)목[이하 '(가)목'이라고도 한다]은 '국내에 널리 인식된 타인의 성명, 상호, 상표, 상품의 용기·포장, 그 밖에 타인의 상품임을 표시한 표지와 동일하거나 유사한 것을 사용하거나 이러한 것을 사용한 상품을 판매·반포 또는 수입·수출하여 타인의 상품과 혼동하게 하는 행위'를 부정경쟁행위의 하나로 규정하여, 국내에 널리 인식된 타인의 상품의 용기나 포장을 상품표지의 하나로 예시하고 있다. '상품표지'는 특정의 상품을 표창함으로써 그 상품의 출처를 표시하는 동시에 자신의 상품을 타인의 상품과 구별시키는 식별력을 갖춘 표시를 의미한다.[1)]

대상판결의 사안에서는 상품의 용기 내지 포장에 해당하는 피해자 회사의 식품포장용 랩의 포장용기가 주지된 상품표지에 해당하는지, 피해자 회사의 포장용기와 피고인 운영 회사의 식품포장용 랩의 포장용기가 유사한지, 피고인 회사의 포장용기가 혼동을 초래하는지가 주된 쟁점이었다.

Ⅱ. 대상판결의 분석

1. 상품의 용기·포장이 (가)목에서 정하는 '타인의 상품임을 표시한 표지'에 해당하기 위한 요건

상품의 용기 또는 포장도 상표 등과 같이 상품의 자타식별기능 또는 출처표시기능을 가진 것이라면 상품표지라고 할 수 있다. 여기에서 용기는 상품을 담는 병·상자 등을 말하고, 포장은 상품을 싸거나 혹은 싸서 꾸미는 포장지 등을 말한다. 경우에 따라서는 상자가 포장으로 사용되기도 하고 용기 자체가 포장을 겸하기도 하며 양자를 엄격하게 구별할 실익은 없다.[2)]

용기나 포장은 원래 상품을 담거나 꾸리는 수단에 지나지 않으나, 어느 기업이 개별화 수단의 하나로 사용하려 할 때에 타인의 상품으로부터 자신의 상품을 식별시키는 기능을 수행하게 되는데, 본래 상품을 표시하기 위한 것도 아니고, 성명이나 상호처럼 특정한 기업주체의 명칭도 아니므로 본래의 기능을 넘어 상품의 식별기능을 갖기 위해서는 그 자체 상품표지로서의 기능을 가져야 하는데, 이러한 기능부여는 주지성과 관련하여 그 형상, 선전광고, 사용기간과 방법 등을 총체적으로 고려하여 신중하게 판단하여야 한다.[3)]

---

1) 정상조 편집대표, 「부정경쟁방지법(초판)」, 박영사(2020), 20(이대희 집필부분).
2) 윤선희·김지영 공저(초판), 법문사(2012년), 96.

종래에도 법원은 대법원 1978. 7. 25. 선고 76다847 판결('껌포장지 사건'), 대법원 1988. 4. 12. 선고 87다카90 판결('가구광택제 용기' 사건) 등 몇몇 사례들에서 용기나 포장에 근거하여 (가)목 위반을 인정한 바 있었으나, 용기나 포장이 (가)목에서 정하는 '타인의 상품임을 표시한 표지'에 해당되기 위한 요건을 명확히 한 판결은 없었다. 그러다가 대상판결 몇 달 전 선고된 대법원 2001. 2. 23. 선고 98다63674 판결('레고블럭 사건')에서 "일반적으로 상품의 용기나 포장은 상품의 출처를 표시하는 기능을 가진 것은 아니고, 다만 어떤 용기나 포장의 형상과 구조 또는 문양과 색상 등이 상품에 독특한 개성을 부여하는 수단으로 사용되고, 그것이 장기간 계속적·독점적·배타적으로 사용되거나 지속적인 선전광고 등에 의하여 그 형상과 구조 또는 색상 등이 갖는 차별적 특징이 거래자 또는 수요자에게 특정한 품질을 가지는 특정 출처의 상품임을 연상시킬 정도로 현저하게 개별화되기에 이른 경우에만 비로소 법 제2조 제1호 (가)목에서 정하는 '타인의 상품임을 표시한 표지'에 해당된다 할 것이다." 라고 용기나 포장이 (가)목에서 정하는 '타인의 상품임을 표시한 표지에 해당되기 위한 요건을 명확히 하는 판시가 처음으로 나왔다. 그러나 위 레고블럭 사건에서는 신청인의 포장용기의 형태나 구조 및 크기, 또는 포장용기에 그려진 그림의 소재와 형상 및 색상, 배경의 모양과 색상 등이 거래자 또는 수요자에게 특정한 품질을 가지는 특정 출처의 상품임을 연상시킬 정도로 개별화된 차별적 특징에 해당하고 나아가 그러한 차별적 특징이 거래자들이나 수요자들에게 널리 인식된 것이라고 쉽사리 단정하기 어렵다고 판단하여, 해당 포장용기는 (가)목에서 정하는 '타인의 상품임을 표시한 표지'에 해당하지 않는다고 판단되었다.

이후 레고블럭 사건 몇 달 뒤 선고된 대상판결에서 레고블럭 사건에서 설시한 용기나 포장이 (가)목에서 정하는 '타인의 상품임을 표시한 표지'에 해당되기 위한 요건을 동일하게 설시하고, "피해자는 식품포장용 랩을 좌우가 긴 직육면체의 상자 모양의 포장용기에 넣어 판매하여 왔는데, 장기간 계속적, 독점적, 배타적으로 사용되고 또 지속적인 선전광고 등에 의하여 위 포장용기에 표기된 '크린랩' 또는 'CLEAN WRAP'의 문자부분은 물론 도형, 색상, 기타 외관에 나타난 차별적 특징이, 피고인이 그 상품표지를 사용하여 식품포장용 랩을 제조·판매할 당시인 1994년 1월경 이미 국내의 일반 수요자들에게 특정한 품질을 가지는 특정 출처의 상품임을 연상시킬 정도로 개별화되기에 이르러 자타상품의 식별기능을 가지게 되었다고 보여지므로, 피해자의 포장용기의 문자, 도형 등의 구성은 부정경쟁방지법 제2조 제1호 (가)목 소정의 '타인의 상품임을 표시하는 표지'에 해당된다고 할 것이다."라고 하여, 처음으로 위 요건을 기준으로 대상 포장용기가 (가)목에서 정하는 '타인의 상품임을 표시한 표지'에 해당한다고 판단하였다.

3) 정호열, 「부정경쟁방지법론」, 삼화원(1993), 142, 윤태석, "상품용기·포장이 상품주체혼동에 해당하는 경우", 「재판과 판례」 제12집, 대구판례연구회, 567에서 재인용.

2. 상품표지가 여러 요소로 이루어진 경우에 있어서 (가)목 소정의 상품표지의 유사 여부에 관한 판단

대법원 1978. 7. 25. 선고 76다847 판결은 "피신청인이 제작 사용하는 껌포장지는 비록 한글로 된 문자부분 1열이 있기는 해도 전체적으로 과일의 관념이 강조됨과 아울러 문자부분의 호칭, 외관의 유사성이 곁들어서 위 껌 포장지의 도안구성 전체의 결합이 주는 외관, 호칭 및 관념과 시각적 심미감이 신청인 회사의 그 설시와 같은 껌 포장지와 유사하여 신청인 회사의 상품과 혼동을 일으킬 우려가 있어 부정경쟁방지법 제2조 제1호의 부정경쟁행위에 해당한다고 한 판단조처는 수긍될 수 있"다고 하여 전체 요소들을 참작하여 유사 여부를 판단한 원심을 지지하였다. 그러나 위 판결은 구체적인 법리를 명시적으로 설시하지는 아니하였다.

대상판결은 "상품표지가 문자, 도형, 기호, 색채 등 여러 요소로 이루어진 경우에 있어서 부정경쟁방지법 제2조 제1호 (가)목 소정의 상품표지의 유사 여부에 관한 판단은, 상품의 출처를 표시함에 기여하고 있는 일체의 요소들을 참작하여 그 표지의 외관, 호칭 및 관념을 거래자 또는 일반 수요자의 입장에서 전체적, 이격적으로 관찰하여 비교하여야 할 것이다."라고 판시하여, 상품표지가 여러 요소로 이루어진 경우에 있어서 (가)목 소정의 상품표지의 유사 여부에 관한 판단은, 상품의 출처를 표시함에 기여하고 있는 일체의 요소들을 참작하여야 함을 처음으로 명시적으로 판시하였다. 대상판결은 "피해자의 상품표지와 피고인 사용의 상품표지를 비교하여 보건대, 일반 거래사회의 실정상 일반 수요자들이 이 사건 식품포장용 랩 상품을 구입할 때 상품제조자가 표시된 포장용기의 밑면보다는 상품의 출처표시가 나타나 있는 전면이나 윗면 등을 보고 선택하는 것이 통상이라고 보여지는바, 피해자의 포장용기를 보면, 전·후면의 각 중앙에 큰 글씨로 '크린랩'이라고 표기되어 있고 윗면에는 'CLEAN WRAP'이라는 영문자가 표기되어 있으며, 위 글자들이 표기되어 있는 면들의 바탕은 다 같이 왼쪽 부분에는 노란색, 중앙 부분에는 연두색, 오른쪽 부분에는 초록색으로 채색되어 있고, 또 위 문자들을 중심으로 하여 왼쪽 부분에는 과일 등의 그림이 그려져 있고 오른쪽 부분에는 빨간색으로 미국 식품의약국인가표시(F.D.A.)가 표기되어 있으며, 이에 대비되는 피고인 사용의 포장용기를 보면, 이 역시 피해자의 상품과 동일한 상품인 식품포장용 랩을 넣는 직육면체의 상자 모양의 포장용기인데, 피해자의 포장용기에 대응하는 각 면에 표기되어 있는 '그린랩' 또는 'GREEN WRAP'의 글자모양, 크기, 위치, 글자색 및 호칭이 위 '크린랩' 또는 'CLEAN WRAP'과 극히 유사하고, 또 그 바탕색은 연한 연두색이어서 전체적으로 느껴지는 색감 또한 피해자의 포장용기와 비슷하며, 그 밖에 과일 등의 도안이나 미국 식품의약국인가표시 등도 동일한 배열위치에 유사한 구성 및 색상으로 표기되어 있는 등 구성 전체의 결합이 주는 인상이 유사하고, 여기에 이 사건 상품인 식품포장용 랩은 대량으로 소비되는 저렴한 상품이어서 점포의 진열대에서 구입하는 일반 수요자들은 그 포장용기의 표시에 대하여 그다지 세심한 주의를 기울이지 않을 것이라는 사정 등도 감안하여 보면, 비록 피고인의 포장용기에 '새론'이라는 문자가 따로 표기되어 있는 등의 차이가 있다고 하더라도(위 '새론'이라는 문자는 다른 문자부분들에 비하여 아주 작게 표기되어 있고 그 표기도 제품의 설명문구와 함께 기재되어 있어 실제거래상 일반 수요자들이 이 문자부분을 뚜렷하게 인식하는 것은 쉽지 않을 것으로 보인다), 양 상품표지는 오인·혼동할 가능성이 있어 서로 유사하다고 보아야 할 것이다."고 하여 대상 사건에서 상품의 출처를 표시함에 기여하고 있는 일체의 요소들을 참작하여 양 상품표지를 유사하다고 판단하였다.

3. (가)목에서 정하는 '타인의 상품과 혼동을 일으키게 하는지 여부'의 판단기준

종래 (가)목에서 정하는 '타인의 상품과 혼동을 일으키게 하는지 여부'의 판단기준에 관한 명확한 설시가 없었는데, 대상판결은 "같은 규정 소정의 타인의 상품과 혼동을 일으키게 하는지 여부는 상품표지의 주지성과 식별력의 정도, 표지의 유사 정도, 사용태양, 상품의 유사 및 고객층의 중복 등으로 인한 경업·경합관계의 존부, 그리고 모방자의 악의(사용의도) 유무 등을 종합하여 판단하여야 할 것이다."라고 판시하여 (가)목에서 정하는 '타인의 상품과 혼동을 일으키게 하는지 여부'의 판단기준을 최초로 명확히 설시하고, 「피해자의 상품표지가 주지·저명하고, 양 상품표지가 유사하다는 점, 그 상품이 동일하고 고객층이 중복되는 등 경업·경합관계에 있다는 점, 기타 피고인의 사용의도 등을 종합하여 보면, 피고인이 그의 식품포장용 랩 상품의 포장용기를 주지·저명한 피해자의 포장용기와 유사하게 제조하여 판매한 것은 피해자의 상품과 혼동을 일으키게 하는 행위에 해당한다고 볼 것이다.」라고 하여 위 판단기준을 근거로 해당 사건 피고인의 행위는 타인의 상품과 혼동을 일으키게 하는 행위에 해당한다고 판단하였다.

위 판시는 이후 선고된 판례들에서도 이어져오고 있고, 대법원 2007. 4. 27. 선고 2006도8459 판결에서 "부정경쟁방지법 제2조 제1호 (가)목 소정의 "타인의 상품과 혼동을 하게 하는"이라는 의미는 상품의 출처가 동일하다고 오인하게 하는 경우뿐만 아니라 국내에 널리 인식된 타인의 상품표지와 동일 또는 유사한 표지를 사용함으로써 일반수요자나 거래자로 하여금 '당해 상품표지의 주체와 사용자 간에 자본, 조직 등에 밀접한 관계가 있지 않을까' 라고 오신하게 하는 경우도 포함하며, 타인의 상품과 혼동을 하게 하는 행위에 해당하는 여부는 상품표지의 주지성과 식별력의 정도, 표지의 유사 정도, 사용태양, 상품의 유사 및 고객층의 중복 등으로 인한 경업·경합관계의 존부, 그리고 모방자의 악의(사용의도) 유무 등을 종합하여 판단하여야 할 것이다."고 판시하여 '당해 상품표지의 주체와 사용자 간에 자본, 조직 등에 밀접한 관계가 있지 않을까'라고 오신하게 하는 광의의 혼동까지 포함한다는 설시를 추가하였다.

Ⅲ. 대상판결의 의의

대상판결은 상품의 용기 · 포장이 부정경쟁방지법 제2조 제1호 (가)목에서 정하는 '타인의 상품임을 표시한 표지'에 해당되기 위한 요건을 명확히 하고 그 기준에 따라 타인의 상품임을 표시한 표지에 해당한다고 판단한 최초의 대법원 판결이다. 또한 대상판결은 상품표지가 여러 요소로 이루어진 경우에 있어서 (가)목 소정의 상품표지의 유사 여부에 관한 판단은 상품의 출처를 표시함에 기여하고 있는 일체의 요소들을 참작하여야 함을 처음으로 명시적으로 판시하였다. 나아가 대상판결은 (가)목에서 정하는 '타인의 상품과 혼동을 일으키게 하는지 여부'에 대한 판단기준도 처음으로 명확히 설시한 사례로서 의의가 있다.

키워드

상품용기, 상품포장, 상품표지 해당성, (가)목, 유사, 혼동

[2] 상품의 형태를 상품표지로 인정하기 위한 요건

—대법원 2002. 2. 8. 선고 2000다67839 판결—

박 태 일 (서울서부지방법원)

[사실 개요]

신청인 도자기류의 문양	피신청인 도자기류의 문양
	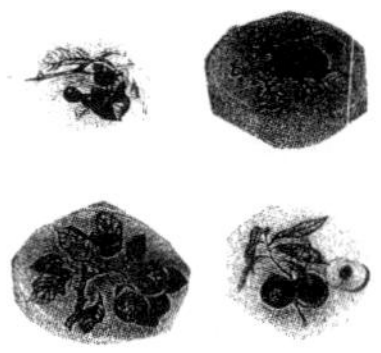

1. 신청인은 1972년 설립되어 식기, 접시 등 도자기류 제조 · 판매업을 영위하는 영국 법인으로서, 도자기류에 표 왼쪽과 같은 체리, 사과, 배, 복숭아 등의 문양을 그려 넣은 '포모나(POMONA)' 세트를 판매하고 있다.
2. '포모나' 세트는 1991년부터 국내로 수입되었고 1994년부터는 본격적으로 수입되어 전국적으로 판매되어 현재까지 약 100억 원 이상의 판매실적을 올렸다. 1996년도의 통계에 의하면 외국산 도자기의 수입실적은 약 2,580만 달러이고 그중 수입실적이 제일 높은 영국산 도자기의 수입실적은 약 1,112만 달러인데 신청인 제품의 1996년 수입실적은 582,800파운드로서 수입 도자기 중 상당한 범위를 차지한다. 신청인은 위 제품을 국내의 신문, 잡지 등 대중매체를 통하여 지속적으로 꾸준히 광고해왔다.
3. 피신청인은 식기, 접시 등 도자기류 제조 · 판매업을 영위하는 국내 법인으로, 피신청인이 제조 · 판매하는 도자기류에 표 오른쪽과 같은 체리, 사과, 배, 복숭아 등의 문양을 그려 넣어 판매하고 있다.

[판결 요지]

1. 일반적으로 상품의 형태나 모양은 상품의 출처를 표시하는 기능을 가진 것은 아니고, 다만 어떤 상품의 형태와 모양 또는 문양과 색상 등이 상품에 독특한 개성을 부여하는 수단으로 사용되고, 그것이 장기간 계속적·독점적·배타적으로 사용되거나 지속적인 선전광고 등에 의하여 그것이 갖는 차별적 특징이 거래자 또는 수요자에게 특정한 출처의 상품임을 연상시킬 정도로 현저하게 개별화되기에 이른 경우에 비로소 부정경쟁방지법 제2조 제1호 (가)목에서 정하는 '타인의 상품임을 표시한 표지'에 해당된다.

2. 과일문양이 새겨진 '포모나' 도자기그릇 세트는 관련 수요자와 거래자에게 널리 알려져 있으며 그 과일문양은 그 모양, 색채, 위치 및 배열에서 다른 업체의 문양과 차별성이 인정되므로, 그 과일문양은 국내에 널리 알려져 있는 '포모나' 도자기그릇 세트의 출처를 표시하는 표지에 해당한다고 하여, 이와 동일하거나 극히 유사한 도자기그릇 세트의 제조·판매행위는 상품주체 혼동행위에 해당한다고 한 사례.

해설

Ⅰ. 대상판결의 쟁점

부정경쟁방지법 제2조 제1호 (가)목의 상품주체혼동행위는 영업주체혼동행위[같은 호 (나)목]와 더불어 사칭통용(詐稱通用)의 전형적인 형태에 속하며, 타인의 신용을 부당하게 이용하여 자기의 영업상 지위를 유리하게 하는 동시에 그 타인의 고객을 탈취하여 영업상의 이익을 침해하는 행위이다.[1] 상품주체혼동행위가 성립하려면 타인의 상품표지 해당성, 주지성, 동일·유사한 표지의 사용, 혼동의 위험성이라는 요건이 구비되어야 한다. 다만 부정경쟁방지법 제2조 제1호 (가)목 및 (나)목 규정상 혼동초래의 구조를 '동일 또는 유사한 표지의 사용'과 '혼동의 위험'으로 나누어 별도로 판단해야 한다는 취지로 읽힐 여지가 있으나, 동일 또는 유사성의 판단 문제는 혼동 위험의 인정 문제에 포함되므로, 표지의 동일 또는 유사성의 판단은 혼동의 위험을 기준으로 탄력적으로 판단할 문제라고 봄이 타당하다.[2]

여기서 상품표지는 특정의 상품을 표창함으로써 그 상품의 출처를 표시하는 동시에 자신의 상품을 타인의 상품과 구별시키는 식별력을 갖춘 표시를 의미한다.[3] 특정의 출처로부터 나온 것임을 알 수 있게 하면 족하고 그 출처의 구체적 명칭을 상기시킬 수 있는 것일 필요는 없다.[4] 1961. 12. 30. 제정된 최초의 '부정경쟁방지법' 제4조에서는 상품의 보통명사 또는 거래상 통상 동종의 상품에 관용되는 표지를 보통 사용되는 방법으로 사용하는 행위를 부정경쟁행위에서 제외하는 규정을 두었는데, 이러한 조항이 삭제된 현행법 하에서도 해석상 상품표지의 식별력 요건은 당연히 요구된다고 본다.[5][6] 성명, 상호, 상표, 상품의 용

---

1) 윤선희, 「지적재산권법(19정판)」, 세창출판사(2022), 554.
2) 윤선희, "부정경쟁행위에 관한 고찰", 「한일법학연구」 제16집, 한일법학회(1997), 83.
3) 정상조 편집대표, 「부정경쟁방지법 주해」, 박영사(2020), 20(이대희 집필부분).
4) 「송영식 지적소유권법(제2판)」, 육법사(2013), 299(김병일 집필부분).
5) 하광룡, "부정경쟁방지및영업비밀보호에관한법률 제2조 제1호 (가)목 소정의 상품의 용기·포장·기타 상품의 형태 등 상품의 표지에 관하여", 「사법논집」 제31집, 법원도서관(2000), 907~908.
6) 위 규정은 형식상 부정경쟁행위에 해당한다고 하더라도 전체 법질서의 관점에서 보면 위법성을 인정할

기·포장 등이 규정되어 있는데 예시에 불과하고 상품표지로서 개별화 기능을 갖는 것이라면 무엇이라도 상품표지가 될 수 있다.[7] 등록이나 등기 여부도 묻지 않는다. 대상판결의 사안에서는 상품의 형태에 해당하는 신청인 도자기류의 문양[8]이 주지된 상품표지에 해당하는지가 주된 쟁점으로 되었다.

Ⅱ. 대상판결의 분석

일반적으로, 상품의 용기·포장 및 형태는 본래 상품의 자타 식별력을 나타내기 위한 것이 아니라 기능적인 필요에 의한 것으로서 그 상품에 통상 사용되는 것이거나 필수불가결한 형상인 경우가 대부분일 수도 있고, 디자인적인 요소를 띤 것으로서 그것이 실용신안 또는 디자인 등으로 등록되어 있지 않는 한 원칙적으로 누구나 자유롭게 사용할 수 있는 것이며, 이를 자타 상품의 구별 표지로 볼 수 있거나 그것이 상품 표지로서 널리 알려져 있다고 판단할 수 있는 경우는 흔하지 않다고 여겨지고 있다.[9] 그러나 상품의 용기·포장 및 형태가 특정의 출처를 표시하는 표지로서 개성이 인정되고 그것이 독점배타적으로 장기간 사용되어 특정 출처의 상품을 연상하기에 이른 경우에는 상품표지성이 인정되는데, 상품의 용기·포장 및 형태의 상품표지성 여부를 판단할 때 여기에 혼동을 방지할 필요가 있을 만큼의 신용이 축적되어 있는지, 다른 영업자로 하여금 이를 계속 사용하도록 하는 것이 거래질서에서 신의와 형평에 반하는 것인지 등도 함께 고려할 필요가 있다.[10] 그리고 상품의 용기·포장 및 형태는 특정 출처를 표시하는 표지로서 널리 인식된 경우에 상품표지성을 갖게 되는 것이 보통이므로, 상품표지 해당성이 주지성의 인정과 한꺼번에 이루어지는 경우가 많다.[11] 대상판결에서도 그러하다.

수 없는 경우에 부정경쟁방지법의 적용을 배제하기 위한 취지이고, 이후의 개정에서 위 규정을 삭제한 것은 당연한 사유를 규정한 것이어서 불필요하다고 보았기 때문이다[김인섭, "부정경쟁방지법상의 부정경쟁행위 성부에 관한 일고찰－동법 제2조 제1호·제2호 및 제9조의 해석을 중심으로－", 「대한변호사협회지」 제134호, 대한변호사협회(1987), 55~56].

7) 파리협약(Paris Convention for the Protection of Industrial Property, 1883)에서 부정경쟁에 대한 보호는 1900년 브뤼셀 회의에서 처음 도입되었고, 1925년 헤이그 회의에서 '경쟁업자의 상품과 혼동을 야기하는 행위'와 '경쟁업자의 상품의 신용을 해치는 허위의 주장' 두 유형이 규정되었다. 파리협약의 해석상으로도 혼동 야기 행위는 표장이나 상징, 레이블, 슬로건 등에 의해서 이루어질 수도 있지만, 포장이나 상품의 모양이나 색깔 등으로 행해질 수도 있다고 보고 있다[최경수, 「국제지적재산권법(개정판)」, 한울아카데미(2017), 276~278].

8) 상품의 입체적인 형상뿐만 아니라 독창적인 색채, 특수한 재질이나 재료의 조합, 독창적인 무늬 등도 상품의 형태에 해당할 수 있다[최정열·이규호, 「부정경쟁방지법－영업비밀보호법제 포함(제4판)」, 진원사(2020), 41].

9) 하광룡(주 5), 897.

10) 윤태식, 「부정경쟁방지법」, 박영사(2021), 69.

상품형태의 상품표지 해당성은 입체상표의 식별력 인정과 깊은 관련이 있는데, 입체상표에 대해 일본과 유럽에서는 본질적 식별력(사용에 의한 식별력 취득 경유 없이 본질적 또는 본래적으로 가지는 식별력)이 인정될 수 있음을 원론적으로 인정하되 수요자가 입체적 형상에 대해 상표로서 인식하기가 어렵다는 거래계의 현실을 감안하여 판단하고 있고 사용에 의한 식별력 취득도 엄격하게 판단한다. 또 입체상표를 트레이드 드레스(trade dress)에 포함되는 것으로 보아 트레이드 드레스로서 보호하는 미국은 Wal－mart Stores Inc. v. Samara Bros. Inc 사건 연방대법원 판결[12] 이후로 상품 자체의 형상(Product Design Trade Dress)에 대해서는 반드시 사용에 의한 식별력 취득을 경유하여야 상표권을 부여하고 있다.[13] 입체상표의 식별력에 대한 외국의 이러한 태도는 상품형태를 상품표지로 인정하는 데 주지성을 함께 판단하는 우리의 실무와 일맥상통한다고 본다.

상품형태의 상품표지 해당성을 인정한 사례로는 대상판결('포모나 도자기그릇' 사건), 대법원 2002. 10. 25. 선고 2001다59965 판결('공기분사기' 사건), 대법원 2003. 11. 27. 선고 2001다83890 판결('노래하는 거북이 완구' 사건) 등을 들 수 있다. 한편 대법원 2001. 10. 12. 선고 2001다44925 판결('진공청소기' 사건), 대법원 2002. 6. 14. 선고 2002다11410 판결('야채절단기' 사건), 대법원 2007. 7. 13. 선고 2006도1157 판결('종이리필 방향제' 사건), 대법원 2012. 3. 29. 선고 2010다20044 판결('대장금' 사건) 등은 부정한 사례이다.

상품형태의 상품표지 해당성에 관한 법리는 대상판결,[14] 대법원 2007. 7. 13. 선고 2006도1157 판결을[15] 거쳐 대법원 2012. 3. 29. 선고 2010다20044 판결이 "어떤 상품의 형태가 출처표시기능을 가지고 나아가 주지성까지 획득하는 경우에는 부정경쟁방지법 제2조 제1호 (가)목에 규정된 '국내에 널리 인식된 타인의 상품임을 표시한 표지'에 해당하여 같은 법에 의한 보호를 받을 수 있는데, 이를 위해서는 상품형태가 다른 유사상품과 비교하여 수요자의 감각에 강하게 호소하는 독특한 디자인적 특징을 가지고 있는 등 일반 수요자가 일견하여 특정 영업주체의 상품이라는 것을 인식할 수 있는 정도의 식별력을 갖추고 있어야 하며, 나아가 당해 상품형태가 장기간에 걸쳐 특정 영업주체의 상품으로 계속적·독점적·배타적으로 사용되거나 또는 단기간이라도 강력한 선전·광고가 이루어짐으로써 상품형태가 갖는

11) 권택수, "상품의 용기나 포장이 구 부정경쟁방지법 제2조 제1호 (가)목 소정의 '타인의 상품임을 표시한 표지'에 해당하기 위한 요건", 「대법원판례해설」 제37호, 법원도서관(2001), 273; 윤태식(주 10), 70.

12) 529 U.S. 205, 215, 54 U.S.P.Q. 2d 1065, 1069 (2000).

13) 박태일, "입체상표의 식별력 및 기능성 판단기준", 「사법」 제38호, 사법발전재단(2016), 323.

14) 식별력과 주지성을 구분하지 않고 통합하여 설시하고 있다.

15) "상품의 형태는 디자인권이나 특허권 등에 의하여 보호되지 않는 한 원칙적으로 이를 모방하여 제작하는 것이 허용되며"라는 문구가 설시되고 있는데, 상표법이 1997. 8. 22. 개정되면서 입체상표를 도입하였고, 부정경쟁방지법이 2004. 1. 20. 개정되면서 제2조 제1호 자목의 '상품형태 모방행위'를 도입한 이상 위 문구를 앞으로는 사용하지 않는 편이 바람직하다고 생각된다.

차별적 특징이 거래자 또는 일반 수요자에게 특정 출처의 상품임을 연상시킬 정도로 현저하게 개별화된 정도에 이르러야 한다."라고 설시하여 판단기준을 정립하였다. 위 법리는 상품표지성 여부를 결론적으로 '특정 영업주체의 상품이라는 것을 인식할 수 있는 정도의 식별력'이 있느냐에 의하여 판단하되 이러한 판단을 위한 대표적인 요소로서 '독특한 디자인적 특징'을 고려한다는 취지를 담고 있다. 입체상표의 식별력과 사용에 의한 식별력 판단기준을 설시한 대법원 2014. 10. 15. 선고 2012후3800 판결, 대법원 2014. 10. 15. 선고 2013후1146 판결, 대법원 2015. 10. 15. 선고 2013다84568 판결의 법리에도 위 취지가 반영되어 있다.

Ⅲ. 대상판결의 의의

대상판결은 부정경쟁방지법상 상품표지로서 예시되어 있는 성명, 상호, 상표, 상품의 용기·포장에 한정하지 아니하고 상품의 형태까지도 일정한 요건 아래 상품표지에 해당할 수 있음을 인정하고 있다.[16] 일반적으로 도자기그릇 제품에는 꽃문양 등 여러 가지 문양이 들어가게 되고, 그 문양에 의하여 제품이 구별되는 경우가 많으므로, 도자기그릇에서는 문양이 제품의 출처를 식별하는 표지로서의 역할을 하는 경우가 일반적이며, 실제로 백화점의 도자기그릇 가게를 방문하여 보면 각각 다른 문양의 도자기그릇 세트가 별개 회사의 제품으로 진열되어 있어 그 문양을 보면 쉽게 출처를 식별할 수 있다고 볼 수 있다. 대상판결은 상품의 형태에 해당하는 도자기류의 문양이 주지된 상품표지에 해당함을 인정한 사례로서 의의가 있다.

키워드

상품형태, 상품표지 해당성, 도자기그릇, 문양

16) 양영준, "상품의 형태·모양이 구 부정경쟁방지및영업비밀보호에관한법률상의 '타인의 상품을 표시한 표지'에 해당하기 위한 요건", 「정보법 판례백선(Ⅰ)」, 박영사(2006), 199~200.

[3] 병행수입업자의 상표사용의 범위

—대법원 2002. 9. 24. 선고 99다42322 판결—

윤 태 식 (부산지방법원)

[사실 개요]

1. 원고 甲 회사는 1920. 6. 18. 영국에서 처음 “BURBERRYS”라는 문자상표를 등록한 이래 2002년 현재 전세계 약 123개국에서 1,154개의 등록상표를 보유하고 있으며, 원심판결의 별지목록 표시 각 표장(이하 ‘이 사건 표장’이라 한다) 등을 국내외에 등록하고 이 사건 표장 등을 자신의 영업 및 상품에 사용하여 왔다.

   원고 乙 회사는 국내에서 원고 甲 회사와 독점적인 수입 · 판매 대리점 계약을 체결하고 원고 甲 회사로부터 상품을 공급받으면서 이 사건 표장을 영업에 사용할 수 있는 권리를 부여받아 백화점, 면세점 등에서 원고 甲 회사의 제품을 판매하는 영업을 하고 있다.
2. 피고는 원고 甲 회사의 본사가 있는 영국 등에서 원고 甲 회사가 생산한 제품(이른바 진정상품)을 수입하여 국내 수요자들에게 공급하였는데, 피고 및 피고와 대리점 등 계약한 자들이 원고 甲 회사의 제품을 판매하는 것에 그치지 않고, 각자의 영업소나 매장 전면 간판에 이 사건 표장 일부와 거의 동일한 표장을 부착 또는 표시하여 사용하고, 매장 내부의 벽에도 위와 같은 표장을 붙이거나 그러한 표장이 사용된 포스터 및 선전광고물을 부착하고, 포장지나 쇼핑백, 직원들의 명함에까지 위 표장을 표시하여 사용하는 한편, 의류잡지에 위 표장이 포함된 선전광고를 게재하기도 하였다.
3. 원고들은, 피고가 원고들의 상표 겸 영업표지로 국내에 널리 인식된 이 사건 표장을 피고의 사무소, 영업소, 매장의 내 · 외부 간판 및 명함, 포장지 및 쇼핑백 등에 사용하는 행위는 상표권 침해행위 내지 부정경쟁행위에 해당한다는 이유로 그 각 행위의 금지 등을 청구하였으며, 이에 대하여 피고는, 진정상품의 병행수입이 허용되고 있는 이상 병행수입품에 대한 선전 · 광고 차원에서 이 사건 표장을 영업소, 매장의 내 · 외부 간판 및 명함, 포장지 및 쇼핑백 등에 사용하는 것은 정당한 행위로서 허용되어야 한다고 주장하였다.
4. 원심은 피고가 정당한 범위를 넘어 이 사건 표장을 간판, 광고 등에 사용할 경우, 원고 甲 회사에 대해서는 상표권 침해에 해당하고 원고 乙 회사에 대해서는 영업주체 혼동으로 인한 부정경쟁행위에 해당한다고 판단하면서, 피고는 이 사건 표장을 사무소, 영업소, 매장의 외부 간판 및 명함에 사용하여서는 아니되고, 이 사건 표장이 사용된 외부 간판 및 명함을 폐기할 의무가 있다고 판단하였다(다만 피고가 이 사건 표장을 매장 내의 내부 간판이나 표식에 사용하는 행위, 포장지 및 쇼핑백 등에 사용하는 행위, 매장의 벽에 사용하거나 각종 잡지에 선전광고물로 게재하는 행위는 위법성이 없다고 하였다). 이에 원고들 및 피고가 상고하였다.

[판결 요지]

1. 가. 병행수입 그 자체는 위법성이 없는 정당한 행위로서 상표권 침해 등을 구성하지 아니하므로 병행수입업자가 상표권자의 상표가 부착된 상태에서 상품을 판매하는 행위는 당연히 허용된다. 병행수입업자가 위와 같이 소극적으로 상표를 사용하는 것에 그치지 아니하고 나아가 적극적으로 상표권자의 상표를 사용하여 광고·선전행위를 하더라도 그로 인하여 상표의 기능을 훼손할 우려가 없고 국내 일반 수요자들에게 상품의 출처나 품질에 관하여 오인·혼동을 불러일으킬 가능성도 없다면, 이러한 행위는 실질적으로 상표권 침해의 위법성이 없으므로, 상표권자는 상표권에 기하여 그 침해의 금지나 침해행위를 조성한 물건의 폐기 등을 청구할 수 없다.

나. 병행수입업자인 피고가 문제된 선전광고물, 명함, 포장지, 쇼핑백, 내·외부 간판에 부착 또는 표시하여 사용한 이 사건 표장은 원고 甲 회사의 등록상표들과 동일하거나 극히 유사하여 상품 출처에 오인 혼동이 생길 염려가 없고 또 피고가 수입한 상품이 원고 甲 회사에 의하여 생산된 진정상품인 이상 국내 독점적인 수입·판매대리점인 원고 乙 주식회사가 원고 甲 회사로부터 수입하여 판매하는 상품과 품질에 있어 차이가 있다고 보기도 어려우므로, 피고가 위 선전광고물이나 명함 및 외부 간판 등에 그러한 표장을 사용한 행위는 실질적으로 위법하다고 할 수 없어 원고 甲 회사의 상표권을 침해하지 않는다.

2. 병행수입업자가 적극적으로 상표권자의 상표를 사용하여 광고·선전행위를 한 것이 실질적으로 상표권 침해의 위법성이 없어 상표권 침해가 성립하지 아니한다고 하더라도, 그 사용태양 등에 비추어 영업표지로서의 기능을 갖는 경우에는 일반 수요자들로 하여금 병행수입업자가 외국 본사의 국내 공인 대리점 등으로 오인하게 할 우려가 있으므로, 이러한 사용행위는 원고 乙 회사에 대한 부정경쟁방지법 제2조 제1호 (나)목 소정의 영업주체 혼동행위에 해당되어 허용될 수 없다.

해설

Ⅰ. 대상판결의 쟁점

대상판결에서 원고들의 청구권원을 보면, 원고 甲 회사는 구 상표법(2016. 2. 29. 법률 제14033호로 개정되기 전의 것) 제65조와 구 부정경쟁방지법(2021. 12. 7. 법률 제18548호로 개정되기 전의 것) 제4조, 제2조 제1호 (나)목에 기한 청구이고(선택적 병합), 원고 乙 회사는 부정경쟁방지법(2021. 12. 7. 법률 제18548호로 개정되기 전의 것) 제4조, 제2조 제1호 (나)목에 기한 청구이다.[1]

대상판결의 핵심 쟁점은 병행수입의 허용범위와 관련하여 병행수입업자에게 허용되는 상표(표지)의 사용범위이다.

Ⅱ. 대상판결의 분석

1. 문제의 소재

상표법과 부정경쟁방지법에서 진정상품(genuine goods)[2]의 병행수입(parallel importation)에 관한 문제는 국내 상표권자 또는 상표권자로부터 허락을 받은 사용권자(예를 들면 국내 총판대리점)가 자신의 상표권이 부착된 상품을 외국에서 양도하였는데 제3자가 상표권자 등의 허락을 받지 않고(또는 그들을 통하지 않고) 외국에서 이를 구입하여 다시 우리나라로 수입하여 영업하는 행위가 상표권 침해행위 또는 부정경쟁행위에 해당하는가이다.

2. 병행수입과 상표권 침해와의 관계

상표법상 상표권자 등은 지정상품에 대하여 등록상표를 사용할 권리를 독점하고(법 제89조, 제95조, 제96조) 이에 상표권의 속지주의(屬地主義) 원칙을 더하여 살펴보면 상표권자의 허락을 받지 않는 병행수입 및 그에 부수되는 판매행위는 등록상표권을 일응 침해하는 것으로 보이더라도 상표권의 출처표시나 품질보증 기능을 침해하는 것은 아니기 때문에 위법성이 없는 정당한 행위로 이해되고 있다.[3][4]

대상판결도 병행수입업자가 병행수입을 하는 등의 소극적으로 상표를 사용하는 것에 그치지 아니하고 나아가 적극적으로 상표권자의 상표를 사용하여 광고·선전행위를 하더라도 그로 인하여 상표의 상품출처표시기능과 이에 수반되는 품질보증기능을 훼손할 우려가 없고 국내 일반 수요자들에게 상품출처나 품질에 관하여 오인·혼동을 불러일으킬 가능성도 없다면, 이러한 행위는 위법성이 없는 행위로 허용된다고 판단한 다음, 원심이 피고가 사용한 것 중 선전광고물, 포장지, 쇼핑백, 내부 간판 부분이 원고 甲 회사의 상표권을 침해하지 아니한다고 본 것은 정당하나, 그 나머지 외부 간판 및 명함 부분이 원고 甲 회사의 상표권

---

1) 권택수, "병행수입업자의 상표사용의 범위", 「대법원판례해설」 42호, 법원도서관(2003), 767.

2) '병행수입과 관련하여 진정상품'이라고 함은 국내 상표권자의 상품과 동일시 할 수 있는 상품으로 외국에서 그 상표권자에 의해 적법하게 유통된 물품을 말한다.

3) 권택수(주 1), 770; 최정열, "병행수입업자의 상표사용 범위", 「정보법 판례백선 (I)」, 박영사(2006), 229~230.

4) 병행수입과 관련하여 상표권 침해가 되기 위한 구체적인 요건에 대해서는 이회기, "국내의 등록상표와 동일·유사한 상표가 부착된 지정상품과 동일·유사한 상품을 수입하는 행위가 그 등록상표권의 침해 등을 구성하지 않는다고 하기 위한 요건", 「대법원판례해설」 65호, 법원도서관(2007), 456 이하 참조.

을 침해한다고 본 것은 상표법 및 병행수입에 관한 법리를 오해한 위법이 있다고 하였다.

3. 병행수입과 부정경쟁행위와의 관계

진정상품의 병행수입업자가 상표권자의 상표를 사용하는 것이 상표권 침해에 해당하지 아니하더라도, 상표의 사용태양(모습) 등에 비추어 그것이 영업표지로서의 기능을 갖는 경우에는 일반 수요자들로 하여금 병행수입업자가 외국 본사의 국내 공인 대리점 등으로 오인하게 할 우려가 있으므로, 이러한 상표(표지)사용행위는 원고 乙 회사에 대한 부정경쟁방지법 제2조 제1호 (나)목 소정의 영업주체 혼동행위에 해당되어 허용되지 않는다.

이와 같은 경우에 상표(표지) 사용범위가 문제인데, 대상판결은 상표를 매장 내부 간판, 포장지 및 쇼핑백, 선전광고물에 부착하거나 표시하여 사용할 수 있지만, 사무소·영업소·매장의 외부 간판 및 명함에 부착하거나 표시하는 것은 영업표지로 사용한 것으로 영업주체 혼동행위에 해당되어 허용될 수 없다고 하면서 이 부분 원심판단을 수긍하였다.

Ⅲ. 대상판결의 의의

대상판결은 상표법 및 부정경쟁방지법상 병행수입업자의 상표(표지)사용범위에 관한 법리를 처음으로 밝힌 사례이다.

대상판결에 따르면 병행수입에서의 상표사용은 상표의 상품출처표시기능과 이에 수반되는 품질보증기능을 훼손할 우려가 없고 국내 일반 수요자들에게 상품출처나 품질에 관하여 오인·혼동을 불러일으킬 가능성도 없는 한, 상표를 선전광고물, 명함, 포장지, 쇼핑백, 내·외부 간판에 부착 또는 표시하여 사용할 수 있는 등 상표법상 상표사용에 별다른 제한이 없다.

그러나 병행수입업자가 적극적으로 상표권자의 상표를 사용하여 광고·선전행위를 한 것이 실질적으로 상표권 침해의 위법성이 없어 상표법상 상표권 침해에 해당하지 아니한다고 하더라도, 상표 사용태양(모습) 등에 비추어 그 상표(표지)가 부정경쟁방지법 제2조 제1호 (나)목에서 정하는 영업표지로 기능한다면 병행수입업자가 외국 본사의 국내 공인 대리점 등으로 오인하게 할 우려를 일반 수요자들에게 줄 수 있으므로, 이러한 상표(표지)사용행위는 그 표지를 사용하여 영업하는 자에 대한 부정경쟁방지법 제2조 제1호 (나)목 소정의 영업주체 혼동행위에 해당되어 허용되지 않는다.

병행수입의 상표(표지)사용과 부정경쟁방지법상 영업주체 혼동행위에 관한 판시 법리는 대법원 2009. 1. 30. 선고 2008도7462 판결(피고인들이 공소외 1과 함께 판매점의 외부에 설치된 현수막 등에 국내에 널리 인식된 나이키의 표장을 사용하여 영업한 행위가 위 표장의 상표권자로부터 전용

사용권을 부여받아 영업을 하는 주식회사 甲의 영업상의 시설 또는 활동과 혼동하게 하는 것이라고 판단한 사례)에서도 그대로 적용되고 있다.

대상판결과 위 2008도7462 판결이 병행수입업자의 상표(표지)사용에 대한 허용 여부 및 그 사용범위에 관한 법리를 설시한 이후 논의의 중심은 병행수입의 상표(표지)사용과 관련하여 어떠한 상표(표지)의 구체적·개별적인 사용이 부정경쟁방지법상 영업주체 혼동행위에 포섭될 수 있는지 즉, 표지의 구체적·개별적인 사용 한계에 관한 문제가 되고 있다.[5)]

병행수입 자체는 실질적으로 위법하지 않은 만큼 건전한 경쟁질서를 유지하면서도 병행수입업자들의 영업 활동의 범위를 지나치게 위축시키지 않도록 판시 법리를 너무 기계적으로 적용하는 것은 곤란하고 구체적인 사실관계에 따라 더욱 세밀하게 부정경쟁행위에 포섭될 수 있는 상표(표지)사용의 한계를 검토할 필요가 있다.

예를 들어 병행수입업자가 자신이 판매하는 상품이 병행수입된 것임을 밝힘과 아울러 국내 공인 대리점 계약을 체결한 것이 아니라는 사정 등을 누구나 쉽게 알아볼 수 있도록 점포 내·외부 등에 명시하는 것과 같은 혼동의 염려를 방지하는 구체적인 조치를 취한다는 등의 조건 하에서라면 매장 외부 등에도 상표(표지)를 적극적으로 사용할 수 있도록 허용하는 것도 생각해 볼 수 있다. 앞으로도 이와 관련하여 실무에서 더 많은 사례가 나오고 심도 있는 연구가 이루어지기를 기대한다.

키워드

병행수입, 상표사용의 범위, 상표권 침해, 영업주체 혼동행위, 영업표지, 부정경쟁행위

---

5) 강영수, "병행수입품에 대한 광고의 허용범위", 「지적재산권의 현재와 미래(소담 김명신선생화갑기념논문집)」, 한국산업재산권법학회·법문사(2004), 26 이하; 정태호, "부정경쟁방지법상 형사 판결에서의 영업주체 혼동행위 판단에 관한 비판적 검토", 「형사법의 신동향」 48권, 대검찰청(2015), 202~204; 안주섭의 블로그(<http://blog.naver.com/libero4all/220015471153>)에서의 "병행 수입업의 광고, 선전행위가 영업주체 혼동행위에 해당하는지 여부(대법원 2009. 1. 30. 선고 2008도7462 판결)", 2014. 5. 30, (접속일: 2015. 7. 20.)(정태호 위 202에서 재인용); 이헌묵, "판례평석 진정상품의 병행수입과 부정경쟁행위(대법원 2002. 9. 24. 선고 99다42322 , 대법원 2009. 1. 30. 선고 2008도7462)", 「법률신문 법률정보」, 입력일: 2010. 9. 2(https://www.lawtimes.co.kr/Legal-Info/Cases-Commentary-View?Serial=941), (접속일: 2015. 7. 20.)(정태호 위 203에서 재인용) 등.

[4] '국내에 널리 인식된' 영업표지의 해당 여부

—대법원 2003. 6. 13. 선고 2001다52995 판결—

박 운 정 (김 · 장 법률사무소)

[사실 개요]

원고의 이 사건 등록상표 · 등록서비스표			
제1서비스표	제2상표	제3서비스표	제4상표

1. 원고 회사는 위 이 사건 등록상표 · 등록서비스표(이하 '이 사건 서비스표 등')의 등록권자 또는 전용사용권자로, 그 지정서비스업은 요식업, 대중음식점업, 족발포장배달업 등이다.
2. 피고들은 원고와 각 체결한 체인점계약에 따라 이 사건 서비스표 등을 사용하여 원고로부터 족발 등의 음식물을 공급받아 판매하고 그 대가로 체인점 가입비를 지급하기로 하였다. 이에 피고들은 각 체인점계약 체결 직후 각 해당 점포를 개설하여 족발 등을 판매하였고, 각 점포의 간판이나 현수막, 스티커, 배달용 차량 등에 "장충왕족발", "장충동왕족발", "장충왕족발 · 보쌈", "장충동왕족발보쌈", "장충동", "장충" 등을 사용하여 영업을 해 왔다. 이후 원고는 각 피고들에게 체인점계약의 해지를 통지하게 되었으나, 피고들은 이 사건 서비스표 등에서 돼지를 의인화한 도형을 제거하는 외에는 각 영업표지를 계속해서 사용하였다.
3. 이 사건 서비스표 등에 대하여 원고는 1992. 9. 1.부터 1999. 3. 9.까지 81회에 걸쳐 신문광고를 하였고, 소외 광고회사를 통하여 금 247,000,000원 이상의 비용을 들여 광고방송을 계속하여 왔으며, 원고가 전용사용권자인 제1 · 3서비스표 및 제4상표의 등록권자인 소외 주식회사 甲도 1992년부터 2000. 1. 31.까지 금 328,000,000원 이상의 비용을 들여 광고방송을 하였다.

[판결 요지]

1. 구 부정경쟁방지법(2001. 2. 3. 법률 제6421호로 개정되기 전의 것) 제2조 제1호 가목 및 나목에서 '국내에 널리 인식된' 타인의 상품 또는 영업임을 표시한 표지에 해당하기 위해서는 단순히 사용하고 있다는 정도로는 부족하고 계속적인 사용과 광고·선전 등으로

그 표지가 우월적 지위를 획득할 정도에 이르러야 하며, 널리 알려진 상표 등인지 여부는 그 사용기간, 방법, 태양, 사용량, 거래범위 등과 상품거래의 실정 및 사회통념상 객관적으로 널리 알려졌느냐의 여부가 일응의 기준이 된다 할 것이다.

2. '장충동왕족발'이라는 표지 부분은 이 사건 서비스표 등에 관한 여러 차례의 신문광고 및 방송광고에도 불구하고 국내의 일정한 지역 범위 안에서 거래자 또는 수요자들 사이에 원고의 영업, 상표 등을 표시하는 표지로서 국내에 널리 알려져 있었다고 인정되지 아니하므로, 피고들이 자신들의 점포에 '장충왕족발', '장충동', '장충동왕족발' 등을 포함한 간판과 스티커를 부착하여 영업을 한 것은 국내에 널리 인식된 타인의 성명·상호·표장 기타 타인의 영업임을 표시하는 표지와 동일 또는 유사한 것을 사용하여 타인의 영업상의 시설 또는 활동과 혼동을 일으키게 하는 행위에 해당하지 않는다.

해설

Ⅰ. 대상판결의 쟁점

대상판결은 구 상표법(2005. 7. 1. 법률 제7289호로 개정되기 전의 것) 제51조 제2호, 제3호에 따라 피고들이 사용한 "장충동왕족발" 또는 "장충왕족발" 등의 '장충동', '장충'과 같은 영업표지는 모두 현저한 지리적 명칭으로 이루어져 자타 서비스업의 출처표시 기능이 없는 표지로서 원고의 이 사건 서비스표 등의 효력이 미치지 않는다고 판단하였고, 원고의 이 사건 서비스표 등은 원고의 영업, 상표 등을 표시하는 표지로서 국내에 널리 인식되어 있다고 인정하기에 부족하므로 피고들의 위 영업표지를 그 점포의 간판 등에 사용하여 영업한 것은 구 부정경쟁방지법(2001. 2. 3. 법률 제6421호로 개정되기 전의 것) 제2조 제1호 가목 및 나목의 부정경쟁행위에 해당하지도 않는다고 판단하였다.

영업주체에 대한 혼동초래행위를 규제하는 부정경쟁방지법 제2조 제1호 (나)목은 타인의 영업 자체에 관한 신용을 보호하는 것을 목적으로 한다. (나)목의 부정경쟁행위에 해당하기 위해서는 ① 타인의 표지가 타인의 영업임을 표시한 표지이어야 하고, ② 그 표지가 국내에 널리 인식되어 있어야 하며, ③ 행위자가 그 표지와 동일하거나 유사한 표지를 사용하고, ④ 그로 인하여 타인의 영업상의 시설이나 활동과 혼동가능성이 있어야 한다. 대상판결에서는 그중에서도 타인의 상품 또는 영업임을 표시한 표지가 국내에 널리 인식되어 있었는지가 문제되었다.

대상판결은 타인의 상품 또는 영업임을 표시한 표지가 '국내에 널리 인식되었다'고 하기 위해서는 타인이 그 영업표지를 단순히 사용하고 있다는 정도로는 부족하고 계속적인 사용과 광고·선전 등으로 우월적 지위를 획득할 정도에 이르러야 하며, 널리 알려진 상표 등인지 여부는 그 사용기간, 방법, 태양, 사용량, 거래범위 등과 상품거래의 실정 및 사회통념상 객관적으로 널리 알려졌느냐의 여부 등을 기준으로 삼을 수 있다고 하여 주지성의 의미 및 그 판단기준에 대해 판시하고 있다.

Ⅱ. 대상판결의 분석

1. '국내에 널리 인식'되었다는 의미

부정경쟁방지법 제2조 제1호 (나)목은 상표로 등록될 것을 요구하지 않고도 영업표지를 보호하고 있으나 대신 '국내에 널리 인식되었다'는 주지성의 요건을 충족할 것을 요구한다.[1)] 현저한 지리적 명칭만으로 되어 상표법상 보호받을 수 없는 상표나 서비스표라 하더라도 그것이 오랫동안 사용됨으로써 거래자나 일반 수요자들이 어떤 특정인의 영업을 표시하는 것으로서 '널리' 인식하게 된 경우에는 (나)목에 따른 보호를 받을 수 있다(대법원 2006. 1. 26. 선고 2003도3906 판결; 대법원 1999. 4. 23. 선고 97도322 판결).

우리 법원은 '국내에 널리 인식되었다'는 의미는 국내 전역에 걸쳐 모든 사람에게 주지되어 있음을 요하는 것이 아니고, 국내의 일정한 지역 범위 안에서 거래자 또는 수요자들 사이에 알려진 정도로 족하다고 일관되게 판시하고 있다(대법원 1976. 2. 10. 선고 74다1989 판결; 대법원 1980. 12. 9. 선고 80다829 판결; 대법원 1995. 7. 14. 선고 94도399 판결; 대법원 1996. 5. 13. 자 96마217 결정; 대법원 1996. 10. 15. 선고 96다24637 판결; 대법원 2001. 9. 14. 선고 99도691 판결; 대법원 2001. 10. 12. 선고 2001다44925 판결). 이는 적어도 주지표지의 영업주체와 그 상대방의 영업지역을 포함할 것이다.[2)] 이 사건에서 원고 회사 및 피고들 점포는 서울과 경기도 인천, 파주, 시흥, 김포 등을 아우르는 수도권 등지에 분포하고 있었는데, '장충', '장충동'은 수도권 등지뿐 아니라 전국적으로 알려진 '장충체육관'이 위치한 서울 중구에 속하는 동의 이름으로 알려져, 원고 등의 광고행위에도 불구하고 수도권 등지에서 원고의 영업표지로 널리 인식되었다고 보기에는 부족하다고 판단된 것으로 나타난다.

한편 대법원은 위 1994. 4. 23. 선고 97도322 판결에서 원고의 영업표지인 '종로학원'이 피고의 '천안종로학원'이라는 영업표지 사용에 대하여 보호될 수 없다고 한 원심판결을 파기한 바 있다. 위 사건의 원심판결은 '종로'는 서울특별시 구 중의 하나인 종로구의 명칭이

1) 정상조 편집대표, 「부정경쟁방지법 주해」, 박영사(2020), 28(이대희 집필부분).
2) 정태호, "부정경쟁방지법상 주지성의 지역적 범위에 관한 소고: 일본 부정경쟁방지법과의 비교법적 고찰", 「산업재산권」 제26호, 한국산업재산권법학회(2008), 187.

고 '서울의 종각이 있는 큰 거리'를 뜻하는 것이므로, 위 '종로학원'은 전체적으로 현저한 지리적 명칭만으로 된 서비스표라고 하였으나, 대법원은 '비록 현저한 지리적 명칭만으로 된 상표나 서비스표이어서 상표법상 보호받지 못한다고 하더라도 그것이 오랫동안 사용됨으로써 거래자나 일반 수요자들이 어떤 특정인의 영업을 표시하는 것으로 널리 알려져 인식하게 된 경우에는 부정경쟁방지법이 보호하는 영업표지에 해당한다'고 하였다. 특히 우리 상표법은 2014. 6. 11. 법률 제12751호로 일부개정되기 전까지 상표를 사용한 결과 수요자 간에 그 상표가 누구의 업무에 관련된 상품을 표시하는 것인지가 '현저하게' 인식되어 있을 것을 요구해 왔으므로, 개정 전 상표법 하에서 사용에 의한 식별력을 얻은 것으로 인정되는 상표는 자연스럽게 동시에 부정경쟁방지법상 '국내에 널리 인식된' 영업표지에도 해당할 수 있었을 것이다.

2. 국내에 널리 인식되었는지 여부의 판단방법

대상판결은 "널리 알려진 상표 등인지 여부는 그 사용기간, 방법, 태양, 사용량, 거래범위 등과 상품거래의 실정 및 사회통념상 객관적으로 널리 알려졌느냐의 여부가 일응의 기준이 된다 할 것이다(대법원 1997. 2. 5. 자 96마364 결정)"고 하였다. 주지성의 판단은 표지가 거래자나 수요자에게 알려질 수 있는 방법이나 수단 등 여러 가지를 고려해야 하므로 획일적인 기준을 기계적으로 적용할 수 없고, 그 외에도 표지의 강도, 상품의 종류와 성질, 상품의 거래수량과 판매액, 광고의 유무·방법·빈도·기간, 영업의 규모, 점포의 수와 분포지역, 상품이나 영업에 관한 제3자의 평가 등이 판단근거가 될 수 있다.[3)]

대상판결은 원고 등이 약 7~8년여에 걸쳐 이 사건 서비스표 등에 관련한 신문광고 및 방송광고를 하였다는 사실은 인정하였으나 이를 바탕으로 이 사건 서비스표 등의 우월적 지위를 인정하지는 않았다. 한편 대상판결이 위와 같이 판시하면서 인용한 위 96마364 결정에서는 '맥시칸 양념통닭', 'MEXICAN CHICKEN' 등의 주지성을 인정하였는데, 이에 대해서는 전국적으로 체인점이 200 내지 300개에 달하는 점, 체인점 개설계약을 통하여 각 체인점마다 체인점 개설에 필요한 각 상표 및 서비스표가 표기된 간판, 선전·광고물, 포장, 용기, 부착용 스티커, 젓가락 등을 자신으로부터 대여받거나 공급받아 체인점에 설치 또는 비치하도록 하는 등 기업 이미지 통일을 위한 조치를 취한 점, 통닭요리의 양념 및 닭고기도 반드시 자신으로부터 공급받도록 하여 상품의 품질도 유지·관리한 점, 금 884,220,418원 이상의 광고·선전비를 지출하여 중앙일간지, 텔레비전, 라디오방송 등을 통한 선전활동을 한 점 등을 고려하였다. 체인점의 수와 분포지역, 체인점 간 영업표지 및 상품의 품질을 통일

---

3) 정상조 편집대표(주 1), 30(이대희 집필부분).

하기 위한 노력, 그 외 광고활동 등을 대비하여 볼 때 이 사건 서비스표 등은 그에 비하면 원고 등의 신문광고 및 방송광고만으로는 우월적 지위를 획득하였다고 보기 어려운 것으로 나타난다.

그 외 (가) 또는 (나)목의 주지성을 인정한 사례로는 대법원 2009. 8. 20. 선고 2007다12975 판결('루미큐브' 사건), 대법원 1996. 5. 13. 자 96마217 결정('재능교육' 사건), 대법원 1997. 12. 12. 선고 96도2650 판결('부동산뱅크' 사건) 등이 있는데, 상품의 종류에 따라 해당 표지가 거래자나 수요자에게 알려질 수 있는 다양한 방법이나 수단을 고려하였음을 알 수 있다. 위 '루미큐브' 사건에서는 원고들의 상품표지가 사용된 상품의 판매규모, 해당 상품을 사용하는 국내 대회의 개최 횟수와 규모 등을 살펴보았고, '재능교육' 사건에서는 신문, 라디오, 텔레비전 광고 외에도 영업 규모나 점포 수(지국 263개), 판매량(학습지 판매량 매월 3백만 부 이상), 이용회원 수(약 6십만 명) 등을, '부동산뱅크' 사건에서는 같은 이름의 제호로 정기간행물을 등록하여 격주로 월 평균 4만 부 이상을 발행하여 오고 있는 사실과 일간신문이나 잡지·방송·개인용컴퓨터통신 등을 통하여 부동산 정보 및 경기동향을 제공하는 등으로 국내 일반 거래자 및 수요자 등에게 높은 인지도를 가진 점 등을 살펴보았다.

Ⅲ. 대상판결의 의의

대상판결은 국내에서 널리 알려졌다고 하기 위해서는 국내의 일정한 지역 범위 안에서 거래자 또는 수요자들 사이에 알려진 정도로 족하다고 하면서도, 적어도 해당 지역 범위 안에서는 단순히 사용하고 있다는 정도로는 부족하고 계속적인 사용과 광고·선전 등으로 우월적 지위를 획득할 정도가 되어야 한다고 명시하였다. 나아가 현저한 지리적 명칭에 해당하여 그 자체로 식별력이 없는 영업표지라 하더라도 국내에서 널리 알려져 있다면 그와 동일하거나 유사한 것을 사용하여 혼동을 일으키는 행위는 (나)목의 부정경쟁행위에 해당할 수 있음을 명시하였다는 점에서도 의의가 있다. 그 판단방법으로는 사용기간, 방법, 태양, 사용량, 거래범위 등과 상품거래의 실정 및 사회통념상 객관적으로 널리 알려졌느냐의 여부 등을 제시하였다. 경우에 따라서는 '국내의 일정한 지역 범위'에 맞게 적절히 설계된 소비자 인식 설문조사 증거 등도 일조할 수 있겠다.

키워드

영업표지, 주지성, 국내에 널리 인식된, 우월적 지위, 부정경쟁행위

[5] 상품의 형태가 상품표지성을 갖기 위한 요건

—대법원 2003. 11. 27. 선고 2001다83890 판결—

이 응 세 (법무법인 바른)

[사실 개요]

원고의 거북완구	피고의 완구
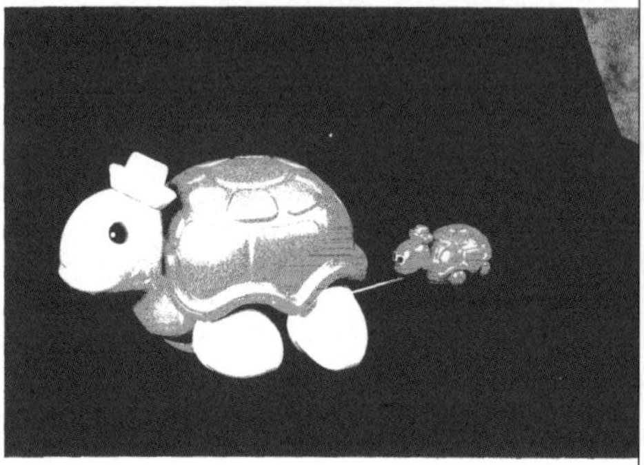	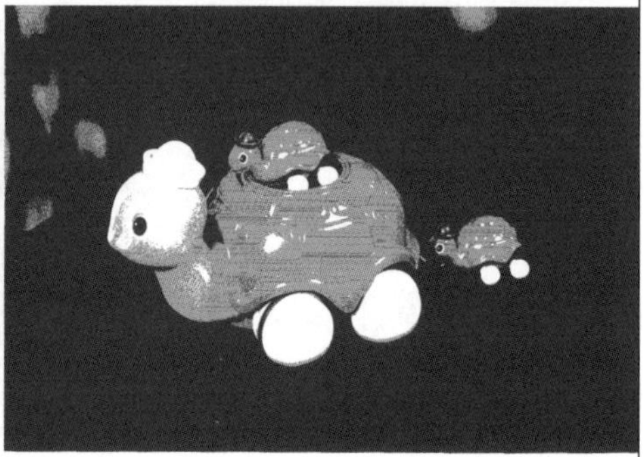

1. 원고가 제조 · 판매하는 표 왼쪽의 거북 완구는, ① 테를 위로 접어 올린 형태의 동그란 모자를 쓰고 있으면서 배 부분과 직각을 이루는 머리 부분, ② 다소 커다랗게 형성한 눈과 약간 튀어나온 상태로 다물고 있는 입 부분, ③ 둥그런 형태의 바퀴 4개를 외부로 돌출하여 형성한 다리 부분, ④ 다각형을 방사상으로 배치하여 등 무늬를 표현하면서 바퀴가 있는 쪽을 바퀴의 형태에 맞추어 곡선으로 처리한 등딱지 부분 등이 조합되어 큰 거북의 형태를 이루고 있고, 그와 닮은꼴로 작은 거북의 형태가 구성되어 있다. 원고의 거북 완구는 한국 인더스트리얼 디자이너 협회가 1985.부터 1992.까지 나온 국산품 중에서 선정한 '좋은 디자인 상품'의 하나에 포함된 바 있다.
2. 원고는 국내에서 1983.경부터 계속하여 동일한 형태의 거북 완구를 판매함으로써 피고가 표 오른쪽의 거북 완구를 판매하기 시작한 무렵까지 원고가 거북 완구를 판매한 기간은 16년가량 되었으며, 1992. 12. 1일자 한 일간 신문에서 "7년 동안 1백만 개 이상 팔린 디자인 히트 상품이다."라고 보도된 바 있고, 그 후에도 피고가 거북 완구를 판매한 무렵까지 많은 수량이 지속적으로 판매되었다.
3. 원고는 제3자를 피신청인으로 하여 원고의 거북 완구와 동일한 형태의 완구 판매를 금지하는 등의 내용의 부정경쟁행위중지 가처분결정을 받기도 하였다.
4. 피고는 1999. 10.경부터 표 오른쪽과 같은 거북완구를 제조 · 판매하였고, 원고로부터 경고를 받은 후 색상을 변경하여 제조 · 판매하고 있다.

[판결 요지]

1. 일반적으로 상품의 형태나 모양은 상품의 출처를 표시하는 기능을 가진 것은 아니며, 다만 어떤 상품의 형태와 모양 등이 상품에 독특한 개성을 부여하는 수단으로 사용되고, 그것이 장기간 계속적·독점적·배타적으로 사용되거나 지속적인 선전·광고 등에 의하여 그것이 갖는 차별적 특징이 거래자 또는 수요자에게 특정한 출처의 상품임을 연상시킬 정도로 현저하게 개별화되기에 이른 경우 비로소 부정경쟁방지법 제2조 제1호 (가)목에서 정하는 '타인의 상품임을 표시한 표지'에 해당되어 같은 법에 의한 보호를 받을 수 있다.

2. 거북을 형상화하여 동그란 모자, 바퀴로서 형성한 다리, 바퀴의 형태에 맞춘 등딱지 등을 조합한 큰 거북과 그와 닮은 꼴의 작은 거북을 구성하는 유아용 완구는, 국내에서 유통되는 완구상품에 통상 있는 형태라거나 그 완구의 성질 내지 기능에서 유래하는 필연적인 형태라고 볼 수 없으며, 원고의 완구의 형태는 다른 완구들의 형태와 구별되는 특징을 지니며 장기간 계속적·독점적·배타적으로 사용됨으로써 피고가 거북 완구를 제조·판매한 무렵 이미 국내의 거래자나 일반 수요자에게 특정 출처의 상품임을 연상시킬 정도로 현저하게 개별화되기에 이르렀다고 볼 여지가 크다고 한 사례.

해설

Ⅰ. 대상판결의 쟁점

부정경쟁방지법 제2조 제1호 (가)목의 상품주체혼동행위가 성립하려면 "타인의 상품임을 표시한 표지"인 상품표지성이 인정되고, 주지성을 갖춘 상품표지와 동일·유사한 표지를 사용하여 타인의 상품과 혼동하게 하여야 한다.

법문에 명시된 성명, 상호, 상표, 상품의 용기·포장 등은 예시에 불과하고, 상품의 출처를 표시하고 식별력을 갖추는 것이라면 무엇이라도 상품표지가 될 수 있다. 상품 자체의 형태도 상품표지가 될 수 있는바, 대상판결의 사안에서는 원고가 제조·판매하는 완구의 입체적 형태가 상품표지에 해당하는지가 주된 쟁점이 되었다.

Ⅱ. 대상판결의 분석

상품의 형태는 디자인권이나 특허권 등에 의하여 보호되지 않는 한 원칙적으로 이를 모방하여 제작하는 것이 허용되며, 다만 예외적으로 어떤 상품의 형태가 2차적으로 상품출처표시기능을 획득하고 나아가 주지성까지 획득하는 경우에는 부정경쟁방지법의 상품주체 혼동행위상의 "기타 타인의 상품임을 표시한 표지"에 해당하여 같은 법에 의한 보호를 받을 수 있다. 상품표지는 그 표지를 갖춘 상품이 누구로부터 나온 것인가(출처)를 알려 주어 출처가 다른 상품을 구별시켜 주는 수단이다.[1)]

상품주체혼동행위에서 말하는 상품표지의 종류가 다양한 가운데, 대상판결은 상품의 용기, 포장, 문양 등이 아니라 상품 자체의 형태에 관하여 차별성의 근거를 구체적으로 판시하면서 상품표지성을 인정한 사례이다.

대상판결은 원고 완구의 형태에 다른 완구제품과 구별되는 특이성이 있다는 근거로서, "국내에서 유통되는 완구상품에 통상 있는 형태라거나 그 완구의 성질 내지 기능에서 유래하는 필연적인 형태라고 볼 수 없다."는 점을 들었다. 완구의 성질 내지 기능에서 유래하는 필연적인 형태라면, 다른 완구제품과 구별되는 특이성을 가지기 어렵다는 점을 밝힌 것이므로, 기능성 원리를 어느 정도 내포한 판시라고 할 수 있다.

대상판결은 "어떤 상품의 형태와 모양 등이 상품에 독특한 개성을 부여하는 수단으로 사용되고, 그것이 갖는 차별적 특징이 거래자 또는 수요자에게 특정한 출처의 상품임을 연상시킬 정도로 현저하게 개별화되기에 이른 경우"에 상품표지성이 인정된다고 하였고, 구체적 판단에서도 상품표지성 여부를 판단하였을 뿐 주지성을 언급하지는 않았다. 개념적으로는 상품표지성을 인정하기 위한 "차별적 특징의 현저한 개별화"와 주지성을 의미하는 "널리 인식된"이 반드시 동일하다고 말할 수는 없겠으나, 본래 상품 형태와 모양 등 그 자체로 출처표시기능을 갖기 어렵고 수요자 등에게 널리 인식된 경우에 비로소 출처표시기능을 갖게 되는 표지의 경우는 상품표지성 요건이 주지성 요건과 중복되는 부분이 있게 되고, 이에 따라 상품 형태 등에 관한 상품주체혼동행위 판단에서는 두 가지 판단이 함께 이루어지는 경우가 많다.[2)] 그렇더라도 관련 대법원판결들은 상품표지성과 주지성을 개념적으로 구분하여 법리를 구체화하고 있다.

대법원 2001. 10. 12. 선고 2001다44925 판결('진공청소기' 사건) 및 대법원 2002. 6. 14. 선고 2002다11410 판결('야채절단기' 사건)은 상품 자체의 형태에 관하여 상품주체혼동행위를 인정하지 않은 사례들이지만, 이들 사건에서 상품의 형태가 어떤 점에서 차별성이 인정되지 않는지 구체적 설시가 없었다.

대상판결 이전에 대법원 2002. 2. 8. 선고 2000다67839 판결('도자기문양' 사건)은 쟁점인 상품표지성을 인정하였는데, 그 사건에서 상품표지는 도자기그릇 세트에 새겨진 문양이고

1) 이회기, "상품의 형태가 부정경쟁방지법 및 영업비밀보호에 관한 법률 제2조 제1호 (가)목 소정의 주지 상품표지로서 보호받기 위한 요건", 「대법원판례해설」 제73호, 법원도서관(2008), 767.

2) 이회기(주 1), 768.

상품 자체의 형태는 아니었다. '도자기문양' 사건 판결이 판시한 기본적 법리는 대상판결과 동일하지만, 해당 문양이 "모양, 색채, 위치 및 배열에서 다른 업체의 문양과 차별성이 인정"된다는 이유로 상품표지에 해당한다고 보았을 뿐, 그 형태가 다른 제품과 구별되는 특이성이 있다거나 그 형태가 상품의 성질 내지 기능에서 유래되는 필연적 형태인지 여부는 고려대상이 될 수 없었다.

'도자기문양' 사건 판결은 앞의 두 대법원판결이 내세운 상품표지에 관한 일반 법리에 더하여 "어떤 상품의 형태와 모양 등이 상품에 독특한 개성을 부여하는 수단으로 사용되고"라는 판시를 추가하였는바, 이는 주지성과 별개로 상품 형태의 상품표지성을 살펴야 한다는 의미로 이해된다.

대법원 2002. 10. 25. 선고 2001다59965 판결('공기분사기' 사건)은, '도자기문양' 사건이 밝힌 법리를 그대로 판시하고, 상품 자체의 형태가 상품표지에 해당함을 인정하면서도, 문제가 된 공기분사기 형태가 어떤 점에서 차별성이 있는지 구체적으로 설시하지 않았고 그 형태가 상품의 성질 내지 기능에서 유래되는 필연적 형태인지 여부도 검토하지 않았다.

대상판결은 '도자기문양' 사건 및 '공기분사기' 사건 판결이 밝힌 법리를 그대로 판시하면서, 원고 완구의 상품 형태가 차별성을 갖는다고 보는 이유를 구체적으로 설시하였을 뿐만 아니라 그 형태가 상품의 성질 내지 기능에서 유래되는 필연적 형태인지 여부까지 고려하였다는 점에서 차이가 있다.

그런데 대상판결 이후의 대법원 2007. 7. 13. 선고 2006도1157 판결('종이리필 방향제' 사건)은, 상품주체혼동행위를 인정하지 않으면서, 대상판결이 밝힌 법리를 약간 달리하여, "상품의 형태가 출처표시기능을 가지고 아울러 주지성을 획득하기 위해서는, 상품의 형태가 다른 유사상품과 비교하여, 수요자의 감각에 강하게 호소하는 독특한 디자인적 특징을 가지고 있어야 하고, 일반수요자가 일견하여 특정의 영업주체의 상품이라는 것을 인식할 수 있는 정도의 식별력을 갖추고 있어야 하며, 나아가 당해 상품의 형태가 장기간에 걸쳐 특정의 영업주체의 상품으로 계속적·독점적·배타적으로 사용되거나, 또는 단기간이라도 강력한 선전·광고가 이루어짐으로써 그 상품형태가 갖는 차별적 특징이 거래자 또는 일반수요자에게 특정 출처의 상품임을 연상시킬 정도로 현저하게 개별화된 정도에 이르러야 한다."라고 판시하였다.

위 판시는 상품주체혼동행위의 요건인 출처표시기능과 주지성을 개념적으로 구분하면서 상품 형태가 출처표시기능으로서의 식별력을 갖추기 위하여 독특한 디자인적 특성 등이 있어야 한다고 밝혔다. 그 사건 원고 센트클럽의 종이리필 방향제가 다른 보통의 종이봉투형 방향제와 뚜렷이 구별되는 형태상의 특징이 있다고 보기는 어렵다고 하면서 센트클럽의 종이리필 방향제 제품 표면(겉봉투)에 표시된 "SCENT CLUB"이란 상품표지나 "센트클럽"이란 업체명(상호)의 주지성을 인정할 수 는 있어도 종이리필 방향제의 형태 자체가 상품출처 표시성 및 주지성을 획득하였다고 할 수 없다고 하였다. 식별력을 갖추기 위한 주된 예시로 "독특한 디자인적 특성"을 든 점이 차이가 있다.

'종이리필 방향제' 사건이 판시한 법리는 대법원 2012. 3. 29. 선고 2010다20044 판결('대장금' 사건)의 판시에 거의 그대로 이어졌다. 그러나 위 '대장금' 사건은 그 사건 원고 드라마 캐릭터의 상품표지성 등이 주로 문제된 사안이고 상품 자체의 형태로는 원고 드라마의 의상, 소품 등이 피고 캐릭터에 사용된 점이 검토되었으나 비중있는 사실판단이 이루어지지는 않았다.

Ⅲ. 대상판결의 의의

대상판결은 부정경쟁방지법상 상품표지로서 예시되어 있는 성명, 상호, 상표, 상품의 용기·포장에 한정하지 아니하고 상품의 형태까지도 일정한 요건 아래 상품표지에 해당할 수 있음을 인정하였다. 주지성과 별개로 상품 형태의 차별성이 인정되어야 함을 분명히 하면서, 실제로 차별성을 인정할 수 있는 사유를 구체적으로 설시하였다는 점에서 의미가 있다. 대상판결의 법리와 판단은 그 이후의 '종이리필 방향제' 사건 등에서 상품 형태의 상품표지성에 관한 법리와 판단이 더 치밀해질 수 있도록 하는 기초가 되었다고 할 수 있다.

키워드

상품형태, 상품표지, 거북 완구, 디자인적 특징, 기능

[6] 부정경쟁방지법 제2조 제1호 (가)목의 표지의 주지성 구비 판단시점 및 선의의 선사용권 인정 여부

—대법원 2004. 3. 25. 선고 2002다9011 판결—

손 영 언 (특허법원)

[사실 개요]

1. 甲 주식회사는 1984. 11.경부터 "OXYCLEAN 옥시크린"이라는 상표를 사용하여 산소계 표백제(이하 '옥시크린 제품')를 제조 · 판매하기 시작하였는데, '옥시크린 제품'은 판매 시작 이후부터 국내 소비자들로부터 좋은 반응을 얻어 그 매출액이 계속 증가하였다. 이에 甲 주식회사는 1990. 12. 27. '옥시크린 제품'을 포함한 생활용품 제조 · 판매의 활성화를 위하여 그 산하의 생활용품사업부를 독립시켜 위 상표 중 '옥시' 부분을 상호에 포함한 원고를 설립하였다.
2. 원고 설립 이후에도 '옥시크린 제품'의 판매는 계속 증가하여 국내 산소계 표백제 시장에서 매년 90%를 상회하는 압도적인 시장점유율을 차지하였고, 시중 할인점에서 최고의 히트상품으로 선정되는가 하면, 많은 광고비를 들여 TV, 라디오, 신문 등에서 상당 횟수 시행된 제품광고가 각 기관으로부터 좋은 광고로 선정 · 수상되기도 하였다.
3. 원고는 전국에 걸쳐 지점 15개, 사무소 5개, 대리점 26개 등을 두고 세탁용품, 청소용품, 주방용품 등의 생활용품 20여 종을 판매하였으며, 1999년 총 매출액이 123,930,726,000원에 달하였다. 원고는 설립 이후 줄곧 자신이 생산 · 판매하는 제품들의 포장에 '주식회사 옥시', '옥시' 또는 'OXY'라는 문자를 부착하는 방식으로 상호를 사용하고, 제품광고 시에도 그 광고 문구에 위와 같은 문자를 삽입하는 방식으로 상호를 사용하여 왔다.
4. 乙 주식회사는 1991. 3.경부터 "옥시화이트"라는 상표를 사용하여 산소계 표백제(이하 '옥시화이트 제품')를 제조 · 판매하여 오다가 1995. 12. 30. 그 제조 · 판매 및 생산설비 등 일체를 피고에게 양도하였고, 피고는 그 이후부터 '옥시화이트 제품'을 제조 · 판매하여 왔다.

[판결 요지]

1. 부정경쟁방지법 제4조에 의한 금지청구에 있어서, 같은 법 제2조 제1호 (가)목 소정의 타인의 상호·상표 등 타인의 상품임을 표시한 표지가 국내에 널리 인식되었는지의 여부는 사실심 변론종결 당시를 기준으로 판단하여야 할 것임을 전제로, 이 사건에 나타난 원고의 영업규모, 제품의 종류 및 내역, 판매 액수, 광고 및 홍보활동의 방법 및 빈도, 원고가 그 상호를 사용한 기간 및 사용 태양 등에 비추어, 원심변론종결 당시를 기준으로

원고의 그 상호는 상품의 출처를 표시하는 상품의 표지로서 국내의 거래자 또는 수요자들 사이에 널리 알려져 있다고 판단한 원심은 정당하다.

2. 부정경쟁방지법 제2조 제1호 (가)목 소정의 부정경쟁행위에 있어서는 '부정경쟁행위자의 악의' 또는 '부정경쟁행위자의 부정경쟁의 목적' 등 부정경쟁행위자의 주관적 의사를 그 요건으로 하고 있지 아니할 뿐더러 부정경쟁방지법상 선의의 선사용자의 행위를 부정경쟁행위에서 배제하는 명문의 규정이 없으므로, 가령 원고가 그 상호에 관한 주지성을 획득하기 이전부터 피고가 원고의 상호의 존재를 알지 못한 채 또는 부정경쟁의 목적이 없는 상태에서 "옥시화이트" 상표를 사용하여 왔다고 하더라도 원고의 상호가 주지성을 획득한 상품의 표지가 되었고, 피고의 그 상표가 주지된 원고의 상호와 혼동될 위험이 존재한다고 인정되는 이 사건에서는 피고의 위와 같은 행위는 부정경쟁방지법 제2조 제1호 (가)목 소정의 부정경쟁행위를 구성한다는 취지로 판시한 원심은 정당하다.

3. 피고가 원고 상호 중 일부인 "옥시"를 상표의 일부로 하는 "옥시화이트" 상표를 사용하여 '옥시화이트 제품'을 제조·판매한 행위가 부정경쟁방지법 제2조 제1호 (가)목의 부정경쟁행위에 해당하는지 여부가 문제된 사안에서, 사실심 변론종결 당시를 기준으로 원고의 상호가 상품의 출처를 표시하는 상품의 표지로서 국내의 거래자 또는 수요자들 사이에 널리 알려져 있으므로 피고의 위 제조·판매행위는 상품주체 혼동행위에 해당한다고 판단하고, 원고가 주지성을 획득하기 이전부터 피고가 그 존재를 알지 못한 상태에서 부정경쟁의 목적 없이 '옥시화이트 제품'을 제조·판매한 것이라는 피고의 선의의 선사용권 항변을 배척한 사례.

해설

Ⅰ. 대상판결의 쟁점

부정경쟁방지법 제2조 제1호 (가)목의 상품주체 혼동행위는 영업주체 혼동행위[같은 호 (나)목]와 더불어 사칭통용(詐稱通用)의 전형적인 형태에 속하며, 타인의 신용을 부당하게 이용하여 자기의 영업상 지위를 유리하게 하는 동시에 그 타인의 고객을 탈취하여 영업상의 이익을 침해하는 행위이다.[1]

상품주체 혼동행위가 성립하려면 ① 국내에 널리 인식된(周知性) ② 타인의 상품임을 표시한 표지와 ③ 동일 또는 유사한 표지를 사용하며 ④ 혼동의 가능성이 있을 것을 요한

1) 윤선희, 「지적재산권법(19정판)」, 세창출판사(2022), 554.

다. 이때 보호받고자 하는 표지가 국내에 널리 인식되었는지 여부, 즉 주지성 구비 여부의 판단시점을 사실심 변론종결시로 볼 것인지 아니면 부정경쟁행위 발생 당시로 볼 것인지가 문제된다. 나아가 주지성 획득 이전부터 그 표지의 존재를 알지 못한 채 선의로 사용하여 온 선사용자에 대해서는 부정경쟁방지법에 따른 권리의 행사가 인정되어서는 아니 된다는 이른바 선의의 선사용권 항변이 명문의 규정이 없는 상황에서 부정경쟁방지법의 해석만으로 인정될 수 있는지도 문제된다.

Ⅱ. 대상판결의 분석

1. 주지성 구비의 판단시점

부정경쟁방지법 제2조 제1호 (가)목의 상품주체 혼동행위 성립에 있어 보호받고자 하는 표지의 주지성 구비의 판단시점에 관하여는, 종래 침해표지의 사용시점을 기준으로 판단해야 한다는 상대방표지사용시설과 사실심 변론종결시를 기준으로 판단해야 한다는 사실심변론종결시설이 대립되어 왔는데, 어느 견해를 채택하는지에 따라 구체적인 사안에서 금지청구권 등의 인용 여부가 달라질 수 있다.

상대방표지사용시설은 주지성의 존재는 늦어도 나중의 영업주체가 유사한 상품표지를 사용한 시점에서 인정되어야 한다는 입장이다.[2] ① 사실심변론종결시설을 취할 경우 주지성 구비 시점 이전부터 당해 표지를 사용하여 온 선의의 사용자에게 불측의 손해를 가할 수 있고, ② 1심에서 패소판결을 받아 항소한 원고가 2심 재판 계속 중 대대적인 선전광고 등을 하여 2심(사실심) 변론종결시까지 주지성을 구비하는 경우 오히려 승소판결을 받는 불합리한 결과가 발생할 수 있으며, ③ 선사용자가 특정 표지를 먼저 사용하고 있음을 알고도 타인이 당해 표지를 독점하기 위한 '악의'로 당해 표지에 대한 주지성을 형성한 경우 사실심 변론종결시설에 의하면 오히려 이러한 악의의 주지성 취득자를 보호해야 하는 불합리한 결과가 발생한다는 점을 주된 논거로 한다.[3]

반면, 사실심변론종결시설은 주지의 상품표지로서 보호하기에 족한 사실상태가 형성되어 있는 이상, 그 시점에서 주지된 상품표지와 유사한 상품표지를 사용하여 혼동을 일어나게 하는 행위를 방지하는 것이 부정경쟁방지법의 입법취지에 부합한다는 입장이다.[4] ① 법

2) 박정화, "부정경쟁방지및영업비밀보호에관한법률 제4조에 의한 금지청구에 있어서 같은 법 제2조 제1호 (가)목이 정한 상품표지의 주지성 여부의 판단시점(=사실심 변론종결시)", 「대법원판례해설」 49호, 법원도서관, 593.

3) 김범희, "부정경쟁방지법 제2조 제1호 (가)목 소정 표지의 주지성 구비 판단시점 및 선의의 선사용권 인정 여부", 「판례연구」 19집 (1), 서울지방변호사회(2005), 160.

4) 박정화(주 2), 593~594.

에 예외 규정이 없는 상황에서 부정경쟁방지법 상의 보호를 받을 만한 객관적 사실관계가 구비된 이상 그 시점부터는 보호를 하는 것이 법의 규범적 측면에서 바람직하고, ② 주지표지에 대한 보다 넓은 범위를 보호하는 것이 당해 표지의 주지성을 취득하기 위해 들인 노력에 대한 보상을 부여하고자 하는 부정경쟁방지법의 입법취지에도 맞으며, ③ 선사용자가 특정 표지를 사용하고 있음을 알고도 타인이 당해 표지를 독점하기 위한 '악의'로 당해 표지에 대한 주지성을 형성한 경우에는 굳이 상대방표지사용시설을 택하지 않더라도 권리남용 등의 법리로서 충분히 해결할 수 있다는 점을 주된 논거로 한다.

이에 대하여 일본 최고재판소는 "금지청구에 대하여는 사실심의 구두변론종결시, 손해배상청구에 대하여는 피고가 손해배상청구의 대상이 되는 유사 상품표지를 사용한 각 시점에서 주지성이 있어야 한다."라고 판시하였다.[5]

대상판결 이전 우리나라에서는 학설상으로 사실심변론종결시설에 따르는 견해가 보다 유력했던 것으로 보이고[6] 하급심판례는 혼재되어 있었는데, 대상판결은 금지청구가 문제된 사안에서 사실심변론종결시설을 명시적으로 채택하였다.

2. 선의의 선사용권 인정 여부

선의의 선사용권 항변이란, 보호를 받고자 하는 표지가 주지성을 가지기 이전부터 선의로 당해 표지를 사용한 선사용자에 대해서는 부정경쟁방지법에 따른 권리의 행사가 인정되어서는 아니 된다는 항변을 말한다. 여기서 '선의'란 부정경쟁방지법의 취지에 비추어 '부정경쟁의 목적이 없는 경우'로 보는 것이 일반적인데,[7] 일본과는 달리 명문 규정이 없는 현행 부정경쟁방지법 하에서 그 해석만으로 위 항변을 인정할 수 있는지가 문제되어 왔다.

긍정설은 ① 명문규정이 없다고 하더라도 이러한 항변은 권리남용 항변의 하나로서 충분히 인정될 수 있고, ② 선의의 선사용자의 표지 사용을 금지시키는 것이 오히려 공정한 경쟁질서의 보장이라는 부정경쟁방지법의 입법취지를 저해하는 것이며, ③ 주지성 구비의 판단시점을 사실심 변론종결시로 볼 경우 더더욱 선의의 선사용권 항변을 인정할 실익이 있다는 점을 주된 논거로 한다.

반면, 부정설은 ① 우리 부정경쟁방지법은 제2조 제1호 (가)목 소정의 부정경쟁행위에 있어 부정경쟁행위자의 '악의'나 '부정한 경쟁 목적' 등의 주관적 의사를 요하지 아니하고, ② 선의의 선사용권을 인정하는 일본 부정경쟁방지법과 같은 명문 규정이 없는 우리 법의 해석상으로는 이러한 항변을 인정할 수 없다는 점을 주된 논거로 한다.

---

5) 일본 최고재판소 소화 63. 7. 19. 판결(판례시보 1291호, 132쪽).
6) 김범희(주 3), 162.
7) 김범희(주 3), 163.

대상판결은 명문의 규정이 없는 현행 부정경쟁방지법 하에서는 선의의 선사용권 항변을 특별히 인정할 수 없다는 점을 최초로 확인하였다.[8)]

Ⅲ. 대상판결의 의의

대상판결은 부정경쟁방지법 제4조에 의한 금지청구에 있어서 같은 법 제2조 제1호 (가)목 소정의 타인의 상호·상표 등 타인의 상품임을 표시한 표지가 국내에 널리 인식되었는지의 여부는 사실심 변론종결 당시를 기준으로 판단하여야 하고, 그 법규정상 주지성을 획득하기 이전부터 그 상호의 존재를 알지 못한 채 선의로 사용하여 온 선사용자의 행위도 부정경쟁행위를 구성할 수 있다는 점을 명시적으로 선언한 최초의 판결로서 의의가 있다.[9)]

표지의 주지성 구비 여부의 판단시점에 관하여 대상판결이 채택한 사실심변론종결시설은, 타인의 노력으로 획득한 상품 표지의 주지성에 편승하는 행위를 부정경쟁행위로서 금지하고자 하는 부정경쟁방지법의 입법목적에 부합하는 측면이 있으나, 사실심 변론종결 시 자체가 유동적인데다가 선의의 선사용자의 행위까지 부정경쟁행위로서 금지청구 등의 대상이 될 수 있다는 점에서 법적 안정성을 저해한다는 문제가 있다.

이에 2023. 3. 28. 법률 제19289호로 일부개정되어 2023. 9. 29. 시행 예정인 개정 부정경쟁방지법은, 국내에 널리 인식된 타인의 상품표지 또는 영업표지와 동일하거나 유사한 표지에 대하여 부정한 목적 없이 선(先)사용한 경우는 부정경쟁행위에서 제외하는 한편[제2조 제1호 (가)목 및 (나)목], 그 타인은 선의의 선사용자에게 그의 상품과 자기의 상품 간에 출처의 오인이나 혼동을 방지하는 데 필요한 표시를 할 것을 청구할 수 있도록 하였다(제3조의3).

키워드

상품주체 혼동행위, 주지성, 선의의 선사용자, 옥시, 부정경쟁행위

---

8) 박정화(주 2), 603.

9) 김범희(주 3), 164.

[7] 부정경쟁방지법 제2조 제1항 (가)목의 상품표지 유사판단

—대법원 2005. 1. 27. 선고 2004도7824 판결—

윤 태 식 (부산지방법원)

[사실 개요]

공소외 1의 상품표지	피고인들의 상품표지

1. 대상판결에서 피고인들에 대한 공소사실은 "피고인 1, 피고인 2가 공동하여, 2002. 12. 20.경 피고인 3 주식회사 사무실에서 피고인 3 주식회사의 업무에 관하여, 공소외 1 주식회사가 한국특허청에 등록하여 국내에 널리 인식된 상표인 Cass와 유사한 Cash 상표가 부착된 캔맥아음료 1,709,040개, 시가 427,260,000원 상당을, 2003. 2. 7.경 위 캔맥아음료 1,720,320개, 시가 430,080,000원 상당을 각 호주로부터 수입하는 등 합계 3,429,360개, 시가 857,340,000원 상당을 수입함으로써 위 Cass 상품과 혼동을 하게 하는 부정경쟁 행위를 한 것이다."이다.
2. 원심은 공소외 1 주식회사의 Cass 상표의 등록 및 사용과 피고인 1, 피고인 2가 위 공소사실 기재의 상표가 부착된 상품을 수입한 경위를 각 인정한 다음, 피고인들이 수입한 제품에 부착된 상표와 공소외 1 주식회사의 Cass 상표의 유사 여부에 관하여, 양 상표의 외관, 호칭, 관념이 서로 다르고 달리 위 Cash 상표가 Cass 상표와 유사하다고 인정할 증거가 없다는 이유로, 피고인들이 위 Cash 상표가 부착된 캔맥아음료를 수입한 것만으로 공소외 1 주식회사의 Cass 상품과 혼동을 하게 하는 부정경쟁방지법(2004. 1. 20. 법률 제7095호로 개정되기 전의 것) 제2조 제1호 (가)목의 부정경쟁행위를 한 것이라고 인정하기 부족하다면서 피고인들에 대하여 무죄를 선고하였다.

[판결 요지]

공소외 2 주식회사가 등록하여 피고인 3 주식회사가 이전등록받았던 등록상표는 Cash로 구성된 것이지만, 피고인들이 수입한 상품의 용기에 부착, 사용한 상표는 Cash(이하 "실사용상표"라고 한다)이고, 공소외 1 주식회사의 널리 알려진 상품표지 또한 Cass로 구성된 것이므로, 피고인들의 행위가 부정경쟁행위에 해당하는지 여부를 살피기 위해서는 위 두 상품표지를 서로 비교하여야 하는바, 실사용상표와 공소외 1 주식회사의 Cass를 대비하면, 그 호칭이나 관념이 동일·유사하다고 보기는 어렵지만, 외관에 있어서는 앞의 세 글자는 동일하고, 네 번째 글자는 그 모양에 일부 차이가 있다고 하더라도 전체적으로 특이한 글자체를 동일하게 사용하고 있으며 그 글자체의 색채까지도 동일한 점, 실사용상표의 마지막 글자인 h는 공소외 1 주식회사의 상표 중 마지막 글자인 S를 약간 변형한 것으로서 그 외관상의 차이가 크지 않은 점, 공소외 1 주식회사의 위 상표가 캔으로 된 맥주용기의 외부에 와 같은 모양으로 널리 부착, 사용되어 왔고, 실사용상표 또한 와 같이 공소외 1 주식회사의 용기와 동일한 형상 및 색채와 모양으로 이루어진 용기에 Cass 상표가 위치한 곳과 동일한 부분에 같은 크기의 글자체로 부착 사용된 점을 종합하면, 양 상표를 전체적, 이격적으로 관찰하는 경우에 그 외관이 유사하다고 봄이 상당하고, 그에 따라 피고인들이 실사용상표를 그 상품의 용기에 부착 사용한 행위는 공소외 1 주식회사의 상품과 혼동을 일으키는 행위에 해당한다(파기환송).

해설

Ⅰ. 대상판결의 쟁점

대상판결의 쟁점은 대상판결의 공소사실 내용과 같이 피고인들이 대상판결의 실사용상표를 상품의 용기에 부착·사용한 상품표지 사용행위가 부정경쟁방지법 제2조 제1호 (가)목의 상품주체 혼동행위라는 부정경쟁행위에 해당하는지 여부이다.

Ⅱ. 대상판결의 분석

1. 부정경쟁방지법상 상품표지 유사 판단방법 일반론

부정경쟁방지법상 제2조 제1호 (가)목에서 정한 상품표지는 특정인의 상품임을 표시한 표지를 말하고 그중 가장 대표적인 것이 상표이다.

상표법상 상표 유사 판단에서의 혼동은 원칙적으로 어느 표장을 동일하거나 유사한 상품에 사용할 경우 거래통념상 상품 출처, 즉 상품의 생산자 또는 판매자에 관하여 오인이나 혼동을 일으킬 염려가 있는 자타상품 출처에 관한 혼동(협의의 혼동)을 말한다.

그러나 부정경쟁방지법에서 말하는 혼동 개념은 상표법상에서 주로 문제가 되는 자타상품 출처에 관한 혼동(협의의 혼동) 외에 광의의 혼동 개념을 포함한다. 즉, 부정경쟁방지법에서 말하는 혼동에는 상품 출처가 동일하다고 오인하게 하는 경우(협의의 혼동)뿐만 아니라 국내에 널리 인식된 타인의 상품표지와 동일·유사한 표지를 사용함으로써 수요자에게 당해 상품표지의 주체와 사용자 간에 자본, 조직 등에 밀접한 관계가 있을 수 있지 않을까라고 잘못 믿게 하는 경우(광의의 혼동)도 포함한다.

실무도 부정경쟁방지법의 상품주체 혼동행위 여부를 판단하면서는 상품표지의 주지성과 식별력의 정도, 표지의 유사 정도, 사용태양, 상품의 유사 및 고객층의 중복 등으로 인한 경업·경합관계의 존부, 그리고 모방자의 악의(사용의도) 유무 등을 종합하여 판단한다.[1)]

결국 부정경쟁방지법에서 상품표지의 혼동 유무를 판단하면서는 상표법의 유사 여부 판단에서의 고려 사항인 표지 그 자체의 대비 외에, 해당 상품주체의 지리적 위치·종전의 관계, 표지 선택의 동기, 표지에 나타난 악의 내지 부정경쟁의도, 표지에 나타난 기망적인 배열 내지 표시 방법, 표지의 주지저명성, 표지가 주는 전체적인 인상 등을 함께 고려하여 결정한다.

그 결과 상표법에서의 상표 자체에 대한 유사 판단과 부정경쟁방지법에서의 상품표지에 대한 혼동 여부 결론이 서로 다를 수 있다.

즉 특정한 상품에 부착된 타인의 상표가 이른바 주지저명한 상품표지에 해당할 경우에, 상표 자체와는 서로 유사하다고 보기 어려워 자타상품 출처에 관한 혼동(협의의 혼동)이 발생하기 어렵다고 하더라도, 상품표지의 구성이나 관념 등을 비교하여 타인의 저명한 상품표지가 연상되거나 타인의 상품과 밀접한 관련성이 인정되어 타인의 상품과 광의의 혼동이 인정될 염려가 있다면 그 상품표지의 사용이 부정경쟁방지법 제2조 제1호 (가)목의 상품주체 혼동행위에 해당할 수 있다.

2. 대상판결의 분석

두 상품의 용기에 기재된 상표(Cash와 Cass)만을 대비하여 보면, 외관에서 Cash와 Cass는 글자 수 및 앞 세 글자가 동일하나 네 번째 문자의 'h'와 's'가 서로 다르고, 호칭에서 Cash는 발음기호상 '케쉬' 또는 '캐쉬'로 읽히고 Cass는 일반 상거래사회에서 '카스'로 호칭되고 있어 서로 다르며, 관념에서도 Cash는 일반적으로 '현금'으로 인식되고 있고 중학생 정도의 수준이면 알 수 있는 영어 단어임에 비하여 Cass는 그 뜻을 알 수 없는 조어상표이므로 일응 두 상표가 서로 유사하지 않다고 볼 여지는 있다. 원심은 이러한 차이에 근거하여 피고인들이 실사용상표를 그 상품의 용기에 부착 사용한 행위는 부정경쟁방지법상 공소외 1 주식회사의 상품과 혼동을 일으키는 부정경쟁행위에 해당하지 않는다고 하였다.

그러나 대상판결에서의 쟁점은 상표법의 상표 유사 여부가 아니라 부정경쟁방지법상의 상품표지 유사 여부로서 두 상표만을 단순 대비하여서는 아니 되고, 앞에서 본 바와 같

---

1) 대법원 2007. 12. 27. 선고 2005다60208 판결.

이 상표 자체의 대비뿐만 아니라 해당 표지 선택의 동기, 표지에 나타난 악의 내지 부정경쟁의도, 표지에 나타난 기망적인 배열 내지 표시 방법 등도 고려하여 판단하여야 한다.

그리고 대상판결에서 유사 판단 시 대비하여야 할 대상은 상품표지이므로 용기의 외관 전체 모습을 대비할 필요도 있다.

공소외 1의 맥주용기와 피고인의 맥주용기의 각 외부 전체는 앞의 [사실 개요] 표와 같은데 전체적으로 볼 때 피고인들의 맥주 용기는 공소외 1 주식회사의 맥주 용기와 매우 흡사한 형상 및 색채와 모양으로 이루어져 있다. 이러한 사정에다가 피고인들의 맥주 용기는 공소외 1의 상품표지 중 Cass 상표가 위치한 곳과 동일한 부분에 같은 크기의 글자체로 Cash로 부착되어 있으며 그중 마지막 글자 h는 공소외 1 주식회사의 상표 중 마지막 글자인 s와 유사하게 보이도록 의도적으로 변형시켰다.

대상판결도 위에서 본 사정을 지적하고 있다. 따라서 대상판결 역시 부정경쟁방지법상 상품표지의 광의의 혼동 여부를 판단하면서 두 상품에 나타난 상표만을 대비하는 것이 아니라, 상표법의 상표 유사판단에서는 일반적으로 고려되지 않는, 표지 선택의 동기 및 그 사용상황에 나타난 악의 내지 부정경쟁의도, 각 표지가 주는 전체적인 인상 등을 함께 고려하여 피고인들이 Cash를 그 상품의 용기에 부착 사용한 행위가 공소외 1 주식회사의 상품과 혼동을 일으키는 행위에 해당하는 것으로 판단하였다고 이해할 수 있다.[2)]

Ⅲ. 대상판결의 의의

대상판결은 부정경쟁방지법 제2조 제1호 (가)목의 상품표지 혼동행위를 판단하기 위한 혼동 개념에 광의의 혼동까지 고려되어야 함을 확인하고 그 혼동행위 해당여부를 판단하면서 상표법에서의 상표 유사 판단에서 중요하게 고려되는 두 상표의 외관, 호칭, 관념의 대비뿐만 아니라 표지의 사용태양, 표지 선택의 동기 및 그 사용상황에 나타난 악의 내지 부정경쟁의도, 각 표지가 주는 전체적인 인상 등의 사정을 함께 고려하여 상품주체 혼동행위 여부를 판단하였다는 점에서 의의가 있다.

키워드

부정경쟁행위, 상품주체 혼동행위, 상품표지, 유사 판단, 광의의 혼동, 표지 선택의 동기

---

2) 파기환송 후 원심은 대상판결의 취지에 따라 피고인들의 행위가 부정경쟁행위에 해당한다는 1심 판결에 대한 피고인들의 항소를 기각하였고, 이에 피고인들이 다시 상고하였으나 대법원 2005. 6. 24. 선고 2005도3141 판결로 상고가 기각되었다.

[8] 상품의 포장용기나 디자인이 부정경쟁방지법 제2조 제1호 (가)목의 '타인의 상품임을 표시한 표지'에 해당하기 위한 요건

—대법원 2006. 4. 13. 선고 2003도7827 판결—

박 찬 석 (서울중앙지방법원)

[사실 개요]

	피해회사 상품표지	피고인들 상품표지
전체 디자인		
구성 요소	상표 1: Roberta Di Camerino 상표 2: 바탕 색상: 적색, 청색, 남색	상표 a: Ambassador Roberta 상표 b: 바탕 색상: 적색, 청색, 남색

1. 피해회사는 이탈리아 회사가 등록한 Roberta Di Camerino 상표(상표 1, 2)의 전용사용권자로서 표 왼쪽 그림과 같은 자동차용 방향제(이하 '피해회사 상품')를 제조 · 판매하고 있다.
2. 피고인 1은 당초 피해회사와 Roberta Di Camerino 상표에 관한 서브라이선스계약을 체결하고 피해회사 제품을 판매하던 중 분쟁이 생기자, 피고인 2로 하여금 등록된 상표 a, b에 관한 사용권을 취득하게 한 다음 표 오른쪽 그림과 같은 자동차용 방향제를 생산 · 판매하였다.
3. 검사는 '피고인들이 공모하여 2001년 10월경 Roberta Di Camerino의 상품포장 및 도안을 이용하여 국내에 널리 인식된 피해회사 상품의 용기, 포장 등과 유사하여 피해회사의 상품과 혼동을 일으키게 하는 방향제 3,000세트 등에 상표 a를 부착하고, 'ITALY'라고 표시하여 판매함으로써 부정경쟁행위를 하였다'는 공소사실로 기소하였다. 피고인들은 '공소사실 기재와 같이 방향제 등에 상표 a를 부착하여 생산 · 판매한 것은 사실이나, 피고인들이 사용한 적색, 청색, 남색의 삼색이나 방향제의 용기 등은 일반적으로 널리 사용되어지는 것에 불과하여 Roberta Di Camerino 상표가 부착된 방향제 등이 국내에 널리 인식된 것은 아니므로 피고인들의 부정경쟁행위가 성립하지 않는다고 다투었다.

[판결 요지]

1. 일반적으로 상품의 포장용기 및 디자인은 상품의 출처를 표시하는 기능을 가진 것

은 아니고, 다만 상표부분을 포함하여 어떤 포장용기에 표시되어 있는 문양, 색상 또는 도안 등이 상품에 독특한 개성을 부여하는 수단으로 사용되고, 그것이 장기간 계속적, 독점적, 배타적으로 사용되거나 지속적인 선전광고 등에 의하여 그 색상, 도안 등이 갖는 차별적 특징이 거래자 또는 수요자에게 특정한 품질을 가지는 특정 출처의 상품임을 연상시킬 정도로 현저하게 개별화되고 우월적 지위를 획득할 정도에 이른 경우에만 비로소 부정경쟁방지법 제2조 제1호 (가)목에서 정하는 '타인의 상품임을 표시한 표지'(이하 '상품표지'라 한다)에 해당된다.

2. 상품표지가 국내에 널리 인식되었는지 여부는 그 사용기간, 방법, 태양, 사용량, 거래범위 등과 상품거래의 실정 및 사회통념상 객관적으로 널리 알려졌느냐의 여부가 일응의 기준이 된다.

3. Roberta Di Camerino 상표 부분을 포함하여 자동차용 제품에서의 포장 용기나, 적색, 청색, 남색 등 삼색을 사용한 그 바탕 색상, 도안 등 전체 디자인이 장기간 계속적, 독점적, 배타적으로 사용되거나 지속적인 선전광고 등에 의하여 국내에서 일반 수요자들에게 특정한 품질을 가지는 Roberta Di Camerino 상표의 자동차용 제품임을 연상시킬 정도로 개별화되고 우월한 지위를 획득하여 그 주지성이 있다고 볼 수 없으므로 이 사건 공소사실은 범죄의 증명이 없는 경우에 해당한다고 판단하여 피고인들에 대하여 무죄를 선고한 원심 판단을 수긍한 사례.

해설

Ⅰ. 대상판결의 쟁점

검사는 피고인들의 행위가 부정경쟁방지법 제2조 제1호 (가)목에 해당한다고 보아 기소하였다. 위 (가)목은 "국내에 널리 인식된 타인의 성명, 상호, 상표, 상품의 용기·포장, 그 밖에 타인의 상품임을 표시한 표지(標識)와 동일하거나 유사한 것을 사용하거나 이러한 것을 사용한 상품을 판매·반포(頒布) 또는 수입·수출하여 타인의 상품과 혼동하게 하는 행위"를 부정경쟁행위로 규정하고 있다.[1] 구성요건을 분설하면, 객관적 요건으로 ① 국내에

1) 피고인들이 위 방향제를 판매할 당시(2001. 10.경) 적용되는 구 부정경쟁방지법(2004. 1. 20. 개정 전) 제2조 제1호에는 "그 목적의 여하를 불문하고"라는 문구가 포함되어 있다가 위 개정으로 삭제되었고, 2023. 9. 29.부터 시행되는 개정 부정경쟁방지법(2023. 3. 28. 법률 제19289호) 제2조 제1호 (가)목에는 "다음의 어느 하나에 해당하는 정당한 사유 없이"라는 문구와 "1) 타인의 상품표지가 국내에 널리 인식되기 전부터 그 타인의 상품표지와 동일하거나 유사한 표지를 부정한 목적 없이 계속 사용하는 경우, 2) 1)에 해당하는 자의 승계인으로서 부정한 목적 없이 계속 사용하는 경우"가 추가되어, '선사용

널리 인식된(주지성), ② 타인의 성명, 상호, 상표, 상품의 용기·포장, 그 밖에 타인의 상품임을 표시한 표지(상품표지), ③ 그와 동일·유사한 것을 사용하거나 이러한 것을 사용한 상품의 판매·반포 또는 수입·수출행위, ④ 타인의 상품과 혼동하게 하는 행위일 것을 요하고, 주관적 요건으로 ⑤ 고의, 즉 부정경쟁행위를 한다는 인식이 있어야 한다.[2] 이 사건에서는 특히 ① 주지성과 ② 상품표지 요건이 문제되었다.

Ⅱ. 대상판결의 분석

위 (가)목은 이른바 '상품주체 혼동행위'로서, (나)목의 '영업주체 혼동행위'와 더불어 '사칭통용(詐稱通用, passing off)'의 전형적인 형태이다.[3] 사칭통용은 구매자를 기망하기 위하여 자신의 상품을 타인의 상품이라고 허위로 표시하는 행위(misrepresentation)를 말한다.[4] 1617년 영국의 Southern v. How 사건에서 Doderidge 판사가 제시한 방론이 사칭통용에 관한 불법행위 법리의 기원이 되었고, 이후 그 법리가 계속 진화하여 미국 등에서 부정경쟁방지의 법리로 발전되어 왔다고 설명되듯이[5] 상품주체 혼동행위는 부정경쟁방지법제가 규제하려는 가장 시원적이자 전형적인 금지 대상이다. 이렇듯 부정경쟁방지의 법리는 영미판례를 통해 사칭행위 내지 출처혼동의 방지를 중심으로 발달되었고, 산업화와 시장 변화와 함께 다양한 유형의 부정경쟁행위에 널리 적용되는 법리로 진화하여 왔으나, 현재는 출처혼동에 관한 부정경쟁행위 유형의 상당부분은 상표법이라는 성문법에 흡수되었는바,[6] 이 지점에서 위 ② 상품표지 요건을 더욱 세심하게 해석·적용해야 할 필요성이 대두된다.

위 ② 상품표지 요건은 '타인의 성명, 상호, 상표', '상품의 용기·포장', '그 밖에 타인의 상품임을 표시한 표지' 3부분으로 구분할 수 있다. 상품표지란 개별적·독립적으로 거래되고 특정 상품의 출처를 표시하는(즉, 그 표지를 지닌 상품이 누구로부터 나온 것인가를 알려주는) 식별표지, 즉 특정인의 상품임을 표시한 표지를 의미한다.[7] 위 문언으로부터 알 수 있듯이 법문에서 들고 있는 성명, 상호, 상표나 상품의 용기·포장은 예시적인 것이어서, 그 외에도 성이나 이름, 아호, 예명, 필명, 단체 유파의 명칭, 종교 단체명, 상호의 약칭, 상품형태, 제

항변'을 인정하고 있다.

2) 윤태식, 「부정경쟁방지법」, 박영사(2021), 55.
3) 정상조 편집대표, 「부정경쟁방지법 주해」, 박영사(2020), 17(이대희 집필부분).
4) Prosser and Keeton on Torts 1015~1016(1984)[정상조 편집대표(주 3), 17(이대희 집필부분)에서 재인용]
5) 정상조 편집대표(주 3), 2~3(정상조 집필부분).
6) 정상조 편집대표(주 3), 3(정상조 집필부분).
7) 윤태식(주 2), 64.

호, 문양 등이 이에 해당할 수 있고, 냄새, 맛, 소리 또는 동작, 색체 등의 상표나 입체상표, 캐릭터, 도메인이름, 트레이드 드레스(trade dress)와 관련하여 상품의 종합적 이미지 등 그것이 상품표지로서 개별화 기능이 있고, 상품의 출처를 나타내는 표지가 될 수 있는 이상 모두 이에 해당할 수 있다.[8] 그렇지만 위에 예시된 각각의 표지들 사이에는 규범적 차이가 분명히 존재한다. 본래 상품의 표지는 상표뿐이고, 그 밖의 표지는 그것이 상품의 출처를 나타내는 표지로 사용된다고 평가되는 경우, 즉 타인의 것과 구별되는 개성이 있는 것으로서 독점적 사용 등에 의한 식별력이 있는 경우에만 본 조항의 보호를 받는다.[9] 성명, 상호도 위와 같은 식별력을 갖추어야 본 조항의 보호대상이 되는데, 성명, 상호는 태생적으로 특정 개인이나 영업주를 지칭하는 기능을 가지므로, 해당 개인이나 영업주가 취급하는 상품과 결부되어 출처표시 기능을 발휘하는 데 친하다고 볼 수 있다.

반면 상품의 용기·포장 및 형태는 본래 상품의 자타 식별력을 나타내기 위한 것이 아니라 기능적인 필요에 의한 것으로서 그 상품에 통상 사용되는 것이거나 필수불가결한 형상인 경우가 대부분일 수 있고, 디자인적 요소를 띤 것으로서 그것이 실용신안 또는 디자인 등으로 등록되어 있지 않는 한 원칙적으로 누구나 자유롭게 사용할 수 있는 것이며, 이를 자타 상품의 구별 표지로 볼 수 있거나 그것이 상품표지로서 널리 알려져 있다고 판단할 수 있는 경우는 흔하지 않다고 할 수 있다.[10] 따라서 상품의 용기·포장 및 형태는 타인의 성명, 상호, 상표에 비하여 상품표지로 인정되기 위하여 더 엄격한 요건이 필요하다고 볼 수 있다. 대법원도 일찍부터 "일반적으로 상품의 형태는 상품의 출처를 표시하는 기능을 가진 것은 아니나 다만 어떤 상품의 형태가 장기간 계속적, 독점적, 배타적으로 사용되거나 지속적인 선전광고 등에 의하여 그 형태가 갖는 차별적 특징이 거래자 또는 수요자에게 특정한 품질을 가지는 특정 출처의 상품임을 연상시킬 정도로 개별화되기에 이른 경우에는 부차적으로 자타상품의 식별기능을 가지게 되고 이러한 경우에 비로소 부정경쟁방지법 제2조 제1항 (가)목 소정의 '기타 타인의 상품임을 표시한 표지'에 해당된다."라고 판시하였다(대법원 1994. 12. 2. 선고 94도1947 판결 등). 이러한 불확정개념을 판단할 때에는 '건전한 거래질서 유지'라는 입법취지가 적극적으로 작동한다. 구체적으로 상품의 용기·포장 및 형태에 혼동을 방지할 필요가 있을 만큼 신용이 축적되어 있는지, 다른 영업자로 하여금 이를 사용하도록 하는 것이 거래질서에서 신의와 형평에 반하는 것인지 등을 함께 고려할 필요가 있다.[11]

---

8) 윤태식(주 2), 65.

9) 권택수, "상품의 용기나 포장이 구 부정경쟁방지법 제2조 제1호 (가)목 소정의 '타인의 상품임을 표시한 표지'에 해당하기 위한 요건", 「대법원판례해설」 제37호, 법원도서관(2001), 269.

10) 하광룡, "부정경쟁방지및영업비밀보호에관한법률 제2조 제1호 (가)목 소정의 상품의 용기·포장·기타 상품의 형태 등 상품의 표지에 관하여", 「사법논집」 제31집, 법원도서관(2000), 897.

11) 윤태식(주 2), 69.

한편 상품의 용기·포장 및 형태는 특정 출처를 표시하는 표지로서 널리 인식된 경우에 상품표지성을 갖게 되는 것이 보통이므로, 상품표지 해당성 판단과 주지성 판단이 한꺼번에 이루어지는 경우가 많다.[12] 이 사건 원심도 상품표지의 유사성 판단에서, 피해회사 상표 1(Roberta Di Camerino)과 피고인들 상표 a의 유사성은 부인하였으나, '제품의 용기, 바탕색상(적색, 녹색, 청색), 광고문구, R자형 도안 등 전체적인 디자인'의 유사성을 인정하였다. 원심은 나아가 주지성 판단에서 "제품의 포장과 용기, 삼색 등의 디자인의 사용기간이나 방법, 사용량, 선전광고의 실태, 영업 규모 기타 거래범위 등을 구체적으로 알 수 없고, 피해회사의 방향제 용기는 별다른 특징 없이 내용물을 담는 일반적인 용기에 불과하며, 적색, 청색, 남색 등의 삼색은 일상의 주변에서 자연스럽게 관찰되는 색의 조합에 불과하여 일반적으로 널리 사용되는 점 등을 근거로, 피해회사 상표 부분을 포함하여 포장 용기나 바탕 색상, 도안 등 전체 디자인이 국내에서 일반 수요자들에게 특정한 품질을 가지는 피해회사 상표의 자동차용 제품임을 연상시킬 정도로 개별화되고 우월한 지위를 획득하여 그 주지성이 있다고는 볼 수 없다."고 판단하였다. 대법원은 원심 판단을 수긍하였다.

Ⅲ. 대상판결의 의의

부정경쟁방지법 제2조 제1호 (가)목은 상품표지의 하나로 '상품의 용기·포장'을 명시하고 있다. 대상판결은 '상품의 포장용기 및 디자인'이 일반적으로 상품의 출처를 표시하는 기능을 가진 것은 아니고, 일정한 요건을 갖춘 경우, 즉 상품에 독특한 개성을 부여하는 수단으로 사용되고, 그것이 장기간 계속적, 독점적, 배타적으로 사용되거나 지속적인 선전광고 등에 의하여 그 색상, 도안 등이 갖는 차별적 특징이 거래자 또는 수요자에게 특정한 품질을 가지는 특정 출처의 상품임을 연상시킬 정도로 현저하게 개별화되고 우월적 지위를 획득할 정도에 이른 경우에만 위 조항의 '상품표지'에 해당한다는 기존 법리를 재확인하였다. 개별 사건에서 '상품주체 혼동행위'로서 규제 대상인지 판단할 때 근거조문의 문언뿐만 아니라 상표법과의 관계 등 전체 지식재산권법령 체계와 사업자들 사이의 이익 조정, 수요자 및 소비자 후생, 건전한 거래질서 유지라는 입법목적을 충분히 고려해야 함을 다시 한번 상기시키는 판결이라고 할 수 있다.

키워드

상품 포장용기, 디자인, 상품표지, 주지성

12) 권택수(주 9), 273.

[9] 상품주체 혼동의 위험성 판단 방법

—대법원 2007. 12. 27. 선고 2005다60208 판결—

한 규 현 (서울고등법원)

[사실 개요]

원고 상품표지 및 사용상품	피고 상품표지 및 사용상품
상품표지: 알파 / ALPHA 사용상품: 그림물감, 포스터칼라	알파 / ALPHA 사용상품: 문구류

1. 원고는 물감 등 미술용품을 생산 · 판매하는 회사이고, 피고는 문구류 판매업, 프랜차이즈업 등을 하고 있는 회사이다.
2. '알파 또는 ALPHA는 원고의 그림물감, 포스터칼라 등에 관한 상품표지로서의 기능을 하여 오고 있으며, 오랜 기간 그와 같이 기능함으로써 국내의 수요자들이 그림물감, 포스터칼라 등에 관하여 '알파' 또는 'ALPHA'를 원고가 생산하는 상품임을 표시하는 것으로 인식하게 되었다.
3. 원심은 피고가 '알파' 또는 'ALPHA' 표장을 미술용품에 부착하여 사용한 행위에 대하여는 상품주체혼동행위에 해당한다고 판단하고, 미술용품을 제외한 일반문구류에 부착하여 사용한 행위에 대해서는 혼동을 일으키지 않는다고 판단하였다.
4. 대법원은 피고가 '알파' 또는 'ALPHA' 표장을 미술용품을 제외한 일반문구류에 부착하여 사용한 행위에 대해서도 혼동을 일으킨다고 판단하였다.

[판결 요지]

1. 부정경쟁방지법 제2조 제1호 (가)목에서 '타인의 상품과 혼동을 하게 하는'이라는 의미는 상품의 출처가 동일하다고 오인하게 하는 경우뿐만 아니라 국내에 널리 인식된 타인의 상품표지와 동일 또는 유사한 표지를 사용함으로써 수요자로 하여금 '당해 상품표지의 주체와 사용자 간에 자본, 조직 등에 밀접한 관계가 있을 수 있지 않을까'라고 오신하게 하는 경우도 포함하며, 타인의 상품과 혼동을 하게 하는 행위에 해당하는 여부는 상품표지의 주지성과 식별력의 정도, 표지의 유사 정도, 사용태양, 상품의 유사 및 고객층의 중복 등으로 인한 경업·경합관계의 존부, 그리고 모방자의 악의(사용의도) 유무 등을 종합하여 판단하여야 한다(대법원 2007. 4. 27. 선고 2006도8459 판결 등 참조).

2. 피고가 원고의 상품표지와 동일·유사한 '알파' 또는 'ALPHA' 표장을 그래픽테이프, 양면테이프, 토시, 앞치마, 이동펀치, 클립, 포토앨범 등 문구류에 부착하여 사용하는 행

위는 적어도 원고와 피고 사이에 자본, 조직 등에 밀접한 관계가 있을 것이라는 오신을 하게 하는 경우로서 원고의 상품과 혼동을 하게 하는 부정경쟁행위에 해당한다고 봄이 상당하고, '알파' 또는 'ALPHA'가 그림물감, 포스터칼라 등에 관한 상품표지로만 국내에 널리 인식되어 있다고 하여 피고의 행위가 미술용품에 한정하여 부정경쟁행위에 해당한다고는 할 수 없다.

해설

Ⅰ. 대상판결의 쟁점

부정경쟁방지법 제2조 제1호 (가)목에 의하면, '국내에 널리 인식된 타인의 성명, 상호, 상표, 상품의 용기, 포장 기타 타인의 상품임을 표시하는 표지와 동일 또는 유사한 것을 사용하거나 이러한 것을 사용한 상품을 판매, 반포 또는 수입, 수출하여 타인의 상품과 혼동을 일으키게 하는 행위'를 부정경쟁행위의 하나로 들고 있다. 이를 일반적으로 '상품주체혼동행위'라고 한다. 상품주체혼동행위가 성립하려면 ① 국내에서 널리 인식된 타인의 상품표지(상품표지의 주지성)와, ② 동일 또는 유사한 것을 사용하여(유사성), ③ 타인의 상품과 혼동을 일으켜야 한다(혼동의 위험성). 이 사건에서는 피고인들의 행위가 피해자의 상품과 혼동을 일으키고 있는지가 문제된다.[1)]

Ⅱ. 대상판결의 분석

혼동에는 협의의 혼동(상품출처의 혼동)과 광의의 혼동(후원관계의 혼동)이 있다. 협의의 혼동이라 함은 상품의 출처(상품주체)가 동일하다고 오인하는 것을 말한다.[2)] 광의의 혼동이란 주지의 타인의 상품표지와 동일 또는 유사한 표지를 사용함으로써 거래자, 수요자로 하여금 당해 상품표지의 주체와 사용자 간에 무언가 밀접한 관계(자본 내지 자금의 밀접한 관계, 조직 내지 인사상의 밀접한 관계 등)가 있지 않을까 하고 오신하는 것을 의미한다. 부정경쟁방지법 제2조 제1호 (가)목에서의 혼동은 협의의 혼동과 광의의 혼동을 모두 포함한다. 그리고 여

---

1) 대상판결에 관한 상세한 내용 및 설명은 한규현, "ALPHA, 알파를 포함하는 표장의 사용으로 인한 법률관계", 「경기법조」 16호, 수원지방변호사회(2009), 332~351 참조.

2) 협의의 혼동에는 상표의 구성상의 유사성이 요인이 되어 출처가 혼동되는 경우(직접혼동), 상표 자체에 관한 오인은 없지만 양 상표가 지닌 구성의 공통성, 모티브의 동일성, 상품의 저명성 등이 계기가 되어 출처에 혼동이 생기는 경우(간접혼동)를 포함한다[정태호, "기업그룹의 분리에 따른 저명한 선사용표장과의 혼동에 관한 문제", 「사법」 32호, 사법발전재단(2015), 224].

기에서 타인의 상품과 혼동을 일으키게 하는지 여부는 상품표지의 주지성과 식별력의 정도, 표지의 유사 정도, 사용태양, 상품의 유사 및 고객층의 중복 등으로 인한 경업·경합관계의 존부, 그리고 모방자의 악의(사용의도) 유무 등을 종합하여 판단하여야 한다(대법원 2001. 4. 10. 선고 98도2250 판결 참조).

대상판결이 원용하고 있는 대법원 2007. 4. 27. 선고 2006도8459 판결은 "타인의 상품과 혼동을 하게 하는"이라는 의미는 상품의 출처가 동일하다고 오인하게 하는 경우뿐만 아니라 국내에 널리 인식된 타인의 상품표지와 동일 또는 유사한 표지를 사용함으로써 일반 수요자나 거래자로 하여금 '당해 상품표지의 주체와 사용자 간에 자본, 조직 등에 밀접한 관계가 있지 않을까'라고 오신하게 하는 경우도 포함하며, 타인의 상품과 혼동을 하게 하는 행위에 해당하는 여부는 상품표지의 주지성과 식별력의 정도, 표지의 유사 정도, 사용태양, 상품의 유사 및 고객층의 중복 등으로 인한 경업·경합관계의 존부, 그리고 모방자의 악의(사용의도) 유무 등을 종합하여 판단하여야 한다는 취지로 판시하고 있다.[3)]

위 2006도8459 판결은 상품의 출처가 동일하다고 오인하게 하는 협의의 혼동뿐만 아니라 '당해 상품표지의 주체와 사용자 간에 자본, 조직 등에 밀접한 관계가 있지 않을까'라고 오신하게 하는 광의의 혼동도 포함한다는 점을 명시하였음에 그 의의가 있다. 나아가 위 2006도8459 판결은 '타인의 상품과 혼동을 하게 하는 행위에 해당하는 여부에 관한 판단 방법'에 관하여도 판시하고 있는데, 이 부분은 대법원 2001. 4. 10. 선고 98도2250 판결에서 유래되었다. 대상판결은 위 2006도8459 판결의 법리를 그대로 원용하고 있다. 이와 같은 법리는 대법원 2009. 4. 23. 선고 2007다4899 판결, 대법원 2011. 12. 22. 선고 2011다9822 판결에서도 계속 이어지고 있다.

대상판결은 그와 같은 법리를 적용하여 피고가 국내의 수요자들에게 그림물감, 포스터칼라 등에 관하여 원고가 생산하는 상품임을 표시하는 것으로 인식하게 된 원고 상품표지와 동일·유사한 상품표지(알파, ALPHA)를 미술용품뿐만 아니라 그래픽테이프, 양면테이프, 토시, 앞치마, 이동펀치, 클립, 포토앨범 등 문구류에 부착하여 사용하는 행위에 대하여도 원고와 피고 사이에 자본, 조직 등에 밀접한 관계가 있을 것이라는 오신을 하게 하는 경우로서 원고의 상품과 혼동을 하게 하는 부정경쟁행위에 해당한다고 판단하였다.

다만, 대상판결은 원고가 금지를 구하는 표장 중 '알파문구센터 Alpha Stationery Center', 'CITY ALPHA', 'Alpha 알파아트센터'에 대하여는 피고가 위 표장들을 사용하고 있다거나 사용할 우려가 있다고 보기 어렵다는 이유로, '알파' 또는 'ALPHA' 표장을 제외한 '알파 또는 ALPHA를 포함하는 표장'에 대하여는 '알파' 또는 'ALPHA'는 그 자체로는 간단하고 흔히 있는 표장이나 사

3) 대법원 2007. 4. 27. 선고 2006도8459 판결에 대한 상세한 내용 및 설명은 한규현, "상품표지혼동행위의 판단방법", 「민사재판의 제문제」 19권, 한국사법행정학회(2010), 636~651 참조.

용에 의하여 식별력을 취득한 표장으로서 다른 구성요소를 부가하는 경우에는 사안에 따라 원고의 상품표지와 유사하다고 볼 수 있는 경우도 있고 그렇지 아니한 경우도 있을 수 있으며, 금지를 구하고 있는 범위 또한 명확하다고 볼 수도 없다는 이유로, 위 부분의 금지청구는 허용되지 않는다는 판단을 하였다.

Ⅲ. 대상판결의 의의

대상판결은 상품주체 혼동행위의 요건인 혼동의 위험성 판단 방법에 관한 대법원 2007. 4. 27. 선고 2006도8459 판결의 법리를 그대로 따르고 있다. 대상판결은 그와 같은 법리를 적용하여 피고가 미술용품에 관하여 국내에 널리 인식된 원고 상품표지와 동일·유사한 상품표지를 미술용품뿐만 아니라 그 이외의 일반문구류에 부착하여 사용하는 행위에 대하여도 혼동이 발생한다고 판단하고 있음에 그 의의가 있다.

키워드

상품주체 혼동행위, 상품표지, 혼동

[10] 직업가수의 특징적 외양 등이 영업표지에 해당하는지 여부

—대법원 2009. 1. 30. 선고 2008도5897 판결—

조 호 연 (서울중앙지방법원)

[사실 개요]

1. 이미테이션 가수인 피고인 A와 그의 매니저인 피고인 B는 공모하여 피고인 A가 나이트클럽에서 유명가수인 C의 외양(모자 · 선글라스 · 수염)과 행동을 흉내 내면서 C의 음반을 틀어놓고 마치 C인 것처럼 립싱크 방식으로 공연을 하고, 손님이 요청하는 경우 C의 이름으로 서명을 해줌으로써, 국내에 널리 인식된 C의 성명, 외양과 같거나 유사한 것을 사용하여 C의 가수로서의 영업상 활동과 혼동하게 하는 행위를 하였다는 공소사실로 기소되었고, 제1심은 피고인들에게 유죄를 선고하였다.
2. 제1심판결에 대하여 피고인 A와 검사가 항소하였는데, 항소심에서 위 공소사실을 주위적으로 유지하면서 예비적 공소사실을 추가하는 내용의 공소장변경이 이루어졌다. 예비적 공소사실은 위 주위적 공소사실 중 'C의 성명, 외양과 같거나 유사한 것' 부분을 'C의 성명'으로 변경하는 것 외에는 주위적 공소사실과 대체로 동일하다. 항소심은 공소장변경을 이유로 제1심판결을 직권으로 파기하면서 예비적 공소사실을 유죄로 인정하고, 주위적 공소사실에 대하여는 이유무죄로 판단하였다. 이에 대하여 피고인 B와 검사가 상고하였으나, 대법원의 상고기각으로 위 항소심판결이 그대로 확정되었다.

[판결 요지]

1. 타인의 외양과 타인의 독특한 행동 그 자체는 단지 무형적이고 가변적인 인상 내지 이미지에 가까운 것이어서, 어떠한 사물을 다른 사물로부터 구별되게 하는 고정적인 징표로서의 기능이 적은 점, 이러한 특징적인 외양과 행동까지 영업표지로 보아 이를 이용한 행위에 대하여 부정경쟁방지법위반으로 처벌한다면 이는 결과적으로 사람의 특정한 외양 등에 대해서까지 특정인의 독점적인 사용을 사실상 용인하는 것이 되어 어떠한 영업표지에 대하여 들인 많은 노력 및 투자와 그로 인하여 일반인들에게 널리 알려진 성과를 보호하여 무임승차자에 의한 경쟁질서의 왜곡을 막는 데에 그 목적이 있는 부정경쟁방지법의 입법 취지와는 거리가 있는 점, 피고인 A가 모자와 선글라스 등으로 특정가수의 외모와 유사하게 치장하고, 소위 립싱크 방식으로 노래를 부른 행위는 혼동발생 판단의 자료로 평가함이 상당한 점 등을 고려하면 성명 이외에 특정가수의 외양 등은 부정경쟁방지법에서 말하는 영업표지에 해당하지 않는다.

2. 이미테이션 가수인 피고인 A가 나이트클럽에서 유명가수인 C의 모자, 선글라스, 수

염 등 특징적인 외양과 독특한 행동을 모방하여 마치 C인 것처럼 립싱크 방식으로 공연을 하여 부정경쟁방지법위반으로 기소된 사안에서, C의 '성명'은 국내에 널리 인식된 영업표지에 해당하지만 C의 '특징적인 외양, 독특한 행동' 등은 부정경쟁방지법에서 말하는 영업표지에 해당하지 않는다고 한 사례.

해설

Ⅰ. 대상판결의 쟁점

이 사건의 주위적 공소사실에서 영업표지로 특정된 것은 'C의 성명, 외양과 같거나 유사한 것'인데, 제1심은 직업가수가 공연활동을 하면서 사용하는 이름, 외양, 히트곡 제목 등은 총체적으로 영업표지에 해당한다고 판단하였다. 반면에 항소심은 C의 성명은 국내에 널리 인식된 영업표지에 해당하나, C의 외양 등은 그 성명과 함께 총체적으로 파악하여 이를 부정경쟁방지법에서 말하는 영업표지에 해당한다고 보기 어렵다고 판단하였다. 이에 대하여 검사는 가수 C는 성명뿐만 아니라 외관, 행동, 음색 및 노래 등으로도 일반 대중에게 특징지어지므로, C의 외관, 행동, 음색 및 노래 등도 영업표지로 보아야 한다고 주장하면서 상고하였다.

부정경쟁방지법 제2조 제1호 (나)목{이하 '(나)목'이라 한다}은 영업표지로서 성명, 상호, 표장 등을 들고 있으나, 이는 예시일 뿐이므로 영업의 출처를 표시하는 개별화 기능을 갖는 것이라면 무엇이라도 여기에 해당할 수 있다.[1)] 대상판결의 사안에서는 유명가수의 성명 이외에 외양(외관), 행동, 음색 및 노래 등도 영업표지가 될 수 있는지가 주된 쟁점이 되었다.

Ⅱ. 대상판결의 분석

1. 가수의 특징적 외양, 독특한 행동 등이 (나)목의 영업표지에 해당하는지 여부

영업표지란 영업활동을 표시함과 아울러 영업활동을 위한 인적·물적 설비를 표시하는 기능을 가진 것으로서 자신의 영업과 타인의 영업을 구별시키고 자신의 동일성을 식별시키기 위해 사용하는 표지를 의미한다.[2)] 부정경쟁방지법상 영업표지의 표지 형식에 아무런 제한이 없기는 하나, 법의 취지가 널리 알려진 타인의 신용에 무임승차하는 것을 방지하는 것

1) 박태일, "뮤지컬 제목의 영업표지 해당성 여부", 「대법원판례해설」 제104호, 법원도서관(2015), 216.
2) 윤선희·김지영, 「부정경쟁방지법」, 법문사(2012), 125.

이기 때문에 영업표지가 (나)목에 의하여 보호를 받기 위해서는 서비스업의 '식별력'을 갖추어야 한다.[3)]

제1심은 '히트곡 제목'도 영업표지를 구성하는 하나의 요소가 된다는 취지로 판단하였다. 대법원은 책의 제목이 영업표지가 될 수 있는지에 관하여, 책의 저자가 어떠한 책의 저자로 널리 인식되었다고 하더라도 책의 제목은 여전히 책의 저자가 창작한 저작물 또는 그 저작물을 담고 있는 서적이라는 상품 그 자체를 가리키는 것일 뿐이어서, 그 저자의 저술업이라는 영업의 표지로 되었다고 볼 수는 없다고 판단하였는데,[4)] 히트곡 제목도 저작물의 제목이라는 점에서는 책의 제목과 동일하므로 위 법리가 적용될 수 있다고 본다.

한편, 영업방법이 (나)목의 영업표지에 해당할 수 있는지에 대해 견해가 나뉘는데, 법문에 영업표지가 될 수 있는 표지 형식(대상)에 관하여 별다른 제한이 없는 점 등을 근거로 원칙적으로는 영업방법이 (나)목의 영업표지에 해당할 수 있다고 해석하되, 영업방법을 표지로 인정하여 (나)목에 따라 보호하는 것이 영업 그 자체를 보호하게 되는 결과가 된다면 영업표지에 해당하기 어렵다는 견해가 있다.[5)] 이 사건의 항소심 역시 '특정 영업주체의 특징적인 영업방식이나 영업형태라도 주지된 상표, 성명과 동일시할 정도의 자타구별기능과 출처표시기능을 하는 경우나 특정한 영업방법 자체가 특정인의 영업활동과 지극히 밀접하게 결합되는 경우' 등에는 영업방법도 대외적으로 표시기능을 취득하여 영업표지로 될 수 있다고 보았다.

이 사건에서 가수 C는 방송 등에 출연하여 노래공연을 할 때 머리에 모자를 쓰고, 선글라스를 착용하였으며, 독특하게 기른 수염으로 외양을 꾸며 다른 가수들과 구분되는 외양으로 국내의 일반인에게 인식되었다. 그런데 노래공연 시 외부로 나타나는 가수의 외양, 행동, 음색 및 노래는 노래공연을 구성하는 한 부분으로서, 노래는 저작물 자체이고, 외양, 행동, 음색은 한 가수가 노래공연 시 독특한 외양, 행동, 음색을 계속하여 취함에 따라 그와 같은 독특한 외양, 행동, 음색이 그 가수를 특징짓는 개성이 될 수는 있어도 노래공연업이라는 영업의 출처를 나타내는 표지가 된다고 보기는 어렵다. 나아가 가수의 경우 그 성명으로 명확하게 노래공연업의 출처를 표시할 수 있고, 가수의 노래공연을 듣는 수요자도 그 가수의 성명에 의하여 자기가 듣고자 하는 노래공연을 선택하지, 노래공연 중에 나타나는 외양, 행동, 음색 등으로 가수를 구분하여 노래공연을 선택한다고 보기도 어렵다.[6)] 대상판결은 이와 같은 취지에서 가수의 성명 이외에 외양, 행동, 음색 및 노래가 영업표지에 해당하

---

3) 사법연수원, 「부정경쟁방지법(2015)」, 25.
4) 대법원 2004. 7. 9. 선고 2002다56024 판결.
5) 윤태식, 「부정경쟁방지법」, 박영사(2021), 113~114.
6) 박정희, "직업가수의 특징적인 외양과 독특한 행동이 부정경쟁방지 및 영업비밀보호에 관한 법률에서 말하는 '영업표지'에 해당하는지 여부(소극)", 「대법원판례해설」 제80호, 법원도서관(2009), 430.

지 않는다고 본 항소심판결이 정당하다고 판단하였다.

2. 가수의 외양 등이 성명과 함께 총체적으로 하나의 영업표지에 해당할 수 있는지 여부

이 사건에서 제1심 및 항소심법원은 주위적 공소사실의 '성명, 외양과 같거나 유사한 것'의 의미를 '가수 C의 성명 및 외양 등을 요소로 하는 총체적인 영업표지'로 파악하고, 영업표지 해당 여부를 판단하였다.

특정 자연인을 효율적으로 드러내는 징표는 대체로 그 사람의 성명이므로 특정 자연인의 징표를 영업표지로 사용할 때는 성명을 사용하는 것이 유리하다. 그리고 성명이 통상적으로 갖는 안정적인 식별력과 비교할 때 그 사람이 가진 외양이나 행동 등 성명 이외의 징표들은 보다 가변적인 성질을 가져서 고정적인 징표로서의 기능이 더 제한될 수 있다.[7] 따라서 가수의 공연활동에 대한 영업표지로서 '성명'과 같은 명확한 식별력을 가진 표지가 있는 경우에는 그 성명과 함께 외양, 행동 등을 포함한 총체적인 하나의 영업표지를 인정할 실익이 크지 않다.

다만, 어떤 자연인과 관련해서는 그 사람의 성명보다 그 이외의 다른 징표가 영업표지로서의 출처표시기능 혹은 식별력을 잘 구비한 경우가 있는 점,[8] (나)목의 개정으로 이른바 트레이드 드레스(trade dress)라는 '영업의 종합적 이미지'도 영업표지로 보호받을 수 있게 된 점, 유명 연예인의 외모를 모방하는 것은 창작과 경쟁을 위축시키는 행위이고 그 연예인의 고객흡인력에 편승하는 행위로 위법하다고 볼 수 있는 점[9] 등에 비추어 보면, 어떤 사람의 외양, 행동 등이 그 사람의 영업과 관련하여 장기간 계속적·독점적으로 사용되어 수요자들이 그 외양, 행동 등의 종합적 이미지를 보고 특정인의 영업을 연상시킬 정도로 개별화되는 경우에는 그 종합적 이미지는 (나)목의 영업표지에 해당될 수 있을 것이다.

3. 퍼블리시티권과의 관계

퍼블리시티권은 미국의 판례법 또는 성문법상 형성되어온 것으로서 사람이 자신의 성명, 초상, 목소리, 서명, 이미지 등을 상업적으로 이용하거나 그 이용을 허락할 수 있는 권리를 말한다.[10] 대상판결에서 쟁점이 된 가수의 외양, 행동, 음색 등은 전형적인 인적 식별표지로서 퍼블리시티권의 보호대상에 포함된다. 퍼블리시티권의 보호 수준은 그것이 얼마

---

7) 박준석, "프로야구게임 제작에 관한 야구종사자의 퍼블리시티권", 「산업재산권」 제45호, 한국산업재산권법학회(2014), 350, 353.

8) 박준석(주 7), 350.

9) 정상조, "방송통신과 지적재산권: 기술과 시장 그리고 법의 상호작용", 「경제규제와 법」 제3권 제2호, 서울대학교공익산업법센터(2010), 293.

10) 정상조 편집대표, 「부정경쟁방지법 주해」, 박영사(2020), 252(박성호 집필부분).

나 창작적인지가 아니라 얼마나 식별력이 있는지에 따라 결정되고, 고객흡입력에 따른 재산적 가치가 논의의 출발점이 되었던 점에서 부정경쟁방지법의 영업표지와 흡사하다.[11]

나아가 2021. 12. 7. 법률 제18548호로 개정된 부정경쟁방지법 제2조 제1호 (타)목에서 '국내에 널리 인식되고 경제적 가치를 가지는 타인의 성명, 초상, 음성, 서명 등 그 타인을 식별할 수 있는 표지를 공정한 상거래 관행이나 경쟁질서에 반하는 방법으로 자신의 영업을 위하여 무단으로 사용함으로써 타인의 경제적 이익을 침해하는 행위'를 부정경쟁행위 중 하나로 새로 규정하였다. 위 규정은 영업과의 관련성을 묻지 않고 '타인을 식별할 수 있는 표지' 자체를 보호하고 있기 때문에, 가수의 외양, 행동, 음색 등도 위 규정에 따라 보호될 수 있다.[12] 다만, 부정경쟁방지법은 특정인에게 물권에 가까운 완전한 지배권을 부여하는 방식의 입법이 아니라 일정한 요건을 구비할 때 침해를 긍정하는 방식의 입법이므로,[13] 위 규정이 물권과 유사한 독점·배타적인 재산권이라고 설명되는 '퍼블리시티권'을 일반적으로 명문화하였다고 평가하기는 어렵다.

Ⅲ. 대상판결의 의의

부정경쟁방지법에서 말하는 영업표지의 표지 형식에 아무런 제한이 없기는 하나, 영업표지가 되기 위해서는 영업의 출처를 표시하는 개별화 기능이 있어야 한다. 대상판결은 가수의 성명이 아닌 노래공연 시 나타나는 외양, 행동, 음색 및 노래 등이 영업표지가 될 수 없음을 분명히 함으로써 이에 대한 한계를 설정한 점에 의의가 있다.

키워드

영업표지 해당성, 가수의 성명·외양, 출처표시, 퍼블리시티권

11) 정상조·박준석, 「부정경쟁방지 및 영업비밀보호에 관한 법률에 의한 퍼블리시티권 보호방안 연구」, 서울대학교 기술과법센터(2009), 105~106.

12) 벌칙규정인 부정경쟁방지법 제18조 제3항 제1호에서 (타)목을 제외하고 있으므로, 대상판결의 사안과 같이 부정경쟁방지법위반죄가 문제되는 경우에는 위 (타)목이 적용될 수 없다.

13) 정상조·박준석(주 11), 106.

[11] '타인의 영업상의 시설 또는 활동과 혼동하게 하는 행위'의 의미와 판단기준

—대법원 2009. 4. 23. 선고 2007다4899 판결—

조 성 훈 (김 · 장 법률사무소)

[사실 개요]

1. 원고(예술의전당)는 "예술의전당"이라는 표지를 사용하여 문화예술작품의 공연과 문화예술 관련 자료의 수집, 관리 및 연구 등의 사업을 수행해 왔는데, 피고들(지방자치단체)이 '○○예술의 전당'과 같이 '예술의 전당'이라는 문구가 포함된 영업표지를 사용하여 문화예술작품의 공연 및 전시 등의 행위를 하자 영업표지에 대한 침해금지와 예방청구 및 그로 인한 손해배상을 청구하였다.
2. 원심은 피고들(지방자치단체)의 '예술의 전당'이라는 문구가 포함된 영업표지를 사용하여 문화예술작품의 공연 및 전시를 하는 등의 행위가 원고의 영업상 시설 또는 활동과 혼동하게 할 우려가 있음을 전제로 부정경쟁방지법 제2조 제1호 나목에 정한 부정경쟁행위에 해당한다고 판단한 다음, 원고의 청구를 인용하였다.

[판결 요지]

부정경쟁방지 및 영업비밀보호에 관한 법률 제2조 제1호 나목에서 정하는 "타인의 영업상의 시설 또는 활동과 혼동을 하게 한다"는 것은 영업표지 자체가 동일하다고 오인하게 하는 경우뿐만 아니라 국내에 널리 인식된 타인의 영업표지와 동일 또는 유사한 표지를 사용함으로써 일반수요자나 거래자로 하여금 당해 영업표지의 주체와 동일·유사한 표지의 사용자 간에 자본, 조직 등에 밀접한 관계가 있다고 잘못 믿게 하는 경우도 포함한다. 그리고 그와 같이 타인의 영업표지와 혼동을 하게 하는 행위에 해당하는지 여부는 영업표지의 주지성, 식별력의 정도, 표지의 유사 정도, 영업 실태, 고객층의 중복 등으로 인한 경업·경합관계의 존부 그리고 모방자의 악의(사용의도) 유무 등을 종합하여 판단하여야 한다.

해설

Ⅰ. 대상판결의 쟁점

「부정경쟁방지 및 영업비밀보호에 관한 법률」(이하 '부정경쟁방지법'이라 함) 제2조 제1호 (나)목은 "국내에 널리 인식된 타인의 성명, 상호, 표장, 그 밖에 타인의 영업임을 표시하는 표지(상품 판매·서비스 제공방법 또는 간판·외관·실내장식 등 영업제공 장소의 전체적인 외관을 포함한다)와 동일하거나 유사한 것을 사용하여 타인의 영업상의 시설 또는 활동과 혼동하게 하는 행위"를 부정경쟁행위로 규정하는데, 일반적으로 이를 '영업주체 혼동행위'라고 부르고 있다. 영업주체 혼동행위에 해당하려면, ① 주지성, ② 타인의 영업표지 해당성, ③ 동일·유사한 영업표지 사용, ④ 타인의 영업상 시설 또는 활동과 혼동하게 하는 행위일 것 등의 요건을 갖추어야 한다.

대상판결에서는 위에 기재한 요건 중 "타인의 영업상의 시설 또는 활동과 혼동하게 하는 행위"에 해당하는지 여부가 주된 쟁점이 되었다. '혼동'에는 영업주체가 동일한 것으로 오인되는 경우(협의의 혼동)뿐만 아니라 두 영업자의 시설이나 활동 사이에 영업상·조직상·재정상 또는 계약상 어떤 관계가 있다고 오인되는 경우(광의의 혼동)도 포함된다는 것이 일반적인 견해이며,[1] 판례도 마찬가지이다.[2] 나아가 영업주체에 대한 실제의 혼동이 요구되지 않으며, 혼동가능성만으로도 충분하다.[3]

Ⅱ. 대상판결의 분석

대상판결은 다음과 같이 부정경쟁방지법 제2조 제1호 (나)목에서 정하는 "타인의 영업상의 시설 또는 활동과 혼동을 하게 한다"는 요건의 의미와 판단기준을 제시하였다. 먼저 혼동의 의미와 관련하여 대법원은 앞서 본 바와 같이 협의의 혼동뿐만 아니라 광의의 혼동도 포함된다고 판시해 왔는데,[4] 본 판결은 부정경쟁방지법 제2조 제1호 (나)목의 맥락에서

---

1) 윤태식, 「부정경쟁방지법」, 박영사(2021), 117; 정상조 편집대표, 「부정경쟁방지법 주해」, 박영사(2020), 35(이대희 집필부분). 미연방 상표법 제43조(a)(1)(A)도 다른 사람과의 제휴(affiliation), 연결(connection), 연관(association)이나 상품·서비스·상업적 활동의 출처(origin), 후원(sponsorship), 승인(approval)에 대한 기망을 혼동을 일으킬 가능성이 있는 경우를 혼동을 일으킬 가능성이 있는 사용에 포함하는 점을 참고할 수 있다.

2) 대법원 1997. 12. 12. 선고 96도2650 판결(부동산 관련 정보를 제공하는 잡지인 '주간 부동산뱅크'의 제호를 부동산소개업소의 상호로 사용하여 '부동산뱅크 공인중개사'라고 표기하고 '체인지정점'이라고 부기한 것이 부정경쟁방지법 제2조 제1호 (나)목에 해당한다고 본 사례임). 또한 대법원 2007. 4. 27. 선고 2006도8459 판결 등은 부정경쟁방지법 제2조 제1호 (가)목에 대하여도 유사하게 판단하고 있다.

3) 정상조 편집대표(주 1), 34.

4) 부정경쟁방지법 제2조 제1호 (가)목 관련 판결로 대법원 2001. 4. 10. 선고 98도2250 판결, 대법원 2007.

이를 명확히 한 것이다. 또한 부정경쟁방지법 제2조 제1호 (나)목의 해석에서 "혼동하게 하는 행위"에 해당하는지에 대한 판단기준을 제시하고, 그 구체적인 판단 과정을 보여주었다는 의미가 있다. 즉, 기존 판결은 부정경쟁방지법 제2조 제1호 (가)목의 '상품주체 혼동행위'에 대한 판시였지만,[5] 대상판결은 (나)목의 '영업주체 혼동행위'의 관점에서 "타인의 영업표지와 혼동을 하게 하는 행위에 해당하는지 여부는 영업표지의 주지성, 식별력의 정도, 표지의 유사 정도, 영업 실태, 고객층의 중복 등으로 인한 경업·경합관계의 존부 그리고 모방자의 악의(사용의도) 유무 등을 종합하여 판단"한다고 판시한 것이다. 구체적인 판단 과정은 다음과 같다.

(1) 피고의 영업표지 사용 경위: 피고인 지방자치단체들은 문화예술작품의 공연·전시 등을 통하여 지방문화를 육성·발전시키고자 하는 공익적·비영리적인 목적에서 '예술의 전당'이라는 문구가 포함된 영업표지를 사용하게 되었던 점, 그 영업표지들의 선정과정에서 해당 지역민들의 적극적인 추천도 있었던 점 등에 비추어 원고의 표지를 모방하려는 의도가 있었다고 보기도 어렵다.

(2) 원고가 사용하는 표지의 성격: '예술의 전당' 자체는 문화예술업무의 성질·용도 등을 나타내는 것으로 독창성이 인정되지 않는 기술적 표장에 해당한다.[6]

(3) 경업·경쟁관계에 있는지 여부: 피고들이 사용한 영업표지에는 피고들의 명칭이 각각 부가되어 있고 원고와 피고들의 업무활동이 이루어지는 시설이 서로 멀리 떨어져 있으며 주로 해당 지역을 중심으로 거주하는 사람들이 그 시설을 이용하고 있어 수요자가 중복된다거나 업무활동이 경합·경쟁관계에 있다고 보기 어렵고, 오히려 원고와 피고들은 공법인과 지방자치단체의 관계로서 국민의 문화예술활동을 권장·보호·육성하고 이를 위하여 서로 협조하여야 하는 지위에 있다.

(4) 원고의 설립 취지: 원고의 설립 취지가 문화예술의 활발한 교류 등을 통하여 모든 계층의 국민에 폭넓게 참여할 수 있는 문화예술의 공간을 제공함에 있다는 것인데, 피고들

---

4. 27. 선고 2006도8459 판결 등이 있고, (나)목 관련 판결로 대법원 1997. 12. 12. 선고 96도2650 판결이 있다.

5) 대법원 2007. 4. 27. 선고 2006도8459 판결("타인의 상품과 혼동을 하게 하는 행위에 해당하는 여부는 상품표지의 주지성과 식별력의 정도, 표지의 유사 정도, 사용태양, 상품의 유사 및 고객층의 중복 등으로 인한 경업·경합관계의 존부, 그리고 모방자의 악의(사용의도) 유무 등을 종합하여 판단하여야 할 것이다."); 대법원 2001. 4. 10. 선고 98도2250 판결.

6) 윤태식, "부정경쟁방지 및 영업비밀보호에 관한 법률 제2조 제1호 (나)목에 정한 '타인의 영업상의 시설 또는 활동과 혼동을 하게 한다'의 의미와 판단기준", 「대법원판례해설」 제80호, 법원도서관(2009), 413은 '예술의 전당'이라는 문구는 '문화예술 분야의 권위 있는 기관이나 문화예술 분야의 중심이 되는 건물 또는 문화예술과 관련된 활동이나 업무를 담당하는 기관 내지 시설'이라는 의미로 인식된다는 점을 지적하고 있다.

이 주로 그 지방자치단체의 주민을 염두에 두고 원고와 같은 취지로 각각 설립한 문화예술 설비의 명칭을 두고 서울에 위치한 원고가 이 사건 표지를 먼저 정하여 알려지게 되었다는 이유로 이를 독점하는 것은 위와 같은 취지에 맞는지 의문일 뿐만 아니라 문화활동이 많은 경우에 중앙에서 지방으로 퍼져나가는 성질의 것임에 비추어서도 적절하다고 하기 어렵다.

대상판결은 위와 같은 과정을 통하여 원심의 판단을 뒤집고 설령 피고들(지방자치단체)이 '예술의 전당'이라는 문구가 공통적으로 포함된 영업표지를 사용하고 있다고 하더라도 일반수요자나 거래자가 서울에 소재한 원고(예술의 전당)의 영업과 동일한 것으로 오인하거나, 이들 영업시설이나 활동 사이에 영업상·조직상·재정상 또는 계약상 어떤 관계가 있는 것으로 혼동할 우려가 없다고 판단하였다. 이러한 대법원의 입장은 대법원 2011. 12. 22. 선고 2011다9822 판결,[7] 대법원 2011. 4. 28. 선고 2009도11221 판결[8] 등에서도 계속 유지되면서 '혼동' 여부에 대한 구체적인 판단례를 축적하고 있다.

Ⅲ. 대상판결의 의의

대상판결은 부정경쟁방지법 제2조 제1호 (나)목의 "타인의 영업상의 시설 또는 활동과 혼동을 하게 한다"는 점에 대한 판단기준을 확인하면서, 그 판단을 위하여 피고의 영업표지 사용 경위, 원고가 사용하는 표지의 성격, 경업·경쟁관계 여부 등의 다양한 기준 요소를 구체적으로 적용하여 내린 사안이라는 점에서 의미가 있다.

키워드

(나)목, 영업주체 혼동행위, 영업표지, 혼동

7) 대법원 2011. 12. 22. 선고 2011다9822 판결은 한국교직원공제회가 대한교직원공제회 주식회사를 상대로 상호사용금지 등을 구한 사안에서, '대한교직원공제회 주식회사'라는 상호를 사용하는 행위가 부정경쟁방지 및 영업비밀보호에 관한 법률 제2조 제1호 (나)목의 영업주체 혼동행위에 해당한다고 본 원심 판단을 수긍한 사례이다.

8) 대법원 2011. 4. 28. 선고 2009도11221 판결은 피해자의 상호('코리안숯불닭바베큐')와 피고인들의 상호('코리아촌닭숯불바베큐', '코리아닭오리숯불바베큐')가 유사한 영업표지라고 판단하는 것을 전제로 피해자의 상호가 국내에서 주지성을 획득한 점, 피고인들이 위 각 상호로 수십 개에 달하는 가맹점을 개설하여 영업하면서 피해자와 유사한 방법으로 닭을 가공한 음식을 판매하고 있는 점, 피해자와 피고인들의 고객층도 대부분 중복되는 것으로 보이는 점 등을 고려하여 피고인들이 그 상호를 사용하는 행위는 일반수요자로 하여금 피해자의 영업표지와 혼동하게 하는 부정경쟁행위에 해당한다고 판단하였다.

[12] 레이어 팝업(Layer Pop-up) 광고와 부정경쟁행위

—대법원 2010. 9. 30. 선고 2009도12238 판결—

손 천 우 (김 · 장 법률사무소)

[공소사실 개요]

1. 이 사건 프로그램을 설치한 이용자들이 피해자 회사가 운영하는 인터넷 포털사이트인 네이버 홈페이지 등에 접속할 경우 네이버 화면에 피해자 회사의 광고가 아니라, 피고인 1이 운영하는 피고인 2 회사 서버에 저장되어 있는 광고가 피해자 회사의 배너광고를 같은 크기의 피고인들의 배너광고로 대체하는 방식, 화면의 여백에 배너광고를 노출시키는 방식, 검색창에 키워드를 입력하면 검색결과 화면의 최상단에 위치한 검색창과 피해자 회사의 키워드광고 사이에 피고인들의 키워드광고를 삽입하는 방식으로 대체 혹은 삽입된 형태로 나타나고, 피고인들의 위 광고는 그 둘레에 별도의 테두리가 없는 이른바 레이어 팝업(Layer Pop-up)의 형태로 나타난다.
2. 피고인 1은 2006. 8.경부터 2007. 7.경까지 사이에 피고인 2 회사에서 운영하는 인터넷홈페이지를 통해서 불특정 다수의 인터넷 이용자들에게 위 프로그램을 배포, 설치하게 한 다음, 프로그램을 설치한 이용자들이 네이버 홈페이지에 접속할 경우 피고인 2 회사 서버에 저장되어 있는 광고가 마치 피해자 회사에서 제공하는 광고서비스인 것처럼 이용자의 컴퓨터에 보이는 네이버 화면에 나타나도록 하는 방법으로 국내에 널리 인식된 피해자 회사의 영업표지인 네이버 홈페이지를 사용하여 피해자의 광고서비스 영업활동과 혼동을 하게 하는 행위를 하였다.

[판결 요지]

1. 부정경쟁방지법 제2조 제1호 (나)목이 규정하는 부정경쟁행위는 등록여부와 관계없이 사실상 국내에 널리 인식된 타인의 성명·상호·표장 기타 타인의 영업임을 표시하는 활동과 혼동을 하게 하는 일체의 행위를 의미하는 것이다. 따라서 여기서 영업표지를 사용하는 방법 및 형태 등에는 특별한 제한이 없으므로, 인터넷 웹페이지상의 팝업광고 행위가 팝업창 자체의 출처표시 유무, 웹페이지 내에서의 팝업창의 형태 및 구성, 웹페이지의 운영목적과 내용, 팝업창의 출현 과정과 방식 등에 비추어 웹페이지상에 표시된 국내에 널리 인식된 타인의 영업표지를 그 팝업광고의 출처표시로 사용한 것으로 인식되고 이로써 팝업광고의 영업 활동이 타인의 광고영업 활동인 것처럼 혼동하게 하는 경우에는 위 법조 소정의 부정경쟁행위에 해당한다고 할 것이다.

2. 위 광고가 그 둘레에 별도의 테두리가 없는 이른바 레이어 팝업(LayerPop-up)의

형태로 나타나고, 피고인들의 광고 자체에는 그 출처가 전혀 표시되지 아니하였으며, 피고인들의 광고가 이용자의 동의에 의해 위 프로그램이 설치된 컴퓨터 화면에만 나타날지라도 반드시 그 설치자한테만 노출되지는 않을 것으로 보일 뿐만 아니라, 피고인들의 광고가 네이버 화면에 흡착되고 일체화된 형태로 나타난 이상 위 프로그램의 설치 당사자도 피고인들의 광고를 피해자 회사가 제공한 광고와 구분하여 인식하기가 쉽지 않아 보이는 점 등에 비추어, 위 광고행위는 위 법조 소정의 부정경쟁행위에 해당한다고 한 사례.

해설

Ⅰ. 대상판결의 쟁점

대상판결의 사안에서는 피고인들이 포털사이트의 홈페이지를 나타내는 마크(**NAVER**), 네이버를 상징하는 모자로고( )(이하 '이 사건 영업표지'라 한다)의 식별력을 활용하여 영업활동을 한 것인지, 이용자에게 혼동을 일으켰는지, 피해자 회사의 영업행위를 방해한 것으로 볼 수 있는지가 쟁점이었다. 원심은 영업주체혼동행위가 성립하기 위해서는 적어도 타인의 영업표지를 행위자 자신의 영업 출처를 표시하는 것으로 사용해야 한다는 전제에서, 피고인들은 광고영업을 위하여 네이버 등 포털사이트를 광고공간으로 활용하였을 뿐이지 이 사건 영업표지 자체를 자신들의 광고영업을 표시하는 것으로 사용함으로써 그 식별력을 활용한 것으로 보이지는 않고, 네이버 홈페이지의 이용자의 입장에서는 네이버 홈페이지에 게재된 광고에 관하여 그 게재의 주체가 누구인지에 대하여는 특별히 가치의 차이를 두고 있다고 단정할 수 없으며, 이 사건 프로그램의 설치에 동의한 이용자들은 피고인들이 어떠한 형태이든지 네이버 등의 홈페이지에서 광고행위를 한다는 포괄적인 인식은 있었던 것으로 보이고, 피해자 회사도 네이버 홈페이지에서 여러 형태로 광고영업을 할 뿐이지 광고영업을 하는 데 있어서 이 사건 영업표지 자체의 식별력을 활용한다는 인식은 크지 않았던 것으로 보이는 점 등을 종합하여 볼 때 피고인들이 이 사건 영업표지를 자신들의 광고영업의 출처를 표시하는 것으로 사용하였다고 볼 수 없다고 보았다.[1]

---

1) 1심도 피고인들의 행위가 네이버 등의 영업표지 자체의 식별력을 활용하는 것으로 보기는 어렵다고 보아 영업주체혼동행위에 해당하지 않는다고 판단하였다.

Ⅱ. 대상판결의 분석

부정경쟁방지법 제2조 제1호 (나)목의 영업주체혼동행위는 상품주체혼동행위[같은 호 (나)목]와 더불어 사칭통용(詐稱通用)의 전형적인 형태에 속하고, 타인의 신용을 부당하게 이용하여 자기의 영업상 지위를 유리하게 하는 동시에 그 타인의 고객을 탈취하여 영업상의 이익을 침해하는 행위이다.[2] 영업주체혼동행위가 성립하려면 타인의 영업표지 해당성, 주지성, 동일·유사한 표지의 사용, 혼동의 위험성이라는 요건이 구비되어야 한다.

여기서 영업표지는 특정의 영업을 표창함으로써 그 상품의 출처를 표시하는 동시에 자신의 영업을 타인의 영업과 구별시키는 식별력을 갖춘 표시를 의미하는데,[3] 국내에 널리 인식된 타인의 영업임을 표시하는 표지와 유사한 영업표지를 사용하여 영업주체의 혼동을 일으켜야 된다. 이 사건 영업표지가 국내에 널리 인식된, 즉 주지성을 가진 것이라는 점은 쉽게 인정할 수 있다. 이 사건에서는 피고인들의 행위가 이 사건 영업표지를 사용한 것에 해당하는지, 영업주체의 혼동행위가 있었는지가 주로 문제되었다. 위 나목에서 말하는 '사용'이란 타인의 영업임을 나타내는 표지를 자기의 영업임을 나타내는 표지로 직접 사용하거나 제3자에게 사용하게 하는 것을 말한다. 여기서 영업표지는 수요자나 거래자가 보았을 객관적으로 영업출처를 표시하는 태양에 의하여 사용되어야 한다.[4] '사용되어 알려진 영업표지'와의 혼동을 방지하는데 목적이 있으므로, 영업표지를 매체로 해서 영업의 출처에 대해 혼동을 일으키는 사용행위는 그 방법, 형태 등을 묻지 않고 모두 이에 포함된다.[5]

영업주체 혼동이란 어떤 영업자의 시설이나 활동을 타인의 영업상의 시설이나 활동이라고 오인하는 것을 말하고, 혼동의 위험도 포함한다. 혼동에는 표지의 주체와 모용자 사이의 현실적인 경쟁관계를 전제로 관련 거래권의 일반적 관찰자가 일반적 주의력으로 사용되는 표지로부터 영업의 출처를 동일한 것으로 오인하는 것을 의미하는 협의의 혼동과 사용된 표지의 동일·유사성으로부터 두 영업자 사이에 영업상, 조직상, 재정상 또는 계약상 특수한 관계나 특수한 인적 관계 등이 있는 것으로 오인시키는 광의의 혼동으로 나눌 수 있다. 대법원은 부정경쟁방지법 제2조 제1호 (나)목이 규정하는 혼동의 의미에는 단지 영업의 주체가 동일한 것으로 오인될 경우뿐만 아니라 두 영업자의 시설이나 활동 사이에 영업상·조직상·재정상 또는 계약상 어떤 관계가 있는 것으로 오인될 경우도 포함된다고 하여 광의의 혼동까지 포함하는 것으로 파악하고 있다.[6]

---

2) 윤선희, 「지적재산권법(19정판)」, 세창출판사(2022), 554.
3) 정상조 편집대표, 「부정경쟁방지법 주해」, 박영사(2020), 20(이대희 집필부분).
4) 유영선, "팝업(Pop-up)광고 행위의 규제", 「사법」 제15호, 법원도서관(2011), 360.
5) 송영식외 5인 공저, 「지적소유권법(하)」, 육법사(2008), 416.
6) 대법원 1997. 12. 12. 선고 96도2650 판결 등 참조.

영업주체의 사용과 혼동과 관련하여 주로 '혼동' 요건에 주목하고 '사용' 요건을 완화하여 판단하려는 입장[7]과 '사용' 요건과 '혼동' 요건을 엄격하게 파악하려는 입장으로 구분해 볼 수 있다. 팝업광고의 맨 아래에 'WhenU는 팝업광고가 뜬 웹사이트가 회사와는 아무 관계가 없습니다'는 문구가[8] 기재되어 있었던 사안에서, 미국 제2 연방순회항소법원은 WhenU의 팝업광고가 원고 회사의 상표를 사용하였다고 볼 수 없다고 보아 상표법(Lanham Act)에 의한 소송의 대상이 되지 않는다고 하였는데,[9] 이는 후자의 입장에 가까운 것으로 볼 수 있다.[10] 이 사건 원심과 제1심 판결의 태도도 사용 요건을 엄격하게 바라본 것으로 볼 수 있다. 하지만 전자의 입장을 취한 판례들이 다수를 이루고 있다. 미국 버지니아 동부 연방지방법원은 피고 회사의 이러한 행위가 소비자로 하여금 두 회사의 연관성에 대한 오해를 야기하여 출처의 혼동을 초래하거나 적어도 식별력을 약화시키는 등 상표권 침해행위에 해당하고, 원고 회사의 사업에 무단 편승하여 이익을 취하는 부정경쟁행위에 해당하는 등의 이유로 한 원고의 금지청구를 인용하였다.[11] 제9 연방순회항소법원은 Brookfield 판결[12]에서 상표의 사용은 언급하지 않은 채 혼동 여부만을 검토하여 상표침해 여부를 판단하여 종래의 입장과 다른 판단을 하였고, 제2 연방순회항소법원도 Rescuecon corp 사건에서 WhenU 판결보다 사용의 요건을 완화하여 해석한 판결을 선고하였다.[13] 독일 쾰른 지방법원과[14] 뒤셀도프르 지방법원도 팝업광고에 대해 팝업창의 이용은 인터넷 이용자들이 인터넷 사이트와 접촉을 유지하고 통지를 받고자하는 그들의 명시적인 의사에 반하도록 강요되었으므로 경쟁의 선량한 풍속을 위반한다고 판시하였는데,[15] '사용' 측면보다 '혼동'의 측면을 강조한 것으로 볼 수 있다.

영업주체의 사용과 혼동과의 관계에 대해 대법원은 '부정경쟁방지법 제2조 제1호 소정의 행위는 상표권 침해행위와는 달라서 반드시 등록된 상표(서비스표)와 동일 또는 유사한 상호, 상표, 상품의 용기, 포장 기타 타인의 상품임을 표시하는 표지와 동일 또는 유사한 것을 사용하거나 이러한 것을 사용한 상품의 판매 등을 하여 타인의 상품과 혼동을 일으키게 하는 일체의 행위를 의미하는 것이다'라고 판시하는 것처럼,[16] 영업표지의 사용과 혼동은

7) 김금선, 팝업광고 및 키워드광고의 위법성에 대한 고찰, 서울대학교 석사학위논문(2009), 32~33. 참조.
8) "WhenU has no relationship with the companies on whose websites the pop-up adverisements appear"
9) 1-800 Contacts, Inc. v. WhenU.com, Inc. 414 F.3d (2d Cir. 2005).
10) 소위 상표사용이론(the trademark use theory)
11) Washingtonpost v. Gator, 2002 WL 31356645 (E.D. Va. 2002).
12) Brookfield v. West Coast, 174 F.3d 1035 (9th Cir. 1999). 이에 관해서는 백강진, "인터넷에서의 상표사용의 개념"「Law & Technology」 제5권 제5호, 서울대기술과법센터(2009), 51~52 참조.
13) 백강진(주 12), 55~57 참조.
14) LG Köln MMR 2004, 840.
15) LG Düsseldorf MMR 2003, 486, 487(사이트를 닫을 때 열리는 팝업광고의 사안).

밀접한 관계에 있는 것으로 파악하는 것이 타당할 것이다. 영업주체혼동행위에서의 혼동이란 영업주체의 출처가 타인으로 혼동하게 하는 것을 의미하므로, 자신의 영업에 그 타인의 출처를 표시하는 영업표지를 사용하지 않고서는 이러한 출처의 혼동은 논리적으로 발생할 수 없기 때문에, 출처의 혼동이 있다는 것은 그 타인의 출처를 자신의 영업표지로 사용했다는 징표로 볼 수 있다.[17)]

피고인들이 네이버 포털사이트를 그들의 광고공간으로 활용하였다고 볼 수 있고, 레이어 팝업과 같이 이용자들이 구분하기 어려운 방식의 팝업광고를 사용함으로써 포털사이트에 표시된 이 사건 영업표지를 자신들의 광고의 출처표시로 사용하려 한 것으로 볼 수 있다. 포털사이트를 방문하는 이용자들은 여러 가지 정보뿐만 아니라 광고도 접하거나 이용하게 되는데, 네이버 홈페이지에 게재된 광고는 네이버와 광고계약을 한 광고가 제공된 것으로 인식할 수밖에 없고, 이용자가 이 사건 프로그램을 설치하였다고 하여 네이버와 같은 포털사이트에 게재된 광고들이 피고인들이 하는 광고라는 것을 인식하기는 어렵고, 그러한 광고행위가 예상가능하더라도 과연 포털사이트의 어떤 광고가 피고인들의 광고인지 구분할 수는 없을 것이다. 결국 이용자에게 혼동을 일으키게 하였다는 점에서 영업표지가 사용되었다는 점을 강하게 뒷받침하는 것으로 볼 수 있다.

Ⅲ. 대상판결의 의의

대상판결은 레이어 팝업 광고행위가 부정경쟁방지법상 영업표지의 사용 및 혼동행위에 해당하는지 여부에 대해 팝업광고의 영업 활동이 타인의 광고영업 활동인 것처럼 혼동하게 하는 경우에 부정경쟁행위에 해당한다고 판단함으로써 주지의 영업표지의 사용측면보다는 혼동에 비중을 두어 부정경쟁행위를 인정한 사례라는 점에서 의의가 있다. 피고인들은 이 사건 이후 피고인 회사가 제공하는 광고라는 취지를 추가하는 변경을 하였는데, 이에 대해서는 관련 민사 가처분 사건 결정(대법원 2010. 8. 25. 자 2008마1541 결정)에서 부정한 경쟁행위로서 민법상 불법행위로 보아 피고인들의 프로그램에 기초한 광고행위를 하는 것의 금지 및 예방을 청구할 수 있다고 하였고, 위 결정은 부정경쟁방지법 제2조 제1호 (파)목의 모태가 되었다.

키워드

영업표지, 팝업 광고, 사용과 혼동, 레이어 팝업, (나)목

---

16) 대법원 1999. 4. 23. 선고 97도322 판결; 대법원 1996. 1. 26. 선고 95도1464 판결 등.
17) 유영선(주 4), 361.

[13] 상품표지 또는 영업표지의 유사 여부 판단 방법

— 대법원 2011. 1. 13. 선고 2008도4397 판결 —

한 규 현 (서울고등법원)

[사실 개요]

피해자의 상품표지	피고인의 상품표지
리프리놀 / Lyprinol	Lipfeel / 리프트머셀

1. 피해자는 초록입홍합에 포함된 항염성분 등을 추출한 후 이를 이용하여 '리프리놀(Lyprinol)'이라는 제품명의 건강기능식품을 제조 또는 수입 · 판매하는 회사이다.
2. 피고인들은 'LYPRINOL'과 유사한 제품에 'Lipfeel'이라는 상표를 부착하거나 홍합을 단순 동결 건조하여 만든 건강보조식품인 '리프트머셀'을 판매 또는 수입 · 판매하였다.

[판결 요지]

1. 부정경쟁방지법 제2조 제1호 (가)목 소정의 상품 표지의 유사 여부는 동종의 상품에 사용되는 두 개의 상품 표지를 외관, 호칭, 관념 등의 점에서 전체적·객관적·이격적으로 관찰하되 구체적인 거래실정상 일반 수요자나 거래자가 상품 표지에 대하여 느끼는 인식을 기준으로 그 상품의 출처에 대한 오인·혼동의 우려가 있는지를 살펴 판단하여야 하고(대법원 2006. 1. 26. 선고 2003도3906 판결 등 참조), 이러한 법리는 같은 호 (나)목 소정의 영업 표지의 유사 여부 판단에 있어서도 마찬가지이다(대법원 2008. 5. 29. 선고 2007도10914 판결 등 참조).

2. '리프리놀' 또는 'Lyprinol'과 'Lipfeel', '리프트머셀'은 일반 수요자나 거래자에게 하나의 단어로 인식될 것이므로 피해자의 상품표지와 피고인들 상품표지들의 유사 여부를 비교하기 위해서는 그 구성부분을 분리하지 아니하고 외관, 호칭, 관념을 전체적으로 비교·관찰하여야 하는데, 피해자의 상품표지와 피고인들의 상품표지들은 한글이나 영문자로 된 문자표지로서 각기 그 글자 수가 상이하여 외관이 서로 다르고, 피해자의 상품 표지의 경우 4음절인 '리프리놀'로 호칭되는 반면 'Lipfeel'의 경우 2음절인 '립필'로 호칭되고 '리프트머셀'의 경우 5음절인 '리프트머셀'로 호칭될 것이므로 그 음절수 등이 달라 호칭이 서로 다르며, '리프리놀'과 'Lipfeel'은 특별한 의미가 없는 조어이고 '리프트머셀'은 그 의미가 '입술 달린 홍합'으로 일반적으로 알려진 단어가 아니어서 서로 그 관념을 대비할 수도 없다. 피고인들의 상품표지들은 피해자의 상품표지와 동종의 상품에 사용되더라도

일반 수요자나 거래자로 하여금 상품이나 영업의 출처에 관하여 오인·혼동을 일으키게 할 염려가 없으므로, 서로 동일하거나 유사하다고 할 수 없다.

해설

Ⅰ. 대상판결의 쟁점

부정경쟁방지법 제2조 제1호 (가)목에 의하면, '국내에 널리 인식된 타인의 성명, 상호, 상표, 상품의 용기, 포장 기타 타인의 상품임을 표시하는 표지와 동일 또는 유사한 것을 사용하거나 이러한 것을 사용한 상품을 판매, 반포 또는 수입, 수출하여 타인의 상품과 혼동을 일으키게 하는 행위'를 부정경쟁행위의 하나로 들고 있다. 이를 '상품주체혼동행위'라고 한다. 상품주체혼동행위가 성립하려면 ① 국내에서 널리 인식된 타인의 상품표지(상품표지의 주지성)와, ② 동일 또는 유사한 것을 사용하여(유사성), ③ 타인의 상품과 혼동을 일으켜야 한다(혼동의 위험성). 이 사건에서는 피해자의 상품표지와 피고인들의 상품표지의 유사성이 문제된다.

Ⅱ. 대상판결의 분석

대상판결이 원용하고 있는 대법원 2006. 1. 26. 선고 2003도3906 판결은 '부정경쟁방지법 제2조 제1호 (가)목 소정의 상품표지의 유사 여부는 동종의 상품에 사용되는 두 개의 상품표지를 외관, 호칭, 관념 등의 점에서 전체적·객관적·이격적으로 관찰하여 구체적인 거래실정상 일반 수요자나 거래자가 상품표지에 대하여 느끼는 인식을 기준으로 하여 그 상품의 출처에 대한 오인·혼동의 우려가 있는지의 여부에 의하여 판별되어야 한다.'는 법리를 선언하였다. 대상판결은 위 2003도3096 판결의 법리를 그대로 원용하여 따르면서 영업표지의 유사 여부 판단에 있어서도 마찬가지의 법리가 적용됨을 대법원 2008. 5. 29. 선고 2007도10914 판결에 근거하여 판시하고 있다. 대상판결은 위와 같은 법리를 적용하여 피해자의 상품표지와 피고인들의 상품표지가 유사하지 않다고 판단하였다.[1)]

부정경쟁방지법상의 상품표지의 동일·유사 여부는 상품표지의 구체적인 사용 상태를 파악하여 상품출처의 혼동[2)]을 야기하는지 여부의 관점에서 판단하여야 한다. 일본 최고재

1) 이하의 설명은 한규현, "ALPHA, 알파를 포함하는 표장의 사용으로 인한 법률관계", 「경기법조」 16호, 수원지방변호사회(2009), 337~338 참조.

2) 상품출처의 혼동에는 상표의 구성상의 유사성이 요인이 되어 출처가 혼동되는 경우(직접혼동), 상표

판소 1987. 3. 11. 자, 1984. 5. 29. 자 판결 등도 '거래의 실정 하에서 거래자 또는 수요자가 양 표지의 외관, 호칭 또는 관념에 기한 인상, 기억, 연상 등에서 양 표지를 전체적으로 유사한 것으로 받아들일 염려가 있는지의 여부를 기준으로 하여 판단하여야 한다.'고 판시하고 있다.[3)]

상표법상의 유사 여부는 상표의 권리범위에 관한 기술적 기준으로서 경험칙에 의하여 수요자간에 일반적·추상적으로 출처의 혼동을 야기할 위험이 있는가 여부를 기준으로 하여 판단함이 원칙적임에 반하여, 부정경쟁방지법상의 표지의 유사 여부는 표지 그 자체의 형식적인 대비가 1차적으로 중요하나 그 이외에 구체적인 출처혼동의 위험을 기준으로 하여서도 판단하여야 하는 점에서 보다 탄력적이라 할 수 있다. 즉, 주지의 성명, 초상, 상표, 상호 등과 호칭이나 외관 또는 관념 등을 대비하여 추상적으로는 유사표지라고 볼 수 없는 경우라도 그 표지의 구성이나 아이디어 등으로 보아 용이하게 주지표지를 연상시켜 출처의 혼동을 야기할 수 있는 경우에는 유사한 표지로 볼 수 있다.

이와 같이 부정경쟁방지법상의 표지의 유사판단은 표지의 저명성, 표지의 주변상황(비슷한 표지가 다수 존재하는지 여부 등), 표지의 전체적 인상 등도 판단에 영향을 미친다. 따라서 영업주체의 지리적 위치, 종전의 관계표지를 선택한 동기, 표지에 나타난 악의, 영업주체의 대비, 상품의 유사성, 상품의 모양과 색깔, 표지와 다른 문자 및 도형의 위치, 동일한 종류의 상품에 사용된 다른 영업자의 표지의 상태, 표지의 주지성의 정도와 표지의 종류, 표지 또는 표지주체가 수요자에게 주는 인상, 표지가 신조어인가 또는 보통명사인가 하는 점 등을 고려하여야 한다.

다만, 상표법에서의 유사 여부 판단에 있어서도 구체적인 거래실정이 나타나 있는 경우에는 이러한 점까지 고려하여 판단하고 있으므로,[4)] 이러한 경우에는 부정경쟁방지법상의 상품표지 유사여부 판단과 그 본질에 차이가 있다고 할 수는 없다. 상표법상의 유사 여부 판단방법은 부정경쟁방지법상의 상품표지의 유사 여부 판단에 있어서도 원칙적으로 원용하되, 구체적인 거래실정을 충분히 반영하여야 한다.

동일·유사의 요건은 혼동가능성의 요건에 흡수되는 것이므로 실질적으로 불필요하다는 견해도 있으나, 표지가 유사하더라도 상품주체 인식에 혼동이 생기지 아니하는 경우 또는 혼동이 생기더라도 그 혼동이 표지의 유사성 때문이 아닌 경우도 있을 수 있고, 동일·유사성을 부정경쟁행위의 요건으로 명문상 규정하고 있는 이상, 별개의 요건으로 파악함이

자체에 관한 오인은 없지만 양 상표가 지닌 구성의 공통성, 모티브의 동일성, 상품의 저명성 등이 계기가 되어 출처에 혼동이 생기는 경우(간접혼동)를 포함한다(정태호, "기업그룹의 분리에 따른 저명한 선사용표장과의 혼동에 관한 문제", 「사법」 32호, 사법발전재단(2015), 224).

3) 青山紘一, 「不正競争防止法(事例·判例)」, 經濟産業調査會(2002), 52 참조.

4) 대법원 2019. 8. 14. 선고 2018후10848 판결; 대법원 2015. 10. 15. 선고 2014다216522 판결 등 참조.

상당하다.[5] 대법원 2001. 4. 10. 선고 98도2250 판결 등도 이를 별개의 요건으로 파악하고 있다.

Ⅲ. 대상판결의 의의

대상판결은 상품표지 또는 영업표지의 유사 여부 판단방법에 관하여 상표법상의 유사 여부 판단방법을 원칙적으로 원용하면서도 구체적인 거래실정을 충분히 반영하여야 한다는 2003도3096 판결 및 2007도10914 판결의 법리가 타당함을 다시 한번 더 명확히 선언하고 있는 데에 그 의의가 있다. 대상판결은 그와 같은 법리를 적용하여 피해자의 상품표지와 피고인들의 상품표지가 유사하지 않다고 보았다.

키워드

상품표지, 영업표지, 유사

5) 윤태식, 「부정경쟁방지법」, 박영사(2021), 81; 사법연수원, 「부정경쟁방지법(2007)」, 44,45; 小野昌延, 「新·注解 不正競爭防止法」, 青林書院(2000), 204~205 참조.

[14] 상품표지와 영업표지의 구별과 제목의 상품표지 등 해당성

—대법원 2011. 5. 13. 선고 2010도7234 판결—

임 해 지 (서울중앙지방법원)

[사실 개요]

피고인은, ① 2007. 2.부터 2008. 1.까지 서울 등 전국 각 도시에서 공소외 1이 창작한 '비보이를 사랑한 발레리나(이하 '이 사건 무언극'이라 한다)' 시놉시스와 실질적으로 유사한 내용의 공연을 진행함으로써 공소외 1의 저작재산권을 침해하였다는 저작권법위반의 점, ② 2007. 2.부터 2008. 1.까지 서울 등 전국 각 도시에서 이 사건 무언극과 동일하거나 유사한 '비보이를 사랑한 발레리나', '비보이를 사랑한 발레리나S', '비보이를 사랑한 발레리나 시즌1'이라는 제목을 사용한 공연을 각 진행 및 홍보함으로써 국내에 널리 인식된 공소외 2회사의 상품표지와 동일하거나 유사한 것을 사용하여 공소외 2회사의 상품과 혼동을 하게 하는 행위를 하였다는 부정경쟁방지법위반의 점으로 기소되었다.

[판결 요지]

1. 공연은 상품의 생산 또는 판매 등과 관련이 없고, 공소외 2회사가 상품의 생산 또는 판매업 등을 영위해 왔다고 볼 자료도 없으므로, 이 사건 무언극의 제목이 피고인이 공연을 진행하기 시작한 2007. 2.경 이미 창작물인 이 사건 무언극의 내용을 표시하는 명칭에 머무르지 않고 거래자 또는 수요자에게 공소외 2회사의 무언극 제작·공연업을 연상시킬 정도로 현저하게 개별화된 정도에 이르러 공소외 2회사의 무언극 제작·공연업이라는 영업의 표지로 되었다고 볼 수 있는지 여부는 별론으로 하고, 이를 공소외 2회사가 취급하는 상품의 표지에 해당한다고 할 수는 없다.

2. 이 사건 무언극의 제목이 공소외 2회사의 상품표지에 해당함을 전제로 피고인의 행위가 부정경쟁방지법 제2조 제1호 (가)목의 부정경쟁행위에 해당한다고 본 원심판단에 법리오해의 위법이 있다고 한 사례

해설

Ⅰ. 대상판결의 쟁점

1. 부정경쟁방지법 제2조 제1호 (가)목은 상품표지를 기준으로 한 혼동행위를, 같은 호

(나)목은 영업표지를 기준으로 한 혼동행위를 각 규정하고 있다. 이 법이 보호하는 표지는 상표권(서비스표권)침해와는 달라서 반드시 등록된 표지일 필요가 없고, 등록 여부와 관계없이 사실상 국내에서 널리 인식된 타인의 성명, 상호, 상표, 상품의 용기·포장 기타 타인의 상품임을 표시하는 표지와 영업표지면 된다.

상품표지란 특정 상품의 출처를 표시는 식별표지로서 특정 상품을 개별화하고 다른 동종 상품으로부터 구별시키는 구별력 내지 식별력을 갖는 것을 말한다. 부정경쟁방지법은 상품표지로써 성명, 상호, 상표, 상품의 용기·포장 등을 예시하고 있으나, 이는 예시일 뿐이므로 상품의 출처를 표하는 개별화 기능을 갖는 것이라면 무엇이라도 여기에 해당할 수 있다.

상품이 아닌 서비스를 업으로 하는 자의 표지를 영업표지라고 하고, 영업표지란 영업활동을 표시함과 아울러 영업활동을 위한 인적·물적 설비를 표시하는 기능을 가진 것으로서 자신의 영업과 타인의 영업을 구별시키고 자신의 동일성을 식별시키기 위해 사용하는 표지를 의미한다. 부정경쟁방지법은 영업표지로서 성명, 상호, 표장 등을 예시하고 있으나, 이는 예시일 뿐이므로 영업의 출처를 표시하는 개별화 기능을 갖는 것이라면 무엇이라고 여기에 해당할 수 있다.

2. 저작물의 제목은 특별한 사정이 없는 한 해당 저작물의 창작물로서의 명칭 내지는 그 내용을 함축적으로 나타내는 것이어서 상품이나 영업의 출처를 표시하는 기능을 하기 어렵다고 할 것이다. 그러나 저작물의 제목이 장기간 계속적·독점적으로 사용됨으로써 거래자 또는 수요자에게 해당 저작물이 화체된 상품 또는 그 저작물을 이용하는 영업이 갖는 차별적 특징을 표상함으로써 특정 출처의 상품 또는 영업임을 연상시킬 정도로 현저하게 개별화되기에 이르렀다면, 그 제목은 단순히 창작물의 내용을 표시하는 명칭에 머무르지 않고 부정경쟁방지법 제2조 제1호 (가)목의 상품표지 또는 같은 호 (나)목의 영업표지에 해당한다고 할 것이다. 여기서 그 특정인이 누구인가까지가 명확히 알려져 있는 것을 요하지는 아니한다고 할 것이다. 또한 저작물 제목의 표지성 인정은 제목 그 자체가 당연히 표지로 인정되지는 아니한다는 속성상 '주지성' 취득과 함께 이루어진다고 보아야 할 것이다. 장기간 계속적·독점적 사용에 의하여 거래자 또는 수요자에게 널리 인식되었기 때문에 표지로 인정할 수 있는 것이어서 주지성이 없으면 표지성도 인정할 수 없는 구조라고 봄이 타당하다.[1)]

대상판결 사안에서는 이 사건 무언극의 제목이 주지된 상품표지에 해당하는지가 쟁점이 되었다.

---

1) 박태일, "뮤지컬 제목의 영업표지 해당성 여부", 「대법원판례해설」 제104호, 법원도서관(2015), 232.

Ⅱ. 대상판결의 분석

1. 상품이란 일반 시장에서 유통되는 것을 목적으로 생산 거래되는 물건이라고 정의할 수 있다. 유체물이 아니라 무체물의 경우 그 자체에 상품표지를 하는 것은 어렵지만 그 무체물의 경제적 가치가 사회적으로 승인되고 용기에 넣는 등의 방법으로 독립한 거래대상으로 유통성이 있다면 상품으로 볼 수 있을 것이다. 부정경쟁방지법 제2조 제1호 (나)목의 영업표지와 관련하여 영업의 의의에 관하여 상법상의 상인이 하는 사업 또는 상행위 개념에서 포착되는 영업에 한정되는지 여부에 관하여는 검토의 여지가 있으나, 적어도 경제적 대가를 얻는 것을 목적으로 하는 사업이 영업에 해당한다 할 것이다.

대상판결 사안에서는, 이 사건 무언극은 상품의 생산 또는 판매 등과 관련이 없고, 공소외 2회사는 이 사건 무언극을 공연하기 위하여 설립된 회사로서 상품의 생산 또는 판매업 등을 영위하는 회사도 아니며, 이 사건 무언극의 제목은 피고인이 공연을 진행하기 시작한 2007. 2.경 이미 창작물인 이 사건 무언극의 내용을 표시하는 명칭에 머무르지 않고 거래자 또는 수요자에게 공소외 2회사의 무언극 제작·공연업을 연상시킬 정도로 현저하게 개별화된 정도에 이르렀으므로 공소외 2회사의 무언극 제작·공연업이라는 영업의 표지로 되었다고 볼 수 있다. 그럼에도 이 사건 무언극의 제목이 공소외 2회사의 상품표지에 해당함을 전제로 피고인의 행위가 부정경쟁방지법상의 부정경쟁행위에 해당한다고 잘못 판단하였다.

2. 서적류 등 저작물의 제목은 저작물의 명칭이나 그 내용을 함축적으로 나타내는 것이며 그러한 창작물을 출판하고 제조·판매하고자 하는 자는 저작권법에 저촉되지 않는 한 누구든지 사용할 수 있는 것으로서 품질을 나타내는 보통명칭 내지 관용상표와 같은 성격을 갖는 것으로서 저작권법이나 상표법에 의한 보호 가능성에 대하여는 논의가 있지만, 부정경쟁방지법에 의하여 보호될 수 있다는 점에 대하여는 견해가 일치하고 있고, 우리 판례상에서도 이를 인정하는 선례가 있다.

제목의 표지성을 인정한 사례로는, ① 신청외 2의 원작 "혼자사는 여자"의 방송극이 방송되어 오던 중 신청인이 방송극의 영화화권을 매수하고 그 영화화기획이 일간지 및 주간지 등의 연예란을 통하여 보도되었다면 그 "혼자사는 여자"라는 제목은 보호되어야 하고, 피신청인이 신청외 1 원작 "독신녀"를 "혼자사는 여자"라는 제목을 사용하여 영화로 제작상영하는 행위는 부정경쟁방지법 제2조 제1호에 해당하는 행위라 한 사례,[2)] ② 시리즈로 제작된 영화 제목 '애마부인'에 대한 표지성을 인정한 사례,[3)] ③ 영어학습서적 시리즈물을 출

2) 대법원 1979. 11. 30. 자 79마364 결정.
3) 서울고등법원 1991. 9. 5. 자 91라79 결정.

판하면서 그 제목으로 사용하고 있는 ‘영어공부 절대로 하지 마라!’가 ‘출판업자’인 피신청인이 귀속주체인 주지된 상품표지라고 인정한 사례,[4] ④ 음반의 종류 및 성격, 음반의 제명이 저작물의 내용 등을 직접적으로 표시하는지 여부 및 실제 사용 태양, 동일 제명이 사용된 후속 시리즈 음반의 출시 여부, 광고·판매 실적 및 기간 등 구체적·개별적 사정 여하에 따라 음반의 제명이 일반 수요자에게 상품의 출처를 표시하고 자기의 업무에 관계된 상품과 타인의 업무에 관계된 상품을 구별하는 표지로서 인식되는 때에는 자타상품의 식별표지로서 기능하다고 하면서 시리즈 편집음반에 사용한 ‘진한커피’ 제목에 대한 음반제작판매자의 식별표지를 인정한 사례,[5] ⑤ 가수 박○○이 영리의 목적으로 나이트클럽 등에서 손님에게 행하는 공연 활동은 부정경쟁방지법의 ‘영업상의 활동’에 해당하고, 지속적 방송출연 등을 근거로 하여 직업가수의 ‘성명’인 ‘박○○’을 주지된 영업표지라고 인정한 사례,[6] ⑥ ‘뮤지컬 CATS’ 영문 또는 한국 음역된 표지가 공연 기간과 횟수, 관람객의 규모, 광고·홍보의 정도 등 구체적·개별적 사정에 비추어 특정인의 뮤지컬 제작·공연 등의 영업임을 연상시킬 정도로 현저하게 개별화되기에 이르렀다고 보인다면, 뮤지컬의 제목은 단순히 창작물의 내용을 표시하는 명칭에 머무르지 않고 영업표지에 해당한다고 한 사례[7] 등이 있다.

반면에, ① 서적의 제목은 저자인 신청인이 창작한 저작물 또는 그 저작물을 담고 있는 서적이라는 상품 그 자체를 가리키는 것일 뿐이고, 신청인이 저술한 영어학습서적의 제목 ‘영어공부 절대로 하지마라!’가 널리 알려지기는 하였으나 신청인인 ‘저자 정○○의 저술업’이라는 영업의 표지가 되었다고 볼 수 없다고 판단한 사례,[8] ② 원고들의 ‘○○○원으로 ○○○하기’라는 제목 또는 제목·표지 디자인을 원고들의 영업을 표시하는 표지로 독립하여 이용한 적이 없는 점 등을 근거로 위 ‘○○○원으로 ○○○하기’라는 시리즈 이름과 위 시리즈물에 반복되는 제목·표지 디자인이 원고들의 영업표지라고 할 수 없다고 판단한 사례가 있다.[9]

대상판결의 경우, 공소외 1은 특별한 줄거리 없이 비보이와 발레리나가 다양한 춤을 보여주는 무언극 ‘△△△’를 관람한 후 그 기본 설정을 토대로 하여 이 사건 무언극을 공연할 목적으로 공소외 2회사를 설립하였고, 공소외 2회사는 그 저작권과 공연에 필요한 자료 등 일체를 양수하고 전용극장 개관 등을 한 후 이 사건 무언극을 ‘비보이를 사랑한 발레리나’라는 제목으로 2005. 12. 9.경 초연된 이래 계속적인 언론보도와 각종 매체의 광고 등으

4) 대법원 2006. 11. 23. 선고 2006다29983 판결.
5) 대법원 2007. 1. 25. 선고 2005다67223 판결.
6) 서울고등법원 2008. 6. 19. 선고 2008노108 판결.
7) 대법원 2015. 1. 29. 선고 2012다13507 판결.
8) 대법원 2004. 7. 9. 선고 2002다56024 판결.
9) 대법원 2013. 4. 25. 선고 2012다41410 판결.

로 인하여 관객 및 국내외 언론으로부터 그 작품성과 흥행성을 널리 인정받은 등 이 사건 무언극의 명칭이 사용된 공연기간, 공소외 2회사의 홍보 및 광고, 관객의 증가, 언론의 반응 및 노출빈도 등 종합하여, 이 사건 무언극의 제목은 창작물의 내용을 표시하는 명칭에 머무르지 않고, 공소외 2회사의 이 사건 무언극 제작 및 공연업이라는 영업표지로 인식되었다고 인정하였다.

Ⅲ. 대상판결의 의의

부정경쟁방지법이 정한 상품주체 내지 영업주체 혼동행위에 해당하기 위해서는 타인의 상품표지 내지 영업표지 해당성, 주지성, 동일·유사한 표지의 사용, 혼동의 위험성이라는 여러 요건을 구비하여야 한다. 이러한 여러 요건을 판단하다 보면 자칫 대상 사안 내용이 기초적 정의규정에 해당되는지 판단하는 것에 소홀할 우려가 있다. 대상판결 사안의 경우도 이 사건 무언극은 제작·공연 등의 영업에 이용되는 저작물임에도, 공소외 2회사가 하는 이 사건 무언극이 상품인지, 영업인지 구별하는 부분을 간과하였다.[10) 그러나 무언극이 일반상품과 동일하여 다수의 관객을 상대로 판매가 가능한 공연상품으로서 상품표지인지 영업표지인지 구별은 쉽지는 않을 수 있다. 대상판결은 사실심에서 사실인정과 법령적용의 기본적인 부분에 대하여 더 면밀히 살펴볼 필요가 있음을 설시한 점에서 의의가 있다. 나아가 거래 현실에서 타인의 저작물의 제목을 부당하게 사용하는 경우가 다수 있으므로 부정경쟁방지법상의 상품표지 내지 영업표지로서 보호하려면 그 표지성 인정에 대한 판단기준을 확립할 필요성이 있는데 대상판결은 공연 기간과 횟수, 관람객의 규모, 광고·홍보의 정도 등 구체적·개별적 사정들을 열거하여 공연의 제목의 표지성 해당 여부에 관한 판단기준도 살핀 판결로서 의의가 있다.

키워드
상품, 영업, 상품표지, 영업표지, 무언극, 제목

10) 파기환송 후 원심판결에도 영업주체 혼동행위를 인정하면서 '부정경쟁방지법 제2조 제1호 (가)목'을 적용한 오기가 있었고, 이를 대법원 2011도8868 판결로 경정하였다.

[15] 영업주체 혼동행위를 인정하기 위한 요건

—대법원 2011. 12. 22. 선고 2011다9822 판결—

김 종 석 (김 · 장 법률사무소)

[사실 개요]

1. 원고는 1971. 3. 16. '대한교원공제회법'에 근거하여 설립되었고 당시 명칭은 '대한교원공제회'였으나, 2014. 1. 20. '한국교직원공제회법'으로 변경됨에 따라 '한국교직원공제회'로 명칭이 변경되었다.
2. 원고는 회원에 대한 급여, 대여사업, 회원을 위한 각종 복리 · 후생 사업, 기금조성을 위한 사업 및 목적 달성을 위한 수익사업(이하 '원고의 기본 수익사업'이라 한다.)을 수행하고 있고, 2009. 9. 1. 자본금 500억 원을 투자하여 100% 자회사를 설립하고 'A'라는 브랜드명으로 회원들을 대상으로 상조사업을 시작하면서 2009. 11. 11.부터 사전예약을 받고 있었다.
3. 피고는 2005. 11. 11. 설립된 회사로서 당시 상호는 '주식회사 甲'이고, 주로 인터넷(통신판매) 관련 사업을 하던 업체였는데, 2007. 1. 10. 상호를 '주식회사 대한선생님공제회'로 변경하고, 원고의 기본 수익사업과 같은 사업을 사업목적에 추가하였다.
4. 피고는 2009. 9. 17. 자회사로 상조 서비스를 주된 영업목적으로 하는 '대한교직원공제회 교원가족상조 주식회사'를 설립하고, '교원가족상조'라는 명칭의 상조상품을 홍보 · 광고하였다.

   피고는 2009. 10. 20. 상호를 '대한교직원공제회 주식회사'로 변경하고, 사업목적에 관혼상제 실시에 관한 제준비 및 알선업, 가입 회원을 위한 복지사업, 공제기금 운영 등을 추가하였다. 피고는 2009. 11. 6. '교직원공제회 주식회사'와 '교원공제회 주식회사'의 설립등기도 마쳤다.

[판결 요지]

1. 부정경쟁방지법 제2조 제1호 (나)목에 규정된 '국내에 널리 인식된 타인의 영업임을 표시하는 표지'인지 여부는 그 사용의 기간, 방법, 태양, 사용량, 거래범위 등과 거래의 실정 및 사회통념상 객관적으로 널리 알려졌는지 여부가 일응의 기준이 되고, '영업표지의 유사 여부'는 동종의 영업에 사용되는 두 개의 영업표지를 외관, 호칭, 관념 등의 점에서 전체적 · 객관적 · 이격적으로 관찰하여 구체적인 거래실정상 일반 수요자나 거래자가 그 영업의 출처에 대한 오인 · 혼동의 우려가 있는지의 여부에 의하여 판별되어야 하며, '타인의 영업상의 시설 또는 활동과 혼동하게 하는 행위'는 영업표지 자체가 동일하다고 오인하게 하는 경우뿐만 아니라 국내에 널리 인식된 타인의 영업표지와 동일 또는 유사한 표지를 사용함으로써 일반 수요자나 거래자로 하여금 당해 영업표지의 주체와 동일 · 유사

한 표지의 사용자 간에 자본, 조직 등에 밀접한 관계가 있다고 잘못 믿게 하는 경우도 포함한다. 그와 같이 타인의 영업표지와 혼동을 하게 하는 행위에 해당하는지 여부는 영업표지의 주지성, 식별력의 정도, 표지의 유사 정도, 영업 실태, 고객층의 중복 등으로 인한 경업·경합관계의 존부 그리고 모방자의 악의(사용의도) 유무 등을 종합하여 판단하여야 한다.

2. 원고의 명칭인 '한국교직원공제회'는 전국적으로 교직원들 사이에 알려져 있어 주지성이 인정되고, 피고의 상호인 '대한교직원공제회 주식회사'는 원고의 명칭과 사이에 실질적으로 동일성 내지 유사성이 인정되며, 원고가 자회사를 설립하여 상조사업을 시작할 무렵에 피고가 교원 및 교직원들에게 피고를 교직원공제회로 표현하면서 상조서비스 시작을 알리는 이메일을 발송하고, 인터넷 언론매체를 통해 이를 홍보하며, 피고의 게재상호를 '교직원공제회'로 하여 전국 대표전화번호를 등록함으로써 교직원들이 피고가 등록한 대표전화번호로 안내를 받도록 하는 등의 행위는 원고의 활동과 혼동을 초래하는 영업주체 혼동행위에 해당한다고 한 사례.

해설

Ⅰ. 대상판결의 쟁점

부정경쟁방지법 제2조 제1호 (나)목은 "국내에 널리 인식된 타인의 성명, 상호, 표장(標章), 그 밖에 타인의 영업임을 표시하는 표지(상품 판매·서비스 제공방법 또는 간판·외관·실내장식 등 영업제공 장소의 전체적인 외관을 포함한다[1])와 동일하거나 유사한 것을 사용하여 타인의 영업상의 시설 또는 활동과 혼동하게 하는 행위", 즉 영업주체 혼동행위를 부정경쟁행위로 규정하고 있다. 이 규정은 타인의 영업자체를 나타내는 표지를 사용하여 타인의 영업상의 시설 또는 활동과 혼동을 일으키게 하는 행위를 규제하는 것으로, 타인의 신용을 화체한 표지를 이용하여 타인의 고객을 탈취하는 행위를 대상으로 하는 점은 부정경쟁방지법 제2조 제1호 (가)목의 상품주체혼동행위와 같지만 상품에 관한 신용이 아니라 영업 자체에 관한 신용을 보호하는 점에서 차이가 있다.[2]

1) 2018. 4. 17. 법률 제15580호로 개정되기 전의 부정경쟁방지법 제2조 제1호 (나)목은 "표지와"라고 기재되어 있었으나 위 개정법에서 ( )안 내용이 추가되는 것으로 변경되었다. 이른바 트레이드 드레스(trade dress)와 관련하여 영업을 표시하는 매장의 실내외 장식, 서비스 제공방법, 진열형태 등 영업의 종합적 외관도 그것이 일반적인 것이 아니고 특정인의 영업을 나타내는 표지로서 식별력이 있는 이상 이에 포함된다.

2) 윤선희·김지영 공저, 「부정경쟁방지법」, 법문사(2012), 120.

영업주체 혼동행위에 해당하기 위해서는 (1) 국내에 널리 인식된(周知性), (2) 타인의 영업임을 표시한 표지와 동일 또는 유사한 표지를 사용하고, (3) 이로 인하여 타인의 영업상의 시설 또는 활동과 혼동하게 하는 행위일 것이 충족되어야 한다.

대상판결에서는 영업주체 혼동행위에 관한 위 세 가지 요건이 모두 쟁점이 되었다. 즉, (1) 모든 국민이 아닌 해당 상호와 관련된 거래자 또는 수요자, 즉 교직원들 사이에 알려진 경우에도 주지성을 인정할 수 있는지, (2) 원고의 명칭인 '한국교직원공제회'와 피고의 상호인 '대한교직원공제회 주식회사'의 동일성 내지 유사성을 인정할 수 있는지, (3) 원고의 명칭과 피고의 상호의 사용행위로 인한 혼동이 초래되는지가 쟁점이 되었다.

Ⅱ. 대상판결의 분석

1. 국내에 널리 인식된(周知性)

'국내에 널리 인식된'이라는 의미는 국내 전역에 걸쳐 모든 사람들에게 주지되어 있음을 요하는 것이 아니고 국내의 일정한 지역적 범위 안에서 거래자 또는 수요자들 사이에 알려진 정도로써 족하다.[3] 주지성 유무 판단의 주체는 영업에 관여하는 거래권에 속하는 사람들을 기준으로 하여야 하고, 일반적으로 영업활동과 관련되는 일반 수요자라고 할 수 있다. 영업표지를 인식하는 주체는 영업 및 거래의 종류 기타 형태 등 거래의 사정에 따라 다르기 때문에 개별 사안에 따라 구체적으로 판단할 수밖에 없다.[4]

원고의 명칭인 '한국교직원공제회'는 '한국', '교직원' 및 '공제회'가 결합한 표지로서 현저한 지리적 명칭, 보통명칭 등으로 이루어져 있어서 식별력이 없거나 미약하다고 볼 수 있다. 그러나 기술적 표장 등 식별력이 없거나 미약한 표지이더라도 그것이 오랫동안 사용됨으로써 거래자 또는 수요자들이 어떤 특정의 영업을 표시하는 것으로 널리 인식하게 된 경우에는 위 법이 보호하는 영업상의 표지가 될 수 있다.[5]

원심은 원고가 정부 보장의 국내 유일의 교직원 복지기관으로서 전국 교직원 중 약 86.9%가 원고의 회원으로 가입되어 있고, '한국교직원신문'이라는 명칭으로 격주로 50만 부의 신문을 발행하여 전국의 각급 학교와 교육기관 등에 발송하고 있으며, 교육관련 단체가 발행하는 신문과 잡지 등에 정기적으로 원고의 사업에 관한 홍보광고를 게재하고 있는 등의 사정에 비추어 볼 때, 원고의 명칭은 전국적으로 교직원들 사이에 알려져 있어 주지성을 인정하였고, 대상판결은 이를 수긍하였다. 대상판결은 주지성 유무 판단의 주체는 영업에

3) 대법원 2001. 4. 10. 선고 2000다4487 판결 등.
4) 사법연수원, 「부정경쟁방지법(2015)」, 19.
5) 윤태식, 「부정경쟁방지법」, 박영사(2021), 111.

관여하는 거래권에 속하는 일반 수요자를 기준으로 한 점을 명확히 하였다.

2. 영업표지의 동일 또는 유사

영업표지[6]의 동일·유사 여부는 전체적인 관찰을 원칙으로 하면서도 보조적인 방법으로 요부(要部)관찰이 요구되고, 객관적 관찰은 표지에 대한 소유자의 주관적인 의사 등을 기준으로 하는 것이 아니라 수요자나 거래자 등을 기준으로 객관적으로 관찰하는 것이며, 양 표지를 시간 또는 장소를 달리하여 관찰하는 이격적 관찰에 의하여 영업표지의 동일·유사 여부를 판단한다(대법원 1995. 12. 22. 선고 95후1395 판결, 대법원 2011. 12. 27. 선고 2010다20778 판결 등).

식별력이 없거나 미약한 것으로 보이는 문자나 숫자의 결합으로 이루어진 상호나 영업표지가 사용된 결과 국내에 널리 인식되기에 이른 경우에는 원래 독점시킬 수 없는 표지에 권리를 부여하는 것이므로 그 기준은 엄격하게 해석 적용되어야 하고(대법원 1999. 9. 17. 선고 99후1645 판결 등 참조), 이러한 법리는 결합영업표지의 유사성을 판단함에 있어서 그 구성 부분 중 일부가 요부인지 여부를 판단하는 데에도 마찬가지로 적용된다(대법원 2007. 11. 29. 선고 2007도5588 판결[7]).

대상판결 사안은 위 대법원 2007도5588 판결의 판단기준을 엄격하게 적용하면 양 영업표지가 유사하지 않다고 판단될 여지도 있었으나, 원고의 명칭은 약칭하여 '교직원공제회'라고 호칭되어 왔었기에 원고의 회원들은 흔히 '교직원공제회'라고 하면 원고를 의미하는 것으로 알고 있었던 점, 피고는 피고의 상호를 그대로 표시하지 않고 '교직원공제회'라는 약칭을 사용한 사정 등에 비추어 원고의 명칭과 피고의 상호 사이에 '한국'과 '대한'이라는 차이가 있다고 하더라도 실질적으로 양자 간에 동일성 내지 유사성이 있다고 인정하였다.

3. 혼동가능성

"영업주체 혼동"이라 함은 어떤 영업자의 영업상의 시설 또는 활동을 타인의 영업상의 시설 또는 활동이라고 오인하는 것을 말하며 혼동의 위험을 포함한다.[8] 타인의 영업 자체

---

6) 영업표지는 자신의 영업과 타인의 영업을 구별시키고 자신의 동일성을 식별시키기 위해 사용하는 표지를 말하고, 성명, 상호나 그 약칭 등 출처에 대한 식별기능이 있는 이상 모두 포함된다.
대법원 2015. 1. 29. 선고 2012다13507 판결에서는 뮤지컬 제목("캣츠")은 단순히 창작물의 내용을 표시하는 명칭에 머무르지 않고 영업표지에 해당한다고 판단하였다.

7) 피해자가 주지 상호 또는 영업표지인 '컴닥터119' 중 '컴닥터' 부분만으로도 주지성을 획득하였다는 등의 특별한 사정이 없는 한, 영업표지 '컴닥터119' 중 '컴닥터' 부분이 식별력 있는 요부라고 할 수 없으므로, 영업표지 '컴닥터119'와 피고인이 사용한 '컴닥터'가 유사한 상호 또는 영업표지라고 할 수는 없다고 판단한 사례

8) 한편, 영업표지 사이에 유사한 부분이 있다고 하더라도 일반적인 거래실정에 비추어 볼 때, 거래사회에서 수요자들이 구체적·개별적으로는 영업표지의 출처에 관하여 오인·혼동할 염려가 없을 경우에는

는 아니어도 이것과 거래상, 경제상 또는 조직상 밀접한 관계가 있는 것은 아닌가 하는 오인을 일으키는 것, 즉 광의의 혼동 또는 후원관계의 혼동을 포함한다.[9)]

대상판결의 원심(대구고등법원 2011. 1. 6. 선고 2010나4760 판결)은 "타인의 영업으로 오인할 수 있는 상호는 그 타인의 영업과 동종 영업에 사용되는 상호만을 한정하는 것은 아니고, 각 영업의 성질이나 내용, 영업 방법, 수요자층 등에서 서로 밀접한 관련을 가지고 있는 경우로서 일반 수요자들이 양 업무의 주체가 서로 관련이 있는 것으로 생각하거나 또는 그 타인의 상호가 현저하게 널리 알려져 있어 일반 수요자들로부터 기업의 명성으로 인하여 절대적인 신뢰를 획득한 경우에는, 영업의 종류와 관계없이 일반 수요자로 하여금 영업주체에 대하여 오인·혼동시킬 염려가 있는 것에 해당한다."고 판단하였다.

대상판결은 수요자인 교직원들이 피고의 상호를 원고의 명칭과 오인할 위험성이 있었을 뿐만 아니라 실제로 오인한 사례가 발생하였고, 피고가 그 상호를 '대한교직원공제회 주식회사'로 하고 실제로는 '교직원공제회'라고 표현함으로써(모방자의 악의 내지 사용의도) 양 영업표지 사이에 혼동을 초래하였다고 판단하였다.

Ⅲ. 대상판결의 의의

대상판결 사안은 식별력이 부족한 명칭들이 결합한 표지가 주지성에 의하여 식별력을 취득하고 그 식별력을 취득한 부분의 유사성과 구체적 사실관계에 의하여 혼동행위를 인정하였다. 대상판결은 영업주체 혼동행위에 관한 세 가지 요건에 관한 종래의 법리를 정리하여 설시하면서 그 요건 모두에 대한 판단을 거쳐 영업주체 혼동행위를 인정하여 앞으로 유사 사례에서 하나의 지침을 준 점에서 의의가 있다.

키워드

영업주체 혼동행위, 교직원, 공제회, 주지성, 영업표지

영업주체 혼동행위에 해당한다고 볼 수 없다.

대법원 2013. 6. 27. 선고 2011다97065 판결에서는 원고의 표장들인 "오라클" 등과 피고의 표장들인 "유라클" 등은 영업의 출처에 관하여 오인·혼동의 염려가 없다고 판단하였고, 대법원 2009. 4. 23. 선고 2007다4899 판결에서는 피고들(지방의 지방자치단체들)이 원고가 사용하는 "예술의 전당" 표지와 동일한 문구가 포함된 영업표지를 사용하고 있으나, 일반수요자나 거래자가 서울에 소재한 원고의 영업과 동일한 것으로 오인하거나 이들 영업시설이나 활동 사이에 영업상·조직상·재정상 또는 계약상 어떤 관계가 있는 것으로 혼동할 우려가 있다고 보기 어렵다고 판단하였다.

9) 사법연수원(주 4), 51.

[16] 상품주체 혼동의 판단 기준과 상품형태 모방의 의미, 보충적 부정경쟁행위로서 성과 등 무단사용의 요건

—대법원 2012. 3. 29. 선고 2010다20044 판결—

김 세 용 (서울중앙지방법원)

[사실 개요]

1. 피고는 자신이 운영하는 홈페이지에서 원고 방송사들이 방영한 "겨울연가", "황진이", "대장금", "주몽" 등 제호하에 위 드라마가 연상되는 의상, 소품, 모습, 배경 등으로 꾸민 "HELLO KITTY" 제품을 제조·판매하였다.

2. 원고 방송사들은 피고의 행위가 부정경쟁방지법 제2조 제1호 (가)목의 상품주체 혼동행위와 (자)목의 상품형태 모방행위에 해당함을 이유로 손해배상청구를 함과 아울러, 피고의 행위는 위 드라마의 인기에 편승하여 부정한 이익을 얻으려는 목적에 의한 것으로서 민법 제750조의 불법행위에 해당함을 이유로 손해배상청구를 하였다.
3. 원심은 위 드라마의 캐릭터와 의상, 소품이 상품표지로서 주지성을 획득하였다고 보기 어렵다는 이유로 상품주체 혼동행위 주장을, 원고들 상품(원고 방송사들과 드라마 상품 계약을 체결한 업체가 제작한 캐릭터 상품)과 피고 제품이 실질적으로 동일한 형태의 상품이라고 볼 수 없다는 이유로 상품형태 모방행위 주장을 각 배척하면서도, 피고가 위 드라마의 인기에 편승하여 부당한 이익을 얻고자 위 드라마를 연상하게 하는 형태의 제품을 제조·판매한 것은 원고 방송사들의 법적으로 보호할 가치 있는 이익을 침해하는 위법한 행위로서 불법행위를 구성한다고 판단하고 그에 따른 손해배상책임을 인정하였다.

[판결 요지]

1. 캐릭터가 상품화되어 부정경쟁방지법 제2조 제1호 (가)목에 규정된 '국내에 널리 인식된 타인의 상품임을 표시한 표지'가 되기 위해서는 캐릭터 자체가 국내에 널리 알려진 것만으로는 부족하고, 캐릭터에 대한 상품화 사업이 이루어지고 이에 대한 지속적인 선전, 광고 및 품질관리 등으로 캐릭터가 이를 상품화할 수 있는 권리를 가진 자의 상품표

지이거나 상품화권자와 그로부터 상품화 계약에 따라 캐릭터사용허락을 받은 사용권자 및 재사용권자 등 캐릭터에 관한 상품화 사업을 영위하는 집단(group)의 상품표지로서 수요자들에게 널리 인식되어 있을 것을 요한다.

2. 어떤 상품의 형태가 출처표시기능을 가지고 나아가 주지성까지 획득하는 경우에는 부정경쟁방지법 제2조 제1호 (가)목에 규정된 '국내에 널리 인식된 타인의 상품임을 표시한 표지'에 해당하여 같은 법에 의한 보호를 받을 수 있는데, 이를 위해서는 상품형태가 다른 유사상품과 비교하여 수요자의 감각에 강하게 호소하는 독특한 디자인적 특징을 가지고 있는 등 일반수요자가 일견하여 특정 영업주체의 상품이라는 것을 인식할 수 있는 정도의 식별력을 갖추고 있어야 하며, 나아가 당해 상품형태가 장기간에 걸쳐 특정 영업주체의 상품으로 계속적·독점적·배타적으로 사용되거나 또는 단기간이라도 강력한 선전·광고가 이루어짐으로써 상품형태가 갖는 차별적 특징이 거래자 또는 일반수요자에게 특정 출처의 상품임을 연상시킬 정도로 현저하게 개별화된 정도에 이르러야 한다.

3. 부정경쟁방지법 제2조 제1호 (자)목은 부정경쟁행위의 한 유형으로서 타인이 제작한 상품의 형태를 모방한 상품을 양도·대여 또는 이를 위한 전시를 하거나 수입·수출하는 행위를 규정하고 있는데, 여기에서 '모방'이란 타인의 상품형태에 의거하여 이와 실질적으로 동일한 형태의 상품을 만들어 내는 것을 말하며, 형태에 변경이 있는 경우 실질적으로 동일한 형태의 상품에 해당하는지는 당해 변경의 내용·정도, 착상의 난이도, 변경에 의한 형태적 효과 등을 종합적으로 고려하여 판단하여야 한다.

4. 경쟁자가 상당한 노력과 투자에 의하여 구축한 성과물을 상도덕이나 공정한 경쟁질서에 반하여 자신의 영업을 위하여 무단으로 이용함으로써 경쟁자의 노력과 투자에 편승하여 부당하게 이익을 얻고 경쟁자의 법률상 보호할 가치가 있는 이익을 침해하는 행위는 부정한 경쟁행위로서 민법상 불법행위에 해당한다.

해설

Ⅰ. 대상판결의 쟁점

'헬로키티(HELLO KITTY)' 캐릭터를 상품화할 수 있는 국내 독점권을 부여받은 피고가 헬로키티 캐릭터에 원고 방송사들이 방영한 '겨울연가', '황진이', '대장금', '주몽' 등의 드라마(이하 통틀어 '드라마'라고만 한다)가 연상되는 의상, 소품, 모습, 배경 등으로 꾸민 헬로키티 제품(이하 '피고 제품'이라 한다)을 제조·판매하자, 원고 방송사들이 피고의 행위는 부정경쟁방지법 제2조 제1호 (가)목의 상품주체 혼동행위와 (자)목의 상품형태 모방행위에 해당하는 한편 민법상의 불법행위에도 해당한다고 주장하며(당시는 부정경쟁방지법에 이른바 '성과 등 무단사용' 규정이 신설되기 전이었다) 손해배상청구를 하였다.

원심은 원고 방송사들이 방영한 드라마의 캐릭터와 의상, 소품 등이 '상품표지로서의 주지성'을 획득하였다고 보기 어렵다는 이유로 상품주체 혼동행위 주장을 배척하였고, 원고들 상품과 피고 제품이 '실질적으로 동일한 형태'의 상품이라고 볼 수 없다는 이유로 상품형태 모방행위 주장을 배척하였다.

반면 불법행위 주장에 대하여 원심은 피고가 위 드라마의 인기에 편승하여 부당한 이익을 얻고자 위 드라마를 연상하게 하는 형태의 제품을 제조·판매한 것은 원고 방송사들의 법적으로 보호할 가치 있는 이익을 침해하는 위법한 행위로서 불법행위를 구성한다고 판단하고 그에 따른 손해배상책임을 인정하였다.[1]

Ⅱ. 대상판결의 분석

1. 대상판결에는 부정경쟁방지법 제2조 제1호 (가)목의 '상품주체 혼동행위'의 요건과 관련하여 ① '캐릭터의 상품화'와 관련된 상품표지의 주지성과 ② '상품의 형태'가 예외적으로 상품표지로서의 주지성을 획득하는 요건 및 판단 기준이 설시되어 있다.

'캐릭터(character)의 상품화'와 관련하여 대법원은 대상판결 이전에도 상품주체 혼동행위의 판단 기준으로서 '상품표지의 주지성'에 대해서 다음과 같은 법리를 거듭 판시하여 왔다.[2] 즉, 캐릭터가 상품화되어 부정경쟁방지법 제2조 제1호 (가)목에 규정된 '국내에 널리 인식된 타인의 상품임을 표시한 표지'가 되기 위해서는 캐릭터 자체가 국내에 널리 알려져 있는 것만으로는 부족하고, 그 캐릭터에 대한 상품화 사업이 이루어지고 이에 대한 지속적인 선전, 광고 및 품질관리 등으로 그 캐릭터가 이를 상품화할 수 있는 권리를 가진 자의 상품표지이거나 위 상품화권자와 그로부터 상품화 계약에 따라 캐릭터사용허락을 받은 사용권자 및 재사용권자 등 그 캐릭터에 관한 상품화 사업을 영위하는 집단(group)의 상품표지로서 수요자들에게 널리 인식되어 있을 것을 요한다는 것이다.

원심은 위와 같은 법리에 사안을 포섭하여, 원고 방송사들의 드라마 캐릭터는 그 상품화 사업에 대한 지속적인 선전, 광고 및 품질관리 등으로 이를 상품화할 수 있는 권리를 가진 자 또는 그 캐릭터에 관한 상품화 사업을 영위하는 집단의 상품표지로서 국내 수요자들에게 널리 인식되어 있다고 보기 어렵다고 판단하였고, 대상판결은 이를 수긍하였다.

---

1) 대상판결에는 상표권, 저작권 침해 등 관련 쟁점도 있으나, 소개를 생략한다.
2) 대법원 1996. 9. 6. 선고 96도139 판결(미키마우스 사건); 대법원 1997. 4. 22. 선고 96도1727 판결(톰앤제리 사건); 대법원 2005. 4. 29. 선고 2005도70 판결(만화영화 탑블레이드 사건); 대법원 2006. 12. 22. 선고 2005도4002 판결(햄토리 사건).

2. 다음으로 '상품의 형태'가 예외적으로 '상품표지로서의 주지성'을 획득하는 요건에 대해서 대법원은 '일반적으로 상품의 형태나 모양은 상품의 출처를 표시하는 기능을 가진 것은 아니고, 다만 어떤 상품의 형태와 모양 또는 문양과 색상 등이 상품에 독특한 개성을 부여하는 수단으로 사용되고, 그것이 장기간 계속적·독점적·배타적으로 사용되거나 지속적인 선전광고 등에 의하여 그것이 갖는 차별적 특징이 거래자 또는 수요자에게 특정한 출처의 상품임을 연상시킬 정도로 현저하게 개별화되기에 이른 경우에 비로소 부정경쟁방지법 제2조 제1호 (가)목에서 정하는 '타인의 상품임을 표시한 표지'에 해당된다'고 판시하여 왔고,[3] 이 사건에서 원심은 위와 같은 법리에 따라 원고 방송사들이 방영한 드라마의 의상, 소품, 배경 등이 원고들 상품을 연상시킬 정도로 현저히 개별화되었다고 볼 수 없음을 이유로 상품표지로서의 주지성을 부정하였다.

대상판결은 나아가 기존 법리를 보다 구체화시킨 대법원 2007. 7. 13. 선고 2006도1157 판결의 다음과 같은 판시, 즉 '상품의 형태가 출처표시기능을 가지고 아울러 주지성을 획득하기 위해서는, 상품의 형태가 다른 유사상품과 비교하여, 수요자의 감각에 강하게 호소하는 독특한 디자인적 특징을 가지고 있어야 하고, 일반수요자가 일견하여 특정의 영업주체의 상품이라는 것을 인식할 수 있는 정도의 식별력을 갖추고 있어야 하며, 나아가 당해 상품의 형태가 장기간에 걸쳐 특정의 영업주체의 상품으로 계속적·독점적·배타적으로 사용되거나, 또는 단기간이라도 강력한 선전·광고가 이루어짐으로써 그 상품형태가 갖는 차별적 특징이 거래자 또는 일반수요자에게 특정 출처의 상품임을 연상시킬 정도로 현저하게 개별화된 정도에 이르러야 한다'는 법리를 원용하면서,[4] 원심의 판단을 수긍하였다.

3. 한편 부정경쟁방지법 제2조 제1호 (자)목의 '상품형태 모방행위'에서의 '모방'의 의미에 대해서, 대법원은 2008. 10. 17. 자 2006마342 결정[5]에서 '타인의 상품의 형태에 의거하여 이와 실질적으로 동일한 형태의 상품을 만들어 내는 것을 말하며, 형태에 변경이 있는 경우 실질적으로 동일한 형태의 상품에 해당하는지 여부는 당해 변경의 내용·정도, 그 착상의 난이도, 변경에 의한 형태적 효과 등을 종합적으로 고려하여 판단하여야 한다'는 법리를 최초로 설시하였는데, 대상판결은 이러한 법리를 원용한 다음, 피고 제품과 원고들 상품이 실질적으로 동일한 형태라고 할 수 없음을 이유로 상품형태 모방행위 주장을 배척한 원심의 판단을 수긍하였다.

---

3) 대법원 2002. 2. 8. 선고 2000다67839 판결(포트메리온 사건); 대법원 2002. 10. 25. 선고 2001다59965 판결(공기분사기 사건); 대법원 2003. 11. 27. 선고 2001다83890 판결(멜로디터틀 사건); 대법원 2004. 11. 11. 선고 2002다18152 판결(카스 맥주 사건) 등.

4) 이러한 법리는 대법원 2012. 2. 9. 선고 2010도8383 판결; 대법원 2012. 11. 29. 선고 2011도10978 판결에서도 원용되었다.

5) 마가렛트 비스킷 '상품포장'에 관한 부정경쟁행위금지 가처분사건.

4. 부정경쟁방지법과 관련하여 대상판결이 갖는 가장 큰 의의는, 이후 2013. 7. 30. 법 개정으로 신설된 부정경쟁행위의 보충적 일반조항인 '성과 등 무단사용' 규정[부정경쟁방지법 제2조 제1호 (차)목{현 (파)목}]의 모태가 된 부정경쟁행위로서의 민법상 불법행위 법리를 재확인함과 아울러 그 요건과 적용례를 구체적으로 판시하였다는 데에 있다.

즉, 대상판결은 대법원 2010. 8. 25. 자 2008마1541 결정에서 최초로 설시된 '경쟁자가 상당한 노력과 투자에 의하여 구축한 성과물을 상도덕이나 공정한 경쟁질서에 반하여 자신의 영업을 위하여 무단으로 이용함으로써 경쟁자의 노력과 투자에 편승하여 부당하게 이익을 얻고 경쟁자의 법률상 보호할 가치가 있는 이익을 침해하는 행위는 부정한 경쟁행위로서 민법상 불법행위에 해당'한다는 법리를 전제로, ① 원고 방송사들의 드라마는 원고 방송사들이 '상당한 노력과 투자에 의하여 구축한 성과물'에 해당하고, ② 원고 방송사들이 위 드라마의 명성과 고객흡인력을 이용하여 그에 관한 상품화 사업을 수행할 수 있는 권한을 타인에게 부여하고 대가를 받는 방식 등으로 영업을 함으로써 얻는 이익은 '법률상 보호할 가치가 있는 이익'에 해당하며, ③ 관련 상품에 대한 수요가 커지자 피고가 그 '거래사회에서의 일반적인 관행과 달리' 원고 방송사들로부터 허락도 받지 아니한 채 피고 제품을 접한 수요자들로 하여금 위 드라마를 직접적으로 연상하도록 하고 그러한 연상으로부터 생겨나는 수요자들의 제품 구매 욕구에 편승하여 피고 제품을 제조·판매한 것은 '상도덕이나 공정한 경쟁질서에 반하는 것'이라고 판단한 다음, ④ 이러한 행위는 '드라마를 이용한 상품화 사업 분야에서 서로 경쟁자의 관계에 있는 원고 방송사들의 상당한 노력과 투자에 편승하여 위 드라마의 명성과 고객흡인력을 자신의 영업을 위하여 무단으로 이용하여 법률상 보호할 가치가 있는 원고 방송사들의 해당 드라마에 관한 상품화 사업을 통한 영업상의 이익을 침해하는 것'이어서 부정한 경쟁행위로서 민법상 불법행위에 해당한다고 판시하였다.

Ⅲ. 대상판결의 의의

대상판결은 캐릭터 상품화와 관련하여 부정경쟁방지법상 상품주체 혼동행위의 요건인 '상품표지로서의 주지성'과 상품형태 모방행위에서의 '모방'의 판단 기준과 의미에 관한 기존 법리를 재확인하였다. 특히 이후 부정경쟁방지법 제2조 제1호에 신설되는 보충적 일반규정인 성과 등 무단사용행위의 모태가 된 부정경쟁행위로서의 민법상 불법행위 법리와 그 구체적 적용례를 판시하였다는 점에서 현재 위 규정의 적용에서도 여전히 의미가 있다.

키워드

성과무단사용, 성과도용, 상품주체혼동, 상품표지주지성, 상품형태모방

[17] (가)목 부정경쟁행위에서 '국내에 널리 인식된'의 정도

—대법원 2012. 4. 26. 선고 2011도10469 판결—

성 창 익 (법무법인 지평)

[사실 개요]

1. 피고인은 국내에 널리 인식된 이 사건 상표 청바지와 유사한 상표가 부착된 청바지를 수입하여 인터넷쇼핑몰에서 판매함으로써 타인의 상품과 혼동을 일으키는 부정경쟁행위[부정경쟁방지법 제2조 제1호 (가)목]를 하였다는 공소사실로 기소되었다.
2. 원심은 부정경쟁방지법 제2조 제1호 (다)목에 규정된 "국내에 널리 인식된"은 국내 전역 또는 일정한 지역 범위 안에서 거래자 또는 수요자들 사이에 알려지게 된 '주지의 정도'를 넘어 관계 거래자 이외에 일반 공중의 대부분에까지 널리 알려지게 된 '저명의 정도'에까지 이른 것을 의미하고, 이러한 법리는 같은 법 제2조 제1호 (가)목에 정한 상표의 경우에도 마찬가지로 적용된다고 전제한 다음, 이 사건 상표가 저명한 정도에 이르렀다고 보기 어렵다는 이유로 피고인에게 무죄를 선고한 제1심판결을 유지하였다.

[판결 요지]

부정경쟁방지법 제2조 제1호 (가)목에서 말하는 "국내에 널리 인식된" 것에 해당하려면 단순히 그 표지 등을 이미 사용하고 있다는 정도로는 부족하고 계속적인 사용, 품질개량, 광고선전 등으로 우월적 지위를 획득할 정도에 이르러야 하나, 국내 전역에 걸쳐 모든 사람들에게 주지되어 있음을 요하는 '저명의 정도'에까지 이르러야 하는 것은 아니고 국내의 일정한 지역적 범위 안에서 거래자 또는 수요자들 사이에서 알려지게 된 '주지의 정도'에 이른 것으로 족하다는 이유로 원심판결을 파기한 사례.

해설

Ⅰ. 대상판결의 쟁점

부정경쟁방지법 제2조 제1호 (가)목[이하 '(가)목']에서는 상품주체 혼동의 부정경쟁행위를 규정하고 있는데, (가)목에서 정한 '국내에 널리 인식된 타인의 상호, 상표'의 의미에 관해서는 일찍부터 '국내 전역에 걸쳐 모든 사람들에게 주지되어 있음을 요하는 것이 아니고 국내의 일정한 지역적 범위 안에서 거래자 또는 수요자들 사이에 알려진 정도로 족하다'는 해석이 판례와 학설상으로 굳어져 있었다(대법원 1976. 2. 10. 선고 74다1989 판결; 대법원 1995. 7. 14. 선고 94도399 판결; 대법원 1997. 4. 24. 자 96마675 결정; 대법원 2001. 4. 10. 선고 2000다4487 판결 등). 같은 호 (나)목[이하 '(나)목']의 영업주체 혼동의 부정경쟁행위의 경우에도 마찬가지이다.

그런데 2001. 2. 3. 부정경쟁방지법 개정으로 같은 호 (다)목[이하 '(다)목']에 식별력·명성 손상의 부정경쟁행위가 도입되면서 해석에 혼란이 생겼다. 즉, (다)목에 정한 표지도 동일하게 '국내에 널리 인식된 타인의 상호, 상표'라고 규정되었기 때문이다.

이에 대법원은 2004. 5. 14. 선고 2002다13782 판결에서 최초로, (다)목에서 사용하고 있는 "국내에 널리 인식된"이라는 용어는 위 규정의 입법 취지와 입법 과정에 비추어 볼 때 '주지의 정도를 넘어 저명 정도에 이른 것'을 의미한다고 판시하였다. 이와 같은 판시는 대법원 2006. 1. 26. 선고 2004도651 판결에도 이어져 (다)목의 "국내에 널리 인식된"이라는 용어는 "국내 전역 또는 일정한 지역 범위 안에서 거래자 또는 수요자들 사이에 알려지게 된 '주지의 정도'를 넘어 거래자 이외에 일반 공중의 대부분에까지 널리 알려지게 된 이른바 '저명의 정도'에 이른 것"으로 해석되었다.

그러자 형사처벌 대상이 되는 (가)목과 (다)목의 부정경쟁행위에서 구성요건을 이루는 "국내에 널리 인식된"이라는 문언을 달리 해석하여 (가)목의 부정경쟁행위의 경우에는 '주지의 정도'만으로 족하다고 해석하는 것은 그 부정경쟁행위를 범한 피고인에게 불리하여 형벌법규의 명확성이나 그 엄격해석을 요구하는 죄형법정주의 원칙에 반하는 것이 아닌가 하는 의문이 생기게 되었다. 대상판결의 원심도 이를 고려하여 확립된 판례와 학설에도 불구하고 (가)목의 "국내에 널리 인식된"의 정도를 (다)목과 같은 '저명의 정도'로 해석한 것이 아닌가 추측된다. 이에 대상판결에서 (가)목의 "국내에 널리 인식된"의 정도가 다시 쟁점이 되었다.

Ⅱ. 대상판결의 분석

대상판결은 같은 문언을 사용한 (다)목의 식별력·명성 손상의 부정경쟁행위 도입 이후에도 (가)목에서 말하는 "국내에 널리 인식된"은 여전히 '국내 전역에 걸쳐 모든 사람들에게 주지되어 있음을 요하는 것이 아니고 국내의 일정한 지역적 범위 안에서 거래자 또는 수요자들 사이에 알려진 정도로 족하다'고 해석됨을 재확인하였다. 즉, (가)목에서 말하는 "국내에 널리 인식된"은 (다)목에서 요구하는 '저명의 정도'가 아니라 '주지의 정도'로 해석되고, 주지의 지역적 범위는 국내의 일정한 범위이면 족하다는 것이다.[1)]

---

1) 적어도 경쟁관계에 있는 당사자의 영업활동이 미치는 지역 내에서는 주지성을 갖추어야 한다고 해석하는 것이 통설적 견해이다[「송영식 지적소유권법(제2판)」, 육법사(2013), 398(김병일 집필부분)].

이러한 해석은 어찌 보면 당연한 것이다. (가)목에서 정한 '국내에 널리 인식된 타인의 상호, 상표'의 의미에 관해서는, 법문상으로는 다소 불명확한 면이 있기는 하지만, 일찍이 그 입법 취지,[2] 국내외 입법례[3]와 학설·판례 등을 고려하여 민·형사 재판 실무상으로 대상판결의 판시와 같은 해석이 확립되어 있었다. 나중에 도입된 (다)목의 식별력·명성 손상의 부정경쟁행위에서 같은 용어가 사용됨으로써 (다)목에서의 그 용어 해석이 문제되었을 뿐이다.

당초 식별력·명성 손상의 부정경쟁행위를 (다)목에 도입하는 정부 개정안에는 (가)목이나 (나)목에서 보호되는 상표보다 유명성의 강도를 좀더 강화[4]하려는 취지임을 분명히 하기 위해서 법문이 "전국적으로 널리 인식된"으로 되어 있었다. 그런데 국회 심사 과정에서 '전국적으로'와 '국내에'가 구분이 명확하지 않고 그 적용 수준에 대해서는 법원 판단에 따르는 것이 적합하다는 의견이 대두되어 결국 '국내에'로 수정 가결되었다.[5] 대법원은 이러한 입법 취지와 입법 과정을 고려하여 (다)목의 "국내에 널리 인식된"을 (가)목 및 (나)목과 달리 '주지의 정도를 넘어 저명 정도에 이른 것'으로 해석한 것이다. 이러한 체계적 해석은 피고인에게 오히려 유리한 것으로서 죄형법정주의에 반하지 않는다. 즉, 형벌법규는 문언에 따라 엄격하게 해석·적용하여야 하고 피고인에게 불리한 방향으로 확장해석하거나 유추해석을 하여서는 안 되는 것이지만, 문언이 가지는 가능한 의미의 범위 안에서 규정의 입법 취지와 목적 등을 고려하여 문언의 논리적 의미를 분명히 밝히는 체계적 해석을 하는 것은 죄형법정주의 원칙에 어긋나지 않는다(대법원 2020. 8. 27. 선고 2019도11294 전원합의체 판결 등).

결국 나중에 입법된 (다)목의 법문을 입법 취지와 입법 과정 등을 고려하여 대법원 판례에서 체계적으로 제한해석한 것인데, 역으로 법문이 같다고 해서 같은 해석론을 입법 취지와 목적이 다른 종전의 (가)목과 (나)목에 적용하는 것은 주객이 전도된 것으로 체계적 해석에 반한다. 원래부터 (가)목과 (나)목의 "국내에 널리 인식된"은 입법 취지 등을 고려하

---

2) 주지표지 보호는 경업질서에서 일정한 이익상태를 보호하려는 것이라고 설명되고 있다[황의창·황광연, 「부정경쟁방지 및 영업비밀보호법(6정판)」, 세창출판사(2011), 28].

3) 상품주체 혼동의 부정경쟁행위를 규정했던 일본의 구 부정경쟁방지법(1993년 개정되기 전의 것) 제1조 제1항 제1호는 "본법 시행의 지역 내에서 널리 인식된(本法施行ノ地域内ニ於テ広ク認識セラルル)"으로 규정되어 있었는데, "본법 시행의 지역 내"는 "일본 국내"와 같은 의미로 해석되고 있었다[小野昌延 編著, 「新·注解 不正競争防止法(新版)」 上巻, 青林書院(2007), 242]. 일본 최고재판소는 위 구법 규정에 관하여, 전국에 걸쳐서 널리 알려져 있는 것을 요하는 취지는 아니고 한 지방에서 널리 알려져 있는 경우도 포함한다고 판시한 바 있다(最決昭 34.5.20 刑集 13 巻 5 号 755 頁). 1993년 개정으로 제2조 제1항 제1호에서 "수요자 간에 널리 인식되어 있는(需要者の間に広く認識されている)"으로 표현이 바뀌었는데, 이는 구법하의 판례 취지를 좇아 명확하게 규정한 것이라고 한다(위 小野昌延, 242).

4) 이는 (다)목에 의한 보호가 이종상품에도 적용됨을 고려한 것이다[부정경쟁방지법 중 개정법률안 심사보고서, 산업자원위원회(2001. 1.), 4].

5) 위 각주 4)의 심사보고서, 8~9.

여 '주지의 정도'를 의미한다는 것이 확립된 해석이었고, 이러한 해석이 (다)목이 도입되었다고 해서 새삼스럽게 문언에 반하게 되었다거나 피고인에게 불리한 방향으로 확장해석하거나 유추해석한 것으로 되었다고 할 수는 없다.

한편 대상판결의 사안에서 이 사건 상표 청바지는 고가의 의류로서, 국내 다수 백화점과 로드샵 및 인터넷 쇼핑몰을 통하여 판매되고, 유명 연예인들 다수가 위 상표의 의류를 입고 촬영한 사진이 위 상표의 홍보에 활용되기도 하였다. 원심은 이 정도로는 '주지의 정도'를 넘어 '저명한 정도'에 이르렀다고 보기 어렵다고 판단했던 것이다. 파기환송 후의 사실심법원은 위와 같은 사실인정에 터 잡아 이 사건 상표가 고가의 의류를 선호하는 일정한 수요자들 사이에서는 알려져 있어 최소한 '주지의 정도'에는 이른 상표라고 인정하고 유죄판결을 선고하였고 그 판결은 그대로 확정되었다. 대법원 판례에 따르면 (가)목에서 정한 국내에 널리 인식된 상품표지인지 여부는 그 사용기간, 방법, 태양, 사용량, 거래범위 등과 상품거래의 실정 및 사회통념상 객관적으로 널리 알려졌는지가 일응의 기준이 되는데(대법원 2008. 9. 11. 선고 2007도10562 판결; 대법원 2012. 5. 9. 선고 2010도6187 판결 등), 대상판결의 사안에서는 이와 같은 설시가 사실심판결에서 다소 충분하지 않은 면이 있다.

(다)목에 관한 앞서의 대법원 2004도651 판결은 (다)목의 저명 표지 여부에 관해서도 "그 사용기간·방법·태양·사용량·영업범위 등과 그 영업의 실정 및 사회통념상 객관적으로 널리 알려졌느냐의 여부 등이 기준이 된다"고 판시하였다. 즉, (가)목과 판단요소에서는 차이가 없는데, 그 판단요소에 의해 인정되는 '널리 인식된' 정도가 더 높은 수준으로 요구되는 셈이다.

Ⅲ. 대상판결의 의의

대상판결은 (가)목의 상품주체 혼동의 부정경쟁행위에서의 "국내에 널리 인식된"은 '주지의 정도'를 의미하는 것임을 재확인함으로써, 나중에 도입된 (다)목의 식별력·명성 손상의 부정경쟁행위가 같은 용어를 씀으로써 초래된 혼란을 해소한 데 의의가 있다. 입법기술적으로는 (다)목을 도입할 때 당초의 정부 개정안처럼 용어를 달리하여 "전국적으로 널리 인식된"으로 규정하는 것이 (가)목 및 (나)목과의 관계에서 혼란을 없애고 입법 취지를 이해하는 데 낫지 않았을까 싶다.

키워드

(가)목, (다)목, 주지, 저명, 죄형법정주의

[18] 부정경쟁방지법상 지역적 주지표지의 인정 요건

—대법원 2012. 5. 9. 선고 2010도6187 판결—

진 현 섭 (사법정책연구원)

[사실 개요]

1. 피해자 측은 1990. 3. 12.경부터 대구에 있는 공장에서 "不老酒"라는 상품명의 막걸리를 생산하여 대구 및 그 인근 지역에서 판매하여 왔고, 2005년경부터는 막걸리 제품 용기에 '

', '

'라는 표지를 포함한 문자, 도형, 색채 등을 함께 표시하여 왔다.
2. 피해자 측이 2002년부터 2008년까지 지출한 제품 광고비는 매년 1억 1,000여만 원이었고, 피해자 측의 2007년 매출액 119억 6,800여만 원 중 대부분이 "불로" 막걸리 매출액이었으며, 2008년도 국내 막걸리 소비량의 약 9.6%가 피해자 측이 생산한 막걸리였고, 피해자 측의 "불로" 막걸리 제품이 대구 지역 막걸리 시장의 대부분을 점유하고 있었다.
3. 경향신문 사이트에는 피해자 측 "불로" 막걸리 제품이 대구 지역에서 유명하며 1994년경부터 일본에 수출한다는 내용의 2005. 10. 5.자 인터넷 기사가 게재되었고, 한겨레신문 사이트에는 피해자 측 막걸리 제품이 대구 지역 탁주 생산량의 90% 정도를 차지한다는 2006. 10. 16.자 인터넷 기사가 게재되었다.
4. 피고인은 2007. 6. 28. "不老"라는 문자와 대나무 도형, 거북이 도형으로 구성된 표장에 관하여 탁주 등을 지정상품으로 하는 상표등록출원을 하여 2008. 4. 23. 그 등록을 마쳤고, 2008. 7.경부터 "

"라는 라벨이 부착된 막걸리를 생산하여 대구 지역에서 판매하였다.

[판결 요지]

1. 일반적으로 식별력이 없는 표지라도 그것이 오랫동안 사용됨으로써 거래자나 일반수요자들이 어떤 특정인의 상품임을 표시하는 것으로 널리 알려져 인식하게 된 경우에는 부정경쟁방지법 제2조 제1호 (가)목에서 정한 "타인의 상품임을 표시한 표지"에 해당한다. 부정경쟁방지법 제2조 제1호 (가)목에서 타인의 상품임을 표시한 표지가 '국내에 널리 인식되었다'는 의미는 국내 전역에 걸쳐 모든 사람에게 주지되어 있음을 요하는 것이 아니고, 국내의 일정한 지역범위 안에서 거래자 또는 수요자들 사이에 알려진 정도로 족하며, 널리 알려진 상표 등인지 여부는 사용기간, 방법, 태양, 사용량, 거래범위 등과 상품거래의 실정 및 사회통념상 객관적으로 널리 알려졌는지가 일응의 기준이 된다.

2. 피해자 측의 상품표지가 사용된 상품인 막걸리의 유통범위가 통상 일정한 지역 내로 제한되는 점, 우리나라 국토면적 및 인구에서 대구와 그 인근 지역이 차지하는 비중 등에 비추어 볼 때, 피해자 측 상품표지가 대구와 그 인근 지역에서만 널리 인식되어 있었다고 하더라도 부정경쟁방지법 제2조 제1호 (가)목에서 정한 "국내에서 널리 인식된 타인의 상품임을 표시하는 표지"에 해당한다고 본 사례.

해설

Ⅰ. 대상판결의 쟁점

부정경쟁방지법 제2조 제1호 (가)목의 상품주체혼동행위는 타인의 신용을 부당하게 이용하여 자기의 영업상 지위를 유리하게 하는 동시에 그 타인의 고객을 탈취하여 영업상의 이익을 침해하는 행위로서,[1] 상품주체혼동행위가 성립하려면 타인의 상품표지 해당성 및 그 표지의 주지성, 동일·유사한 표지의 사용, 혼동의 위험성이라는 요건을 갖추어야 한다. 위 규정상 상품표지의 주지성은 국내 전역에 걸쳐 모든 사람에게 주지되어 있을 정도에 이를 것이 아니고, 국내의 일정한 지역범위 안에서 거래자 또는 수요자들 사이에 알려진 정도로 족하다.[2] 다만 어느 정도의 지역범위에서 주지성을 획득하여야 부정경쟁방지법 제2조 제1호 (가)목에서 정한 주지표지에 해당하는지를 구체적으로 밝힌 선례는 없었다. 대상판결의 사안은 피해자 측 상품표지가 대구 및 그 인근 지역에서 주지성을 획득하였는지, 위 지역에서 주지성을 획득하였다면 위 규정에서 정한 주지표지에 해당하는지가 핵심적인 쟁점이었다.

Ⅱ. 대상판결의 분석

부정경쟁방지법 제2조 제1호 (가)목은 주지된 상품표지에 체화되어 있는 타인의 신용에 무임승차하는 것을 방지하기 위한 규정이므로, 위 규정에 의해 보호되는 상품표지가 되기 위해서는 특정인의 신용이 체화될 수 있도록 자타상품 식별력이 있어야 한다. 상표법 제33조 제1항 제3호 내지 제7호의 기술적 표장, 현저한 지리적 명칭, 흔히 있는 성, 간단하고 흔히 있는 표장, 기타 식별력이 없는 표장과 같이 식별력이 없거나 미약한 표지여서 원칙적으로 상품표지로 보호받을 수 없는 것이라고 하더라도 특정인이 오랫동안 독점적으로 사용

1) 윤선희, 「지적재산권법(19정판)」, 세창출판사(2022), 554.

2) 대법원 1976. 2. 10. 선고 74다1989 판결; 대법원 2003. 9. 26. 선고 2001다76861 판결 등 참조.

함으로써 거래자 또는 일반수요자에게 특정인의 상품표지로 인식된 경우에는 사용에 의한 식별력을 취득한 것이므로 위 규정의 보호대상이 될 수 있다.[3] 대상판결의 사안에서 피해자 측 상품표지는 '不老', '불로' 표지를 포함하여 문자, 도형, 색채 등이 함께 표시되어 있는 것이다. 이와 같은 표지가 막걸리 등 주류에 사용되는 경우 "늙지 않도록 해 주는 술" 정도의 의미로 직감되어 기술적 표장에 해당하므로 식별력이 없으나, 대상판결의 사안에서는 피해자 측 상품표지가 피고인의 등록상표 출원 시 이미 대구와 그 인근 지역 일반 수요자들에게 특정 출처의 상품임을 연상시킬 정도로 개별화되어 자타상품 식별력을 갖는 상품표지로서 널리 알려져 있었다고 인정되었다.[4]

부정경쟁방지법상 상품표지의 주지성은 "국내 전역에 걸쳐 모든 사람들에게 주지되어 있음을 요하는 것이 아니고, 국내의 '일정한 지역적 범위' 안에서 거래자 또는 수요자들 사이에 알려진 정도로 족하다."고 보는 것이 대법원 판례의 태도이다.[5] 다만 '일정한 지역적 범위'가 어느 정도의 범위를 의미하는 것인지는 명확하지 아니하다.

우리나라 부정경쟁방지법 제2조 제1호 (가)목과 유사한 일본 부정경쟁방지법 제2조 제1항 제1호에 정한 상품표지의 주지성에 관하여 일본 최고재판소는 "'본법이 시행되는 지역에서 널리 인식되다'라 함은 전국에 걸쳐 널리 알려져 있을 것을 요한다는 취지가 아니라 한 지방에서 널리 알려져 있는 경우도 포함하는 것으로 해석함이 상당하다."고 하여, 일본 중부의 아이치현(愛知県)을 중심으로 인근 여러 현에서 널리 알려진 "アマモト"라는 상품표지의 주지성을 인정한 원심판단을 수긍하였다.[6] 이후 일본 하급심 판결은 간토(関東), 도쿄와 요코하마, 오사카 등지에서 주지성이 있는 경우('タンメン' 사건[7]), 유산균 음료의 등록상표

---

3) "캠브리지 멤버스, CAMBRIDGE MEMBERS"(대법원 2006. 1. 26. 선고 2003도3906 판결 및 대법원 2007. 6. 14. 선고 2006도8958 판결), "종로학원"(대법원 1999. 4. 23. 선고 97도322 판결), "재능교육"(대법원 1996. 5. 13. 자 96마217 결정), "A6"(대법원 2006. 5. 25. 선고 2006도577 판결), "컴닥터119"(대법원 2008. 5. 29. 선고 2007도10914 판결), "K2"(대법원 2008. 9. 11. 자 2007마1569 결정) 등이 사용에 의하여 식별력을 취득한 상품표지로 인정된 예이다[김동규, "등록상표의 사용이 지역적 주지표지에 대한 부정경쟁행위가 될 수 있는지 여부 및 지역적 주지표지로 인정되기 위한 요건", 「대법원판례해설」 제92호, 법원도서관(2012), 369].

4) 구 상표법(2014. 6. 11. 법률 제12751호로 개정되기 전의 것) 제6조 제2항에 따르면 어떤 표지가 사용에 의하여 식별력을 얻으려면 '수요자 간에 현저하게 인식'되어 있는 것이어야 하고, 부정경쟁방지법 제2조 제1호 (가)목의 주지성도 '국내에 널리 알려져 있을 것'을 요건으로 하므로, 판례는 양자를 실질적으로 동일한 개념으로 보고 있었다(대법원 2004. 3. 25. 선고 2002다9011 판결). 대상판결이 선고된 이후 상표법이 2014. 6. 11. 법률 제12751호로 개정됨에 따라 사용에 의한 식별력 취득 요건이 수요자 간에 "현저하게 인식되어 있는 것"에서 "식별할 수 있게 된 경우"로 완화되었다.

5) 대법원 1976. 2. 10. 선고 74다1989 판결; 대법원 2011. 4. 28. 선고 2009도11221 판결 등.

6) 日本 最高裁 1959. 5. 20. 昭和 34年(あ) 第78号 判決(刑事集 13卷 5号 755頁).

7) 東京高裁 1970. 4. 28. 判決(無体集 2卷 1号 213頁).

인 "ピロビタン"이 아오모리현(青森県) 하치노헤시(八戸市)에서 주지성이 있는 경우('ピロビタン' 사건[8]), 홋카이도 지역에서 상품표지로 주지성을 획득한 경우('北海道名産バターニ' 사건[9])에 "한 지방에 널리 알려진" 상품표지로 주지성을 인정하였다. 영업표지의 주지성과 관련하여 "경교병원"이라는 병원의 명칭이 도쿄 주오구(中央区)를 중심으로 한 지역에서 주지성을 획득한 경우에도 "한 지방에서 널리 인식된 경우"에 해당한다고 본 사례도 있다.[10]

「유럽연합 상표규정」[11] Article 8(2)(c)는 "주지상표와 동일·유사하고 그 지정상품·서비스가 주지상표의 사용상품·서비스와 동일·유사한 경우"를 상표의 등록거절 및 등록무효 사유로 규정하고 있다. 유럽연합재판소는 "유럽공동체에 적용되는 「상표에 관련된 회원국의 법률 통일을 위한 1988. 12. 21.자 이사회 지침」 Article 4(2)(d)에서 규정하고 있는 주지상표란 회원국 전역 또는 회원국 내 상당한 부분에서 주지된 상표를 말한다. 따라서 도시와 그 주변 지역이 회원국의 상당한 부분에 해당하지 아니하고, 주지성이 그 도시와 주변지역으로 제한된 경우에는 위 규정을 적용할 수 없다."고 판시하였다.[12] 한편 유럽연합재판소는 「공동체 상표규정」[13] Article 9(1)(c)에 정한 저명상표와 관련하여 "저명상표가 Article 9(1)(c)의 보호를 받기 위해서는 유럽공동체 지역 중 상당한 부분에서 그 상표가 사용된 상품이나 서비스와 관련된 일반 대중의 상당 부분에 알려져 있어야만 한다. 오스트리아 전역에서 저명한 공동체상표는 위와 같은 저명성의 지역적 요건을 충족한 것으로 보아야 한다."고 판시하였다.[14] 위 판결은 오스트리아에서 명성 있는 주스음료의 상표인 "PAGO"에 관한 사안으로서 유럽공동체의 영토 및 경제규모 등에 비추어 오스트리아 정도의 영토와 경제규모이면 유럽공동체 지역 중 상당 부분에 해당한다고 본 것이다.[15]

우리나라 대법원판례에 따라 부정경쟁방지법 제2조 제1호 (가)목에 의해 보호되는 주지표지에 해당하기 위해서는 국내 전역까지는 아니더라도 국내의 일정한 지역범위 안에서 주지성을 갖추어야 하는데, 우리나라의 국토면적 및 인구분포 등과 위에서 본 외국의 사례 등을 고려하면, 지역적 주지표지에 해당하기 위해서는 우리나라의 상당한 지역에서 주지성

8) 大阪地裁 1976. 4. 30. 昭和 48年(ワ) 第5635号 判決(無体集 8卷 1号 161頁).
9) 札幌地裁 1976. 12. 8. 昭和 50年(モ) 第920号 判決(無体集 8卷 2号 462頁).
10) 東京地裁 1962. 11. 28. 昭和 37年(ワ) 제462号 判決(下民集 13卷 11号 2395頁).
11) REGULATION (EU) 2017/1001 OF THE EUROPEAN PARLIAMENT AND OF THE COUNCIL of 14 June 2017 on the European Union trade mark.
12) Case C-328/06 Alfredo Nieto Nuño v Leonci Monlleó Franquet [2007], at para. 20 [김동규(주 3), 381에서 재인용].
13) 이 규정은 2016. 6. 23. 「유럽연합 상표규정」으로 명칭이 변경되었고, 그 내용도 개정되었다.
14) Case C-301/07 PAGO International GmbH v Tirolmilch registrierte Genossenschaft mbH, 2009[김동규(주 3), 382에서 재인용].
15) 일반적으로 저명상표는 주지상표에 비하여 더 넓은 지역에서 주지성을 획득할 것이 요구되므로, 지역적 저명상표에 해당하면 지역적 주지상표에도 해당한다고 보는 것이 논리적이다[김동규(주 3), 382].

을 획득하여야 할 것이고, 최소한 1개의 광역시·도 이상의 지역에서 주지성을 획득할 것을 요한다고 봄이 타당하다.16) 이에 기초하여 대상판결은 피해자 측 상품표지가 사용된 상품인 막걸리의 유통범위가 통상 일정한 지역 내로 제한되는 점, 우리나라 국토면적 및 인구에서 대구와 그 인근 지역이 차지하는 비중 등에 비추어 볼 때, 피해자 측 상품표지가 대구와 그 인근 지역에서만 널리 알려졌다고 하더라도 부정경쟁방지법 제2조 제1호 (가)목에 정한 주지표지에 해당한다고 판시하였다.

Ⅲ. 대상판결의 의의

대상판결은, 부정경쟁방지법 제2조 제1호 (가)목에서 정한 주지표지는 국내 전역에 걸쳐 모든 사람에게 주지되어 있음을 요하지 않고 국내의 일정한 지역범위 안에서 주지성을 갖춘 경우에도 이에 해당한다는 기존 대법원판례에 따라 어느 정도의 지역적 범위에서 주지성을 획득하여야 위 조항에서 정한 주지표지에 해당하는지 여부를 판단함에 있어 상품표지가 사용된 상품의 지역적 유통범위, 우리나라의 전체 국토면적 및 인구 가운데 상품표지가 사용된 상품이 유통되는 지역이 차지하는 비중을 그 판단요소로 고려해야 함을 명시적으로 밝혔을 뿐만 아니라 위 조항에 의해 보호되는 지역적 주지표지의 성립을 긍정한 사안이라는 점에서 의의가 있다.

키워드

상품표지의 주지성, 지역적 주지표지, 상품의 유통범위, 막걸리

---

16) 김동규(주 3), 398.

[19] 판매 후 혼동

—대법원 2012. 12. 13. 선고 2011도6797 판결—

이 희 준 (서울고등법원)

[사실 개요]

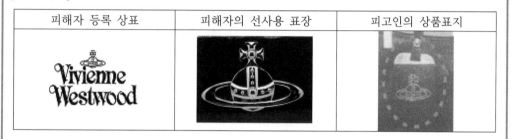

피해자 등록 상표	피해자의 선사용 표장	피고인의 상품표지
Vivienne Westwood		

1. 피해자는 위 상표와 관련하여 2000. 1. 13. 안경, 선글라스 등에 대하여, 2010. 8. 5. 가방에 대하여 상표권 등록을 마쳤다. 피해자는 생산 · 판매하는 가방 등에 위 표장을 사용하고 있었다.
2. 피고인은 위 상표가 국내에 널리 인식된 상표라는 사실을 알면서도 2009. 10.경부터 2010. 4. 28.까지 시장 도매상에서 위 상표가 부착된 가방을 판매할 목적으로 구입하여 피고인이 운용하는 쇼핑몰에서 불특정다수인에게 판매하였다.
3. 검사는 피고인을 상대로 부정경쟁방지법 제18조 제3항 제1호, 제2조 제1호 (가)목을 적용하여 공소를 제기하였다. 원심은 피고인의 판매방식 등에 비추어 상품출처에 관한 혼동가능성이 없다면서, 검사의 항소를 기각하고, 피고인에게 무죄를 선고한 제1심 판결을 유지하였다.
4. 대상판결은 아래와 같이 판시하면서 원심 판결을 파기하고, 유죄 취지로 환송하였다.

[판결 요지]

상품의 품질과 가격, 판매장소, 판매방법이나 광고 등 판매 당시의 구체적 사정 때문에 그 당시 구매자는 상품의 출처를 혼동하지 아니하였더라도, 구매자로부터 상품을 양수하거나 구매자가 지니고 있는 상품을 본 제3자가 상품에 부착된 상품표지 때문에 상품의 출처를 혼동할 우려가 있는 등 일반 수요자의 관점에서 상품의 출처에 관한 혼동의 우려가 있다면 그러한 상품표지를 사용하거나 상품표지를 사용한 상품을 판매하는 등의 행위는 부정경쟁방지 및 영업비밀보호에 관한 법률 제2조 제1호 (가)목, 제18조 제3항 제1호에서 정한 '타인의 상품과 혼동하게 하는 행위'에 해당한다.

해설

Ⅰ. 쟁점

부정경쟁방지법 제2조 제1호 (가)목은 "국내에 널리 인식된 타인의 성명, 상호, 상표, 상품의 용기·포장, 그 밖에 타인의 상품임을 표시한 표지와 동일하거나 유사한 것을 사용하거나 이러한 것을 사용한 상품을 판매·반포 또는 수입·수출하여 타인의 상품과 혼동하게 하는 행위"(상품주체 혼동행위)를 부정경쟁행위로 규정한다.

여기서 '타인의 상품과 혼동하게 하는 행위'란 상품의 출처에 관하여 혼동을 일으키는 것을 의미한다.[1] 타인의 상품과 혼동하게 하는 행위에 해당하는지 여부는 상품표지의 주지성과 식별력의 정도, 표지의 유사 정도, 사용 태양, 상품의 유사와 고객층의 중복 등으로 인한 경업·경합관계의 존부 그리고 모방자의 악의(사용의도) 유무 등을 종합하여 판단하게 된다.[2] 상품의 출처가 같다고 오인하는 '협의의 혼동'뿐 아니라, 상품주체 사이에 밀접한 관계가 있는 것으로 오인하는 '광의의 혼동'도 여기에 포함된다.[3] 부정경쟁방지법은 명확히 규정하고 있지는 않지만, '타인의 상품과 혼동하게 하는 행위'에 해당하기 위해서는 실제로 혼동이 발생할 필요는 없고, 혼동의 구체적인 위험만 있으면 족하다.[4]

혼동의 구체적인 위험이 있는지는 동일·유사한 상품표지를 사용하거나 이를 사용한 상품을 판매할 당시에 그 상품을 구매한 구매자를 기준으로 판단함이 원칙일 것이다. 그런데 대상판결에서 피고인은 피해자의 상표나 디자인을 모방한 위조품임을 쉽게 알 수 있는 상태에서 그 위조품 가방을 판매하였다. 즉 판매 당시 구매자는 상품의 출처를 혼동하지 않은 것이다. 이 경우에도 타인의 상품과 혼동하게 하는 부정경쟁행위가 있다고 할 수 있는지가 문제된다.

---

1) 「송영식 지적소유권법(제2판)」, 육법사(2013), 401(김병일 집필부분)은 상품표시 사이의 혼동과 상품출처 사이의 혼동을 구별하지만, 상품표시에는 출처표시기능이 있어서 양자는 사실상 같다. 정상조 편집대표, 「부정경쟁방지법 주해」, 박영사(2020), 34(이대희 집필부분).

2) 대법원 2007. 4. 27. 선고 2006도8459 판결.

3) 대법원 2007. 4. 27. 선고 2006도8459 판결도 일반소유자나 거래자로 하여금 '당해 상품표지의 주체와 사용자 간에 자본, 조직 등에 밀접한 관계가 있지 않을까'라고 오신하게 하는 경우도 포함한다고 하였다.

4) 「송영식 지적소유권법(제2판)」, 육법사(2013), 402(김병일 집필부분); 윤태식, 「부정경쟁방지법」, 박영사(2021), 102. 대법원 1978. 7. 25. 선고 76다847 판결은 "혼동을 일으킬 우려"가 있으면 된다는 취지로 판시하고 있다. 정상조 편집대표(주 1), 35(이대희 집필부분)는 혼동가능성만 있으면 충분하다고 기술하고 있다.

Ⅱ. 이론적 근거

대상판결과 같이 판매 당시 구매자가 상품의 출처에 관하여 혼동하지 않았더라도 그 이후에 일어나는 상품의 출처에 관한 혼동을 '판매 후 혼동'(Post-Sale Confusion)[5]이라고 한다. 판매 후 혼동을 일으키는 행위를 부정경쟁행위로 금지해야 하는지에 대하여는 아래와 같은 이론적 근거가 제시되고 있다.

1. 잠재적 수요자의 혼동 방지

판매 당시 구매자가 상품의 출처에 관하여 혼동하지 않았다고 하더라도 판매 후에 구매자로부터 상품을 양수한 자도 상품의 출처에 관하여 혼동할 우려가 있다. 만약 그러한 우려가 명백하다면 이를 타인의 상품과 혼동하게 하는 부정경쟁행위로 금지해야 할 것이다.[6]

나아가 판매 후에 구매자가 지니고 있는 상품을 본 제3자(관찰자)가 상품의 출처에 관하여 혼동할 우려가 있다. 제3자(일반 수요자)가 유명 상품표지가 부착된 위조품이 있다는 것을 알게 되어 그 상품표지만으로는 진품이라고 믿을 수 없게 된다면, 일반 수요자 입장에서는 좋은 상품을 찾기 위한 탐색비용(search cost)이 증가하게 되고, 공급자 입장에서는 품질 향상에 투자할 유인이 줄어들게 된다. 따라서 이 역시 타인의 상품과 혼동하게 하는 부정경쟁행위로 금지해야 할 것이다.[7]

다만 유사한 상품표지를 사용하였다는 사정만으로 곧바로 타인의 상품과 혼동하게 하는 행위에 해당하는지는 논란이 있다. 이에 관하여는 구매자가 지니고 있는 상품을 보고 구매결정에 혼동을 일으키는 경우가 많지 않다면서 일반 수요자의 구매결정에 영향을 미칠 가능성이 있다는 점을 구체적으로 증명해야 한다는 주장이 제기되기도 한다.[8]

---

5) 김동규, "판매 후 혼동이 부정경쟁방지법상 상품주체혼동행위의 혼동 개념에 포함되는지 여부", 「대법원판례해설」 제94호, 법원도서관(2012), 391은 '판매 후 혼동'을 'Down-stream Confusion'이라 표기하기도 하였으나, 'Downstream Confusion'는 구매자로부터 상품을 양수한 자의 혼동만을 뜻한다. J. Sheff, "Veblen Brands", 96 Minn. Law Rev. 769, 785 (2012).

6) 다만 이 경우 권리소진이론과 충돌 문제가 있는데, 이에 관하여는 J. Sheff(주 5), 789.

7) 강헌, "판매 후 혼동이론에 관한 연구", 「경영법률」 제20권 제1호, 한국경영법률학회(2009), 630; 김동규(주 5), 392; 최승재, "부정경쟁방지법상 혼동가능성의 판단과 구매 후 혼동 법리", 「과학기술과 법」 제4권 제1호, 충북대학교 법학연구소(2013), 136.

8) 윤선희, "상품의 유사와 출처의 혼동에 관한 연구", 「법조」 통권 제704호, 법조협회(2015), 113; K. Raustiala and C. Sprigman, "Rethinking Post-Sale Confusion", 108 Trademark Rep. 881, 903 (2018); J. Sheff(주 5), 784.

2. 상품표지 명성의 보호

위조품의 판매는 그 자체로 상품표지의 가치나 명성을 떨어뜨리기도 하는데, 그러한 가치나 명성의 훼손 그 자체를 판매 후 혼동을 방지하는 이론적 근거로 내세우는 견해가 있다.[9] 미국에서 판매 후 혼동을 최초로 인정한 연방 제2항소법원의 Mastercrafers Clock & Radio Co. v. Vacheron & Constantin－Le Coultre Watches, Inc. 판결도 "고객들은 자신의 집에 오는 많은 방문객들이 명성 있는 제품으로 보는 것을 보여줌으로써 얻는 명성(prestige)을 얻을 목적으로 그 값싼 시계를 살 것이다. 잘못은 그 방문객들이 그 시계를 진품이라고 생각하게 된다는 사실에 있다."[10]라고 하여 시장에서의 혼동이 아닌 명성 그 자체의 혼동을 문제 삼고 있어[11] 상품표지 그 자체의 가치나 명성 보호를 근거로 내세우는 것처럼 보이기도 하다.

이에 대하여는 그 이론적 근거가 상표표지의 경제적 기능이라든가 부정경쟁행위를 금지하는 이유와는 무관한 논리이고 표현의 자유를 침해할 우려도 있으므로 받아들일 수 없다는 강력한 반론이 제기되고 있다.[12]

Ⅲ. 예외 사례

판매 후 혼동을 일으키는 행위를 부정경쟁행위로 금지해야 하는 이론적 근거를 '상품표지 명성의 보호'라고 본다면 위조품을 판매한 것 자체가 위법한 것이 되어 달리 예외 사례가 인정되지는 않겠지만, 그 이론적 근거를 '잠재적 수요자의 혼동 방지'라고 본다면 위조품을 판매하더라도 그러한 혼동이 발생하지 않는 예외 사례를 생각해볼 수 있다.

① 구매자가 지니고 있는 상품을 제3자가 볼 수 없는 경우에는 잠재적 수요자의 혼동이 발생할 여지가 없다. Munsingwear Inc. v. Jockey International 판결[13]은 트레이드 드레스(trade dress)에 해당하는 특정한 방식의 속옷과 관련하여, 그 외관을 보고 구매를 결정하는 것이 아니라 라벨을 보고 구매를 결정하므로 그 트레이드 드레스를 모방하였다고 하더라도 혼동의 가능성이 없다고 보았다.

② 상품표지를 패러디한 것임이 명백한 경우에도 잠재적 수요자의 혼동이 발생할 여지가 없다.[14]

---

9) A. McCarthy, "The Post－Sale Confusion Doctrine", 67 Fordham Law Rev. 3337, 3368 (1999).
10) 221 F.2d 464, 466 (2d Cir. 1955).
11) 이러한 이유로 J. Sheff(주 5), 791은 이를 '지위 혼동'(status confusion)이라고 표현한다.
12) J. Sheff(주 5), 818~828.
13) 31 U.S.P.Q.2d 1146 (D.Minn.) aff'd, 39 F.3d 1184 (8th Cir. 1994).

③ 모방한 제품의 품질이 진품보다 명백히 떨어진다는 것이 아니라면 잠재적 수요자의 혼동을 일으키는 것이 아닐 수도 있다. Gibson Guitar Corp. v. Paul Reed Smith Guitars, LP 판결[15]은 피고 제품의 품질이 명백히 떨어지는 것은 아니라고 원고가 인정하였기 때문에 판매 후 혼동 법리가 적용되지 않는다고 하였다.

Ⅳ. 대상판결의 의의

대상판결은 판매 당시 구매자가 혼동하지 않았다고 하더라도 구매자로부터 상품을 양수한 자나 구매자가 지니고 있는 상품을 본 제3자 등 일반 수요자가 상품의 출처에 관하여 혼동의 우려가 있다면 '타인의 상품과 혼동하게 하는 행위'에 해당한다고 하여, 판매 후 혼동도 부정경쟁방지법에서 말하는 '혼동'에 해당함을 명시하였다. 대법원 2003. 6. 12. 선고 2003도3277 판결이나 대법원 2012. 1. 26. 선고 2010다36124 판결 등에서 판매 후 혼동 법리를 사실상 인정하였는데, 대상판결에서 이를 명확히 하였다.

특히 대상판결은 판매 후 혼동을 일으키는 행위를 금지하는 이론적 근거가 상품표지 명성 그 자체가 아니라 '잠재적 수요자의 혼동 방지'에 있음을 명확히 하였다는 점에서 그 의의가 있다고 할 것이다.

키워드

판매 후 혼동, 혼동의 가능성, 잠재적 수요자의 혼동 방지

---

14) Nike, Inc. v. "Just Did It" Enterprises, 6 F.3d 1225(7th Cir. 1993)는 명시하지 않았지만, 윤선희(주 8), 112는 패러디를 했다는 이유로 판매 후 혼동 법리를 적용하지 않은 사례로 설명하고 있다.

15) 423 F.3d 539, 552 (6th Cir. 2005).

[20] 서적의 제호 또는 제호·표지 디자인을 상품표지나 영업표지로 인정하기 위한 요건

—대법원 2013. 4. 25. 선고 2012다41410 판결—

장 희 나 (대법원)

[사실 개요]

1. 원고들은 '甲'이라는 상호로 출판업을 영위하는 사람들이고, 피고들은 도서 출판업 및 유통업을 영위하는 회사이다. 원고들은 피고 1과 사이에, 원고들이 '2,000원으로 밥상 차리기', '1,000원으로 국, 찌개 만들기', '5,000원으로 손님상 차리기', '500원으로 밑반찬 차리기'라는 제목의 요리책(이하 '이 사건 초판 4종'이라 한다)의 출판을 기획하고, 피고 1이 인쇄 및 유통을 전담하기로 하는 내용의 출판권 설정계약을 체결하였다.

2. 원고들은 A를 저자로 섭외하여 '2,000원으로 밥상 차리기'를 제작하고, 피고 1은 위 서적의 인쇄, 유통 및 판매를 개시하는 등으로 이 사건 초판 4종을 출판하였다.

3. 원고들은 이 사건 초판 4종의 기획, 출판이 성공하고 '2,000원으로 밥상 차리기'가 요리책의 베스트셀러가 되자, '○○○원으로 ○○○하기' 형식의 제호를 갖춘 17종의 요리책을 추가로 기획하여 직접 출판하였다.

4. 그 후 이 사건 초판 4종의 출판권 설정계약이 모두 기간 만료로 종료하였는데, 원고들은 이 사건 초판 4종 중 가장 큰 성공을 거둔 '2,000원으로 밥상 차리기'의 후속작으로 B를 새로운 저자로 섭외하여 'B의 2,000원으로 밥상 차리기'를 출판하고, 나머지 3종의 서적도 출판사만 '甲'으로 바꾸어 출판하였다.

5. 한편, 피고 1은 A와 직접 출판계약을 체결하여 '2,000원으로 밥상 차리기' 개정판을 출판하고, 나머지 3종의 서적에 대해서는 초판 저자들과 다른 저자들을 섭외하여 개정판을 출판하였다.

'2,000원으로 밥상 차리기' 초판	'2,000원으로 밥상 차리기' 개정판

[판결 요지]

1. 제호는 원래 서적에 담긴 저작물의 창작물로서의 명칭이나 그 내용을 직접 또는 함축적으로 나타내는 것이고, 제호·표지 디자인도 저작물의 내용을 효과적으로 전달하기 위한 것으로서 당해 창작물과 분리되기 어려우므로, 제호 또는 제호·표지 디자인을 영업표지라고 볼 수 있으려면 이를 영업을 표시하는 표지로 독립하여 사용해 왔다는 사실이 인정되어야 한다.

2. 일반적으로 상품의 형태나 모양은 상품의 출처를 표시하는 기능을 가진 것은 아니고, 다만 어떤 상품의 형태와 모양 또는 문양과 색상 등이 상품에 독특한 개성을 부여하는 수단으로 사용되고, 그것이 장기간 계속적·독점적·배타적으로 사용되거나 지속적인 선전광고 등에 의하여 그것이 갖는 차별적 특징이 거래자 또는 수요자에게 특정한 출처의 상품임을 연상시킬 정도로 현저하게 개별화되기에 이른 경우에 비로소 부정경쟁방지법 제2조 제1항 (가)목에서 정하는 '타인의 상품임을 표시한 표지'에 해당한다.

그리고 서적류의 제호가 서적의 출처를 표시하는 식별표지라고 하려면 정기간행물이나 시리즈물의 제호로 사용하는 등의 특별한 경우에 그 사용 태양, 사용자의 의도, 사용 경위 등에 비추어 실제 거래계에서 제호의 사용이 서적의 출처를 표시하는 식별표지로 인식되었다고 볼 수 있는 구체적 사정이 인정되어야 한다.

3. 원고들이 '甲'이라는 상호 대신 'ㅇㅇㅇ원으로 ㅇㅇㅇ하기'라는 제호 또는 제호·표지 디자인을 원고들의 영업을 표시하는 표지로 독립하여 이용한 적이 없어 위 제호 및 제호·표지 디자인이 원고들의 영업표지라 할 수 없고, 'ㅇㅇㅇ원으로 ㅇㅇㅇ하기'라는 형태의 제호가 주지성을 갖는 상품표지라 할 수도 없다는 원심의 판단을 수긍한 사례.

해설

Ⅰ. 대상판결의 쟁점

부정경쟁방지법 제2조 제1호 (가)목은 국내에 널리 인식된 타인의 성명, 상호, 상표, 상품의 용기·포장, 그 밖에 타인의 상품임을 표시한 표지(標識)와 동일하거나 유사한 것을 사용하거나 이러한 것을 사용한 상품을 판매·반포 또는 수입·수출하여 타인의 상품과 혼동하게 하는 행위, 즉 상품주체 혼동행위를 부정경쟁행위로 규정하고, (나)목은 국내에 널리 인식된 타인의 성명, 상호, 표장(標章), 그 밖에 타인의 영업임을 표시하는 표지(상품 판매·서비스 제공방법 또는 간판·외관·실내장식 등 영업제공 장소의 전체적인 외관을 포함한다)와 동일하거나 유사한 것을 사용하여 타인의 영업상 시설 또는 활동과 혼동하게 하는 행위, 즉 영업주체 혼동행위를 부정경쟁행위로 규정한다. 상품주체 혼동행위와 영업주체 혼동행위는 주지의 상품표지·영업표지 무단 사용 등에 따른 혼동행위로서 사칭통용(詐稱通用)이라고 불리는 전형적인 부정경쟁행위에 속한다.

타인의 상품임을 표시한 표지(상품표지)란 특정의 상품을 표창함으로써 그 상품의 출처를 표시하는 동시에 자신의 상품을 타인의 상품과 구별시키는 식별력을 갖춘 표시를 의미한다.[1)] 타인의 영업임을 표시하는 표지(영업표지)란 영업활동을 표시함과 아울러 영업활동을 위한 인적·물적 설비를 표시하는 기능을 가진 것으로서 자신의 영업과 타인의 영업을 구별시키고 자신의 동일성을 식별시키기 위하여 사용하는 표지를 말한다.[2)]

소설이나 회화 등 저작물의 제목을 저작권법에서는 제호(題號)라고 하는데, 저작물의 제호란 광고·선전 효과를 위하여 저작물의 내용을 압축하여 짧은 단어나 문장으로 표시한 저작물의 명칭이다.[3)] 대상판결에서는 서적의 제호 또는 그 제호나 표지의 디자인이 부정경쟁방지법 제2조 제1호 (가)목의 주지된 상품표지 내지 (나)목의 영업표지에 해당하는지와 그 인정요건이 주된 쟁점이 되었다.

Ⅱ. 대상판결의 분석

서적의 제호는 그 서적에 담긴 무체물인 저작물을 표상하는 것으로서 원칙적으로 상표로 취급되지 않는다.[4)] 예외적으로 저작자의 창작물로서 성격보다 출판업자의 상품으로서 성격이 더 뚜렷이 나타나는 정기간행물이나 시리즈물 등의 제호는 출판업자의 상품 식별표지로도 기능하므로 상표로 인정받을 수 있다.[5)] 이처럼 서적의 제호는 일정한 경우에만 상표로서 보호를 받을 수 있는바, 그 법적 보호 방안에 관한 논의가 있다. 학설은 서적의 제호가 부정경쟁방지법상 상품표지 내지 영업표지로서 보호된다는 견해가 유력하다.[6)] 저작물의 제호로 사용되는 모든 단어나 문장을 상품표지 또는 영업표지로 인정하여 부정경쟁방지법상의 절대적·독점적 권리를 부여하는 것은 바람직하지 않다. 따라서 구체적인 사안에서 저작물의 제호가 어떠한 경우에 상품표지 내지 영업표지로 인정될 수 있는지 그 적용요건이

1) 정상조 편집대표, 「부정경쟁방지법 주해」, 박영사(2020), 20(이대희 집필부분).
2) 이기수 외 6인, 「지적재산권법」, 한빛지적소유권센터(1996), 1046.
3) 권두상, "지적재산권과 서적의 제호", 「지식과 권리」 2005.가을·겨울호, 대한변리사회(2005), 69.
4) 대법원 1995. 9. 26. 선고 95다3381 판결; 대법원 1986. 10. 28. 선고 85후75 판결.
5) 「송영식 지적소유권법(제2판)」, 육법사(2013), 73(송영식 집필부분); 이상정, "저작물의 제호의 보호에 관한 판례·실무의 경향과 그 비판", 「저작권」 제38호, 저작권심의조정위원회(1997), 62, 63.
6) 조영호, "서적 제호의 보호에 관한 판례연구", 「재판실무연구」 제2011호, 광주지방법원(2012), 54; 이상정(주 5), 66.

명확히 마련되어야 한다.

독일에서 저작물의 제호는 부정경쟁방지법 제16조로 보호되다가, 1994. 10. 25.「상표 및 기타 표지에 관한 법률」이 제정되면서 위 법 제5조 제1항에 따라 영업표지로서 보호되고 있다.[7] 독일 부정경쟁방지법상 표지보호의 요건과 관련하여 신규성이 있고 고유하며 자타 인쇄물을 구별시키는 인쇄물상 일체의 표지가 보호되지만, 표제는 명칭적 기능과 식별력, 통용력을 가져야 한다고 설명되고 있다.[8] 이에 관하여 식별력을 전제로 한 주지의 표지라면 굳이 신규성 요건은 필요하지 않다는 견해도 있다.[9]

일본은 제호에 관하여 부정경쟁방지법 등에 특별한 규정을 두고 있지 않고, 학설·판례도 확립되어 있다고 할 수 없으나, 하급심 판결 중에는 서적의 제호를 부정경쟁방지법상 상품표지 또는 영업표지로 인정한 사례들이 있다. 위 판결들은 제호를 상품표지나 영업표지로 인정함에 있어 해당 상품의 특정을 위해 다른 특별한 표시가 일절 사용되지 않고, 해당 표제가 자타 상품의 구별을 위하여 사용될 것을 요한다. 또한 해당 표시가 상품 또는 영업을 표시하는 것으로서 주지·저명한지를 엄격하게 해석하는 것으로 보인다.[10]

대법원은 '부동산뱅크' 사건에서, 저작물의 제호가 오랫동안 사용됨으로써 거래자 또는 수요자들이 어떤 특정의 영업을 표시하는 것으로 널리 인식하게 된 경우에는 부정경쟁방지법이 보호하는 영업상의 표지에 해당한다고 하면서, 정기간행물의 제호인 '부동산뱅크'의 영업표지성을 인정하였다.[11]

또한 대법원은 '영어공부 절대로 하지 마라'(이하 '영절하'라 한다) 사건의 제2차 환송심에서, 타인의 등록상표를 서적의 창작물로서의 명칭 내지 그 내용을 함축적으로 나타내는 제호로서 사용할 때는 상표법 제51조에 따라 상표권의 효력이 미치지 않는 것이 원칙이나, 이를 정기간행물이나 시리즈물의 제호로 사용하는 등의 특별한 경우에는 사용 태양, 사용자의 의도, 사용 경위 등 구체적 사정에 따라 실제 거래계에서 제호의 사용이 서적의 출처를 표시하는 식별표지로서 인식되면 상표권의 효력이 미친다고 판시하여, 서적의 제호를 상품표지로 인정할 수 있는 기준을 구체적으로 세웠다.[12]

한편 대법원은 '영절하' 사건의 제1차 환송심에서 서적의 제호인 '영절하'는 신청인이

---

7) 한규현, "서적 제호의 지적재산권법에 의한 보호가능성",「지식사회와 기업법」, 박영사(2005), 413.

8) 정호열,「부정경쟁방지법론」, 삼지원(1993), 50.

9) 윤선희, "부정경쟁행위에 관한 고찰(4)",「발명특허」 제22권 제1호, 한국발명특허협회(1997), 35.

10) 장정애, "드라마 제호의 부정경쟁방지법상 보호에 관한 소고",「비교사법」 제16권 제1호, 한국비교사법학회(2009), 503~505; 東京地裁 平成11年2月19日, 平10(ワ)18868号 判決(서적 '스윙 저널' 사건); 知財高裁 平成17年10月27日, 平17(ネ)10013号 判決(TV 애니메이션 '마크로스' 사건); 大阪高裁 平成20年10月8日, 平20(ネ)1700号 判決(서적 '시효의 관리' 사건).

11) 대법원 1997. 12. 12. 선고 96도2650 판결.

12) 대법원 2005. 8. 25. 선고 2005다22770 판결.

창작한 저작물 또는 그 저작물을 담고 있는 서적이라는 상품 그 자체를 가리키는 것일 뿐, 신청인이 '영절하'를 저술업이라는 영업의 표지로 독립하여 사용하여 왔다고 볼 수 없으므로 저술업의 영업표지라고 볼 수 없다고 하였다.[13)]

상품의 형태나 모양이 독특한 식별력을 가지고 장기간 독점적·배타적으로 사용되어 특정 출처의 상품임을 연상시킬 정도로 현저하게 개별화되면 상품표지에 해당할 수 있다는 것은 이미 대법원 2002. 2. 8. 선고 2000다67839 판결('포모나 도자기 그릇' 사건), 대법원 2007. 7. 13. 선고 2006도1157 판결('종이리필 방향제' 사건), 대법원 2012. 3. 29. 선고 2010다20044 판결('대장금' 사건) 등에서 확립된 법리이다. 제호·표지 디자인 역시 서적이라는 상품의 형태나 모양으로서 위 요건을 갖출 경우 상품표지로 인정될 수 있다. 제호·표지 디자인이 영업을 표시하는 표지로 독립적으로 사용된 경우 제호와 마찬가지로 영업표지로 인정될 수 있음은 물론이다.

Ⅲ. 대상판결의 의의

대법원 1995. 9. 26. 선고 95다3381 판결, 대법원 2005. 8. 25. 선고 2005다22770 판결에서 서적의 제호가 정기간행물이나 시리즈물에 사용될 경우 구체적 사정에 따라 서적의 출처를 표시하는 식별표지로 인정될 수 있다고 판시하였는데, 대상판결은 서적의 제호나 제호·표지 디자인이 그와 같은 요건을 갖추면 부정경쟁방지법상 상품표지에 해당할 수 있다는 점을 명확히 하였다.

또한 대상판결은 서적의 제호가 영업을 표시하는 표지로 독립하여 사용되어 온 경우 영업표지로 인정될 수 있다는 대법원 2004. 7. 9. 선고 2002다56024 판결의 취지를 재확인하였다. 특히 대상판결은 제호·표지 디자인의 영업표지 인정요건을 최초로 판시하였다는 점에서 의의가 있다.

키워드

서적의 제호, 제호·표지 디자인, 상품표지, 영업표지

13) 대법원 2004. 7. 9. 선고 2002다56024 판결.

[21] 뮤지컬 제목에 대한 영업표지성의 판단

—대법원 2015. 1. 29. 선고 2012다13507 판결—

정 태 호 (경기대학교)

[사실 개요]

1. 원고는 공연 기획 및 제작업 등을 영위하고 있고, 영국 회사인 甲은 뮤지컬 '캣츠(CATS)'의 제작 및 이와 관련된 영업을 영위하고 있으며, 乙은 甲의 자회사이다.
2. 원고는 2003.경, 2008. 3.경 및 2010. 12. 10.경 甲과의 사이에 '캣츠'라는 제명(題名)의 뮤지컬(이하 "뮤지컬 캣츠"라 함)에 관한 공연라이선스계약을 각각 체결한 다음 2003.경부터 2008.경까지 서울, 수원, 대구, 부산, 대전, 광주 등에서 2003년 191회, 2004년 58회, 2007년 140회, 2008년 172회 등 영어로 된 뮤지컬 캣츠의 내한공연을 각각 甲과 공동기획하는 방법 등으로 진행하였고, 2008년 146회, 2009년 59회, 2011년 수십 회 등 전국에서 한국어로 된 뮤지컬 캣츠를 각각 제작 · 공연하였다.
3. 원고는 2010. 5. 19. 乙로부터 2015. 7.까지 뮤지컬 캣츠의 공연 등에 관한 라이선스 기간을 연장받는 한편, 이 사건의 1심 계속 중인 2011. 1. 17. 甲과의 사이에 위 2010. 12. 10.자 계약 중 'CATS Marks'(이하, 'CATS'의 한글과 영문 표기를 통틀어 "이 사건 표지"라 함)에 관하여 공연의 광고와 홍보를 위하여 사용할 수 있는 독점적 권한을 부여받는 것으로 그 계약 내용을 변경하였다.
4. 한편으로 피고는 2003년경부터 2011년 6월경까지 전국 주요 도시에서 '어린이 캣츠', '뮤지컬 어린이 캣츠' 또는 '라이브 뮤지컬 어린이 캣츠'라는 제목의 뮤지컬을 제작 · 공연하였다.

[판결 요지]

1. 뮤지컬은 각본·악곡·가사·안무·무대미술 등이 결합되어 음악과 춤이 극의 구성·전개에 긴밀하게 짜 맞추어진 연극저작물의 일종으로서, 제목은 특별한 사정이 없는 한 해당 뮤지컬의 창작물로서의 명칭 또는 내용을 함축적으로 나타내는 것에 그치고 그 자체가 바로 상품이나 영업의 출처를 표시하는 기능을 가진다고 보기는 어렵다. 그러나 뮤지컬은 제작·공연 등의 영업에 이용되는 저작물이므로, 동일한 제목으로 동일한 각본·악곡·가사·안무·무대미술 등이 이용된 뮤지컬 공연이 회를 거듭하여 계속적으로 이루어지거나 동일한 제목이 이용된 후속 시리즈 뮤지컬이 제작·공연된 경우에는, 공연 기간과 횟수, 관람객의 규모, 광고·홍보의 정도 등 구체적·개별적 사정에 비추어 뮤지컬의 제목이 거래자 또는 수요자에게 해당 뮤지컬의 공연이 갖는 차별적 특징을

표상함으로써 구체적으로 누구인지는 알 수 없다고 하더라도 특정인의 뮤지컬 제작·공연 등의 영업임을 연상시킬 정도로 현저하게 개별화되기에 이르렀다고 보인다면, 뮤지컬의 제목은 단순히 창작물의 내용을 표시하는 명칭에 머무르지 않고 부정경쟁방지법 제2조 제1호 (나)목에서 정하는 '타인의 영업임을 표시한 표지'에 해당한다.

2. 'CATS'의 영문 또는 그 한글 음역으로 된 이 사건 표지는 적어도 이 사건 원심 변론종결일 무렵에는 단순히 그 뮤지컬의 내용을 표시하는 명칭에 머무르지 않고, 거래자 또는 수요자에게 '뮤지컬 CATS'의 공연이 갖는 차별적 특징을 표상함으로써 특정인의 뮤지컬 제작·공연임을 연상시킬 정도로 현저하게 개별화되기에 이르렀다고 할 것이므로, 부정경쟁방지법 제2조 제1호 (나)목에서 정한 '타인의 영업임을 표시한 표지'에 해당한다고 판단한 사례.

해설

Ⅰ. 대상판결의 쟁점

우리나라에서는 서적 등의 제목(제호)은 부정경쟁방지법에 의하여 보호된다는 견해가 통설적인 견해인데, 제목(제호)은 원칙적으로 저작물로서 보호되지는 않지만 저작물을 표상하는 것으로서 상품이나 서비스의 식별표지와는 그 성질을 달리하므로, 실제 사건에서 어떠한 경우에 부정경쟁방지법에서 말하는 상품표지 또는 영업표지에 해당할 수 있는지를 판단하는 것이 중요하다.[1]

이와 관련하여 대상판결의 쟁점은 바로 '뮤지컬 CATS'의 제목이자 'CATS'의 영문 또는 그 한글 음역으로 된 이 사건 표지가 이 사건 변론종결일 무렵 거래자 또는 수요자에게 뮤지컬 제작·공연업에 관한 영업표지로서 인식된다고 인정할 수 있을 것인지의 여부에 관한 것이었다.[2]

Ⅱ. 대상판결의 분석

부정경쟁방지법 제2조 제1호 (나)목에서의 '타인의 영업임을 표시한 표지', 즉 '영업표지'란 영업활동을 표시함과 아울러 영업활동을 위한 인적·물적 설비를 표시하는 기능을 가

1) 한국정보법학회, "뮤지컬 제목과 영업주체 혼동행위", 「정보법판례백선(Ⅱ)」, 박영사(2016), 383(정태호 집필부분).

2) 정태호, 「부정경쟁행위 특수사례연구」, 한국지식재산연구원(2015), 121.

진 것으로서 자신의 영업과 타인의 영업을 구별시키고 자신의 동일성을 식별시키기 위해 사용하는 표지를 의미한다.[3] 여기서의 영업표지는 특정의 영업을 표창하기 위해 감각적으로 파악할 수 있는 수단으로서 특정 영업을 개별화하고 다른 동종 영업으로부터 구별시키는 식별력을 갖는 것을 말하며, 특정 영업이 누군가로부터 나온 것임을 알려주어 다른 출처로부터 나온 영업과 구별시키는 출처표시 기능을 갖고 있는 것이 전형적인 영업표지의 태양이라고 할 수 있다.[4]

서적 등의 제목(제호)이 주지된 상품표지 또는 영업표지로서 한 작품을 다른 작품으로부터 구별시켜 주기에 적합한 기능을 하고 있는 경우에는 자타상품식별력을 갖는 특별한 표지로 보아 부정경쟁방지법에 의하여 보호된다는 견해가 통설[5] 및 판례[6]의 해석이다.

그런데 제목(제호)은 무체물인 저작물을 표상하는 것으로서 상품이나 서비스의 식별표지와는 그 성질을 달리하여 제목(제호)의 표지성을 엄격하게 한정적으로 인정하고 있는 것이 판례 등의 태도이므로, 실제 사건에서 어떠한 경우에 부정경쟁방지법에서 말하는 상품 또는 영업표지에 해당하는지를 판단하는 것이 중요하며, 이와 관련해서는 다양한 대법원 판결들이 존재하고 있다.[7]

제목(제호)의 부정경쟁방지법상 상품표지나 영업표지에 관한 표지성을 인정한 대법원 판결로는 대상판결('뮤지컬 캣츠' 사건[8]), 대법원 2011. 12. 8. 선고 2011도8868 판결('비보이를 사랑한 발레리나' 사건), 대법원 1979. 11. 30. 자 79마364 결정('독신녀' 사건) 등을 들 수 있다. 한편으로 이에 관한 표지성을 부정한 대법원 판결로는 대법원 2004. 7. 9. 선고 2002다56024 판결('영절하' 사건), 대법원 2013. 4. 25. 선고 2012다41410 판결('2,000원으로 밥상 차리기' 사건) 등이 있다.

이상의 사건들 중 특히 대상판결의 사안과 유사한 '비보이를 사랑한 발레리나' 사건은 무언극의 제목(제호)에 관하여 영업주체 혼동행위 여부를 다룬 사례로서, 시리즈물이 아닌 무언극의 제목을 그 제작사 내지 공연주체의 주지된 영업표지라고 인정한 사례이므로, 대

3) 윤선희·김지영, 「부정경쟁방지법」, 법문사(2012), 125.

4) 사법연수원, 「부정경쟁방지법(2010)」, 23.

5) 이상경, 「지적재산권법소송론」, 육법사(1998), 562; 정호열, 「부정경쟁방지법론」, 삼지원(1993), 149~150; 장정애, "드라마 제호의 부정경쟁방지법상 보호에 관한 소고", 「비교사법」 제16권 제1호, 한국비교사법학회(2009), 501; 한지영, "뮤지컬 제호의 부정경쟁방지법상 보호에 관한 고찰", 「법학논총」 제21집 제2호, 조선대학교 법학연구원(2014), 84~85.

6) 대법원 1979. 11. 30. 자 79마364 결정, 대법원 1997. 12. 12. 선고 96도2650 판결 등.

7) 정태호, "뮤지컬의 제목에 대한 영업주체 혼동행위의 적용에 관한 고찰－대법원 2015. 1. 29. 선고 2012다13507 판결을 중심으로－", 「아주법학」 제9권 제3호, 아주대학교 법학연구소(2015), 464.

8) 대상판결에서 파기환송되어 서울고등법원 2015. 4. 2. 선고 2015나5134 판결이 대상판결의 내용대로 판단을 하였고 이에 대해 피고는 또 상고하였는데, 대법원 2015다30305 사건에서 심리불속행기각으로 확정되었다.

상판결의 판단과 관련하여 함께 검토할 필요가 있다.[9] 즉 해당 사건에서는 해당 사건의 무언극의 제목이 창작물인 이 사건 무언극의 내용을 표시하는 명칭에 머무르지 않고 거래자 또는 수요자에게 특정인의 무언극 제작·공연업을 연상시킬 정도로 현저하게 개별화된 정도에 이르러 해당 특정인의 무언극 제작·공연업이라는 영업의 표지로 되었고, 아울러 그와 같은 영업표지로서 국내 수요자 또는 거래자 사이에 널리 인식되어 있다고 판단되었는데, 이러한 판단은 대상판결에서의 판단에도 영향을 미쳤다고 볼 수 있다.[10]

이상의 대법원 판결들을 살펴보면, 제목(제호)은 창작물을 표상하는 것으로서 상품 또는 영업과 관련하여 사용되는 경우에도 원칙적으로 상품주체 또는 영업주체의 식별표지로서의 기능을 하지 않으므로, 제목(제호)이 상품에 표시되거나 또는 특정인의 영업활동과 관련하여 사용된다고 하더라도 이를 곧바로 상품표지 또는 영업표지라고 볼 수는 없을 것이다.[11]

그러나 서적 등의 상품이나 연극 공연 등의 영업에 사용된 제목(제호)이 보호가치가 있을 정도의 주지성이 있어 단순한 창작물의 명칭·표시와는 독립된 상품이나 서비스(영업)의 출처표시 내지 식별표지로서의 기능을 하는 경우 또는 이러한 제목(제호)의 장기간 계속적·독점적인 사용에 의해서 그 상품이나 서비스(영업) 등의 속성이 갖는 차별적인 특징이 일반인들에게 해당 상품주체 또는 영업주체나 그 영업활동 등을 인식시킬 정도로 현저하게 개별화되고 우월적인 지위를 취득한 경우에는 이러한 제목(제호)을 상품표지 내지 영업표지에 해당한다고 보아야 할 것이다.[12]

특히 특정 제목으로 시리즈물이 제작·출시된 경우에는 해당 제목의 출처표지성을 인정하기가 용이할 것이지만, 대상판결의 사안처럼 동일한 각본·악곡·가사·안무·무대미술 등이 이용된 공연이 회를 거듭하여 계속적으로 이루어진 유명 뮤지컬의 경우에는 오히려 시리즈물이 제작·공연되는 경우보다 그 제목이 더욱 강한 출처표지성을 가질 수 있다고 생각된다.[13]

---

9) 해당 사건의 서울고등법원 2011. 6. 29. 선고 2011노1277 판결에서는 피고인이 공연을 진행하기 시작한 2007. 2. 2.경 "비보이를 사랑한 발레리나"가 단순히 창작물의 내용을 표시하는 명칭에 머무르지 않고 일반 수요자들에게 특정 회사의 이 사건 무언극 제작 및 공연업이라는 영업표지로서 국내에 널리 인식되었다고 보았으며, 피고인이 이와 같이 국내에 널리 인식된 특정 회사의 영업표지와 동일하거나 유사한 것을 사용하여 특정 회사의 영업상의 시설 또는 활동과 혼동을 하게 하였다고 판시하였다. 그리고 이러한 판시 내용은 상고심인 대법원 2011. 12. 8. 선고 2011도8868 판결을 통해 확정되었다[한국정보법학회(주 1), 385(정태호 집필부분)].

10) 정태호(주 7), 470~471.

11) 한국정보법학회(주 1), 384(정태호 집필부분).

12) 장정애(주 5), 505~506; 한규현, "서적 제호의 지적재산권법에 의한 보호가능성", 「지식사회와 기업법: 횡천 이기수 교수 화갑기념논문집」, 법문사(2005), 428~429.

13) 통상 각본·악곡·가사·안무·무대미술 등에 대한 저작권자의 엄격한 통제 아래 일정한 내용과 수준으

Ⅲ. 대상판결의 의의

대상판결은 기존의 대법원 판결들이 서적의 제호, 음반 제목, 상품의 형태나 모양 등에 대하여 상품표지성 내지 영업표지성 여부의 판단 시에 판시하였던 주요 판단법리를 고려하고, 특히 유사한 선례인 무언극의 제목의 영업표지성 판단에 관한 판단기준을 뮤지컬의 성격에 맞게 반영함으로써, 대상판결에서 문제되는 뮤지컬 제목의 영업표지성 판단기준을 새롭게 제시한 사건으로서 그 의의가 있다고 하겠다.[14)]

결국 앞서 언급한 바와 같이, 기존의 '비보이를 사랑한 발레리나' 사건에서 보여준 일련의 판시사항을 뮤지컬 제목과 관련된 대상판결에서 확인할 수 있을 뿐만 아니라, 기존의 사건에서 판시하지 않았던 뮤지컬 제목에 대한 영업표지성에 대한 판단 법리를 최초로 제시하였다는 점에서 대상판결은 중요한 의의가 있는 것이다. 즉, 단순히 그 뮤지컬의 내용을 표시하는 명칭에 머무르지 않고 거래자 또는 수요자에게 뮤지컬 캣츠의 공연이 갖는 차별적 특징을 표상함으로써 특정인의 뮤지컬 제작·공연임을 연상시킬 정도로 현저하게 개별화되기에 이르렀을 경우에는 부정경쟁방지법 제2조 제1호 (나)목에서 규정하는 '타인의 영업임을 표시한 표지'에 해당한다는 새로운 판단법리를 분명하게 설시한 것으로서 그 의의가 있다고 할 수 있다.[15)]

특히 저작권법상 보호의 제한이 있는 저작물의 제목을 부정경쟁방지법상 상품표지 또는 영업표지로 보호하기 위하여 그 표지성의 인정에 관한 판단기준을 합리적으로 정립할 필요가 있는 상황 하에서 대상판결은 저작물 제목의 표지 해당성에 관한 판단기준의 정립에 기여한 판결로서도 그 의의가 있다고 볼 수 있다.[16)]

키워드

뮤지컬 제목, 영업표지성, 제호

로 회를 거듭하여 계속적으로 이루어지는 뮤지컬의 경우에 이러한 특성을 가질 것이다[박태일, "뮤지컬 제목의 영업표지 해당성 여부", 「대법원판례해설」 제104호, 법원도서관(2015), 231].

14) 정태호(주 7), 472.

15) 정태호(주 7), 472.

16) 박태일(주 13), 234.

[22] 상표권 침해 판단에 있어 상표의 유사 여부 판단방법

—대법원 2015. 10. 15. 선고 2014다216522 판결—

정 현 미 (서울고등법원)

[사실 개요]

1. 원고는 2003. 3. 13. 지정서비스업을 문구판매대행업, 주방용품판매대행업 등으로 하여 등록된 등록서비스표인 "다이소" 및 "DAISO"의 서비스표권자이다.
2. 원고는 2001년경부터 '다이소'라는 상호로 생활용품 등 소매점 가맹사업을 영위하기 시작하여 2013년 기준 900여 개에 이르는 국내 가맹점을 보유하고 있고, 2013년도의 연간 매출액은 약 8,580억 원에 이른다.
3. 피고들은 2013년을 전후로 하여 "다사소 DASASO", "DASASO", "다사소"를 생활용품 등 판매점의 운영을 위하여 사용하였다.

[판결 요지]

1. 타인의 등록상표와 동일 또는 유사한 상표를 지정상품과 동일 또는 유사한 상품에 사용하는 행위는 상표권에 대한 침해행위가 된다. 여기서 유사상표의 사용행위에 해당하는지에 대한 판단은 두 상표가 해당 상품에 관한 거래실정을 바탕으로 외관, 호칭, 관념 등에 의하여 거래자나 일반 수요자에게 주는 인상, 기억, 연상 등을 전체적으로 종합할 때, 두 상표를 때와 장소를 달리하여 대하는 거래자나 일반 수요자가 상품 출처에 관하여 오인·혼동할 우려가 있는지 여부의 관점에서 이루어져야 한다. 이러한 법리는 상표법 제2조 제3항에 의하여 서비스표의 경우에도 마찬가지로 적용된다.

2. 원고의 등록서비스표인 "다이소", "DAISO"의 주지성을 고려할 때 피고들의 서비스표 "다사소 DASASO", "DASASO", "다사소"는 차이가 나는 중간 음절은 부각되지 않은 채 첫째 음절과 셋째 음절만으로도 일반 수요자에게 등록서비스표를 연상시킬 수 있는 점, 원고의 등록서비스표와 피고들의 서비스표가 사용된 서비스업이 생활용품 등 판매점으로 일치하고, 취급하는 상품의 품목과 전시 및 판매 방식 등까지 흡사하여 일반 수요자가 양자를 혼동할 가능성이 더욱 높아지는 점 등에 비추어, 피고들이 서비스표를 생활용품 등 판매점 운영을 위하여 사용한 행위는 거래자나 일반 수요자에게 서비스업의 출처에 대하여 오인·혼동하게 할 우려가 있어 유사상표를 동일한 서비스업에 사용한 행위에 해당하므로 원고의 등록서비스표권에 대한 침해행위가 된다고 한 사례.

해설

Ⅰ. 대상판결의 쟁점

상표법 제2조 제1항 제1호는 "'상표"란 자기의 상품(지리적 표시가 사용되는 상품의 경우를 제외하고는 서비스 또는 서비스의 제공에 관련된 물건을 포함한다. 이하 같다)과 타인의 상품을 식별하기 위하여 사용하는 표장(標章)을 말한다.'고 상표를 정의하고,[1] 상표권자의 보호를 위하여 제108조 제1항 제1호에서 '타인의 등록상표와 동일한 상표를 그 지정상품과 유사한 상품에 사용하거나 타인의 등록상표와 유사한 상표를 그 지정상품과 동일·유사한 상품에 사용하는 행위'를 상표권 침해로 보는 행위로 규정하고 있다.

상표법은 상표의 유사를 전제로 상표등록을 받을 수 없는 상표(상표법 제34조 제1항 제7호 내지 제9호), 상표 출원의 선후관계(상표법 제35조), 상표권의 침해(상표법 제108조), 상표권의 취소심판사유(제119조) 등을 규정하고 있는데,[2] 상표의 유사 여부 판단은 단순히 상표의 외형만을 기준으로 양 상표가 비슷한지를 판단하는 사실판단이 아니라, 위와 같은 상표등록의 허부나 상표권 침해 여부를 결정하기 위하여 상표법적 목적으로 행하여지는 규범적 판단이고, 상표의 본질적 기능인 '출처의 혼동'을 고려한 법률적 평가라 할 것이다.[3]

대법원은 상표의 유사 여부는 그 외관, 칭호 및 관념을 객관적, 전체적, 이격적(離隔的)으로 관찰하여 그 지정상품의 거래에서 일반 수요자나 거래자가 상표에 대하여 느끼는 직관적 인식을 기준으로 하여 그 상품의 출처에 관하여 오인·혼동을 일으키게 할 우려가 있는지 여부에 따라 판단하여야 한다고 일관하여 판시하고 있다.[4]

대상판결의 사안에서는 위와 같은 일반적 판단기준과 판단방법에 의하여 상표 유사 여부 및 상표권 침해를 판단함에 있어 구체적 거래실정 등을 고려하여 출처에 관하여 오인·혼동을 일으키게 할 우려가 있는지 여부를 판단할 것인지 여부가 주된 쟁점으로 되었다.

---

1) 상표법이 2016. 2. 29. 법률 제14033호로 전부 개정되기 전에는 제2조 제1항 제1호에서 상표를, 같은 항 제2호, 제3항에서 서비스표를 따로 규정하고 있었으나, 지나치게 복잡하고 제한적으로 규정되어 있는 상표의 정의 규정을 간결하게 정비하면서 상표를 상품 또는 서비스 등을 식별하기 위하여 사용하는 표장으로 함께 정의하였다(2016. 2. 29. 법률 제14033호로 전부 개정된 상표법 개정이유 참조, 이하 상표와 서비스표를 별도로 구분하지 아니한다).

2) 윤선희, 「상표법(제6판)」, 법문사(2021), 349.

3) 구민승, "상표침해소송에서 거래실정을 고려한 상표 유사 판단", 「대법원판례해설」 제106호(2015년 하), 법원도서관(2016), 339; 윤선희(주 2), 348.

4) 대법원 2002. 11. 26. 선고 2001후3415 판결; 대법원 2006. 8. 25. 선고 2005후2908 판결; 대법원 2009. 4. 9. 선고 2008후4783 판결; 대법원 2010. 12. 9. 선고 2009후4186 판결.

Ⅱ. 대상판결의 분석

상표의 유사 여부는 상품 출처의 혼동 여부를 기준으로 판단해야 한다는 것이 오늘날의 지배적인 학설[5]이자 확립된 판례의 태도이다.[6] 대법원은 상표의 유사 여부 판단은 두 개의 상표 자체를 나란히 놓고 대비하는 것이 아니라 때와 장소를 달리하여 두 개의 상표를 대하는 거래자나 일반 수요자가 상품 출처에 관하여 오인·혼동을 일으킬 우려가 있는지 여부의 관점에서 이루어져야 하고, 두 개의 상표가 그 외관, 호칭, 관념 등에 의하여 거래자나 일반 수요자에게 주는 인상, 기억, 연상 등을 전체적으로 종합할 때 상품의 출처에 관하여 오인·혼동을 일으킬 우려가 있는 경우에는 두 개의 상표는 서로 유사하다고 판단하였다(대법원 2001. 6. 26. 선고 99후1485 판결; 대법원 2007. 2. 26. 자 2006마805 결정 등 참조).

상품 출처의 혼동은 구체적으로 일반적 출처의 혼동과 구체적 출처의 혼동으로 구분할 수 있다. 대비된 두 개의 상표가 붙은 상품이 시장에 유통될 때, 일반적 출처의 혼동은 거래계의 일반적인 경험칙에 비추어 동일한 생산자, 판매자에 의해 생산·판매되는 것으로 인정되는 것으로 상표 그 자체의 유사성이나 상품의 동종성, 경험칙화된 거래실정에 따라 획일적·형식적·가정적으로 판단되는 반면, 구체적 출처의 혼동은 구체적인 거래실정에 비추어 동일 출처로 인정되는 것으로 구체적 출처의 혼동 유무는 상표의 표지력의 크기, 저명, 주지성의 정도 등 구체적인 거래실정까지 고려하여 결정된다.[7]

상표의 유사 여부 판단에 있어 거래실정 등을 관찰하여 구체적 출처 혼동의 염려를 고려할 것인지 여부가 쟁점이 되어 왔는데 구체적 거래실정을 고려하여야 한다는 견해가 통설이고,[8] 대법원은 세계적으로 유명한 고가, 고품질의 시계인 "ROREX" 상표가 선출원, 등록된 상태에서 국내에서 주지·저명성을 획득한 "Rolens" 상표가 후출원, 등록되자, 2개의 상표가 서로 유사해 보인다 하더라도 당해 상품을 둘러싼 일반적인 거래실정을 고려하여 수요자 및 거래자에게 상품의 품질이나 출처에 대하여 오인·혼동을 일으키게 할 염려가 없다는 취지로 판결한 '로렌스' 사건 등[9]의 판결을 통하여 일찍부터 상표의 유사 여부 판단에 있어 구체적인 거래실정 등을 고려하는 판결을 하여 왔으나,[10] 대상사건 이전에 상표권 침해소송 사건에서 이를 명시적으로 설시한 대법원 판결은 없었다.

---

5) 전효숙, "상표와 상품의 동일 유사", 「특허소송연구」 제1집, 특허법원(2000), 291.

6) 대법원 1996. 9. 24. 선고 96후153, 96후191 판결; 대법원 2004. 10. 15. 선고 2003후1871 판결; 대법원 2006. 8. 25. 선고 2005후2908 판결.

7) 한동수, "상표법 제7조 제1항 제7호의 해석론", 「특허소송연구」 제5집, 특허법원(2011), 340.

8) 이혜진, "상표의 유사 여부 판단에서 구체적 거래실정의 고려", 「법조」 통권 740호, 법조협회(2020), 689.

9) 대법원 1996. 7. 30. 선고 95후1821 판결; 대법원 1995. 12. 26. 선고 95후1098 판결; 대법원 1999. 11. 23. 선고 97후2842 판결; 대법원 1997. 10. 10. 선고 97후594 판결.

10) 윤선희(주 2), 380.

대상판결은, 결합서비스표의 각 구성부분을 분리하여 관찰하는 것이 거래상 자연스럽지 못하다고 여겨질 정도로 불가분하게 결합되어 있다고 인정할 수 없는 서비스표는 언제나 그 구성부분 전체에 의하여 호칭·관념되는 것은 아니고 '독립하여 자타 서비스의 식별기능을 할 수 있는 구성부분'만으로 간략하게 호칭·관념될 수 있고, 또 하나의 서비스표에서 2개 이상의 호칭이나 관념이 생기는 경우에 그중 하나의 호칭·관념이 타인의 서비스표와 동일 또는 유사한 때에는 양 서비스표는 유사하다고 할 수 있다(대법원 2006. 11. 9. 선고 2005후1134 판결 등 참조)는 판례 법리에 따라, 피고들의 서비스표 중 "다사소 DASASO"는 독립하여 서비스업을 식별할 수 있는 구성 부분인 "DASASO", "다사소" 부분에 의해 간략히 호칭·관념될 수 있고, 원고들의 등록서비스표인 "다이소", "DAISO"와 대비하면, 한글 표장의 경우 첫째 음절과 셋째 음절의 글자가 동일한 세 글자의 문자로 구성되어 있고, 영문 표장의 경우 앞뒤 부분의 각 두 글자씩 네 글자가 공통되는데, 원고는 2001년경부터 '다이소'라는 상호로 생활용품 등 소매점 가맹사업을 영위하기 시작하여 2013년 기준 900여 개에 이르는 국내 가맹점을 보유하고 있고, 2013년도의 연간 매출액은 약 8,580억 원에 이르는 점을 비롯하여 원고의 등록서비스표에 관한 언론보도, 광고, 수상내역 등에 비추어 위 등록서비스표는 국내에 널리 인식된 서비스표라고 할 수 있는바, 이러한 원고의 등록서비스표의 주지성을 고려하면 피고들의 서비스표는 차이가 나는 중간 음절은 부각되지 않은 채 첫째 음절과 셋째 음절만으로도 일반 수요자에게 원고의 등록서비스표를 연상시킬 수 있다고 판단하였다. 또한 대상판결은 원고와 피고들의 각 서비스표가 사용된 서비스업이 생활용품 등 판매점으로 일치하고, 취급하는 상품의 품목과 그 전시 및 판매 방식 등까지 흡사하여 일반 수요자가 양자를 혼동할 가능성은 더욱 높아진다고 부가하여 판단하였다.

Ⅲ. 대상판결의 의의

대상판결은 상표권 침해의 판단기준에 관하여 기존 판례의 판시와 같이 일반적인 판단기준을 충실히 따르면서 나아가 상표권 침해행위 소송에서 상표의 유사 여부를 판단함에 있어 그 판단은 상표의 주지성 등 구체적인 거래실정을 바탕으로 거래자나 일반 수요자가 상품 출처에 관하여 오인·혼동할 우려가 있는지의 관점에서 이루어져야 한다는 법리를 최초로 명시적으로 설시한 사례로서 의의가 있다.

키워드
상표 침해, 상표의 유사, 유사상표, 오인·혼동할 우려, 거래실정

[23] 기업그룹의 분리 후 그룹계열사들 간의 상호 사용의 문제

—대법원 2016. 1. 28. 선고 2014다24440 판결; 대법원 2016. 1. 28. 선고 2013다76635 판결—

정 태 호 (경기대학교)

[사실 개요]

1. 甲 그룹으로 알려진 기업집단은 원래 甲 연탄 주식회사가 그 모기업으로서 사원 모집 광고를 甲 그룹 전체 명의로 동시에 수행하거나 각 소속 회사 상호 간에 인사교류를 하는 등으로 서로 관련을 맺어 왔는데, 甲 그룹의 창업주 A가 2001. 2.경 사망함에 따라 2001. 6. 30. 종래 甲 그룹에 속한 회사들은 A의 3명의 아들이 각각 경영권을 가지는 3개의 기업그룹으로 나뉘게 되었다(이하 '형식적 계열분리'라 함).
2. 원고들은 A의 장남 B가 경영권을 가지게 된 기업그룹(이하 '원고측 기업그룹'이라 함)에 속하는 대표적인 회사들이다.
3. 피고는 A의 3남 C가 경영권을 가지게 된 기업그룹(이하 '피고측 기업그룹'이라 함)에 속한 회사로서 2009. 10. 1. 乙 도시가스 주식회사가 회사를 일부 분할하면서 존속하게 된 회사이다. 피고는 분할 당시 사업목적에 '지주사업'을 추가하고 상호를 '甲 홀딩스 주식회사'로 변경하는 등기를 마쳤으며, 2010. 10. 4. 상호를 '甲 홀딩스 주식회사(GAB HOLDINGS CO., LTD.)'(이하 '이 사건 표지'라 함)로 경정하는 등기를 마친 후 계속 이 사건 표지를 상호로 사용하고 있다.
4. 한편 원고측 기업그룹 소속 회사들과 피고측 기업그룹 소속 회사들은 형식적 계열분리 이후에도 '甲'이라는 표지를 각자의 영업에 사용하여 왔고, 두 기업그룹은 자본적인 유대관계가 있어 현재도 「독점규제 및 공정거래에 관한 법률」상으로는 동일 기업집단에 속한다.
5. 원고들은 피고가 이 사건 표지를 상호 및 영업에 사용하자 부정경쟁방지법 제2조 제1호 (나)목에 따른 부정경쟁행위금지 및 손해배상 등을 청구하였다.
6. 한편으로 이상의 사건과는 별개의 사건에서 피고는 원고들의 지주회사인 甲 합동지주를 상대로 변경 전의 상호인 '주식회사 甲 지주'를 사용한 것에 대하여 상법 제23조 제1항 등에 따른 상호사용금지 등을 청구하였다.

[판결 요지(대법원 2014다24440 판결)]

1. 부정경쟁방지법 규정의 입법취지와 내용 등에 비추어 보면, 경제적·조직적으로 관계가 있는 기업그룹이 분리된 경우, 어느 특정 계열사가 그 기업그룹 표지를 채택하여 사용하는 데 중심적인 역할을 담당함으로써 일반 수요자에게 그 기업그룹 표지에 화체된

신용의 주체로 인식됨과 아울러 그 기업그룹 표지를 승계하였다고 인정되지 아니하는 이상, 해당 기업그룹의 계열사들 사이에서 그 기업그룹 표지가 포함된 영업표지를 사용한 행위만으로는 타인의 신용이나 명성에 편승하여 부정하게 이익을 얻는 부정경쟁행위가 성립한다고 보기 어렵다. 이 때 그 계열사들 사이에서 기업그룹 표지가 포함된 영업표지를 사용하는 행위가 '영업주체 혼동행위'에 해당하는지는 기업그룹 표지만이 아닌 영업표지 전체를 서로 비교하여 볼 때 외관, 호칭, 관념 등의 점에서 유사하여 혼동의 우려가 있는지를 기준으로 판단하여야 한다.

2. 원고들만이 '甲'이라는 기업그룹 표지를 채택하여 사용하는 데 중심적인 역할을 담당함으로써 일반 수요자에게 그 기업그룹 표지에 화체된 신용의 주체로 인식됨과 아울러 그 기업그룹 표지를 승계하였다고 볼 만한 사정은 없는 점을 종합하면, 피고가 '甲'이라는 기업그룹 표지가 포함된 이 사건 표지를 사용하였다는 이유만으로는 원고들의 신용이나 명성에 편승하여 부정하게 이익을 얻는 부정경쟁행위를 하였다고 볼 수 없고, 이 사건 표지 전체를 원고들의 영업표지인 각 상호와 비교하여 보아도 외관, 호칭, 관념 등이 달라 혼동을 일으키지 아니하므로 영업주체 혼동행위에 해당하는 것으로 볼 수 없다고 판단한 사례.

[판결 요지(대법원 2013다76635 판결)]

1. 상법 제23조 제1항은 "누구든지 부정한 목적으로 타인의 영업으로 오인할 수 있는 상호를 사용하지 못한다."고 규정하고 있는데, 위 규정의 취지는 일반거래시장에서 상호에 관한 공중의 오인·혼동을 방지하여 이에 대한 신뢰를 보호함과 아울러 상호권자가 타인의 상호와 구별되는 상호를 사용할 수 있는 이익을 보호하는 데 있다. 위와 같은 입법취지에 비추어 볼 때 어떤 상호가 '타인의 영업으로 오인할 수 있는 상호'에 해당하는지를 판단함에 있어서는 양 상호 전체를 비교 관찰하여 각 영업의 성질이나 내용, 영업방법, 수요자층 등에서 서로 밀접한 관련을 가지고 있는 경우로서 일반인이 양 업무의 주체가 서로 관련이 있는 것으로 생각하거나 또는 그 타인의 상호가 현저하게 널리 알려져 있어 일반인으로부터 기업의 명성으로 인하여 견고한 신뢰를 획득한 경우에 해당하는지 여부를 종합적으로 고려하여야 한다. 또한 위 조항에 규정된 '부정한 목적'이란 어느 명칭을 자기의 상호로 사용함으로써 일반인으로 하여금 자기의 영업을 그 명칭에 의하여 표시된 타인의 영업으로 오인하게 하여 부당한 이익을 얻으려 하거나 타인에게 손해를 가하려고 하는 등의 부정한 의도를 말하고, 부정한 목적이 있는지는 상인의 명성이나 신용, 영업의 종류·규모·방법, 상호 사용의 경위 등 여러 가지 사정을 종합하여 판단하여야 할 것이다.

2. (1) 피고의 상호 "甲 홀딩스 주식회사(GAB HOLDINGS CO., LTD)"와 원고들의 지주회사인 甲 합동지주의 변경 전 상호인 "주식회사 甲 지주(甲 GROUP HOLDINGS CO.,

LTD.)"는 전체적으로 관찰하여 유사하고, 양자의 주된 영업 목적이 지주사업으로 동일하므로 甲 합동지주의 변경 전 상호는 피고의 영업으로 오인할 수 있는 상호에 해당한다고 판단한 다음, (2) 甲 합동지주가 피고의 상호와 유사하여 일반인으로 하여금 오인·혼동을 일으킬 수 있다는 것을 충분히 알 수 있었음에도 변경 전의 해당 상호를 사용한 사정 등을 이유로 부정한 목적이 인정된다고 한 원심의 판단을 정당하다고 본 사례.

3. 앞의 **대법원 2014다24440 판결의 판단법리를 적용하면서** '甲'이라는 표지가 반드시 해당 사건에서의 원고 측 계열사만의 영업표지만을 지칭하는 표지라거나, 원고 측 계열사만의 영업표지로서 널리 인식되었다고 볼 수 없으므로 피고가 '甲'이라는 표지가 포함된 상호를 선정하여 사용한 것이 부정경쟁방지법 제2조 제1항 (나)목의 영업주체 혼동행위에 해당한다고 볼 수 없다고 보아 해당 사건 청구가 권리남용에 해당하지 않는다고 한 원심의 판단을 정당하다고 본 사례.

해설

Ⅰ. 대상판결들의 쟁점

대상판결들은 일단 동일한 사안에 대해서 원고측과 피고가 다른 적용 법규를 적용하면서 상호 간에 소를 제기한 사건들에 관한 판결들이다. 우선 대상판결들 중 대법원 2014다24440 판결의 쟁점은 경제적·조직적으로 관계가 있는 기업그룹이 분리된 이후에 그룹계열사들이 기업그룹의 표지가 포함된 상호를 사용하는 행위에 대하여 부정경쟁방지법 제2조 제1호 (나)목에서 규정한 부정경쟁행위가 성립하는지 여부라고 볼 수 있고, 대법원 2013다76635 판결에서는 역시 이상과 같은 쟁점 이외에 특정 그룹계열사측의 사용 상호가 상법 제23조 제1항의 '부정한 목적으로 타인의 영업으로 오인할 수 있는 상호'에 해당하는지 여부가 주요 쟁점이 된다고 볼 수 있다.

부정경쟁방지법 제2조 제1호 (나)목의 요건은 ① 타인의 영업임을 표시하는 표지일 것(타인성 및 영업표지성), ② 타인의 영업표지가 타인의 출처표시로서 국내에 널리 인식될 것(주지성), ③ 타인의 영업표지와 동일 또는 유사한 것을 사용할 것(표지의 유사한 사용), ④ 타인의 영업상의 시설 또는 활동과 혼동을 일으킬 것(혼동가능성)으로 정리해 볼 수 있다.[1] 그런데 이러한 요건들 중 대상판결들에서의 공통적인 쟁점의 해결과 관련해서는 주지성의 귀속주체로서의 '타인성'이 특히 중요하게 작용하였으며, 이와 아울러 그에 따른 '혼동가능성'도 문

1) 정태호, "계열 기업들의 상호사용에 따른 영업주체 혼동행위의 문제", 「선진상사법률연구」 제70호, 법무부(2015), 57.

제가 되었다.

한편으로 상법 제23조 제1항에 해당하기 위해서는 ① 타인의 영업으로 오인할 수 있는 상호의 사용, ② 부정한 목적의 존재를 그 요건으로 한다.[2] 그런데 대법원 2013다76635 판결만의 쟁점과 관련해서는 이상의 2가지 요건들이 모두 쟁점이 되었다.

Ⅱ. 대상판결들의 분석

대상판결들의 공통적인 쟁점인 부정경쟁방지법 제2조 제1호 (나)목에서의 영업표지의 주지성의 귀속주체로서 '타인'이라 함은 원칙적으로 상품의 제조, 가공, 판매 기타 상품의 공급을 업으로 하는 자를 널리 지칭하고, 법인이나 권리능력 없는 사단이나 자연인인지를 불문하고 단체, 기업 또는 기업그룹 등도 상정할 수 있으며, 그것이 단수뿐만 아니라 복수의 경우도 모두 포함된다는 것이 통설적인 견해이다.[3] 이와 관련해서는 주지성이 있는 영업표지 등을 모방하여 사용하는 자가 그 영업표지의 주체로 인식되는 자와 동일한 기업그룹에 속한다고 하는 오인이 생기는 사안에 있어서는 해당 영업표지를 모방당하는 '타인'이 누구인지, 모방당한 주지된 영업표지를 누구의 것으로 보아야 하는지에 관한 문제가 쟁점이 될 수 있다.[4] 즉, 영업표지의 귀속주체가 어디인지, 누구의 영업표지로서 주지된 것인지 등, 영업표지의 주체로 되는 '타인'이 누군가 하는 문제가 주요한 쟁점이 될 수 있다.[5]

그런데 과거의 우리나라의 문헌 및 판결들에서는 '타인'의 해석에 관한 구체적인 분석이 거의 없었고, 일본에서만 이와 관련된 해석에 관하여 판결들 및 해석론들이 존재하였다.[6] 특히 이에 관하여 기업그룹이 공통으로 사용하고 있었던 표지에 대하여 기업그룹이 분리된 경우, 분리된 그룹의 계열사 일방이 타방에 대하여 부정경쟁방지법에 의해 상호 및 영업표지의 계속적인 사용을 금지할 수 있는지 여부가 문제가 되었는데, 표지의 주지성 획득에 중심적이고 핵심적인 지위를 공유하고 있는 회사들이 그룹의 표지를 사용하는 것에 대해서는 혼동을 초래하는 부정경쟁행위에 해당되지 않는다고 판시하여 왔다.[7] 그런데 우

---

2) 김정아, "상법상의 상호와 부정경쟁방지법상의 영업표지", 「대법원판례해설」 제108호, 법원도서관(2016), 136.

3) 사법연수원, 「부정경쟁방지법(2011)」, 27; 山本庸幸, 「要說 不正競爭防止法(第4版)」, 社團法人 發明協會(2006), 55; 經濟産業省知的財産政策室, 「逐條解說不正競爭防止法」, 株式會社 有斐閣(2012), 52; 宍戸充 外 4人編著, 「不正競爭防止の法實務(改訂版)」, 三協法規出版株式會社(2013), 65 등 다수 문헌 참조.

4) 渋谷達紀, 「知的財産法講義Ⅲ(第2版)」, 有斐閣(2008), 27.

5) 西村雅子, "不正競爭防止法ガイドライン－周知又は著名な商品等表示(第2條1項1号・2号關係)－", 「パテント」 Vol.59 No.5, 日本辨理士会(2006), 32.

6) 이에 관한 자세한 내용들은 정태호, 「부정경쟁행위 특수사례연구」, 한국지식재산연구원(2015), 358~366 참조.

7) 東京高裁平成17・3・16判決,平16(ネ)第2000号; 大阪高裁平成17・6・21判決,平15(ネ)第1823号.

리나라에서도 이에 관한 사안이 상표법상 저명상표에 관한 상표등록의 무효 사건에서 처음 발생하였고, 대법원 판결을 통해 이에 관한 판단법리가 판시된 이후에 이것이 대상판결들의 공통적인 쟁점의 해결에 관한 적용법리에도 영향을 미쳤다고 볼 수 있다.[8)]

한편으로 대법원 2013다76635 판결만의 쟁점에 대한 판단을 살펴보면, 우선 상법 제23조 제1항에서의 '타인의 영업으로의 오인 가능성'의 판단주체를 부정경쟁방지법상 영업주체 혼동행위의 판단주체와는 다른 '일반인'으로 명시하고 있다.[9)] 그리고 해당 규정상의 '부정한 목적'의 해석과 관련해서는 부정경쟁방지법상의 부정경쟁행위보다 넓은 의미로 보아야 하므로 피고가 무임승차를 의도하지 않았다고 하더라도 부정한 목적이 인정된다는 점도 밝히고 있는데, 이와 관련해서는 이 사건에서와 같은 상호 사용이 인정될 경우에는 상호를 먼저 선정하여 사용하고 있는 기업이 다른 기업들의 상호와 구별되는 상호를 자유로이 사용할 수 있는 상호권을 향유하지 못함으로 인하여 인격적·재산적 손해를 입을 염려가 있다는 점 등이 고려될 수 있다고 본다.[10)]

Ⅲ. 대상판결들의 의의

대상판결들은 기업그룹의 분리 후 그룹계열사들 간의 상호 사용에서 발생할 수 있는 문제에 관하여 부정경쟁방지법 제2조 제1호 (나)목 및 상법 제23조 제1항에서의 상호 사용에 관한 문제의 해결론과 이에 관한 판단법리를 명확하게 제시하였다는 점에 그 의의가 있다. 구체적으로는 기업그룹의 분리 후에 기업그룹의 표지를 그룹계열사들이 각각의 상호에 포함시켜 사용함에 있어서 이러한 표지가 특정 계열사만의 영업표지로서 주지된 것이 아니라면, 다른 계열사의 상호 사용이 부정경쟁방지법 제2조 제1호 (나)목의 영업주체 혼동행위에는 해당하지 않지만, 경우에 따라 그중 어느 일방의 상호 사용에 상법 제23조 제1항의 적용이 될 수 있음을 보여주면서, 상호 사용 전반에 대하여 부정경쟁방지법과 상법의 적용요건상의 차이를 종합적으로 보여주는 사례로서 그 의의가 있다.

키워드

기업그룹, 그룹계열사, 상호, 영업주체 혼동행위, 상법 제23조 제1항

---

8) 해당 관련 판결은 대법원 2015. 1. 29. 선고 2012후3657 판결[등록무효(상)]인데, 이에 관한 자세한 설명은 정태호(주 6), 358~359 참조.
9) 이에 대한 해석론은 김정아(주 2), 137~140 참조.
10) 김정아(주 2), 146.

[24] 부정경쟁방지법상 영업주체 혼동의 요건

—서울고등법원 1996. 7. 5. 선고 96나7382 판결—

김 용 주 (특허법원 국제지식재산권법연구센터)

[사실 개요]

1. 원고법인은 국내의 연구기관, 학계, 산업계와의 협동연구를 수행하고 그 성과를 보급함을 기본 목적으로 하여 설립된 재단법인이다. 원고법인은 영문 명칭인 Korea Institute of Science and Technology를 의미하는 "KIST" 혹은 "키스트"란 약칭으로 널리 알려져 있다.
2. 피고회사는 공장자동화 기계설비 및 화학, 화공 기계기기, 약품 등의 제조와 그 판매를 사업목적으로 하여 설립된 법인이다. 피고회사는 그 상호를 "주식회사 키스트 엔지니어링"이라고 등기한 이후 생산하는 기계류와 화공약품 등의 제품 및 그 용기, 포장에 "KIST SUN-DRAIN"이라는 표장을 부착하였다. 또한 광고 선전물과 견적서 양식 등에 회사명칭을 "주식회사 키스트 엔지니어링" 및 "KIST ENGINEERING CO., LTD"로 표시하고, 문자로는 'KIST'만이 기재된 표장을 인쇄해 넣어 배포하여 왔다.

[판결 요지]

1. 부정경쟁방지법상 보호의 대상이 되는 영업에 해당하는지와 관련해 영리를 목적으로 하지 아니하는 개인 또는 법인 기타 단체가 행하는 사업에 있어서도 그것이 널리 경제상 그의 수지계산위에서 행하여지고 경제적 대가를 얻는 것을 목적으로 하는 사업이라면 대가취득에 의하여 수지가 맞는지, 나아가 재산을 증가시켰는지 여부와 그 대가에 의하여 영업자가 존립하는지 여부를 불문하고 부정경쟁방지법에 의한 보호를 인정함이 상당하다.

2. 명칭의 유사성을 판단함에 있어 명칭의 주요부분이 동일 또는 유사한 경우에는 전체로서의 명칭이 유사하다고 판단하여야 한다.

3. 타인의 영업활동과 "혼동을 일으키게 하는 행위"에 해당한다고 하기 위해서는 반드시 당해행위에 의하여 현실로 혼동의 사실이 생길 것을 필요로 하지 아니하고 혼동의 위험성이 있으면 충분하다.

4. "영업상의 이익이 침해될 우려"는 현실로 이익침해가 있을 것임을 필요로 하지 않고, 혼동행위에 의하여 장래 금지청구권자의 이익이 침해될 상당 정도의 가능성이 있는 것으로 충분하다.

해설

Ⅰ. 대상판결의 쟁점

영업주체 혼동행위는 부정경쟁방지법상 상품주체 혼동행위, 원산지 오인행위 및 출처지 오인행위 등과 함께 공정한 상거래 관행이나 경쟁질서에 반하는 부정경쟁행위의 일종에 해당한다. 본 사례에서는 영업주체 혼동행위와 관련해 직접의 목적이 영리 그 자체가 아닌 공익법인이라 하더라도 해당 법인의 사업에 경제성이 인정될 경우 부정경쟁보호법상 보호되는 영업주체에 해당되는지가 문제되었다.

Ⅱ. 대상판결의 분석

1. 부정경쟁방지법에 따른 영업의 의미

부정경쟁방지법에서 지칭하는 '영업'이란 일정한 인적, 물적 시설의 유기적 결합체로서 대가를 받는 것(영리)을 목적으로 하는 경제 활동으로 수입과 지출의 계산에 따라 행해지고 있는 사업을 포함한다.[1] 따라서 '영업'의 의미는 상업 이외의 공업, 광업, 임업 등 전통적인 고유의미의 영리사업에만 한정할 것은 아니고 병원, 법률사무소, 회계사무소, 건축사 사무소 등 독자적인 경제활동을 영위하는 주체를 모두 포함하는 것으로 해석하여야 한다.[2] 다만 순수한 사법적 활동이나 행정적 활동의 경우에는 부정경쟁방지법의 적용이 없으므로 경제적 거래 영역에서의 활동만을 동법상의 영업개념이라 할 것이다.[3]

부정경쟁방지법상 금지되는 부정경쟁행위가 되기 위해서는 원고의 사업이 원고의 사업이 부정경쟁방지법에서 보호하는 영업에 해당하여야 한다.

대상판결은 영업주체와 관련하여 직접적인 목적이 영리를 추구하는 주체가 아니라 하더라도 부정경쟁방지법상 보호되는 영업주체가 될 수 있음을 판시하였다. 원고법인이 독립된 회계에 의하여 운영된다는 점, 사업목적 중에 기술용역의 수탁사업 등 대가취득이 예상되는 사업이 포함되어 있다는 점, 지식재산권 등의 공여에 대한 반대급부로 기술료 등의 대가를 받는 사업이 영위되고 있다는 점을 근거로, 법원은 공익법인인 원고의 목적이 영리 그 자체가 아니라 하더라도 해당 공익법인에서 운영하는 사업에서 경제성이 인정된다는 점에

---

1) 윤태식, 「부정경쟁방지법」, 박영사(2021), 3.
2) 윤태식, "부정경쟁방지법 및 영업비밀보호에 관한 법률 제2조 제1호 (나)목에 정한 '타인의 영업상의 시설 또는 활동과 혼동을 하게 한다'의 의미와 그 판단기준", 「대법원 판례해설」 제80호, 법원도서관(2009), 402.
3) 윤선희 · 김지영 공저, 「부정경쟁방지법」, 법문사(2012), 124.

서 부정경쟁방지법에서 보호하는 영업에 해당한다고 판단하였다.

법인의 목적이 영리가 아닌 경우에도 영업주체 혼동행위를 인정한 사례로는 대법원 2014. 5. 16. 선고 2011다77269 판결('이화여자대학교' 사건)이 있다.

2. 명칭의 주지성

나목의 '국내에 널리 인식된'의 의미와 내용에 대해서는 부정경쟁방지법 제2조 제1호 가목(상품주체 혼동행위)의 해당 부분 내용이 그대로 적용된다.[4] 본 판결에서는 "KIST" 및 "키스트"라는 명칭이 일반인이나 산업계에서 널리 알려져 사용되어 온 점을 근거로 명칭의 주지성을 구비하고 있다고 판단하였다.

명칭의 주지성과 관련해 국내에 널리 인식된 타인의 영업임을 표시하는 표지는 국내의 전역 또는 일정한 범위 내에서 거래자 또는 수요자들이 그것을 통하여 특정의 영업을 다른 영업으로부터 구별하여 널리 인식하는 경우를 말한다.[5] 주지성의 지역적 범위와 관련하여 부정경쟁방지법상 제2조의 국내에 널리 인식된 '국내에 널리 인식된 상표·상호'라 함은 국내 전역에 걸쳐 모든 사람들에게 주지되어 있음을 요하는 것이 아니고, 국내의 일정한 지역적 범위 안에서 거래자 또는 수요자들 사이에 알려진 정도로써 족하다고 하여 지역적 요건을 국내 전역으로 엄격하게 요구하지 않는다고 판시한 판결이 있다.[6]

주지성의 인식 주체는 모든 사람에게 주지되어 있음을 요하는 것이 아니고, 국내의 일정한 지역범위 안에서 "거래자 또는 수요자들" 사이에 알려진 정도로써 족하다. 또한 주지성의 정도는 표지의 계속적 사용 및 광고 등을 통하여 자신의 상품이나 영업이 타인의 것과 구별되는 우월적인 지위를 가질 정도로 거래자 또는 수요자에게 알려진 것으로 볼 수 있다.[7]

3. 명칭의 유사성

명칭의 유사성을 판단함에 있어서는 타인의 영업임을 표시하는 것으로서 그 표장을 전체로서 관찰하여 외관·호칭·관념을 비교·검토하여 판단하며, 전체적 관찰과 병행하여 표

---

4) 윤태식(주 1), 111.

5) 윤태식(주 1), 111.

6) 대법원 2012. 5. 9. 선고 2010도6187 판결; 대법원 1997. 4. 27. 선고 96마675 판결; 대법원 1996. 5. 13. 자 96마217 결정.

7) 고규정, "판례에 나타난 부정경쟁행위에 있어서의 주지성의 의미와 판단 기준－대법원 1997. 4. 24. 자 96마675 결정", 「판례연구」 제11집, 부산판례연구회, 2000, 788; 김동규, "부정경쟁행위에서 주지 표시 인지 여부 판단－서울고등법원 2010. 7. 7. 선고 2010나7319 판결(확정)－", 「LAW & TECHNOLOGY」 제7권 제4호, 서울대학교 기술과법센터(2011), 164.

장을 기능적으로 관찰하고 그 중심적 식별력을 가진 부분을 추출하여 두 개의 표장을 대비하여 유사 여부를 판단하게 된다.[8)]

본 판결에서는 약칭이나 애칭 등도 그것이 타인의 영업을 나타내는 표지로 사용하고 있는 한 부정경쟁방지법상 타인의 영업표지에 해당한다고 보았다. 이에 따라 피고회사가 부착한 상품표장 및 광고 등에서 사용하고 있는 "KIST" 및 "키스트"는 원고법인의 약칭과동일하여 유사성이 있다고 판시하였다.

4. 혼동행위의 성부

주지성을 갖춘 영업표지와 동일·유사한 영업표지를 사용하더라도 영업주체에 관하여 오인이나 혼동을 일으키지 않는 경우에는 여전히 자유로운 경쟁행위가 가능한 것으로 볼 수 있을 것이다.

본 판결에서는 피고회사의 행위와 관련해 혼동을 일으키게 하는 행위에 해당하기 위해서는 반드시 당해행위에 의하여 현실로 혼동의 사실이 생길 것을 필요로 하지 않고 혼동의 위험성이 있으면 충분한 것으로 보았다. 뿐만 아니라 쌍방의 영업이 경쟁관계에 있을 것을 요하지 아니하고 그것이 동종이 아니라도 일반수요자에게 기술적 제휴관계가 있는 것으로 보이는 등 거래상 어떤 특수한 관계가 있는 것으로 오인될 수 있는 상황에 있다면 족하다고 보아 혼동행위의 성립은 범위를 넓게 보고 있다. 표지의 모용자에게 부정경쟁의 목적이나 의사 또는 거래상 현실적으로 발생하는 혼동에 대한 주관적 요소가 요구되는 것도 아니다.[9)]

단, 예술의전당 사례[10)]에서는 피고들(청주시, 의정부시, 대전광역시)이 원고가 사용하는 "예술의전당" 표지와 동일한 문구가 포함된 영업표지를 사용한 것과 관련하여 업무활동이 경쟁관계에 있지 않고, 국민의 문화예술 활동을 권장·보호·육성하고 이를 위하여 서로 협조하여야 하는 지위에 있다는 점을 근거로 혼동할 우려가 있다고 보기 어렵다고 판단하였다.

5. 이익침해의 우려의 유무

판례는 부정경쟁방지법에서 말하는 "영업상의 이익이 침해될 우려"는 현실로 이익침해가 있을 것임을 필요로 하지 않고, 혼동행위에 의하여 장래 금지청구권자의 이익이 침해될 상당 정도의 가능성이 있는 것으로 충분하다고 보았다. 즉 침해행위에 따른 영업상의 이익침해가 직접적으로 나타난 것이 아니라 하더라도 침해가 있을 수 있는 우려가 있는 것만으

8) 윤선희·김지영 공저(주 3), 129.
9) 윤선희·김지영 공저(주 3), 130.
10) 대법원 2009. 4. 23. 선고 2007다4899 판결.

로도 금지청구가 가능하다. 본 사안에서는 원고법인의 영업상의 이익이 침해될 우려가 있음을 인정하였다.

Ⅲ. 대상판결의 의의

대상판결은 부정경쟁방지법에 의한 보호의 대상이 되는 영업에 관하여 비록 해당 주체의 직접적인 목적이 영리를 추구하는 것이 아니라 하더라도 널리 경제상 수지계산 위에서 행하여지고 경제적 대가를 얻는 것을 목적으로 하는 사업이라면 부정경쟁방지법에서 보호하는 영업에 해당할 수 있음을 확인하였다는 점에서 의의가 있다.

키워드

영업주체, 명칭의 유사성, 혼동행위, 영업상 이익의 침해

[25] 지도 도형을 상품표지로 사용한 경우 혼동가능성 판단 기준

—서울고등법원 2013. 10. 31. 선고 2013나8641 판결—

최 형 준 (서울중앙지방법원)

[사실 개요]

<table>
<tr><th colspan="2">원고 등록상표</th><th>피고 표장</th></tr>
<tr><td>

2005. 9. 8. 출원
2006. 6. 28. 등록</td><td>

2008. 8. 4. 출원
2009. 4. 29. 등록</td><td rowspan="3">(1)

(2)
</td></tr>
<tr><td colspan="2">원고 상품표지</td></tr>
<tr><td colspan="2">
</td></tr>
</table>

1. 원고는 김, 미역, 다시마 등 가공제품의 제조 · 판매업을 운영하는 회사로, 원고 등록상표 기재 표장에 관하여 상표등록을 마쳤다.
2. 원고는 1981년경부터 원고 상품표지를 사용한 조미김 제품을 생산 · 광고 · 판매하였고, 2008년 약 171억 원, 2009년 약 212억 원, 2010년 약 209억 원, 2011년 약 313억 원의 매출을 올렸다.
3. 피고는 조미김 제품을 제조 · 판매하는 회사로, 피고 표장을 포장에 사용하여 조미김 제품을 생산 · 판매하였다.

[판결 요지]

1. 특정 출처의 상품임을 표시한 표지가 문자, 도형, 기호, 색채 등 여러 요소로 이루어진 경우에 있어서 부정경쟁방지법 제2조 제1호 (가)목 소정의 상품표지의 유사 여부에 관한 판단은, 상품의 출처를 표시함에 기여하고 있는 일체의 요소들을 참작하여 그 표지의 외관, 호칭 및 관념을 거래자 또는 일반 수요자의 입장에서 전체적, 이격적으로 관찰하여 비교하여야 할 것이고, 같은 규정 소정의 타인의 상품과 혼동을 일으키게 하는지 여부는 상품표지의 주지성과 식별력의 정도, 표지의 유사 정도, 사용태양, 상품의 유사 및 고객층의 중복 등으로 인한 경업·경합관계의 존부, 그리고 모방자의 악의(사용의도) 유무 등을 종합하여 판단하여야 할 것이다.

2. 구 상표법(2014. 6. 11. 제12751호로 개정되기 전의 것) 제6조 제2항이 상표를 등록출원 전에 사용한 결과 수요자 사이에 그 상표가 누구의 상품을 표시하는 상표인가가 현저하게 인식되어 있는 것은 같은 법 제6조 제1항 제3호 내지 제6호의 규정에 불구하고 상표등록을 받을 수 있도록 규정한 것은, 원래 식별력이 없는 표장이어서 특정인에게 독점사용하도록 하는 것이 적당하지 않은 표장에 대하여 대세적 권리를 부여하는 것이므로 그 기준은 엄격하게 해석·적용되어야 할 것이지만, 상표의 사용기간, 사용횟수 및 사용의 계속성, 그 상표가 부착된 상품의 생산·판매량 및 시장점유율, 광고·선전의 방법, 횟수, 내용, 기간 및 그 액수, 상품품질의 우수성, 상표사용자의 명성과 신용, 상표의 경합적 사용의 정도 및 태양 등을 종합적으로 고려할 때 당해 상표가 사용된 상품에 관한 거래자 및 수요자의 대다수에게 특정인의 상품을 표시하는 것으로 인식되기에 이르렀다면 사용에 의한 식별력의 취득을 인정할 수 있다.

3. 위와 같은 법리를 적용하여 아래와 같이 판단함

① 원고 등록상표의 등록시기와 사용기간, 광고시기와 연속성 여부, 광고비 지출 내역, 조미김 제품의 시장 규모와 원고의 매출내역, 시장점유율의 정도 등을 고려하면, 거래자 및 수요자의 대다수에게 '한반도' 모양의 도형이 원고의 상품을 표시하는 것으로 현저하게 인식되기에 이르렀다고 볼 수 없어 사용에 의한 식별력 취득을 인정할 수 없다.

② 원고 등록상표, 원고 상품표지 중 '한반도', '한반도와 부속도서' 모양의 각 도형은 식별력이 없거나 미약하고 주지성이 있다고 인정하기 어려운 점, 위 각 도형과 피고 표장은 양 표장의 외관, 호칭, 관념이 서로 달라 유사하다고 인정하기 어려운 점에 비추어, 피고 표장의 사용으로 인하여 원고 상품과 사이에 상품 출처의 오인·혼동을 일으키게 한다고 볼 수 없다.

해설

Ⅰ. 대상판결의 쟁점

이 사건에서 원고는, 피고가 원고 상품표지와 유사한 피고 표장을 사용한 포장으로 조미김 제품을 생산·판매함으로써 상품주체에 대한 혼동을 초래하고 있으므로 부정경쟁방지법 제2조 제1호 (가)목의 부정경쟁행위에 해당하고, 피고가 원고 등록상표와 동일·유사한 피고 표장을 사용하여 원고 등록상표의 지정상품과 동일한 조미김 제품을 제조·판매하고 있으므로 원고 등록상표에 관한 상표권 침해에 해당한다고 주장하였다.

원고 등록상표, 원고 상품표지 중 '한반도', '한반도와 부속도서' 모양의 각 도형과 피고 표장 중 '한반도와 그 주변지형' 모양의 도형이 양 표장 사이에 공통된 부분이므로, 위 각 도형 부분의 주지성과 식별력을 인정할 수 있는지 여부가 이 사건의 쟁점이 된다.

Ⅱ. 대상판결의 분석

1. 부정경쟁방지법 제2조 제1호 (가)목의 부정경쟁행위의 요건

부정경쟁방지법 제2조 제1호 (가)목의 부정경쟁행위(상품주체 혼동행위)는 '국내에 널리 인식된 타인의 성명, 상호, 상표, 상품의 용기·포장, 그 밖에 타인의 상품임을 표시한 표지와 동일하거나 유사한 것을 사용하거나 이러한 것을 사용한 상품을 판매·반포 또는 수입·수출하여 타인의 상품과 혼동하게 하는 행위로서, 위 규정에 해당하기 위해서는 ① 국내에 널리 인식된 타인의 상품표지(주지성), ② 동일 또는 유사한 상품표지의 사용(유사성), ③ 타인의 상품과 혼동하게 하는 행위(혼동가능성)를 요건으로 한다.

2. 식별력이 미약한 상품표지의 주지성 취득

단순한 문자나 숫자의 결합으로 이루어졌거나 상품의 성질을 표시한 것에 불과하여 식별력이 없거나 미약한 상표 또는 상품표지가 사용된 결과 국내에 널리 인식되기에 이른 경우에는 원래 독점시킬 수 없는 표지에 권리를 부여하는 것이므로 그 기준은 엄격하게 해석 적용되어야 한다.[1] 다만 간단하고 흔히 있는 표장이라 하더라도 그것이 오랫동안 사용됨으로써 어떤 특정인의 상품을 표시하는 것으로서 수요자에게 널리 인식된 경우에는 법에서 보호하는 상품표지에 해당될 수 있다.[2]

---

1) 대법원 1999. 9. 17. 선고 99후1645 판결; 대법원 2007. 11. 29. 선고 2007도5588 판결; 대법원 2008. 9. 11. 선고 2007도10562 판결.

2) 대법원 2007. 12. 27. 선고 2005다60208 판결.

식별력이 없거나 미약한 표장의 주지성을 인정한 사례로는 '캠브리지 멤버스, CAMBRIDGE MEMBERS(이상 신사복), 캠브리지 유니버시티, UNIVERSITY OF CAMBRIDGE(이상 셔츠)'(대법원 2006. 1. 26. 선고 2003도3906 판결), '알파 또는 ALPHA'(문구류, 대법원 2007. 12. 27. 선고 2005다60208 판결), 'K2'(등산화, 대법원 2008. 9. 11. 자 2007마1569 결정), '장수돌침대'(침대, 대법원 2014. 7. 12. 선고 2010다60622 판결) 등이 있고, 식별력이 없거나 미약한 표장의 주지성을 부정한 사례로는 '장충동왕족발'(음식점업, 2003. 6. 13. 선고 2001다52995 판결), '퀵서비스'(배달업, 2004. 7. 9. 선고 2003도5837 판결), '원숭이학교'(원숭이 공연시설, 대법원 2008. 2. 29. 선고 2006다22043 판결) 등이 있다.

본 사안에서는 원고가 1981년경부터 원고 상품표지를 사용한 조미김 제품을 생산·판매·광고하였고, 2008년 약 171억 원, 2009년 약 212억 원, 2010년 약 209억 원, 2011년 약 313억 원의 매출을 올렸음이 인정되지만, ① 국내 조미김 시장에서 원고가 차지하는 비중이 높지 않은 점, ② 상품표지의 사용기간 중 그 사용모습이나 형태를 변경한 점, ③ 원고의 광고실적이 다른 조미김 제조업체에 비해 월등히 많다고 볼 사정이 없는 점, ④ 원고의 대리점을 제외한 나머지 판매업체들은 소비자들의 선택권을 보장하기 위해 다양한 업체의 조미김 제품을 구비하여 판매한 것으로 보이는 점, ⑤ '한반도' 모양의 도형은 사회통념상 한반도를 표현하는 지도로 인식할 수 있을 정도로 보여 자타상품의 식별력을 인정하기 곤란하거나 공익상 특정인에게 독점시키는 것이 적당하지 아니하다고 인정되는 점 등을 근거로 원고 상품표지의 주지성을 부정하였다.

3. 현저한 지리적 명칭 또는 지도 등의 사용에 의한 식별력 취득

구 상표법(2014. 6. 11. 법률 제12751호로 개정되기 전의 것) 제6조 제1항 제4호는 '현저한 지리적 명칭·그 약어 또는 지도만으로 된 상표'는 상표등록을 받을 수 없도록 규정하고 있고, 같은 조 제2항은 상표등록출원 전에 상표를 사용한 결과 '수요자간에 그 상표가 누구의 업무에 관련된 상품을 표시하는 것인가 현저하게 인식되어 있는 것'은 위 규정에 해당하더라도 상표등록을 받을 수 있도록 규정하고 있다. 위 규정은 원래 특정인에게 독점사용시킬 수 없는 표장에 대세적인 권리를 부여하는 것이므로 그 기준은 엄격하게 해석 적용되어야 할 것인바, 수요자간에 그 상표가 누구의 상표인지 현저하게 인식되었다는 사실은 그 상표가 어느 정도 선전광고된 사실이 있다거나 또는 외국에서 등록된 사실이 있다는 것만으로는 이를 추정할 수 없고 구체적으로 그 상표 자체가 수요자간에 현저하게 인식되었다는 것이 증거에 의하여 명확하게 되어야 하고,[3] 상표의 사용기간, 사용횟수 및 사용의 계속성, 그

3) 대법원 1999. 9. 17. 선고 99후1645 판결.

상표가 부착된 상품의 생산·판매량 및 시장점유율, 광고·선전의 방법, 횟수, 내용, 기간 및 그 액수, 상품품질의 우수성, 상표사용자의 명성과 신용, 상표의 경합적 사용의 정도 및 태양 등을 종합적으로 고려할 때 당해 상표가 사용된 상품에 관한 거래자 및 수요자의 대다수에게 특정인의 상품을 표시하는 것으로 인식되기에 이르렀다면 사용에 의한 식별력의 취득을 인정할 수 있다.[4)]

본 사안에서는 원고 등록상표의 등록시기와 사용기간, 광고시기와 연속성 여부, 광고비 지출 내역, 조미김 제품의 시장 규모와 원고의 매출내역, 시장점유율의 정도 등을 고려하면, 거래자 및 수요자의 대다수에게 '한반도' 모양의 도형이 원고의 상품을 표시하는 것으로 현저하게 인식되기에 이르렀다고 볼 수 없어 사용에 의한 식별력을 취득하지 못하였다고 판단하였다.

다만, 위 규정은 개정되어 현행 상표법은 사용에 의한 식별력 취득 여부 기준이 완화되어 반드시 수요자간에 현저하게 인식되어 있어야 하는 것은 아니고 '수요자간에 특정인의 상품에 관한 출처를 표시하는 것으로 식별할 수 있게 된 경우'(상표법 제33조 제2항)에 해당하면 충분하므로, 개정 후 상표법에 따른다면 달리 판단될 여지도 있다.

Ⅲ. 대상판결의 의의

대상판결은 '지도 도형'을 상품 표지로 사용한 경우 혼동가능성을 처음으로 판단하였다는 데에 그 의의가 있다.

식별력이 없거나 미약한 지도 도형에 그 자체로 주지성을 부정할 것은 아니지만, 이는 원래 특정인에게 독점하여 사용시킬 수 없는 표장에 대세적인 권리를 부여하는 것이므로, 다른 식별력 있는 문자, 도형, 기호에 비해서는 엄격하게 해석하고 적용하여야 할 것이다.

위와 같은 식별력이 없거나 미약한 지도 도형에 대해 주지성을 인정받기 위해서는 오랫동안 사용됨으로써 어떤 특정인의 상품을 표시하는 것으로서 수요자에게 널리 인식되었는지에 관한 주장·입증이 이루어져야 할 것이다.

키워드

상품형태 모방행위, 지도 도형, 주지성, 식별력

4) 대법원 2008. 9. 25. 선고 2006후2288 판결.

[26] 매장내 설치된 장식장, 조명등 케이스, 벤치, 신발장 등 소위 트레이드 드레스 무단 사용 행위의 부정경쟁행위 해당여부

—서울고등법원 2017. 12. 14. 자 2017라20489 결정,
서울고등법원 2016. 5. 12. 선고 2015나2044777 판결—

이 형 원 (특허청)

[사실 개요]

원고매장의 장식장과 신발장

1. 원고 주식회사 甲은 '청○○○'이라는 이자카야 프랜차이즈 사업을 운영하자는 자로서 2014.8.경 피고와 가맹계약을 체결하면서 피고로 하여금 원고의 매장과 동일하게 매장내 인테리어 물품(장식장, 외부처마, 내부처마, 벽등케이스, 벤치, 신발장 등이며, 이들 개별 물품은 각각 디자인으로 등록받았다)을 사용하여 영업하도록 하였다.
2. 원고는 2015. 9.경 이후부터 피고로부터 로열티 지급이 되지 않자 가맹계약을 해지하고 미납된 로열티의 지급을 요구하면서 가맹계약 해지 후 원고의 지식재산권을 무단으로 사용하여 위약벌이 발생하고 있다는 취지로 내용증명을 발송하였다. 한편 피고는 2017. 1.경 상호를 종전 '청○○○ 방이점'에서 '△△'로 변경하고 매장내 인테리어 물품을 계속 사용하였다.

[판결 요지]

1. 트레이드 드레스는 상행위와 관련된 상품이나 서비스 등의 전체적 외관이나 느낌, 이미지 등 식별력이 있어 서비스의 출처표시로서 기능하는 것을 의미하는데, 이는 부정경쟁방지법 제2조 제1호 (가)목 내지 (다)목 소정의 상품표지나 영업표지에 해당하므로 그와

동일·유사한 트레이드 드레스의 사용행위에 대해서는 위 각 조항이 적용되고, 특별한 사정이 없는 한 원칙적으로 부정경쟁방지법 제2조 제1호 舊 (차)목(현행 파목)이 적용된다고 보기 어렵다(2017라20489 결정, 이하 '대상판결1'이라 함).

2. 예외적으로 ① 상품기획을 위해 수차례 일본을 방문하여 지하철역 등의 유동인구를 대상으로 하는 각종 식품 매장의 품목, 매장의 인테리어, 각종 홍보물 디자인 등을 조사하였고, ② 수개의 디자인 업체로 하여금 지하철역에 개설할 예정인 원고 매장의 표장 및 매장 디자인 등의 개발을 의뢰하였으며, ③ 서울역 내 단독매장 입점 제안 및 서울관광마케팅주식회사(현 서울관광재단)에 공동마케팅을 제한하는 등 세부기획에 착수하고, ④ 디자인전문회사를 통해 브랜드 이미지, 포장 용기 및 쇼핑백 등의 확정 끝에 매장을 개장하는 노력을 하는 등 원고 매장 이미지는 원고의 상당한 투자나 노력으로 만들어진 성과에 해당한다고 한 사례(2015나2044777 판결, 이하 '대상판결 2'라 함).

해설

Ⅰ. 대상판결들의 쟁점

트레이드 드레스는 상품이나 서비스가 특정인의 출처 나타내기 위해 사용되어지는 종합적인 이미지를 의미한다. 대상판결과 관련된 서비스에 관하여는 미국의 Two Pesos Inc. v. Taco Cabana, Inc. 사건 연방대법원 판결[1]에서 '레스토랑 외부의 모양, 기호, 주방의 평면도, 장식, 메뉴, 음식제공을 위한 도구, 종업원의 유니폼, 그 밖에 레스토랑의 전체적인 이미지를 반영하는 기타의 특성이 포함될 수 있다'고 하였다. 즉 트레이드 드레스는 상품이나 서비스 장소의 전체적인 이미지나 판매기법 등까지 포함된다.

우리나라에서 서비스와 관련된 트레이드 드레스는 2018년 개정(법률 제15580호, 2018. 4. 17.)된 부정경쟁방지법 제2조 제1호 (나)목에 '그 밖에 타인의 영업임을 표시하는 표지'에 구체적인 예시로 설명하는 방식으로 명문화되었지만,[2] 그 이전에도 부정경쟁방지법 제2조 제1호 (나)목의 '그 밖에 타인의 영업임을 표시하는 표지'의 해석을 통해 보호되어 왔다. 판례에서도 '영업표지란 영업을 하는 자가 자기의 영업을 다른 영업자의 영업과 식별시키기 위하여 사용하는 표장을 말하는 것이고, 점포의 장식 등과 같은 이른바 트레이드 드레스(Trade Dress) 등도 그것이 일반적인 것이 아니고 특정인의 영업을 나타내는 표지로서 식별력이 있는 이상 영업표지에 포함된다(서울중앙지방법원 2015. 11. 20 선고 2014가합58950, 2015가합8662 병

1) 505 U.S. 763 (1992).
2) 정상조 편집대표, 「부정경쟁방지법 주해」, 박영사(2020), 26(이대희 집필부분).

합)'고 판시한 바 있다.

한편, 트레이드 드레스는 부정경쟁방지법(2013. 7. 30. 법률 제11963호) 제2조 제1호 舊 (차)목(현행 파목)[3])을 통해서도 보호가 가능하다. 동 규정은 '타인의 상당한 투자나 노력으로 만들어진 성과 등을 공정한 상거래 관행이나 경쟁질서에 반하는 방법으로 자신의 영업을 위하여 무단으로 사용함으로써 타인의 경제적 이익을 침해하는 행위'를 보충적 일반조항으로 하여 부정경쟁방지법의 적용대상을 확대하였다(대법원 2016. 9. 21. 선고 2016다229058 판결). 그 결과 '특정 영업을 구성하는 영업소 건물의 형태와 외관, 내부 디자인, 장식, 표지판 등 영업의 종합적 이미지의 경우 그 개별 요소들로서는 부정경쟁방지법 제2조 제1호 (가)목 내지 (자)목을 비롯하여 디자인보호법, 상표법 등 지식재산권 관련 법률의 개별 규정에 의해서는 보호받지 못한다고 하더라도, 그 개별 요소들의 전체 혹은 결합된 이미지는 특별한 사정이 없는 한 부정경쟁방지법 제2조 제1호 (차)목이 규정하고 있는 해당 사업자의 상당한 노력과 투자에 의하여 구축된 성과물에 해당한다'고 판시하였다.[4])

대상판결 1은 매장내 인테리어 물품(장식장, 외부처마, 내부처마, 벽등케이스, 벤치, 신발장 등)의 개별 요소가 부정경쟁방지법 제2조 제1호 (나)목에서 정한 '영업표지'에 해당하는지 여부와 (가) 내지 (타)목에서 규율하는 유형의 부정경쟁행위에 대해서 부정경쟁방지법 (파)목이 적용될 수 있는지 여부가 쟁점이 되었고, 대상판결 2는 새로운 기술과 같은 기술적인 성과 이외에도 특정 영업을 구성하는 영업소 건물의 형태와 외관, 내부 디자인, 장식, 표지판 등 '영업의 종합적 이미지'가 부정경쟁방지법 제2조 제1호 舊 (차)목(현행 파목)의 보호 대상인 '타인의 상당한 투자나 노력으로 만들어진 성과물'로 인정될 수 있는지 여부가 주된 쟁점으로 되었다.

---

3) 김동원, "부정경쟁방지법 일반조항을 통한 디자인 보호", 「판례연구」, 박영사(2019), 624; 최승재, "부정경쟁방지법 (차)목에 대한 하급심 판결의 동향분석", 「변호사」 2017년 1월호, 서울지방변호사회(2017), 401에서는 '서울중앙지방법원을 중심으로 하여 전개된 하급심 판결들을 분류하면 (차)목을 ①경합적·중첩적 규정으로 보는 판결례와 ② 보충적·선택적 규정으로 보는 판결례로 나눌 수 있다'고 설명한다. 이와 관련하여 필자는 (파)목과 다른 규정과 병존이 가능하지만, 대상판결 2와 같이 예외적으로 인정될 수 있는 '특별한 사정'이 있는 경우 제한적으로 적용되는 것은 문제없다는 의견이다.

4) 한편, 트레이드 드레스는 허위표시(misrepresentation)를 기본으로 하기 때문에 협의의 부정취득사용(misappropriation)에 관한 규정인 부정경쟁방지법 제2조 제1호 (파)목을 적용할 수 없다는 의견에 관하여는 나종갑, "성과 '모방' 도그마와 부정경쟁방지법 제2조 제1호 (카)목의 적용범위－서울연인단팥빵사건을 중심으로－", 「산업재산권」 제62호, 한국지식재산학회(2020), 155 참조.

Ⅱ. 대상판결의 분석

대상판결 1에서는 '영업표지란 영업을 하는 자가 자기의 영업을 다른 영업자의 영업과 식별시키기 위하여 사용하는 표장을 말하는 것이고, 점포의 장식 등과 같은 이른바 트레이드 드레스(Trade Dress) 등도 그것이 일반적인 것이 아니고 특정인의 영업을 나타내는 표지로서 식별력이 있는 이상 영업표지에 포함된다'고 하면서 원고가 주장하는 보호법익인 '매장내 인테리어 물품인 장식장, 외부처마, 내부처마, 벽등케이스, 벤치, 신발장 등(이하 '이 사건 각 시설'이라 한다)'의 개별 물품들이 원고의 영업을 나타내는 표지로서의 식별력이 없다고 하였다. 이는 트레이드 드레스가 ① 식별력, ② 비기능성, ③ 혼동의 가능성 갖추어야만 부정경쟁방지법에 의한 보호가 가능하다는 취지의 판시[5]와 일맥상통한다.

또한 '부정경쟁방지법 제2조 제1호 舊 (차)목(현행 파목)은 종래의 지식재산권 관련 제도 내에서는 예상할 수 없어 기존 법률로는 미처 포섭할 수 없었던 유형의 행위로서 (가) 내지 (자)목의 부정경쟁행위에 준하는 것으로 평가할 수 있는 행위에 한하여 적용되고, 특별한 사정이 없는 이상 (가) 내지 (자)목에서 정하고 있는 행위유형에는 해당하나 위 각 목에서 정하고 있는 부정경쟁행위로 인정되기 위한 요건을 갖추지 못한 행위에 대하여는 舊 (차)목(현행 파목)에 의한 부정경쟁행위로 함부로 의율하여서는 아니 된다고 봄이 상당하다(서울중앙지방법원 2014. 8. 28 선고 2013가합552431 판결)'는 취지도 반영되어 있다.[6)7)]

대상판결 2는 원고의 매장 인테리어 등 영업의 종합적인 외관은 원고가 ① 상품기획을 위해 수차례 일본을 방문하여 지하철역 등의 유동인구를 대상으로 하는 각종 식품 매장의 품목, 매장의 인테리어, 각종 홍보물 디자인 등을 조사하였고, ② 수개의 디자인 업체로 하여금 지하철역에 개설할 예정인 원고 매장의 표장 및 매장 디자인 등의 개발을 의뢰하였으

---

5) '상품이나 서비스의 전체적인 이미지' 혹은 '영업의 종합적인 이미지'가 트레이드 드레스로 보호받기 위하여는, ① 본질적으로 식별력이 있거나(inherently distinctive), 2차적 의미(secondary meaning, 사용에 의한 식별력)를 획득함으로써 식별력이 있어야 하고, ② 비기능적(non-functional)이어야 하며, ③ 트레이드 드레스에 의하여 침해자의 상품 출처에 관하여 소비자에게 혼동의 가능성(likelihood of con-fusion)을 야기하여야 한다는 요건을 갖추어야 한다(서울중앙지방법원 2019. 11. 21. 선고 2019가합526830, 서울중앙지방법원 2014 11. 27. 선고 2014가합524716 판결 등).

6) 다만, 부정경쟁방지법 제2조 제1호 (파)목이 보충적 일반조항이기는 하지만 다른 부정경쟁행위와 병존할 수 없다는 의미를 가지는 것은 아니다. 최승재, "제품의 형태와 색채 모방행위와 부정경쟁행위에 대한 소고: 비아그라 판결과 세레타이드 판결을 중심으로", 「상사판례연구」 제30집 제2권, 한국상사판례학회(2017), 365.

7) 정호열·송석은, "부정경쟁방지법 최근 판결례 분석 및 입법정책에 관한 연구", 「경쟁법연구」 제46권, 한국경쟁법학회(2022), 365에서 에르메스 눈알가방 사건(대법원 2020. 7. 9 선고 2017다217847 판결)에서 에르메스의 가방 형태가 갖추어진 날로부터 3년이 경과하여(에르메스 켈리백은 1956년, 버킨백은 1984년 제작) 부정경쟁방지법 제2조 제1호 (자)목에 의한 보호요건을 갖추지 못했지만 (파)목을 적용한 사례는 참고할 필요가 있다.

며, ③ 서울역 내 단독매장 입점 제안 및 서울관광마케팅주식회사(현 서울관광재단)에 공동마케팅을 제한하는 등 세부기획에 착수하고, ④ 디자인전문회사를 통해 브랜드 이미지, 포장용기 및 쇼핑백 등을 확정 끝에 매장을 개장하는 노력을 다하였다는 점을 인정하였고, 피고들이 사용한 표장, 간판 등 영업표시는 원고가 사용한 영업표시와 비교할 때, 표장뿐만 아니라 간판의 색상, 매장 전체의 배치나 구조 등 인테리어가 유사하고, 판매제품도 중복되며 피고가 원고회사에서 퇴사한 지 얼마 지나지 않아 피고들 매장운영을 시작한 점, 피고 인테리어 직원에게 원고매장 일부를 무단 촬영하도록 지시한 점, 지하철역 등의 입지여건 등 원고의 성과물을 무단으로 사용하여 원고의 경제적 이익을 침해하였다고 판단하였다.

Ⅲ. 대상판결의 의의

대상판결 1을 살펴보면, 트레이드 드레스에 관한 요소 중 영업에 관한 요소인 '매장내 인테리어 물품(장식장, 외부처마, 내부처마, 벽등케이스, 벤치, 신발장 등)이 부정경쟁방지법상 (나)목에 의해 보호되는 이상 (파)목은 적용대상이 아닌 것으로 해석될 여지가 있어 보이기도 한다. 그러나 구체적으로 판례를 살펴보면, 트레이드 드레스에 관하여 (파)목의 적용을 부정했다고 단정하기 어려운 측면이 있다. 원고의 매장 인테리어 물품 등을 사용한 피고의 행위에 대해서는 부정경쟁방지법 제2조 제1호 (가)목 내지 (다)목이 적용되고, 舊 (차)목(현행 파목)이 적용되어야 할 특별한 사정이 보이지 아니한다고 하면서, 제출된 자료만으로는 舊 (차)목(현행 파목)의 보호객체인 '원고의 상당한 투자나 노력으로 만들어진 성과물'로 인정하기 부족하다고 판시하였기 때문이다. 즉 영업의 전체적인 외관에 해당하는 트레이드 드레스가 (파)목이 적용되기 위한 특별한 사정이 있다면 중첩하여 적용이 가능하다 할 것이고, 특히 '상당한 투자나 노력으로 만들어진 성과물'을 충분히 입증한다면 (파)목에 의한 보호도 가능한 것으로 해석할 수 있기 때문이다. 이런 측면에서 대상판결 2는 '상당한 투자나 노력으로 만들어진 성과물'의 입증방법을 명확히 판시한 점과 심리불속행 기각판결이기는 하나 부정경쟁방지법 제2조 제1호 (파)목의 적용여부에 관한 최초로 내려진 대법원 판결이라는 점에서 그 의의가 있다.

키워드

트레이드 드레스, 영업표지, 성과물, 매장인테리어, 영업의 전체적인 외관

[27] 부정경쟁방지법 제2조 제1호 (다)목의 해석기준

—대법원 2004. 5. 14. 선고 2002다13782 판결—

장 윤 식 (대법원)

[사실 개요]

1. 발기기능장애 치료용 약제를 지정상품으로 하는 원고 1의 등록상표인 'Viagra'는, 미국 법인인 원고 1이 개발 · 판매하는 발기기능장애 치료제를 지칭하는 상품표지로서 국내의 일반인에게 널리 알려진 것이다.
2. 원고 2는 원고 1로부터 위 등록상표의 통상사용권을 설정받아 국내에서 이를 사용하여 원고 1이 생산한 의약품을 독점적으로 수입 · 판매하였다.
3. 피고들은 한국인터넷정보센터에 등록된 도메인 이름인 'viagra.co.kr'을 소외 A, B로부터 이전받아 그 도메인 이름으로 웹사이트를 운영하면서 인터넷상에서 생칡즙 등을 주문받아 판매하였다.

[판결 요지]

1. 부정경쟁방지 및 영업비밀보호에 관한 법률 제4조에 의한 금지청구에 있어서 같은 법 제2조 제1호 (가)목 소정의 타인의 성명·상호·상표·상품의 용기·포장 기타 타인의 상품임을 표시한 표지가 국내에 널리 인식되었는지 여부는 사실심 변론종결시를 기준으로 판단하여야 하며, 같은 법 제2조 제1호 (다)목의 경우에도 마찬가지이다.

2. 도메인 이름은 원래 인터넷상에 서로 연결되어 존재하는 컴퓨터 및 통신장비가 인식하도록 만들어진 인터넷 프로토콜 주소(IP 주소)를 사람들이 인식·기억하기 쉽도록 숫자·문자·기호 또는 이들을 결합하여 만든 것으로, 상품이나 영업의 표지로서 사용할 목적으로 한 것이 아니었으므로, 특정한 도메인 이름으로 웹사이트를 개설하여 제품을 판매하는 영업을 하면서 그 웹사이트에서 취급하는 제품에 독자적인 상표를 부착·사용하고 있는 경우에는 특단의 사정이 없는 한 그 도메인 이름이 일반인들을 그 도메인 이름으로 운영하는 웹사이트로 유인하는 역할을 한다고 하더라도, 도메인 이름 자체가 곧바로 상품의 출처표시로서 기능한다고 할 수는 없다.

3. 부정경쟁방지 및 영업비밀보호에 관한 법률 제2조 제1호 (다)목은 2001. 7. 10. 시행된 부정경쟁방지 및 영업비밀보호에 관한 법률에 신설된 규정으로서, "(가)목 또는 (나)목의 규정에 의한 혼동을 하게 하는 행위 외에 비상업적 사용 등 대통령령이 정하는 정당한 사유 없이 국내에 널리 인식된 타인의 성명·상호·상표·상품의 용기·포장 그 밖에

타인의 상품 또는 영업임을 표시한 표지와 동일하거나 이와 유사한 것을 사용하거나 이러한 것을 사용한 상품을 판매·반포 또는 수입·수출하여 타인의 표지의 식별력이나 명성을 손상하게 하는 행위"를 부정경쟁행위로 규정하고 있는바, 위 규정의 입법 취지와 그 입법 과정에 비추어 볼 때, 위 규정에서 사용하고 있는 '국내에 널리 인식된'이라는 용어는 '주지의 정도를 넘어 저명 정도에 이른 것'을, '식별력의 손상'은 '특정한 표지가 상품표지나 영업표지로서의 출처표시 기능이 손상되는 것'을 의미하는 것으로 해석함이 상당하며, 이러한 식별력의 손상은 저명한 상품표지가 다른 사람에 의하여 영업표지로 사용되는 경우에도 생긴다.

4. 저명 상표인 'viagra'와 유사한 'viagra.co.kr'이라는 도메인 이름의 사용이 부정경쟁방지 및 영업비밀보호에 관한 법률 제2조 제1호 (가)목의 부정경쟁행위(상품주체혼동행위)에는 해당하지 아니하나, 같은 호 (다)목의 부정경쟁행위(식별력 손상행위)에는 해당한다고 한 사례.

5. 도메인의 이름 일부로 사용된 'viagra' 상표의 보유자는 자신의 명의로 '.kr' 도메인 이름을 등록할 적격이 있는지 여부에 관계없이 그 도메인 이름의 등록말소청구를 할 수 있다고 한 사례.

해설

Ⅰ. 대상판결의 쟁점

이 사건에서 원고들은 'viagra.co.kr'이라는 도메인 이름을 보유하고 있는 피고들이 그 도메인 이름으로 개설·운영하는 웹사이트를 통해 생칡즙 등을 판매한 행위가 부정경쟁방지 및 영업비밀보호에 관한 법률(이하 '부정경쟁방지법'이라 한다) 제2조 제1호 (가)목(상품주체 혼동행위), (나)목(영업주체 혼동행위) 및 (다)목(식별력 손상행위)의 부정경쟁행위에 해당한다는 등의 주장을 하면서 피고들을 상대로 부정경쟁방지법 제4조에 따른 금지 및 예방과 이에 필요한 조치(도메인 이름 등록말소) 등을 청구하였다. 대상판결의 원심은 피고들의 행위가 부정경쟁방지법 제2조 제1호 (가)목, (나)목 및 (다)목의 부정경쟁행위에 모두 해당한다고 판단하였다. 이에 대상판결에서는 ① 피고들의 행위가 원고들의 저명상표인 'Viagra' 등을 피고들이 판매하는 상품의 출처표시로 사용한 것으로서 (가)목의 부정경쟁행위에 해당하는지 여부와 ② 피고들의 행위가 원고들의 저명상표의 식별력을 손상하는 행위로서 (다)목의 부정경쟁행위에 해당하는지 여부가 주된 쟁점이 되었다.

Ⅱ. 대상판결의 분석

1. 부정경쟁방지법 제2조 제1호 (가)목의 부정경쟁행위 해당 여부

부정경쟁방지법 제2조 제1호 (가)목은 '국내에 널리 인식된 타인의 성명, 상호, 상표, 상품의 용기·포장, 그 밖에 타인의 상품임을 표시한 표지와 동일하거나 유사한 것을 사용하거나 이러한 것을 사용한 상품을 판매·반포 또는 수입·수출하여 타인의 상품과 혼동하게 하는 행위'를 부정경쟁행위로 규정하고 있다. 이러한 행위는 '사칭통용(詐稱通用, passing off)'의 전형적인 형태로서 이른바 '상품주체 혼동행위'라고 한다.[1]

(가)목의 부정경쟁행위에 해당하기 위해서는 우선 '국내에 널리 인식된 타인의 상품표지'가 존재하여야 한다. 부정경쟁방지법 제4조에 의한 금지청구에 있어서 타인의 상품표지가 국내에 널리 인식되었는지 여부는 '사실심 변론종결 당시'를 기준으로 판단하여야 한다는 것이 대법원의 입장이고,[2] 대상판결은 이를 다시 한 번 확인하였다.

한편 (가)목의 부정경쟁행위는 '타인의 상품표지와 동일하거나 유사한 것을 사용하거나 이를 사용한 상품을 판매하는 등의 행위'이어야 한다. 이러한 상품표지의 사용행위는 상품표지를 매체로 하여 상품의 출처에 대해 혼동을 일으키게 하는 사용행위를 의미하는 것으로, 사용된 표지가 출처표시 기능을 하지 않을 때에는 상품표지의 사용행위에 해당하지 않는다.[3] 피고들은 이 사건에서 'viagra.co.kr'이라는 도메인 이름을 사용하였는데 그 웹사이트에서 판매하는 상품들에는 원고들의 저명한 상표인 'Viagra'가 아니라 별도의 독자적인 상표가 부착·사용되었다. 이처럼 웹사이트에서 판매하는 제품에 별도의 상표가 부착·사용될 경우 웹사이트의 도메인 이름은 그러한 제품을 판매하는 영업 주체를 나타내는 표지가 될 수 있을지언정 그 제품의 출처를 나타내는 표지라고 보기는 어렵다.[4] 대상판결은 같은 취지에서 피고들이 위 도메인 이름을 피고들이 취급하는 상품의 출처표시로 사용한 것이 아니라고 보아 피고들의 위와 같은 도메인 이름 사용행위가 부정경쟁방지법 제2조 제1호 (가)목의 부정경쟁행위에 해당하지 않는다고 판단하였다.

2. 부정경쟁방지법 제2조 제1호 (다)목의 부정경쟁행위 해당 여부

부정경쟁방지법 제2조 제1호 (다)목은 '(가)목 또는 (나)목의 규정에 의한 혼동을 하게

1) 정상조 편집대표, 「부정경쟁방지법 주해」, 박영사(2020), 17.
2) 대법원 2004. 3. 25. 선고 2002다9011 판결.
3) 小野昌延, 「新 注解 不正競争防止法」, 青林書院(2000), 239~240.
4) 강기중, "대법원 2004. 5. 14. 선고 2002다13782 판결에 대한 판례해설", 「대법원판례해설」 제50호, 법원도서관(2004), 497.

하는 행위 외에 비상업적 사용 등 대통령령이 정하는 정당한 사유 없이 국내에 널리 인식된 타인의 성명·상호·상표·상품의 용기·포장 그 밖에 타인의 상품 또는 영업임을 표시한 표지와 동일하거나 이와 유사한 것을 사용하거나 이러한 것을 사용한 상품을 판매·반포 또는 수입·수출하여 타인의 표지의 식별력이나 명성을 손상하게 하는 행위'를 부정경쟁행위로 규정하고 있다. 이는 널리 알려진 타인의 상품표지·영업표지와 실질적으로 동일한 표지를 유사하지 않은 상품이나 서비스에 사용함으로써 그 타인의 상표가 가지는 고객흡인력 또는 판매력을 훼손하는 행위를 금지하고자 하는 것으로서 이른바 '희석화 이론'을 도입한 조항으로 이해된다.[5)]

부정경쟁방지법 제2조 제1호 (다)목에서는 (가)목 및 (나)목과 동일하게 '국내에 널리 인식된'이라는 표현을 사용하고 있다. 그러나 미국과 일본 등 외국의 입법례와 위 조항의 국내 입법 경위 등에 비추어 볼 때 이는 주지를 넘어 저명 상태에 이른 것을 의미한다고 해석하여야 한다는 견해가 유력하였고,[6)] 대상판결 역시 같은 취지에서 위 조항에서의 '국내에 널리 인식된'이라는 용어는 '주지의 정도를 넘어 저명 정도에 이른 것'을 의미하는 것으로 해석하여야 한다고 판시하였다.

한편 희석화 이론에서는 강학상 '희석화'를 약화(blurring)에 의한 희석화(상표 등의 표지가 가지는 구매력, 신용 등을 감소시키는 것)와 손상(tarnishment)에 의한 희석화(상표 등의 표지가 가지는 좋은 이미지나 가치를 손상시키는 것) 등으로 구분하고 있다. 희석화 이론을 도입한 부정경쟁방지법 제2조 제1호 (다)목은 '식별력이나 명성을 손상하는 행위'라고 하여 '약화'가 아닌 '손상'이라는 표현을 사용하고 있기는 하지만, '식별력의 손상'이란 결국 특정 표지의 상품이나 영업표지로서의 출처표시 기능이 약화되는 것을 의미하는 것이어서 이를 강학상 약화에 의한 희석화와 달리 보기는 어렵다.[7)] 대상판결도 같은 취지에서 위 조항에서의 '식별력의 손상'은 '특정한 표지가 상품표지나 영업표지로서의 출처표시 기능이 손상되는 것'을 의미한다고 해석하여야 한다고 밝히고 있다.

이 사건에서 피고들은 원고의 저명한 상표인 'Viagra'와 유사한 'viagra.co.kr'이라는 도메인 이름으로 개설한 웹사이트에서 생칡즙 등을 판매하여 왔다. 피고들은 'viagra.co.kr'이라는 도메인 이름을 상품표지가 아닌 영업표지로 사용하였다고 할 수 있는데, 부정경쟁방지법 제2조 제1호 (다)목은 상품표지를 영업표지로 사용하는 경우에도 적용된다고 할 것이고, 이러한 피고들의 행위로 원고들의 저명한 상표가 가지는 출처표시 기능이 약화되었다고 할 수 있으므로, 이는 부정경쟁방지법 제2조 제1호 (다)목의 '식별력을 손상하는 행위'에

5) 정상조 편집대표(주 1), 39.
6) 강기중(주 4), 501.
7) 강기중(주 4), 503.

해당한다. 대상판결은 위와 같은 이유로 피고들의 행위가 부정경쟁방지법 제2조 제1호 (다)목의 부정경쟁행위에 해당한다고 판단하면서 나아가 피고들의 위 도메인 이름 사용이 부정경쟁행위에 해당하는 이상, 원고들이 자신의 명의로 그 도메인 이름을 등록할 적격이 있는지 여부와 관계없이 부정경쟁행위의 금지 또는 예방을 위해 피고들을 상대로 위 도메인 이름의 등록말소를 구할 수 있다고 판단하였다.

Ⅲ. 대상판결의 의의

대상판결은 부정경쟁행위 중 하나로서 부정경쟁방지법 제2조 제1호 (다)목에서 규정하고 있는 타인의 상품표지 또는 영업표지의 식별력을 손상하는 행위, 이른바 희석화 행위를 인정한 최초의 대법원 판례이다. 대상판결은 부정경쟁방지법 제2조 제1호 (다)목의 '국내에 널리 인식된' 및 '식별력의 손상'의 의미에 대하여 분명히 밝혀 위 조항의 해석기준을 제시하였다는 데에 의의가 있다. 아울러 웹사이트의 도메인 이름이 타인의 저명 상표와 유사하더라도 이를 상품표지로서 사용한 것이 아니어서 부정경쟁방지법 제2조 제1호 (가)목의 부정경쟁행위에는 해당하지 않는다고 본 사례로서도 의의가 있다.

키워드

희석화, 식별력 손상, 저명 상표, 도메인 이름

[28] 리얼리티 방송 프로그램의 방송 포맷 관련 사건

—대법원 2017. 11. 9. 선고 2014다49180 판결—

우 성 엽 (특허법원)

[사실 개요]

1. 원고는 2011. 3.경부터 '짝'이라는 제목의 영상물(이하 '원고 영상물'이라 한다)을 제작 · 방송하였다. 피고는, ① 2012. 6.경부터 '짝 재소자특집', '짝 메디컬 특집' 등 4개의 영상물(이하, '피고 영상물 1'이라 한다)을 방송하였고, ② 2012. 2.경 A 온라인 게임 웹사이트에서 홍보 목적으로 '짝꿍 게이머 특집' 영상물(이하 '피고 영상물 2'라 한다)을 전송하였다.
2. '원고 영상물'은 일반인 남녀가 '애정촌'이라는 공간에서 생활하면서 구체적인 대본 없이 자기소개, 게임, 데이트 등을 통해 자신의 짝을 찾아가는 과정을 녹화한 리얼리티 방송 프로그램이다. 구체적으로 남녀별로 각각 통일된 유니폼을 착용하고, 남자 1호, 여자 1호 등과 같은 비일반적인 호칭을 사용하며, 자기소개 시간을 통해 매력을 드러내어 같이 도시락을 먹을 이성 상대방을 선택하고, 원하는 이성과 데이트할 권리를 획득하기 위하여 동성 간에 경쟁을 유도하는 장치를 도입하며, 제작진과의 속마음 인터뷰나 가족과의 전화 통화 등의 요소를 배치하여 출연자의 솔직한 속마음을 보여주고, 사건의 진행이나 출연자의 심리 등을 다큐멘터리 프로그램과 같이 평어체와 문어체를 사용하는 성우의 내레이션을 통해 시청자들에게 전달하는 방식을 도입하여 출연자들이 짝을 찾아가는 모습을 최대한 꾸밈없이 드러나도록 하고 시청자들이 이를 객관적으로 관찰하는 느낌을 갖도록 여러 가지 요소들을 선택하여 결합하고 있다.
3. '피고 영상물 1'은 성인 대상 코미디물로서 전문 연기자가 구체적인 대본에 따라 재소자나 환자의 역할을 연기하면서 애정촌에 모여 짝을 찾는 상황을 담고 있으나, 성인 코미디물의 성격에 따라 비현실적이고 과장된 상황과 사건들을 중심으로 극을 전개함으로써 전체적으로 가볍고 유머러스한 분위기가 느껴지도록 표현된 것을 특징으로 한다. '피고 영상물 2'는 남녀가 '애정촌 던전(Dungeon)'에 모여 함께 게임을 할 이성의 짝을 찾는다는 내용으로, 원고 영상물을 구성하는 핵심 요소들을 그대로 사용하고 있다.

[판결 요지]

1. 상품주체 혼동행위 및 영업주체 혼동행위와 관련하여, 원고 영상물의 제목인 '짝'이 국내에 널리 인식된 상품표지 또는 영업표지에 해당할 수 있는지는 별론으로 하더라도, 원고 영상물의 '장면들'은 영상물의 내용에 불과할 뿐이어서 그 자체로 상품표지나 영업표지로서의 기능을 가진다고 하기 어렵고 원고 영상물의 상품표지나 영업표지로서 시청

자들에게 현저하게 인식되어 주지성을 취득하였다고 볼 만한 자료도 없고, 원고 영상물과 피고 영상물 1의 프로그램의 성격이나 종류, 분량 등의 차이로 인해 원고 영상물과 피고 영상물 1 사이에 혼동의 염려가 있다고 보기는 어렵다고 판단한 사례.

2. 부정경쟁방지법 제2조 제1호 (다)목에서 사용하고 있는 '국내에 널리 인식된'이라는 용어는 국내 전역 또는 일정한 지역 범위 안에서 수요자들 사이에 알려지게 된 '주지의 정도'를 넘어 관계 거래자 외에 일반 공중의 대부분에까지 널리 알려지게 된 이른바 '저명의 정도'에 이른 것을 의미한다.

3. 경쟁자가 상당한 노력과 투자에 의하여 구축한 성과물을 상도덕이나 공정한 경쟁질서에 반하여 자신의 영업을 위하여 무단으로 이용함으로써 경쟁자의 노력과 투자에 편승하여 부당하게 이익을 얻고 경쟁자의 법률상 보호할 가치가 있는 이익을 침해하는 행위는 부정한 경쟁행위로서 민법상 불법행위에 해당한다.

해설

Ⅰ. 대상판결의 쟁점

이 사건은 이른바 리얼리티 프로그램의 방송 포맷이 법적으로 보호될 수 있는지가 본격적으로 문제된 최초의 국내 사례이다. 원심(=1심)은, 피고가 피고 영상물 1, 2를 제작하여 방송 또는 전송한 행위가, ① 원고의 저작권 침해행위에 해당하지 않고, ② 부정경쟁방지법 제2조 제1항 (가)목, (나)목, (다)목에서 정한 부정경쟁행위에 해당하지 않으며, ③ 원고가 상당한 노력과 투자로 구축한 영상물의 명성과 고객흡입력에 무단 편승하는 민법상 불법행위에 해당하지 않는다고 판단하였다. 대상판결은 피고 영상물 1은 저작권 침해와 부정경쟁행위 및 민법상 불법행위에 모두 해당하지 않으나, 피고 영상물 2는 저작권 침해에 해당한다고 판단하였다.[1] 대상판결의 사안에서는 방송 포맷의 저작물성 및 저작권 침해 여부에 관한 판단이 주된 쟁점이었고 이에 대한 중요한 판시를 담고 있으나, 부정경쟁방지법 관련 쟁점을 다루는 본고의 취지에 따라 아래에서는 부정경쟁방지법상의 부정경쟁행위 및 민법상 불법행위 해당 여부에 관해서만 검토하기로 한다.

---

1) 피고 영상물 2에 대해서는 저작권 침해에 해당한다고 판단되어 선택적 청구관계에 있는 부정경쟁행위 및 민법상 불법행위로 인한 청구에 대해서는 판단되지 않았다.

Ⅱ. 대상판결의 분석

1. 부정경쟁방지법 제2조 제1호 (가)목/(나)목의 상품주체/영업주체 혼동행위 여부

가. 저작물의 제목,[2] 상품의 형태나 모양,[3] 상품의 용기나 포장[4] 등의 경우 특별한 사정이 없는 한 그 자체가 바로 상품이나 영업의 출처를 표시하는 기능을 가진다고 보기는 어려우나, 제목이나 형태 등이 장기간 계속적·독점적으로 사용되어 거래자 또는 수요자에게 해당 저작물이나 상품의 형태 등이 화체된 상품 또는 이를 이용하는 영업이 갖는 차별적 특징을 표상함으로써 특정 출처의 상품 또는 영업임을 연상시킬 정도로 현저하게 개별화[5][6] 되기에 이르렀다면, 부정경쟁방지법상의 상품표지 또는 영업표지에 해당할 수 있다. 이와 같은 제목이나 상품 형태 등이 출처표시기능을 가지고 나아가 주지성까지 획득하는 경우에 부정경쟁방지법상의 상품표지/영업표지에 해당하게 되나,[7] 통상적으로는 이러한 제목이나 상품의 형태 등의 표지성 인정은 그 속성상 '주지성' 취득과 함께 이루어진다고 보아야 하고, 장기간 계속적·독점적 사용에 의하여 거래자 또는 수요자에게 널리 인식되었기 때문에 표지로 인정할 수 있는 것이므로, 주지성이 없으면 표지성도 인정되기 어렵다.[8]

나. 혼동가능성과 관련하여, 부정경쟁방지법에서는 상품표지가 유사하다는 사정이 있더라도 그러한 사정만으로 바로 혼동의 우려를 인정하는 것은 아니고,[9] 타인의 상품과 혼동을 하게 하는 행위에 해당하는지 여부는 상품표지의 주지성과 식별력의 정도, 표지의 유사 정도, 사용 태양, 상품의 유사 및 고객층의 중복 등으로 인한 경업·경합관계의 존부 그리고 모방자의 악의(사용의도) 유무 등을 종합하여 판단한다(대법원 2007. 4. 27. 선고 2006도8459 판결 등 참조).[10] 대상판결에서는 원고 영상물과 피고 영상물 1 사이의 프로그램의 성격, 등

---

2) 대법원 2015. 1. 29. 선고 2012다13507 판결 등 참조.
3) 대법원 2002. 2. 8. 선고 2000다67839 판결 등 참조.
4) 대법원 2012. 5. 9. 선고 2010도6187 판결 등 참조.
5) 대상판결에서는 '현저하게 인식되어 주지성을 취득'이라고 판시하였으나, 이는 해당규정의 주지성이 저명성의 정도에 이르러야 하는 것으로 오인될 우려가 있다. '현저하게 개별화되어 상품표지/영업표지성을 취득'이라는 표현이 적절한 것으로 보인다.
6) 과거 관련 대법원 판결들의 '현저하게 개별화'라는 요건은, 추측컨대 구 상표법(2014. 6. 11. 법률 제12751호로 개정되기 전의 것) 제6조 제2항(사용에 의한 식별력 규정)의 '(식별력이 없는 상표라고 하더라도 상표 사용의 결과) 수요자간에 그 상표가 누구의 업무에 관련된 상품을 표시하는 것인가 현저하게 인식되어 있는 것'의 요건을 고려하여 이루어진 것으로 보이나, 위 2014년 개정 상표법에서 '수요자간에 특정인의 상품에 관한 출처를 표시하는 것으로 식별할 수 있게 된 경우'로 개정되어 식별력 인정 요건을 완화된 점에 비추어, 향후 이 부분 법리에 대한 검토가 요구된다.
7) 대법원 2012. 11. 29. 선고 2011도10978 판결 참조.
8) 박태일, "뮤지컬 제목의 영업표지 해당성 여부", 「대법원판례해설」 제104호(2015년 상), 법원도서관(2015), 232.
9) 윤태식, 「부정경쟁방지법」, 박영사(2021), 109.

장인물, 구체적인 사건의 진행과 내용 및 그 구성 등의 차이점과 더불어 대부분의 시청자들이 피고 영상물 1이 원고 영상물에 대한 일종의 패러디물로서 양자를 구별하여 인식하고 있었던 것으로 보이는 사정 등을 고려하여 혼동가능성을 부정한 것으로 보인다.

2. 부정경쟁방지법 제2조 제1호 (다)목의 저명표지 희석행위 여부

대상판결에서는 기존의 대법원 판결의 입장[11]과 같이 부정경쟁방지법 제2조 제1호 (다)목의 '국내에 널리 인식된'이라는 용어는 '주지의 정도'를 넘어 '저명의 정도'에 이른 것을 의미한다고 판시하였다. 이와 관련하여, 법규정의 문언과 그 의미가 불일치하여 수범자들에게 오인과 혼동을 불러일으킬 수 있으므로, 입법론으로는 부정경쟁방지법 제2조 제1호 (다)목의 '국내에 널리 인식된'이라는 용어는 상표법 제34조 제1항 제11호 등과의 균형에 맞추어 '국내에 현저하게 인식된'으로 개정할 필요가 있다.[12]

3. 민법상 불법행위 여부

피고의 무단이용 여부와 관련하여, 대상판결은 '피고가 원고 영상물의 기본적인 모티브나 일부 구성을 차용하여 피고 영상물 1을 제작하였지만 피고 자신의 독자적인 아이디어를 바탕으로 비용과 노력을 들여 원고 영상물에 존재하지 아니하는 다양한 창작적 요소를 담아 영상물을 제작한 이상 피고 영상물 1이 부정한 성과물 도용행위에 해당하지 않는다.'고 판시하였다. 이는 피고의 행위가 소위 '직접적 모방행위'가 아니라 '예속적 모방행위'에 가깝다고 보아 부정한 경쟁행위에 해당하지 않는다고 판단한 것으로 이해될 수 있고, 타인의 성과모방이나 이용행위에 공정한 거래질서 및 자유로운 경쟁질서에 비추어 정당화될 수 없는 '특별한 사정'이 있는 경우에만 민법상 불법행위 또는 성과 도용 부정경쟁행위에 해당한다고 본 일부 하급심 판례들[13]의 입장과 같은 것으로 이해될 소지가 있다.

그러나 이후 일련의 대법원 판례들에서는 위와 같은 '특별한 사정' 요건을 채택하지 아니하고, '공정한 상거래 관행이나 경쟁질서에 반하는 방법으로 자신의 영업을 위하여 무단으로 사용'한 경우에 해당하기 위해서는 '권리자와 침해자가 경쟁관계에 있거나 가까운 장래에 경쟁관계에 놓일 가능성이 있는지, 권리자가 주장하는 성과 등이 포함된 산업분야의

---

10) 영업표지 혼동가능성의 판단기준은 대법원 2013. 5. 9. 선고 2011다64102 판결 참조.

11) 대법원 2006. 1. 26. 선고 2004도651 판결 등 참조.

12) 2016. 2. 29. 법률 제14033호로 전부개정된 상표법에서는, 과거 대법원 판결에서 '주지상표'로 해석되어 오던 구 상표법 제7조 제1항 제9호의 '수요자 간에 현저하게 인식되어 있는 상표' 요건을 제34조 제1항 제9호로 개정하면서 '수요자들에게 널리 인식되어 있는 상표'라는 내용으로 개정하여 그 법문과 의미를 일치하도록 한 바 있다.

13) 서울고등법원 2018. 7. 20. 자 2018라20229 결정 등 참조.

상거래 관행이나 경쟁질서의 내용과 그 내용이 공정한지, 위와 같은 성과 등이 침해자의 상품이나 서비스에 의해 시장에서 대체될 수 있는지, 수요자나 거래자들에게 성과 등이 어느 정도 알려졌는지, 수요자나 거래자들의 혼동가능성이 있는지 등을 종합적으로 고려해야 한다.'고 판시한 바 있다.[14] 대상판결에서도 피고가 다양한 창작적 요소를 담아 피고 영상물 1을 제작한 사정을 기초로 판단하기보다는,[15] 원고 영상물에서 성과물의 내용을 확정하고, 그중 피고 영상물 1에 원고 성과물의 어떠한 부분이 어떠한 형태로 어느 정도 사용되었는지를 파악하여 그와 같은 사용 부분과 형태, 정도에 비추어 일반 거래자나 수요자의 입장에서 피고 영상물 1에 원고 영상물의 성과물이 사용된 것으로 인식되거나 파악되는지 여부를 판단한 후 위 대법원 판례에서 거시한 행위불법 판단요소들을 종합[16]하여 성과물의 무단이용으로서의 불법행위에 해당하는지 여부를 판단하는 것이 바람직하다고 생각된다.[17]

Ⅲ. 대상판결의 의의

대상판결은 리얼리티 프로그램의 방송 포맷이 법적으로 보호될 수 있는지에 관한 첫 번째 사례로서 저작권 침해, 부정경쟁방지법상의 부정경쟁행위, 민법상 성과물 무단이용행위로서의 불법행위 해당 여부 및 그 해당 요건에 관해 판단한 사례로서 의의가 있다.

키워드

리얼리티 방송 포맷, 부정경쟁행위, 상품표지/영업표지, 혼동가능성, 상당한 노력과 투자, 성과물, 불법행위

14) 대상판결의 법리를 반영하여 개정된 부정경쟁방지법 제2조 제1호 (카)목(성과도용 부정경쟁행위)의 해석에 관한 대법원 2020. 3. 26. 선고 2016다276467 판결 등 참조.

15) 저작권의 경우, 기존 저작물에 창작적 부분이 부가되어 변형되더라도 원저작물과 실질적 유사성을 유지하는 경우 2차적저작물작성권의 침해가 되고, 기존의 저작물을 다소 이용하였더라도 실질적인 유사성이 없는 별개의 독립적인 신저작물이 되는 경우 저작권 침해에 해당하지 않는다(대법원 2010. 2. 11. 선고 2007다63409 판결 등 참조).

16) 대상판결에서는 피고가 이용한 원고 영상물의 일부 요소들은 대부분 기존의 리얼리티 프로그램에서 널리 사용되던 것에 불과한 점, 원고 영상물과 피고 영상물 1은 프로그램의 성격이나 종류(장르)가 전혀 달라 수요자들에게 혼동가능성이 높다고 보기 어려운 점, 피고가 원고 영상물을 이용한 목적도 단지 시청자에게 익숙한 다른 영상물로부터 소재, 장면, 이미지 등을 빌려 익살스럽게 표현하고자 한 것일 뿐 원고 영상물과 경쟁관계에 있는 동종 프로그램을 만들려는 것이 아닌 점 등을 들 수 있다.

17) 대법원은 '눈알가방' 사건에서 '피고들이 부가한 눈알모양의 도안의 창작성 여부'가 아니라 '양 제품의 전체적인 유사 여부, 피고들 제품의 인기에 원고 상품표지의 특징이 기여한 정도' 등의 기준에 따라 판단한 바 있고(대법원 2020. 7. 9. 선고 2017다217847 판결), '가맹사업'의 성과 이용행위 관련 사안에서, 피고가 원고의 성과 중 일부를 이용한 행위에 대해 '피고가 이용한 원고의 일부 영업방법이 다수 식당에서 기사용되고 있던 것인지, 이용 부분의 양적 비율, 피고 영업의 변경 정도 등을 종합하여 해당 부분만으로 피고의 가맹사업 영업행위에 원고 가맹사업의 종합적 이미지가 형성되는지'의 기준에 따라 판단한 바 있다(대법원 2022. 6. 16. 자 2019마6625 결정).

[29] 타인의 표지의 식별력이나 명성을 손상하게 하는 행위

—서울지방법원 2003. 8. 7. 자 2003카합1488 결정—

김 종 근 (사법정책연구원)

[사실 개요]

1. 신청인은 보석, 귀금속, 기타 패션제품 등을 디자인, 제작, 판매하는 미국회사로서 1937년경 뉴욕에 전문매장을 연 이래로 현재까지 세련된 보석가공기술 및 디자인 등으로 세계적으로 명성을 유지하여 왔다.
2. 신청인은 국내에서도 'TIFFANY' 또는 '티파니'라는 표지(이하 '이 사건 표지'라 한다)를 사용하여 1985년경부터 매장을 연 이래 2002년을 기준으로, 매출액 200억 원, 해외 명품 패션브랜드 중 국내 주요 백화점 9곳의 매출규모가 '루이비통', '구찌', '페라가모', '까르띠에', '샤넬' 다음을 차지할 정도로 국내에서도 명성을 얻고 있다.
3. 피신청인은 부동산 분양업 등을 영위하는 국내 법인으로, 2003. 4.경부터 서울 지하철 4호선 명동역 인근에 'HiTIFFANY' 및 '하이티파니'라는 명칭(이하 '이 사건 침해표지'라 한다)을 사용한 지상 11층, 지하 6층, 연면적 7,000평의 대형쇼핑몰을 신축 · 분양하는 사업을 진행하면서, 명품브랜드를 전문적으로 취급하는 쇼핑몰을 표방하고 국내 주요일간지를 통하여 분양사업의 홍보 및 수분양자 모집을 위한 광고를 지속적으로 하였다. 특히, 위 쇼핑몰 입점 계획에 비추어 지하 1층과 지상 1, 2층은 신청인의 대표적인 영업과 동일하였고, 피신청인은 신문광고에 이 사건 표지의 특징적 형태와 동일한 침해표지를 사용하면서 "세계적인 명품명소, 뉴욕 티파니의 고급스러움을 명동으로 옮겨 온 고품격 명품브랜드 아울렛", "뉴욕에는 티파니가 있듯이 명동에는 하이티파니가 있습니다. 명품브랜드 쇼핑몰 하이티파니"라는 광고문구를 사용하였다.

[결정 요지]

1. 부정경쟁방지법은 제2조 제1호 (다)목에서 '비상업적 사용 등 대통령령이 정하는 정당한 사유 없이 국내에 널리 인식된 타인의 성명, 상호, 상표, 상품의 용기, 포장 기타 타인의 상품 또는 영업임을 표시한 표지와 동일 또는 유사한 것을 사용하거나 이러한 것을 사용한 상품을 판매, 반포 또는 수입, 수출하여 타인의 표지의 식별력이나 명성을 손상하게 하는 행위를 부정경쟁행위의 한 유형으로 규정하고 있는바, 이러한 타인의 표지의 식별력이나 명성을 손상하게 하는 행위로서의 부정경쟁행위는 ① 상품표지 또는 영업표지가 국내에 널리 인식되었을 것, ② 그 상품표지 또는 영업표지와 동일 또는 유사한 것

을 사용하는 행위, ③ 이로 인하여 타인의 표지의 식별력이나 명성을 손상하게 하는 행위 등을 그 요건으로 하는 반면 당사자 사이의 경쟁관계나 혼동가능성 등은 요구되지 않는다.

2. 부정경쟁방지법 제2조 제1호 (다)목의 '식별력'을 손상하게 하는 행위란 특정상품과 관련하여 사용되는 것으로 널리 알려진 표지를 그 특정상품과 다른 상품에 사용함으로써 신용 및 고객흡인력을 실추 또는 희석화시키는 등 자타상품 식별기능을 훼손하는 것, 즉 상품이나 서비스를 식별하게 하고 그 출처를 표시하는 저명상표의 힘(식별력, 단일성, 독특함, 명성 등)이나 기능을 감소시키는 것을 의미하고, '명성'을 손상하게 하는 행위란 좋은 이미지나 가치를 가진 저명표지를 부정적인 이미지를 가진 상품이나 서비스에 사용함으로써 그 표지의 좋은 이미지나 가치를 훼손하는 행위를 말한다.

3. 피신청인이 저명한 이 사건 침해표지를 사용하여 쇼핑몰 분양사업을 하는 것은 부정경쟁방지법 제2조 제1호 (가), (나)목이 규정하고 있는 상품주체 내지 영업주체 혼동행위 및 위 법 2조 1호 (다)목에서 규정하고 있는 식별력 또는 명성을 손상하는 희석화행위에 해당한다고 한 사례.

해설

Ⅰ. 대상결정의 쟁점

부정경쟁방지법 제2조 제1호 (가), (나)목은 상품주체혼동행위와 영업주체혼동행위로서 사칭통용(詐稱通用)의 전형적인 형태에 해당하는 것으로 타인의 신용을 부당하게 이용하여 자기의 영업상 지위를 유리하게 하는 동시에 그 타인의 고객을 탈취하여 영업상의 이익을 침해하는 행위이다.[1)]

한편, 부정경쟁방지법 제2조 제1호 (다)목은 출처표시에 대한 혼동의 가능성이 없는 경우라 하더라도 널리 알려진 타인의 상품표지 또는 영업표지와 실질적으로 동일한 표지를 유사하지 않은 상품이나 서비스에 사용함으로써 상표의 고객흡인력 내지 판매력을 훼손하는 행위인 희석화행위를 금지하고자 도입한 것으로 이해된다.[2)]

대상결정의 사안에서 법원은 상품주체 및 영업주체 혼동행위에 있어 상품주체 또는 영업주체의 동일성에 관한 혼동뿐만 아니라 상품주체나 영업주체간에 일정한 관계가 있지 않은가 하는 이른바 광의의 혼동을 포함한다고 보았고, 출처표시에 대한 혼동가능성이 없다

1) 윤선희, 「지적재산권법(19정판)」, 세창출판사(2022), 554.
2) 정상조 편집대표, 「부정경쟁방지법 주해」, 박영사(2020), 39(송재섭 집필부분).

하더라도 표지의 독특하고 단일한 출처표시의 힘 또는 그 독특성이나 단일성으로부터 나오는 고객흡인력이나 판매력의 감소를 초래할 가능성이 있다면 부정경쟁방지법이 규정한 식별력 손상행위에 해당한다고 함으로써 부정경쟁방지법 제2조 제1호 (가), (나)목에 관한 혼동행위 및 부정경쟁방지법 제2조 제1호 (다)목의 희석화행위의 해석에 관한 판단을 하였다.

Ⅱ. 대상판결의 분석

상품주체 및 영업주체 혼동행위에 있어서 현실적 경쟁관계를 전제로 하여 상품이나 영업의 출처에 관하여 혼동하는 것인 협의의 혼동과 더불어 저명상표의 경우 소비자가 상품주체나 영업주체 사이에 거래상, 경제상 또는 조직상 밀접한 관계가 있는 것은 아닐까 하는 생각이 들게끔 하는 광의의 혼동 역시 혼동의 범위에 포함된다고 보는 것이 일반적이다. 대법원 판례도 같은 입장인데, 대법원 2007. 4. 27. 선고 2006도8459 판결은 부정경쟁방지법 제2조 제1호 (가)목에 관하여 "부정경쟁방지 및 영업비밀보호에 관한 법률 제2조 제1호 (가)목 소정의 '타인의 상품과 혼동을 하게 하는'의 의미는 상품의 출처가 동일하다고 오인하게 하는 경우뿐만 아니라 국내에 널리 인식된 타인의 상품표지와 동일 또는 유사한 표지를 사용함으로써 일반수요자나 거래자로 하여금 '당해 상품표지의 주체와 사용자 간에 자본, 조직 등에 밀접한 관계가 있지 않을까'라고 오신하게 하는 경우도 포함하며, 타인의 상품과 혼동을 하게 하는 행위에 해당하는지 여부는 상품표지의 주지성과 식별력의 정도, 표지의 유사 정도, 사용 태양, 상품의 유사 및 고객층의 중복 등으로 인한 경업·경합관계의 존부 그리고 모방자의 악의(사용의도) 유무 등을 종합하여 판단하여야 한다."고 판시하였고, 대법원 2009. 4. 23. 선고 2009다4899 판결은 부정경쟁방지법 제2조 제1호 (나)목에 관하여 "부정경쟁방지 및 영업비밀보호에 관한 법률 제2조 제1호 (나)목에서 정하는 '타인의 영업상의 시설 또는 활동과 혼동을 하게 한다'는 것은 영업표지 자체가 동일하다고 오인하게 하는 경우뿐만 아니라 국내에 널리 인식된 타인의 영업표지와 동일 또는 유사한 표지를 사용함으로써 일반수요자나 거래자로 하여금 당해 영업표지의 주체와 동일·유사한 표지의 사용자 간에 자본, 조직 등에 밀접한 관계가 있다고 잘못 믿게 하는 경우도 포함한다. 그리고 그와 같이 타인의 영업표지와 혼동을 하게 하는 행위에 해당하는지 여부는 영업표지의 주지성, 식별력의 정도, 표지의 유사 정도, 영업 실태, 고객층의 중복 등으로 인한 경업·경합관계의 존부 그리고 모방자의 악의(사용의도) 유무 등을 종합하여 판단하여야 한다."고 판시하였다. 대상결정에서 법원은 국내에 널리 인식된 이 사건 대상표지인 'TIFFANY' 또는 '티파니'와 동일 또는 유사한 이 사건 침해표지 'HiTIFFANY' 및 '하이티파니'를 사용한 피신청인의 행위가 혼동행위에 해당한다고 판단하였다.

한편, 희석화 이론은 당사자 사이에 현실적 경쟁관계가 없더라도 동일 또는 유사한 상표를 허락 없이 사용하는 경우 혼동을 발생시키지 않더라도 상표권의 침해를 인정하기 위한 것으로 상표의 고객흡인력이나 상표의 경제적 가치를 보호하기 위하여 마련되었다.[3] 일반적으로 저명상표에 대한 희석화에는 저명표지와 동일·유사한 상표를 업종이 전혀 다른 상품에 무단으로 이용함으로써 그 식별력이나 출처표시 기능을 감소시키는 약화(blurring)와 저명표지와 동일·유사한 상표를 저질의 열등한 상품에 사용하거나 또는 불건전하고 반사회적인 방법으로 사용함으로써 그 명성이나 신용 등을 훼손하는 손상(tarnishment)의 두 가지 유형이 있다.[4] 예를 들어, 자동차에 관한 저명상표인 'Porsche'를 편의점에서 사용하는 경우는 상표약화에 해당하고, 음란물에 사용하는 것은 상표손상에 해당한다. 부정경쟁방지법 제2조 제1항 (다)목은 희석화행위에 관하여 "타인의 표지의 식별력이나 명성을 손상하는 행위"라고 규정하고 있어, 상표약화는 금지되는 부정경쟁에서 제외하는 듯한 형식을 취하고 있다. 그러나 본 규정에 관한 국회 산업자원위원회 심사보고서에서 부정경쟁행위인 저명상표의 식별력이나 명성을 손상시키는 행위의 예로 "KODAK상표를 피아노에 사용하는 행위", "OB를 살충제에 사용하는 행위"[5]를 들고 있는바, 그 입법의도에 비추어 보더라도 상표손상과 더불어 상표약화의 경우도 희석화행위에 해당한다고 할 것이다. 대상결정 역시 부정경쟁방지법 소정의 식별력을 손상하는 행위는 저명상표의 식별력, 단일성, 독특함, 명성 등의 기능을 감소하게 하는 행위라 함으로써 상표약화를 희석화행위로 포섭하고 있다. 대상결정 당시 희석화행위로서의 상표약화에 관한 대법원 판례는 없었으나 이후 대법원 2004. 5. 14. 선고 2002다13782 판결이 "'식별력의 손상'은 '특정한 표지가 상품표지나 영업표지로서의 출처표시 기능이 손상되는 것'을 의미하는 것으로 해석함이 상당"하다고 판시하였는바, 이는 대법원이 상표약화가 부정경쟁방지법이 규정한 희석화행위에 포함된다고 판단한 것으로 평가된다.[6]

나아가 대상결정은 피신청인의 행위가 부정경쟁방지법 제2조 제1호 (가), (나) 및 (다)목 모두에 해당하는 것으로 판단하였다. 부정경쟁방지법 제2조 제1호 (가), (나)목과 같은 조 (다)목의 중복적용과 관련하여, 논리적으로 혼동가능성과 희석화는 상호배타적인 관계가 아니고, 전혀 별개의 근거로 발전되어 온 것이며 (다)목 첫머리에 있는 "(가)목 또는 (나)목의 규정에 의한 혼동을 하게 하는 행위 외"라는 기재는 앞서 본 국회 산업자원위원회 심사보고서에 의할 때 "(가)목 또는 (나)목의 규정에 의한 혼동이 일어나지 않더라도"라는 취

3) 「송영식 지적소유권법(제2판)」, 육법사(2013), 506.
4) 정상조 편집대표(주 2), 45.
5) 국회 산업자원위원회, 부정경쟁방지및영업비밀보호에관한법률중개정법률안 심사보고서(2001), 3.
6) 강기중, "2004. 5. 14. 선고 2002다13782 판결에 대한 판례해설", 「대법원판례해설」 제50호, 법원도서관(2004), 502~504.

지로 해석하는 것이 입법취지에 부합하므로 혼동행위와 희석화행위를 선택적, 중첩적으로 주장하는 것이 가능하다고 할 것이다.[7] 대법원 2004. 5. 14. 선고 2002다13782 판결 역시 "위 법률 제2조 제1호 (다)목이 '(가)목 또는 (나)목의 규정에 의한 혼동을 하게 하는 행위 외에…'라고 규정하고 있기는 하지만, 위 (다)목의 입법 과정에 비추어 볼 때 위 법률 제2조 제1호 (가)목의 혼동행위와 (다)목의 식별력 손상행위는 상반된 관계에 있는 것이 아니라, 별개의 근거로 위 법률에 규정된 것이므로, 위 규정은 '(가)목 또는 (나)목의 규정에 의한 혼동이 발생하지 않더라도'라는 취지로 해석함이 상당하고, 그에 따라 특정한 표지의 사용이 위 법률 제2조 제1호 (다)목과 같은 호 (가)목, (나)목에 모두 해당할 수도 있으므로"라고 판시하였다.

Ⅲ. 대상결정의 의의

대상결정은 부정경쟁방지법 소정의 상품주체 또는 영업주체의 혼동은 주체의 동일성에 대한 협의의 혼동뿐만 아니라 양 상품주체 또는 영업주체의 사이에 일정한 관계가 존재하는 것은 아닌가 하는 광의의 혼동을 포함한다고 보고, 이 사건 침해표지의 사용이 상품주체 내지 영업주체 혼동행위에 해당한다고 판단하였다. 또한 부정경쟁방지법 제2조 제1호 (다)목으로 도입된 희석화규정과 관련하여 규정의 형식으로 인하여 야기될 수 있는 개념상 혼란에도 불구하고 상표약화(blurring) 행위를 식별력을 손상하는 행위로 인정한 사례로서 의의가 있다.

키워드

희석화행위, 상표약화, 광의의 혼동

---

7) 강기중(주 6), 505~506.

[30] 부정경쟁방지법상 거짓의 원산지 표시

—대법원 2002. 3. 15. 선고 2001도5033 판결—

김 형 진 (서울고등법원 춘천재판부)

[사실 개요]

1. 피고인은 1999. 1.경부터 안동시 소재 공장에 직기(織機) 등 설비를 갖추고, 중국에서 수입한 대마 원사로 '기계직 삼베 수의'를 대량생산하여 농협 등에 판매하여 왔다(종류와 품질에 따라 삼베 특품, 1품, 2품과 삼베명주 등으로 나뉘고, 1벌당 납품가격은 330,000원~675,400원이다). 이와 별도로 안동산 대마 원사를 사용하여 만든 '수제직물인 안동포'도 판매하였다[1벌당 2,475,000원(안동포 6세), 2,915,000원(안동포 7세)].
2. 피고인이 판매한 삼베 수의 중 특품에는 나무 포장상자의 사방 측면에 '신토불이'라는 글자와 '한복을 입은 여자가 베를 짜는 그림'이 인쇄되어 있고, 측면 상단부에 '안동삼베 특품(남자용)'이라는 종이라벨이 부착되어 있다. 삼베 1품, 2품과 삼베명주에는 종이 포장상자의 사방 측면에 '안동삼베'라는 글자와 '한복을 입은 여자가 베를 짜는 그림'이 인쇄되어 있으며, 측면 상단부에 '안동삼베 ○품(남자용)'이라는 종이라벨이 부착되어 있다. 또한, 모든 삼베 수의 포장상자 안에는 '안동포 인간문화재 1호'라는 제목하에, 배분영 여사(경북 무형문화재 1호 안동포 짜기 기능보유자)가 삼베를 베틀에서 짜는 장면과 안동삼베의 품질을 보증한다는 취지의 문구가 담긴 '품질보증서(가로 24㎝, 세로 12㎝ 크기)'가 들어 있다.
3. 피고인은, 위와 같이 안동지역에서 생산된 삼베[1)]로 만든 수의인 것처럼 원산지를 오인하게 할 우려가 있는 표시[2)]를 한 상품을 판매함으로써 부정경쟁행위를 하였다는 사실로 기소되었다. 항소심 법원은 부정경쟁방지법상 '원산지'에는 천연 산출물의 산지 외에 가공 · 제조된 상품의 생산지도 포함된다는 해석 하에, 삼베 수 제품의 특성상 대마 원사의 산지 · 품질에 못지않게 제직 장소 · 방법도 중요한 이상, 이 사건 삼베 수의의 원산지를 중국(원재료생산지)으로 볼 것인지, 안동시(가공 · 제조지)로 볼 것인지 명확하게 판정하기 어려워 '허위의 원산지 표지'로 평가할 수 없다고 판단하였다.

[판결 요지]

1. 구 부정경쟁방지법(2001. 2. 3. 법률 제6421호로 개정되기 전의 것) 제2조 제1호

---

1) '마(麻)'와 '삼'은 같은 말이고, 마에는 대마, 아마, 화마 등이 있다. 대마로 만든 실이 대마사이고, 대마사로 짠 천이 삼베이다. 이 사건 공소사실에는 '삼베' 용어가 잘못 사용되었다.

2) 공소장의 적용법조에는 부정경쟁행위 항목에 관한 조문이 특정되어 있지 않았는데, 검사는 공판기일에서 '허위(거짓)의 원산지 표시'로 기소한 것이라고 진술하였다.

(다)목[3]에서 '허위의 원산지의 표지'라고 함은 반드시 완성된 상품의 원산지만에 관한 것은 아니고, 거래통념에 비추어 상품 원료의 원산지가 중요한 의미를 가지는 경우에는 그 원료의 원산지를 허위로 표시하는 것도 이에 포함된다.

2. 중국산 대마 원사를 수입하여 안동에서 만든 삼베 수의제품에 '신토불이' 등의 표기를 한 것은 일반 수요자나 거래자로 하여금 이 수의가 안동에서 생산된 대마로 만든 삼베 수의인 것처럼 삼베 원사의 원산지를 허위로 표시하여 원산지의 오인을 일으키게 하는 행위에 해당한다고 한 사례.

해설

Ⅰ. 대상판결의 쟁점

부정경쟁방지법 제2조 제1호는 행위자가 자신의 상품에 관해 일반 공중의 오인을 초래할 만한 거짓의 표지를 사용하여 범한 '부정경쟁행위'에 대하여 (라), (마), (바)목에서 규정하고 있다. 법문 체계상으로는 서로 택일적 관계에 있어, 거짓의 원산지 표시 행위는 (라)목이, 원산지 오인 야기행위는 (마)목이 적용된다.[4] 다만, (마)목에는 간접적으로 상품에 관하여 오인을 일으킬 만한 암시적인 표시를 하는 것 이외에 직접적으로 상품에 관하여 허위 표시를 하는 것도 포함된다는 판례가 있다(대법원 2006. 1. 26. 선고 2004도5124 판결). 한편, (바)목은 상품의 품질, 내용, 제조방법, 용도 또는 수량을 오인하게 하는 행위를 규율하며, 원산지에 관한 것은 제외된다.

대상판결에서는, 원료가 산출되는 지역과 이를 가공, 제조하는 지역이 다른 경우에 원산지의 개념과 결정기준이 무엇인지, '완성된 상품의 원산지'와 '상품 원료의 원산지'의 허위 표시의 관계를 어떻게 볼 것인지 여부가 쟁점이 되었다.

---

3) 2001. 2. 3. 개정에 의하여 (다), (라) (마)목이 (라), (마), (바)목으로 바뀌었을 뿐 내용의 변경은 없다. 개정 후 (라)목 중 '허위의 원산지의 표지'가 '거짓의 원산지의 표지'로 변경되었다(2007. 12. 21. 개정). 이하 편의상 개정 이후 조문을 기재한다.

4) (마)목은 생산·제조 또는 가공된 지역 외의 곳에서 생산 또는 가공된 듯이 오인하게 하는 표지를 하거나 이러한 표지를 한 상품을 판매·반포 또는 수입·수출하는 행위를 규정하고 있다. 여기서 생산지, 제조지, 가공지를 모두 합쳐 출소지(source)라고도 한다. 사전적 의미로는 원산지(origin)보다 넓은 개념이지만 부정경쟁방지법상 원산지와 동일한 것으로 본다.

Ⅱ. 원산지의 개념과 결정기준

세계 경제의 통합과 국가 간 교역이 확대되면서 대부분의 상품은 그 생산이 둘 이상의 지역에 걸쳐 이루어지고 있다. 이 경우 상품의 원산지를 결정하는 것은 중요하면서도 어려운 문제이다.[5] 일반적으로 '원산지'는 상품이 생산·제조 또는 가공된 곳으로서 1차 산업의 천연 산출물을 생산하는 지명뿐 아니라, 제조·가공된 2차 산업의 상품을 만들어내는 지명을 포함하며, 상품이 생산·제조 또는 가공된 곳으로서 특정한 생산품의 주산지로 널리 알려지고 식별성이 있는 국가, 지방 및 일정한 지역(장소)도 모두 포함한다.[6]

원료가 산출되는 지역과 가공, 제조되는 지역이 다른 경우, 그 원산지 결정기준에 대하여는 ① 교역적으로 상품의 주된 거래요소가 산출되는 지역, ② 거래관계자들이 중요하게 생각하는 사용가치가 상품에 부가되는 지역, ③ 실질적인 변경이 이루어지고 새로운 특성이 부여되는 제조·가공을 행한 지역, ④ 제조·가공된 특정의 지역 등 다양한 견해가 있다.[7]

대외무역법 및 관세법은 이른바 실질적 변경기준설에 따라 원산지를 결정하고 있는데, 부정경쟁방지법도 실질적 변경을 초래하거나 새로운 특성이 부여되는 제조·가공을 행한 곳을 기준으로 원산지를 결정하되, 그 상품의 교역에 있어서 주된 요소가 어디에서 산출되었는가를 고려하고 있다.[8] 어떠한 상품의 원산지 판단은 각 개별상품별로 거래상의 통념이 문제의 원산지 표시에 결부시키는 의미를 고찰하여 구체적, 개별적으로 확정하는 것이 필요하다.

Ⅲ. 거짓의 원산지 표시에 해당하는지 여부

이 사건과 같이 중국산 대마 원사로 국내 안동에서 수의를 제조하는 경우, 즉 원재료의 산지와 가공·제조지가 다른 경우에 원산지의 결정기준과 부정경쟁방지법상 '허위의 원산지 표시'에 해당하는지 여부를 판단함에 있어서는 다음과 같은 두 가지 견해가 가능하다.[9]

---

5) 원산지 관련 국제협약의 유형과 원산지결정기준에 대하여는 고용부, "국제 및 지역협정상 원산지 결정기준의 비교 연구", 「통상법률」 64호, 법무부(2005); 유선봉, "원산지규정의 주요 이슈와 전망", 「중앙법학」 제8집 제1호, 중앙법학회(2006. 4.) 참조.

6) 윤태식, 「주석 부정경쟁방지법」, 로앤비온주(2016. 9. 29.) 참조. 한편, 특정 생산물과 관련하여 '널리 알려진 특별현저성을 취득한 곳'은 원산지와 구별하여 '원산지명칭'이라고도 한다.

7) 윤태식, 「부정경쟁방지법」, 박영사(2021), 130.

8) 이수완, "부정경쟁방지법상 허위의 원산지 표시", 「대법원판례해설」 제41호, 법원도서관(2002), 411~412.

9) 이하 제1설과 제2설에 대하여는 이수완(주 8), 413~414 참조.

제1설은, 이 사건에서는 피고인이 판매한 수의의 원산지를 허위로 표시한 것인지 여부가 문제되는데, 수의의 원산지가 안동이라면 이를 거짓의 표시로 볼 수 없다는 것이다. 대외무역법이나 관세법상 원산지 판정기준인 '실질적 변형기준'의 가공공정기준에 따라 원사가 생산된 곳(중국)이 아니라 원사로 삼베를 제직하고 봉제하여 수의를 생산한 곳(안동)을 원산지로 보아야 한다는 입장이다. 이에 따르면 이 사건 포장상자에 인쇄된 글자와 그림, 종이라벨 및 품질보증서 등의 기재는 거짓의 원산지 표시에 해당하지 않는다. '상품의 교역에 있어서 주된 거래요소'를 기준으로 살펴보더라도, 원사로 삼베를 제직한 곳이나 삼베를 봉제하여 수의를 만든 곳이 주된 요소가 된다.

제2설은, 이 사건에서 문제되는 것은 중국산 대마사로 만든 삼베 수의임에도 불구하고 이를 마치 안동에서 생산된 대마사로 만든 제품인 것처럼 거짓으로 원산지를 표시하였다는 것이다. 대외무역법 및 관세법은 수출입과 관세관계를 일률적이고 효율적으로 규제하기 위한 행정적 관점에서, 의류제품의 경우 그 원산지를 원료의 산지보다 봉제나 편직한 곳으로 보는 것인데, 부정경쟁방지법에서는 상품의 출처나 원산지 등에 대하여 일반 수요자가 혼동을 일으키지 않도록 하여 공정한 경쟁질서를 유지하고자 하는 입법취지를 고려하여 이와 달리 보아야 한다는 것이다.

대상판결은 제2설과 같은 취지에서, 이 사건에서는 수의 자체의 허위 원산지 표시를 문제삼고 있는 것이 아니라, 삼베의 대마 원사에 대한 허위 표시 책임을 묻고 있음을 지적한 후, 부정경쟁방지법 제2조 제1호 (라)목에서 '거짓의 원산지의 표시'라고 함은 완성된 상품의 원산지만에 관한 것이 아니고, 거래통념에 비추어 상품 원료의 원산지가 중요한 의미를 가지는 경우에는 그 원료의 원산지를 허위로 표시하는 것도 이에 포함된다고 판시하였다. 삼베는 전래적으로 대마를 재배·수확하여 실을 만들고 이를 수직 베틀로 짜는 일련의 생산과정이 특정 지역 내에서 이루어져 왔고, 그러한 지역의 고유한 특성이 반영된 지역명을 삼베의 명칭으로 호칭하는 경우가 많다. 특히 수의 제품은 그 특성상 전통적인 장례용품으로서 외국산보다는 우리 것을 선호하는 경향이 있으며, '신토불이'는 '우리 땅에서 재배·수확된 농산물이 우리 체질에 맞는다.'는 의미를 갖고 있다. 이러한 점을 고려할 때, 이 사건 수의 제품의 포장상자에 '신토불이, 안동삼베', '국내 최초 100% 대마(삼베)사 개발' 등의 표시를 하고, 그 상자 안에 '안동포 인간문화재 1호'에 관한 선전문과 사진이 실린 품질보증서를 넣은 것은, 일반 수요자나 거래자로 하여금 이 사건 수의가 안동에서 생산(재배)된 대마(삼)로 만든 삼베 수의인 것처럼 삼베 원사의 원산지를 허위로 표시하여 원산지의 오인을 일으키게 한다.

여기서 '오인을 일으킨다'라고 함은 거래 상대방이 실제로 오인에 이를 것을 요하는 것이 아니라 일반적인 거래자, 즉 평균인의 주의력을 기준으로 거래관념상 사실과 다르게 이해될 위험이 있음을 의미한다(대법원 2006. 1. 26. 선고 2004도5124 판결 참조).

결국 거짓의 원산지 표시가 문제되는 사안에서는, 선행적으로 그 책임을 묻는 원산지가 '상품의 원산지'인지 '상품 원료의 원산지'인지 여부를 확정하는 것이 중요하다. 또한, 원산지 표시를 거짓으로 하는 행위[(라)목]와 거짓 표시 외의 방법으로 원산지를 오인하게 표시하는 행위[(마)목]도 구별하여야 한다.

한편, '거짓의 원산지 표시'는 부정경쟁방지법보다는 상표법이나 원산지표시법 등에서 문제되고 있다.[10] 경북 안동시 소재 업소에서 구입한 '경북 예천산'이 아닌 팥, 찹쌀 등의 농산물을 예천농업협동조합의 상표가 표시된 포장지에 넣어 포장한 후 판매한 것이 문제된 사안에서, 대법원은 포장지에 원산지가 '국산'으로 표시되어 있는 이상, 예천농업협동조합의 표시가 있다고 하더라도 원산지를 경북 예천으로 표시한 것으로 볼 수 없고, 그 농산물이 국내에서 생산된 것이므로 원산지를 '국산'으로 표시한 것이 거짓이라고 보기 어렵다고 판시하였다(대법원 2014. 1. 29. 선고 2013도14586 판결). 또한, 홍삼절편과 같은 농산물 가공품의 경우에는 특별한 사정이 없는 한 제조·가공한 지역의 명칭을 제품명에 사용하는 것이 법령상 허용되는데, 그 제품의 주원료인 홍삼의 원산지를 '국산'이라고 표시한 이상, 제품명과 판매자명에 '강화'라는 명칭을 사용하였다고 하더라도 이를 곧바로 '원산지를 혼동하게 할 우려가 있는 표시를 한 행위'로 의율하기는 어렵다는 판시도 있다(대법원 2015. 4. 9. 선고 2014도14191 판결).

Ⅳ. 대상판결의 의의

대상판결은 '거짓의 원산지 표시'라고 함은 '완성된 상품'의 원산지만에 관한 것은 아니며, '상품 원료의 원산지'가 중요한 의미를 가지는 경우에는 그 원료의 원산지를 허위로 표시하는 것도 이에 포함된다는 점을 명시적으로 밝힌 최초의 판결이다. 이는 '거짓의 원산지 표시'가 문제되고 있는 상표법위반이나 농수산물의원산지표시에관한법률위반 등의 사건에서 원용되거나 중요한 지침이 되고 있다.

키워드

거짓의 원산지 표시, 완성된 상품의 원산지, 상품 원료의 원산지, 원산지 결정기준

---

10) 부정경쟁방지법에서는 (라) 내지 (바)목이 문제되는 사례가 많지 않다. 이는 (가) 내지 (다)목과 달리 위반행위에 대항할 수 있는 권리자를 쉽게 상정하기 어렵기 때문인 것으로 보인다. 실무상 특허청의 조사 및 시정권고 권한이 적극적으로 검토되어야 할 영역이다.

[31] 상품 출처지를 오인하게 하는 표지의 의미

—대법원 2006. 1. 26. 선고 2004도5124 판결—

이 한 상 (대법원)

[사실 개요]

1. 피고인은 화성시 정남면에 있는 두부제조 및 판매업체인 'A식품'을 운영하는 사람이다. 피고인은 A식품의 공장에서 제조된 두부를 'A초당두부'라고 표시된 운반용기 및 '초당두부', '초당순두부', '우리콩 초당두부'라고 표시된 비닐포장에 각 담아 판매하였다.
2. 위와 같은 행위에 관하여, 피고인은 A식품에서 제조된 두부가 강릉시 초당동에 있는 초당마을(이하 '초당마을'이라고 한다)에서 생산된 두부가 아님에도 마치 초당마을에서 생산 또는 가공된 두부인 듯이 오인을 일으키게 하는 등 부정경쟁행위를 하였다는 공소사실로 기소되었다.

[판결 요지]

1. 부정경쟁방지법 제2조 제1호 (마)목에서 '상품의 생산, 제조, 가공 지역의 오인을 일으킨다' 함은 거래 상대방이 실제로 오인에 이를 것을 요하는 것이 아니라 일반적인 거래자 즉 평균인의 주의력을 기준으로 거래관념상 사실과 다르게 이해될 위험성이 있음을 뜻하며, 이러한 오인을 일으키는 표지에는 직접적으로 상품에 관하여 허위 표시를 하는 것은 물론, 간접적으로 상품에 관하여 위와 같은 오인을 일으킬 만한 암시적인 표시를 하는 것도 포함된다.

2. '초당'이 바닷물을 직접 간수로 사용하여 특별한 맛을 지닌 두부를 생산하는 지역의 명칭에 해당한다고 보아 '초당' 이외의 지역에서 생산하는 두부제품에 '초당'을 사용하는 행위가 부정경쟁방지법 제2조 제1호 (마)목에서 정한 상품의 생산, 제조, 가공 지역의 오인을 일으키는 것으로 본 원심의 판단을 수긍한 사례.

해설

Ⅰ. 대상판결의 쟁점

부정경쟁방지법 제2조 제1호 (마)목은 "상품이나 그 광고에 의하여 또는 공중이 알 수 있는 방법으로 거래상의 서류 또는 통신에 그 상품이 생산·제조 또는 가공된 지역 외의 곳에서 생산 또는 가공된 듯이 오인하게 하는 표지를 하거나 이러한 표지를 한 상품을 판매·반포 또는 수입·수출하는 행위"를 부정경쟁행위로 규정하고 있다. 여기서 '상품이 생산·제조 또는 가공된 지역'을 통틀어 강학상 '출처지'(indication of source)라고 하고, 위 규정의 부정경쟁행위는 출처지 오인(오인야기, 오인유발)행위로 일컬어진다(이하 '출처지 오인행위'라고 한다).[1] 위 규정은 제품의 출처지에 화체된 소비자의 신뢰나 신용을 보호하기 위한 것이다.[2]

대상판결의 사안에서는, 초당두부의 '초당'이 상품의 출처지에 관한 것인지 아니면 단지 두부의 한 종류를 가리키는 보통명칭 내지 관용표지에 불과한지, 피고인이 포장 등에 '초당'이라고 표시한 두부 상품을 판매하였지만 그 상품의 포장에는 제조원이 A식품이라는 것과 그 소재지 주소가 기재되어 있는 경우에도 피고인의 행위가 출처지를 오인하게 하는 행위에 해당하는지가 쟁점이 되었다.

Ⅱ. 대상판결의 분석

1. '초당'이 상품의 출처지에 관한 것인지

부정경쟁방지법 제2조 제1호 (마)목의 '상품이 생산·제조 또는 가공된 지역'에서, '생산'은 제1차 산업(농산, 임산, 광산, 수산 등)의 원시적 생산을 말하고, '제조'는 원재료에 노동을 가하여 성질이나 용도가 다른 물건을 만들어 내는 것(방적, 기계기구 제작, 주류 양조, 화학품 제조, 버터나 치즈 제조 등)을 말하며, '가공'은 원재료에 노동을 가하여 변경하되 물건의 동일성을 잃지 않는 정도로 변경하는 것(염색, 조각, 천연석 연마 등)을 말한다.[3] 상품이 생산·제조 또는 가공된 지역 즉 '출처지'가 부정경쟁방지법 제2조 제1호 (라)목의 '원산지'와 동일한 개념인지에 관하여, 출처지는 원산지보다 넓은 개념으로 원산지를 포함하며 원산지는 출처지의 한 형태로 볼 수 있다는 견해[4]와, 입법 연혁 등을 고려하면 서로 동일한 개념으로 보아야 한다는 견해[5]가 있다.[6]

---

1) 윤태식, 「부정경쟁방지법」, 박영사(2021), 142, 144; 정상조 편집대표, 「부정경쟁방지법 주해」, 박영사(2020), 68(이규호 집필부분); 최정열·이규호, 「부정경쟁방지법－영업비밀보호법제 포함(제3판)」, 진원사(2019), 153; 「송영식 지적소유권법(제2판)」, 육법사(2013), 413(김병일 집필부분); 서울대학교 산학협력단, 「부정경쟁방지 및 영업비밀보호에 관한 법률의 각 행위유형, 공정거래법과의 관련성, 각국의 부정경쟁방지법 실무 및 관할집중의 필요성에 관한 연구」, 법원행정처(2019), 68.

2) 최정열·이규호(주 1), 153.

3) 윤태식(주 1), 143; 정상조 편집대표(주 1), 69(이규호 집필부분); 서울대학교 산학협력단(주 1), 69~70.

4) 정상조 편집대표(주 1), 69(이규호 집필부분); 송영식(주 1), 414; 서울대학교 산학협력단(주 1), 69.

5) 정호열, 「부정경쟁방지법론」, 삼지원(1993), 212~213; 이수완, "부정경쟁방지법상 허위의 원산지 표시", 「대법원판례해설」 제41호, 법원도서관(2002), 412; 최정열·이규호(주 1), 153도 '실질적으로는 원산지와 동일한 개념으로 해석해야 할 것이다'라고 한다.

6) 한편 일본 부정경쟁방지법은 우리 부정경쟁방지법 제2조 제1호 (라)목, (마)목[및 (바)목, 이 부분은

피고인의 주장은 '초당'이 두부 상품의 출처지가 아니라 불특정 다수인이 자유롭게 사용할 수 있는 표지인 보통명칭 내지 관용표지이므로 이를 사용한 피고인의 행위는 부정경쟁방지법 제2조 제1호 (마)목의 규율 대상이 아니라는 취지이다.

어떠한 명칭이 상품의 보통명칭이나 관용표장에 해당하는지는 결국 수요자들 또는 동종업자를 기준으로 국내 거래계의 사용실태를 고려하여 증거관계에 기초하여 판단할 문제이다. 특정한 지역에서만 생산·제조 또는 가공되는 상품에 그 지역 명칭을 붙여서 부르는 경우라면 특별한 사정이 없는 한 해당 지역 명칭의 표지는 상품의 출처지로 인식될 가능성이 높을 것이다. 대상판결은, 피고인이 두부 제품에 '초당'이라는 명칭을 포함하는 표지를 사용하기 이전에 이미 '초당'이라는 명칭이 다른 지방에서 생산되는 두부와는 달리 바닷물을 직접 간수로 사용하여 특별한 맛을 지닌 두부를 생산하는 강릉시 초당마을을 나타내는 지리적 명칭으로서 널리 알려졌을 뿐 두부에 관하여 보통명칭이나 관용표장으로 된 것은 아니므로, '초당'이 부정경쟁방지법 제2조 제1호 (마)목이 정한 출처지의 명칭에 해당한다는 원심에는 법리를 오해한 잘못이 없다고 판단하였다. 원심은 관련 증거에 따라 인정한 사실관계를 기초로 '초당두부'를 강릉시 초당마을에서만 제조되는 두부 상품에 그 지역 명칭을 붙인 것으로 판단하였고 대상판결은 그러한 원심 판단을 수긍하였다고 볼 수 있다.

2. 피고인의 행위가 출처지 오인행위에 해당하는지

부정경쟁방지법 제2조 제1호 (마)목의 적용 대상은 상품이 생산·제조 또는 가공된 지역 이외의 곳에서 생산·제조 또는 가공된 듯이 오인하게 하는 표지를 하거나 이러한 표지를 한 상품을 판매·반포 또는 수입·수출하는 행위이다.

출처지를 오인하게 한다는 것은 거래 상대방이 실제로 오인에 이를 것을 요하는 것이 아니라 일반적인 거래자 즉 평균인의 주의력을 기준으로 거래관념상 사실과 다르게 이해될 위험성이 있음을 뜻한다는 것이 대법원 판례의 태도이다.[7] 오인의 판단 주체는 해당 상품의 주된 거래자로서, 해당 상품이 일반 소비자를 대상으로 판매되는 상품이라면 일반 소비자가 그 주체이다.[8] 오인의 판단 방법은 상품의 외관이나 기타 표시 전체를 기준으로 하여야 한다.[9]

필자가 추가함]과 거의 동일한 규정을 두고 있었다가 1993년 개정법에서 이들을 모두 하나로 합쳐 '상품의 원산지, 품질, 내용, 제조방법, 용도 또는 수량에 있어서 오인을 일으키게 하는 표시를 하는 행위 등'으로 개정하였고, 그 결과 오히려 일본 부정경쟁방지법의 원산지 개념에 출처지가 포함되는 것으로 해석되고 있다[윤태식(주 1), 144].

7) 대법원 1999. 1. 26. 선고 97도2903 판결.

8) 정상조 편집대표(주 1), 72(이규호 집필부분); 최정열·이규호(주 1), 155~156.

9) 정상조 편집대표(주 1), 72(이규호 집필부분); 최정열·이규호(주 1), 156.

부정경쟁방지법 제2조 제1호 (라)목에서는 '거짓의 원산지의 표지'라고 규정하여 원산지 표시를 직접적으로 허위로 한 경우에 한정하고 있는 데 비하여, 부정경쟁방지법 제2조 제1호 (마)목에는 그러한 한정이 없다. (마)목에서 규정하는 오인하게 하는 표지는 '상품이 생산·제조 또는 가공된 지역 외의 곳에서 생산 또는 가공된 듯이 오인하게 하는 표지'이고, 여기에는 간접적이거나 암시적인 표시나 가공의 지명을 사용하여 출처지를 오인하게 하는 경우가 포함된다.[10] 간접적으로 상품에 관하여 평균인의 주의력을 기준으로 거래관념상 출처지를 사실과 다르게 이해될 위험을 일으킬 만한 암시적인 표시를 하는 것도 (마)목에서 규정한 출처지를 오인하게 하는 표지에 포함된다는 것이 대법원 판례의 법리이고,[11] 대상판결 역시 같은 입장을 취하고 있다.

이 사건에서 피고인은 자신이 운영하는 A식품의 공장에서 제조한 두부를 'A초당두부'라고 표시된 운반용기 및 '초당두부', '초당순두부', '우리콩초당두부'라고 표시된 비닐포장에 각 담아 판매하였다. 그런데 피고인이 제조한 두부 제품의 용기에 부착된 비닐포장 등에는 위와 같은 '초당'이라는 문자가 주된 표시 면에 큰 글자로 표시되어 있는 것 외에 그 옆이나 아래 부분에 작은 글씨로 식품의약품안전청 고시에 따른 업소명 및 소재지 표시로서 제조원인 A식품과 그 소재지 주소가 기재되어 있었다. 이에 피고인은 수요자들에게 두부의 제조지에 대한 정확한 정보를 제공하였으므로 출처지의 오인 가능성이 없다고 주장하였다.

그러나 피고인이 두부 상품의 제조원과 그 소재지 주소를 직접적으로 허위로 표시하지는 않았더라도, 간접적으로 상품에 관하여 거래관념상 출처지를 사실과 다르게 이해될 위험을 일으킬만한 암시적인 표시를 하는 것도 부정경쟁방지법 제2조 제1호 (마)목의 출처지를 오인하게 하는 표지에 포함된다. 즉 수요자들이 상품의 외관 전체 등을 기준으로 피고인이 표시한 '초당'으로 인해 거래관념상 출처지를 사실과 다르게 이해할 위험성이 있다면 이는 출처지를 오인하게 하는 표지가 될 수 있다. 앞서 보았듯이 '초당두부'는 강릉시 초당마을에서 만드는 두부를 가리키는 것으로 '초당'은 (마)목이 규정한 출처지에 해당한다. 그런데 피고인이 두부 상품에 '초당'을 상품명 등으로 눈에 띄게 표시함으로써 그 두부 상품을 접한 수요자들은 출처지가 강릉시 초당마을이라는 인상을 받거나 적어도 출처지가 초당마을과 어떠한 관련이 있다는 인상을 받을 것이다. 이러한 사정을 종합하면, 비록 피고인이 두부 상품에 식품위생법령에 따라 제조원인 A식품의 소재지를 표시하였더라도 그 두부 상품에 함께 표시된 '초당'으로 인해 일반적인 주의력을 가진 수요자들로서는 마치 피고인의 두부 제품의 출처지를 강릉시 초당마을로 오인할 위험에 놓이게 되었다고 볼 수 있다.

대상판결은, 피고인이 '초당'이라는 명칭을 포함한 표지를 두부의 운반용기 및 비닐포

---

10) 윤태식(주 1) 142.
11) 대법원 1999. 1. 26. 선고 97도2903 판결.

장에 사용한 결과 수요자들이 위와 같은 운반용기에 담겨서 또는 비닐포장에 싸여서 판매된 두부가 '초당'이라는 지역에서 생산 또는 가공된 것으로 오인할 위험성이 있게 되었다는 취지로 판단한 원심에는 법리를 오해한 잘못이 없다고 판단하였다. 이러한 대상판결의 태도는 앞서 본 법리에 따른 것으로 타당하다고 생각한다.

한편 대상판결은 (마)목에서 규정한 '오인하게 하는 표지'의 의미에 관하여 '직접적으로 상품에 관하여 허위 표시를 하는 것'은 당연히 그러한 표지에 해당한다는 법리를 밝히고 있다. 이와 관련하여 거짓의 원산지 표시가 문제되는 경우 (라)목과 (마)목이 중첩적으로 적용될 수 있다는 것이 대법원의 입장이라고 평가하는 견해가 있다.[12)]

Ⅲ. 대상판결의 의의

대상판결은 부정경쟁방지법 제2조 제1호 (마)목에서 규정한 상품의 출처지를 오인하게 하는 표지의 의미에 관한 판단 기준을 제시하고, 출처지를 오인하게 하는 간접적이고 암시적인 표지가 이에 해당한다는 점을 분명히 하는 한편, '초당'을 상품의 출처지로 인정하고 그 표지가 사용된 상품을 판매한 행위가 (마)목의 부정경쟁행위에 해당한다는 구체적인 판단 사례를 보여주었다는 점에서 그 의의가 있다.

키워드

출처지, 오인하게 하는 표지, 초당

---

12) 윤태식(주 1) 146; 정상조 편집대표(주 1), 71~72(이규호 집필부분)와 이수완(주 5), 413도 같은 견해로 보인다.

[32] 부정경쟁방지법 제2조 제1호 (바)목의 광고에 상품의 품질 등에 오인을 일으키게 하는 선전의 의미

—대법원 1989. 6. 27. 선고 87도1565 판결—

이 주 환 (한국발명진흥회)

[사실 개요]

1. A는 서울에서 전기배선기구 등의 제조업에 종사하여 오던 중, 1985년 6월 20일에 개최될 "전기 기자재 전시회"에서 배포할 광고물의 인쇄를 인쇄업체 B에게 의뢰하였다.
2. A는 B에게 광고물 인쇄를 의뢰하면서 광고물에서 소개할 "견본제품"을 제공하였는데, 특히 A는 C가 생산, 판매하는 제품인 "자주색 2극 매입콘센트"를 B에게 주면서 이 제품이 마치 자기 회사의 제품인 것처럼 보이도록 C의 상호가 보이지 않게 사진처리를 해달라고 요구하였다.
3. 그러나 B의 광고물 제작과정에서의 부주의로 인하여 C의 상호가 광고물에 희미하게 나타났다. 그럼에도 A는 당해 광고물을 전시회에서 배포하였고, C의 항의를 받은 A는 C의 상호가 보이지 않도록 광고물을 다시 제작하여 달라고 B에게 요구하였다. 이후 A는 C의 상호가 보이지 않는 광고물을 전시회에서 배포하였다.

[판결 요지]

1. 부정경쟁방지법 제2조 제1호 (바)목 중단에서 "(상품의) 광고에 상품의 품질, 내용 또는 수량에 오인을 일으키게 하는 선전"을 한다 함은 상품광고를 함에 있어 허위광고나 과대광고 등과 같이 상품의 품질 등에 오인을 일으키는 표시 등을 하는 경우를 말하고, 비록 타인의 상품을 자기의 상품인 것처럼 팸플릿으로 인쇄하여 배포하였더라도 자기상품의 품질 등에 관하여 아무런 표시를 하지 않았다면, 이는 동목 전단 소정의 "타인의 상품을 사칭"하는 경우에 해당할 뿐 "상품의 품질 등에 오인을 일으키게 하는 선전"을 한 경우에는 해당하지 않는다.

2. 타인의 상품을 자기의 상품인 것처럼 팸플릿으로 인쇄하여 배포하였더라도 자기상품의 품질 등에 관하여 아무런 표시를 하지 않았다면, 이는 부정경쟁방지법 제2조 제1호 (바)목 전단의 "타인의 상품을 사칭하는 행위"에 해당하고, (바)목 중단의 "상품의 품질 등에 오인을 일으키게 하는 선전을 한 행위"에는 해당하지 않는다고 한 사례.

해설

Ⅰ. 대상판결의 쟁점

대상판결의 쟁점은 "타인의 상품을 자기의 상품인 것처럼 팸플릿으로 인쇄하여 배포한 행위"가 부정경쟁방지법 제2조 제1호 (바)목[1] 전단이 규정하는 "타인의 상품을 사칭(詐稱)하는 행위"에 해당하는지, 아니면 (바)목 중단이 규정하는 "상품 또는 그 광고에 상품의 품질, 내용, 제조방법, 용도 또는 수량을 오인하게 하는 선전하는 행위"에 해당하는지 여부이다. 이에 대하여 하급심법원은 후자의 행위에 해당한다고 판단하였다.[2] 그러나 대법원은 (바)목 중단이 규정하는 "상품의 광고에 상품의 품질, 내용 또는 수량에 오인을 일으키게 하는 선전을 한다."는 것은 상품광고를 함에 있어 허위광고나 과대광고 등과 같이 상품의 품질 등에 오인을 일으키는 표시 등을 하는 것을 의미하기 때문에, 타인의 상품을 자신의 상품인 것처럼 팸플릿으로 인쇄하여 배포하였더라도 자기 상품의 품질 등에 관하여 아무런 표시를 하지 않았다면, 이는 전자의 행위에 해당한다고 판시하였다.[3] 대상판결은 (바)목 전단이 규정하는 행위와 (바)목 중단이 규정하는 행위를 구분하는 기준을 제시하였다는 점에서 의의가 있다. 현재 우리나라에서는 부정경쟁방지법 제2조 제1호 (바)목이 규정하는 부정경쟁행위의 본질, (바)목의 적용요건과 적용범위에 대한 법리가 정립되지 않은 실정이다.

---

1) 부정경쟁방지법 제2조 제1호 (바)목은 "타인의 상품을 사칭(詐稱)하거나 상품 또는 그 광고에 상품의 품질, 내용, 제조방법, 용도 또는 수량을 오인하게 하는 선전 또는 표지를 하거나 이러한 방법이나 표지로써 상품을 판매·반포 또는 수입·수출하는 행위"를 부정경쟁행위로 규정하고 있다. 이하에서는 ① "타인의 상품을 사칭하는 행위"를 (바)목 전단이 규정하는 행위, ② "상품 또는 그 광고에 상품의 품질, 내용, 제조방법, 용도 또는 수량을 오인하게 하는 선전 또는 표지를 하는 행위"를 (바)목 중단이 규정하는 행위, ③ "이러한 방법이나 표지로써 상품을 판매·반포 또는 수입·수출하는 행위"를 (바)목 후단이 규정하는 행위라고 칭한다. 이러한 부정경쟁방지법 제2조 제1호 (바)목의 법적 체계는 대상판결에서 대법원이 취하고 있는 태도이다.

2) 서울지방법원 북부지원 1986. 10. 27. 선고 85고단4405 판결; 서울지방법원 1987. 6. 25. 선고 86노7944 판결. 항소심법원인 서울지방법원은 A가 인쇄소에 광고물 인쇄를 의뢰하면서 C의 상호가 나타나지 않도록 사진처리를 하여 줄 것을 요청한 사실이 있다고 하더라도, 일단 다른 회사의 상품을 자신이 생산한 상품인 양 광고물을 만들어 배포한 이상 동 광고물 제작과정상의 잘못에 의하여 타인의 상호가 광고물에 그대로 나타나게 되었는지 여부에 상관없이 자기 상품의 광고에 그 상품의 품질, 내용에 오인을 일으키게 하는 선전을 하였다고 봄이 상당하고, A가 C의 항의를 받고 광고물을 다시 제작하면서도 여전히 C의 콘센트를 자기 상품인 것처럼 가장한 점에 비추어 보면, A에게는 C와 부정경쟁할 목적이 있었음을 인정할 수 있다고 판시하였다.

3) 대법원 1989. 6. 27. 선고 87도1565 판결. 다만 대법원은 원심이 피고인의 행위를 "상품의 품질 등에 오인을 일으키게 하는 선전"을 한 경우에 해당한다고 판단한 것은 이와 같은 법리를 오해한 것이어서 위법하다 할 것이나, A의 행위는 "타인의 상품을 사칭"한 경우에 해당하여 어차피 범죄를 구성할 뿐만 아니라 양죄는 그 죄질이 동일하여 동일법조에서 처벌되고 있으므로 원심의 위와 같은 위법이 판결결과에 영향을 미친 바는 없다는 이유로, 상고를 기각하였다.

이하에서 이에 대한 논의와 분석을 통하여 대상판결의 의미를 구체적으로 살펴본다.

Ⅱ. 대상판결의 분석

대상판결에서 대법원은 제2조 제1호 (바)목을 ① 전단이 규정하는 "타인의 상품을 사칭하는 행위", ② 중단이 규정하는 "상품 또는 그 광고에 상품의 품질, 내용, 제조방법, 용도 또는 수량을 오인하게 하는 선전 또는 표지를 하는 행위", ③ 후단이 규정하는 "상품의 품질, 내용, 제조방법, 용도 또는 수량을 오인하게 하는 선전 또는 표지로써 상품을 판매·반포 또는 수입·수출하는 행위"로 구분하고 있다.[4] 이와 달리 대법원 1992. 2. 29. 자 91마613 결정에서, 대법원은 제2조 제1호 (바)목을 ⅰ) 타인의 상품을 사칭하는 행위, ⅱ) 상품 또는 그 광고에 상품의 품질, 내용, 제조방법, 용도 또는 수량을 오인하게 하는 선전 또는 표지를 하거나 이러한 방법이나 표지로써 상품을 판매·반포 또는 수입·수출하는 행위로 구분하고 있다.[5] 이 대법원 결정은 제2조 제1호 (바)목을 전단과 후단으로 나누면서, 대상판결이 (바)목 중단이 규정하는 행위와 (바)목 후단이 규정하는 행위로 구분하였던 것을 하나의 행위로 합치는 태도를 취하였다. 대상판결에서 대법원이 언급한 (바)목 중단이 규정하는 행위와 (바)목 후단이 규정하는 행위는, (바)목 전단이 규정하는 행위인 "타인상품 사칭행위"와 구분되는, "상품 품질 등에 대한 오인행위"로 판단할 수 있다는 점에서 대상판결에서의 대법원의 태도와 91마613 결정에서의 대법원의 태도는 실질적으로 차이가 없는 것으로 분석된다.[6] 사견으로는 91마613 결정과 같이 부정경쟁행위의 법적 성격을 기준으로 제2조 제1호 (바)목을 전단과 후단으로 나누는 것이 좋은 방법이라고 생각된다.[7]

---

4) 이러한 방식으로 제2조 제1호 (바)목을 서술하고 있는 문헌으로는, 윤태식, 「부정경쟁방지법」, 박영사(2021), 148~154이 있다.

5) 대법원은 제2조 제1호 (바)목 후단에서 규정한 "상품에 그 상품의 품질, 내용, 제조방법, 용도 또는 수량의 오인을 일으키게 하는 표지를 하거나 이러한 표지를 한 상품을 판매 등을 하는 행위"란 상품의 속성과 성분 등 품질, 급부의 내용, 제조가공방법, 효능과 사용방법 등의 용도 등에 관하여 일반 소비자로 하여금 오인을 일으키는 허위나 과장된 내용의 표지를 하거나 그러한 표지를 한 상품을 판매하는 등의 행위를 말한다고 판시하였다. 이러한 방식으로 제2조 제1호 (바)목을 서술하고 있는 문헌으로는, 박준우, "부정경쟁방지법상 타인상품사칭과 품질오인유발의 행위유형 검토–제2조 제1호 바목 관련 판례를 중심으로–", 「정보법학」 제22권 제3호, 한국정보법학회(2018), 4~5와 최정열·이규호, 「부정경쟁방지법」, 진원사(2019), 159~164가 있다.

6) 나종갑 교수는 (바)목 전단이 규정하는 행위를 "직접사칭행위"로 (바)목 중단과 후단이 규정하는 행위를 "상품정보허위표시행위"로 정의하였다(나종갑, 「불공정경쟁법의 철학적·규범적 토대와 현대적 적용」, 연세대학교 대학교 출판문화원(2021), 211). 이하에서는 (바)목 전단이 규정하는 행위를 "직접사칭행위"라고도 칭한다.

7) 나아가 (바)목 전단이 규정하는 행위와 (바)목 중단과 후단이 규정하는 부정경쟁행위는 서로 다른 법적 성격을 가지고 있기 때문에, 입법적으로 양자를 분리하여 규정하는 방안을 고려해보는 것도 좋을 것으로 생각된다.

대상판결에서 대법원은 (바)목 전단이 규정하는 "타인상품 사칭행위"와 (바)목 중단이 규정하는 "상품의 품질 등을 오인시키는 선전행위"를 구분할 수 있는 기준을 제시함으로써, (바)목 전단의 부정경쟁행위와 (바)목 중단 및 후단의 부정경쟁행위는 법적 성질에 있어서 차이점이 있다는 것을 명확히 하였다. 그러면 여기서 (바)목 전단의 "타인의 상품을 사칭(詐稱)하는 행위"의 법적 성격이 무언인지 문제된다. 우리나라 학자의 견해로 (바)목 전단이 규정하는 부정경쟁행위는 "직접사칭행위"에 해당한다는 견해가 있다.[8] 이 견해는 프랑스. 영국, 독일, 미국 부정경쟁방지법의 역사와 개별 부정경쟁행위의 법적 근거에 대한 광범위한 연구를 통하여, (바)목 전단의 행위는 상품주체에 대한 "직접사칭행위"에 해당하고, 이는 헤겔(Hegel)과 쾰러(Köhler)가 주장하는 "인격이론(Personality Theory)"에 근거를 두고 있다고 강조하고 있다.[9] 이 견해에 의하면 직접사칭행위는 자신의 상품을 타인의 상품으로 사칭하여 "인적 주체의 개성"을 침해하는 부정경쟁행위로서의 본질을 가지기 때문에, 직접사칭행위가 인정되려면 타인의 "인적동일성"을 직접적으로 사칭하는 행위가 존재하여야 한다.[10] 직접사칭행위가 인정되기 위해서는 인적동일성에 대한 직접사칭행위가 있으면 족하기 때문에, (가)목과 (나)목과 달리 표장의 유명성이 요구되지 않고,[11] 수요자의 오인·혼동도 요구되지 않는다.[12] 다만 이들은 "간접사칭행위"에 해당하는 (가)목과 (나)목이 인정되기 위한 요건에 해당한다.[13] 간접사칭행위의 본질은 표장 또는 상호와 같은 수단을 이용하여 자신의 상품을 타인의 상품으로 수요자를 기망시키는 행위이다.[14] 결국 직접사칭행위와 간접사칭행위는 부정경쟁방지법이 규율하는 사칭모용행위(passing off)에 속하지만, 각 행위가 적용

---

8) 나종갑(주 6), 98~108. 우리나라에서 나종갑 교수의 저서 이외에 (바)목 전단이 규정하는 부정경쟁행위의 본질과 의미에 대하여 심도 있게 연구한 문헌은 없는 것으로 보인다. 대부분 문헌들은 (바)목 전단에 대하여 "타인상품 사칭행위"라고만 언급하고 있을 뿐이다(박준우(주 5), 4; 최정열·이규호(주 5), 159~161). 이하에서는 서술하는 내용은 나종갑 교수의 저서에 주로 의존하였다.

9) 나종갑(주 6), 98.

10) 나종갑(주 6), 98, 103, 218. 나종갑 교수는 직접사칭행위의 예로 ① A가 자신이 생산한 상품을 B가 생산하였다고 말하는 것, ② A가 자신이 생산한 상품에 제조자를 B로 표기하는 것, ③ 인터넷에 인적동일성을 허위로 광고하는 것 등을 들고 있다. 따라서 직접사칭행위는 사칭인과 피사칭인에 대한 동일성이 있는 사칭행위가 존재하여야 하고, 유사 상호, 유사 표장, 유사 이름을 통하여 사칭인과 피사칭인간의 인적동일성을 유사하게 나타내는 것에 의해서는 인정되지 않는다.

11) 나종갑(주 6), 101, 216. 대법원 1995. 11. 7. 선고 94도3287 판결도 동일한 입장을 취하고 있다. (바)목 전단이 규정하는 행위가 인정되기 위한 요건으로 표장의 유명성이 요구된다는 견해(최정열·이규호(주 5), 159~160)가 있으나, 이는 직접사칭행위의 본질을 이해하지 못한 것에 기인하는 것으로 판단된다.

12) 나종갑(주 6), 102, 217. 제2조 제1호 (바)목 법문은 (바)목 전단이 규정하는 행위가 인정되기 위한 요건으로 수요자의 오인·혼동을 요구하고 있지 않다. 그럼에도 이에 대한 요건으로 수요자의 오인·혼동이 요구된다는 견해(송영식 외 6인, 「지적소유권법(하)」, 육법사(2008), 431)가 있다. 그러나 이 견해 역시 직접사칭행위의 본질을 이해하지 못한 것에 기인하는 것으로 판단된다.

13) 나종갑(주 6), 211, 213, 215~216.

14) 나종갑(주 6), 213.

되는 요건과 규율되는 영역이 다르다. 결국 (바)목 전단의 행위를 직접사칭행위로 정의하는 중요한 의의는 표장의 유명성과 수요자의 오인·혼동이 요구되지 않는 "인적동일성" 영역에서의 사칭행위를 부정경쟁행위로 규율하기 위한 것이다.[15]

대상판결에서 대법원은 "타인의 상품을 자기의 상품인 것처럼 팸플릿으로 인쇄하여 배포한 행위"가 (바)목 전단이 규정하는 부정경쟁행위에 해당한다고 판시하였다. 이 행위는 "역사칭행위(reverse passing off)"로서 (바)목 전단이 규정하는 부정경쟁행위에 속하지 않지만, 대법원은 역사칭행위도 (바)목 전단이 규정하는 행위에 포함되는 것으로 판단하는 태도를 취하고 있다는 견해가 있다.[16] 이 견해는 (바)목 전단은 "자신의 상품을 타인의 상품으로 사칭하는 행위"를 부정경쟁행위로 규정하기 위한 것이기 때문에 이에 대한 법 개정이 필요하다고 주장하고 있지만,[17] 사견으로는 (바)목 전단 법문이 "타인의 상품을 사칭하는 행위"라고 규정하고 있으므로, 대법원의 태도와 같이 해석하여도 크게 무리가 없다고 생각된다.

Ⅲ. 대상판결의 의의

대상판결은 (바)목 전단이 규정하는 부정경쟁행위와 (바)목 중단 및 후단이 규정하는 부정경쟁행위가 서로 다른 법적 성격을 가진다는 입장을 취함으로써, (바)목 전단이 규정하는 부정경쟁행위는 "직접사칭행위"에 해당한다는 법적 토대를 마련한 판결이라는 점에서 그 의의를 찾을 수 있다. 앞으로 (바)목 전단의 법적 성격, 적용요건, 적용범위에 대한 더 많은 연구와 논의가 이루어져 관련 법리가 정립되어 나가야 할 필요성이 있다.

키워드

부정경쟁방지법 제2조 제1호 (바)목, 사칭모용행위, 직접사칭, 간접사칭, 역사칭, 유명성, 혼동가능성

15) 각주 11과 12에서 언급하였듯이, 이는 대법원 판결과 제2조 제1호 (바)목 법문에 부합한다.
16) 나종갑(주 6), 221, 227.
17) 나종갑(주 6), 215.

[33] 제조원의 허위표시와 품질 등 오인야기행위

—대법원 2012. 6. 28. 선고 2010도14789 판결—

김 영 민 (서울고등법원)

[사실 개요]

1. 피고인 1은 서울 강남구에 위치한 피고인 2 주식회사(이하 '甲 회사'라 한다)의 대표이사이고, 피해자는 성남시 중원구에 위치한 식품제조가공업 신고업체인 '乙'을 운영하는 자이다.
2. 피고인 1은 2007. 2.경 피해자와 사이에, 甲 회사는 乙에게 상품 디자인, 필름, 동판 및 초콜릿 충전설비에 대한 비용을 제공하고, 乙은 이를 이용하여 3가지 색상의 초코펜을 제조하여 甲 회사에 공급하기로 하는 내용의 상품공급계약을 체결하였다. 피해자는 위 계약에 따라 2007. 6.경부터 2007. 12.경까지 甲 회사에 3가지 색상의 초코펜을 제조하여 공급하였다.
3. 이후 피고인 1은 피해자와 초코펜의 공급기일 · 가격 등에 관하여 의견이 일치하지 아니하여 피해자로부터 공급이 지연되자, 2008. 1. 22.부터 같은 달 30.까지 대전 대덕구에 위치한 甲 회사의 공장에서 직접 초코펜을 제조하고, 위 초코펜의 '상품표시사항' 중 '제조원란'에 '乙, 소재지: 경기도 성남시 중원구 (지번생략)'라고 표기한 후, 2008. 1. 22.경부터 2008. 5. 29.경까지 위와 같이 제조 · 표기된 초코펜 37,322개를 대형마트 등을 포함한 124개의 거래처에 판매하였다.
4. 초코펜은 식품의 일종이고, 甲 회사는 식품제조업 영업신고를 하지 아니하였다.

[판결 요지]

1. 부정경쟁방지법 제2조 제1호 (바)목 후단의 '상품에 그 상품의 품질, 내용, 제조방법, 용도 또는 수량을 오인하게 하는 표지를 하거나 이러한 표지를 한 상품을 판매 등을 하는 행위'란 상품의 속성과 성분 등 품질, 급부의 내용, 제조 및 가공방법, 효능과 사용방법 등 용도 또는 상품의 개수, 용적 및 중량 등 수량에 관하여 일반 소비자로 하여금 오인하게 하는 허위나 과장된 내용의 표지를 하거나 그러한 표지를 한 상품을 판매하는 등의 행위를 말한다.

2. 상품의 제조원에 일정한 품질 관념이 화체되어 있어서 이를 표시하는 것이 상품의 수요자나 거래자 등이 속한 거래사회에서 상품의 품질에 대한 관념의 형성에 기여하는 경우에는, 허위로 이러한 제조원을 상품에 표시하거나 그러한 상품을 판매하는 등의 행위는 상품의 품질에 관하여 일반 소비자로 하여금 오인하게 할 우려가 있는 행위로서 부정경쟁방지법 제2조 제1호 (바)목 후단의 부정경쟁행위에 해당한다.

3. '乙'이라는 제조원에는 식품제조가공업 영업신고를 한 업체로서의 일정한 품질 관념이 화체되어 있어 이를 제조원으로 표시하는 것은 초코펜 상품의 수요자나 거래자 등이 속한 거래사회에서 그 상품의 품질에 대한 관념의 형성에 기여하는 경우에 해당한다는 이유로 피고인들이 초코펜의 제조원을 '乙'로 허위로 표시하여 판매한 행위는 부정경쟁방지법 제2조 제1호 (바)목 후단의 부정경쟁행위에 해당한다고 본 사례.

해설

Ⅰ. 대상판결의 쟁점

부정경쟁방지법 제2조 제1호 (바)목은 전단에서 '타인의 상품을 사칭하거나 이러한 방법이나 표지로써 상품을 판매·반포 또는 수입·수출하는 행위'(이하 '상품사칭행위'라 한다)를, 후단에서 '상품 또는 그 광고에 상품의 품질, 내용, 제조방법, 용도 또는 수량을 오인하게 하는 선전 또는 표지를 하거나 이러한 방법이나 표지로써 상품을 판매·반포 또는 수입·수출하는 행위'(이하 '품질 등 오인야기행위'라 한다)를 부정경쟁행위로 규율하고 있다.

이 사건에서 피고인들은 '피해자가 운영하는 乙의 상품을 사칭하거나 상품의 품질을 오인하게 하는 표지로써 상품을 판매'함으로써 부정경쟁방지법 제2조 제1호 (바)목의 부정경쟁행위를 하였다는 공소사실로 기소되었고, 대상판결의 원심은 ① 피고인들이 초코펜을 납품한 대형마트 등의 거래처는 내부적으로 상품을 판매하기에 앞서 제품의 표시사항을 별도 점검하는 절차를 거치고, 판매업체가 제조사를 변경하는 경우 신고하도록 하며, 판매업체에 허가 등 법적 요건을 갖출 것을 요구하고 있어 식품위생법상 식품제조업자로 등록되지 않은 회사가 제조한 제품은 원칙적으로 판매를 허용하지 않는 점, ② 초코펜은 식품의 일종으로 식품위생법상 적법한 제조업체로 등록되어 있는지 여부는 소비자가 제품의 구매를 결정함에 있어 주요한 판단요소로 작용하는 점, ③ 피고인 2 회사가 식품제조가공업 영업신고를 하지 않아 초코펜을 적법하게 제조할 수 없는 업체라는 것은 대형마트 등에 공지된 사실이므로 피고인들이 제조원을 乙로 표시하지 않았다면 대형마트 등은 피고인들이 제조한 초코펜을 판매하지 않았을 것으로 보이는 점 등을 근거로 초코펜의 제조원 표시는 '상품의 제조방법에 관한 표시'에 해당하고, 피고인들이 제조원을 허위로 표시한 행위가 품질 등 오인야기행위에 해당한다고 보았다.

피고인들은 ① 제조원 표시는 식품을 제조한 주체에 관한 것이므로 이를 사실과 다르게 표시할 경우 상품사칭행위에 해당할 여지는 있을지언정 상품의 '제조방법'을 오인하게 하는 표시라고는 볼 수 없어 품질 등 오인야기행위에 해당하지 않고, ② 초코펜은 피고인들의 상품이지 피해자의 상품이 아니고, 소비자들도 甲 회사의 상품으로 인식하여 구매하였으므로 피고인들이 상품사칭행위를 하였다고 볼 수도 없어 결국 피고인들의 행위를 부정경쟁행위로 볼 수 없다는 이유로 상고하였다.[1)]

이에 따라 대상판결에서는 '제조원'에 대한 허위표시가 부정경쟁방지법 제2조 제1호 (바)목의 품질 등 오인야기행위에 해당하는지 여부가 ① '상품의 품질, 내용, 제조방법, 영도 또는 수량'의 의미 및 ② 오인가능성의 판단기준 등과 관련하여 문제되었다.

Ⅱ. 대상판결의 분석

1. 품질 등 오인야기행위의 의미

품질 등 오인야기행위는 경쟁자가 존재하지 않는 경우에도 당해 상품 자체에 관하여 소비자에게 잘못된 정보를 제공함으로써 성립할 수 있다는 점에서 소비자의 이익 보호에 가장 충실한 규정으로,[2)] 대법원은 품질 등 오인야기행위는 "상품의 속성과 성분 등 품질, 급부의 내용, 제조가공방법, 효능과 사용방법 등의 용도 등에 관하여 일반 소비자로 하여금 오인을 일으키는 허위나 과장된 내용의 표지를 하거나 그러한 표지를 한 상품을 판매하는 등의 행위"를[3)] 의미한다는 견해를 취해 왔다.

즉, 품질 등 오인야기행위에서의 '품질'은 '상품의 속성과 성분 등'을 의미하는데, 대법원은 품질의 표시가 반드시 '본래부터 품질을 보증하는 정부기관의 인증'일 것을 요하지는 아니하는 것으로 보인다.[4)]

나아가 품질 등 오인야기행위에서의 '제조방법'은 상품을 제조하는 방법으로서, 가공방법을 포함하는데, 일반적으로 제조방법을 오인하게 하는 경우 이외에도 시설·공작기계·공정 등의 제조과정과 직·간접적으로 관련된 사실을 오인하게 하거나, 제품검사·품질관리 등의 방법에 관하여 오인을 유발하는 경우도 포함되나, 제조방법에 관한 오인을 유발하는 경우에는 대부분 상품의 품질과 내용에 관한 오인도 함께 야기하여 이를 엄격히 구별한 실

---

1) 유영선, "제조원의 허위표시가 부정경쟁방지 및 영업비밀보호에 관한 법률 제2조 제1호 (바)목의 부정경쟁행위에 해당하는지 여부", 「대법원판례해설」 제92호, 법원도서관(2012), 416.

2) 정상조 편집대표, 「부정경쟁방지법 주해」, 박영사(2020), 80.

3) 대법원 1992. 2. 29. 자 91마613 결정.

4) '본래부터 품질을 보증하는 정부기관의 인증이 아니더라도 전국적인 운동협회 등이 운동용품에 대하여 부여하는 인증은 일반 수요자들에게 품질에 대한 실질적인 보증의 효과를 줄 수 있어 그 협회 등의 허락을 받지 아니하고 자신의 운동용품 등의 상품에 그 인증표지를 하는 행위는 부정경쟁방지법 제2조 제1호 (바)목의 부정경쟁행위에 해당한다'고 설시한 대법원 2007. 10. 26. 자 2005마977 결정 참조.

익은 없다.[5)]

2. 제조원의 허위표시가 품질 등 오인야기행위에 해당하는지 여부

제조원의 허위표시가 상품의 '제조방법'을 오인하게 할 우려가 있는 행위라고 보았던 대상판결의 원심과는 달리, 대상판결은 "상품의 제조원에 일정한 품질 관념이 화체되어 있어서 이를 표시하는 것이 상품의 수요자나 거래자 등이 속한 거래사회에서 그 상품의 품질에 대한 관념의 형성에 기여하는 경우에는 허위로 이러한 제조원을 상품에 표시하거나 그러한 상품을 판매하는 등의 행위는 상품의 품질에 관하여 일반 소비자로 하여금 오인하게 할 우려가 있는 행위로서 부정경쟁방지법 제2조 제1호 (바)목 후단의 부정경쟁행위에 해당한다."고 설시하여 상품의 '품질'을 오인하게 할 우려가 있는 행위라고 보았다.

다만, 대상판결은 대상판결의 원심에서 들었던 사정들, 즉 ① 대형마트 등에서는 상품 판매 전에 상품표시사항을 별도로 점검하고 판매업체에 대해 판매허가 등과 같은 법적 요건을 갖추도록 하는 한편 제조업체의 변경 시에 이를 신고하도록 하여 식품제조가공업 영업신고를 하지 않은 업체가 제조한 상품의 판매를 허용하지 않았던 만큼, 초코펜의 제조원을 식품제조가공업 영업신고를 한 乙로 허위로 표시하지 아니하였다면 그 판매가 불가능하였을 것으로 보이는 점, ② 식품의 일종인 초코펜이 식품위생법상 식품제조가공업 영업신고를 한 업체에 의해 제조되었는지는 그 품질과 일정한 관련이 있는 사항으로서 수요자가 초코펜을 구매할 때 참작하는 고려요소 중 하나로 여겨지기도 하는 점을 고려하여, '乙'이라는 제조원에는 초코펜 상품과 관련하여 식품제조가공업 영업신고를 한 업체로서의 일정한 품질 관념이 화체되어 있고, 따라서 피고인들의 행위는 상품의 품질에 관하여 일반 소비자로 하여금 오인하게 할 우려가 있는 행위로서 부정경쟁방지법 제2조 제1호 (바)목 후단의 부정경쟁행위에 해당한다고 보아 대상판결의 원심과 동일한 결론을 유지하였다.

또한, 품질 등 오인야기행위는 소비자에 대한 포괄적 보호를 꾀하는 규정이라는 점에서 오인가능성 여부를 최종수요자인 소비자를 기준으로만 판단하여야 하는지 여부도 문제될 수 있다. 그러나 대상판결은 위에서 본 바와 같이 '대형마트 등은 식품제조가공업 영업신고를 하지 않은 업체가 제조한 상품의 판매를 허용하지 않았던 만큼, 피고인들이 초코펜의 제조원을 식품제조가공업 영업신고를 한 乙로 허위로 표시하지 아니하였다면 그 판매가 불가능하였을 것'이라고 설시하여, 오인가능성 여부를 반드시 최종수요자의 인식을 기준으로 할 필요는 없고, 유통업자인 대형마트 등의 인식을 기준으로 인정할 수도 있도록 하였다.[6)][7)]

---

5) 정상조 편집대표(주 2), 82~83.

6) 박준우, "부정경쟁방지법상 타인상품사칭과 품질오인유발의 행위유형 검토", 「정보법학」 제22권 제3호,

3. 제조원의 허위표시가 상품사칭행위에 해당하는지 여부

대상판결은 피고인들의 행위가 상품사칭행위에 해당하는지 여부에 관하여는 별도로 판단하지 아니하였다.

그러나 ① 피고인들이 사칭할 타인(乙)의 상품은 처음부터 존재하지도 않아 이를 사칭한다는 관념을 상정할 수 없는 점, 즉, 乙이 초코펜을 제조하여 '乙'이라는 제조원 표시가 허위가 아니었던 당시에도 그것은 수요자에게 甲 회사의 상품으로 인식되었을 뿐이므로, 이러한 상품은 그대로이고 다만 실제 제조자(제조원)가 甲 회사로 바뀌었다고 해서 그것이 '乙'의 상품으로 사칭되었다고 볼 수는 없다는 점, ② 소비자들은 제조원보다는 상표에 의해 그 출처를 파악함이 보통이므로, 이 사건에서도 제조원이 '乙'로 허위로 표시된 초코펜의 포장디자인 등을 보고 소비자들은 이전과 마찬가지로 甲 회사의 상품으로 인식하지, 단순한 제조원 표시인 '乙'의 상품으로 인식할 여지가 없다는 점 등에 비추어 보면, 피고인들의 행위가 '상품사칭행위'에 해당한다고 보는 것은 부적절하다.[8)]

Ⅲ. 대상판결의 의의

대상판결은 '제조원'의 허위표시가 부정경쟁방지법 제2조 제1호 (바)목의 부정경쟁행위에 해당하는지 여부에 대한 판단 기준을 설시한 최초의 판례라는 점에 의의가 있다.[9)]

키워드
부정경쟁행위, 품질 등 오인야기행위, 제조원의 허위표시, 제조원

한국정보법학회(2018), 29.

7) "이와 관련하여, 대법원이 전문의약품에 대한 (가)목의 오인·혼동 가능성을 의사 및 약사의 인식을 기준으로 판단한 것을 참고할 수 있다. 대법원 2015. 10. 15. 선고 2013다84568 판결(팔팔정 사건)."[박준우(주6), 29].

8) 유영선(주 1), 426~427. 정태호, 「부정경쟁행위 특수사례연구」, 한국지식재산연구원(2015), 183.

9) 유영선(주 1), 430.

[34] 상표권자 대리인 등의 상표 부정사용행위

—서울고등법원 2011. 10. 27. 자 2011라1080 결정—

김 동 준 (충남대학교)

[사실 개요]

채권자의 일본 · 캐나다 등록 상표	채무자의 대표이사 A의 국내 등록 상표
'YES! GOLF' 'YES!' 'Yes!' 'YES!'	① Yes! C-GROOVE PUTTERS ② Yes! ③ Yes!

1. 채권자는 'YES! GOLF'라는 영업표지를 사용하면서 'Yes!' 또는 'Yes!'라는 상표(이하 '이 사건 상표'라 한다)로 퍼터 등의 제품을 제조 · 판매하는 미국 법인이다.
2. 채권자와 채무자와는 'Yes' 로고가 표시된 모든 골프 클럽 및 용품에 대한 동일한 내용의 계약을 두 차례 체결하였다(이 사건 제1차 계약: 2006. 4. 1.~2009. 3. 31., 이 사건 제2차 계약: 2009. 4. 1.~2012. 3. 31.). 채권자는 2010. 1. 24. 채무자의 채권자 지식재산권 침해 등의 사유로 채무자에게 이 사건 제2차 계약의 해지를 통지하였다. 한편, 채무자 회사의 대표이사 A는 국내에 위 ①~③과 같은 상표를 출원 · 등록하였고, 채무자는 A의 허락을 받아 위 상표가 부착된 퍼터 및 그 포장상자 등 관련된 제품을 생산 · 판매하고 있다.
3. 채권자는 2010. 3. 29. 채무자 및 A 등을 상대로 표장 사용금지 등 가처분신청을 하였고, 법원은 채권자의 신청을 일부 받아들이는 이 사건 가처분결정을 하였다. 채무자는 이의신청을 하였고, 채권자의 해외 등록 상표권 및 위 상표와 관련된 영업권 일체를 양도받은 승계참가인이 승계참가신청을 하여 법원은 이 사건 가처분결정을 승계참가인과 채무자에 대한 가처분결정으로서 인가하는 제1심 결정을 하였다. 채무자가 이에 항고하였다.

[결정 요지]

1. 속지주의 원칙의 예외적 규정인 이 사건 규정은 그 요건을 해석함에 있어서 함부로 원칙을 훼손하여서는 아니 되는 엄격성이 요구된다. 이를 바탕으로 보면 이 사건 규정에서 말하는 '그 행위를 한 날'은 부정경쟁행위의 판단을 요하는 개개의 행위가 '시작된 날'이 아닌 실제 그 행위가 '행해진 날'을 의미한다고 봄이 상당하다.

2. 채권자와 채무자 사이의 대리점 관계는 2010년 1월경 종료된 사실이 인정되고, 이

사건 결정 당시는 그로부터 1년이 경과하였음이 명백하므로 채무자가 현재 이 사건 퍼터 등을 제조·판매하고 있더라도 채무자를 더 이상 부정경쟁방지법 (사)목에서 요구하는 '그 행위를 한 날로부터 1년 이전의 대리인이나 대표자'라고 할 수는 없다고 한 사례.

해설

Ⅰ. 대상결정의 쟁점

부정경쟁방지법 제2조 제1호 (사)목(이하 '본 규정'이라 한다)은 파리협약 당사국 등에 등록된 상표 등의 권리자의 대리인·대표자 또는 1년 이내에 그러한 지위에 있었던 자의 정당한 사유 없는 상표 사용행위를 부정경쟁행위로 규정하고 있다. 정당한 사유 없는 상표 사용행위 당시 대리인·대표자뿐 아니라, 그 행위일 전 1년 이내에 대리인·대표자이었던 자도 본 규정의 적용 대상에 해당된다. 대상결정의 사안에서는 채무자가 이 사건 제2차 계약 종료부터 1년 이내에 이 사건 퍼터 등을 제조·판매하기 시작하였지만 대상결정 당시에는 그로부터 이미 1년이 경과한 상태에 있었기 때문에, '그 행위일 전 1년 이내'의 의미가 주된 쟁점으로 되었다.

Ⅱ. 대상결정의 분석

1. 본 규정의 연혁 및 취지

파리협약 제6조의7은, 상표권자가 다른 나라에 대리점 등을 두고 활동을 하는 상황에서 대리인 등이 허가 없이 자신의 이름으로 상표 등록을 받지 못하도록 하는 규정(제1항)과 대리인 등의 허락 없는 상표 사용을 저지할 수 있는 규정(제2항)을 두고 있다. 파리협약 제6조의7 제1항의 내용은 1980년[1] 개정 상표법(1980. 12. 31. 법률 제3326호로 일부개정된 것)에 반영되었으나 파리협약 제6조의7 제2항의 내용은 국내법에 이행규정이 없었던바, 상표법조약 가입을 위한 이행 사항을 반영한 2001년 개정 부정경쟁방지법(2001. 2. 3. 법률 제6421호로 일부개정된 것)에서 신설되었다.[2] 본 규정은 상표권자의 대리인 등의 신의칙 위반행위를 방지하고자 하는 것이며, 사실상 상표권의 효력을 등록국가 밖으로 일정 부분 확장한 것이다.[3]

---

1) 우리나라에서 파리협약이 발효된 해이다.
2) 국회 산업자원위원회, 不正競爭防止및營業秘密保護에관한法律中 改正法律案 審査報告書(2001. 1.), 5.
3) 최정열·이규호, 「부정경쟁방지법(제5판)」, 진원사(2022), 170.

2. 요건

본 규정에서 말하는 '상표'는 파리협약 당사국, 세계무역기구 회원국, 상표법조약의 체약국 중 어느 하나의 나라에 '등록'된 상표 또는 이에 유사한 상표이다.[4] 법문에서 '상표권자'가 아니라 '상표에 관한 권리를 가진 자'라고 규정하고 있는데, '등록된 상표에 관한 권리를 가진 자'는 당사국의 상표법에 의하여 상표에 관한 배타적 권리를 가진 자를 의미한다는 것이 다수설이다.[5] 본 규정의 '대리인이나 대표자'라 함은 대리점, 특약점, 위탁판매업자, 총대리점 등 널리 해외에 있는 수입처인 상표권자의 상품을 수입하여 판매, 광고하는 자를 가리키며,[6] 대리점 등 계약의 당사자인 법인이 소유와 경영을 실질적으로 지배하고 있는 자회사도 해당될 수 있다.[7] 본 규정상 부정경쟁행위에 해당하기 위해서는 '정당한 사유' 없이 상표를 사용해야 하는데, '정당한 사유'의 대표적 예로 권리자의 동의(묵시적 동의 포함)를 들 수 있고, 권리자가 우리나라에서 그 상표를 포기하였거나 권리를 취득할 의사가 없는 것으로 믿게 한 경우와 같이 대리인 등이 당해 상표 또는 이와 유사한 상표를 출원하여도 공정한 국제거래질서를 해치지 아니하는 것으로 볼 수 있는 경우 등도 포함된다.[8] 본 규정은 상표권자의 '대리인이나 대표자'뿐 아니라 '그 행위일 전 1년 이내에 대리인 또는 대표자이었던 자'에게도 적용된다.[9] 2001년 본 규정 도입 당시에는 "그 행위를 한 날부터 1년 이전에 대리인이나 대표자이었던 자"라고 규정되어 있었는데, 상표법 대응 규정("상표등록출원일 전 1년 이내")과 같이 행위일 기준 과거 방향의 의미임을 명확히 하기 위해 "그 행위일 전 1년 이내"로 개정하였다.[10]

---

4) 이기리, 온주 부정경쟁방지법, 제2조 제1호 (사)목(2016. 9. 26.).

5) 윤태식, 「부정경쟁방지법」, 박영사(2021), 157~159. 일본 부정경쟁방지법 제2조 제1항 제22호는 '상표에 관한 권리(상표권에 상당한 권리에 한한다)'라고 규정하여 대상 권리의 범위가 너무 넓어지는 것을 제한하고 있는 것에 비추어 보면 법 개정을 통해 문언을 명확히 할 필요가 있다고 한다.

6) 대법원 2013. 2. 28. 선고 2011후1289 판결.

7) 대법원 2003. 4. 8. 선고 2001후2146 판결.

8) 대법원 2016. 7. 27. 선고 2016후717, 724, 731, 748, 755, 762, 779, 786 판결.

9) 파리협약 자체에는 '대리인이나 대표자'에 대해서만 규정하고 있고 '그 행위일 전 1년 이내에 대리인 또는 대표자이었던 자'는 대상에 포함하고 있지 않다.

10) 국회 지식경제위원회, 부정경쟁방지 및 영업비밀보호에 관한 법률 일부개정법률안 검토보고서(2011. 10.), 23~25. 한편, 상표법 대응 규정의 경우, 2016년 상표법 전부 개정 시 조약국 상표권자의 동의 없는 상표등록을 제한하는 출원인의 범위를 종전 '대리인이나 대표자이었던 자'에서 '동업·고용 등 계약관계나 업무상 거래관계 또는 그 밖의 관계'로 확대하였다(현행 상표법 제34조 제1항 제21호). 또한, 위와 같은 관계에 '있거나 있었던 자'로 개정하여 종전 '1년 이내(에 대리인이나 대표자이었던 자)'라는 기간 제한도 삭제되었다. 따라서 '상표등록출원을 한 때'를 기준으로 계약관계 등이 반드시 유지되고 있을 필요는 없고, 과거에 계약관계 등이 있었던 자도 적용된다. 특허청, 상표심사기준(특허청 예규 제130호, 2023. 2. 4.), 52102.

3. 사안 검토

채무자는 A가 등록받은 ①~③번 상표가 부착된 ㉮ 골프 퍼터[11]와 ㉯ 기타 제품(퍼터 외 골프 클럽, 골프 가방, 골프 모자, 골프 의류, 골프 액세서리, 지갑, 벨트 등)을 생산·판매하고 있었는데, 채권자는 본 규정을 근거로 표장 사용금지 등 가처분신청을 하였다.[12] 법원은, ㉯ 기타 제품에 대해서는 상표법에 따른 정당한 권리행사로 부정경쟁행위에 해당하지 아니한다고 보았지만,[13] ㉮ 골프 퍼터에 대해서는 본 규정상 부정경쟁행위에 해당한다고 보았다.[14]

채무자의 가처분 이의신청에 대해 법원은, 채권자 승계참가인의 채권자 지위 승계를 인정하고 이 사건 가처분결정과 같은 이유로 가처분결정을 인가하였다.[15] 하지만 대상결정은, 본 규정은 국제적인 부정경쟁을 방지하기 위해 과거의 대리인·대표자의 행위를 규제하지만 과도하게 장기간 규제하는 것은 가혹하다는 취지에서 '그 행위를 한 날로부터 1년'이라는 제한을 둔 것이므로 속지주의 예외 규정으로서의 성격상 요건 해석에 엄격성이 요구된다고 보았고, '그 행위일 전 1년 이내'의 의미에 대한 두 가지 해석 즉, ① 대리인 등 관계 종료 후 1년 이내에 행위를 시작한 경우에는 본 규정이 적용된다는 입장(채권자의 주장)과 ② 대리인 등 관계 종료 후 1년 이내의 행위에 대해서만 본 규정이 적용된다는 입장 중에서 후자를 채택하였다.[16] 이 사건에서 채권자와 채무자 사이의 대리점 관계는 2010. 1.경 종료되었는데, 이 사건 가처분 결정일인 2010. 11. 23. 당시의 채무자의 행위는 대리인 등 관계 종료 후 '1년 이내'의 행위에 해당하였지만, 대상결정일인 2011. 10. 27. 당시의 채무자의 행

---

11) 그 포장상자, 카탈로그, 선전광고물도 신청의 대상이다.

12) 본 규정 외에 (i) 계약상 사용 중지 의무, (ii) 부정경쟁방지법 (가)목 또는 (나)목에 근거한 신청도 있었지만 해당 쟁점에 대한 해설은 생략한다.

13) A가 등록받은 ①~③번 상표 출원·등록에 대해 채권자의 묵시적 동의가 있었고, 골프 퍼터 외 기타 제품에 대해서는 애초부터 채권자가 채무자에게 이를 직접 제조하도록 하고 이 사건 상표와 동일·유사한 표장을 부착하여 판매하는 것을 허락하였으므로 채무자는 골프 퍼터를 제외한 기타 제품에 관해서는 채권자의 국내 판매대리점의 지위에 있지 않다는 것이 법원의 판단이다.

14) 서울중앙지방법원 2010. 11. 23. 자 2010카합860 결정. 골프 퍼터와 관련하여, 채무자는 채권자의 국내 '판매' 대리점의 지위만을 가지고 있었고, 이 사건 제2차 계약 해지 통보(2010. 1.경) 이후 독자적으로 제조·판매하고 있는바, 채무자는 채권자의 '대리인·대표자 또는 1년 이전에 대리인·대표자이었던 자'에 해당하고, 비록 ①~③번 상표 출원·등록에 대해 채권자의 묵시적 동의가 있었더라도 그 승낙의 목적 내지 의사를 잘 알고 있었으므로 ①~③번 상표를 부착한 골프 퍼터를 독자적으로 제조·판매하는 것은 신의성실의 원칙에 반하거나 권리남용에 해당한다고 보았다.

15) 서울중앙지방법원 2011. 6. 30. 자 2010카합3819 결정.

16) 日本 大阪地判 平成12年12月14日 平成9(ワ)11649号 判決도 대상결정과 마찬가지 입장이다. 즉, '1년 이내'란 대리인 관계 소멸 후 1년 이상이 경과하고 나서 전 대리점이 동맹국 등록 상표와 유사한 상표를 이용하여 경쟁행위를 시작하는 경우를 제외하는 취지라는 원고의 주장을 받아들이지 않고, 원고들과의 대리 관계 종료 후 1년에 이르는 시기까지의 행위에 대해 본 규정에 대응하는 일본 부정경쟁방지법 규정이 적용될 수 있다고 보았다.

위는 대리인 등 관계 종료 후 '1년 이후'의 행위에 해당하므로 본 규정이 적용되지 않는다고 본 것이다.[17] 본 규정의 취지에 비추어 볼 때 만일 ①과 같은 입장을 취할 경우 과거 대리인·대표자의 행위를 과도하게 장기간 규제하게 된다는 점에서 ①의 입장은 채택하기 어렵다고 보인다.[18] 한편, A가 출원하여 등록받은 ①~③번 상표의 상표권은 현재 주식회사 甲에 이전되어 등록이 유지되고 있는 상태이다.[19]

Ⅲ. 대상결정의 의의

본 규정과 마찬가지로 파리협약 제6조의7에 근거하고 있는 상표법 대응 규정(제34조 제1항 제21호) 관련 판결은 다수 있지만 본 규정 관련 판결이나 결정은 찾기 어렵다. 본 규정 중 '대리인이나 대표자', '정당한 사유' 등의 의미에 대해서는 상표법 대응 규정 관련 판결이 참고가 되지만 '그 행위일 전 1년 이내에 대리인이나 대표자이었던 자'의 의미에 대한 판시는 찾아볼 수 없었는데 대상결정은 본 규정의 취지에 기초하여 '1년 이내'의 의미를 명확히 하였다. 즉, 대리인 등의 관계가 종료된 후 1년까지의 행위만 본 규정 적용 대상이 된다는 점을 분명히 한 점에 대상결정의 의의가 있다.[20]

키워드

상표권, 파리협약, 속지주의, 대리인이나 대표자, 행위일 전 1년 이내

17) 이러한 점을 고려하여 소송총비용은 각자 부담하는 것으로 결정하였다.

18) 일본의 경우 상표법(출원일 전 1년 이내)과 부정경쟁방지법(행위일 전 1년 이내) 모두 '1년'이라는 기간 제한을 두고 있는 반면, 우리나라의 경우 상표법에서는 '1년 이내'의 요건이 삭제된 상태이다. 만일 본 규정의 운영상 문제점이 확인된다면 법 개정 검토가 필요할 것이다. 관련 문제에 대해서는 최정열·이규호(주 3), 172 참조.

19) ①번, ③번 상표에 대해서는 상표법 대응규정에 해당하는 상표라는 이유로 상표등록 취소심판이 청구되었다. 특허심판원은 이 사건 등록상표는 청구인의 동의가 있는 등 정당하게 출원한 상표라고 보아 심판 청구를 기각하였다(특허심판원 2010. 12. 13. 자 2010당1027 심결; 특허심판원 2010. 12. 13. 자 2010당1029 심결). 특허법원은 당사자의 파산에 따른 심판절차의 중단·수계에 관한 법리오해의 위법을 이유로 두 심결 모두 취소하였지만(특허법원 2011. 12. 30. 선고 2011허361 판결; 특허법원 2011. 12. 30. 선고 2011허385 판결), 두 사건 모두 심결 취소 후 심판청구가 취하되었다.

20) 따라서 본 규정에 기초한 부정경쟁행위금지(가처분 포함)는 매우 제한적으로 허용될 가능성이 높고 대리인 등의 관계가 종료된 후 1년까지의 행위에 대한 손해배상청구를 통한 구제를 받을 수밖에 없을 것이다. 최정열·이규호(주 3), 172.

[35] 분쟁해결정책 약관에 기한 도메인이름 이전 강제조정결정에 있어 준거법과 불법행위 및 부당이득 성부

—대법원 2008. 4. 24. 선고 2005다75071 판결—

최 성 준 (서울고등법원)

[사실 개요]

1. 원고는 도메인이름 'hwweb.com'을 등록하여 이메일 서비스를 제공하는 자인데, 위 도메인이름 등록 시 '통일 도메인이름 분쟁해결정책'에 동의하였다.
2. 피고는 'hp'를 표장으로 사용하는 회사로, 위 해결정책에 따라 분쟁조정기관(미국 국가중재위원회)에 위 도메인이름의 이전을 구하는 조정을 신청하였다.
3. 위 분쟁조정기관은 혼동 가능성, 원고의 위 도메인이름에 대한 이해관계 부재, 원고의 악의 등을 인정하여 피고의 신청을 인용하는 결정을 하였고, 피고는 위 결정에 따라 위 도메인이름을 이전받았다.

[판결 요지]

1. 국제인터넷주소관리기구(The Internet Corporation for Assigned Names and Numbers, ICANN)의 '통일 도메인이름 분쟁해결정책'(Uniform Domain Name Dispute Resolution Policy)은 도메인이름 등록기관과 도메인이름 등록인 사이에 합의된 등록약관의 내용에 편입되어 도메인이름 등록인과 상표 또는 서비스표에 관한 권리를 가진 자(제3자) 사이에 도메인이름을 둘러싸고 분쟁이 발생한 경우 그 등록의 유지·취소·이전 등에 관한 판단을 신속히 내려 등록행정의 적정성을 향상시키기 위한 등록기관의 행정절차에 관한 규정으로서, 의무적 행정절차(Mandatory Administrative Proceeding)에서 도메인이름 등록기관과 그 등록인 및 제3자에 대하여 구속력을 가짐에 불과하고, 도메인이름 등록인과 제3자 사이에 이를 의무적 행정절차 외에서도 분쟁해결의 기준으로 삼기로 합의하는 등 특별한 사정이 없는 한 의무적 행정절차 외에서 도메인이름 등록인과 제3자를 규율하는 구속력을 가지는 것은 아니다. 따라서 도메인이름 등록인과 제3자 사이의 도메인이름에 관한 소송을 심리·판단하는 법원은 특별한 사정이 없는 한 분쟁해결정책에 의할 것이 아니라 당해 사건에 적용 가능한 법률에 의하여 당해 사건을 심리·판단하여야 한다.

2. 구 섭외사법(2001. 4. 7. 법률 제6465호 국제사법으로 전문 개정되기 전의 것) 제13조에 의하면, 외국적 요소가 있는 섭외사건에 있어서 불법행위 또는 부당이득으로 인하여 생긴 법정채권의 성립 및 효력은 그 원인된 사실이 발생한 곳의 법에 의하여야 하는

데, 불법행위에 있어 원인된 사실이 발생한 곳이라 함은 불법행위를 한 행동지뿐만 아니라 손해의 결과발생지도 포함하고, 부당이득에 있어 원인된 사실이 발생한 곳은 그 이득이 발생한 곳을 말한다.

3. "hp"라는 표장에 대한 상표권자인 미합중국 법인이 도메인이름 "hpweb.com"의 등록인인 甲(한국인)을 상대로 하여 국제인터넷주소관리기구(ICANN)의 '통일 도메인이름 분쟁해결정책'에서 정한 바에 따라 분쟁해결기관에 분쟁조정신청을 하고 그 결과에 따라 위 도메인이름을 이전받은 행위에 대하여 甲이 불법행위에 기한 손해배상을 청구한 사안에서, 위 이전등록으로 甲이 국내에서 위 도메인이름을 사용하지 못하게 되었으므로 대한민국법이 준거법이 되며, 우리 법상 위 이전등록행위는 위법성이 없다고 판단한 사례.

4. "hp"라는 표장에 대한 상표권자인 미합중국 법인이 도메인이름 "hpweb.com"의 등록인인 한국인 甲을 상대로 하여 국제인터넷주소관리기구(ICANN)의 '통일 도메인이름 분쟁해결정책'에서 정한 바에 따라 분쟁해결기관에 분쟁조정신청을 하고 그 결과에 따라 위 도메인이름을 이전받은 사안에서, 이전등록 당시 상표권자에게 도메인이름의 사용금지를 구할 실체법적 권리가 없었다면 비록 그 이전등록이 분쟁해결기관의 조정결정에 따른 것이라 하더라도 법률상 원인이 없는 것으로서 부당이득이 성립할 여지가 있으므로, 구 섭외사법(2001. 4. 7. 법률 제6465호 국제사법으로 전문 개정되기 전의 것) 제13조에 따라 준거법을 결정하여 甲의 도메인이름 반환청구의 당부를 판단하여야 한다고 한 사례.

해설

Ⅰ. 대상판결의 쟁점

원고는 '통일 도메인이름 분쟁해결정책'(UDRP, 이하 '해결정책'이라 한다)에 동의하였으나, 피고의 신청에 의한 국제인터넷주소관리기구 지정 분쟁해결기관(미국 국가중재위원회)의 도메인이름 이전 결정에 불복하면서, 제1심 법원에 피고를 상대로 원고에게 도메인이름을 이전하거나 또는 피고의 위 도메인이름에 관한 침해금지청구권의 부존재 확인을 선택적으로 청구하였다.

원고는 도메인이름의 이전을 구하는 청구원인으로 불법행위 또는 부당이득을 주장하였는데, 해결정책의 의무적 해결절차 외에서의 구속력과 각 청구원인별로 준거법이 쟁점이 되었다. 또한 도메인이름의 반환을 구할 수 있는지, 불법행위가 성립하지 않더라도 부당이득이 성립할 수 있는지, 도메인이름과 인터넷의 특성상 구 섭외사법상 이득발생지의 의미가 쟁점이 되었다.

Ⅱ. 대상판결의 분석

1. 해결정책의 규범력과 준거법

먼저 해결정책은 국제인터넷주소관리기구에 의한 의무적 행정절차에서는 구속력을 갖는데, 그 이론 구성에 관하여 도메인이름 등록인과 등록기관 사이에 체결된 제3자(분쟁조정신청)를 위한 계약으로 보고, 분쟁조정신청인이 조정을 신청함으로써 수익의 의사표시를 한 것으로 보는 견해, 등록인과 등록기관 사이에 그리고 등록기관과 분쟁조정신청인 사이에 순차로 합의가 이루어졌다는 견해, 위 순차 합의에 의해 등록인과 분쟁조정신청인 사이에 묵시적 합의가 성립하였다는 견해, 위와 같은 이론 구성 대신 분쟁해결기관에 의한 조정이므로 그 분쟁해결기관 내에서는 해결정책이 당연히 규범력을 갖는다는 견해[1)]가 있다. 판례[2)]는 순차적 동의에 의해 구속력을 갖는다는 입장이다.

의무적 행정절차 외의 일반 소송 등에 있어서는, 대상판결은 해결정책이 약관에 불과하므로 규범력을 갖지 않는다고 한다. 이에 따라 등록인이 의무적 행정절차 외에서도 해결정책에 구속되기로 하는 의사가 인정되지 않는 한, 구 섭외사법·국제사법 등에 따라 준거법이 결정되게 된다(반면 해결정책은 법원의 심리에서도 실체법상 근거로 하기로 하는 내용의 제3자를 위한 계약이므로 법원을 구속한다는 견해도 제기된다[3)]).

대상판결은 국제사법 부칙에 따라 구 섭외사법(2001. 4. 7. 법률 제6465호로 개정되기 전의 것)이 적용되고, 피고가 분쟁해결기관의 결정에 의해 도메인이름을 이전받은 행위가 불법행위라는 원고의 주장에 관하여는, 불법행위의 행동지 또는 손해의 결과발생지가 준거법이 된다고 한다. 대상판결에 따라 제2차환송후원심은 원고에게 영업상 손해가 발생한 대한민국의 법이 준거법이 된다고 보았고, 위 판결은 상고기각으로 확정되었다.

피고가 도메인이름을 이전받아 부당이득이 성립한다는 원고의 주장에 관하여는, 대상판결은 부당이득의 원인된 사실이 발생한 곳의 법이 준거법이 된다고 하고, 제2차환송후원심은 피고에게 이익이 발생한 미국 캘리포니아주의 법이 준거법이 된다고 하며, 이 또한 상고기각으로 확정되었다. 이에 대하여는 도메인 등록기관의 소재지인 미국 버지니아주의 법이 준거법이 된다거나,[4)] 도메인이름을 통해 전 세계적 영업이 가능하므로 미국 캘리포니아주에만 해당하는 것은 아니라는 주장도 있다.

---

1) 강영수, "UDRP의 구속력과 도메인이름 관련 국제분쟁의 준거법", 「민사판례연구」 제32권(2010), 669.
2) 대법원 2005. 1. 27. 선고 2002다59788 판결(이 사건 제1차 환송판결).
3) 한상호, "도메인이름 관련 분쟁의 새로운 동향과 해결방안에 관한 검토," 「심당 송상현교수 화갑기념논문집」(2002), 1007~1008.
4) 임채웅, "도메인이름을 둘러싼 분쟁에 관한 연구", 「인터넷 법률」 제47권, 법무부(2009), 198.

2. 불법행위 및 부당이득 성부

대상판결은 분쟁해결기관의 결정에 따라 도메인이름을 이전받은 행위는 불법행위가 될 수 없다고 한다. 이에 대하여 분쟁조정신청이 사실상 소송사기에 해당하지 않는 한 이를 긍정하는 견해가 다수이다. 한편, 대상판결은 도메인이름 이전이 불법행위에 해당하지 않더라도 실체법상 원인을 결여하였다면 부당이득이 성립한다고 한다. 이에 따라 제2차환송후 원심은 원고에게 미국 연방상표법상 도메인이름 반환 청구권이 있는지 여부(이미 피고가 도메인이름을 이전받았으므로), 피고가 미국 캘리포니아주법에 따른 부당이득을 하였는지 여부를 심리하여 부당이득이 성립하지 않는다고 판단하였고, 이는 상고기각으로 확정되었다. 한편, 피고의 표장 "hp"가 주지상표가 아니라거나, 공익적 사유에서 특정인의 독점이 부당하다는 견해도 있다.[5)]

3. 도메인이름 이전 청구

도메인이름 이전 청구에 관하여, 명예훼손 등을 제외하고는 불법행위에 의한 손해는 금전배상이 원칙이므로 도메인이름의 반환을 구할 수 없다거나(이에 따르면 실체판단에 나아갈 필요가 없다)와 부당이득에 있어서도 이전 청구를 인정할 근거가 없다는 비판이 있었고, 이에 대하여 도메인이름은 물권에 준하는 절대권적 성질이 있으므로 도메인이름의 이전을 구할 수 있다는 견해가 제기되었다.[6)] 다만, 이후 「인터넷주소자원에 관한 법률」이 제정되어 도메인이름의 등록이전을 구할 수 있게 되었다.

Ⅲ. 대상판결의 의의

대상판결은 도메인이름 등록인이 제3자와의 사이에서 해결정책을 의무적 해결절차 외에서도 분쟁해결의 기준으로 합의하는 등의 사정이 없는 한 재판규범으로서는 효력이 없다는 점과 도메인이름에 관한 분쟁에 있어 불법행위 및 부당이득에 있어 준거법을 결정하는 방법을 제시한다. 또한, 분쟁해결절차에 따라 도메인이름을 이전받더라도 부당이득이 성립할 수 있다고 하여 등록인의 구제 수단을 허용하였다는 점에서 의의가 있다.[7)]

---

5) 임채웅(주 4), 201.
6) 임채웅(주 4), 198.
7) 부정경쟁방지법 제2조 제1항 (아)목은 '정당한 권원이 없는 자가 (1) 상표 등 표지에 대하여 정당한 권원이 있는 자 또는 제3자에게 판매하거나 대여할 목적, (2) 정당한 권원이 있는 자의 도메인이름의 등록 및 사용을 방해할 목적, (3) 그 밖의 상업적 이익을 얻을 목적으로 국내에 널리 인식된 타인의 성명, 상호, 상표, 그 밖의 표지와 동일하거나 유사한 도메인이름을 등록·보유·이전 또는 사용하는 행위'를

키워드

도메인이름, 통일 도메인이름 분쟁해결정책(UDRP), 의무적 행정절차

부정경쟁행위로 규정하고 있는데, 이 사건에서 원고의 도메인이름의 등록, 보유 및 사용 행위는 부정경쟁방지법 제2조 제1호 (아)목에 정한 부정경쟁행위에 해당하는지도 문제될 수 있다. 그러나 이 부분과 관련하여 대상판결은, '부정경쟁방지법 제2조 제1호 (아)목은 2004. 1. 20. 법률 제7095호로 신설되어 2004. 7. 21.자로 시행된 규정이고, 이 사건에서 원고는 1999. 11. 23. 이 사건 도메인이름을 등록하여 사용하던 중 분쟁해결기관의 도메인이름 이전결정에 따라 위 법 규정 시행 이전인 2000. 9. 29. 이미 도메인이름 등록기관이 이 사건 도메인이름을 피고에게 이전등록하였으므로, 그 이전등록 당시 피고에게 원고의 이 사건 도메인이름 등록·사용에 대하여 위 (아)목 위반을 이유로 한 금지청구권이 있다거나 원고에게 위 (아)목 위반의 위법이 있다고 할 수 없다.'고 판단하였다.

[36] '미러링' 방식으로 운영하는 인터넷 사이트 개설 · 운영과 부정경쟁행위 및 데이터베이스제작자의 권리 침해 여부

— 서울고등법원 2016. 12. 15. 선고 2015나2074198 판결[1] —

이 규 홍 (서울고등법원)

[사실 개요]

1. 원고는 2007.경부터 '엔하위키(enhawiki)'라는 명칭의 인터넷 사이트를 운영하여 왔고, 2012. 3.경 위 사이트의 명칭 및 도메인 이름을 '리그베다위키(http://rigvedawiki.net)'로 변경하였다(이하 '원고 사이트'). 원고 사이트는 인터넷을 통하여 각 주제어별로 그에 관한 설명을 제공하는 온라인 백과사전의 일종으로서, 이용자들이 특정한 주제어에 관한 게시물을 자유롭게 작성하여 게시 · 수정하는 방식으로 운영되었다.
2. 피고는 2009.경부터 'http://mirror.enha.kr' 등 이 사건 도메인이름을 이용하여 미러링 방식으로 원고 사이트의 '위키' 게시물 전부를 복제한 '엔하위키 미러'라는 명칭의 인터넷 사이트(이하 '피고 사이트')를 개설하여 운영하고 있다. 피고는 Google 애드센스와 광고계약을 체결하고 피고 사이트에서 광고를 게시하고 있다.

[판결 요지]

1. 원고의 영업표지인 '엔하위키'는 '온라인 백과사전 사이트 운영업'을 표시하는 표지로서 국내에 널리 인식되어 있는데, 피고가 이와 유사한 '엔하위키 미러'를 사용하여 동종영업을 영위함으로써 수요자들로 하여금 원고의 영업상의 시설 또는 활동과 혼동하게 하고 있으므로 피고의 이러한 행위는 부정경쟁방지법 제2조 제1호 (나)목에서 정한 부정경쟁행위에 해당한다(유사 명칭 사용).

2. 피고는 정당한 권원 없이 광고 수익 등 상업적 이익을 얻을 목적으로 원고의 영업표지인 '엔하위키'와 동일 또는 유사한 이 사건 도메인이름을 등록·보유·사용하였으므로 피고의 이러한 행위는 같은 호 (아)목에서 정한 부정경쟁행위에 해당한다(유사 도메인이름 사용).

3. 원고 사이트는 저작권법에 따른 데이터베이스이고, 원고는 원고 사이트의 제작 또는 그 소재의 갱신·검증 또는 보충에 인적 또는 물적으로 상당한 투자를 한 자로서 원고 사이트에 대하여 데이터베이스제작자로서의 권리를 가지는데, 피고가 원고의 허락 없이

---

1) 대법원 2017. 4. 13. 선고 2017다204315 판결(심리불속행)로 확정되었다.

원고 사이트에 게재된 개별 정보를 대량으로 복제하는 방법으로 피고 사이트를 운영하여 원고 사이트의 전부 또는 상당한 부분을 무단으로 복제·전송함으로써 데이터베이스제작자로서의 원고의 권리를 침해하였다(데이터베이스제작자 권리 침해).

해설

Ⅰ. 대상판결의 쟁점

현재 플랫폼 산업생태계에서 다양한 데이터를 수집·분석하여 필요한 정보를 추출하고 이를 활용하여 가치창출을 하는 것은 고객이 원하는 정보와 서비스를 제공하여 매출을 일으켜야 하는 기업에게는 핵심경쟁력이라 할 수 있다. 특히 최근 인공지능(AI) 관련 빅데이터 활용기술이 큰 각광을 받으며 데이터 활용 관련 사건이 국내외적으로 급증하고 있는데, 대상판결은 관련 쟁점이 법원에서 본격적으로 다투어진 최초의 사안이라 할 수 있다.

특히 대상판결은 크롤링 방식 중 '미러링(mirroring)'[2]에 의한 데이터 수집 및 제공 사안으로, 이후 선고된 잡코리아 2심 판결,[3] 야놀자 형사판결[4] 등 크롤링 관련 사안이 일부 정보만 선택적으로 수집·사용하는 형태인 점, 대상판결은 원고 사이트를 구성하는 개별게시물 및 목차, 색인이 이용자들의 자발적인 참여에 의한 온라인 협동작업을 통한 결과물(저작물)이라는 점에서 이후 사안들과 차별성이 있다.

한편 데이터를 보호하는 방법은 저작권법상 데이터베이스제작자의 권리보호조항(저작권법 제93조), 부정경쟁방지법상의 '성과 등 무단사용행위'[5] 금지조항[부정경쟁방지법 제2조 제1호 (파)목, 이하 '( )목'으로만 표기한다]과 2021년 도입된 데이터부정사용 금지조항[(카)목]이 있다. 이하 대상판결에 적용된 (나)목, (아)목과 저작권법상 데이터베이스제작자 권리침해를 설명하는바,[6] 위 잡코리아 2심 판결, 야놀자 형사판결에서 설시된 저작권법 관련 쟁점 논의

---

2) 특정 인터넷 사이트에 집적된 자료 전부를 다른 인터넷 사이트로 그대로 복사하여 오는 것을 말하는데, 크롤링(crawling, 스크래핑)과 미러링은 데이터가 '크롤러(crawler)'에 의하여 수집되는 점은 같으나 미러링은 수집된 데이터를 추가가공하지 아니하고 그대로 서비스한다는 점에서, 저장위치에 대한 분류작업과 대량으로 가져온 데이터를 추출하여 특정형태로 저장하는 크롤링과 상이하다고 한다. 김준성, "데이터 크롤링의 계약적 제한에 관한 소고", 「법학연구」 제63권, 부산대학교 법학연구소(2022), 224.

3) 서울고등법원 2017. 8. 24. 선고 2016나2019365 판결(심리불속행).

4) 대법원 2022. 5. 12. 선고 2021도1533 판결.

5) 타당한 약칭 등 전반적 사항은 이규홍, "부정경쟁방지법 제2조 제1호 차목(변경 후 카목)에 대한 연구", 「정보법학」 제22권 제2호, 한국정보법학회(2018), 63.

6) (파)목 부분은 가처분결정 및 본안 1심판결에서 모두 받아들여진 바 있으나 대상판결에서는 주위적 주장인 데이터베이스제작자의 권리침해가 받아들여짐으로 인하여 판단되지 아니하였다. (파)목과 신설된

를 필요한 범위 내에서 같이 설명한다.7)

Ⅱ. 대상판결의 분석

1. 유사 명칭 사용[(나)목], 유사 도메인이름 사용[(아)목]

우선, 유사 명칭 사용에 관하여 보면, 원고 사이트는 '위키' 방식의 온라인 백과사전 사이트로서는 국내 세 번째 규모에 해당한 점에 비추어 '엔하위키'는 원고의 영업표지로서 늦어도 2013. 7. 무렵에는 온라인 백과사전을 이용하는 국내의 인터넷 사용자들 사이에서 널리 알려졌다8)고 보았고, '엔하위키 미러' 중 수요자들의 주의를 끄는 요부는 '엔하위키'이므로 피고 표지의 요부는 원고 표지와 그 외관, 호칭, 관념이 동일하고, '엔하위키 미러'라는 명칭으로 운영한 피고 사이트가 원고의 영업이거나 이들 사이에 자본, 조직 등에 밀접한 관계가 있다고 일반 수요자들로 하여금 혼동하게 할 염려가 있다고 보았다.

다음, 유사 도메인이름 사용9)에 관하여는 앞서 본 주지성 및 동일유사 요건이 인정되고, 나아가 이 사건 도메인이름으로 개설한 피고 사이트에서 Google 애드센스와 체결한 광고계약에 기한 광고를 게시한 점에서 적극적으로 재산상 이익을 얻을 목적도 있었다고 보아 부정경쟁행위로 인정하고 있다.

(카)목 관련 논의는 야놀자 민사사건의 평석 참조.

7) 대상판결과 같은 사안에 관한 서울중앙지방법원 2015. 5. 14. 자 2014카합114 결정(서울고등법원 2016. 5. 25. 자 2015라1328 결정으로 확정)에 설시된 바와 같이 원고 사이트의 게시물은 이용 약관에 의하여 모두 원고의 저작물에 해당하므로, 피고가 이를 무단으로 복제하여 피고 사이트에 게시하는 행위는 위 게시물에 관한 원고의 저작권을 침해한다는 주장이 있었다. 이에 법원은 '위 약관 조항이 채권자의 주장과 같이 게시물의 저작권을 양도하는 내용이라고 단정하기 어렵고, 그렇지 않다면 공정성을 잃은 약관으로서 무효로 봄이 상당하다'며 원고가 피고 사이트에 게시된 개별 게시물의 저작권자라고 볼 수 없다고 설시하였다. 대상판결은 후술하듯이 '타인이 저작권을 갖는 개별 소재의 존재'가 데이터베이스 제작자 보호와는 별개의 것임을 분명히 한 바 있다. 참고로 위 약관의 존재는 가처분사건 발생 전에는 아무도 몰랐던 것으로, 약관의 내용이 알려지자 리그베다위키가 이용자들의 지식 기여를 사유화하여 관리자의 사익을 추구한다는 여론이 분출되어 '기여 철회' 행위가 속출하였고 정보사유화를 부정한 '나무위키'의 등장으로 리그베다 위키가 붕괴되었다고 한다. 조강래, "정보의 사유화에 관한 법적 소고", 「KHU 글로벌 기업법무 리뷰」 제9권 제2호, 경희법학연구소(2016), 163.

8) (나)목의 '국내에 널리 인식된'은 타인의 표지의 식별력이나 명성을 손상에 관한 (다)목이 '주지의 정도를 넘어 저명 정도에 이른 것'을 요구하는 것과 다르다. 1심 재판시 원고가 (다)목 주장하였으나 저명성 흠결로 기각된 바 있다.

9) 도메인이름 보호와 관련하여 '인터넷주소자원에 관한 법률'과의 관계에 관하여는 정상조 편집대표, 「부정경쟁방지법 주해」, 박영사(2020), 102~108(최성준 집필부분).

2. 데이터베이스제작자의 권리 보호

가. 데이터베이스제작자의 권리 침해 여부

원고가 데이터베이스제작자에 해당하는지는, 원고 사이트에 집적된 20만 건 이상에 이르는 게시물 대부분은 이용자가 작성하거나 이를 수정하여 온 것으로 보이고 원고 사이트는 위키 특성상 색인까지도 이용자들이 자유롭게 수정 및 편집할 수 있는 것으로 보이기는 한다. 하지만 대상판결은 원고가 인적 또는 물적으로 상당한 투자를 하였음을 인정하여 원고를 데이터베이스제작자로 판단하고 있다. '자생적 백과사전류'의 사이트 운영자 역시 사이트 제작·관리에 인적·물적으로 상당한 투자를 하였다면 데이터베이스제작자로서의 권리를 가질 수 있음이 인정된 것이다.[10] 이미 생산된 개별 소재라면 그 소재 자체가 저작권의 대상인지, 그 저작권자가 누구인지와 무관하게, 그 수집이나 소재의 배열과 구성 등의 편집이 데이터베이스의 제작에 포함될 것인데, 개별 소재의 생산비용이 적지 않을 경우 그 수집행위가 별도로 성과 등 무단사용행위로 될 수도 있는지, 만일 생산과 수집이 분리할 수 없을 정도로 연결된 경우 어떻게 보아야 할지 등이 향후 논의대상이라 한다.[11]

이와 관련하여 야놀자 형사판결은 데이터베이스 제작자의 권리침해요건을 설시한 후 원심이 다음과 같은 사정을 들어 데이터베이스제작자의 복제권 침해로 인한 저작권법위반의 점을 무죄로 판단한 점을 수긍하고 있다. 즉 '① 피고인 ○ 등이 피해자 회사의 API 서버로부터 수집한 정보들은 피해자 회사의 숙박업소 관련 데이터베이스의 일부에 해당한다. ② 위 정보들은 이미 상당히 알려진 정보로서 그 수집에 상당한 비용이나 노력이 들었을 것으로 보이지 않거나 이미 공개되어 있어 이 사건 앱을 통해서도 확보할 수 있었던 것이고, 데이터베이스의 갱신 등에 관한 자료가 없다. ③ 이러한 피고인 ○ 등의 데이터베이스 복제가 피해자 회사의 해당 데이터베이스의 통상적인 이용과 충돌하거나 피해자의 이익을 부당하게 해치는 경우에 해당한다고 보기 어렵다'는 것이다. 상당한 투자의 대상은 '복제 등이 된 부분에 포함되어 있는 개별 소재 자체의 가치나 그 개별 소재의 생산에 들어간 투자'가 아닌 '데이터베이스제작자가 그 복제 등이 된 부분의 제작 또는 그 소재의 갱신·검증 또는 보충'이라고 하여 데이터베이스제작자의 투자보호 대상을 구체적으로 특정한 것이다.

---

10) 데이터베이스제작자의 권리와 관련하여 대상판결은 복제권, 전송권 침해를 인정(공표권은 이미 원고 사이트 개설로 공중에 공개되었음을 이유로 침해를 부정하고 있다)하고 있음에 반하여, 잡코리아 2심 판결은 원고의 마케팅비용증가와 순이익 감소를 지적하면서 '원고의 데이터베이스 제작자의 권리가 침해되었다'라고만 판시하고 있다. 대상판결처럼 침해되는 저작권의 지분권이 명시되었어야 할 것이다.

11) 정현순, "저작권법상 데이터베이스제작자 권리 침해에 관한 연구", 「계간저작권」 2022 가을호, 한국저작권위원회(2022), 165, 184~185.

나. 평가

야놀자 형사판결에 대하여는 유럽연합사법재판소(CJEU)가 데이터베이스를 저작권과 구별되는 독자적 권리로 보호하는 1996년 '데이터베이스 지침'[12] 관련 쟁점(재산권보호방식이 가져올 정보독점의 문제점)을 다룬 BHB(영국경마위원회) 사건[13]에서 제시한 해석론을 수용하여 데이터베이스권 침해요건을 구체화한 것이라는 평가가 있다. 한국에서는 저작권법 제93조 제2항 단서의 간주규정을 적용하여 침해를 인정한 사례들이 많았다고 하며[14] 이는 질적/양적 상당성에 대한 판단기준이 불명확했기 때문인바 대상판결이 CJEU의 판단기준을 원용하여 상당성 기준을 구체적으로 제시한 점에 의미가 적지 않다고 한다.[15]

Ⅲ. 대상판결의 의의

대상판결은 피고 사이트 개설, 운영 행위와 이 사건 도메인이름을 등록, 보유 및 사용한 행위가 (나)목 및 (아)목에서 정한 부정경쟁행위에 해당하고, 데이터베이스제작자인 원고의 복제권, 전송권을 침해하였음을 인정하고 있다.

대상판결은 데이터베이스제작자의 권리 관련 판결들의 리딩케이스이고, 가처분 결정, 1~3심 판결을 거치면서 다양한 쟁점들이 논의된 바도 있다. 비록 주위적 주장이 인용되어 (파)목 부정경쟁행위 판단이 이루어지지 않았지만 데이터베이스제작자 권리보호요건은 이후 야놀자 형사판결을 통하여 구체화되었다. '자생적 백과사전류' 소셜저작물과 관련하여 최초로 데이터베이스제작자 보호를 인정한 판결로도 그 의의를 부여할 수 있을 것이다.

키워드

데이터베이스제작자, 미러링, 크롤링, 위키, 도메인이름, 영업주체혼동

---

12) DIRECTIVE 96/9/EC OF THE EUROPEAN PARLIAMENT AND OF THE COUNCIL of 11 March 1996 on the legal protection of databases.

13) The British Horseracing Board Ltd and Others v William Hill Organization Ltd. Judgment of the Court of 9, November 2004. 경마산업 운영과정에서 취득한 방대한 정보를 수록한 데이터베이스의 개별소재를 장외 도박회사인 피고가 데이터베이스 접근권한을 보유한 제3자로부터 취득하여 자신의 고객에게 제공한 사건이다. 류시원, "저작권법상 데이터베이스 보호 규정의 재검토", 「지식재산연구」 제18권 제1호, 한국지식재산연구원(2023), 191, 214~215. 기타 외국의 사례는 정현순(주 11), 171~181.

14) 이해완, 「저작권법(제4판)」, 박영사(2019), 1015.

15) 야놀자 형사판결에서 데이터베이스 침해가 부정되었음에도, 민사판결에서는 (파)목의 부정경쟁행위가 인정되었다는 점에서, 저작권법 제93조의 존재의의는 상당히 퇴색되었고, (카)목 도입으로 더욱 그러하다는 주장이 있다. 류시원(주 13), 223~224 ; EU 데이터베이스 지침의 권리부여방식은 실패한 것이라고 평가되므로 이를 모델로 한 저작권법의 적용시 정보의 유통에 과도한 제한을 방지하기 위하여 데이터베이스제작자의 권리범위를 좁게 해석하여야 한다는 의견도 마찬가지이다. 정현순(주 11), 191.

[37] 상품의 용기 · 포장이 상품형태로 인정되기 위한 요건

—대법원 2008. 10. 17. 자 2006마342 결정—

송 현 정 (대전지방법원 홍성지원)

[사실 개요]

신청인 상품의 포장	피신청인 상품의 포장

1. 신청인은 1987년경부터 비스킷류 제품인 “마가렛트”(이하 ‘신청인 상품’)를 생산 · 판매하여 왔는데, 2003년 5월경부터 위 표 왼쪽과 같은 표시 포장을 상품 포장으로 사용하였다.
2. 신청인 상품은 2004년 국내 제과시장에서 매출액 기준으로 비스킷류 제품 중 4위를 차지하였고, 2005년 월 평균 매출액은 20억 원을 상회하였다. 신청인은 2004년 5월경부터 9월경까지 약 10억 원의 비용을 들여 신청인 상품에 대한 TV광고를 실시하였고, 위 상품으로 한국슈퍼마켓협동조합연합회(KOSA)로부터 2004 KOSA 유통대상 제과부문 수상업체로 선정되었다.
3. 피신청인은 2005년 5월경부터 위 표 오른쪽과 같은 표시 포장을 비스킷류 제품인 “마로니에”(이하 ‘피신청인 상품’)의 상품 포장으로 사용하였고, 2005년 9월 및 12월경부터 원심 판시 제3, 4목록 표시 포장(각 생략)과 같이 포장의 도안 및 그림 내용을 약간씩 변경하여 사용하였다.

[판결 요지]

1. 부정경쟁방지법 제2조 제1호 (자)목은 부정경쟁행위의 한 유형으로서 타인이 제작한 상품의 형태를 모방한 상품을 양도 · 대여 또는 이를 위한 전시를 하거나 수입 · 수출하는 행위를 규정하고 있다. 여기에서 “상품의 형태”라고 함은 일반적으로 상품 자체의 형상 · 모양 · 색채 · 광택 또는 이들을 결합한 것을 의미하고, 위와 같은 “상품의 형태”의 범위에 당해 상품의 용기 · 포장이 당연히 포함되는 것은 아니라 할 것이다. 그러나 상품의 용기 · 포장도 상품 자체와 일체로 되어 있어 용기 · 포장의 모방을 상품 자체의 모방과 실질적으로 동일시할 수 있는 경우에는 위 규정상의 상품의 형태에 포함된다. 한편 “모방”이

라 함은 타인의 상품의 형태에 의거하여 이와 실질적으로 동일한 형태의 상품을 만들어 내는 것을 말하며, 형태에 변경이 있는 경우 실질적으로 동일한 형태의 상품에 해당하는지 여부는 당해 변경의 내용·정도, 그 착상의 난이도, 변경에 의한 형태적 효과 등을 종합적으로 고려하여 판단하여야 한다.

2. 신청인 상품의 포장은 그 포장이 상품 자체와 일체로 되어 있어 포장을 모방하는 것이 실질적으로 상품 자체를 모방하는 것과 동일하므로 상품형태에 포함되나, 신청인과 피신청인의 각 상품 포장은 실질적으로 동일한 형태라고 볼 수 없으므로, 피신청인이 신청인의 상품형태를 모방하였다고 보기 어렵다고 한 사례.

해설

Ⅰ. 대상판결의 쟁점

부정경쟁방지법 제2조 제1호 (자)목의 상품형태 모방행위는 2004년 개정된 구 부정경쟁방지법(2004. 1. 20. 법률 제7095호로 개정되어 2004. 7. 21. 시행된 것)에 신설된 부정경쟁행위의 한 유형으로서, 위 규정에 의하여 상품의 형태는 동종의 상품이 통상적으로 가지는 형태가 아닌 한 주지성을 갖추었는지 여부에 관계없이[1] 그 형태가 갖추어진 날로부터 3년간 보호받을 수 있다. 부정경쟁방지법 제2조 제1호 (자)목은 선행자가 자본·노력을 투하하여 얻은 성과인 상품형태를 후행자가 그대로 모방(데드카피, dead copy)하여 무임승차하는 것을 금지하기 위하여 신설된 것으로서, 그 입법취지는 상품개발에 자본·노력을 투자한 시장선행자의 이익을 보호하고, 선행개발자의 개발욕구를 고취하며, 공정한 경쟁환경을 조성하는 데에 있다.[2] 따라서 위 규정은 신규성이나 창작성 등의 문제로 디자인보호법이나 저작권법 등에서 보호하기 어려운 상품형태 그 자체를 보호할 수 있다는 점에서 의의가 크고,[3] 이는 결과적으로 미등록디자인을 보호하는 역할을 수행하게 된다.[4]

---

1) 부정경쟁방지법이 위와 같이 개정되기 이전에는 상품형태가 오랫동안 독점적·배타적으로 사용된 결과 주지성을 갖추어 상품표지로 기능할 정도가 되었을 때에 한하여 '상품표지'로서 보호받을 수 있었다(대법원 2001. 10. 12. 선고 2001다44925 판결 등 참조). 따라서 부정경쟁방지법 제2조 제1호 (자)목의 신설은 주지성이 인정되지 않는 상품형태에 대해서도 보호할 수 있게 되었다는 점에서 큰 의의가 있다[박성호, "부정경쟁방지법에 의한 상품형태의 보호", 「산업재산권」 제23호, 한국산업재산권법학회(2007), 579].

2) 박성호, "부정경쟁방지 및 영업비밀보호에 관한 법률 제2조 제1호 (자)목에서 규정하는 '상품형태 모방행위'의 규제", 「한양법학」 제31권, 한양법학회(2020), 216.

3) 최승재, "상품형태 모방행위에 대한 소프트리 판결의 의미", 법률신문(2016. 12. 12.); 최정열·이규호, 「부정경쟁방지법(제3판)」, 진원사(2019), 182.

상품형태 모방행위에서의 '상품형태'란 상품 자체의 형상·모양·색채·광택 또는 이들을 결합한 것을 말하고 시제품 또는 상품소개서상의 형태를 포함하는데, 대상판결의 사안에서는 신청인 상품의 포장을 '상품형태'로 볼 수 있는지 여부와 피신청인 상품의 포장이 신청인 상품의 포장을 '모방'한 것인지 여부가 쟁점이 되었다. 이하에서는 상품의 용기·포장을 상품형태로 인정하기 위한 요건에 한정하여 살펴본다.

Ⅱ. 대상판결의 분석

상품을 담고 있는 용기·포장이 부정경쟁방지법 제2조 제1호 (자)목의 상품형태에 포함되는지에 관하여,[5] 대상판결의 원심[6]은 '상품의 용기·포장 등이 상품 자체와 일체를 이루어 상품 자체와 쉽게 분리할 수 없는 형태로 결합되어 있지 않는 한 상품형태에 포함되지 않는다고[7] 보기보다는 특별한 사정이 없는 한 상품형태에는 상품 그 자체의 형태뿐만 아니라 상품의 용기·포장도 포함된다고 보는 것이 타당하다'고 보았다. 그러나 대법원은, 상품의 용기·포장이 당연히 상품형태에 포함되는 것은 아니고, 상품의 용기·포장이 상품형태에 포함되려면 "상품 자체와 일체로 되어 있어 용기·포장의 모방을 상품 자체의 모방과 실질적으로 동일시할 수 있는 경우"이어야 한다고 판시하면서, 신청인 상품의 포장은 종이로 만든 직육면체 상자 형상으로서 그 안에 비스킷 상품이 2개씩 포장된 봉지들이 여러 개 담긴 채 봉해져 일체로서 전시·판매되고 있어 포장을 뜯지 않으면 그 내용물이 실제로 외관에 나타나지 않으므로 상품 포장이 상품 자

4) 박성호(주 2), 214.

5) 상품의 용기·포장이 상품형태에 포함되는지 여부에 관하여, 국내 학설은 ① 상품의 용기·포장은 상품형태로서 원칙적으로 보호되지 않고, 다만 액체 등과 같이 상품 그 자체의 형태가 없이 용기의 형태에 의존하는 상품(예: 음료수 등)은 그 상품이 용기와 함께 사용되어 일체성이 있으므로 용기·포장이 상품형태에 포함된다는 견해[황보영, "부정경쟁방지법상 상품형태의 보호", 「지적재산권의 현재와 미래 : 소담 김명신 선생 화갑기념논문집」, 법문사(2004), 346~347], ② 용기·포장이 상품 자체와 일체를 이루어 상품 자체와 쉽게 분리할 수 없는 태양으로 결합되어 있다면 상품형태에 포함된다는 견해[정봉현, "부정경쟁방지법에 의한 상품형태의 보호", 「산업재산권」 제37호, 한국산업재산권법학회(2012), 71~72; 박성호(주 2), 226], ③ 용기·포장 자체의 특징으로 인하여 상품판매에 영향을 미치고 있는 경우 그 용기·포장 자체의 모방행위는 (자)목의 적용대상이 된다는 견해[안원모, "상품형태의 보호－부정경쟁방지법 제2조 제1호 자목을 중심으로", 「산업재산권」 제19호, 한국산업재산권법학회(2006), 310], ④ 용기·포장 그 자체에 대체성이 존재하는 경우를 제외하고 상품의 용기·포장이 해당 상품만을 위하여 제작된 것이라면 상품형태에 대부분 포함되는 것으로 보아야 한다는 견해[구회근, "부정경쟁방지 및 영업비밀보호에 관한 법률 제2조 제1호 자목에 규정된 '상품형태 모방'의 의미", 「법조」 제56권 제3호, 법조협회(2007), 135~136] 등이 대립하고 있다.

6) 서울고등법원 2006. 3. 24. 자 2005라661 결정.

7) 아래에서 보는 바와 같이 상품의 용기·포장을 상품형태로 인정하기 위한 요건으로서 일본 하급심 판결에서 따르고 있는 주류적 견해이다.

체와 일체로 되어 있어 포장을 모방하는 것이 실질적으로 상품 자체를 모방하는 것과 동일한 경우에 해당하여 상품형태에 포함된다고 보았다.

부정경쟁방지법 제2조 제1호 (자)목의 상품형태 모방행위는 일본의 1993년 개정 부정경쟁방지법에 신설된 상품형태의 보호규정 내용을 거의 그대로 받아들인 것으로 평가되는데,[8] 일본에서는 大阪地裁 1996. 3. 29. 결정(호킨스 샌들 가처분이의 사건) 이래 大阪地裁 2002. 4. 9. 판결(와이어 브러시 세트 사건) 등 다수의 사건에서 '상품의 용기 · 포장이 상품 자체와 쉽게 분리할 수 없는 태양(態様)으로 결합되어 있는 경우에는 상품형태에 포함된다'는 재판례가 축적되었다. 이때 "쉽게 분리할 수 없는 태양으로 결합되어 있다."는 것은 상품이 액체 · 기체 등으로 그 형상에 유동성이 있어 상품의 용기 · 포장이 일체로서 상품형태가 되는 경우로 국한되지 않는다고 해석된다.[9]

한편, 대상판결은 상품의 용기 · 포장과 상품 자체와의 일체성을 물리적 결합이나 분리가능성 여부로 한정하고 있지 아니한데, 이는 상품형태의 보호대상이 액체 · 기체 등으로 상품의 형상에 유동성이 있어 용기의 형태에 의존할 수밖에 없는 상품으로 제한되지 않는다는 점을 분명히 한 취지로 이해되고, 상품 자체의 형상에 유동성이 없더라도 다양한 거래실정에 비추어 상품 자체와 일체로 되어 있다고 평가되는 용기 · 포장이 선행자의 개발성과로 인정된다면 이를 상품형태로 보호할 수 있다는 관점이 반영된 것으로 해석된다. 또한 대상판결은 상품이 시장에서 어떠한 외관과 태양으로 거래되고 있는가를 살펴 용기 · 포장의 외관 및 내부구성, 전시 · 판매 단계에서의 형태 등을 종합적으로 고려하여 상품의 용기 · 포장과 상품 자체와의 일체성 여부 등을 판단하였다.

이에 대하여 상품의 용기 · 포장과 상품 자체와의 일체성을 대상판결과 같이 판단하게 되면, 포장을 뜯지 않을 경우 그 내용물이 실제로 외관에 나타나지 않는 상품 포장의 대부분이 상품형태에 포함되어 불합리하다는 비판이 있다.[10] 그러나 상품의 용기 · 포장이 상품형태로 인정되려면 상품 자체와 일체로 되어 "용기 · 포장의 모방이 실질적으로 상품 자체를 모방한 것과 동일시"되어야 하고, 이는 용기 · 포장이 단순히 상품 자체와 물리적으로 쉽게 분리할 수 있는지 여부의 관점보다는 상품 자체와 얼마나 기능적으로 일체화되어 있는가의 관점에서 판단하므로,[11][12] 상품의 내용물이 외관에 드러나지 않

---

8) 황보영(주 5), 364.

9) 정상조 편집대표, 「부정경쟁방지법 주해」, 박영사(2020), 170(박성호 집필부분).

10) 최성준, "부정경쟁방지에 관한 몇 가지 쟁점", 「Law&Technology」 제5권 제1호, 서울대학교 기술과법센터(2009), 33.

11) 윤태식, 「부정경쟁방지법」, 박영사(2021), 175.

12) 이는 용기 · 포장의 외관, 상품 자체의 형상, 상품의 전시 · 판매 단계에서 소비자에게 인식되는 형태, 용기 · 포장의 구성 및 구성요소별 기능과 용도(예: 상품의 포장, ~파손방지 등), 기타 거래실정 등을 종

는 포장의 경우에도 용기·포장에 대체성이 있거나[13] 상품의 용기·포장과 상품 자체가 기능적으로 일체화되어 있지 않은 경우에는 용기·포장의 모방이 실질적으로 상품 자체를 모방한 것과 동일하다고 보기 어려울 것이므로 상품형태로서 보호받을 수 없게 된다.

상품의 용기·포장을 상품형태로 인정한 사례로는 대상판결 외에 서울고등법원 2012. 2. 2. 선고 2011나69529 판결(액체형 화장품 용기), 서울고등법원 2020. 12. 15. 자 2020라20861 결정(다이어트 분말식품 용기·포장), 서울중앙지방법원 2014. 11. 26. 자 2014카합80316 결정(라면제품 용기·포장) 등이 있고, 부정한 사례로는 서울중앙지방법원 2022. 8. 25. 선고 2020가합518132 판결(차량용 방향제 박스 포장), 서울중앙지방법원 2022. 10. 14. 선고 2020가합567417 판결(칫솔제품 포장) 등이 있다.

Ⅲ. 대상판결의 의의

현대사회에서 상품의 용기·포장은 단순히 상품을 보호하고 포장하는 것에 그치지 않고 소비자의 주목을 끌거나 상품가치를 높이는 보조적 수단 내지 디자인으로 기능하면서 소비자들이 상품을 선택하는 데에 상당한 영향을 미치는 경우가 많으므로 일정한 요건 아래 상품형태로서 보호할 필요가 있다. 상품의 용기·포장이 상품 자체로부터 분리가능하고 그 물리적 결합이 강하지 않더라도 부정경쟁방지법 제2조 제1호 (자)목의 상품형태로서 곧바로 부정되는 것은 아니고, 해당 상품이 시장에서 어떠한 외관과 태양으로 거래되고 있는가를 고려하여 상품의 용기·포장이 상품 자체와 일체로 되어 용기·포장의 모방이 실질적으로 상품 자체를 모방한 것과 동일하다고 평가되는 경우에는 상품형태에 포함된다. 대상판결은 상품의 용기·포장이 부정경쟁방지법 제2조 제1호 (자)목의 상품형태로 인정될 수 있는 요건과 상품형태 모방의 판단기준을 제시한 첫 사례로서 의의가 있다.

키워드

상품형태, 상품의 용기·포장, 일체성, 모방, 실질적 동일성

합적으로 고려하여 판단하여야 할 것이다.

13) 용기·포장에 대체성이 존재하는 경우란, 용기·포장에 특별한 표시나 디자인이 없고 이를 다른 상품의 용기나 포장으로 사용할 수 있는 경우 등을 의미한다[구회근(주 5), 135]. 한편, 용기·포장이 상품과 쉽게 분리되더라도 용기·포장 그 자체가 독립된 상품으로 거래될 수 있는 경우에는 상품형태에 포함될 수 있다[정봉현(주 5), 73].

[38] 상품형태 모방행위의 보호대상인 '상품의 형태'

―대법원 2016. 10. 27. 선고 2015다240454 판결―

정 윤 형 (서울고등법원)

[사실 개요]

원고 제품의 형태	피고 제품의 형태
 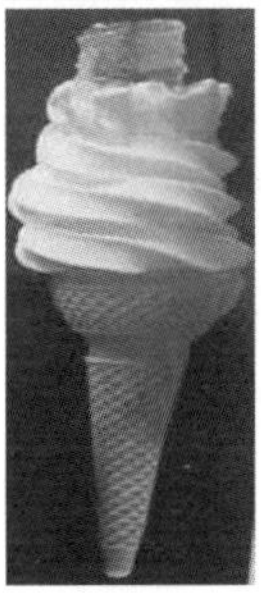	 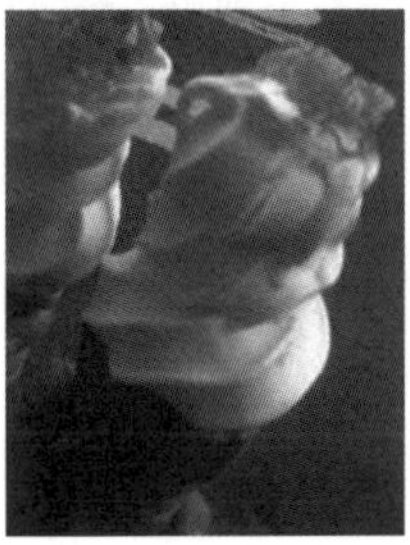

1. 원고는 'ㅇㅇㅇㅇ'라는 상호로 아이스크림 등 디저트 판매 매장을 운영하면서, 매장 직원이 고객으로부터 주문을 받으면 즉석에서 플라스틱 등 투명한 재질의 컵 또는 콘에 소프트 아이스크림을 중앙부가 주변부보다 돌출된 형태로 담은 후, 돌출된 부분 위에 벌집채꿀('벌집 그대로의 상태인 꿀'을 말한다)을 얹은 아이스크림을 만들어 판매하고 있다.
2. 피고는 'ㅁㅁㅁㅁ'라는 상호로 아이스크림 등 디저트 판매 매장을 운영하면서, 원고와 같은 방식으로 투명한 재질의 컵 모양 용기 또는 콘에 소프트 아이스크림을 중앙부가 주변부보다 돌출된 형태로 담은 후, 돌출된 부분 위에 벌집채꿀을 얹은 아이스크림을 만들어 판매하고 있다.

[판결 요지]

1. 상품형태 모방행위를 금지하는 부정경쟁방지법 제2조 제1호 (자)목에 규정된 모방의 대상으로서의 '상품의 형태'는 일반적으로 상품 자체의 형상·모양·색채·광택 또는 이들을 결합한 전체적 외관을 말한다. 그러므로 위 규정에 의한 보호대상인 상품의 형태를 갖추었다고 하려면, 수요자가 그 상품의 외관 자체로 특정 상품임을 인식할 수 있는 형태적 특이성이 있을 뿐 아니라 정형화된 것이어야 한다. 사회통념으로 볼 때 그 상품들 사이에 일관된 정형성이 없다면 비록 상품의 형태를 구성하는 아이디어나 착상 또는 특징적 모양이나 기능 등의 동일성이 있다고 하더라도 이를 '상품의 형태'를 모방한 부정경쟁행위의 보호대상에 해당한다고 할 수 없다.

2. 투명한 컵 또는 콘에 담긴 소프트 아이스크림 위에 벌집채꿀을 올린 모습을 한 원고 제품이 부정경쟁방지법 제2조 제1호 (자)목에 의한 보호대상인지 문제 된 사안에서, 공산품이 아니라 매장 직원이 고객으로부터 주문을 받고 즉석에서 만들어 판매하는 제조·판매방식의 특성상 원고 제품은 개별 제품마다 상품형태가 달라져서 일정한 상품형태를 항상 가지고 있다고 보기 어렵고, '휘감아 올린 소프트 아이스크림 위에 입체 또는 직육면체 모양의 벌집채꿀을 얹은 형태'는 상품의 형태 그 자체가 아니라 개별 제품들의 추상적 특징에 불과하거나 소프트 아이스크림과 토핑으로서의 벌집채꿀을 조합하는 제품의 결합방식 또는 판매방식에 관한 아이디어가 공통된 것에 불과할 뿐이므로, 원고 제품이 부정경쟁방지법 제2조 제1호 (자)목에 의한 보호대상이 될 수 없다고 본 원심판단이 정당하다고 한 사례.

해설

Ⅰ. 대상판결의 쟁점

부정경쟁방지법 제2조 제1호 (자)목은 타인이 제작한 상품의 형태(형상·모양·색채·광택 또는 이를 결합한 것을 말하며, 시제품 또는 상품소개서상의 형태를 포함한다)를 모방한 상품을 양도·대여 또는 이를 위한 전시를 하거나 수입·수출하는 행위를 일정한 기간 동안 부정경쟁행위로서 규제하고 있다. 다만, 그 상품의 형태가 갖추어진 날부터 3년간 보호를 받을 수 있을 뿐이고, 동종의 상품이 통상적으로 가지는 형태를 그 보호대상에서 제외한다. 부정경쟁방지법 제2조 제1호 (자)목은 상품형태의 보호를 위해 마련된 이른바 데드카피(dead copy) 금지 규정이다.[1)]

부정경쟁방지법 제2조 제1호 (자)목의 상품형태 모방행위가 성립하기 위해서는 '상품의 형태', '모방', '양도 등의 행위'라는 적극적 요건이 구비되어야 하고, '상품의 형태가 갖추어진 날부터 3년 경과', '동종의 상품이 통상적으로 가지는 형태'라는 소극적 요건에 해당될 경우 위 부정경쟁행위에서 제외된다.

본 규정에서 보호의 대상이 되는 것은 상품의 형태이다. 상품의 형태는 일반적으로 상품 자체의 형상·모양·색채·광택 또는 이들을 결합한 전체적 외관을 말한다.[2)] 부정경쟁방지법 제2조 제1호 (자)목의 상품형태와 관련하여 기존 학설 등의 논의는 상품의 형태라는

1) 박성호, "부정경쟁방지 및 영업비밀보호에 관한 법률 제2조 제1호 (자)목에서 규정하는 '상품형태 모방행위'의 규제", 「한양법학」 제31권, 한양법학회(2020), 213~214.
2) 대법원 2008. 10. 17. 자 2006마342 결정 등 참조.

것은 고정되어 있어 이와 대비되는 모방상품과 비교한 외관상 특징의 이동(異同)이 명백히 파악된다는 것을 전제로 하고 있는 것이지 그 형태가 일정하지 않고 변할 수도 있는 상품을 논의의 대상으로 상정하고 있지는 않았다.[3] 또한 본 규정에서 보호의 대상이 되는 것은 상품의 구체적 형태이므로 단순한 아이디어나 상품의 형태라고 하더라도 추상적인 특징에 불과한 것은 보호대상에서 제외된다.[4]

대상판결에서는 즉석에서 제조·판매됨에 따라 일정한 상품형태를 항상 가지고 있다고 보기 어려운 원고의 제품이 부정경쟁방지법 제2조 제1호 (자)목에서 규정한 상품형태로서 보호될 수 있는지가 주된 쟁점으로 되었다.[5]

Ⅱ. 대상판결의 분석

원래 상품의 형태는 신규성 및 창작비용이성 요건을 충족하는 경우에 디자인보호법에 의하여 등록되어 디자인권으로 보호되고, 상품의 출처표시기능을 하면 상표법상 입체상표로 보호되며, 상품의 출처표시로 널리 알려져 주지·저명성을 구비하면 부정경쟁방지법 제2조 제1호 (가)목(상품주체 혼동행위) 및 (다)목(식별력 등 손상행위)에 의해 보호되고, 상품의 형태가 기능과 분리되어 창작적인 형태를 띠면 응용미술저작물로 저작권법에 따라 보호 받을 수 있다.[6] 또한 상품의 형태가 기능적인 경우 특허법이나 실용신안법에 의하여 등록되어 특허권이나 실용신안권으로 보호될 수도 있다.[7]

그러나 기존 제도에서의 보호 요건을 갖추지 못한 경우에도 일정한 기간, 즉 신상품 개

---

3) 김창권, "부정경쟁방지법 제2조 제1호 (자)목이 규정한 상품형태의 요건", 「사법」 제39호(2017년 3월), 사법발전재단(2017), 428.

4) 안원모, "상품형태의 보호－부정경쟁방지법 제2조 제1호 자목을 중심으로－", 「산업재산권」 제19호(2006년 4월), 한국산업재산권법학회(2006), 305.

5) 다만 대상판결의 원심은 구 부정경쟁방지법(2018. 4. 17. 법률 제15580호로 개정되기 전의 것) 제2조 제1호 (차)목의 부정경쟁행위(성과도용행위)를 원인으로 한 원고의 피고 제품 제조·판매 등 금지청구에 대하여 "원고 제품은 원고 제품을 구성하는 아이스크림 용기와 소프트 아이스크림, 벌집채꿀 개개의 형태에 아무런 독자적인 특징이 없이 단순히 소프트 아이스크림과 토핑으로서의 벌집채꿀을 조합하는 제품의 결합방식이나 판매방식에 관한 아이디어를 실현한 것에 불과할 뿐만 아니라, 원고 제품 이전에도 젤라토형 아이스크림 위에 벌집채꿀을 올린 제품이 판매되는 등 아이스크림 위에 토핑으로 벌집채꿀을 올리는 것이 공지의 아이디어였던 점 등에 비추어 볼 때, 비록 피고가 원고 제품과 실질적으로 동일한 피고 제품을 제조하여 판매하였다고 하더라도, 피고의 위와 같은 행위가 공정한 상거래 관행이나 경쟁질서에 반하는 행위로서 부정경쟁행위에 해당한다고 보기 어렵다."라는 이유로 원고의 이 부분 청구를 기각하였다. 그러나 원고가 상고이유로 부정경쟁방지법 제2조 제1호 (자)목에 기한 피고 제품 제조·판매 등 금지청구에 관하여만 다투었고, 같은 호 (차)목에 기한 피고 제품 제조·판매 등 금지청구에 관하여는 상고이유를 제출하지 아니하였다.

6) 윤태식, 「부정경쟁방지법」, 박영사(2021), 171~172.

7) 「송영식 지적소유권법(제2판)」, 육법사(2013), 418(김병일 집필부분).

발자가 그 개발에 소요된 비용과 노력을 보상받기에 충분한 기간 동안만이라도 그 신상품의 형태를 모방으로 보호할 필요가 있었고,[8] 이를 위해 2004년 부정경쟁방지법의 개정을 통해 이른바 데드카피(dead copy)를 금지하는 조항으로서 제2조 제1호 (자)목을 신설하게 되었다. 특히 위 규정은 소상공인이나 중소기업에 의해 개발, 판매되고 있는 상품형태에 대하여 활용도가 높다.[9] 대상판결도 부정경쟁방지법 제2조 제1호 (자)목의 입법취지와 관련하여 "타인이 개발한 상품의 형태를 모방하여 실질적으로 동일하다고 볼 수 있을 정도의 상품을 만들어 냄으로써 경쟁상 불공정한 이익을 얻는 것을 막기 위한 것"임을 밝히고 있다.

부정경쟁방지법 제2조 제1호 (자)목에서 보호의 대상이 되는 것은 유체물[10]인 상품의 구체적 형태이므로 음식점이나 판매점에서의 서비스 방식이나 점포의 인테리어 디자인, 인터넷상에서의 판매방식 등은 여기에 해당하지 않는다.[11]

이와 관련하여 공업적으로 대량생산되는 제품의 경우 동일한 형태로 반복하여 생산되는 관계로 수요자의 입장에서는 일정한 형상이 있는 것으로 인식될 수 있다. 그러나 이 사건의 원고 제품과 같이 매장에서 종업원에 의해 즉석에서 제조되는 제품의 경우 그와 같은 판매 방식의 특성상 개별 제품별로 상품형태가 달라질 가능성이 높아 수요자의 입장에서 일관된 상품의 형태를 인식하지 못할 수도 있다. 그런데 부정경쟁방지법 제2조 제1호 (자)목이 금지하는 상품형태 모방행위는 데드카피(동일 또는 실질적 동일)로 한정하는 이상, 모방의 대상이 되는 상품의 형태는 그에 관한 데드카피가 있었는지를 파악할 수 있을 정도로 특정이 가능하여야 하고 이는 최소한의 상품형태의 항상성을 전제로 하여야 한다.[12]

이에 대하여 대상판결은 "상품형태 모방행위를 금지하는 부정경쟁방지법 제2조 제1호 (자)목에 의한 보호대상인 상품의 형태를 갖추었다고 하려면, 수요자가 그 상품의 외관 자체로 특정 상품임을 인식할 수 있는 형태적 특이성이 있을 뿐 아니라 정형화된 것이어야 한다."라고 설시하여 부정경쟁방지법 제2조 제1호 (자)목에서 보호의 대상이 되는 상품의 형태는 일관된 정형성을 지니고 있어야 함을 분명히 하였다.[13][14]

---

8) 최정열·이규호, 「부정경쟁방지법－영업비밀보호법제 포함(제4판)」, 진원사(2020), 188.

9) 윤태식(주 6), 172.

10) 다만 상품이 액체·기체·분말이어서 그 형상에 유동성이 있는 경우에는 그 상품을 수납하는 포장·용기도 포함하여 '상품의 형태'가 된다고 보는 것이 일본의 다수설이라고 한다[정상조 편집대표, 「부정경쟁방지법 주해」, 박영사(2020), 166(박성호 집필부분)].

11) 최정열·이규호(주 8), 189.

12) 김창권(주 3), 429.

13) 대상판결의 원심은, "원고 제품은, 공산품이 아니라 매장 직원이 고객으로부터 주문을 받고 즉석에서 만들어 판매하는 것으로서 그 제조·판매방식의 특성상 소프트 아이스크림의 높이와 모양, 벌집채꿀의 크기나 모양 및 소프트 아이스크림에 놓이는 위치 등이 개별 제품별로 차이가 날 가능성이 높고, 실제로 원고 매장에서 판매되는 원고 제품은 벌집채꿀이 원고 주장처럼 약 2㎝×3㎝×2㎝ 크기의 직육면체라고 보기 어려운 불규칙적인 형태의 입체형상인데다 벌집채꿀이 소프트 아이스크림에 놓이는 위치도

더 나아가 상품의 구체적인 형태가 아닌 상품에 내재된 기능이나 형태에 관한 추상적인 아이디어, 콘셉트 등은 상품의 형태라고 할 수 없다.[15] 즉, '상품의 형태'에는 외관의 태양에 영향을 주지 아니하는 상품의 기능 그 자체 및 단순한 상품의 아이디어는 포함하지 아니한다.[16] 이와 관련하여 대상판결은 "사회통념으로 볼 때 그 상품들 사이에 일관된 정형성이 없다면 비록 상품의 형태를 구성하는 아이디어나 착상 또는 특징적 모양이나 기능 등의 동일성이 있다고 하더라도 이를 '상품의 형태'를 모방한 부정경쟁행위의 보호대상에 해당한다고 할 수 없다."라고 설시하여 부정경쟁방지법 제2조 제1호 (자)목에서 보호의 대상이 되는 상품의 형태는 추상적 특징이나 아이디어와 다른 구체적 형태를 갖추어야 함을 밝히고 있다.[17] 따라서 대상판결 사안에서 원고 제품과 같은 형태가 국내에서 최초로 시도된 것이라고 하더라도 보호의 대상으로 고려되는 것은 용기에 담긴 소프트 아이스크림과 벌집채꿀의 결합이 구현된 구체적인 형태 자체이지 추상적 수준에서 파악되는 결합은 아니다(다만 앞서 본 바와 같이 이 사안의 경우 그 구체적인 형태 자체도 상품형태의 항상성을 갖추지 못한 것이어서 결국 보호대상이 되지 못한다). 만일 소프트 아이스크림과 벌집채꿀의 결합 자체를 상품의 형태로 인정한다면 소프트 아이스크림 위에 벌집채꿀을 올린 것의 범주에 들어가는 것은 그 구체적인 형태에 상관없이 모두 원고의 권리범위에 속하게 되어 그 권리범위가 과도하게 넓어지는 부당한 결론에 이르게 된다.[18]

Ⅲ. 대상판결의 의의

부정경쟁방지법 제2조 제1호 (자)목은 보호대상인 상품의 형태에 대해 '형상·모양·색채·광택 또는 이를 결합한 것을 말하며, 시제품 또는 상품소개서상의 형태를 포함한다'라

다양하여 일정한 형태로 정형화되어 판매되고 있지 않으며, 원고가 벌집채꿀의 크기나 모양을 균일하게 하기 위한 별도의 대책을 마련한 것으로 보이지도 않는 점 등에 비추어 보면, 원고 제품은 개별 제품마다 상품형태가 달라져서 원고 주장의 상품형태를 항상 가지고 있다고 보기 어렵다."라고 판단하였고, 대상판결도 위와 같은 원심의 판단을 수긍하였다.

14) 다만 대상판결은 아이스크림과 그 토핑이라는 사건의 특이성이 아니라면 대부분의 유체물인 상품은 형태의 일관된 정형성은 문제가 되지 않을 것으로 생각되어 그 적용범위가 제한적이라는 견해도 있다(최승재, "상품형태 모방행위에 대한 소프트리 판결의 의미", 법률신문 2016. 12. 12.자, 12).

15) 최정열·이규호(주 8), 191.

16) 東京高判 平成12.11.29. 平成12年(ネ)2606号.

17) 대상판결의 원심은, "원고 제품들은 '휘감아 올린 소프트 아이스크림 위에 입체 또는 직육면체 모양의 벌집채꿀을 얹은 형태'라는 점에서 공통점이 있고 이것이 원고 제품의 형태에 관련되어 있다고 하더라도, 이는 상품의 형태 그 자체가 아니라 개별 제품들의 추상적 특징에 불과하거나 소프트 아이스크림과 토핑으로서의 벌집채꿀을 조합하는 제품의 결합방식 또는 판매방식에 관한 아이디어가 공통된 것에 불과하다."라고 판단하였고, 대상판결도 위와 같은 원심의 판단을 수긍하였다.

18) 김창권(주 3), 427.

고만 규정하고 있다. 대상판결은 부정경쟁방지법 제2조 제1호 (자)목의 입법취지를 명확히 밝힘과 아울러 그 보호대상인 상품형태에 해당하기 위해서는 외관 자체로 특정 상품임을 인식할 수 있는 형태적 특이성과 정형성을 갖추어야 하고 그 상품들 사이에 일관된 정형성이 없다면 상품의 형태를 구성하는 아이디어나 착상 또는 특징적 모양이나 기능 등의 동일성이 있다고 하더라도 이를 '상품의 형태'를 모방한 부정경쟁행위의 보호대상에 해당한다고 할 수 없다는 점을 밝힌 사례로서 의의가 있다.

키워드

상품형태 모방행위, 상품형태의 일관된 정형성, 추상적 특징, 아이디어

[39] 동종의 상품이 통상적으로 가지는 형태의 의미

—대법원 2017. 1. 25. 선고 2015다216758 판결—

김 영 기 (특허법원)

[사실 개요]

1. 원고가 2010. 4.경부터 조달청 입찰을 통해 경찰청에 공급하고 있는 원고 제품은 두 개의 소화기캔을 하나의 케이스에 내장하여 휴대할 수 있도록 구성된 쌍구형 소화기로서, 소화기캔이 들어가는 부분인 두 개의 원기둥을 좌우대칭이 되게 결합하고 그 상면을 평평하게 연결한 것을 기본적인 형상으로 하되, 원기둥의 상단부가 안쪽으로 완만하게 휘어 있다.
2. 그런데 원고 제품의 주된 특징적 형태와 실질적으로 동일한 형태들이 이미 1984. 1.경 '소형 소화기의 케이스'라는 명칭으로 출원된 실용신안등록에 관한 공보의 도면에 도시된 제품, 甲 주식회사가 2007. 11.경부터 판매한 쌍구형 휴대형 소화기 및 乙 주식회사가 2009. 7.경부터 판매한 동종 제품(이하 이들을 통틀어 '선행제품들'이라고 한다)에도 그대로 나타나 있다.
3. 피고가 2013년 초경부터 조달청 낙찰자로 선정되어 경찰청에 공급하고 있는 피고 제품은 원고 제품과 크기가 거의 동일하고, 형상, 모양, 누름버튼 및 안전핀도 거의 동일하며, 다만 색상의 농도, 광택에 있어서만 약간의 차이를 보인다.
4. 원고는 피고가 원고 제품을 그대로 모방한 피고 제품을 판매한 행위가 부정경쟁방지법 제2조 제1호 (자)목{이하 '(자)목'이라고만 한다}의 부정경쟁행위 또는 성과도용에 의한 부정경쟁행위에 해당함을 이유로 손해배상을 구하는 소를 제기하였다.

[판결 요지]

1. (자)목은 타인이 제작한 상품의 형태를 모방한 상품을 양도·대여하는 등의 행위를 부정경쟁행위의 한 유형으로 규정하면서, 단서(2)에서 타인이 제작한 상품과 동종의 상품(동종의 상품이 없는 경우에는 그 상품과 기능 및 효용이 동일하거나 유사한 상품을 말한다)이 통상적으로 가지는 형태를 모방한 상품을 양도·대여하는 등의 행위를 부정경쟁행위에서 제외하고 있다. 여기에서 동종의 상품이 통상적으로 가지는 형태는 동종의 상품 분야에서 일반적으로 채택되는 형태로서, 상품의 기능·효용을 달성하거나 상품 분야에서 경쟁하기 위하여 채용이 불가피한 형태 또는 동종의 상품이라면 흔히 가지는 개성이 없는 형태 등을 의미한다.

2. 원고 제품의 주된 특징적 형태와 실질적으로 동일한 형태들이 이미 원고 제품이 출

시되기 전에 선행제품들에 그대로 나타나 있고, 한편 원고 제품은 세부적인 형상·모양 등에서 선행제품들과 다소 차이가 있다고 볼 수는 있으나, 이와 같은 차이점이 전체 상품의 형태에서 차지하는 비중이나 이로 인한 시각적인 효과 등에 비추어 볼 때 이는 원고 제품에 다른 제품과 구별되는 개성을 부여하는 형태적 특징에 해당한다고 보기 어렵다. 따라서 원고 제품의 형태는 전체적으로 볼 때 동종 상품이 통상적으로 가지는 형태에 불과하여 부정경쟁방지법 제2조 제1호 (자)목에 의하여 보호되는 상품형태에 해당하지 아니한다.

해설

Ⅰ. 대상판결의 쟁점

이 사건에서 피고 제품의 형태가 원고 제품의 형태와 실질적으로 동일하더라도, 원고 제품의 형태 출시 이전에 그 주된 특징적 형태와 실질적으로 동일한 형태들이 공개되어 있었다면, 원고 제품의 형태가 (자)목에 의해 보호되는 상품형태에 해당할 수 없어 결국 원고가 피고에 대하여 손해배상 등을 구할 수 없는지가 쟁점이 되었다.

Ⅱ. 대상판결의 분석

1. (자)목의 도입 경위 및 실질적 기능

종래 상품형태에 대한 법적보호 방법과 관련하여 디자인보호법(등록디자인), 저작권법(응용미술저작물), 민법(불법행위) 또는 부정경쟁방지법 제2조 제1호 (가)목 내지 (다)목에 의한 보호가 논의되었으나, 적어도 선행 제품과 실질적으로 동일한 정도의 모방행위에 대하여는 별도의 입법을 통해 상품형태를 보다 명확히 보호하기 위해 (자)목이 도입되었다. 즉 2004년 부정경쟁방지법에 도입된 (자)목은 선행 상품개발자가 자금·노력을 투하하여 상품화한 개발성과인 상품형태를 후행자가 모방하여 무상으로 편승하려는 행위를 금지하여 상품개발자의 선행 투자에 대한 노력과 비용을 보호하려는 취지에서 규정된 것이다.[1]

이 규정의 도입에 의해 디자인으로 등록되지 않은 특정한 상품 형태(형상·모양·색채·광택 또는 이들을 결합한 것)도 그 형태가 갖추어진 날로부터 3년간은 보호받을 수 있게 되어,

1) 구회근, "부정경쟁방지 및 영업비밀보호에 관한 법률 제2조 제1호 (자)목에 규정된 '상품형태 모방'의 의미", 「법조」 56권 3호(통권 606호), 법조협회(2007), 123~124.

(자)목은 결국 미등록 디자인을 보호하여 디자인 보호제도를 보완하는 기능을 하게 되었다. 이에 따라 (자)목의 '모방' 여부에 대한 판단방식에 있어서도 디자인보호법상 '유사' 여부의 판단방식에 관한 논의가 원용된다. 따라서 모방(실질적 동일성) 요건 판단에 있어, 이격적 관찰이 아니라 당업자를 기준으로 한 '직접적·대비적 관찰'을 하게 되고, 전체관찰법을 기본으로 하면서도 보완적으로 요부관찰의 방법을 사용할 수 있으며, 일반 수요자의 오인혼동 가능성은 요건으로 하지 않는다.[2)]

2. (자)목 단서(2) 중 '동종의 상품이 통상적으로 가지는 형태'의 의미

타인이 제작한 상품의 형태가 동종의 상품 또는 그 상품과 기능 및 효용이 동일하거나 유사한 상품(대체관계에 있는 상품)이 '통상적으로 가지는 형태'와 동일한 경우에는 이를 모방하더라도 (자)목 소정의 부정경쟁행위에 해당하지 않는다. 이는 동종의 상품이 통상적으로 가지는 형태에 대하여는 별다른 추가적 노력이 투여되지 않아 보호의 필요성이 거의 없고, 이러한 형태까지 모방을 금지한다면 지나치게 경쟁을 제한하거나 이를 토대로 한 새로운 상품형태의 출현을 저해하는 결과로 이어질 수 있기 때문이다. 이 때 '동종 상품'의 범위는 선행상품과 후행 상품의 용도와 기능, 제조·유통과정 및 수요자의 동일성, 상품의 이동(異同)에 관한 일반인의 인식 등을 참작하여 결정함이 타당하다.[3)]

상품이 '통상적으로 가지는 형태'의 구체적 의미와 관련하여서는 종래 다양한 견해가 있었는데, 대상판결은 그 의미에 관하여 동종의 상품 분야에서 일반적으로 채택되는 형태로서, 상품의 기능·효용을 달성하거나 상품 분야에서 경쟁하기 위하여 채용이 불가피한 형태(기능적 형태) 또는 동종의 상품이라면 흔히 가지는 개성이 없는 형태(몰개성적 형태)의 두 가지 유형이 이에 해당할 수 있음을 명시하였다. 기능적 형태란 상품의 형태와 기능이 일체 불가분이 되어 상품의 기능 및 효용을 달성하기 위해 채택이 불가피한 형태인데, 다른 형태를 채택하는 경우 개발이나 생산 비용이 지나치게 증대되는 이유로 해당 형태를 채택하는 것이 사실상 불가피한 형태(경쟁상 불가피한 형태)를 포함하는 개념이다. 이는 제품 형태가 갖는 실용적인 기능은 특허로 등록되어 일정 기간 동안 보호되는 경우가 아닌 한 자유사용이 보장된다는 '기능성 원리(doctrine of functionality)'가 부정경쟁방지법에도 입법화된 것으로 평

2) 김창권, "부정경쟁방지법 제2조 제1호 (자)목이 규정한 상품형태의 요건", 사법(제39호, 2017년 3월), 사법발전재단(2017), 22~23; 김원오, "부정경쟁방지법에 의한 미등록 디자인 보호의 요건−2016년 이후 대법원 판결들을 통해 본, 법 제2조 1호 <자목> 해석론 정립−", 「법학연구」 제25권 제3호, 인하대학교 법학연구소(2022), 335~336.

3) 박태일, "디자인 용이창작 여부 및 상품의 통상적 형태 해당 여부 [서울중앙지방법원 2019. 11. 28. 선고 2019가합520962 판결]", 「LAW & TECHNOLOGY」(제17권 제4호, 통권 제94호), 서울대학교 기술과법센터(2021), 118.

가할 수 있다.[4]

몰개성적 형태란, 단순히 동종의 선행 상품 중에 유사한 형태가 있다는 것만으로는 충분하지 않고 그러한 형태의 상품이 넓게 유통되고 있어 동종의 상품이라면 일반적으로 가지고 있는 형태로 인정될 수 있는 정도에 이르러야 한다.[5] 반면 원고 제품의 형태가 선행제품들과 다소 차이가 있다고 하더라도, 그와 같은 차이점이 전체 상품의 형태에서 차지하는 '비중'이나 이로 인한 '시각적인 효과' 등에 비추어 원고 제품에 다른 제품과 '구별되는 개성'을 부여하는 형태적 특징에 해당하지 않는다면 선행제품과의 유사한 특징으로 인해 원고 제품의 형태가 '통상의 형태'에 해당한다는 판단을 뒤집을 수 없다. 또한 (자)목의 상품형태 보호규정은 디자인과는 달리 창작비용이성을 요구하는 것은 아니므로, 비록 원고 제품이 기존의 여러 상품들의 특징을 하나로 조합하여 만들어져 선행제품들로부터 창작이 용이한 디자인적 형상이라고 하더라도 전체적 관찰 원칙에 따라 곧바로 몰개성적 형태라고 하기는 어려우나, 각 구성 형태가 아주 단순하고 그 결합 또한 매우 용이하거나 흔히 있을 수 있는 정도로서 전체적으로 보아 별다른 형태적 특징이 있다고 보기 어려운 경우에 한하여 몰개성적 형태에 포함시킬 수 있다는 견해가 있다.[6]

3. (자)목 단서(2) 요건 판단대상, 판단시기, 주장·입증책임 등

(자)목 단서(2)에 해당하는 '통상적인 형태'인지 여부의 판단 대상은 '원고 제품의 형태'이다.[7] 또한 원고 제품의 형태가 이러한 (자)목 단서에 해당하는 것인지는 법문이 이를

4) 이러한 기능성 원리의 취지는 다음과 같이 우리 상표법, 디자인보호법, 저작권법에 모두 규정되어 있고, 미국에서도 트레이드드레스 보호에 있어 매우 중요한 원리로 작용하고 있다.: ① 상표법 제2조 제2호, 제33조 제2항에 따라 제품의 입체적 형상 등도 출처표시로서 기능할 경우 상표적격이 인정되고 입체상표가 사용에 의한 식별력을 획득한 경우 상표등록의 요건이 충족되더라도, 그 상품이나 상품포장의 형상이 그 기능을 확보하는데 꼭 필요한 경우에는 제34조 제1항 제15호에 따라 결국 상표등록이 불허됨. ② 디자인보호법 제2조 제1호에 따라 제품의 형상·모양·색채 또는 이들을 결합한 제품의 형태에 대하여 디자인 적격이 인정되더라도, 물품의 기능을 확보하는데 불가결한 형상만으로 된 디자인의 경우에는 제34조 제4호에 따라 결국 디자인 등록이 불허됨. ③ 저작권법 제2조 제15호에 의해, 물품에 동일한 형상으로 복제될 수 있는 미술저작물로서 디자인 등 제품형태가 '응용미술저작물'로서 보호될 수 있으나, 창작적 표현이 그 이용된 물품(물품의 기능)과 구분되어 독자성이 인정되는 경우에 한하여 보호대상이 됨.

5) 김창권, "상품형태 모방과 관련하여 동종의 상품이 통상적으로 가지는 형태의 의미", 「대법원판례해설」 (제112호), 법원도서관(2017), 11.

6) Id., 13~14. 서울중앙지방법원 2019. 11. 28. 선고 2019가합520962 판결도 유사한 취지로 판시하면서, 원·피고의 공통된 상품형태의 지배적 특징이 다수의 선행제품들에서 그대로 발견되고 다수의 선행제품들에 나타나는 형태를 단순히 결합하는 정도의 변형만으로 전체 상품 형태가 쉽게 도출되는 정도인 경우에 이르러야 (자)목의 '통상의 형태'에 해당할 수 있다고 판시하였다.: 박태일(주 3), 122.

7) 다만, (자)목은 청구원인 사실로서 피고 제품이 원고 제품의 '데드카피'에 이를 정도로 동일한 경우에

(자)목 본문에 의한 보호의 소극적 요건으로 규정하고 있는 점에 비추어 피고가 항변으로서 주장, 입증하여야 하는 사항이다. 대상판결에서는 '원고 제품의 출시' 이전에 이미 원고 제품과 동종 상품이 통상적으로 가지는 형태가 선행제품에 나타나 있었다고 인정되었으나, 원칙적으로 피고의 행위가 (자)목의 부정경쟁행위에 해당하는 시점은 피고가 자신의 제품을 양도·대여 등의 행위를 한 시점이므로, 원고 제품의 형태가 그와 같은 (자)목의 보호 대상이 될 수 있는지 여부 판단의 종기는 '피고 제품의 양도·대여 등의 행위 시'가 될 것이다. 따라서 원고 제품이 출시 당시에는 유사한 제품이 없었으나 자신의 제품을 모방하는 행위에 대한 권리행사를 태만히 하여 피고 제품을 양도·대여할 시점에 원고 제품과 동종의 상품이 다량 유통되고 있었던 경우에는 원고 제품의 형태는 '몰개성적 형태'가 되어 (자)목의 보호대상이 될 수 없을 것이다.

결국 원고가 피고 제품의 형태가 원고 제품의 데드카피에 이를 정도로 그와 동일하거나 실질적으로 유사함을 주장·입증한 경우,[8] 피고는 피고가 모방한 원고 제품의 상품형태가 피고의 모방시점에 원고의 제품과 동종의 상품이 통상적으로 가지는 형태로서 부정경쟁방지법에 의한 보호대상이 되지 않는다는 점을 주장·입증하여야 한다.

Ⅲ. 대상판결의 의의

이 판결은 (자)목의 보호 대상에서 제외되는 단서(2)에 규정된 '동종의 상품이 통상적으로 가지는 형태'의 의미에 관한 법리를 최초로 판시하면서 그 구체적인 판단 방법과 기준을 설시한 판례로서 의미가 있다.

키워드

상품형태 모방, 동종의 상품, 통상의 형태, 몰개성적 형태, 기능적 형태

적용되므로, '피고 제품'이 원고 제품과 동종의 상품이 통상적으로 갖는 형태라는 것을 주장, 입증하면 된다고 설명하는 경우도 있다.

8) 이 때 '실질적 동일성' 판단에 있어 피고 제품이 원고 제품의 형태로부터 변경이 있는 경우, 두 제품이 동일한 형태의 상품에 해당하는지 여부는 당해 변경의 내용·정도, 그 착상의 난이도, 변경에 의한 형태적 효과 등을 종합적으로 고려하여 판단하여야 한다(대법원 2008. 10. 17. 자 2006마342 결정, 대법원 2012. 3. 29. 선고 2010다20044 판결).

[40] 액체형 화장품 용기에 표시된 표장의 모방행위

—서울고등법원 2012. 2. 2. 선고 2011나69529 판결—

김 수 현 (서울고등법원)

[사실 개요]

1. 원피고는 화장품 등을 제조 · 판매하는 회사이다.
2. 원고는 2010. 8.경 이 사건 표장을 화장품 용기 전면에 부착한 '빌리프(belif)'라는 이름의 화장품을 출시하였다. 이 사건 표장은 원고제품에 포함된 천연성분에 대하여는 그 함량을 가로 막대그래프를 통해 좌측에서 우측으로 늘어나도록 한 후, 그 우측 끝단에 함량을 퍼센트(%)로 표기하고, 포함되지 않은 유해 화학성분은 영문으로 그 명칭을 표시한 다음 우측에 '0%'라고 표기하는 형태이다.
3. 피고는 2010. 10.경부터 제품 용기 전면에 피고 표장이 부착된 클렌징폼 등 화장품을 판매하고 있다.

이 사건 표장	피고 표장
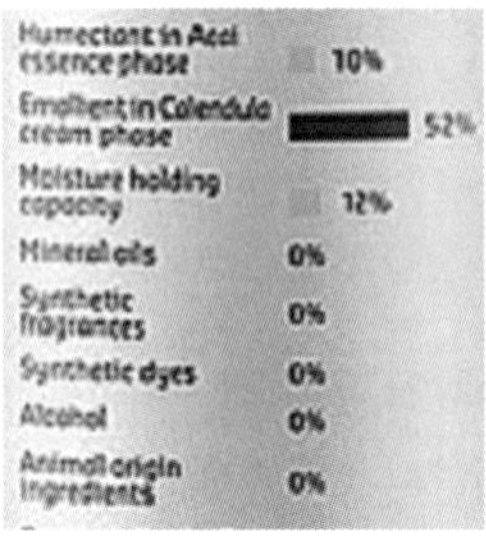	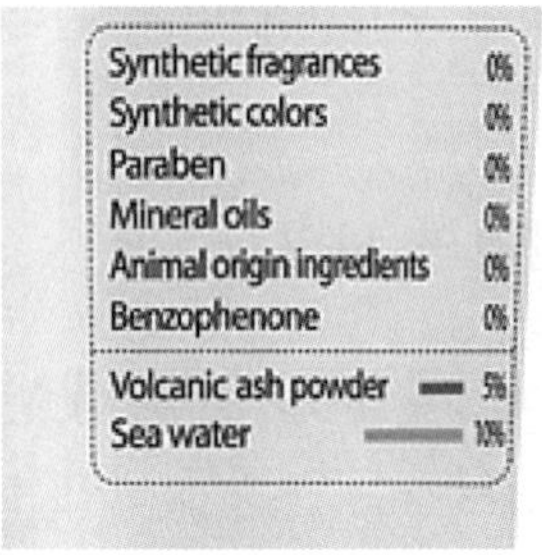

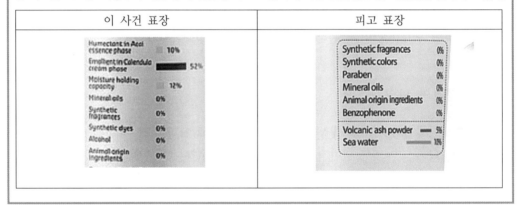

[판결 요지]

1. 액체형 화장품은 제품의 용기가 제품 자체와 사실상 일체로 되어 있어 용기의 모방을 제품 자체의 모방과 실질적으로 동일시할 수 있으므로, 액체형 화장품 용기에 표시된 표장은 부정경쟁방지법 제2조 제1호 (자)목의 "상품의 형태"에 포함된다.

2. 액체형 화장품 용기에 표시된 표장이 제품형태 중 일부에 불과하더라도, 그 표장을 제외한 부분이 화장품 용기가 갖는 통상적인 형태에 불과하여 그 표장에 대하여 형태적 특이성을 인정할 수 있다면, 액체형 화장품 용기에 표시된 표장을 모방한 것을 상품형태 전체의 모방으로 인정할 수 있다.

3. 피고 표장은 이 사건 표장의 기본 형태를 유지하면서 부수적인 부분을 변경하는데 그치고 있으며, 피고가 원고 제품 출시 전에 피고 표장을 독자적으로 구상하였다고 보기

는 어렵고, 이 사건 표장과 같은 방식의 형태가 원고 제품 출시 당시 화장품 업계에서 통상적으로 사용된 형태라고 볼 수 없다는 이유로, 상품형태 모방행위를 인정한 사례.

해설

Ⅰ. 대상판결의 쟁점

부정경쟁방지법 제2조 제1호 (자)목은, 타인이 제작한 상품의 형태를 모방한 상품을 양도·대여 또는 이를 위한 전시를 하거나 수입·수출하는 행위를 부정경쟁행위로 보고 있다. 본 목은 창작적 성과보다는 상품개발을 위하여 자본, 노력 등을 투자한 선행자의 이익을 보호하기 위하여 이른바 데드카피(dead copy)와 같이 그대로 베끼는 것이나 그에 준하는 상품의 (기능면이 아니라) 형태면에서의 복제행위를 막기 위해 입법되었다.[1)]

부정경쟁방지법 제2조 제1호 (자)목의 "상품의 형태"는 형상·모양·색채·광택 또는 이들을 결합한 것을 말하며, 시제품 또는 상품소개서상의 형태를 포함한다. 대상판결의 사안에서는 본 목의 "상품의 형태"와 관련하여, ① 액체형 화장품 용기가 "상품의 형태"에 해당하는지 여부, ② 액체형 화장품 용기에 표시된 표장을 모방한 것을 두고 상품형태 전체의 모방으로 평가할 수 있는지가 문제된다.

한편 부정경쟁방지법 제2조 제1호 (자)목의 "모방"은 "타인의 상품의 형태에 의거하여 이와 실질적으로 동일한 형태의 상품을 만들어 내는 것"을 말한다.[2)] 모방의 객관적 요건으로는 "실질적 동일성", 주관적 요건으로는 "모방의 의사"가 요구된다.[3)] 대상판결은 모방의 객관적 요건 및 주관적 요건을 모두 고려하여 피고 표장이 이 사건 표장의 형태를 모방한 것인지를 판단하였다.

본 목은 1993년 신설된 일본의 부정경쟁방지법 제2조 제1항 제3호[4)]의 영향을 받은 것으로 평가되고 있으므로,[5)] 아래에서도 대상판결의 쟁점과 관련된 일본의 학설 및 판례를

1) 윤태식, 「부정경쟁방지법」, 박영사(2021), 172.
2) 대법원 2012. 3. 29. 선고 2010다20044 판결 등 참조.
3) 정상조 편집대표, 「부정경쟁방지법 주해」, 박영사(2020), 178~184.
4) "타인의 상품(최초 판매된 날부터 기산하여 3년이 경과한 것은 제외한다.)의 형태(해당 타인의 상품과 동종의 상품(동종의 상품이 없는 경우에는 해당 타인의 상품과 그 기능 및 효용이 동일하거나 유사한 상품)가 통상적으로 갖는 형태를 제외한다.)를 모방한 상품을 양도, 대여, 양도 또는 대여를 위하여 전시, 수출 또는 수입하는 행위"
5) 황보영, "부정경쟁방지법상 상품형태의 보호", 「지식재산권의 현재와 미래: 소담 김명신선생 화갑기념 논문집」, 법문사(2004), 346.

참조하여 분석한다.

Ⅱ. 대상판결의 분석

1. 상품의 포장이나 용기를 상품 그 자체의 형태로 보기 어렵다는 점에서 상품의 용기나 포장이 "상품의 형태"에 해당하는지가 문제된다. 일본의 학설과 판례는, 상품의 용기나 포장도 상품과 일체로 되어 불가분적으로 결합되어 판매되는 것은 상품의 형태에 해당하지만, 상품의 설명서나 단순한 상자와 같이 상품과 일체로 되었다고 볼 수 없는 경우에는 상품의 형태에 해당하지 않는다고 본다.[6] 과자상자포장의 모방행위가 문제된 사례에서 대법원 2008. 10. 17. 자 2006마342 결정은, "'상품의 형태'의 범위에 당해 상품의 용기·포장이 당연히 포함되는 것은 아니라 할 것이다. 그러나 상품의 용기·포장도 상품 자체와 일체로 되어 있어 용기·포장의 모방을 상품 자체의 모방과 실질적으로 동일시할 수 있는 경우에는 위 규정상의 상품의 형태에 포함된다고 할 것이다."라고 설시하였다.[7] 대상판결은 위 대법원 결정을 근거로 하여, "원피고 제품과 같은 액체형 화장품은 제품의 용기가 제품 자체와 사실상 일체로 되어 있어 용기의 모방을 제품 자체의 모방과 실질적으로 동일시할 수 있는 경우"에 해당한다고 보아, 액체형 화장품 용기인 원피고 제품의 용기 역시 부정경쟁방지법 제2조 제1호 (자)목의 "상품의 형태"에 포함된다는 전제로 판단하였다.[8] 위 과자상자포장 판결에 대해서는 상품의 포장이 그 상품 자체와 일체로 되어 있다고 할 수 있는지 의문을 갖는 견해[9]가 있으나, 액체형 화장품은 그 자체의 형체가 없어 화장품 용기의 형태에 의존하는 상품이므로 화장품 용기가 상품 자체와 일체화되어 있다고 보는 것이 타당할 것으로 보인다.

2. 대상판결에서 문제가 된 원피고 표장은 액체형 화장품 용기 중 일부를 구성할 뿐이므로, 상품 형태의 일부를 모방하는 경우에도 상품 전체의 형태를 모방한 것으로 볼 수 있

6) 최정열·이규호, 「부정경쟁방지법」, 진원사(2020), 197.

7) 위 대법원 판결 사안에서 문제된 포장은 종이로 만든 직육면체 상자 형상으로서, 그 안에 마가렛트 상품이 2개씩 포장된 봉지들이 여러 개 담긴 채 봉해져 일체로서 전시·판매되고 있어 포장을 뜯지 않으면 그 내용물이 실제로 외관에 나타나지 않았는데, 위 판결은 위 포장이 마가렛트 상품 자체와 일체로 되어 있어 포장을 모방하는 것이 실질적으로 마가렛트 상품 자체를 모방하는 것과 동일시된다고 보았다.

8) 다만, 대상판결은 "액체형 화장품 용기"가 "상품의 형태"에 해당한다고 단계적으로 설시하는 대신, "액체형 화장품 용기에 표시된 표장"이 "상품의 형태"에 포함된다고 곧바로 인정하였다.

9) 정상조 편집대표(주 3), 167; 최성준, "부정경쟁행위에 관한 몇 가지 쟁점", 「Law&Technology」, 서울대학교 기술과법센터(2009. 1), 33; 정봉현, "부정경쟁방지법에 의한 상품형태의 보호", 「산업재산권」 37호(2012. 4), 73.

는지가 문제된다. 일본의 하급심 판결은 "독립하여 양도 등의 대상이 되지 않고, 독립하여 판매의 단위가 되는 상품의 일부분을 구성함에 지나지 않는 경우에는, 해당 일부분에 상품의 특징이 있고, 그 모방이 전체로서의 상품의 형태의 모방으로 평가할 수 있는 등의 특단의 사정이 없는 한 원칙으로서 그 일부분의 형태를 가지고 상품의 형태라고 말할 수는 없다."라고 판시한 바 있다(맨홀용 발판 사건, 東京地判 平成 17. 5. 24. 平成15年(ワ)17358, 判例時報 1933号 107頁).[10] 우리나라 학설 중에도 상품의 일부의 형태는 원칙적으로 상품의 형태라고 할 수는 없지만 그 일부에 상품 형태의 특징 전부가 있는 경우에는 상품 일부의 형태를 모방하는 경우에도 상품 전체의 형태를 모방할 것으로 평가할 수 있다는 견해[11]가 있다. 대상판결은 "원피고 표장은 원피고 제품형태의 일부에 해당하나, 원피고 제품에서 양 표장을 제외한 부분은 화장품 용기가 갖는 통상적인 형태에 불과하여 이를 제외한 양 표장의 형태적 특이성을 인정할 수 있으므로 그 표장의 모방을 상품형태 전체의 모방으로 인정할 수 있다."고 보았다. 앞서 본 일본의 하급심 판결 및 우리나라 학설의 견해와 마찬가지로, 상품형태의 일부에 상품형태에 특이성을 부여하는 특징이 있고 나머지는 진부한 부분에 불과하다면, 그 특징적인 일부만을 모방한 경우에도 전체형태의 모방에 해당한다고 본 사례이다.

3. "모방"의 객관적 요건인 "실질적 동일성"의 판단과 관련하여, 설령 타인의 상품형태에 다소 변경을 가하였더라도, 전체적으로 관찰할 때 자본이나 노력에 무임승차하는 것이라고 평가될 수 있을 정도라면, 타인의 상품형태와 실질적으로 동일한 범위 내라고 평가할 수 있다.[12] 대상판결은 "① 이 사건 표장과 피고 표장에는 'Mineral oils, Synthetic fragrances, Animal origin ingredients'라는 문구가 공통되는데, 그 개별 문구까지 완전히 일치하는 경우가 발생하기란 매우 드물다는 점, ② 피고 표장은 이 사건 표장의 기본 형태를 유지하면서 막대그래프의 위치를 바꾸고, 외곽에 점선을 부가하였으며, 유해 성분 중 몇 가지를 치환한 것에 불과하여 부수적인 부분을 변경하는 데 그치고 있고 그와 같은 변경이 특별히 어렵다고 보이지 아니하므로, 이로써 피고 표장만의 독자적인 형태적 특징이 발생한다고 볼 수 없는 점"을 이유로 실질적 동일성을 인정하였다. 선행상품과 후행상품이 서로 다른 점이 있는 경우에도, 그 다른 점만으로 후행상품이 선행상품과 구별되는 독자적인 형태적 특징을 갖추었다고 평가할 수 없는 경우에는 "실질적 동일성"을 인정한 사례이다.

4. 모방의 주관적 요건인 "모방의 의사"는 후발상품의 상품 주체가 선행상품의 존재 및 그 형태를 인식하고 그것에 기초하여 실질적으로 동일한 상품형태를 만들어낸다는 주관적

---

10) 최정열 · 이규호(주 6), 197.

11) 최정열 · 이규호(주 6), 195~196; 박성호, "부정경쟁방지법에 의한 상품형태의 보호", 「산업재산권」 23호 (2007. 8), 593.

12) 윤태식(주 1), 176.

인식이다.[13] 이때 모방의 의사란 행위자의 적극적인 모방의 의도를 요한다는 취지는 아니고, 동일하거나 실질적으로 동일하게 된다는 것을 알면서 이를 감수한다는 정도의 심리상태를 말한다.[14] 따라서 후발자가 선행자와는 별도로 독자적으로 기획·개발한 상품이 우연히 선행상품과 실질적으로 동일한 형태로 되었더라도, 이는 부정경쟁방지법 제2조 제1호 (자)목의 "모방"에는 해당하지 않는다(이른바 독자개발의 항변).[15] 대상판결의 사안에서 피고는 "원고 제품 출시 전에 이미 피고 제품의 디자인방침을 수립하였고, 피고 표장의 구상단계에서 3차에 걸쳐 디자인 시안을 변경하였다."라고 주장하여 독자개발의 항변을 하였으나, 대상판결은 "피고가 그 용기 디자인을 그 무렵에 결정하였다는 사실이 인정되지 않고, 디자인 시안 변천과정에서 작성된 내부 검토자료나 초기 디자인 시안 등을 전혀 제출하지 못하고 있다."고 보아 피고의 위 항변을 배척하고 모방의 의사를 인정하였다.

Ⅲ. 대상판결의 의의

대상판결은 부정경쟁방지법 제2조 제1호 (자)목의 요건 중 "상품의 형태"와 관련하여, ① 상품의 용기가 "상품의 형태"에 해당한다고 보았으며, ② 상품의 전체적인 형태 중 일부만을 모방한 경우를 상품 전체의 형태를 모방한 것으로 인정하였다. 나아가 본 목의 요건 중 "모방"과 관련하여, ③ 선행상품과 후행상품이 서로 다른 점이 있는 경우에도 그 다른 점만으로 후행상품이 선행상품과 구별되는 독자적인 형태적 특징을 갖추었다고 평가할 수 없다는 이유로 "실질적 동일성"을 인정하였으며, ④ 피고의 "이른바 독자개발의 항변"을 배척하고 "모방의 의사"를 인정한 사례로서 의의가 있다.

키워드

상품형태, 모방, 화장품 용기, 표장, 독자개발의 항변

---

13) 최정열·이규호(주 6), 201.
14) 정상조 편집대표(주 3), 184.
15) 정상조 편집대표(주 3), 184.

[41] 상품 형태 모방행위를 인정하기 위한 요건

—서울고등법원 2014. 4. 24. 선고 2013나63211 판결—

이 준 영 (서울고등법원)

[사실 개요]

원고의 가방	피고들의 가방
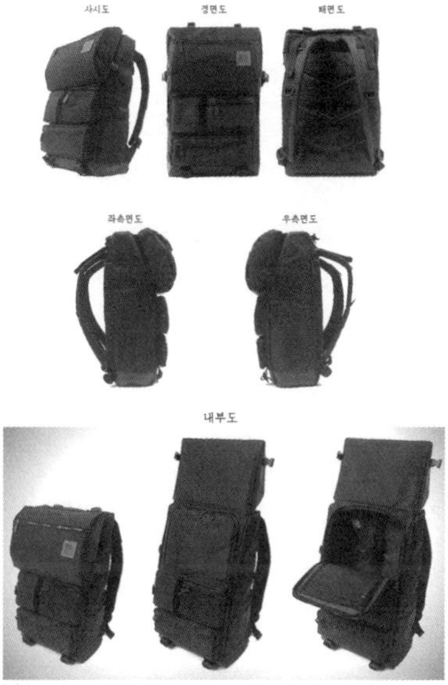	

1. 원고는 '씨엔제이(CNJ)'라는 상호로 가방과 잡화의 제조 · 판매업을 하는 사람으로 2011. 1. 20. 무렵부터 표 왼쪽과 같은 디자인의 원고의 가방을 만들어 판매하였다.
2. 피고 1은 2011. 4. 28. 원고의 가방을 구매한 후, 2011. 7. 무렵부터 표 오른쪽과 같은 디자인의 피고들의 가방(제품명: 써든 백팩, 색상은 블랙, 네이비, 그레이의 3가지)을 중국에서 주문자상표부착방식으로 생산(OEM)하여 수입한 다음, 국내 사이버쇼핑몰 등을 통하여 판매하였다.
3. 피고 2는 피고 1로부터 피고들의 가방을 공급받아 2011. 8. 무렵부터 피고 2가 운영하는 가방 전문 판매 웹 사이트인 '가방쟁이'를 통하는 등의 방법으로 이를 판매하였다.

[판결 요지]

1. 부정경쟁방지법 제2조 제1호 (자)목에 정해진 모방이라고 함은, 타인의 상품의 형태에 의거하여 그것과 실질적으로 같은 상품의 형태를 만들어 내는 것을 말하고, 여기서 실질적으로 같은 상품의 형태라고 함은 객관적으로 타인의 상품과 만들어진 상품을 대비하여 관찰하는 경우에 만들어진 상품의 형태가 타인의 상품 형태와 같거나 실질적으로 같다고 할 수 있을 정도로 유사한 것을 말한다. 그리고 위 조항에 정해진 행위를 부정경쟁행위로 한 취지는 상품개발을 위하여 자금과 노력을 투하한 상품형태 개발자의 시장에서의 선행이익을 보호하는 데 있는 점에 비추어 만들어진 상품의 형태에 타인의 상품 형태와 다른 부분이 있다고 하더라도 그 다른 부분이 미세한 변개에 기초한 것으로 상품의 전체적 형태에 주는 변화가 적고 상품 전체에서 보아 미세한 차이에 그친다고 평가할 수 있는 경우에는 해당 상품은 타인의 상품과 실질적으로 같은 형태로 평가할 수 있다. 상품의 형태에 변경이 있는 경우에 실질적으로 같은 형태의 상품에 해당하는지에 관해서는 해당 변경의 내용과 정도, 그 착상의 난이도, 변경에 의한 형태적 효과 등을 종합적으로 고려하여 일반적으로 당업자를 기준으로 하여 판단하여야 한다. 한편 상품의 형태 중 해당 타인의 상품과 동종의 상품이 통상적으로 가지는 형태에 대해서는 특정한 사람에게 그 상품 형태의 독점적 이용을 인정하게 되면 부정경쟁방지법이 예정한 범위를 넘어서 본래 바람직한 것인 건전한 경쟁을 제한할 우려가 있으므로 그러한 형태에 관해서는 그 상품과 동종의 상품을 제조, 판매하는 누구든지 이용할 수 있는 것으로 하고 그 모방에 대하여 부정경쟁행위로 하지 아니하는 취지에서 부정경쟁방지법 제2조 제1호 (자)목 단서 (2)에서 동종 상품이 통상적으로 가지는 형태의 모방을 부정경쟁행위에서 제외하고 있는바, 동종의 상품이 통상적으로 가지는 형태라고 함은, 동종의 상품이라면 통상 가지는 그와 같은 흔하고 특별한 특징이 없는 상품형태와 그와 같은 형태의 상품을 단순히 조합한 형태 및 해당 상품으로서 기능을 확보하기 위해서 불가결하게 갖추어야 하는 형태를 말한다고 해석함이 타당하다.

2. 원고의 가방과 피고들의 가방은 사용된 원단과 좌우 어깨끈을 연결하는 연결고리의 유무에 있어서만 차이가 있을 뿐 가방의 크기, 덮개와 수납공간의 배치, 지퍼, 내부 등 그 형태가 대부분 같거나 유사하고, 피고 1이 원고의 가방을 매수한 다음에 피고들의 가방을 스스로 제조하여 판매한 사정에 비추어 피고들의 가방 형태는 원고의 가방 형태를 모방한 것으로 평가하여야 하며(피고들의 가방이 원고의 가방의 형태를 모방), 피고 1이 모방한 원고 가방의 덮개와 수납공간의 모양과 배치, 수납공간의 크기, 내부 수납공간의 모양, 지퍼의 위치 등은 원고가 시간과 노력, 비용을 들여 개발한 제품의 형태로서, 이러한 형태가 백팩 형태의 가방이라면 통상적으로 가지는 흔하고 특별한 특징이 없는 상품 형태라거나

그러한 특징이 없는 흔한 형태를 단순히 조합한 형태 또는 백팩 가방으로서 기능을 확보하기 위해서 불가결하게 갖추어야 하는 형태에 해당한다고 볼 수는 없다는 이유로, 피고들의 가방을 제조·판매하는 행위는 상품형태 모방행위에 해당한다고 한 사례.

해설

Ⅰ. 대상판결의 쟁점

부정경쟁방지법 제2조 제1호 (자)목의 상품형태 모방행위는 상품의 형태가 권리로 등록되기 이전이라든가(디자인권이나 특허권 등) 그와 같은 권리로 등록받기 위한 창작성 등의 보호요건을 충족하지 못하더라도 큰 비용, 시간과 노력을 들여 개발한 신규의 상품형태를 보호할 필요가 있어 2004. 1. 20. 법률 제7096호로 개정된 부정경쟁방지법에서 신설된 항목으로, 타인이 자금과 노력을 투하하여 개발한 상품형태를 부당하게 모방하여 자기의 시간, 비용, 노력 및 상품개발을 위한 위험 부담을 회피하는 동시에 상품개발자의 시장 선점으로 인한 이익을 침해하는 행위이다.[1] 상품형태 모방행위가 성립하려면 적극적 요건으로 타인이 제작한 상품의 형태를 모방(의거성, 실질적 동일성)한 상품을 양도하는 등의 행위이면서, 소극적 요건으로 상품의 형태가 갖추어진 날부터 3년이 지난 상품의 형태를 모방한 상품이거나 타인이 제작한 상품과 동종의 상품이 통상적으로 가지는 형태를 모방한 상품이 아닐 것을 요한다.

여기서 실질적 동일성의 의미와 범위는 본 목의 취지가 타인에 의해 제작된 상품의 형태를 그대로 복제함에 따라 타인이 당해 상품의 형태에 투하한 자본과 노력에 무임승차하는 행위를 금지하는 데에 있는 점에 비추어, 전체적으로 상품의 형태 중 자본과 노력을 투자한 중요한 부분이 실질적으로 동일한지 여부에 따라 판단한다. 타인의 상품형태에 다소 변경을 가하였더라도 전체적으로 관찰할 때 자본이나 노력에 무임승차하는 것이라고 평가될 수 있을 정도라면 타인의 상품형태와 실질적으로 동일한 범위 내라고 평가할 수 있다. 이때 상품형태에 가해진 변경이 사소하여 실질적으로 통일한 형태의 상품에 해당하는지는 당해 변경의 내용과 정도, 그 착상의 난이도, 변경에 의한 형태적 효과 등을 종합적으로 고려하되, 당해 상품의 거래자 및 수요자의 관점에서 판단한다.[2] 타인의 상품과 실질적 동일성이 있는 완전한 모방인가를 판단하기 위해서는 혼동을 요건으로 하는 상표, 상품표지, 디

1) 윤태식, 「부정경쟁방지법」, 박영사(2021), 172.
2) 윤태식(주 1), 176. 대법원 2012. 3. 29. 선고 2010다20044 판결.

자인 등의 침해 여부의 판단(때와 장소를 달리하는 이격적 관찰방법에 의한 판단)과 달리 곧바로 두 개의 상품을 나란히 놓고 관찰한 후 종합적으로 판단(대비적 전체관찰방법에 의한 판단)하여야 한다.[3] 대상판결의 사안에서는 원고 가방과 피고들의 가방이 원단에 차이가 있고, 피고들의 가방 좌우 어깨끈에 가방과 몸을 밀착시켜 줄 수 있는 연결 끈과 고리가 있는 점 등에 비추어 실질적 동일성이 있는지 여부가 쟁점이 되었다.

동종의 상품이 통상 가지는 형태는 상품을 전체적으로 보아 동종의 상품 등이 이미 가지고 있는 형태이거나 특징이 없는 흔한 형태 또는 동종의 상품 등이 그 기능 및 효용을 발휘하기 위하여 불가피하게 채택할 수밖에 없는 형태로서 특정한 영업자에게 독점시킬 수 없는 형태를 포함하되, 상품의 일부분이 아니라 전체적으로 관찰하여 판단한다.[4] 대상판결의 사안에서는 원고 가방의 형태가 가방이 통상적으로 가지는 형태에 해당하는지 여부가 쟁점이 되었다.

Ⅱ. 대상판결의 분석

1. 피고들의 가방이 원고의 가방의 형태를 모방하였는지 여부(대비적 전체관찰 방법)

가. 원고의 가방과 피고들의 가방은 그 넓이와 높이, 폭이 거의 같고, 형상에 있어서 ①~④와 같은 유사점이 있음(① 가방의 상단에 가방의 1/3에 달하는 덮개가 있는데 그 덮개 오른쪽 위 끝에는 갈색 가죽을 사용하여 표장을 붙였고, 가로로 지퍼가 있어 수납공간으로 사용할 수 있으며, 덮개는 가방 좌우 옆면에 있는 클립에 의하여 고정됨. ② 가방의 덮개 부분 아래에는 2단으로 사각형의 수납공간이 있는데 덮개 바로 밑부분에 있는 윗단에는 가방의 왼쪽부터 가로 길이의 약 30%와 70%를 차지하는 수납공간 2개가 나란히 있고, 그중 왼쪽 수납공간의 테두리를 따라 '┌┐' 모양으로 지퍼가 달려 있으며, 오른쪽 수납공간에는 전면 윗부분에 가로로 '—' 모양의 지퍼가 있고, 그 아랫단에는 가방 가로 길이 전체를 차지하는 수납공간 1개가 있으며, 그 수납공간 전면 윗부분에 가로로 '—' 모양의 지퍼가 있음. ③ 가방의 어깨끈에는 같은 위치에 고리가 있고, 가방의 등받이 부분에는 균일한 간격으로 'V' 형태의 바느질이 되어 있음. ④ 가방

---

3) 한국정보법학회, 「정보법 판례백선(II)」, 박영사(2016), 393.

4) 윤태식(주 1), 179. 서울고등법원 2022. 4. 8. 선고 2021나2032690 판결(심리불속행 상고기각으로 확정)은 '부정경쟁방지법 제2조 제1호 (자)목에 의하여 보호되는 상품 형태는 상품 전체의 형태로서 신규성이나 창작비용이성을 요구하지 않으므로 각 구성 부분을 분해하여 보면 흔한 형태라 하더라도 그 결합으로 인하여 기존에 존재하지 않았던 새로운 형태가 만들어졌다면 그 구성 형태가 아주 단순하고 그 결합 또한 흔히 있을 수 있는 정도로서 전체적으로 보아 별다른 형태적 특징이 있다고 보기 어려운 경우가 아닌 한 동종의 상품이 통상적으로 가지는 형태라 볼 것은 아니고, 가방과 같이 여러 가지 형태가 다양하게 창작되었던 물품은 다양하고 많은 공지의 구성 형태를 어떻게 조합할 것인지도 상품 형태를 좌우하는 중요한 요소가 될 수 있으므로, 선행 상품에 개시된 요소들을 결합한 형태일지라도 부정경쟁방지법 제2조 제1호 (자)목의 상품 형태로 보호받을 수 있다'고 인정하였다.

위쪽 끝의 덮개를 열면 가방 몸통을 여닫을 수 있는 지퍼가 있고, 가방 내부의 등받이 부분에는 노트북 등을 넣을 수 있는 공간이 있으며, 이 공간은 클립으로 고정하게 되어 있고, 가방 내부 앞쪽 부분에 지퍼로 여닫을 수 있는 수납공간이 있음).

나. 원고의 가방과 피고들의 가방은 가방 본체와 등판에 사용된 원단에는 차이가 있으며, 피고들의 가방 좌우 어깨끈에는 가방에 몸을 밀착시켜 줄 수 있는 연결 끈과 고리가 있음.

다. 원고의 가방과 피고들의 가방은 사용된 원단과 좌우 어깨끈을 연결하는 연결고리의 유무에 있어서만 차이가 있을 뿐 가방의 크기, 덮개와 수납공간의 배치, 지퍼, 내부 등 그 형태가 대부분 같거나 유사함. 피고들이 주장하는 차이점은 전체적인 상품 형태에 변형을 가져온다고 보이지 않고 변경의 정도가 미미함. 피고들의 가방 형태는 원고의 가방 형태를 모방한 것으로 평가함.

2. 피고들의 가방이 동종의 상품이 통상적으로 가지는 형태에 해당하는지 여부

원고의 가방의 디자인 경과, 선행상품의 경우 전체적으로 원고의 가방 형태와 차이가 있는 점, 원고의 가방과 피고들의 가방 이외에도 가방 윗부분에 덮개가 있고, 그 아랫부분에 사각형의 수납공간이 달린 형태의 가방이 시중에 유통되고 있으나, 덮개에 수납공간이 있는지 여부, 수납공간의 개수·크기·배치, 덮개와 수납공간 및 가방 몸체의 색깔 배열, 수납공간을 여닫는 방법(지퍼 혹은 덮개), 내부 수납공간의 모양, 어깨끈에 달린 고리의 위치, 가방 옆면에 수납공간이 있는지 여부 등에서 차이가 있는 점 등을 종합하면, 피고 1이 모방한 원고 가방의 덮개와 수납공간의 모양과 배치, 수납공간의 크기, 내부 수납공간의 모양, 지퍼의 위치 등은 원고가 시간과 노력, 비용을 들여 개발한 제품의 형태이고, 이러한 형태가 백팩 형태의 가방이라면 통상적으로 가지는 흔하고 특별한 특징이 없는 상품형태라거나 그러한 특징이 없는 흔한 형태를 단순히 조합한 형태 또는 백팩 가방으로서 기능을 확보하기 위해서 불가결하게 갖추어야 하는 형태에 해당한다고 볼 수는 없음.

Ⅲ. 대상판결의 의의

요즘 부정경쟁행위의 유형 중 상품 형태 모방행위가 늘어나고 있는바, 대상판결은 부정경쟁방지법상 상품 형태 모방행위의 적극적 요건인 ‘실질적 동일성’과 소극적 요건인 ‘통상적으로 가지는 형태’에 관한 판단기준에 따라 구체적으로 적용한 사례로서, 특히 ‘통상적으로 가지는 형태’에 관하여 상품의 일부분이 아니라 전체적으로 판단[대상판결의 1심 판결인 서울중앙지방법원 2013. 9. 6. 선고 2012가합40610 판결은 동종 상품에 사용되는 통상적인 형태의 일부분을 개별적으로 모방하였다 하더라도 그 일부분이 전체적으로 결합되어 이루게 되는 형태가 동종 상품이 통상

적으로 가지는 형태가 아니라면 위 목 단서 (2)에 해당한다고 보기 어렵다고 판단하였다]하여, 가방과 같이 이미 여러 형태가 다양하게 창작되었던 물품의 경우 '통상적으로 가지는 형태'에 관한 판단기준을 제시하였다.

키워드

상품형태, 실질적 동일성, 통상적으로 가지는 형태, 가방

[42] 형태모방행위에서 형태의 실질적 동일성

—서울고등법원 2014. 5. 22. 선고 2013나2014833 판결—

곽 부 규 (법무법인 광장)

[사실 개요]

원고의 아이보드 스마트 화이트[1]	피고의 유보드 베이직 화이트
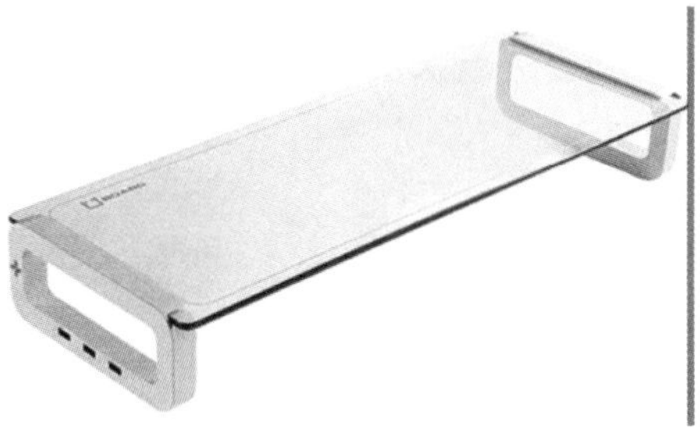	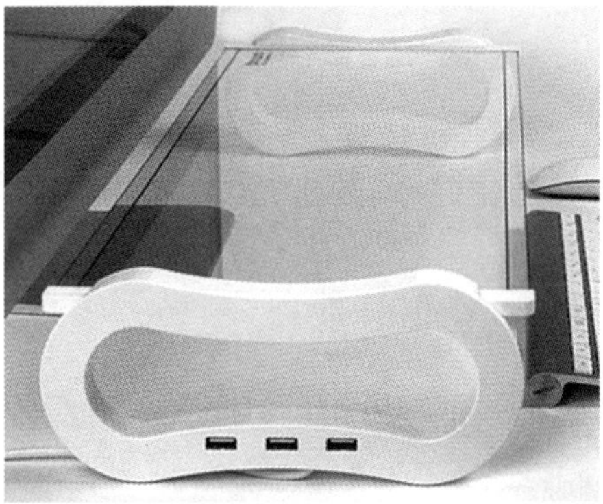

1. 원고는 2009. 5.경부터 위와 같은 컴퓨터 키보드 받침대를 제조, 판매해 왔다(지지대가 검정색인 제품, USB 포트가 없는 제품 등 4가지로 구분됨).
2. 피고는 2010. 7.경부터 위와 같은 컴퓨터 키보드 받침대를 제조, 판매해 왔다(마찬가지로 지지대가 검정색인 제품, USB 포트가 없는 제품 등 4가지로 구분됨).
3. 원고는 피고를 상대로 부정경쟁방지법 상 상품형태 모방행위 및 상품주체 혼동행위를 이유로 침해금지 및 손해배상소송을 제기하였다.

[판결 요지]

1. 원고 제품이 주지성을 획득하였다고 할 수 없으므로, 상품주체 혼동행위에는 해당하지 않는다.

2. 그러나, 피고 제품은 원고 제품과 실질적으로 동일한 형태로서 원고 제품이 동종의 상품이 통상적으로 가지는 형태에 해당한다고 할 수 없으므로, 상품형태 모방행위에 해당한다.

---

1) 제품의 선명도를 위해 판결문의 도면 대신 인터넷에서 검색한 사진으로 대체한다. 이하, 원고 제품을 '대상제품'이라 하고, 피고 제품을 '침해제품'이라고 한다.

해설

Ⅰ. 대상판결의 쟁점

부정경쟁방지법 제2조 제1호 (자)목의 형태모방행위는 타인의 상품 형태를 모방한 행위를 금지하는 규정이다. 소극적 요건으로 상품의 형태가 갖추어진 날부터 3년이 지난 경우와 동종의 상품이 통상적으로 가지는 형태를 모방한 경우는 제외된다.

형태모방행위에 관한 분쟁에서 자주 제기되는 쟁점은 모방행위의 객관적 기준인데 대상판결에서도 마찬가지로 쟁점이 되었다. 대법원 판례가 제시하는 모방행위의 객관적 기준인 실질적 동일성을 판단하기 위해서는 보호대상인 대상제품의 형태에 대한 고찰과 침해제품과의 공통점 및 차이점의 검토가 입법취지에 기반하여 평가되어야 하고, 단서의 통상적인 형태에 관한 의미와 기준도 염두에 두어야 한다.

Ⅱ. 대상판결의 분석

부정경쟁방지법 제2조 제1호 (자)목은 "타인이 제작한 상품의 형태(형상·모양·색채·광택 또는 이들을 결합한 것을 말하며, 시제품 또는 상품소개서상의 형태를 포함한다. 이하 같다)를 모방한 상품을 양도·대여 또는 이를 위한 전시를 하거나 수입·수출하는 행위"를 부정경쟁행위의 유형으로 규정하고 있다. 따라서, 침해제품이 대상제품의 형태를 모방했다면 위 조항에 의하여 부정경쟁행위에 해당한다. 문언적으로 대상제품의 형태에 대해서는 어떠한 조건이 부가되지 않았기 때문에 제한이 없다. 공지의 선행제품들을 조합한 형태이든 참신한 형태이든 묻지 않는다.

공지의 선행제품과 형태적으로 동일한 제품은 어떠한가. 예를 들면, 공지의 선행제품이 존재한 상황에서 동일한 형태의 대상제품을 출시하여 히트 친 경우다. 문언상으로는 제한이 없지만,[2] 이러한 경우에는 권리남용에 해당하여 권리행사가 허용되지 않는다고 보아야 할 것이다. 이는 디자인보호법상 신규성이 결여된 디자인권의 행사가 권리남용에 해당하는 것과 마찬가지다. 반면에, 공지의 선행제품과 시각적으로 대비했을 때 조금이라도 형

---

2) 구회근, "부정경쟁방지 및 영업비밀보호에 관한 법률 제2조 제1호 자목에 규정된 '상품형태 모방'의 의미", 「법조」 제56권3호, 법조협회(2007), 140; 한창희, "미등록 디자인 보호와 부정경쟁방지법", 「상사판례연구」 제21집1권, 한국상사판례학회(2008), 255; 박성호, "부정경쟁방지 및 영업비밀보호에 관한 법률 제2조 제1호 (자)목에서 규정하는 '상품형태 모방행위'의 규제", 「한양법학」 제31권1집, 한양법학회(2020), 221. 반면에, 김창권, "부정경쟁방지법 제2조 제1호 (자)목이 규정한 상품형태의 요건", 「사법」 제39호, 사법발전재단(2017), 17은, 대상제품은 신규성을 갖출 필요는 없지만, 모방에 의하여 경쟁상의 불공정성을 야기한다고 평가될 수 있는 정도의 시장가치 내지 고객흡인력을 지닌 성과물이어야 한다고 한다.

태적 차이를 인식할 수 있다면 권리남용에 해당한다고 할 수 없을 것이다. 다만, 이러한 경우 침해제품의 형태는 위 형태적 차이까지 동일해야 침해로 인정될 수 있을 것이다.

실무에서 가장 난해한 쟁점은 모방행위에 해당하는지 여부이다. 대법원은 모방행위에 관하여 "타인의 상품형태에 의거하여 이와 실질적으로 동일한 형태의 상품을 만들어 내는 것을 말하며, 형태에 변경이 있는 경우 실질적으로 동일한 형태의 상품에 해당하는지는 당해 변경의 내용·정도, 착상의 난이도, 변경에 의한 형태적 효과 등을 종합적으로 고려하여 판단하여야 한다."고 한다.[3] 양 디자인의 형태를 전체적으로 대비하여 심미감의 공통성을 인정할 수 있는가 하는 디자인의 유사성 판단기준[4]과는 차이가 있다. 우리 부정경쟁방지법상 형태모방행위 규정은 일본 부정경쟁방지법 조항을 참고하여 2004년 법률 제7095호로 도입되었는데,[5] 일본에서는 객관적 동일성설(완전복제 한정설)과 실질적 동일성설(예속적 모방 포함설)로 학설이 대별되어 있는 상황에서 재판소가 실질적 동일성설을 채택한 것이고,[6] 위 대법원 판례도 일본 재판소의 판시에 영향을 받은 듯하다.

한편, 제품의 라이프 사이클이 짧고 유통기구의 발전, 복사 및 복제기술의 현저한 발달로 모조품의 피해가 속출하고 있는 현대적 상황에서 데드카피를 규제하기 위해 형태모방행위 규정을 부정경쟁방지법에 도입했다는 제도적 취지를 감안하면[7] 실질적 동일성은 디자인의 유사성과는 달리 보아야 할 것이다. 즉, 디자인 출원·등록이 없는 상황에서 제품의 형태를 보호하는 점과 부정경쟁방지법상 단지 '모방'이라고만 규정되어 있는 점에 비추어 디자인보호법 제114조의 '유사'보다는 권리범위가 좁다고 할 것이다.[8] 디자인보호법에서의 유사성 판단은 심미감의 공통성에 의한다는 점에서도 위 실질적 동일성 판단과는 차이가 있다. 신규성 있는 제품의 형태는 '누군가'에게 시각적 만족감을 주어 구매의욕을 일으킬 것이기 때문에 (설령 다른 사람들에게는 그렇지 않다고 하더라도) '누군가'에 해당하는 수요자들이 구매의욕을 일으키는 당해 제품의 디자인적 요소를 침해제품이 채용했다면 유사성이 인정되고 침해가 인정된다는 점에서[9] 실질적 동일성보다는 넓은 개념이다.

---

3) 대법원 2012. 3. 29. 선고 2010다20044 판결 등.
4) 곽부규, "디자인 소송에서의 유사성 판단기준과 적용", 「특허법원개원20주년기념논문집」, 특허법원(2018), 798.
5) 일본은 2005년 부정경쟁방지법을 개정하면서 모방의 개념을 "타인의 상품형태에 의거하여 그것과 실질적으로 동일한 형태의 상품을 만드는 것"이라고 정의하였고, 특허청, 「부정경쟁방지법 및 영업비밀보호 업무해설서」, 특허청홈페이지(2008), 65면에서도 "모방이란 이미 존재하는 타인 상품의 형태를 흉내내어 그것을 동일 또는 실질적으로 동일한 형태의 상품을 만들어내는 것을 말한다."고 설명하였다.
6) 특허청, 「형태모방에 대한 보호강화방안 연구」, 특허청홈페이지(2008), 35~36.
7) 김창권(주 2), 13.
8) 김창권(주 2), 21. 반면에 양자를 차이 없이 보는 견해로는 박성호(주 2), 229.
9) 곽부규(주 4), 797.

소극적 요건인 '동종의 상품이 통상적으로 가지는 형태'에 해당한다면 이 조항에 의해 보호될 수 없는데, 그 의미에 관해 기능성 원리를 의미한다는 견해[10)]와 이와 더불어 당해 제품의 종류에서 일반적으로 발견되는 형태까지 포함한다는 견해[11)]가 있다. 기능성 원리는 제품의 기능과 효과가 형태에 의해 발휘되는 경우 그 형태를 보호하게 되면 기능과 효과까지 독점하게 되는데, 이는 기능과 효과를 엄격한 요건과 절차에 의해 보호하는 산업재산법의 체계를 훼손시킬 수 있으므로 그 보호를 허용해서는 안 된다는 이론이다. 산업재산법은 종국적으로 산업발전이라는 목표 하에 독점권을 통한 경제적 이익을 부여함으로써 기술개발과 창작의 의욕을 고취하는 체계를 가지고 있는데, 지나친 보호와 독점은 오히려 산업발전을 저해한다.

기능성 원리를 포함한다는 데 있어서는 이견이 없는 듯하고, 나아가 일반적인 형태까지 포함하는지에 관하여 이를 부인함이 타당하다고 생각된다.[12)] 문언상 '통상적인 형태'라고 표현되어 있어 동종의 제품에서 흔히 발견되는 형태라고 해석하는 것이 자연스럽고, 대법원도 "동종의 상품이 통상적으로 가지는 형태는 동종의 상품 분야에서 일반적으로 채택되는 형태로서, 상품의 기능·효용을 달성하거나 그 상품 분야에서 경쟁하기 위하여 채용이 불가피한 형태 또는 동종의 상품이라면 흔히 가지는 개성이 없는 형태 등을 의미한다."고 판시하여[13)] 이를 뒷받침하고 있으나, 대상제품이 그 전부가 동종의 제품에서 흔히 발견되는 형태, 즉 주지의 형태라면 대상제품의 권리 행사는 권리남용에 해당한다고 취급하면 충분할 것이고,[14)] 대상제품 일부가 동종의 제품에서 흔히 발견되는 형태이고 침해제품이 그 부분을 카피한 경우에는 실질적 동일성을 인정하지 않으면 충분할 것이므로, 굳이 소극적 요건을 별도로 규정할 필요가 없는 것이다.[15)]

이 사건에 관하여 살펴보면, 양 제품의 형태에 있어서 공통점은 ① 전체적으로 컴퓨터 모니터 등을 올려놓을 수 있는 유리판과 양 끝단에 수직 방향으로 결합되어 유리판을 지지함과 동시에 유리판과 바닥 사이에 키보드가 수납될 수 있는 공간을 형성하는 지지대로 구

10) 구회근(주 2), 150.

11) 안원모, "상품형태의 보호－부정경쟁방지법 제2조 제1호 자목을 중심으로－", 「산업배산권」 제19호, 한국산업재산권법학회(2006), 325; 한창희(주 2), 255; 김창권(주 2), 27; 박성호(주 2), 234.

12) 참고로, 일본은 2005년 부정경쟁방지법 개정을 통하여 '동종의 상품이 통상적으로 갖는 형태'를 "당해 상품의 기능을 확보하기 위하여 불가결한 형태"로 명확히 하였다.

13) 대법원 2017. 1. 25. 선고 2015다216758 판결.

14) 대상제품이 공지의 형태에 해당하는 경우(즉, 신규성이 없는 경우)에도 권리남용의 이론에 의하여 그 권리를 인정할 수 없는데, 주지의 형태라면 더욱 그러할 것이다.

15) 디자인보호법에서의 '기본적 형태', '주지의 형태'에 상응하는 규정이라고 할 수도 있는데, 시간적 제약이 없는 디자인과는 달리 출시일로부터 3년 동안 한시적으로 보호되는 형태모방행위의 경우 대상제품이 '기본적 형태'나 '주지의 형태'를 채택하고 침해제품도 그러한 형태를 그대로 모방하는 경우가 실제로 존재할지도 의문이다.

성되고, ② 위 유리판은 재질이 ABS수지로 이루어진 5mm 두께의 직사각형 판 형상이며, ③ 위 지지대는 전체적으로 백색의 링 형상이고, ④ 위 지지대의 하부 측면에는 3개의 USB 포트가 나란히 형성되어 있다. 차이점은, 위 지지대의 형상에 있어 대상제품은 각 모서리가 라운드 처리된 직사각형의 형상인 반면에, 침해제품은 가운데가 오목하고 바깥쪽은 볼록한 이른바 '누운 8자' 형상으로 굴곡 처리되었다는 점이다.[16)]

대상제품과 침해제품의 차이점인 지지대의 형상의 차이에도 불구하고 실질적 동일성이 인정될 수 있는가가 쟁점인데, 침해제품의 지지대 형상인 '누운 8자' 형상으로 변경한 내용과 정도, 착상의 난이도, 변경에 의한 형태적 효과 등이 종합적으로 고려되어야 한다. 재판부는 대상제품의 유리판과 지지대의 전체적인 구성과 배치, 유리판의 재질인 투명유리의 형상, 지지대의 색상 등에 있어서 종래에 없었던 매우 강한 심미감을 발휘하고 있는 점을 고려하여 실질적 동일성을 인정하였다. 이 사건에서 통상적인 형태는 유리판과 지지대의 구성일 것인데, 동일한 기능과 효과를 발휘하면서 다른 형태의 유리판(받침판)과 지지대가 있을 수 있으므로 결국 유리판(받침판)과 지지대의 존재 자체만이 기능성 원리에 의해 실질적 동일성 판단에서 배제될 것이다.

Ⅲ. 대상판결의 의의

대상판결은 형태모방행위에 있어 양 제품의 구체적 대비를 통해 실질적 동일성을 인정하기 위해 구체적인 기준을 제시했다는 데 의의가 있고, 특히, 공지된 제품들의 형태가 대상제품과 동일하지 않는 한 대상제품의 권리는 부정되지 않고, 단지 대상제품과 침해제품의 실질적 동일성을 평가할 때 영향을 미치는 것으로 전제했다는 점에서 향후 유사 사례에서 참고가 될 것이다.

키워드

상품형태, 창작성, 모방, 실질적 동일성, 통상적인 형태

16) 유리판과 지지대의 결합방식에 있어서 원고 제품은 나사결합을 한 후 그 부분을 덮어 보이지 않게 처리하였고, 피고 제품은 슬라이딩 방식으로 결합하였는데, 시각적으로 양 제품의 차이가 뚜렷하지는 않다.

[43] 디자인의 용이 창작 여부와 상품의 통상적 형태

—특허법원 2020. 12. 11. 선고 2020나1018 판결—

김 수 민 (특허법원)

[사실 개요]

<table>
<tr><th colspan="2">이 사건 등록디자인, 원고 제품</th><th>피고 제품</th></tr>
<tr><td colspan="2">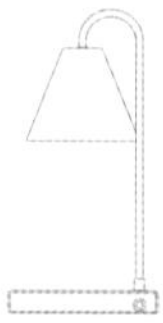, </td><td></td></tr>
<tr><th colspan="3">비교대상디자인들</th></tr>
<tr><td colspan="3">비교대상디자인 1 내지 3, 8, 12(캔들워머):
, , , , 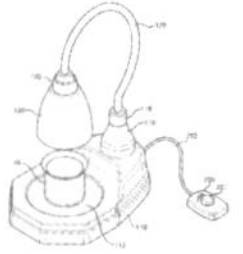</td></tr>
<tr><td>비교대상디자인 4 내지 7(전기스탠드):
, , , </td><td colspan="2">비교대상디자인 10, 11(온열램프)[1]:
, </td></tr>
</table>

1. 원고는 2016. 5. 9. '캔들워머'에 관한 이 사건 등록디자인에 대한 디자인등록출원을 하여 2017. 2. 22. 그 등록을 마쳤다. 원고는 2016. 4. 29.경 원고 제품과 같은 캔들워머의 형태를 창작하여 그 무렵부터 원고 제품을 제조·판매하고 있다.
2. 피고들은 피고 제품과 같은 캔들워머를 판매하고 있다.
3. 피고 3은 2019. 5. 3. 원고를 상대로 '이 사건 등록디자인은 창작비용이성이 부정된다.'고 주장하면서 등록무효심판을 청구하였고, 특허심판원은 2019. 11. 29. '이 사건 등록디자인은 그 출원 전에 공지된 비교대상디자인 1 내지 8로부터 통상의 디자이너가 용이하게 창작할 수 있는 디자인에 해당한다.'는 이유로 피고 3의 위 심판청구를 인용하는 심결(2019당1364)을 하였다. 이에 원고가 위 피고를 상대로 위 심결의 취소를 구하는 소를 제기하였으나, 특허법원은 2020. 10. 16. '이 사건 등록디자인은 비교대상디자인 1에 주지의 원뿔대 형상을 결합하거나, 비교대상디자인 1에 비교대상디자인 11 및

1) 비교대상디자인 9에 관한 주장은 피고들이 철회하였으므로 생략한다(제1심판결인 서울중앙지방법원 2019. 11. 28. 선고 2019가합520962 판결 판결문 제3쪽 하2행 참조).

주지의 원뿔대 형상을 결합함으로써 용이하게 창작할 수 있는 디자인에 해당한다'는 이유로 원고의 청구를 기각하는 판결(2019허9142)을 선고하였고, 그 판결은 2020. 11. 3. 그대로 확정되었다.

[판결 요지]

1. 부정경쟁방지법 제2조 제1호 (자)목 단서 (2)는 타인이 제작한 상품과 동종의 상품이 통상적으로 가지는 형태의 모방 행위를 부정경쟁행위에서 제외하고 있다. 여기에서 동종의 상품이 통상적으로 가지는 형태는 동종의 상품 분야에서 일반적으로 채택되는 형태로서, 상품의 기능·효용을 달성하거나 그 상품 분야에서 경쟁하기 위하여 채용이 불가피한 형태 또는 동종의 상품이라면 흔히 가지는 개성이 없는 형태 등을 의미한다.

2. 원고 제품이 가지는 형태적 특징은 동종 상품에서 종래부터 채용되어 오던 형태 혹은 동종의 상품이라면 흔히 가지는 개성이 없는 형태 등에 해당하므로, 전체적으로 볼 때 원고 제품은 부정경쟁방지법 제2조 제1호 (자)목에 의하여 보호되는 상품 형태에 해당한다고 보기 어렵다고 하여, 피고들이 부정경쟁방지법 제2조 제1호 (자)목의 부정경쟁행위를 하였다는 원고의 주장을 받아들이지 않은 사례.

해설

Ⅰ. 대상판결의 쟁점

원고 제품 형태가 부정경쟁방지법 제2조 제1호 (자)목 단서 (2)가 정하는 '동종의 상품이 통상적으로 가지는 형태'에 해당하는지 여부가 주된 쟁점이 되었다.

원심에서는 디자인권 침해 여부와 관련하여 등록디자인이 디자인보호법 제33조 제2항의 창작비용이성을 갖추었는지 여부가 주된 쟁점이 되었으나, 원고의 이 사건 등록디자인이 대상판결 선고일인 2020. 12. 11. 기준으로 그 등록을 무효로 한다는 심결(2019당1364)이 확정되어 처음부터 없었던 것으로 되어, 대상판결은 원고의 디자인권 침해를 이유로 한 청구에 관하여 나아가 판단하지 않았다.

또한, 원심에서는 창작비용이성 판단과 관련하여 '전기스탠드, 온열램프에 관한 비교대상디자인들' 및 '일러스트레이션에 나타난 형상 및 모양인 비교대상디자인 3'이 비교대상디자인 적격이 있는지, 대상판결에서는 '전기스탠드, 온열램프'와 관련된 비교대상디자인들이 '캔들워머'에 관한 원고 제품의 '동종의 상품이 통상적으로 가지는 형태' 해당 여부를 판단하는 참고자료가 될 수 있는지도 쟁점이 되었다.

Ⅱ. 대상판결의 분석

미등록 상품 형태의 보호를 부정경쟁방지법 제2조 제1호 (자)목(이하 '상품형태모방 부정경쟁행위'라 한다)에만 근거하여 주장하는 경우와 달리, 상품 형태가 동시에 등록디자인이기도 한 경우 피의침해자에 대한 소송은 디자인권 침해와 상품형태모방 부정경쟁행위가 모두 청구원인으로 삼아 제기될 수 있다. 이러한 경우 각각은 별개의 청구권원이기는 하지만 서로 밀접한 관계를 가지고 있어, 등록디자인으로서의 무효사유가 부정경쟁행위에 의한 상품 형태의 보호에 어떠한 영향을 미치는지가 문제되는데, 대상판결의 사안에서는 "원고의 등록디자인이 공지된 비교대상디자인들과의 관계에서 디자인보호법 제33조 제2항의 용이창작의 무효사유를 안고 있는지"와 "원고 상품의 형태가 동종의 상품이 통상적으로 가지는 형태(이하 '상품의 통상적 형태'라 한다)에 해당하는지"가 함께 문제가 되었다.[2]

부정경쟁방지법 제2조 제1호 (자)목 단서 (2)는 상품형태모방 부정경쟁행위에서 상품의 통상적 형태의 보호를 제외하고 있는데, 그 취지는 ① 그 개발·상품화에 특별한 노력과 자금이 투하되지 않는 것이 일반적이고 오히려 이러한 형태를 특정인에게 독점시키면 동종의 상품 간에 자유롭고 발전적인 경쟁을 저해하는 것이 되며, ② 이러한 형태는 그 상품의 기능 또는 효용을 달성하기 위해 불가피하게 채용하지 않으면 안 되는 경우가 보통일 것이고, 이러한 형태를 특정인에게 독점시키면 상품 형태가 아니라 동일한 기능을 갖는 상품 그 자체의 독점을 초래하게 되므로 부정경쟁방지법의 취지 그 자체에도 반하게 된다는 것이다.[3] 따라서 상품의 통상적 형태는 크게 ① 개성이 없는 형태(흔한 형태, 진부한 형태, 몰개성적 형태 등)와 ② 기능적 형태(경쟁상 불가피한 형태, 시장에서 사실상 표준으로 되어 있는 형태 등)의 두 유형으로 나뉘는데,[4][5] 대법원도 "동종의 상품이 통상적으로 가지는 형태는 동종의 상품 분야에서 일반적으로 채택되는 형태로서, 상품의 기능·효용을 달성하거나 그 상품 분야에서 경쟁하기 위하여 채용이 불가피한 형태 또는 동종의 상품이라면 흔히 가지는 개성이 없는 형태 등을 의미한다.[6]"고 판시하고 있다.

한편으로는, 특허법, 저작권법, 디자인권 등의 경우 그 보호를 위하여 일정한 정도의 창작성을 필요로 하는데, 이러한 지적창작보호법과의 관계에서 균형을 맞추기 위하여 도입

---

2) 박태일, "디자인 용이창작 여부 및 상품의 통상적 형태 해당 여부 [서울중앙지방법원 2019. 11. 28. 선고 2019가합520962 판결]", 「LAW & TECHNOLOGY」, 제17권 제4호, 서울대학교 기술과법센터(2021), 118.

3) 정상조 편집대표, 「부정경쟁방지법 주해」, 박영사(2020), 187(박성호 집필부분).

4) 정상조 편집대표(주 3), 188.

5) 김창권, "상품형태 모방과 관련하여 동종의 상품이 통상적으로 가지는 형태", 「대법원판례해설」 제112호, 법원도서관(2017), 11~12.

6) 대법원 2017. 1. 25. 선고 2015다216758 판결.

된 것이 상품의 통상적 형태라는 견해도 있다. 이에 의하면, 상품형태모방 부정경쟁행위 규정에 의한 보호를 받기 위하여는 창작성의 정도에까지 이른 것은 아니지만, 적어도 경쟁상의 특이성 또는 경쟁상 의미 있는 형태, 즉 시장가치 있는 상품형태일 것이 요구된다.[7] 또한, 상품의 통상적 형태 중 ① 유형은 창작성이 아니라 경쟁적 의미를 요구하는 것으로 해석할 수 있다.[8] 상품형태모방 부정경쟁행위 규정은 부정경쟁방지법 제2조 제1호 (가)목과 (나)목의 상표법적 보호와 달리 주지성 등을 보호요건으로 하지 않아 디자인보호법의 보충적 기능을 수행하고, 실질적으로는 미등록디자인을 임시 보호한다는 기능을 가지고 있다고 본다면,[9] 실제로 상품형태모방 부정경쟁행위 규정의 적극적 요건인 '모방' 중 객관적 요건인 실질적 동일성 여부를 판단함에 있어 디자인보호법에서의 디자인의 동일·유사여부 판단방법을 참고할 수 있는 점[10]도 고려했을 때, 상품의 통상적 형태 판단방법과 디자인보호법 제33조 제2항의 용이창작의 무효사유를 판단하는 방법의 관계를 밝힐 필요가 있다. 특히 대상판결의 사안과 같이 동종의 선행상품에 전적으로 동일한 형태의 것이 존재하지 않는 경우라도 평범한 특징을 조합한 상품이라면 상품의 통상적 형태에 해당하는지 여부가 문제된다.[11] 디자인보호법 제33조 제2항의 경우, 복수의 디자인을 하나로 조합한 이른바 조합디자인이 여기에 해당하는데[12], 이와 관련하여서는 각 구성부분의 공지형태 또는 주지형태 해당 여부 및 통상의 디자이너의 입장에서 해당 구성부분들의 결합의 용이성 그리고 무엇보다도 '창작수준'을 본다.[13] 상품형태모방 부정경쟁행위와 관련하여서는, 이미 시장에서 광범위하게 볼 수 있는 상품 형태들을 조합한 것일 뿐이고, 그 조합 자체도 용이한 상품형태는 상품의 통상적 형태에 해당한다는 견해가 있다.[14] 위 견해는 일본의 일부 재판례를 근거로 한 것인데, 이 경우 상품의 통상적 형태에 해당하는지 여부는 '상품을 전체로서 관찰'하여 판단하여야 하고, 전체로서의 형태를 구성하는 개개 부분적 형상을 떼어내어 개별적으로 그것이 평범한 형태인지를 판단한 다음, 각 형상을 조합하는 것이 용이한지 여부를 문제 삼는 방법에 의해 판단해서는 안 된다고 분명히 하였다.[15] 상품형태모방 부정경쟁행위

7) 안원모, "상품형태의 보호－부정경쟁방지법 제2조 제1호 자목을 중심으로－", 「산업재산권」 제19호, 한국산업재산권법학회(2006), 321~322.

8) 안원모(주 7), 325.

9) 김원오, "부정경쟁방지법에 의한 미등록 디자인 보호의 요건: 2016년 이후 대법원 판결들을 통해 본, 법 제2조 1호 ＜자목＞ 해석론 정립", 「법학연구」 제25집 제3호, 인하대학교 법학연구소(2022), 329~330.

10) 안원모(주 7), 313.

11) 김창권(주 5), 13.

12) 정상조·설범식·김기영·백강진 공편, 「디자인보호법 주해」, 박영사(2015), 310(유영선 집필부분).

13) 대법원 2016. 3. 10. 선고 2013후2613 판결 참조.

14) 정봉현, "부정경쟁방지법에 의한 상품형태의 보호", 「산업재산권」 제37호, 한국산업재산권법학회(2012), 102.

15) 김창권(주 5), 13.

의 보호대상은 전체로서 상품 형태인 점, 분해된 개개의 상품의 형태적 특징은 흔한 것일지라도 결합에 의해 기존에 존재하지 않았던 새로운 형태가 만들어질 수 있다는 점[16] 등을 고려하면, 타당한 접근법이라고 생각된다. 해당 상품을 전체로서 관찰한다는 것은, "선행상품과 비교한 차이점이 전체 상품의 형태에서 차지하는 비중이나 이로 인한 시각적인 효과 등에 비추어 볼 때 이러한 요소가 해당 상품에 다른 제품과 구별되는 개성을 부여하는 형태적 특징에 해당하는지 여부"[17]를 기준으로 삼을 수 있을 것이다. 그리고 일부 형태적 특징이 얼마나 다수 개의 선행상품에 개시되어 있는지 여부도 고려되어야 할 것이다.[18]

대상판결은 원고 제품의 형태적 특징을 특징 ① 내지 ⑤로 특정한 다음, 위 특징들은 다수의 비교대상디자인들에 각각 개시되어 있거나 이미 원고 제품의 출시 전부터 광범위하게 사용되어 왔다는 점과, 특히 특징 ① 내지 ③이 그대로 개시되어 있는 비교대상디자인 1 내지 3과 비교했을 때 그 차이점은 다른 비교대상디자인들에 나타나 있는 형상을 취사선택하거나 손쉽게 변경할 수 있는 정도에 불과하다는 점 등을 들어, 원고 제품은 전체적으로 볼 때 ① 유형의 상품의 통상적 형태에 해당하므로 상품형태모방 부정경쟁행위 규정의 보호를 받을 수 없다고 판시하였다.

Ⅲ. 대상판결의 의의

대상판결은 원고 제품의 상품 형태의 특징이 전부 개시된 선행상품은 존재하지 않았지만 일부 특징들이 여러 선행상품들에 개시된 경우 이른바 개성이 없는 형태로서 상품의 통상적 형태에 해당하는지 여부에 관한 사례로서 의의가 있다. 등록디자인이 무효로 된 경우, 등록디자인에 기초하여 제작된 실시품인 상품 형태가 상품형태모방 부정경쟁행위의 보호를 받을 수 있는지 여부에 관하여 디자인보호법과 부정경쟁방지법의 입법취지, 보호법익, 판단방법 등을 종합적으로 비교·검토할 수 있는 사례이기도 하다.

키워드

동종의 상품이 통상적으로 가지는 형태, 디자인의 창작비용이성, 개성이 없는 형태, 캔들워머

---

16) 김창권(주 5), 13~14.
17) 김창권(주 5), 19; 대법원 2017. 1. 25. 선고 2015다216758 판결 참조.
18) 박태일(주 2), 119~120.

[44] 부정경쟁방지법상 상품형태 모방행위의 성립요건

—서울중앙지방법원 2006. 9. 12. 자 2006카합2449 결정—

김 창 권 (법무법인 화우)

[사실 개요]

신청인 의류제품(일부)	피신청인 의류제품(일부)
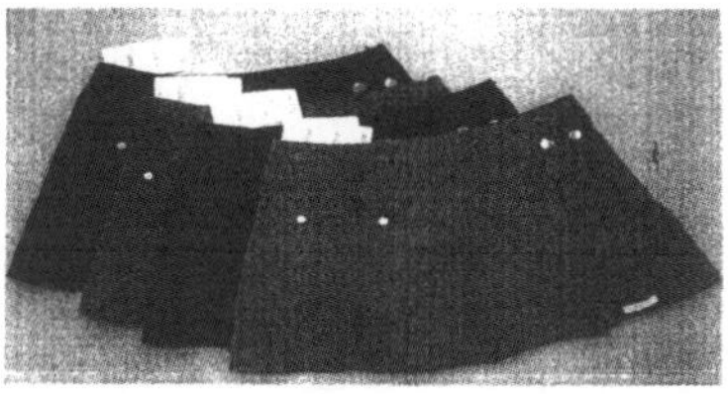	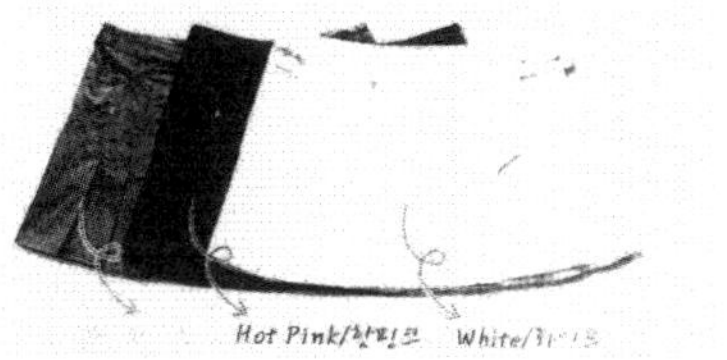

1. 신청인은 여성용 스커트, 핫팬츠 등 총 4종의 의류제품을 생산 · 판매하고 있다. 피신청인은 같은 종류의 의류제품을 생산 · 판매하고 있다.
2. 신청인은 피신청인이 생산 · 판매하는 의류제품이 신청인의 상품형태를 그대로 모방한 것으로서 부정경쟁방지법 제2조 제1호 (자)목이 규정한 상품형태 모방행위에 해당함을 주장하면서, 신청인이 모방품으로 특정한 피신청인 의류에 대한, ① 생산 · 사용 금지, ② 양도 · 대여, 양도 · 대여를 위한 전시 또는 청약의 금지, ③ 완성품과 반제품에 대한 집행관 보관 및 ④ 위 의류의 제조에만 사용하는 원자재에 대한 집행관 보관을 명하는 가처분을 신청하였다.
3. 법원은 상품형태 모방행위가 성립함을 인정하면서 위 ②, ③ 청구는 인용하였으나, 생산, 사용 행위는 부정경쟁방지법상 부정경쟁행위에 해당하지 않는다고 하여 ①, ④ 청구는 기각하였다.

[판결 요지]

1. 상품형태의 '모방'이라 함은 객관적인 면에서 선행상품과 후행상품을 대비하여 관찰한 경우에 형태가 동일하거나 실질적으로 동일하다고 할 수 있을 정도로 유사하고, 주관적인 면에서는 후행상품의 제조자가 선행상품의 형태를 인식한 상태에서 동일하거나 실질적으로 동일한 형태의 상품을 제조하는 것을 의미한다. 여기서 '실질적으로 동일하다'고 함은 후행상품의 형태가 이미 존재하는 타인의 상품형태와 다소 다른 점이 있다 하더라도 그 상이점이 사소한 변경에 불과하여 유사하다고 평가할 수 있는 경우로서 그 평가에 있어서는 당해 변경의 착상의 난이도, 변경의 내용 및 정도, 변경에 의한 형태상의 효과 등을 종합적으로 검토함과 아울러, 당해 상품의 종류, 용도, 거래자 및 수요자의 관점 등도

함께 고려되어야 한다.

2. 후행상품들이 동종 상품의 일반적인 모양을 넘어서서 선행상품들의 세부적인 디자인까지를 모두 모방한 것으로 보이는 이상, 후행상품들이 그와 동종의 다른 일반적인 스커트나 핫팬츠가 통상적으로 갖는 형태를 모방한 평범한 디자인일 뿐이어서 상품형태 모방행위에는 해당하지 아니한다고 할 수 없다.

해설

Ⅰ. 대상판결의 분석

부정경쟁방지법 제2조 제1호 (자)목은 상품형태 모방행위를 부정경쟁행위의 하나로 규정하고 있다. 이는 선행 상품개발자가 자금과 노력을 투자하여 만들어낸 개발성과인 상품형태를 후행자가 무단으로 모방하여 그 성과에 무상편승하는 행위를 금지함으로써 선행 상품개발자의 선행 투자에 대한 노력과 비용을 보호하여 새로운 상품의 개발을 촉진하려는 취지로 2014. 1. 20. 법률 제7095호로 개정된 부정경쟁방지법에서 도입된 규정이다.

위 규정이 도입되기 이전에도 상품형태는 디자인보호법이나 부정경쟁방지법상 상품주체혼동행위 규정 또는 저작권법상 응용미술에 관한 규정 등에 의해 보호될 수 있었다. 그러나, 디자인으로 보호되기 위해서는 디자인 요건을 갖추어 등록을 마치지 않으면 안되고, 상품출처로 인정되기 위해서는 상품표지로서의 인정 및 주지성 획득에 장시간이 소요되며, 응용미술에 해당하기 위해서는 기능적 고려에 영향을 받지 않는 미적 형태라는 요건, 즉 분리가능성의 요건을 충족하기가 쉽지 않다는 등의 제약이 있었다. 특히 현재와 같이 복사 및 복제 기술의 현저한 발전으로 모조품이 쉽게 만들어질 수 있는 상황에서 라이프 사이클이 짧은 상품의 형태를 모방하는 행위, 즉 데드카피(dead copy)행위를 규제할 필요성이 대두되었고, 이에 따라 상품형태 모방행위를 규제하는 위와 같은 독자적인 규정이 신설되기에 이른 것이다.

(자)목은 시제품 또는 상품소개서상의 형태를 포함하여 상품의 형상·모양·색채·광택 또는 이들을 결합한 것을 '상품의 형태'로 규정하고 있는데, 이는 일반적으로 상품 자체에 관한 것이기는 하나 상품의 용기·포장도 상품 자체와 일체로 되어 있어 용기·포장의 모방을 상품 자체의 모방과 실질적으로 동일시할 수 있는 경우에는 위 규정상의 상품의 형태에 포함된다고 하는 것이 판례이다.[1)] 그리고 위 규정에 의한 보호대상인 상품의 형태를 갖추

1) 대법원 2008. 10. 17. 자 2006마342 결정(과자의 포장상자를 상품의 형태로 인정한 사례이다.).

었다고 하려면, 수요자가 그 상품의 외관 자체로 특정 상품임을 인식할 수 있는 형태적 특이성이 있을 뿐 아니라 정형화된 것이어야 하고, 사회통념으로 볼 때 그 상품들 사이에 일관된 정형성이 없다면 비록 상품의 형태를 구성하는 아이디어나 착상 또는 특징적 모양이나 기능 등의 동일성이 있다고 하더라도 이를 '상품의 형태'를 모방한 부정경쟁행위의 보호대상에 해당한다고 할 수 없다는 것이 판례이다.[2] 외국상품이 보호의 객체가 되는지에 관하여, 대부분의 견해는 타인의 상품은 국내·외를 불문하므로 외국상품도 보호의 객체가 된다고 해석하고 있다.[3] 상품의 형태로 보호받기 위해서 디자인보호법이 요구하는 정도의 창작성을 갖출 필요는 없으나 당해 상품과 경합하는 동종의 상품과 비교하여 통상적인 형태를 넘어서 모방에 의해 경쟁상의 불공정이 야기된다고 평가할 수 있을 정도는 되어야 한다.

(자)목은 원래 데드카피를 규제하고자 하는 것으로서, 위 규정의 모방 행위는 타인의 상품의 형태에 의거하여 이와 실질적으로 동일한 형태의 상품을 만들어 내는 것을 말한다.[4]즉 모방행위에 해당하기 위해서 객관적으로 상품 형태가 유사한 정도를 넘어서 동일하거나 실질적으로 동일한 정도에 이를 것이 필요하고, 주관적으로 선행 상품의 형태를 인식한 상태에서 이에 기초하여 동일 내지 실질적으로 동일한 상품을 제조한다는 모방의 의사가 필요하다. 형태의 변경이 있는 경우 실질적 동일성을 판단하는데 있어서는 당해 변경의 내용·정도, 그 착상의 난이도, 변경에 의한 형태적 효과 등을 종합적으로 고려하여 판단하여야 한다.[5]

대상판결은 신청인의 의류와 피신청인의 의류가 디자인의 전체적인 기본틀부터 세부디자인에 이르기까지 시각적으로 쉽사리 상이점을 찾아볼 수 없을 정도로 흡사하고 의미있는 변경점을 발견하기 어려워 실질적으로 동일한 점과 후행상품의 출시시기가 선행상품의 출시직후인 점에 비추어 볼 때, 피신청인의 후행상품들이 신청인의 선행상품들을 모방한 것이라고 판단하였다.

(자)목은 양도, 대여, 양도·대여를 위한 전시, 수입, 수출 행위를 부정경쟁행위로 규정

---

2) 대법원 2016. 10. 27. 선고 2015다240454 판결(벌집채꿀을 얹은 소프트 아이스크림이 형태의 정형성을 가지고 있지 않아 부정경쟁방지법 제2조 제1호 '자'목에 의한 보호의 대상이 될 수 없다고 한 사례이다).

3) 박성호, "부정경쟁방지법에 의한 상품형태의 보호", 「산업재산권」 제23호(2007. 8.), 587~588; 한창희, "미등록 디자인 보호와 부정경쟁방지법", 「상사판례연구」 21집 1권(2008. 3.) 252; 안원모, "상품형태의 보호-부정경쟁방지법 제2조 제1호 자목을 중심으로" 「산업재산권」 제19호(2006. 4.), 319; 최성준, "부정경쟁행위에 관한 몇 가지 쟁점" 「Law&Technology」 제5권 제1호(2009. 1.), 서울대학교 기술과법센터(2009), 34; 小野昌延, 「新·不正競争防止法概說(제2판)」, 青林書院(2015), 266~267; 金井重彦·外, 「不正競争防止法コンメンタール」, LexisNexis 雄松堂出版(2004), 61; 渋谷達紀, 「知的財産法講義 Ⅲ」, 有斐閣(2005), 83.

4) 대법원 2008. 10. 17. 자 2006마342 결정; 대법원 2012. 3. 29. 선고 2010다20044 판결.

5) 대법원 2008. 10. 17. 자 2006마342 결정; 대법원 2012. 3. 29. 선고 2010다20044 판결. 대상판결도 이와 같은 기준을 제시하였다.

하고 있을 뿐, 상품의 생산·사용은 여기에 포함하고 있지 않은데, 이는 시험연구를 위한 모방행위 등까지 금지하는 것은 과도한 규제가 될 우려가 있음을 고려한 것이다. 대상판결은 (자)목의 부정경쟁행위는 양도, 대여, 전시, 수입, 수출 행위에 한정되고 생산·사용은 부정경쟁행위에 해당하지 않는다는 이유로 신청인의 청구 중 생산·사용 금지와 원재료의 집행관 보관 청구 부분을 기각하였다.

(자)목은 미등록 디자인을 보호함으로써 상품의 외형에 대한 보호를 넓힌 규정으로서 그 보호기간은 적절히 제한하는 것이 타당하다는 취지에서 상품 형태가 갖추어진 날로부터 3년이 경과된 상품의 형태를 모방하는 행위를 보호대상에서 제외하고 있다. 3년의 기간이 경과하였다는 점을 권리자와 모방자 중 누가 증명할 책임이 있는지에 관하여 견해의 대립이 있으나, 조문구조상 상품형태로서의 보호에 관한 소극적 요건사실로 규정되어 있으므로 증명책임 분배의 일반원칙에 따라 침해책임을 면하려는 모방자에게 증명책임이 있다고 보아야 할 것이다.[6)]

또한 (자)목은 창작성을 불문하고 상품형태를 보호하는 한편, 동종의 상품이 통상적으로 가지는 형태는 보호의 대상에서 제외하고 있다. 동종의 상품이란 모방 대상과 경쟁관계에 있는 상품으로서 외관, 기능, 효용 등을 종합적으로 관찰하여 동일한 종류에 속하는 것이라고 판단되는 상품을 말하는데, 동종의 상품이 없는 경우에는 그 상품과 기능 및 효용이 동일하거나 유사한 상품을 기준으로 판단한다.[7)] 여기서 동종의 상품이 국내의 것으로 한정되는지에 관하여는, (자)목의 본문에서 보호의 대상인 타인의 상품이 국내·외를 불문한다는 것이 대체적인 견해인 점과 디자인보호법의 신규성 판단에 있어서도 국제주의를 채택하고 있는 점 등에 비추어 볼 때 이는 국내·외를 불문하는 것으로 보는 것이 합리적이라고 생각된다.[8)]

통상적으로 가지는 형태는 동종의 상품 분야에서 일반적으로 채택되는 형태로서, 상품의 기능·효용을 달성하거나 상품 분야에서 경쟁하기 위하여 채용이 불가피한 형태 또는 동종의 상품이라면 흔히 가지는 개성이 없는 형태 등을 의미한다.[9)] 법조문의 규정체계상 부정경쟁방지법에 의한 보호를 구하는 원고의 상품형태가 통상적 형태에 해당한다는 점은 소

---

6) 김창권, "부정경쟁방지법 제2조 제1호 (자)목이 규정한 상품형태의 요건", 「사법」 제39호, 사법발전재단(2017), 420.

7) 윤선희/김지영, 「부정경쟁방지법」, 법문사(2012), 193.

8) 김창권(주 6), 422~423.

9) 대법원 2017. 1. 25. 선고 2015다216758 판결(원고 제품인 쌍구형 소화기의 주된 특징적 형태와 실질적으로 동일한 형태들이 이미 선행제품들에 나타나 있고, 다소의 차이점은 원고 제품에 다른 제품과 구별되는 개성을 부여하는 형태적 특징에 해당한다고 보기 어렵다는 이유로, 원고 제품의 형태가 동종 상품이 통상적으로 가지는 형태에 불과하다고 판단한 사례이다.).

극 요건으로서 피고가 주장·증명하여야 할 항변사항으로 보아야 한다.[10)]

대상판결은, 후행상품들이 동종 상품의 일반적인 모양을 넘어서서 선행상품들의 세부적인 디자인까지 모방하였음을 들어, 후행상품들이 그와 동종의 다른 일반적인 스커트나 핫팬츠가 통상적으로 가지는 형태를 모방한 것으로서 (자)목의 상품형태 모방행위에 해당하지 않는다는 피신청인의 주장을 배척하였다.

Ⅲ. 대상판결의 의의

대상판결은 부정경쟁방지법 제2조 제1호 (자)목의 상품형태 모방행위에 관한 대법원 판례의 설시가 나오기 전에 그 성립요건 등에 관하여 밝히고 이를 개별 사안에 구체적으로 적용한 사례로서 의미가 있다.

대상판결은 부정경쟁방지법상 상품형태 모방행위가 성립하기 위한 객관적 요건과 주관적 요건을 구체적으로 설시하였는데, 그 이후 선고된 대법원 판례도 이와 같은 취지에서 모방의 요건으로 '실질적 동일성'과 '의거성'을 요구하면서, 실질적 동일성의 의미에 대해서도 같은 취지로 판시하고 있다. 대상판결은 동종의 상품이 통상적으로 가지는 형태의 의미에 관해서 구체적인 법리를 설시하지는 않았지만 선행상품들의 세부적인 디자인이 동종상품의 일반적인 형태에 해당하지 않는다는 것을 전제로 하여, 피신청인이 이것까지 모방한 이상 상품형태 모방행위를 한 것으로 판단하였는데, 이 또한 동종의 상품이라면 흔히 가지는 개성이 없는 형태를 보호의 대상에서 제외되는 통상적 형태로 보는 대법원 판례와 그 궤를 같이하는 것이다. 한편, 대상판결은 위 조항의 부정경쟁행위는 양도, 대여, 전시, 수입, 수출 행위에 한정되어 있다는 이유로 생산,사용에 관한 청구를 기각하여, 금지되는 행위태양에 관하여 엄격히 법조문에 근거한 해석론을 제시하였다.

키워드

상품형태, 모방행위, 실질적 동일성, 의거성, 통상적으로 가지는 형태

---

10) 김창권, "상품형태 모방과 관련하여 동종의 상품이 통상적으로 가지는 형태의 의미", 「대법원판례해설」 제112호, 법원도서관(2017), 14; 박성호(주 3), 608.

[45] 상품형태 모방행위의 소극적 요건인 '상품의 형태가 갖추어진 날로부터 3년'의 의미

—서울중앙지방법원 2011. 6. 8. 선고 2010가합135897 판결—

한 지 윤 (특허법원)

[사실 개요]

1. 원고는 이스라엘에 소재한 유아용품 제조, 판매업체로서, 인터넷 사이트(www.dixmois.com)를 운영하고 있는 A에게 '해피 피(Happy Pee)'라는 명칭의 유아용 소변연습기를 공급하여 위 인터넷 사이트를 통해 국내의 소비자들에게 위 유아용 소변연습기를 판매하고 있다.
2. 피고 1은 2010. 4.경부터 11번가 등 인터넷 쇼핑몰에서 '피 트레이너(Pee Trainer)'라는 명칭의 유아용 소변연습기를 판매하고 있다. 피고 2는 금형 등 제조업에 종사하는 자로서 2010. 4.경 피고 1로부터 '피 트레이너' 소변연습기의 제작을 의뢰받아 이를 제작, 납품해 왔다.
3. 원고는 2004. 8.경 인터넷 사이트(www.babyplein.nl)에 '해피 피' 유아용 소변연습기의 형상을 게재하여 판매한 바 있다.

[판결 요지]

1. 국내에 수입되기 전 외국에서 최초의 상품형태가 갖추어진 경우, 부정경쟁방지법 제2조 제1호 (자)목 단서 (1)에서 정하는 '상품의 형태가 갖추어진 날부터 3년'은 외국에서 해당 상품의 시제품 등이 제작된 날을 기준으로 하여 기산하여야 한다.

2. '해피 피' 소변연습기가 국내에 수입되기 전 인터넷 사이트에 그 형상이 게재된 사안에서, 적어도 그 형상이 게재된 시점인 2004. 8.경 '해피 피' 소변연습기의 시제품 등이 제작되어 상품의 형태가 갖추어졌다고 볼 수 있고, 피고들이 '피 트레이너' 소변연습기를 제작·판매한 것은 그로부터 3년이 경과한 후이므로, 피고들의 소변연습기 제작·판매행위는 상품형태 모방행위에 해당하지 않는다고 판단한 사례.

해설

Ⅰ. 대상판결의 쟁점

부정경쟁방지법 제2조 제1호 (자)목의 상품형태 모방행위는 타인이 제작한 상품의 형태(형상·모양·색체·광택 또는 이들을 결합한 것을 말하며, 시제품 또는 상품소개서 상의 형태를 포함한다)를 모방한 상품을 양도·대여 또는 이를 위한 전시를 하거나 수입·수출하는 행위로서 다만 상품의 시제품 제작 등 상품의 형태가 갖추어진 날부터 3년이 경과된 상품의 형태를 모방한 상품을 양도·대여 또는 이를 위한 전시를 하거나 수입·수출하는 행위, 타인이 제작한 상품과 동종의 상품이 통상적으로 갖는 형태를 모방한 상품을 양도·대여 또는 이를 위한 전시를 하거나 수입·수출하는 행위는 예외로 한다.[1] 위 규정은 이른바 '데드 카피' 행위를 방지하여 상품개발을 위하여 자본, 노력 등을 투자한 시장선행자의 이익을 보호하기 위한 규정이다.[2] 위 규정의 신설 전에는 디자인권, 저작권 등에 의하여 보호되지 않는 상품형태의 경우 부정경쟁방지법 제2조 제1호 (가), (나)목의 규정에 의하여 제한적으로 보호받을 수 있었으나,[3][4] 위 규정의 신설로 주지성 등이 인정되지 않는 상품형태에 대해서도 보호가능하게 되었다는 점에서 그 의의가 있다.[5]

상품형태 모방행위가 성립하기 위해서는 적극적 요건인 타인의 상품형태 해당성, 상품형태의 모방, 소극적 요건인 동종 상품이 갖는 통상 형태의 제외, 3년의 보호기간 미도과의 요건이 충족되어야 한다. 부정경쟁방지법에 의한 금지청구 소송에서 3년의 보호기간 도과 여부 판단은 사실심 변론종결 당시를 기준으로 하여야 한다.[6]

대상판결의 사안에서는 국내에서 수입되기 전 외국에서 최초의 상품형태가 갖추어진 경우 보호기간 3년의 기산일을 언제로 볼 것인지가 주된 쟁점으로 되었다.

Ⅱ. 대상판결의 분석

부정경쟁방지법 제2조 제1호 (자)목 단서 (1)에 의하면, 보호기간의 기산일은 '상품의 시제품 제작 등 상품의 형태가 갖추어진 날'이다. 보호기간의 기산일을 '최초로 판매한 날'이라고 규정한 일본과 달리[7] 상품의 시제품을 제작한 때 등으로 정한 것은 구체적·물리적

---

1) 윤선희, 「지적재산권법(19정판)」, 세창출판사(2022), 565.

2) 윤태식, 「부정경쟁방지법」, 박영사(2021), 172.

3) 박성호, "부정경쟁방지법에 의한 상품형태의 보호", 「산업재산권」 제23호, 한국지식재산학회(2007), 578; 백강진, "상품형태모방에 따른 부정경쟁행위의 인정요건", 「Law & Technology」 제8권 제2호, 서울대학교 기술과법센터(2012), 32;

4) 상품의 형태가 갖는 차별적 특징이 거래자 또는 수요자에게 특정한 출처의 상품임을 연상시킬 정도로 현저하게 개별화되기에 이른 경우 비로소 '타인의 상품임을 표시한 표지'에 해당되어 보호받을 수 있었다(대법원 2003. 11. 27. 선고 2001다83890 판결 등).

5) 정상조 편집대표, 「부정경쟁방지법 주해」, 박영사(2020), 154(박성호 집필부분).

6) 대법원 2018. 6. 28. 선고 2018다215893 판결.

7) 일본 부정경쟁방지법 제19조 (적용제외 등) ① 제3조부터 제15조까지, 제21조(제2항 제7호와 관련된부분을 제외한다) 및 제22조는 다음 각 호의 부정경쟁의 구분에 따라 해당 각 호에서 정하는 행위에 대

인 형태로 된 시제품을 완성하였다면 실제로 판매하지 않더라도 상품 개발을 위한 투자는 거의 완료된 것이고 이것이 시연회, 선전광고 등을 통해 알려지면 이를 이용한 모방상품의 발생 가능성 등 영업상 이익의 침해 가능성이 있게 되므로 이때부터 모방행위를 금지할 필요가 있다고 판단했기 때문일 것이다.[8] 시장선행자가 상품개발에 투하한 비용이나 노력을 모두 회수하고, 통상 기대할 수 있는 이익을 얻은 후에는 데드카피가 있더라도 경쟁상 불공정이 발생한다고 볼 수 없다.[9]

부정경쟁방지법 제2조 제1호 (자)목 단서 (1)은 그 문언상 국내외를 구별하지 않고 있으므로, 국내외를 불문하고 상품형태는 '상품의 시제품 제작 등 상품의 형태가 갖추어진 날'부터 3년 동안만 보호된다고 해석된다. 따라서 외국에서 상품형태가 완성된 경우라면 보호기간의 기산일은 '외국에서 상품형태가 갖추어진 날'이라고 볼 것이다. 대상판결도 같은 취지이다. 대상판결은 국내에 수입된 날을 위 3년의 기산일로 보게 되면 외국에서 먼저 제작된 상품형태는 외국에서의 판매기간과 국내에 수입된 날로부터 3년간 보호되는 결과가 되므로 국내에서 상품형태가 갖추어진 경우에 비하여 더 오랜 기간 보호를 받게 된다는 점,[10] 외국 상품으로서 국내에 수입·판매되고 있지 않은 상품은 위 단서를 적용할 수 없다는 문제가 발생하는 점을 그 근거로 들고 있다.

일본에서는 보호기간의 기산일이 되는 '최초의 판매가 이루어진 날'이 일본 국내에서의 판매만을 의미하는 것인지, 외국에서의 판매까지도 포함하는 것인지 논란이 있었으나, 이후 법률의 개정을 통하여 '일본 국내에서 최초 판매한 날'로 명확하게 하였다.[11]

해외에서 제작된 상품형태의 경우에도 외국에서 상품형태가 완성된 날부터 3년간 보호된다는 취지로 판단한 사례로는 대상판결('해피 피 소변연습기' 사건) 외에 수원지방법원 2005. 4. 1. 자 2005카합231 결정('안마기 의자' 사건)을 들 수 있다.

하여는 적용하지 아니한다.

5. 제2조 제1항 제3호의 부정경쟁: 다음 중 어느 하나에 해당하는 행위
   가. 일본 국내에서 최초로 판매된 날부터 3년이 경과한 상품에 대하여 그 상품의 형태를 모방한 상품을 양도·대여, 양도나 대여를 위하여 수출 또는 수입하는 행위

8) 최정열·이규호, 「부정경쟁방지법(제5판)」, 진원사(2022), 209; 박성호(주 3), 609.

9) 구회근, "부정경쟁방지 및 영업비밀보호에 관한 법률 제2조 제1호 (자)목에 규정된 '상품형태 모방'의 의미", 「법조」 제56권 제3호, 법조협회(2007), 149.

10) 안원모, "상품형태의 보호: 부정경쟁방지법 제2조 제1호 자목을 중심으로", 「산업재산권」 제19호, 한국지식재산학회(2006), 319도 같은 취지이다.

11) 최정열·이규호(주 8), 209.

Ⅲ. 대상판결의 의의

대상판결은 국내 또는 국외를 구분하지 않고 상품의 형태가 갖추어진 날로부터 3년의 기간 동안만 상품의 형태에 관한 권리를 보호한다는 취지를 밝히고 있다.[12] 외국에서 상품의 형태가 갖추어졌으나 그 이후에 비로소 국내에 수입되는 경우, 국내에 수입된 날을 보호기간의 기산일로 보게 되면 보호기간이 장기화되고 국내에서 생산된 제품과의 불균형이 발생한다는 점에서 외국에서 상품의 형태가 갖추어진 날을 보호기간의 기산일로 보는 것이 타당하다. 대상판결은 외국에서 상품형태가 갖추어진 경우에도 그 상품형태가 갖추어진 날을 보호기간의 기산일로 인정한 사례로서 의의가 있다.

키워드

상품형태, 보호기간의 기산일, 외국에서 상품형태가 갖추어진 날

12) 박성호, "부정경쟁방지 및 영업비밀보호에 관한 법률 제2조 제1호 (자)목에서 규정하는 '상품형태 모방행위'의 규제", 「한양법학」 제31권 제1집, 한양법학회(2020), 235.

[46] 아이디어 정보 부정사용행위의 판단기준

—대법원 2020. 7. 23. 선고 2020다220607 판결—

정 택 수 (특허법원)

[사실 개요]

1. 광고 회사인 원고는 2016. 9.경 피고 1과 사이에, 치킨배달점 가맹사업을 하는 피고 1의 마케팅 업무를 대행하기로 하는 이 사건 계약을 체결하였고, 피고 1의 신제품 치킨에 관한 마케팅 업무수행을 요청받은 후 2017. 7.경 피고 1에게 '써프라이드'라는 이 사건 제품명을 지어 보였고 그 광고에 사용할 이 사건 콘티를 제공하였다.
2. 그런데 피고 1은 신제품 출시와 광고 촬영을 연기하다가, 2017. 8. 31. 이 사건 계약 기간이 만료되자 다른 광고 회사인 피고 2와 마케팅 업무대행계약을 체결한 다음, 피고 2를 통해 신제품 치킨에 관한 이 사건 광고를 이 사건 콘티에 기초하여 제작하였다. 2017. 10.경부터 이 사건 광고가 TV 등에 전송되었고 이 사건 제품명이 그 광고에 사용되었다.

[판결 요지]

부정경쟁방지법 제2조 제1호 (차)목 본문은 "사업제안, 입찰, 공모 등 거래교섭 또는 거래과정에서 경제적 가치를 가지는 타인의 기술적 또는 영업상의 아이디어가 포함된 정보를 그 제공목적에 위반하여 자신 또는 제3자의 영업상 이익을 위하여 부정하게 사용하거나 타인에게 제공하여 사용하게 하는 행위"를 부정경쟁행위로 규정하고 있다. 위 (차)목은 거래교섭 또는 거래과정에서 제공받은 경제적 가치를 가지는 아이디어를 정당한 보상 없이 사용하는 행위를 규제하기 위해 2018. 4. 17. 법률 제15580호로 개정된 부정경쟁방지법(2018. 7. 18. 시행)에서 신설된 규정이다.

여기서 '경제적 가치를 가지는 기술적 또는 영업상의 아이디어가 포함된 정보'(이하 '아이디어 정보'라 한다)에 해당하는지 여부는 아이디어 정보의 보유자가 그 정보의 사용을 통해 경쟁자에 대하여 경쟁상의 이익을 얻을 수 있거나 또는 그 정보의 취득이나 개발을 위해 상당한 비용이나 노력이 필요한 경우인지 등에 따라 구체적·개별적으로 판단해야 한다. 다만 아이디어를 제공받은 자가 제공받을 당시 이미 알고 있었거나 동종 업계에서 널리 알려진 아이디어는 위 (차)목의 보호대상에서 제외된다[위 (차)목 단서]. '거래교섭 또는 거래과정에서 제공받은 아이디어 정보를 그 제공목적에 위반하여 부정하게 사용하는 등의 행위'에 해당하기 위해서는 거래교섭 또는 거래과정의 구체적인 내용과 성격, 아이디어 정보의 제공이 이루어진 동기와 경위, 아이디어 정보의 제공으로 달성하려는 목적, 아이디어 정보 제공에 대한 정당한 대가의 지급 여부 등을 종합적으로 고려하여, 그 아이디어 정보 사용 등의 행위가 아이디어 정보 제공자와의 거래교섭 또는 거래과정에서 발생한 신뢰관계 등을 위반한다고 평가할 수 있어야 한다.

한편 아이디어 정보 제공이 위 (차)목의 시행일 전에 이루어졌어도 위 (차)목의 부정경쟁행위에 해당하는 행위가 그 시행일 이후에 계속되고 있다면 위 (차)목이 적용될 수 있다.

해설

Ⅰ. 대상판결의 쟁점

부정경쟁방지법 제2조 제1호 (차)목으로, 거래교섭 또는 거래과정에서 제공받은 경제적 가치를 가지는 기술적 또는 영업상의 아이디어가 포함된 정보(대상판결의 약칭에 따라, 이하 '아이디어 정보'라 한다)를 정당한 보상 없이 사용하는 행위가 부정경쟁행위의 한 유형이 되었다. 중소·벤처기업 등 개발자의 아이디어를 임의로 사업화하여 막대한 경제적 이익을 얻는 이른바 아이디어 탈취의 폐해를 방지하자는 목적에서 입법이 추진되었는데,[1] (차)목의 신설을 두고서 외국 부정경쟁방지법에서 유사사례를 찾기 어려운 독자적인 입법례라거나,[2] 영업비밀 보호규정이나 민법상 불법행위규정이 적용될 사안들에 관하여 추진된 일종의 '상징입법'이라고도 한다.[3] 이러한 지적들은 모두 (차)목의 독자적인 입법취지에 맞는 법리 정립이 필요하다는 취지인데, (차)목의 시행 후 약 2년이 된 시점에 대상판결이 (차)목 부정경쟁행위의 판단기준에 관한 법리를 처음으로 설시하였다.

Ⅱ. 대상판결의 분석

(차)목의 아이디어 정보는 영업비밀과 달리 비밀관리 요건이 없는 대신에 그 부정경쟁행위는 거래교섭 등에서 발생한 신뢰관계를 위반한 행위로 한정되어 있는 점에서 영업비밀 보호규정과 구별된다. 그리고 (차)목은 신뢰관계 위반의 행위유형을 구체화한 것이라는 점에서 보충적 일반조항인 부정경쟁방지법 제2조 제1호 (파)목과 구별된다.

---

1) 정상조 편집대표, 「부정경쟁방지법 주해」, 박영사(2020), 194(이상현 집필부분); 최정열·이규호, 「부정경쟁방지법」, 진원사(2020), 222.

2) 최호진, "개정 부정경쟁방지법 (차)목 및 (카)목의 해석·적용에 관한 고찰", 「인권과 정의」 제476호, 대한변호사협회(2018), 7.

3) 박성호, "2020년 지적재산법 중요판례평석", 「인권과 정의」 제497호, 대한변호사협회(2021), 203.

대상판결은 (차)목에서 '거래교섭 또는 거래과정에서 제공받은 아이디어 정보를 그 제공목적에 위반하여 부정하게 사용하는 등의 행위'에 해당하려면, 그 사용 등의 행위가 아이디어 정보 제공자와의 거래교섭 또는 거래과정에서 발생한 신뢰관계 등을 위반한다고 평가할 수 있어야 하고, 그 판단을 위해서는 거래교섭 또는 거래과정의 구체적인 내용과 성격, 아이디어 정보의 제공이 이루어진 동기와 경위, 아이디어 정보의 제공으로 달성하려는 목적, 아이디어 정보 제공에 대한 정당한 대가의 지급 여부 등을 종합적으로 고려하여야 한다고 판시하였다. 당사자 사이에 신뢰관계가 형성되었음을 뒷받침할 수 있을 정도의 교섭관계 또는 거래과정이 있는지가 (차)목의 주요 판단사항이다.[4] 적어도 아이디어를 제공받은 상대방의 입장에서 아이디어 정보에 관한 사용계약이 체결될 가능성을 인식할 수 있어야 하고, 아이디어 정보의 보유자가 상대방 의사와 무관하게 일방적으로 제공한 아이디어 정보라면 그 보호대상이 되기 어렵다.[5] 아이디어 정보가 제공된 목적은 거래교섭 또는 거래과정에 나타난 당사자의 의사를 합리적으로 해석하여 판단해야 한다.[6] 또한 아이디어 정보 제공에 대하여 정당한 대가가 지급되었는지는 부정사용의 점을 추단하는 데에 주요한 판단요소가 될 수 있다. 한편 (차)목에는 '제공목적에 위반하여'라는 문언과 '부정하게'라는 문언이 함께 있어 그 해석이 문제되는데, 사회통념이나 거래관행에 비추어 용인되기 어려운 행위태양의 반사회성에 관한 판단을 하면서 양자를 함께 해석하면 충분하다거나,[7] '부정하게' 사용하는 행위는 신뢰관계에 반하여 행위로서 '제공목적에 위반하여' 사용하는 행위와 다르지 않다는[8] 견해가 있고, 여기서 '부정하게 사용'한다는 것은 그 부정경쟁행위를 단순 채무불이행이나 불법행위와 구별하게 하는 요소로 보아야 한다는 견해가 있다.[9]

부정경쟁방지법 제2조 제2호의 영업비밀 정의규정에서 '독립된 경제적 가치를 가진다.'는 것에 관하여, 대법원은 그 정보의 보유자가 그 정보의 사용을 통해 경쟁자에 대하여 경쟁상의 이익을 얻을 수 있거나 또는 그 정보의 취득이나 개발을 위해 상당한 비용이나 노력이 필요하다는 것을 말한다고 판시하여 왔다.[10] 대상판결이 (차)목의 아이디어 정보가 '경제적 가치를 가지는' 것이어야 한다는 요건에 관하여 판시한 내용도 위와 별다른 차이가 없고, 양자의 경제적 가치성 요건을 실질적으로 같은 내용으로 파악하는 것이 대법원 판례의

---

4) 이한상, "부정경쟁방지법 제2조 제1호 (차)목에서 정한 부정경쟁행위의 판단 기준", 「대법원판례해설」 제126호, 법원도서관(2021), 399.
5) 정상조 편집대표(주 1), 200(이상현 집필부분).
6) 정상조 편집대표(주 1), 203(이상현 집필부분).
7) 최호진(주 2), 16.
8) 이한상(주 4), 400.
9) 나종갑, 아이디어 제공과 부정경쟁행위, 「법학평론」 제8권, 서울대학교(2018), 242.
10) 대법원 2008. 2. 15. 선고 2005도6223 판결; 대법원 2009. 4. 9. 선고 2006도9022 판결; 대법원 2009. 7. 9. 선고 2006도7916 판결; 대법원 2011. 7. 14. 선고 2009다12528 판결.

입장으로 보인다.[11] (차)목의 단서는, 아이디어를 제공받은 자가 제공받을 당시 이미 알고 있었거나 동종 업계에서 널리 알려진 아이디어는 보호대상에서 제외된다고 규정하고 있다. 대법원은 영업비밀 정의규정 중 공공연히 알려져 있지 않다고 함은 그 정보가 동종 업계에 종사하는 자 등 이를 가지고 경제적 이익을 얻을 가능성이 있는 자들 사이에 알려져 있지 않은 것을 뜻한다고 판시하는데,[12] (차)목의 단서규정은 이와 같은 취지로 볼 수 있다. 한편 영업비밀의 경우에는 영업비밀 보유자가 적어도 당해 정보가 일반적으로 입수될 수 없다는 점을 합리적인 범위 내에서 증명할 책임이 있는데, (차)목의 아이디어 정보의 경우는 위 단서규정의 요건사실을 아이디어 정보를 제공받은 자가 증명하여야 한다는 점에서 정보 보유자의 증명책임이 완화된 것으로 볼 수 있다.

대상판결은 피고 1의 이 사건 광고가 (차)목의 부정경쟁행위와 (파)목의 부정경쟁행위에 모두 해당한다는 원심의 판단을 수긍하였고, 이는 (파)목이 보충적 일반조항이라는 점에서 검토 여지가 있지만, 적어도 어떠한 행위가 (차)목에 해당하는 국면에서 (파)목을 선택적으로 적용할 수 있다는 취지라고 이해된다.[13] 또한 대상판결은 아이디어 정보 제공이 (차)목의 시행일 전에 이루어졌어도 (차)목의 부정경쟁행위에 해당하는 행위가 그 시행일 이후에 계속되고 있다면 (차)목이 적용될 수 있다고 하였는데, 이는 (차)목의 문언해석상으로 타당한 해석이다. 대상판결은 (차)목의 시행 전후로 이 사건 광고의 전송이 계속 이루어진 사안에 관한 것이었다.

Ⅲ. 대상판결의 의의

대상판결은 (차)목의 부정경쟁행위에 해당하려면 거래교섭 또는 거래과정에서 발생한 신뢰관계의 위반으로 평가되어야 한다면서 그 판단을 위하여 고려되어야 하는 사항을 구체적으로 제시하였다. 대상판결의 법리는 (차)목의 독자적 입법 취지와 영업비밀 보호규정 등과의 체계적 정합성을 종합적으로 고려한 것으로서 의의가 있다.

키워드

아이디어 정보, 거래교섭, 제공목적, 부정사용, 써프라이드

---

11) 이한상(주 4), 398.
12) 대법원 2008. 7. 10. 선고 2006도8278 판결.
13) 이한상(주 4), 406~407.

[47] 부정경쟁방지법 제2조 제1호 (차)목의 아이디어 정보

—대구지방법원 2021. 8. 19. 선고 2020가합204456 판결—

이 승 엽 (대구고등법원)

[사실 개요]

1. 원고는 2019. 3. 1. 'A 소금놀이 키즈카페'(이하 '원고 키즈카페'라 한다)를 개업하였다. 이는 깨끗하게 정제된 100% 국산 소금을 사용하여 특정한 배합공법을 통해 소금 미립자가 공기 중에 뿌려진 소금놀이 전문 키즈카페로서, 그 분야에서 대한민국 최초로 시작한 것이다.
2. 피고는 2019. 11.경 원고에게 가맹점 관련 문의를 하였고, 원고와 피고는 2019. 12. 11.경 가맹계약 체결을 위해 모였으나, 인테리어 비용을 두고 의견 대립을 하던 중 계약 체결이 결렬되었다. 피고는 그 하루 전 원고 키즈카페를 방문하여 인테리어, 시스템 등을 촬영하고 레이저 기계로 각 방의 넓이를 측정하기도 하였다.
3. 피고는 2020. 3.경 원고와 함께 가맹점 개업 장소로 물색하였던 장소 인근에 위치한 상가에서 'B 키즈카페'라는 상호로 소금을 이용한 키즈카페를 개업하였다.

[판결 요지]

소금놀이 키즈카페 아이디어 자체는 추상적인 아이디어에 불과하여 그 자체만으로는 경제적 가치를 가진다고 보기 어렵고, 또한 누구나 자유롭게 이용할 수 있는 공공영역에 속하는 것이라고 보이므로, 부정경쟁방지법 제2조 제1호 (차)목의 보호대상인 '경제적 가치를 가진 영업상의 아이디어가 포함된 정보(이하 '아이디어 정보')' 또는 같은 호 (파)목[1]의 보호대상인 '상당한 투자나 노력으로 만들어진 성과'에 해당한다고 보기 어렵다.

해설

Ⅰ. 대상판결의 쟁점

대상판결은 소금놀이 키즈카페에 관한 가맹계약 체결 결렬 후 그 아이디어를 사용한 사안에 관한 것으로서, 소금놀이 키즈카페 사업모델이 부정경쟁방지법 제2조 제1호 (차)목

1) 구 부정경쟁방지법(2021. 12. 7. 법률 제18548호로 개정되기 전의 것) 제2조 제1호 (카)목에서 위 법률 개정으로 (파)목으로 변경되었는데, 이하 (파)목으로 통일한다.

및 (파)목의 보호대상에 해당하는지 여부가 쟁점이 되었다. 이 글에서는 그중 (차)목의 보호대상인 아이디어 정보에 해당하는지 여부를 중점적으로 다루고자 한다.

Ⅱ. 대상판결의 분석

1. (차)목의 취지 및 개요

개정 부정경쟁방지법(2018. 4. 17. 법률 제15580호로 개정되어 2018. 7. 18.부터 시행)은 제2조 제1호 (차)목에 거래 교섭 단계에 제공된 아이디어를 보호하는 규정을 신설하였다. 위 규정은 아이디어 사용에 대한 명시적 계약을 체결하지 않았거나 특허 등 등록에 의한 보호를 위한 구체적 요건을 구비하지 못한 경우 상당한 피해를 입더라도 구제해 줄 명확한 규정이 없어 손해배상은 물론 사용금지를 요청하기도 어려운 실정이므로, 위 규정을 통해 중소·벤처기업 및 개발자의 참신한 아이디어를 적극 보호하고 건전한 거래질서가 유지되도록 하려는 것에 그 취지가 있다.

(차)목 신설 이전에는 아이디어 도용행위에 대하여 묵시적으로 체결된 아이디어 사용계약을 원인으로 하는 채무불이행 책임이나 아이디어 무단사용으로 인한 민법상 불법행위 책임이 주로 문제되었다.[2] 2013년경 부정경쟁방지법 개정으로 (파)목의 성과도용행위가 도입된 이후 아이디어 도용행위에 대하여도 위 (파)목을 청구원인으로 주장하여 이에 대한 판단이 이루어진 사례[3]가 있었다. (차)목이 아이디어 보호영역을 새롭게 만들어 낸 것으로는 보이지 않지만, (차)목은 민법상 불법행위의 요건과 증명책임을 완화하여 특허 등의 등록을 받지는 못했지만 거래관계에서 알게 된 경제적 가치를 가지는 기술적 또는 영업상 아이디어를 무단으로 사용하는 행위를 부정경쟁행위의 한 유형으로 포섭한 데 그 의의가 있다.[4]

(차)목의 아이디어 정보는 영업비밀의 개념요소인 비공지성, 경제적 가치성, 비밀관리성과 상당 부분 중첩되기에, (차)목에 따른 독자적인 보호범위도 한정된 영역에 그칠 수밖에 없다.[5] 예를 들면 경제적 가치가 있는 아이디어를 비밀로 관리해 오다가 교섭 등의 과정에서 비밀유지약정을 체결하지 않은 채 상대방에게 제공된 경우, 영업비밀로 관리하지는 않았지만 특별한 사정으로 인하여 동종업계에 널리 알려지지 않은 아이디어의 경우 (차)목의 보호대상이 될 수 있다.[6]

---

2) 정상조 편집대표, 「부정경쟁방지법 주해」, 박영사(2020), 197(이상현 집필부분).

3) 서울중앙지방법원 2018. 4. 12. 선고 2017나78683 판결(피고가 원고로부터 신제품 론칭에 필요한 슬로건, 영상 콘티, 광고 콘셉트 등을 제공받고, 위 제안물을 이용하여 다른 업체와 광고대행계약을 체결한 사안에서 성과도용행위를 인정한 사례).

4) 윤태식, 「부정경쟁방지법」, 박영사(2021), 183.

5) 박성호, “2020년 지적재산법 중요판례평석”, 인권과 정의 497호, 대한변호사협회(2021), 204.

2. (차)목의 아이디어 정보에 대한 판단 기준

(차)목이 적용되기 위해서는 먼저 아이디어가 특정되어야 한다. 아이디어를 보호하는 특허권의 경우 청구항과 발명의 설명을 통하여 그 권리범위를 특정할 수 있는 반면, (차)목의 아이디어 정보는 비정형성과 다양성으로 인하여 특정에 어려움이 있을 수밖에 없다. 이에 대하여 영업비밀에 관한 실무례를 참고할 수 있는데, 기본적으로 비공지성을 상실하지 않는 범위에서 법원의 심리와 상대방의 방어권 행사에 지장이 없도록 특정하되, 다른 정보와 구별할 수 있고 어떤 내용에 관한 정보인지 알 수 있는 정도라면 충분히 특정되었다고 볼 수 있다.[7)]

(차)목의 아이디어 정보는 다른 지식재산권이나 (파)목의 '성과'에 대응되는 개념으로, 문언의 기재상 무형적 가치를 의미하고, 지식재산권에 준하는 정도는 아니라고 하더라도 적어도 '법률이 보호하기에 적합한 이익'으로 인정될 수 있어야 한다.[8)] 이러한 측면에서 (차)목의 아이디어 정보는 경제적 가치성과 비공지성을 요구한다. 대법원은 경제적 가치성과 관련하여 "'경제적 가치를 가지는 기술적 또는 영업상의 아이디어가 포함된 정보'에 해당하는지 여부는 아이디어 정보의 보유자가 정보의 사용을 통해 경쟁자에 대하여 경쟁상의 이익을 얻을 수 있거나 또는 정보의 취득이나 개발을 위해 상당한 비용이나 노력이 필요한 경우인지 등에 따라 구체적·개별적으로 판단해야 한다"고 설시하였다.[9)] 이는 영업비밀의 요건인 '독립된 경제적 가치'에 관한 판단기준과 동일하다.

(차)목 단서는 아이디어를 제공받은 자가 제공받을 당시 이미 그 아이디어를 알고 있었거나 그 아이디어가 동종 업계에서 널리 알려진 경우는 부정경쟁행위에서 제외한다. 상대방이 이미 그 아이디어를 알고 있던 경우에는 제공자의 제공행위로 인해 그 아이디어를 취득한 것이 아니어서 제공자에 대한 관계에서 아이디어 사용에 관한 신의성실의 원칙에 따른 의무를 부담하는 것도 아니며, 동종 업계에서 널리 알려진 아이디어는 누구나 자유롭게 사용할 수 있는 공공영역(public domain)에 있다고 볼 여지가 크기 때문이다.[10)] 아이디어가 동종 업계에 널리 알려진 경우는 동종 업계에서 상당한 비용과 노력을 들이지 않고 그 아이디어를 얻을 수 있는 경우로 볼 수 있다.[11)]

---

6) 정상조 편집대표(주 2), 207(이상현 집필부분).

7) 정상조 편집대표(주 2), 199(이상현 집필부분).

8) 최호진, "개정 부정경쟁방지법 (차)목 및 (카)목의 해석·적용에 관한 고찰", 「인권과 정의」 476호, 대한변호사협회(2018), 14.

9) 대법원 2020. 7. 23. 선고 2020다220607 판결(백선 판례번호 제46번).

10) 이한상, "부정경쟁방지법 제2조 제1호 (차)목에서 정한 부정경쟁행위의 판단 기준", (2001), 「대법원판례해설」 제126호, 법원도서관(2021), 402.

3. (차)목의 아이디어 정보 해당 여부에 대한 판결례

(차)목의 아이디어 정보에 해당하는지 여부는 구체적인 사안에 대한 판결례를 통하여 살펴볼 수 있다. 먼저 (차)목의 아이디어 정보에 해당한다고 판단한 사례로는 ① 일회용 테이크아웃 컵 속에 쏙 들어가는 내부용기로서 음식물을 담는 상단과 음료를 담는 하단을 구분하여 음식물과 음료를 동시에 즐길 수 있게 하는 용기,[12] ② 광고대행계약 체결 과정에서 작성한 오피스텔 분양을 위한 브랜드네임, 로고, 심볼마크[13]가 있다.

반면 (차)목의 아이디어 정보에 해당하지 않는다고 판단한 사례로는, ① 기존의 가맹점 단말기에서 전자영수증 API를 이용한 간단한 소프트웨어 업데이트만으로 전자영수증 발급이 가능한 방법,[14] ② 긴팔 상의 슈트에 부력재를 결합한 수상레저용 상의 슈트 형태 및 위 슈트에 사용된 2mm의 네오프렌, 고무 발포폼이 적용된 부력재,[15] ③ 특허(이산화탄소 탈기를 결합한 암모니아 회수장치 및 운전방법, 고농도 암모니아 함유 폐수의 암모니아 탈기 기법을 통한 액체비료 제조방법, 그 제조장치 및 이에 의해 제조된 액체비료)에 기초한 시공방법 및 도면 등,[16] ④ 화물 운송 과정에서 컨테이너의 특정 공간을 예약하여 부대비용의 추가 없이 일정 단위의 부피에 따른 통합 운임만을 청구하는 단일 운임체계 서비스[17]가 있다.

4. 이 사건의 (차)목의 아이디어 정보 해당 여부

이 사건에서는 소금을 이용한 키즈카페는 원고가 최초인 점, 원고가 아이들이 놀이를 하기에 적합하도록 소금을 배합하고, 소금놀이 후 후처치 문제를 해결하기 위해 공간 구성을 효율적으로 짜는 노력을 한 것으로 보이는 점 등 소금놀이 키즈카페 영업모델이 (차)목의 아이디어 정보에 해당한다고 볼 여지가 있었다.

그러나 대상판결은 다음과 같은 이유, 즉 ① 소금은 주변에서 쉽게 구할 수 있는 재료이고, 살균 효과 등에 대해서도 일반적으로 알려져 있는 점, ② 소금놀이 전문 키즈카페와

---

11) 이한상(주 10), 402; 최호진(주 8), 15; 정상조 편집대표(주 2), 202(이상현 집필부분).

12) 서울중앙지방법원 2022. 10. 7. 선고 2020가합561655 판결(확정); 위 사건은 아이디어 정보가 특허 등록이 되어 있었다는 점에서 더욱 보호가치가 있었으며, 부정경쟁방지법이 아닌 특허법에 따른 보호대상이 되어야 한다는 피고의 주장이 있었으나 상표법 등 다른 법률에 의하여 보호되는 권리일지라도 그 법에 저촉되지 아니하는 범위 안에서는 부정경쟁방지법을 적용할 수 있다는 대법원 판결(대법원 1995. 11. 7. 선고 94도3287 판결)에 따라 부정경쟁방지법의 보호대상으로 인정되었다.

13) 서울고등법원 2022. 12. 22. 선고 2022나2019786 판결 등(상고기각 확정).

14) 서울중앙지방법원 2023. 6. 2. 선고 2021가합531477 판결(확정).

15) 서울중앙지방법원 2023. 4. 28. 선고 2020가합563187 판결(확정).

16) 서울남부지방법원 2022. 11. 11. 선고 2021가합103458 판결(확정).

17) 서울중앙지방법원 2022. 11. 25. 선고 2021가합512452 판결(확정).

유사한 밀가루 놀이 전문 키즈카페도 있는데, 그 아이디어 정보 자체가 일반인이 쉽게 생각해 낼 수 없는 정보라 보기는 어려운 점, ③ 일반적인 키즈카페의 경우와 다른 원고 키즈카페만의 독창적인 경제적 가치가 있는 인테리어를 인정하기도 어려운 점 등을 근거로 (차)목의 아이디어 정보에 해당하지 않는다고 판단하였다.

5. (차)목과 (파)목의 관계

이 사건에서 원고는 (차)목 또는 (파)목의 부정경쟁행위를 주장하였고, 모두 인정되지 않았다. (파)목은 다른 전형적인 부정경쟁행위 조항들을 보충하는 일반적인 조항의 성격을 갖는다.[18] (차)목을 비롯한 다른 개별 부정경쟁행위와 (파)목의 부정경쟁행위가 중복 적용될 수 있는지 여부와 관련하여, 중복 적용이 가능하다는 견해[19]와 중복 적용이 불가능하다는 견해[20]가 대립하고 있다. 앞서 본 대법원 2020다220607 판결에서는 (차)목과 (파)목의 부정경쟁행위를 동시에 인정하였는데, 이는 적어도 (차)목에 있어서는 (파)목과 중복적용이 가능하다는 것으로 해석된다.[21] 일부 하급심 판결(서울고등법원 2022. 12. 22. 선고 2022나2019786 판결)에서는 (차)목과 (파)목이 선택적 주장에 해당한다고 보고 (차)목을 인정한 이상 (파)목에 대하여는 나아가 판단하지 않았다.

Ⅲ. 대상판결의 의의

대상판결은 대법원 2020다220607 판결에서 부정경쟁방지법 제2조 제1호 (차)목의 보호대상인 아이디어 정보에 대한 판단기준을 제시한 후 그에 따라 구체적인 판단이 이루어진 사례이다. 대상판결과 같은 하급심 판결이 축적됨에 따라 (차)목의 아이디어 정보에 해당하는지 그 구체적인 범위가 명확하게 될 것이다.

키워드

소금놀이, 키즈카페, 아이디어 정보

---

18) 정상조 편집대표(주 2), 230(문선영 집필부분); 윤태식(주 4), 192.

19) 정상조 편집대표(주 2), 230(문선영 집필부분); 윤태식(주 4), 193.

20) 박정희, “부정경쟁방지법 제2조 제1호 차목의 적용범위”, 특허법원 개원 20주년 기념논문집(2018), 844~845.

21) 이한상(주 10), 406~407.

[48] 제임스딘, 유명인의 성명사용(퍼블리시티)과 상표

—대법원 1997. 7. 11. 선고 96후2173 판결—

최 승 재 (세종대학교)

[사실 개요]

1. 원고의 이 사건 출원상표(1994. 1. 20.출원, 이하 본원상표라고 한다) "JAMES DEAN"은 1955. 9. 30. 사망한 세계적으로 유명한 미국의 영화배우 제임스딘(JAMES DEAN)의 영문성명으로 구성된 것이다.
2. 피고 특허청은 원고가 출원한 이 사건 상표가 제임스딘과 특정한 관계가 없음에도 관계가 있는 것처럼 제임스딘의 성명을 허위로 표시한 상표에 해당하고, 또한 저명한 고인의 성명을 정당한 권한 없이 등록, 사용하여 고인의 명성에 편승하고자 하는 것으로 공정하고 신용있는 거래질서를 문란케 할 염려가 있을 뿐만 아니라 국제적 선린관계 및 신뢰관계를 저해할 우려가 있으며, 일반 수요자로 하여금 위 고인의 성명 등의 상표화 등 상업적 사용권한을 가진 자와 특정한 관계에 있는 것으로 상품의 출처의 오인, 혼동을 유발할 우려가 있다는 이유로 상표법 제7조 제1항 제2호, 제4호 및 제11호에 의하여 본원상표의 등록을 거절하였다.
3. 원심은 특허청의 등록거절사정(원사정)이 타당하다고 보아 유지하였다.[1)]

[판결 요지]

본원상표는 단순히 고인의 성명 그 자체를 상표로 사용한 것에 지나지 아니할 뿐 동인과의 관련성에 관한 아무런 표시가 없어 이를 가리켜 구 상표법 제7조 제1항 제2호 소정의 고인과의 관계를 허위로 표시한 상표에 해당한다고 볼 수 없고, 또한 본원상표 자체의 의미에서 선량한 도덕관념이나 국제신의에 반하는 내용이 도출될 수는 없으며, 본원상표와 같은 표장을 사용한 상품이 국내에서 유통됨으로써 국내의 일반수요자들에게 어느 정도라도 인식되었음을 인정할 자료가 없는 이상 국내의 일반거래에 있어서 수요자나 거래자들이 본원상표를 타인의 상품 표장으로서 인식할 가능성은 없으므로 본원상표를 상표법 제7조 제1항 제4호 소정의 공공의 질서 또는 선량한 풍속을 문란하게 할 염려가 있는 상표라거나 상표법 제7조 제1항 제11호 소정의 수요자를 기만할 염려가 있는 상표라고도 볼 수 없다.

---

1) 당시는 '특허법원' 설립 전이었고 '특허청항고심판소'가 원심이었다.

해설

Ⅰ. 대상판결의 쟁점

이 사건에서는 제임스딘이라는 유명인의 성명을 원고가 운영하는 특정 회사의 상표에 사용하면서 제임스딘 재단과 같은 성명에 대한 권리를 가지고 있는 자의 허락을 받지 않고 사용한 행위가 상표법상 등록이 가능한 상표인지 여부가 쟁점이었다.

Ⅱ. 대상판결의 분석

1. 유명인의 성명과 퍼블리시티(publicity)의 재산적 보호

이 판결은 제임스딘과 같은 유명인의 성명을 상표로 허락없이 사용하는 행위에 대한 선례적인 판결이다. 미국에서는 유명인의 성명은 퍼블리시티권이라는 권리형태로 보호되고 있다. 물론 이런 보호는 주별로 상이하기 때문에[2] 그 내용은 다르고 일률적으로 말할 수는 없다.[3] 미국에서의 퍼블리시티권은 판례법으로도 형성되어 있는데, 1952년 연방법원의 판결에서 프랭크 판사는 퍼블리시티권이 법원에서 인정되었다고 한다.[4] 이 사건에서 츄잉검 제조업자는 일류 야구선수 사진을 독점적으로 사용하는 계약을 맺었다. 이에 경쟁자인 피고 껌 업체가 동일한 야구선수에게 피고 껌 판매와 관련해 원고와 계약한 기간 동안 사진을 사용하도록 권유했다. 미국 제2항소법원 프랭크 판사는 프라이버시 권리와 더불어 독자적으로 사람은 사진의 광고가치에 대한 권리(퍼블리시티 가치)로서 사진을 인쇄 발행할 독점적 특권을 부여할 권리도 있다고 보았다.[5] 이 판결이 선고되었던 1950년에 많은 유명인들 특히 배우, 야구선수는 자신의 초상이 일반에게 노출됨으로써 감정이 상하는 것이 아니라 신문, 잡지, 버스, 기차, 지하철에 자신의 용모를 전시해 일반에게 널리 알리는 광고에 이용하게 하고 돈을 받고, 전시되지 않게 되면 오히려 고통을 받는다는 것은 상식이었다. 프랭크 판사는 퍼블리시티권이 다른 광고주의 유명인의 사진사용을 금지하는 독점적 허가 권리의 대상이 되지 않는다면 통상 그들에게 돈을 창출하지 않을 것이라고 보았다.

---

2) 최승재, "퍼블리시티권의 법적 성격과 주요 쟁점에 관한 연구(상)(하)" 「언론중재」 30권2호, 3호(2010); 최승재, "퍼블리시티권에 대한 각국의 태도와 입법방향" 「IP Policy」(2015. 4).

3) J. Eugene Salomon, Jr., The Right of Publicity Run Riot: The Case for a Federal Statute, 60 S. Cal. L. Rev. 1179, 1184 (1987) ("문제되는 광고행위가 전국적으로 배포된 잡지에 의한 것일 경우 publicity권에 관한 사건에서 원고로서는 51개의 별도 소송을 하여야만 할 것이다").

4) Haelen Laboratories, Inc. v. Topps Chewing Gum, Inc., 202 F. 2d 866 (1952).

5) Haelan Laboratories Inc. v. Topps Chewing Gum, Inc., 202 F 2d 866 (2d Cir. 1953).

2. 이 사건 상표출원의 적법성 판단에 대한 검토

이 판결에서 쟁점이 된 제임스딘과 같은 유명인의 성명을 상표로 사용하는 행위에 대해서 대법원은 원심과 달리 제임스딘과의 관련성을 연상시키지 않을 것이라고 판단하였다. 그래서 구 상표법 제7조 제1항 제2호 소정의 고인과의 관계를 허위로 표시한 상표가 아니라고 보았다. 또 구 상표법 제7조 제1항 제4호에 의한 공공의 질서 또는 선량한 풍속을 문란하게 하는 상표도 아니고 구 상표법 제7조 제1항 제11호 소정의 수요자기만우려 상표도 아니라고 보았다.

그러나 이와 같은 판단에 대해서는 의문이 있다. 제임스딘이라는 명칭은 이 사건 상표로 사용되었을 때 당시 국내는 물론 전 세계적으로 유명했던 영화배우고 1955년 사망 후 사후 60년이 경과하였음에도 여전한 유명세를 띠고 있다. 대법원의 인식은 홍길동이라는 이름을 상표에 사용한 것과 같이 보아서 홍길동이라는 이름을 사용한 상품이 국내에 유통되었다는 사실(특히 '언더웨어'와 같은 유의 상품)에 착목하여 상표법 위반이 아니라고 판단한 것으로 보인다. 그러나 대법원의 이런 판단은 구 상표법 제7조 제1항 제4호로 보지는 않는다고 하더라도 구 상표법 제7조 제1항 제11호 소정의 수요자기만우려 상표로는 볼 수 있었던 것이 아닌가 생각된다.

① 유명인의 퍼블리시티권을 보호하는 미국법제와의 관계에서 보아도 그렇고 ② 이런 점을 배제하고 우리 상표법만을 생각한다고 하더라도 국내수요자들의 관점에서 보면 제임스딘이라는 유명배우가 그 자신은 사망하였다고 하더라도 최소한 그 명칭을 사용할 권한이 있는 자가 이 사건 상품을 표상하는 상표에 제임스딘이라는 성명의 사용을 허락한 것으로 볼 수 있다고 판단된다는 점에서 설득력이 낮다고 생각된다. 이런 점에서 제임스딘이라는 유명배우의 성명을 사용한 것이 이와 같은 수요자기만을 의도하였을 것으로 사실상 추정되는 사안에서 이 사건에서 설시한 바와 같은 판시로 원심을 파기한 것은 수긍하기 어렵다.

3. 관련 서울지방법원의 판결

이 판결과 관련해서는 관련 민사판결이 있다. 서울지방법원은 근래 저명한 영화배우, 연예인, 운동선수 등의 성명, 초상 등이 상품의 광고나 표장에 사용되는 경우 그 저명성으로 인하여 이를 사용한 상품이 소비자들 사이에 월등한 인지도와 신뢰성을 획득할 수 있기 때문에, 이들의 성명, 초상 등을 상업적으로 이용하는 경향이 보편화되었다고 판단하였다.[6)]

---

6) 서울지방법원 1997.11.21. 선고 97가합5560 판결. 서울지방법원은 영화배우 등의 성명, 초상 등이 본인의 승낙 없이 함부로 사용되는 경우 본인이 입게 되는 손해는 자신의 성명, 초상이 허락 없이 사용된 데에 따른 정신적인 고통이라기보다는 오히려 자신들이 정당한 사용계약을 체결하였을 경우 받을 수

이 판결은 이후 퍼블리시티권 논의에 대한 법원 판결의 초기판결 형성에 중요한 영향을 미쳤다고 할 것이다.

Ⅲ. 대상판결의 의의

이 판결은 유명인의 성명사용에 대하여 상표법에 대한 것으로 저명한 고인의 성명을 상표로 등록받을 수 있는 여부에 대한 최초상표로 저명한 고인의 성명도 상표로 등록될 수 있다는 판결이다. 유명한 고인의 성명이라고 왜 상표로 등록될 수 없냐는 것이 기본적인 아이디어로 보인다.[7)]

하지만, 이 판결의 파장은 이후 나비의 날개짓과 같이 관련 민사사건과 함께 퍼블리시티권 논의에 영향을 끼쳤다. 이후 우리 대법원은 명시적으로 퍼블리시티권을 부정하지는 않았지만[8)] 부정적인 판시를 지속적으로 하였다.[9)] 그 과정에서 일부 하급심 판결이 일부 긍정적인 태도를 취하기도 했지만 기본적으로는 퍼블리시티권을 인정할 필요성은 있으나 이런 권리가 물권적으로 인정되기 이해서는 물권법정주의에 따라서 법률 또는 관습법에 의해서 인정되어야 하는데, 이런 점에서 인정할 수 없다고 보는 견해가 주류를 이루었다. 필요성이 있는데 보호는 되지 않는다는 법원의 태도와 대비되어 일본에서도 핑크레이디 판결과 배용준 판결이 선고되면서[10)] 유명인의 성명과 초상등에 대한 퍼블리시티보호와 관련하여

있었던 경제적인 이익의 박탈로 파악될 수 있으므로 성명과 초상 등에 대하여 기존의 인격권으로서의 초상권과는 별도로 재산적 권리로서의 특성을 가지는, 이른바 퍼블리시티권의 성립을 인정할 여지가 있다고 보인다고 하면서도, 퍼블리시티권이 아직까지 우리나라의 성문법상의 권리로서 인정되지 않고 있는 점, 퍼블리시티권을 재산권으로 파악하는 경우에도 그것이 한 사람의 인격을 상징하는 성명, 초상 등에 관한 것인 이상 그 당사자의 인격과 완전히 분리되어 존재하는 독립된 권리라고 보기 어렵다 할 것인데, 일반적으로 인격권은 권리자의 사망과 함께 소멸하여 상속의 대상이 되지 아니한다는 점, 퍼블리시티권의 상속이 인정된다고 가정할 경우에도 퍼블리시티권은 개인의 성과와 밀접한 관계가 있어 세월이 지남에 따라 그 권리로서의 존재가치는 희석화되고 일정기간이 지나면 결국 소멸되고 마는 권리라고 보았다.

7) 신성기, "저명한 고인의 성명은 상표로 등록이 가능한지 여부", 「대법원판례해설」 1997년 하반기(29호) 9면.

8) 소위 '송혜교 귀걸이 판결'이 있었지만 이 사건 대법원 판결은 심리불속행기각을 하여 대법원은 퍼블리시티권에 대해서 명시적으로 긍정도, 부정도 한 바 없다고 본다.

9) 최승재, "퍼블리시티(publicity)권의 성격과 가처분의 성부에 대한 연구" 「지식재산연구」 제3권 제1호(2008년 6월); 최승재, "퍼블리시티권 침해와 손해배상의 범위에 대한 연구" 「스포츠와 법」 11권 3호(2008); 최승재, "입법에 의한 퍼블리시티권의 보호에 대하여" 「지식재산정책」 8호 (2011).

10) 임상민, "퍼블리시티권에 관한 일본의 동향", 「지식재산연구」 제7권 제4호(2012. 12) 181－183. 핑크레이디 판결(最高裁 平成24・2・2 判決 平成21(受)2056 [ピンク・レディー])에서는 퍼블리시티권 자체는 인정되었지만 사건에서는 사진의 게재의도, 크기 등 여러 가지 점을 고려하였을 때 고객흡입력의 원천이 된다고 보기 어렵다는 이유로 원고의 청구가 기각되었으나 이후 배용준 판결에서 최초로 원고

우리법의 태도는 세계와 괴리되는 상황이었다.

결국 이 문제는 입법적인 해결이 필요하다는 공감대를 이루게 되었고 그 결과 부정경쟁방지 및 영업비밀보호에 관한 법률(이하 '부정경쟁방지법')이 개정되어 구 부정경쟁방지법 차목(현 부정경쟁방지법 (파)목)[11]이 입법되었다.[12] 그리고 BTS 판결[13]에서 성과모용행위로 유명인의 성명을 사용한 행위를 위법으로 판단하였다. 그 이후 2021. 11. 11. 부정경쟁방지법이 개정되면서 (타)목[14]이 신설되어 2022. 4. 20.부터 퍼블리시티권이 보호받을 수 있는 근거가 마련되었다.[15] 이로써 제임스딘 판결에서의 판시에서 비롯된 유명인의 퍼블리시티 보호에 대한 논의가 일단락되었다.[16]

키워드

퍼블리시티, 유명인의 성명 및 초상등, 인격권에서 출발한 재산적 이용, 타인 성명의 상표로의 사용

의 청구가 인정되었다.

11) "그 밖에 타인의 상당한 투자나 노력으로 만들어진 성과 등을 공정한 상거래 관행이나 경쟁질서에 반하는 방법으로 자신의 영업을 위하여 무단으로 사용함으로써 타인의 경제적 이익을 침해하는 행위"

12) 구 부정경쟁방지법 차목(성과모용행위, 현 부정경쟁방지법 (파)목) 입법 후에 최승재, "부정경쟁방지법 (차)목에 대한 하급심 판결의 동향분석", 「변호사지」 49집, 서울지방변호사회 (2017).

13) 대법원 2020.3.26 선고, 2019마6525 결정. 대법원은 이 사건에서 유명인의 성명을 이용하는 행위가 사용금지 및 손해배상을 하여야 하는 사안이 될 수 있다고 보았다.

14) 타. 국내에 널리 인식되고 경제적 가치를 가지는 타인의 성명, 초상, 음성, 서명 등 그 타인을 식별할 수 있는 표지를 공정한 상거래 관행이나 경쟁질서에 반하는 방법으로 자신의 영업을 위하여 무단으로 사용함으로써 타인의 경제적 이익을 침해하는 행위

15) 특허청 퍼블리시티권 보호를 위한 개정 부정경쟁방지법 설명회 2022. 6. 2.자 최승재 주제발표자료 참조.

16) 여전히 민법 개정을 통해서 인격권으로 보호하는 방안과 저작권법 개정을 통해서 퍼블리시티권이라는 권리로 보호하는 방안이 입법적으로 논의중이다.

[49] 의류 디자인의 모방과 손해배상책임

—대법원 2008. 10. 9. 선고 2006다53146 판결—

조 진 용 (서울중앙지방법원)

[사실 개요]

1. 원고는 의류 임가공업체를 운영하는 사람으로, 의류제조 · 판매업을 영위하는 피고 회사와의 사이에 의류 임가공 위탁계약을 체결하고 피고 회사로부터 의뢰받은 의류를 임가공하여 피고에게 납품하였다.
2. 한편 원고는 피고 회사의 정품 의류와 유사한 스커트, 재킷, 하프코트, 원피스, 바지 등의 의류 약 1,600여 벌을 제조하여 정품 판매가격의 약 10% 정도의 가격으로 유통시켰다.
3. 피고 회사는 원고가 피고 회사의 의류상품과 유사한 의류상품을 무단으로 제조하여 반출하였다고 주장하며 그 진위 여부를 두고 원고와 서로 다투었고, 원고와 피고 사이의 의류 임가공 위탁계약은 그 무렵 묵시적으로 합의해제되었다.
4. 원고는 피고 회사로부터 지급받지 못한 의류 임가공비를 청구하기 위하여 이 사건 소를 제기하였고, 피고 회사는 원고에 대한 위자료 청구권 등을 자동채권으로 하여 원고의 피고 회사에 대한 임가공비 등 채권과 대등액에서 상계할 것을 항변하였다.

[판결 요지]

1. 민법 제751조 제1항은 불법행위로 인한 재산 이외의 손해에 대한 배상책임을 규정하고 있고, 재산 이외의 손해는 정신상 고통만을 의미하는 것이 아니라 그 외에 수량적으로 산정할 수 없으나 사회통념상 금전평가가 가능한 무형의 손해도 포함하므로, 법인의 명예나 신용을 훼손한 자는 그 법인에게 재산 이외의 손해에 대하여도 배상할 책임이 있다. 그런데, 법인의 명예나 신용을 훼손하는 행위에는 법인의 목적사업 수행에 영향을 미칠 정도로 법인의 사회적 평가를 저하하는 일체의 행위가 포함되므로, 이에는 구체적인 사실을 적시하거나 의견을 표명하는 행위 등뿐만이 아니라, 고급 이미지의 의류로 명성과 신용을 얻고 있는 타인의 의류와 유사한 디자인의 의류를 제조하여 이를 저가로 유통시키는 방법 등으로 타인인 법인의 신용을 훼손하는 행위도 포함된다.

2. 원고가 고급 이미지의 의류로 명성과 신용을 얻고 있는 피고 회사의 의류와 유사한 디자인의 의류를 제조하여 저가로 유통시킴으로써 피고 회사의 신용을 훼손하였다고 보고 그 손해배상책임을 인정한 사례.

해설

Ⅰ. 대상판결의 쟁점

부정경쟁방지법 제2조 제1호 (파)목은 2013. 7. 30. 법률 제11963호로 개정된 부정경쟁방지법에서 (차)목으로 신설되었다가, 2018. 4. 17. 법률 제155580호로 개정되면서 (카)목으로 이전되었고,[1] 다시 2021. 12. 7. 법률 제18548호로 개정되면서 현재의 (파)목으로 이전되었다[이하에서는 현행법에 따라 (파)목으로 표기한다].

대법원은 부정경쟁행위에 관하여 (파)목의 신설 이전에 한정열거주의를 취하는 부정경쟁방지법의 한계를 극복하기 위해 민법상 불법행위 규정을 탄력적으로 적용하였다. 그러다가 대법원 2010. 8. 25. 자 2008마1541 결정, 대법원 2012. 3. 29. 선고 2010다20044 판결의 판시 내용이 그대로 개정 부정경쟁방지법에서 현행 (파)목이 부정경쟁행위로 도입되었다. 따라서 본 목은 부정경쟁행위에 관한 보충적 일반규정이라는 성격을 가지는 점에 특징이 있다.[2]

대상판결은 (파)목이 신설되기 전의 사안으로 고급 이미지의 의류로서 명성과 신용을 얻고 있는 타인의 의류와 유사한 디자인의 의류를 제조하여 저가로 유통시킨 행위가 타인의 신용을 훼손하는 행위에 해당하여 민법 제751조 제1항에 따른 배상책임이 인정되는지 여부가 문제되었다[한편, 피고 회사는 대상판결의 원심[3]에서 원고가 피고 회사의 의류와 유사한 디자인의 의류를 제조·판매하는 행위는 부정경쟁방지법 제2조 제1호 (가)목의 부정경쟁행위에 해당한다는 취지로 주장하였으나 받아들여지지 않았고, 원고가 상고한 대상판결에서는 위 부정경쟁행위에 해당하는지 여부에 대하여서는 별도로 다루지 아니한 채 민법 제751조 제1항에 해당하는지 여부만을 판단하였다. 부정경쟁방지법 제2조 제1호 (자)목의 상품형태 모방행위는 2004. 1. 20. 법률 제7095호로 신설되어 2004. 7. 20.부터 시행되었으므로 그 시행 전에 제조된 이 사건 유사품에는 적용될 수 없었다.].

Ⅱ. 대상판결의 분석

1. 부정경쟁방지법 제2조 제1호 (파)목 신설 이전의 논의

2013. 7. 30. 법률 제11963호로 개정된 부정경쟁방지법에서 현행 (파)목에 해당하는 (카)목을 신설하기 전에는 타인의 성과물을 무단으로 도용하는 행위 등에 대하여 규율하는 명문의 규정이 없었으므로 민법상 불법행위 이론이 보다 적극적으로 활용되었다. 대법원

1) 정상조 편집대표, 「부정경쟁방지법 주해」, 박영사(2020), 209(문선영 집필부분).
2) 윤태식, 「부정경쟁방지법」, 박영사(2021), 190~192.
3) 서울고등법원 2006. 7. 13. 선고 2005나55161 판결.

역시 피고 회사가 인터넷 사이트를 이용한 광고시스템 프로그램을 인터넷 사용자들에게 제공하여 이를 설치한 인터넷 사용자들이 원고 회사가 운영하는 인터넷 포털사이트를 방문하면 그 화면에 원고 회사가 제공하는 광고 대신 피고 회사의 광고가 대체 혹은 삽입된 형태로 나타나게 한 사안에서 피고 회사의 그와 같은 광고행위는 위 인터넷 포털사이트가 갖는 신용과 고객흡인력을 무단으로 이용하는 셈이 될 뿐만 아니라 원고 회사의 영업을 방해하면서 원고 회사가 얻어야 할 광고영업의 이익을 무단으로 가로채는 부정한 경쟁행위로서 민법상 불법행위에 해당한다고 판시하였고,[4] 피고 회사가 자신이 운영하는 홈페이지에서 원고 방송사가 방영한 드라마가 연상되는 의상, 소품, 모습, 배경 등으로 꾸민 제품을 제조·판매한 사안에서 피고 회사가 드라마를 이용한 상품화 사업 분야에서 경쟁자 관계에 있는 원고 방송사 등의 상당한 노력과 투자에 편승하여 각 드라마의 명성과 고객흡인력을 자신의 영업을 위하여 무단으로 이용하여 법률상 보호할 가치가 있는 원고 방송사 등의 해당 드라마에 관한 상품화 사업을 통한 영업상 이익을 침해하였다고 보아 피고 회사의 제조·판매 행위는 부정한 경쟁행위로서 민법상 불법행위에 해당한다고 판단하였다.[5] 하급심에서도 과거 저작권에 의해 보호되지 않는 창작성 없는 데이터베이스는 물론 저작물성을 인정받지 못한 사진이나 상담사례 등을 무단으로 사용하는 것은 법적으로 보호할 가치가 있는 영업활동상의 신용 등의 무형의 이익을 위법하게 침해하는 것으로 민법상 불법행위에 해당한다고 판시하는 등[6] 부정경쟁방지법 제2조 제1호에 열거된 부정경쟁행위에 속하지 아니하는 성과 등 도용행위를 민법상 불법행위로 규율하였다.

2. 부정경쟁방지법 제2조 제1호 (파)목 신설 이후의 논의

(파)목이 신설되면서 타인의 디자인을 모방한 의류, 가방, 신발 등 물품을 유통한 경우에 해당 디자인이 주지성을 가진 상품표지 또는 영업표지로 인정되는 경우에는 (가)목이나 (나)목이, 그 저명성이 인정되는 경우에는 (다)목이, 해당 상품에 대한 형태모방이 인정되는 경우에는 (자)목이 우선하여 적용되고, 이에 해당하지 않는 성과 등 도용행위에 대해서는 (파)목이 보충적으로 적용되게 되었다.[7]

그렇다면 (파)목이 신설된 이후에는 민법상 불법행위 규정과의 관계는 어떠한지가 문제되는데, (파)목의 입법이 기존의 부정한 경쟁행위에 해당하는 행위를 민법상 불법행위로 규율해 온 사례에서 유래한 탓에 실무적으로 이를 사실상 구별하지 않고 중첩적으로 적용

---

4) 대법원 2010. 8. 25. 자 2008마1541 결정.
5) 대법원 2012. 3. 29. 선고 2010다20044 판결.
6) 서울중앙지방법원 2007. 6. 21. 선고 2007가합16095 판결.
7) 정상조 편집대표(주 1), 235(문선영 집필부분).

한 사례도 있으나,[8] 부정경쟁방지법과 부정한 경쟁행위로서의 민법상 불법행위가 중첩적으로 성립하는 경우에는 일반 특별법 관계에서와 같이 부정경쟁방지법이 우선하여 적용되어야 할 것이고,[9] 그 위법성 판단에 있어서도 앞서 본 바와 같이 부정경쟁행위로 볼 수 있는 특별한 사정이 고려되어야 할 것이며, 민법상 불법행위론은 이에 해당되지 않을 경우에 보충적으로 성립 여부가 검토되어야 할 것이다.

3. 부정경쟁방지법 제2조 제1호 (파)목의 '성과 등'에 대한 판단기준

한편, 대법원은 (파)목에서 정한 부정경쟁행위에 해당하는지 판단하는 기준에 관하여 「위와 같은 법률 규정과 입법 경위 등을 종합해보면, (카)목[현행 (파)목에 해당한다. 이하 같다]은 그 보호대상인 '성과 등'의 유형에 제한을 두고 있지 않으므로, 유형물뿐만 아니라 무형물도 이에 포함되고, 종래 지식재산권법에 의해 보호받기 어려웠던 새로운 형태의 결과물도 포함될 수 있다. '성과 등'을 판단할 때에는 위와 같은 결과물이 갖게 된 명성이나 경제적 가치, 결과물에 화체된 고객흡인력, 해당 사업 분야에서 결과물이 차지하는 비중과 경쟁력 등을 종합적으로 고려해야 한다. 이러한 성과 등이 '상당한 투자나 노력으로 만들어진' 것인지 여부는 권리자가 투입한 투자나 노력의 내용과 정도를 그 성과 등이 속한 산업분야의 관행이나 실태에 비추어 구체적, 개별적으로 판단하되, 성과 등을 무단으로 사용함으로써 침해된 경제적 이익이 누구나 자유롭게 이용할 수 있는 공공영역(public domain)에 속하지 않는다고 평가할 수 있어야 한다. 또한 (카)목이 규정하는 '공정한 상거래 관행이나 경쟁질서에 반하는 방법으로 자신의 영업을 위하여 무단으로 사용'한 경우에 해당하기 위해서는 권리자와 침해자가 경쟁관계에 있거나 가까운 장래에 경쟁관계에 놓일 가능성이 있는지, 권리자가 주장하는 성과 등이 포함된 산업분야의 상거래 관행이나 경쟁질서의 내용과 그 내용이 공정한지 여부, 위와 같은 성과 등이 침해자의 상품이나 서비스에 의해 시장에서 대체될 가능성, 수요자나 거래자들에게 성과 등이 어느 정도 알려졌는지, 수요자나 거래자들의 혼동가능성 등을 종합적으로 고려해야 한다.」[10]라고 판시하였다. 따라서 특정 디자인이 부정경쟁방지법 제2조 제1호 (파)목의 보호대상인 성과물에 해당한다고 보기 위해서는 ①

8) 광주지방법원 2023. 6. 22. 선고 2018가합53479 판결은 민법 제750조와 부정경쟁방지법 제5조에 다른 손해배상책임을 중첩적으로 인정하였다(2023. 8. 31. 현재 특허법원 2023나10679 사건으로 항소심 계속 중).

9) 수원지방법원 2019. 2. 13. 선고 2018나54330 판결은 부정경쟁방지법 제2조 제1호 (파)목 규정은 민법 제750조 소정의 불법행위의 법리를 구체화한 특별법으로서, 이에 해당하는 부정경쟁행위가 있다면 특별법으로 제정된 부정경쟁방지법에서 정한 규정에 따라야 할 것이고, 일반법인 민법은 보충적으로만 적용된다고 판시하였다(2019. 3. 1. 확정).

10) 대법원 2020. 3. 26. 자 2019마6525 결정.

그 디자인이 갖게 된 명성이나 경제적 가치, 디자인에 화체된 고객흡인력, 해당 사업 분야에서 그 디자인이 차지하는 비중과 경쟁력 등을 종합적으로 고려하여 '성과 등'을 판단하고, ② 디자인업계의 관행이나 실태에 비추어 구체적, 개별적으로 권리자가 투입한 투자나 노력의 내용과 정도를 판단하며, ③ 그와 같은 디자인이 공공영역에 속하는지 여부를 별도로 판단하여야 할 것이다.

Ⅲ. 대상판결의 의의

대상판결은 부정경쟁방지법 제2조 제1호 (파)목 신설 전에 선고된 것으로 민법 제751조가 당시 부정경쟁방지법 제2조 제1호에 열거되지 않은 부정한 경쟁행위에 대하여 보충적으로 적용된 사례이다. 실무상으로도 부정경쟁방지법 제2조 제1호 (파)목은 흔히 주장되는 추세를 보이고 있는바, 앞서 본 입법경위 내지 보충적 일반규정으로서의 특성에 비추어 그 구체적인 요건 내지 인정 기준에 관한 논의가 필요할 것으로 보인다. 이와는 별개로 대상판결은 부정경쟁방지법 제2조 제1호 (파)목의 신설 이후로도 위 보충적 일반규정의 요건을 충족하지 못하는 부정한 경쟁행위의 경우 민법상 불법행위에 따른 손해배상책임을 인정하는 근거가 될 수 있다는 점에서 현재까지도 의의가 있다.

키워드

의류 디자인, 성과 등 도용, 민법 제751조

[50] 부정경쟁방지법 제2조 제1호 (파)목의 성과 등 무단사용행위: '선거 예측조사 결과 무단방송 사건'

—대법원 2017. 6. 15. 선고 2017다200139 판결—

오 홍 록 (부산지방법원 서부지원)

[사실 개요]

1. 원고들은 한국방송공사(원고1) 및 지상파방송사업자인 주식회사 甲(원고2), 주식회사 乙(원고3)이고, 피고는 종합편성 방송채널사용사업자인 주식회사 丙이다.
2. 원고들은 2014. 3. 7. 방송사 공동예측조사위원회를 구성하여 2014. 6. 4. 실시될 제6회 전국동시지방선거(시도지사 및 교육감 선거)의 개표방송을 위한 '당선자 예측조사(출구조사 및 전화조사)'를 공동실시하기로 합의하였고, 그 합의에 따라 2014. 4. 방송사 공동예측조사위원회 명의로 3개 조사기관들과 사이에 대금을 24억 원(부가가치세 별도)으로 정하여 선거 예측조사 용역계약을 체결하였으며, 2014. 4. 24. 원고들 사이에 용역계약을 통해 취득할 예측조사 결과에 대한 비밀유지약정을 체결하였다.
2. 용역계약에 따라 3개 조사기관들은 선거당일인 2014. 6. 4. 전화조사(41,000개 표본) 및 출구조사(648개 투표소)를 시행하는 등 예측조사를 실시하였고, 같은 날 17:30 무렵 각 지역별 후보자들 예상득표율을 포함한 예측조사 결과를 원고들에게 전달하였다.
3. 피고 소속 기자 A는 이 사건 당일 17:32 무렵 자신을 포함하여 9명의 기자들이 사용하는 휴대전화 메신저의 단체 대화방을 통해 이 사건 예측조사 결과를 입수한 후, 그 무렵 피고 소속 뉴스제작 프로듀서인 B에게 이를 보고하였다. 피고는 같은 날 18:00:00 무렵 선거 개표방송을 시작하면서 4대 광역단체장(서울특별시, 경기도, 인천광역시, 부산광역시) 선거에 한정하여 피고의 자체 예측조사 결과를 발표한 후, 18:00:49 무렵부터 '지상파 출구조사 SBS, KBS, MBC'라는 표제 하에 서울특별시장 선거의 1, 2위 후보자 및 각 예상득표율을 방송하는 것을 시작으로 이 사건 예측조사 결과를 공개하였다.
4. 원고들도 같은 날 18:00:00부터 선거 개표방송을 시작하면서 이 사건 예측조사 결과를 공개하였는데, 원고별 공개방법의 차이에 따라 원고2의 경우 이 사건 예측조사 결과를 피고보다 먼저 순차적으로 공개할 수 있었으나, 원고1, 3의 경우 일부 지역 또는 일부 항목에 대하여 피고보다 뒤늦게 이 사건 예측조사 결과를 공개하게 되었다.

[판결 요지]

1. 피고가 이 사건 예측조사 결과를 방송한 행위가 '성과 등 무단사용행위'에 해당한다

는 원심의 판단[원고들이 공동으로 실시한 이 사건 예측조사 결과가 원고들의 상당한 투자나 노력으로 만들어진 성과에 해당한다고 판단한 다음, 피고가 원고들의 사전 동의 없이 이 사건 예측조사 결과를 무단으로 방송하여 이용한 행위는 원고들의 상당한 투자나 노력으로 만들어진 성과 등을 공정한 상거래 관행이나 경쟁질서에 반하는 방법으로 피고의 영업을 위하여 무단으로 사용함으로써 원고들의 경제적 이익을 침해하는 행위로서 구 부정경쟁방지법(2018. 4. 17. 법률 제15580호로 개정되기 전의 것) 제2조 제1호 차목의 부정경쟁행위에 해당한다고 판단]을 수긍한 사례.

2. 손해액의 재량 판단에 관한 원심의 판단(피고의 부정경쟁행위로 인하여 원고들이 광고수입 등이 현실적으로 감소하는 재산손해를 입었다고 단정하기는 어려우나, 원고들이 이 사건 예측조사 결과 취득을 위해 지출한 비용 중 일부를 보전받을 수 있는 기회를 상실함에 따른 재산상 손해에 대하여 피고에게 배상할 책임이 인정되고, 이 사건 예측조사 결과에 대한 통상의 사용료 상당의 손해에 관한 증명이 있다고 보기 어려우므로 부정경쟁방지법 제14조의2 제5항에 따라 상당한 손해액을 인정함이 타당하다고 판단한 다음, 원고별로 2억 원씩 총 6억 원의 손해액을 인정한 판단)을 수긍한 사례.

해설

Ⅰ. 대상판결의 쟁점

부정경쟁방지법 제2조 제1호 (파)목[2013. 7. 30. 법률 제11963호 개정에서 (차)목 신설, 2018. 4. 17. 법률 제15580호 개정 통해 카목으로 이전, 2021. 12. 7. 법률 제18548호 개정 통해 (파)목으로 이전]은 '그 밖에 타인의 상당한 투자나 노력으로 만들어진 성과 등을 공정한 상거래 관행이나 경쟁질서에 반하는 방법으로 자신의 영업을 위하여 무단으로 사용함으로써 타인의 경제적 이익을 침해하는 행위'를 부정경쟁행위 중 하나로 규정하고 있다.

이는 2013. 7. 30. 개정 전의 구 부정경쟁방지법의 적용범위에 포함되지 않았던 새로운 유형의 부정경쟁행위에 관한 규정을 신설한 것으로서, 새로이 등장하는 경제적 가치를 지닌 무형의 성과를 보호하고 입법자가 부정경쟁행위의 모든 행위를 규정하지 못한 점을 보완하여 법원이 새로운 유형의 부정경쟁행위를 좀 더 명확하게 판단할 수 있도록 함으로써, 변화하는 거래관념을 적시에 반영하여 부정경쟁행위를 규율하기 위한 '보충적 일반조항'이다[대법원 2020. 3. 26. 선고 2016다276467 판결('골프존 사건'), 대법원 2020. 3. 26. 자 2019마6525 결정('BTS 화보집 사건')].[1)]

종전에는 부정경쟁행위에 관하여 한정열거주의를 취하는 부정경쟁방지법의 한계를 극복하기 위해서는 대법원이 민법상 불법행위 규정을 탄력적으로 적용할 수밖에 없었는데, 주지하듯 대법원 2010. 8. 25. 자 2008마1541 결정('네이버 대체광고 사건') 및 대법원 2012. 3. 29. 선고 2010다20044 판결('헬로 키티 사건') 이후 판시 내용이 입법화된 것이다.[2)]

(파)목은 보호대상인 '성과 등'의 유형에 제한을 두고 있지 않으므로, 유형물뿐만 아니라 무형물도 이에 포함되고, 종래 지식재산권법에 따라 보호받기 어려웠던 새로운 형태의 결과물도 포함될 수 있다. '성과 등'을 판단할 때에는 위와 같은 결과물이 갖게 된 명성이나 경제적 가치, 결과물에 화체된 고객흡인력, 해당 사업 분야에서 결과물이 차지하는 비중과 경쟁력 등을 종합적으로 고려해야 한다. 이러한 성과 등이 '상당한 투자나 노력으로 만들어진' 것인지는 권리자가 투입한 투자나 노력의 내용과 정도를 그 성과 등이 속한 산업분야의 관행이나 실태에 비추어 구체적·개별적으로 판단하되, 성과 등을 무단으로 사용함으로써 침해된 경제적 이익이 누구나 자유롭게 이용할 수 있는 이른바 공공영역(공공영역, public domain)에 속하지 않는다고 평가할 수 있어야 한다. 또한 (파)목이 정하는 '공정한 상거래 관행이나 경쟁질서에 반하는 방법으로 자신의 영업을 위하여 무단으로 사용'한 경우에 해당하기 위해서는 권리자와 침해자가 경쟁관계에 있거나 가까운 장래에 경쟁관계에 놓일 가능성이 있는지, 권리자가 주장하는 성과 등이 포함된 산업분야의 상거래 관행이나 경쟁질서의 내용과 그 내용이 공정한지, 위와 같은 성과 등이 침해자의 상품이나 서비스에 의해 시장에서 대체될 수 있는지, 수요자나 거래자들에게 성과 등이 어느 정도 알려졌는지, 수요자나 거래자들의 혼동가능성이 있는지 등을 종합적으로 고려해야 한다(위 대법원 2016다276467 판결).[3)]

대상판결에서는 원심판결의 무단사용행위에 해당한다는 판단 및 손해액의 재량 판단 모두가 다투어졌으나, 이하에서는 무단사용행위에 관한 판단 부분에 한정하여 살펴본다.

Ⅱ. 대상판결의 분석

1. 구체적 성립요건

원심판결은, ① '사실 개요'에 기재한 바와 같이 원고들이 거액의 비용을 지출하였고 조사기관이 광범위하게 전화조사 및 출구조사를 실시하였으며, 원고들 사이에 사전 비밀유지

---

1) 그 법적 성질에 관하여 기존에 많은 논의가 있었고, 하급심에서는 서울중앙지방법원 2014. 4. 16. 자 2014카합80015 결정 등 여러 재판부가 '보충적 일반조항'이라는 표현을 사용하고 있었는데, 대법원 2016다276467 판결의 원심판결에서 같은 표현을 사용하였고, 위 대법원 판결이 최초로 이 표현을 사용하였다.

2) 윤태식, 「부정경쟁방지법」, 박영사(2021), 190~192.

3) 이러한 설시는 대법원 2020. 7. 9. 선고 2017다217847 판결('에르메스 버킨백, 켈리백 사건'); 대법원 2022. 4. 28. 선고 2021다310873 판결('구동장치 도면 파일 사건') 등에서 반복되고 있다.

약정을 체결한 사정 등을 고려하면 이 사건 예측조사 결과는 원고들의 상당한 투자나 노력으로 만들어진 성과에 해당하고, ② 피고가 원고들의 사전 동의 없이 이를 무단으로 방송한 점에 더하여 피고의 구체적인 취득 경위 및 방송 태양을 아울러 고려하면 피고는 공정한 상거래 관행이나 경쟁질서에 반하는 방법으로 이를 자신의 영업을 위하여 무단으로 사용하였으며(지상파방송사업자인 원고들의 선거 예측조사 결과를 타 방송사들이 원고들의 방송시간과 근접한 시간에 방송하는 것을 허용하는 관행이 있다는 피고의 주장도 배척),[4] ③ 피고는 이로 인하여 원고들의 경제적 이익을 침해하였다고 보았고, 대상판결은 이러한 판단을 그대로 인정하였다.

파목은 특허법, 저작권법, 상표법 등처럼 '권리부여 방식' 대신 성과 등의 무단 사용행위를 규제하는 '행위규제 방식'을 택하였다. 따라서 '성과 등'에 해당하는지, 특히 '성과 등의 이용자의 행위가 공정한 상거래 관행이나 경쟁질서에 반하는지 여부'가 첨예한 쟁점으로 될 것인데,[5] 원심판결은 구체적인 사실관계를 세밀하게 적용한 끝에 이를 모두 인정하였다.

2. 중복적용(보충성) 문제

피고는, 자신의 행위가 영업비밀 침해행위의 요건을 갖추지 못하였거나 저작권법상 허용되는 행위 유형에 해당한다고 주장하며, 이를 전제로 파목은 보충성을 가지므로 이를 적용할 수 없다는 주장을 하였다. 그러나 원심판결은 "지식재산권법에 의하여 보호되지 않는 타인의 성과인 정보 등은 재산적 가치를 갖는다고 하더라도 자유로운 모방과 이용이 가능하다고 할 것이지만, 그와 같은 타인의 성과 모방이나 이용행위에 공정한 거래질서 및 자유로운 경쟁질서에 비추어 정당화될 수 없는 '특별한 사정'이 있는 경우로서 그 지적 성과물의 이용행위를 보호해 주지 않으면 그 지적 성과물의 창출자에게 인센티브의 부족이 발생함이 명백한 경우 등에는 그와 같은 모방이나 이용행위는 허용될 수 없다"면서, 설령 피고의 행위가 영업비밀 침해행위 등에 해당하지 않는다고 (가정)하더라도[6] 이 사안은 특별한 사정이 있는 경우여서 파목에 해당하는지 별도로 판단할 수 있다고 보았다.

이는 파목과 다른 목들의 관계, 나아가 특허법, 저작권법, 상표법 등 다른 법률과의 관

---

4) 피고의 행위는 미국 주법에서 보통법을 통해 확립된 대표적 부정경쟁행위 유형인 '타인의 무형자산의 부정이용(misappropriation)'에 해당할 것으로 보인다. 정상조 편집대표, 「부정경쟁방지법 주해」, 박영사(2020), 5(정상조 집필부분) 참조. 이에 더하여 손천우, "부정경쟁방지법 제2조 제1호 (카)목이 규정하는 성과물 이용 부정경쟁행위에 관한 연구", 「사법」 55호, 사법발전재단(2020), 988, 989는 뉴스기사 중계로 인한 부정이용 인정 사례인 International New Service(INS) v. Associated Press(AP), 248 U.S. 215(1918) 및 NBA 농구시합 결과의 실시간 제공으로 인한 부정이용 사례인 National Basketball Association v. Motorola, Inc., 105 F.3d. 841(2d Cir. 1997)을 소개하고 있다.

5) 손천우(주 4), 1040 이하; 하급심 사안의 소개로는 윤태식(주 2), 198.

6) 원심판결은 원고들의 선택적 청구 중 영업비밀 침해로 인한 손해배상청구, 민법상 불법행위로 인한 손해배상청구에 관하여는 별도로 판단하지 않았다.

계(이른바 '중복적용 내지 보충성')의 문제로서, 논자들의 견해는 크게 나뉜다.[7] 원심판결은 이른바 '특별한 사정'이 있는 경우 파목을 적용할 수 있다는 것이고, 대상판결은 그에 따른 결론을 수긍하면서도 직접 법리를 설시하지는 않았는데, 그 후 앞서 본 대법원 2016다276467 판결은 최초로 파목의 구체적인 성립요건을 설시하면서도 '특별한 사정'에 관한 판시는 하지 않았는바, 사실상 중복적용을 인정한 취지로 이해된다. 간략히 검토하건대, 파목에 과도하게 의존하면 자유로운 영역에 있어야 할 성과물의 이용이 위축되고 기존 지식재산권 체계를 무너뜨릴 위험이 있다는 일부 논자의 우려[8]는 이해되나, 파목의 입법취지는 보호가치 있는 법률상 이익임에도 기존 법제도가 보호하지 못하였던 흠이 발견되는 경우 이를 메꾸려는 데에 있으므로, 이를 중복적용 내지 보충성의 문제로 접근하기보다는, 사건 별로 파목의 성립요건, 즉 '성과 등에 해당하는지', 특히 '공정한 상거래 관행이나 경쟁질서에 반하는 방법으로 무단사용을 한 것인지'를 판단하는 과정에서 기존 지식재산권 법체계와 다른 목의 부정경쟁행위까지 아울러 신중하게 고려하면 충분하지 않을까 한다. 대상판결의 원심판결 및 서울고등법원 2017. 1. 12. 선고 2015나2063761 판결(같은 재판부)에서 '특별한 사정'을 언급한 것도 같은 취지로 이해된다.

Ⅲ. 대상판결의 의의

대상판결은 부정이용(misappropriation)이 문제된 사안이다. 이는 기존의 지식재산권 체계나 부정경쟁방지법상 다른 목으로 의율하기는 어려웠을 것이고, 그 점에서 파목의 효용을 알 수 있다. 다만 대상판결은 파목의 구체적인 성립요건을 직접 판시하지 않은 한계가 있고, 결국 대법원 2020. 3. 26. 선고 2016다276467 판결 등에 이르러 직접 판시가 이루어졌다.

키워드

성과 등 무단사용행위, 예측조사(출구조사), 공정한 상거래 관행이나 경쟁질서

7) 상세한 논의로는 이규홍, "부정경쟁방지법 제2조 제1호 차목(변경 후 카목)에 대한 연구 부정경쟁행위와 불공정거래행위의 교차점", 「정보법학」 제22권 제2호, 한국정보법학회(2018), 81 이하; 손천우(주 4), 1013 이하; 최병률, "부정경쟁방지법 제2조 제1호 (카)목의 적용 범위 : 다른 부정경쟁행위 및 지식재산권과 관련하여", 「사법」 55호, 사법발전재단(2020), 1168 이하.

8) 예컨대 정상조 편집대표(주 4), 215~216, 230~233(문선영 집필부분).

[51] 성과로서의 골프장의 종합적인 이미지

—대법원 2020. 3. 26. 선고 2016다276467 판결—

최 성 보 (서울고등법원)

[사실 개요]

1. 원고들은 이 사건 1 내지 3 골프장(이하 '이 사건 골프장'이라 한다)을 소유 · 운영하고 있다. 피고는 이 사건 골프장을 촬영한 다음 그 사진 등을 토대로 3D 컴퓨터 그래픽 등을 이용하여 이 사건 골프장의 골프코스를 거의 그대로 재현한 입체적 이미지의 골프코스 영상을 제작한 다음 2009년경부터 2015. 2. 23.경까지 스크린골프장 운영업체에 제공하였다.
2. 원고들은, ① 이 사건 골프장의 골프코스가 저작권법 제4조 제1항 제5호에 정해진 건축저작물임을 전제로 피고 및 피고승계참가인(이하 '피고 등'이라 한다)이 저작재산권 침해를 원인으로 하는 손해배상책임을 지고, ② 이 사건 골프장의 골프코스와 골프장 명칭이 원고들 각자가 상당한 투자와 노력을 기울여 만든 성과물임을 전제로 피고 등이 무단으로 이를 사용한 행위가 구 부정경쟁방지법(2018. 4. 17. 법률 제15580호로 개정되기 전의 것) 제2조 제1호 (차)목[이하 '구법 (차)목'이라 한다]의 부정경쟁행위에 해당하거나 민법상 불법행위에 해당한다고 주장하면서 손해배상청구를 하였다.

[판결 요지]

1. 구법 (차)목은 2018. 4. 17. 법률 제15580호로 개정된 부정경쟁방지법 제2조 제1호 (카)목으로 변경되었다. 위 (카)목은 구 부정경쟁방지법(2013. 7. 30. 법률 제11963호로 개정되기 전의 것)의 적용 범위에 포함되지 않았던 새로운 유형의 부정경쟁행위에 관한 규정을 신설한 것이다. 이는 새로이 등장하는 경제적 가치를 지닌 무형의 성과를 보호하고 입법자가 부정경쟁행위의 모든 행위를 규정하지 못한 점을 보완하여 법원이 새로운 유형의 부정경쟁행위를 좀 더 명확하게 판단할 수 있도록 함으로써, 변화하는 거래관념을 적시에 반영하여 부정경쟁행위를 규율하기 위한 보충적 일반조항이다.

위와 같은 법률 규정과 입법 경위 등을 종합하면, (카)목은 그 보호대상인 '성과 등'의 유형에 제한을 두고 있지 않으므로, 유형물뿐만 아니라 무형물도 이에 포함되고, 종래 지식재산권법에 따라 보호받기 어려웠던 새로운 형태의 결과물도 포함될 수 있다. '성과 등'을 판단할 때에는 위와 같은 결과물이 갖게 된 명성이나 경제적 가치, 결과물에 화체된 고객흡인력, 해당 사업 분야에서 결과물이 차지하는 비중과 경쟁력 등을 종합적으로 고려해야 한다. 이러한 성과 등이 '상당한 투자나 노력으로 만들어진' 것인지는 권리자가 투입한 투자나 노력의 내용과 정도를 그 성과 등이 속한 산업분야의 관행이나 실태에 비추어 구체적·개별적으로 판단하되, 성과 등을 무단으로 사용함으로써 침해된 경제적 이익이 누구나 자유롭게 이용할 수 있는 이른바 공공영역(公共領域, public domain)에 속하지 않는다고 평가할 수 있어야 한다. 또한 (카)목이 정하는 '공정한 상거래 관행이나 경쟁질서에 반하는 방법으로 자신의 영업을 위하여 무단으로 사용'한 경우에 해당하기 위해서는 권리자와 침해자가 경쟁관계에 있거나 가까운 장래에 경쟁관계에 놓일 가능성이 있는지, 권리자가 주장하는 성과 등이 포함된 산업분야의 상거래 관행이나 경쟁질서의 내용과 그 내용이 공정한지, 위와 같은 성과 등이 침해자의 상품이나 서비스에 의해 시장에서 대체될 수 있는지, 수요자나 거래자들에게 성과 등이 어느 정도 알려졌는지, 수요자나 거래자들의 혼동가능성이 있는지 등을 종합적으로 고려해야 한다.

2. 골프장의 골프코스는 설계자의 저작물에 해당하나 골프코스를 실제로 골프장 부지에 조성함으로써 외부로 표현되는 지형, 경관, 조경요소, 설치물 등이 결합된 골프장의 종합적인 '이미지'는 골프코스 설계와는 별개로 골프장을 조성·운영하는 원고들의 상당한 투자나 노력으로 만들어진 성과에 해당하고, 원고들과 경쟁관계에 있는 피고가 원고들의 허락을 받지 않고 골프장의 모습을 거의 그대로 재현한 스크린골프 시뮬레이션 시스템용 3D 골프코스 영상을 제작, 사용한 행위는 원고들의 성과 등을 공정한 상거래 관행이나 경쟁질서에 반하는 방법으로 자신의 영업을 위하여 무단으로 사용함으로써 원고들의 경제적 이익을 침해하는 행위에 해당한다고 본 원심판단에 구법 (차)목의 보호대상, 경제적 이익 침해 여부, 공정한 상거래 관행과 경쟁질서 등에 관한 법리오해 등의 잘못이 없다고 한 사례.

해설

Ⅰ. 대상판결의 쟁점

원고들은 골프코스의 설계도를 기초로 이 사건 골프장을 조성하여 운영하고 있는데, 피고가 이 사건 골프장을 촬영한 다음 그 사진 등을 토대로 3D 컴퓨터 그래픽 등을 이용하여 이 사건 골프장의 골프코스를 거의 그대로 재현한 입체적 이미지의 골프코스 영상을 제작한 다음 스크린골프장 운영업체에 제공하였다. 원고들은 이 사건 골프장의 골프코스에 대한 원고들의 저작재산권이 침해되었거나 이 사건 골프장의 골프코스와 명칭이 구법 (차)목의 성과에 해당한다는 이유로 피고 등을 상대로 손해배상청구를 하였다.

대상판결의 사안에서는 ① 이 사건 골프장의 골프코스가 저작권법에 따라 보호되는 저작물에 해당하는지 여부와 원고들에게 그 저작권이 귀속되는지 여부, ② 이 사건 골프장의 골프코스와 별개로 골프장의 종합적인 이미지가 원고들의 상당한 투자나 노력으로 만들어진 성과에 해당하는지 여부가 쟁점으로 되었다.

Ⅱ. 대상판결의 분석

1. 구법 (차)목은 2013. 7. 30. 법률 제11963호로 신설되었는데, 대법원은 위 조항이 신설되기 전부터 경쟁자가 상당한 노력과 투자에 의하여 구축한 성과물을 상도덕이나 공정한 경쟁질서에 반하여 자신의 영업을 위하여 무단으로 이용함으로써 경쟁자의 노력과 투자에 편승하여 부당하게 이익을 얻고 경쟁자의 법률상 보호할 가치가 있는 이익을 침해하는 행위는 부정한 경쟁행위로서 민법상 불법행위에 해당한다고 판시하였다(대법원 2010. 8. 25. 자 2008마1541 결정; 대법원 2012. 3. 29. 선고 2010다20044 판결 등 참조). 위 조항은 기술의 변화 등으로 나타나는 새롭고 다양한 유형의 부정경쟁행위에 적절하게 대응하기 위하여 타인의 상당한 투자나 노력으로 만들어진 성과 등을 공정한 상거래 관행이나 경쟁질서에 반하는 방법으로 자신의 영업을 위하여 무단으로 사용함으로써 타인의 경제적 이익을 침해하는 행위에 대응하여 부정경쟁행위에 관한 보충적 일반조항으로 신설된 것이다.

특허법, 저작권법 등 다른 지식재산권 법률과의 관계에서 구법 (차)목의 보충성과 관련하여, ① 위 조항은 종래의 지식재산권 관련 제도 내에서는 예상할 수 없어 기존 법률로는 미처 포섭할 수 없었던 유형의 행위를 대상으로 한다고 보아야 하므로 다른 지식재산권 관련 법률 위반에 해당하는 행위에 대하여는 위 조항을 중복 적용할 수 없다는 견해,[1] ② 저작권법상 저작물에 해당하나 보호기간 만료, 권리제한 사유 등으로 저작권법에 따른 보호가 부정되는 경우에는 위 조항을 적용할 수 없고, 창작성이 없거나 아이디어에 해당하여 저작권법에 따른 보호가 부정되는 경우에는 위법성 판단을 긍정할 수 있는 특별한 사정이 인정되는 경우에 위 조항을 적용해야 한다는 견해,[2] ③ 일반적 보충조항의 의미는 종래 보호받기 어려웠던 새로운 형태의 결과물에 대해 보호가 가능하다는 적극적·긍정적 의미일 뿐 다른 지식재산권 또는 부정경쟁행위에 해당하지 않을 때에만 보호하겠다는 소극적·부정적 의미라고 볼 수 없다는 이유로 위 조항은 그 자체로 독립적 법률요건에 따라 판단해야 한다는 견해[3] 등이 있다. 대상판결의 사안에서도 원고들은 이 사건 골프장이 건축저작물임을

1) 박정희, 부정경쟁방지법 제2조 제1호 차목의 적용범위, 「특허법원 개원 20주년 기념논문집: 특허소송연구」 특별호, 특허법원(2018), 851.

2) 박성호, 저작권법에 의한 보호가 부정되는 경우 부정경쟁방지 및 영업비밀보호에 관한 법률 제2조 제1호 (차)목의 적용 범위, 「한양법학」 제29권 제1집(통권 제61집), 한양법학회(2018), 104~105.

3) 손천우, 부정경쟁방지법 제2조 제1호 (카)목이 규정하는 성과물 이용 부정경쟁행위에 관한 연구, 「사법

전제로 저작재산권 침해를 주장하면서 구법 (차)목에 따른 부정경쟁행위를 아울러 주장하였고, 대상판결과 원심은 위 주장에 대하여 모두 판단하였다.

2. 이 사건 골프장의 골프코스가 저작권법에 따라 보호되는 저작물에 해당하는지 여부와 원고들에게 그 저작권이 귀속되는지 여부가 문제된다. 대법원은 골프장 설계용역계약에 따라 작성된 골프장의 설계도면은 골프장을 구성하는 클럽하우스, 연습장, 휴게소, 주차장, 펜션, 식당, 숙소, 진입도로, 연결도로, 홀(티 박스, 페어웨이, 그린, 벙커, 러프 등), 연못과 그 밖의 부대시설의 모양, 위치, 배열 등을 설계도면에 도시한 것으로서, 골프장 부지 내에서의 개개의 구성요소의 배치와 조합을 포함한 골프장의 전체적인 미적 형상의 표현방식에 있어 저작물로서의 창작성이 있다는 취지의 원심 판단을 수긍한 바 있다(대법원 2009. 7. 9. 선고 2007다36384 판결). 대상판결은 이 사건 골프장의 골프코스는 이 사건 골프장을 소유·운영하는 원고들이 아닌 설계자의 저작물에 해당한다는 취지로 판시하였는데, 대상판결의 원심(서울고등법원 2016. 12. 1. 선고 2015나2016239 판결)은 이 사건 골프장의 골프코스는 저작자 나름대로의 정신적 노력의 소산으로서의 특성이 부여되어 있는 표현을 사용함으로써 저작자의 창조적 개성이 표현되어 있으므로 저작권법에 의해 보호되는 저작물에 해당한다고 판시하였다. 이에 대하여 대상판결의 원심이 이 사건 골프장의 골프코스에 대한 설계도서가 기능적 저작물이라고 하더라도 기능적 요소 이외의 요소에 대해 저작물성 여부를 판단함에 있어서 골프코스를 이루는 개별적 구성요소가 아니라 골프코스가 차지하는 공간 내에서 개개의 구성요소의 배치와 조합을 포함한 미적 형상으로서의 골프코스의 전체적인 디자인을 중심으로 거기에 설계자의 창조적 개성이 표현되었는지 여부에 따라 판단한 것은 타당하다는 견해[4)]가 있다. 반면, 대상판결이 골프코스 자체와 골프장의 종합적인 이미지를 구별하고 있다고 분석하면서 골프코스의 시설물 배치와 흐름에 창작성이 있다고 보는 것은 시설물 배치에 관한 기능적 아이디어와 미적 표현을 구별하지 못한 오류가 있다는 견해[5)]가 있다. 생각건대, 예술성의 표현보다는 기능이나 실용적인 사상의 표현을 주된 목적으로 하는 이른바 기능적 저작물 또는 실용적 저작물의 경우 기능적·실용적 요소와 분리할 수 있는 창작적 표현만이 저작물로서 보호되는 것이므로, 이 사건 골프장의 골프코스가 건축저작물 또는 도형저작물의 범주에 포섭될 수 있다고 하더라도 기능적·실용적 요소 이외의 창작적 표현에 해당하는 요소가 있는지는 엄격하게 살펴보아야 한다.

3. 이 사건 골프장의 골프코스가 설계자의 저작물에 해당한다고 하더라도 골프코스와

논집」 제55호, 사법발전재단(2020), 1019; 임형주, "부정경쟁방지법상 기타 성과 도용행위의 요건 및 판단 기준", 「지재법 분쟁해결의 최전선: 선봉 윤선희 교수 정년기념판례평석집」, 법문사(2022), 320.

4) 차상육, "골프코스 건축디자인의 저작권법상 보호－이른바 '골프존' 사건(서울고등법원 2016. 12. 1. 선고 2015나2016239 판결)을 중심으로－", 「(계간)저작권」 제30권 제3호, 한국저작권위원회(2017), 178.

5) 정상조, "가상현실의 저작권", 「비교사법」 제29권 제3호, 한국비교사법학회(2022), 203.

별개로 이 사건 골프장의 종합적인 이미지가 구법 (차)목의 성과에 해당하는지 여부가 문제된다. 대상판결의 원심은 골프코스를 실제로 골프장 부지에 조성하기 위해서는 골프코스 자체를 설계하는 것만으로 충분하지 않고 구체적인 골프장 조성공사 과정에서도 벌목과 토목공사 등 다단계의 복잡한 과정을 거치는 사정 등에 비추어, 골프코스를 실제로 골프장 부지에 조성함으로써 외부로 표현되는 지형, 경관, 조경요소, 설치물 등이 결합된 골프장의 종합적인 이미지는 골프코스 설계와는 별개로 골프장을 조성·운영하는 원고들의 상당한 투자나 노력으로 만들어진 성과에 해당한다고 판단하였고, 대상판결은 이러한 원심 판단을 수긍하였다. 대상판결은 이 사건 골프장의 골프코스와 별개로 이를 실제 부지에 조성한 결과물인 이 사건 골프장의 종합적인 이미지가 원고들의 상당한 투자나 노력으로 만들어진 것으로서 명성이나 경제적 가치, 고객흡인력 등을 갖추고 있으므로 구법 (차)목의 성과로 보호될 수 있다고 판시한 것이다.[6]

Ⅲ. 대상판결의 의의

대상판결은, 피고의 행위가 이 사건 골프장의 골프코스에 대한 저작재산권 침해 또는 구법 (차)목의 부정경쟁행위라는 원고들의 주장에 대하여 원고들에게 골프코스의 저작권이 귀속되지 않더라도 원고들이 조성한 이 사건 골프장의 종합적인 이미지가 위 조항의 성과에 해당한다고 판시하였다. 대상판결은 골프장의 골프코스와 별개로 실제로 조성된 골프장의 종합적인 이미지를 성과로 인정한 사례로서 의의가 있다.

키워드

골프코스, 골프장, 건축저작물, 성과

6) 참고로 미국 법원에서는 골프홀의 무단복제가 트레이드 드레스 상표권 침해에 해당한다고 본 사례가 있다[Pebble Beach Co. v. Tour 18 I Ltd., 155 F.3d 526(5th Cir. 1998)].

[52] 초상, 성명 등의 재산적 가치의 보호

—대법원 2020. 3. 26. 자 2019마6525 결정—

구 민 승 (법무법인 율촌)

[사실 개요]

1. 채권자는 2011년 오디션을 통해 7명을 선발하여 이 사건 보이그룹을 구성하였고, 2012. 6. 12.경 위 구성원들과 구성원들의 성명, 사진, 초상, 필적, 음성, 기타 구성원들의 동일성을 나타내는 일체의 것에 대한 독점적 이용권을 부여받기로 하는 등의 내용을 담은 이 사건 전속계약을 체결한 후 구성원 전체의 공연과 광고 촬영 및 방송 출연을 비롯한 대중문화예술인으로서의 활동 전반을 기획해왔다. 또한 채권자는 이 사건 보이그룹에 관한 콘텐츠의 기획, 제작, 유통 및 판매를 담당해오면서 이 사건 보이그룹 구성원의 사진이 포함된 화보집을 제작 · 판매하고 있다.
2. 이 사건 보이그룹은 2018. 5.경까지 합계 약 730만 장의 앨범을 판매하였고, 그 수록곡이 국내외의 주요 음반 순위에서 1위를 기록하기도 하였으며, 그 뮤직비디오는 유튜브(youtube.com)에서 1억 회 이상 재생되는 등 국내외에서 수요자들에게 널리 알려져 왔다.
3. 채권자는 이 사건 보이그룹의 앨범, 공식 화보집, 디브이디를 상업적으로 제작 · 판매하고 있고, 이 사건 보이그룹의 인기를 바탕으로 다수의 기업들과 이 사건 보이그룹이 출연하는 광고계약을 체결하였다.
4. 채무자는 연예인들의 사진, 기사 등을 주요 내용으로 하는 잡지를 제작 · 판매하는 회사인데, 이 사건 보이그룹에 대한 사진을 대량 수록한 특별판을 발매하였다.

[판결 요지]

1. 부정경쟁방지법 (카)목은 그 보호대상인 '성과 등'의 유형에 제한을 두고 있지 않으므로, 유형물뿐만 아니라 무형물도 이에 포함되고, 종래 지식재산권법에 의해 보호받기 어려웠던 새로운 형태의 결과물도 포함될 수 있다. '성과 등'을 판단할 때에는 위와 같은 결과물이 갖게 된 명성이나 경제적 가치, 결과물에 화체된 고객흡인력, 해당 사업 분야에서 결과물이 차지하는 비중과 경쟁력 등을 종합적으로 고려해야 한다.

2. 채권자는 이 사건 보이그룹의 구성원들을 선발하여 전속계약을 체결한 후 훈련을 통해 구성원들의 능력을 향상시켰고, 전속계약에 따라 그들의 음악, 공연, 방송, 출연 등을 기획하고, 음원, 영상 등의 콘텐츠를 제작·유통시키는 등 위 보이그룹의 활동에 상당한 투자와 노력을 하였으며, 그로 인해 위 보이그룹과 관련하여 쌓인 명성·신용·고객흡인력이 상당한 수준에 이르렀는데, 이는 '상당한 투자나 노력으로 만들어진 성과 등'으로 평

가할 수 있고, 누구나 자유롭게 이용할 수 있는 공공영역에 속한다고 볼 수 없으므로, 타인이 무단으로 위의 표지를 사용하면 채권자의 경제적 이익을 침해하게 된다고 판단한 다음, 연예인의 이름과 사진 등을 상품이나 광고 등에 사용하기 위해서는 연예인이나 소속사의 허락을 받거나 일정한 대가를 지급하는 것이 엔터테인먼트 산업분야의 상거래 관행인 점을 감안하면 통상적인 정보제공의 범위를 넘어 특정 연예인에 대한 특집 기사나 사진을 대량으로 수록한 별도의 책자나 DVD 등을 제작하면서 연예인이나 소속사의 허락을 받지 않거나 대가를 지급하지 않는 것은 상거래 관행이나 공정한 거래질서에 반하고, 채무자가 발매한 특별판은 채권자가 발행하는 이 사건 보이그룹의 화보집과 관계에서 수요를 대체할 가능성이 충분하여 경쟁관계도 인정되므로, 채무자가 위 특별판을 제작·판매하는 행위는 공정한 상거래 관행이나 경쟁질서에 반하는 방법으로 자신의 영업을 위하여 채권자의 성과 등을 무단으로 사용하는 행위로서 위 (카)목의 부정경쟁행위에 해당한다고 한 사례.

해설

Ⅰ. 대상판결의 쟁점

강학상 퍼블리시티권(the right of publicity)이란, "사람이 자신의 초상, 성명 등 정체성을 표상하는 요소의 상업적 가치를 이용할 수 있는 권리"라고 일응 정의할 수 있을 것이다.[1)]종래 정체성 요소에 성립한 재산적 가치의 지배를 어떻게 이론구성하고, 어떤 경우에 불법행위의 성립을 인정하며, 재산상 손해배상과 금지청구, 그 양도 및 상속을 인정할지가 법적 쟁점이라고 할 수 있었다.

미국, 독일, 일본 등에서 논의가 활발하고 관련 판결도 집적되어 있었는데, 우리나라의 경우 대법원에서 이에 대한 명확한 입장은 없었고 하급심 판결의 태도는 다양하게 갈려 있었다. 그러던 상태에서 부정경쟁방지법 제2조 제1항 (카)목[현 (파)목, 이하 (파)목으로 통일하도록 한다]이 입법되었다. 이 (파)목에 기해 퍼블리시티권이 보호될 수 있는지, 어떤 경우에 보호될 수 있는지가 대상판결의 기본적인 쟁점이 되었다.

1) Restatement (Third) of Unfair Competition(1994) §46: Appropriation of the Commercial Value of a Person's Identity 참조. 리스테이트먼트는 미국 주법(州法)의 통일화를 위한 운동으로서 선례로 정착된 판례의 요점을 정리한 것으로, 1923년 미국 법률 협회가 처음 발간하였는데, 법적 구속력은 없는 것이지만 실제에 있어서 구속력이 있는 것이나 다름없는 권위적인 법원(法源)이다.

Ⅱ. 대상판결의 분석

초상 등의 인격적 가치와 별개로 재산적 가치를 인정할 것인지, 인정한다면 이를 어떻게 이론구성해야 하는지, '권리'로서 인정하는 법이 없는데 물권 유사한 재산권을 인정해서 재산적 손해배상과 양도·양속성을 인정할 수 있는지에 대하여 부정설, 인격권설, (독립된) 재산권설로 견해가 갈라져 있었고, 하급심의 태도도 위와 같이 분류해 볼 수 있었다. 퍼블리시티권에 대하여는 그 법적 성격이나 이론적 근거에 관하여 민법학계와 지적재산권법학계에서 수많은 논문이 있고, 용어사용, 도입필요성, 입법론, 양도·상속성 등에 대한 태도 등이 뒤얽혀 매우 복잡한 양상이나, 이 글에서 더 자세히 언급할 필요는 없어 보인다.

부정설은 물권법정주의를 근거로 물권 유사한 재산권을 판례로 형성할 수 없다는 입장으로 대표적으로 서울고등법원 2002. 4. 16. 선고 2000나42061 판결을 들 수 있고,[2] 대상판결이 선고된 이후인 최근까지도 서울중앙지방법원 2020. 7. 21. 선고 2019가단5304700 판결 등과 같이 이러한 입장에 서 있는 판결도 보인다.

대법원 2006. 10. 13. 선고 2004다16280 판결이 "사람은 누구나 자신의 얼굴 기타 사회통념상 특정인임을 식별할 수 있는 신체적 특징에 관하여 함부로 촬영 또는 그림묘사되거나 공표되지 아니하며 영리적으로 이용당하지 않을 권리를 가지는데, 이러한 초상권(인격권)은 …"이라고 설시한 바 있는데, 인격권설은 이러한 '영리적으로 이용당하지 않을 권리'로부터 재산적 차원의 보호까지 포섭해 내려는 견해라고 할 수 있다. 대체로 보호되는 권리의 성격이 재산적 이익이므로, 재산적 손해배상 청구를 긍정하나 양도·상속성은 대체로 부정한다. 그러나 인격의 재산적 부분을 보호한다고 하면서 재산권은 아니라고 하는 것은 그 자체로 어색한 측면이 있고, 입법이 없는 과도기상태에서 재산적 손해배상을 의제하는 이론적 근거가 될 수 있으나, 대상판결 및 후술할 후속입법으로 재산적 손해배상이 인정되는 현재에는 실익이 감소했다고 볼 수 있다. 서울고등법원 2019. 12. 18. 선고 2019나2037296 판결[3] 등 최근까지 하급심의 다수 입장이었다고 할 수 있다.

재산권설은 종래 인격권의 개념으로는 적극적 이용권의 개념을 포섭할 수 없으므로 독립된 재산권으로 보자는 견해이다. 이에 의하면 재산적 손해의 배상 청구, 양도·상속성을 긍정하게 된다. 비재산적 부분이라고 볼 수 있는 본래의 인격과 상업화할 수 있는 초상 등을 분리할 수 있다고 보는 것이지만, 입법 및 등록, 신탁, 존속기간 등의 제도 마련 없이 판

2) 종래의 인격권, 저작권, 부정경쟁방지법의 법리만으로 설명하거나 충분히 보호하기 어렵다는 이유 등으로 그 필요성을 인정하면서도 물권법정주의를 이유로 퍼블리시티권을 부정하였다.

3) 물권법정주의를 이유로 퍼블리시티권은 부정하고, '성명, 초상을 상업적으로 이용할 권리'로서의 성명권, 초상권을 인정하면서 손해배상청구를 인정하였다.

례로서 인정할 수 있는가라는 근본적인 문제가 있었다. 대표적인 하급심 판결로 서울고등법원 2005. 6. 22. 선고 2005나9168 판결[4]을 들 수 있고, 과거 2000년대 및 2010년대 초반 하급심의 다수로 볼 수 있는 입장이었다.

대상판결에 의해 초상 등의 재산적 측면이 금지청구 및 재산적 손해배상 등의 면에서 보호될 수 있음은 명확해졌다고 볼 수 있다. 그러나 초상 등이 권리로서 보호되어 양도·상속성이 인정되는지, 어떤 경우에 보호되는지는 여전한 문제라고 볼 수 있다.

대상판결 이후 대상판결의 취지를 반영하여 '국내에 널리 인식되고 경제적 가치를 가지는 타인의 성명, 초상, 음성, 서명 등 그 타인을 식별할 수 있는 표지를 공정한 상거래 관행이나 경쟁질서에 반하는 방법으로 자신의 영업을 위하여 무단으로 사용함으로써 타인의 경제적 이익을 침해하는 행위'가 부정경쟁방지법 제2조 제1호 (타)목으로 신설되었다. 그러나 부정경쟁행위로 인정된 것이지 권리로 인정된 것이 아니므로 양도·상속성이 인정된 것은 아니므로, 대상판결에서 선언된 것 그 이상의 의미는 없어 보인다.

한편, 대상판결은 연예인의 퍼블리시티에 대한 독점적 이용권을 부여받기로 하는 전속계약을 체결한 사안에서 연예인 소속사의 청구를 긍정한 것은 양도성이 인정되는지가 불분명한 상황에서 의미를 갖는다고 할 수 있다.[5] 그리고 오랜 논란의 대상인 상속성과 관련하여 위 (타)목에 의하여 유족에 의한 청구가 가능한가라는 문제에 대하여는, 상표법 제34조 제1항 제6호 저명한 "타인"의 성명초상 등에 관하여 여기의 타인은 생존자를 의미한다는 대법원 1998. 2. 13. 선고 97후938 판결의 태도에 의할 때 부정적으로 볼 수밖에 없어 보인다.

마지막으로 어떠한 경우에 침해적 사용이 되는지에 대하여 보기로 한다. 초상이나 성명 등은 표현의 자유 또는 정보전달적으로 사용될 수밖에 없는 측면이 있어 어떤 사용이 침해적 사용인지를 결정하는 것은 매우 어려운 문제이다. 미국의 경우 상업적 가치를 이용하는 측면이 지배적인 경우는 침해로 볼 가능성이 높고, 논평이나 의사전달이라면 침해 가능성이 낮다는 지배적 이용기준[DOE v. TCI Cablevision 110 S.W.3d 363(Mo. Banc 2003) 등], 관련 없는 작품에 오로지 관심을 끌기 위하여 사용하면 침해가능성이 높아진다는 관련성 이론[Restatement §47 comment 'c'] 등이 제시되어 왔다. 일본도 최고재판소 平成24(2012). 2. 2. 平21(受)第2056号 핑크레이디 사건에서 '오로지(전적으로) 초상 등이 갖는 고객흡인력의 이용을 목적으로 한다고 말할 수 있는 경우에, 퍼블리시티권을 침해하는 것으로서 불법행위법상

---

4) '비록 … 실정법이나 확립된 관습법이 존재하지는 않으나, … 민법상의 불법행위를 구성한다고 볼 것이고, 이와 같이 보호되는 한도 내에서 원고가 자신의 성명, 초상 등의 상업적 이용에 대하여 배타적으로 지배할 수 있는 권리를 퍼블리시티권으로 파악하기에 충분하다고 할 것이며, 이는 원고의 인격으로부터 파생된 것이기는 하나 원고의 인격권과는 독립된 별개의 재산권으로 보아야 할 것'이라고 판시하였다.

5) 서울중앙지방법원 2018. 12. 21. 선고 2016가합566967 판결 등은 초상권, 성명권은 일신전속적인 권리로서 소속사에 귀속될 수 없다고 보아 소속사의 청구를 기각한 바 있다.

위법하게 된다'고 판시하였고, 이를 '오로지 기준설'이라고 부르지만, 사실상 미국의 '지배적 이용 기준'과 그다지 달라 보이지 않는다. 대상판결의 원심에서도 이 사건 보이그룹 구성원들의 초상, 성명을 포함한 문구, 이 사건 보이그룹의 각 명칭 및 표지를 사용한 상품 일체에 대하여 인쇄 등을 금지하는 신청에 대하여는, 연예인의 활동에 대한 정보를 제공하는 잡지를 발행판매하는 자로서 통상적인 잡지의 보도 범위 내에서는 그 이용이 허용된다고 보아 기각하였고, 대상판결도 이 부분 판단을 유지하였다.

Ⅲ. 대상판결의 의의

대상판결은 강학상 퍼블리시티권이 법적으로 보호될 수 있음을 밝힌 최초의 대법원 판결로서 그 이론적 근거는 부정경쟁방지법 제2조 제1호 (파)목에서 구하였다. 이러한 대상판결의 판단은 새로운 부정경쟁행위로 입법되기까지 하였다. 다만 여전히 양도·상속성 문제는 남아 있고, 이는 입법에 의한 해결이 적절해 보인다. 현재 저작권법 전부 개정안에서 '초상 등 재산권'이란 명칭으로 논의되고 있고, '인격표지영리권'으로 민법 일부개정법률안이 입법예고된 바 있다. 양자 모두 양도성을 인정하고 있지 않은데, 소속사의 행사를 인정하는 상황이라면 양도성 자체는 인정하되 비자발적 양도 등에 있어 양도성을 제한하고, 저작재산권과 같이 등록방법 및 신탁관리단체를 두는 방향이 보다 적절한 것이 아닌가 한다. 그리고 이제는 권리성, 양도·상속성 인정 여부에 관한 소모적인 논의보다, 침해 판단 기준에 관한 보다 실질적인 논의를 기대해 본다.

키워드

퍼블리시티권, 인격표지권, 초상 등 재산권, 인격표지영리권

[53] 성과 무단사용 부정경쟁행위에 해당하는지 판단하는 기준

—대법원 2020. 6. 25. 선고 2019다282449 판결—

이 영 광 (서울중앙지방법원)

[사실 개요]

1. 원고는 차량용 루프박스를 제조 · 판매하는 회사로서 2015년경부터 특정 모델 차량에 장착할 수 있는 밀착형 루프박스[1)]를 판매하였다.
2. 피고 1은 2017년 7월경부터 같은 차량에 장착할 수 있는 밀착형 루프박스를 판매하고 있고, 피고 2는 위 루프박스를 제조하여 피고 1에게 공급하였다.
3. 원고는 루프박스 하부 판에 홈을 파서 크로스바를 매립시킴으로써 탈부착이 가능한 밀착형 루프박스 구조(이하 '이 사건 루프박스 구조'라 한다)가 성과 등에 해당한다고 주장하면서 원고 제품과 동일한 구조를 가진 피고 제품을 제조 · 판매하는 피고들의 행위가 성과도용 부정경쟁행위에 해당한다고 주장하였다.

원고 제품

[판결 요지]

1. 구 부정경쟁방지법(2018. 4. 17. 법률 제15580호로 개정되기 전의 것) 제2조 제1호 (차)목의 보호대상인 '성과 등'을 판단할 때에는 결과물이 갖게 된 명성이나 경제적 가치, 결과물에 화체된 고객흡인력, 해당 사업 분야에서 결과물이 차지하는 비중과 경쟁력 등

1) 루프박스는 적재공간을 확장하기 위하여 차량 지붕에 설치하는 박스 형태의 자동차 용품이다. 장착방식에 따라 ① 크로스바(차량 지붕의 가로폭에 상응하는 가로 바)를 지붕 좌우 측면의 루프레일 등에 고정한 후 그 외에 루프박스를 올려서 루프박스의 하판이 차량 지붕에 닿지 않고 공간이 발생하는 탑재형, ② 크로스바를 사용하되 루프박스 하판과 차량 지붕이 밀착되는 밀착형으로 구분할 수 있다.

을 종합적으로 고려해야 한다. 이러한 성과 등이 '상당한 투자나 노력으로 만들어진 것'인지는 권리자가 투입한 투자나 노력의 내용과 정도를 그 성과 등이 속한 산업분야의 관행이나 실태에 비추어 구체적·개별적으로 판단하되, 성과 등을 무단으로 사용함으로써 침해된 경제적 이익이 누구나 자유롭게 이용할 수 있는 이른바 공공영역(公共領域, public domain)에 속하지 않는다고 평가할 수 있어야 한다. 또한 (차)목이 정하는 '공정한 상거래 관행이나 경쟁질서에 반하는 방법으로 자신의 영업을 위하여 무단으로 사용'한 경우에 해당하기 위해서는 권리자와 침해자가 경쟁관계에 있거나 가까운 장래에 경쟁관계에 놓일 가능성이 있는지, 권리자가 주장하는 성과 등이 포함된 산업분야의 상거래 관행이나 경쟁질서의 내용과 그 내용이 공정한지, 위와 같은 성과 등이 침해자의 상품이나 서비스에 의해 시장에서 대체될 수 있는지, 수요자나 거래자들에게 성과 등이 어느 정도 알려졌는지, 수요자나 거래자들의 혼동가능성이 있는지 등을 종합적으로 고려해야 한다.

2. 이 사건 루프박스 구조가 타인의 상당한 투자나 노력으로 만들어진 성과 등이라고 보기 어렵고, 피고들이 위와 같은 구조를 가진 루프박스 제품을 판매하는 행위가 공정한 상거래 관행이나 경쟁질서에 반하는 방법으로 자신의 영업을 위하여 무단으로 사용한 것이라고 보기도 어렵다고 판단한 사례.

해설

Ⅰ. 대상판결의 쟁점

구 부정경쟁방지법(2018. 4. 17. 법률 제15580호로 개정되기 전의 것) 제2조 제1호 (차)목은 2013. 7. 30. 법률 제11963호로 개정된 부정경쟁방지법에 의하여 도입되어, 2018. 4. 17. 법률 제15580호로 개정된 부정경쟁방지법에 의하여 (카)목으로 이동하였다가, 2021. 12. 7. 법률 제18548호로 개정된 부정경쟁방지법에 의하여 현재 (파)목에 위치하고 있다[이하 현행법에 따라 (파)목으로 표시한다].

(파)목 도입 전 부정경쟁방지법은 부정경쟁행위에 대한 포괄적 정의조항을 두지 않은 채 부정경쟁행위 유형을 한정적으로 열거하고 있어 새로운 유형의 부정경쟁행위에 적절히 대처하기 어려웠다. 대법원은 이러한 공백을 메우기 위해 '경쟁자가 상당한 노력과 투자에 의하여 구축한 성과물을 상도덕이나 공정한 경쟁질서에 반하여 자신의 영업을 위하여 무단으로 이용함으로써 경쟁자의 노력과 투자에 편승하여 부당하게 이익을 얻고 경쟁자의 법률상 보호할 가치가 있는 이익을 침해하는 행위'를 민법상 불법행위에 해당한다고 보고, 이 경우 불법행위의 금지 또는 예방을 청구할 수 있다고 판시하였다.[2] (파)목은 이러한 법리를

입법화한 것으로서, 새로이 등장하는 경제적 가치를 지닌 무형의 성과를 보호하고 입법자가 부정경쟁행위의 모든 행위를 규정하지 못한 점을 보완하여 법원이 새로운 유형의 부정경쟁행위를 좀 더 명확하게 판단할 수 있도록 함으로써, 변화하는 거래관념을 적시에 반영하여 부정경쟁행위를 규율하기 위한 보충적 일반조항이다.[3)]

대상판결에서는 피고들의 루프박스 제조·판매행위가 (파)목 부정경쟁행위에 해당하는지가 주된 쟁점이었다.

Ⅱ. 대상판결의 분석

성과 무단사용 부정경쟁행위와 다른 부정경쟁행위 내지 지식재산권 침해행위와의 관계와 관련하여, ① 부정경쟁방지법 제2조 제1호 나머지 각 목의 부정경쟁행위 또는 다른 지식재산권법에서 규제하는 행위유형에 해당하지만 그 요건을 갖추지 못한 경우에 위법성과 관련하여 가중된 '특별한 사정'이 있는 경우에만 (파)목 부정경쟁행위를 인정할 것인지, ② 법문상의 요건 충족 여부만을 판단하여 (파)목 부정경쟁행위를 인정할 것인지 견해의 대립이 있다.[4)]

대상판결의 원심[5)]은 (파)목 부정경쟁행위의 보충성을 엄격하게 적용하는 입장에서 '지식재산권에 의한 보호의 대상이 되지 않는 타인의 성과 이용은 원칙적으로 자유로운 영역에 해당한다 할 것이지만, 그러한 타인의 성과 모방이나 이용행위에 공정한 거래질서 및 자유로운 경쟁질서에 비추어 정당화될 수 없는 특별한 사정이 있는 경우로서 그 지적 성과물의 이용행위를 보호해 주지 않으면 그 지적 성과물을 창출하거나 고객흡인력 있는 정보를 획득한 타인에 대한 인센티브가 부족하게 될 것임이 명백한 경우 등에는 그와 같은 모방이나 이용행위는 허용될 수 없다'고 설시하였다.[6)] 그러나 대법원은 대상판결을 비롯하여 그 무렵 선고되었던 일련의 판결[7)]에서 (파)목의 적용을 위하여 '특별한 사정'이 필요하다고 명시하지 않았는데, 이는 (파)목의 성립을 위하여 법문에 나타나지 않은 별도의 위법성 요건이 요구되지 않음을 간접적으로 밝힌 것으로 해석될 수 있다.[8)]

---

2) 대법원 2010. 8. 25. 자 2008마1541 결정.
3) 대법원 2020. 3. 26. 선고 2016다276467 판결; 대법원 2020. 3. 26. 자 2019마6525 결정. 대상판결도 같은 판시를 하였다.
4) 정상조 편집대표, 「부정경쟁방지법 주해」, 박영사(2020), 226~234(문선영 집필부분); 손천우, "부정경쟁방지법 제2조 제1호 (카)목이 규정하는 성과물 이용 부정경쟁행위에 관한 연구", 「사법」 55호, 사법발전재단(2021), 1014~1028.
5) 서울고등법원 2019. 9. 26. 선고 2018나2052021 판결.
6) 대법원의 위 2016다276467 판결이 있기 전까지 다수의 하급심이 취하던 태도였다.
7) 대법원 2020. 3. 26. 선고 2016다276467 판결; 대법원 2020. 7. 9. 선고 2017다217847 판결.

(파)목 부정경쟁행위가 성립하기 위해서는 '타인의 상당한 투자나 노력으로 만들어진 성과 등'(보호대상 요건)을 '공정한 상거래 관행이나 경쟁질서에 반하는 방법으로 자신의 영업을 위하여 무단으로 사용'(행위태양 요건)함으로써 '타인의 경제적 이익을 침해할 것'이 요구되는데, 대상판결은 그 판단기준에 관하여 (파)목 부정경쟁행위의 입법취지와 성립 요건에 관한 법리를 최초로 설시한 대법원 2020. 3. 26. 선고 2016다276467 판결의 요지를 그대로 따르고 있다.

보호대상 요건과 관련하여 대법원에서 성과로 인정한 사례는 '골프장의 종합적인 이미지',[9] '아이돌 그룹과 관련하여 쌓인 명성·신용·고객흡인력,'[10] '명품 핸드백의 차별적 특징',[11] '공중파 방송사들이 공동으로 실시한 당선자 예측조사 결과',[12] '광고용역 결과물 중 브랜드 네이밍과 콘티의 구성방식·구체적 설정',[13] '구동장치 도면 파일'[14] 등이 있고, 성과를 부정한 사례는 '가맹사업이 구축한 종합적 이미지 중 인테리어, 메뉴 또는 세팅의 일부 등 영업방법'[15]이 있다. 이 사건의 구체적인 내용을 살펴보면, 원고는 루프박스 하판에 루프랙과 연결된 크로스바가 삽입될 수 있는 홈을 만들어 결합한 후 크로스바가 외부에 노출되지 않게 장착되는 구조가 성과에 해당한다고 주장하였는데, 원심은 원고 제품 출시 전에 공지·공개된 기술사상으로부터 이 사건 루프박스 구조를 어렵지 않게 도출할 수 있는 점, 원고는 2016년경 원고 제품과 관련한 특허를 등록하였는데, 그 청구항에 이 사건에서 주장하는 성과를 기재하지 않았으므로 이를 누구나 자유롭게 이용할 수 있다는 점[16] 등을 이유로 이 사건 루프박스 구조가 '타인의 상당한 투자나 노력으로 만들어진 성과 등'에 해당하지 않는다고 보았고, 대상판결은 이를 수긍하였다.

행위태양 요건과 관련하여, 원심은 원, 피고 제품이 구조상 일부 공통점이 있다고 하더라도 완성품의 형태 및 차량 지붕 결합방식, 루프박스 하단 홈에 삽입되는 크로스바 형상

---

8) 정희엽, "'차량의 루프박스 구조'와 관련하여 부정경쟁방지법 제2조 제1호 (카)목의 적용 여부가 문제된 사건", 「Law & Technology」 16권 6호, 서울대학교 기술과법센터(2020), 104.

9) 위 2016다276467 판결.

10) 위 2019마6525 결정.

11) 위 2017다217847 판결.

12) 대법원 2017. 6. 15. 선고 2017다200139 판결.

13) 대법원 2020. 7. 23. 선고 2020다220607 판결.

14) 대법원 2022. 4. 28. 선고 2021다310873 판결.

15) 대법원 2022. 6. 16. 자 2019마6625 결정.

16) 기술개발의 성과 중 어느 부분을 특허로 출원할 것인지는 발명자가 선택할 수 있고, 특허청구범위에 포함되지 않는 기술사상이라고 하여 반드시 (파)목 부정경쟁행위의 성과에 해당하지 않는다고 볼 수 없는 점, 원고 제품 출시일이 특허명세서 출원·공개일보다 앞서는 점 등을 고려할 때, 원심이 이러한 사정을 근거로 '성과 등' 요건이 충족되지 않았다고 보는 것이 타당한지 의문이고, 이 점이 대상판결에서 지적하는 원심판결 이유의 부적절한 부분으로 보인다는 의견이 있다[정희엽(주 8), 106; 손천우(주 4), 1011~1012].

등에서 차이가 있는 점, 피고 2가 기존에도 차량 지붕에 체결되는 자동차용품을 개발·제조하여 왔던 점 등에 비추어 피고들이 원고 제품을 그대로 모방하였다고 보기 어렵다는 이유로 피고들의 행위가 '공정한 상거래 관행이나 경쟁질서에 반하는 방법으로' 원고의 성과를 사용한 것이 아니라고 보았고, 대상판결은 이러한 판단을 유지하였다. 기술 분야에서는 경쟁 업체가 해당 분야의 특허문헌 등을 조사·분석하여 회피 기술을 개발하거나 타인의 제품을 분해·분석하여 개선 제품을 고안하고 제작하는 것(역설계 또는 역분석)이 허용되는 관행이라는 점을 고려하면, 대상판결의 태도는 타당하다.[17]

Ⅲ. 대상판결의 의의

(파)목 부정경쟁행위는 지식재산제도 전반과 관련이 되는 일반조항으로서 기존의 지식재산권 체계에서 보호받을 수 없었던 새로운 경제적 가치에 대한 구제수단으로 널리 이용되고 있고, 실무에서도 다른 유형의 부정경쟁행위 사건와 지식재산권 침해사건에서 선택적 청구원인으로 주장되는 빈도가 매우 높다. 다만 (파)목 부정경쟁행위의 성립요건을 지나치게 넓게 해석한다면, 자유로운 영역에 있어야 할 많은 성과물의 이용이 위축되고 위법 여부에 대한 예견가능성이 확보되지 못할 우려가 있다는 지적[18]도 간과할 수 없다.

결국 (파)목의 해석에 있어서는 그 독자적 성격을 인정하면서도 다른 지식재산제도와의 조화를 꾀하는 방법이 필요하다. 대상판결은 (파)목 부정경쟁행위의 판단기준을 설시하면서, 앞서 본 이유와 같이 피고들의 행위가 성과 무단사용 부정경쟁행위에 해당하지 않는다고 판시하였는바, (파)목의 적용에 있어 신중한 해석방법을 취한 사례로서 의의가 있다.

키워드

성과, 무단사용, 일반조항, 루프박스

---

17) 정희엽(주 8), 107; 손천우(주 4), 1042.
18) 정상조 편집대표(주 4), 215(문선영 집필부분).

[54] 상품 형태의 이용 행위와 부정경쟁방지법 (가), (다), (차)목의 해당 여부

—대법원 2020. 7. 9. 선고 2017다217847 판결—

한 동 수 (법무법인 정세)

[사실 개요]

원고 에르메스의 켈리백 vs. 피고 플레이노모어의 샤이걸	원고 에르메스의 버킨백 vs. 피고 플레이노모어의 샤이패밀리

1. 원고 에르메스는 2007년부터 2015년까지 국내 광고비 128억(연평균 16억), 매출액 3,122억 원(연평균 390억), 국내 소비자가격 천만 원 이상의 핸드백이다.
2. 피고 김채연은 2013년 자신이 도안한  디자인을 'fake for fun'이라는 구호 아래 클래식한 가방에 부착하기로 하고, '플레이노모어(PLAYNOMORE)'라는 브랜드로 인조가죽과 스팽글을 사용한 '샤이걸'과 '샤이패밀리' 핸드백을 출시했다. 셀럽과 젊은 여성층에서 '눈알가방'으로 불리며 상당한 인지도를 얻었고 그 판매가격은 수십만 원대이다.

[판결 요지]

원심이 적법하게 채택한 증거들에 의하여 인정되는 사정들을 구 부정경쟁방지법 (차)목에 정해진 부정경쟁행위 판단 기준에 관한 법리(대법원 2020. 3. 26. 선고 2016다276467 판결)에 비추어 살펴보면, 피고들이 이 사건 상품표지를 무단으로 사용하는 행위는 원고들이 상당한 투자나 노력으로 만든 성과 등을 공정한 상거래 관행이나 경쟁질서에 반하는 방법으로 자신의 영업을 위하여 무단으로 사용함으로써 타인의 경제적 이익을 침해하는 행위라고 할 수 있다. 그런데도 원심은 이 사건 상품표지가 '원고들의 상당한 투자나 노력으로 만들어진 성과'에 해당하지만, 피고들의 피고들 제품 제작·판매행위가 공정한 거래질서 및 자유로운 경쟁질서에 비추어 정당화될 수 없는 '특별한 사정'이 있다고 볼 수 없으므로, (차)목에 해당하지 않는다는 취지로 판단하였다. 이 부분 원심의 판단에는 (차)목이 규정하는 부정경쟁행위에 대한 법리를 오해하여 판결에 영향을 미친 잘못이 있다.

해설

Ⅰ. 대상판결의 쟁점

원고 1, 2는 피고 1, 2를 상대로 구 부정경쟁방지법 제2조 제1호 (가)목의 상품주체혼동행위, (다)목의 저명상표 희석행위, (차)목의 성과도용행위 및 민법상 불법행위 주장을 하면서 금지청구 및 손해배상청구를 하였다. 원고들의 (가)목, (다)목 주장은 제1심과 제2심(서울고등법원 2017. 2. 16. 선고 2016나2035091 판결)에서 모두 배척되었다. 제1심은 (차)목 부정경쟁행위 또는 민법상 불법행위를 인정하였으나, 제2심은 (차)목의 해석에 관한 새로운 판단 기준을 제시하면서 제1심판결을 취소하였다. 대법원은 이 사건 상고제기일(2017. 3. 3.) 이후에 나온 대법원 2020. 3. 26. 선고 2016다276467 판결(스크린 골프에서 골프장 골프코스를 사용한 행위에 관한 사건)에 제시된 (차)목의 판단 기준에 관한 법리를 인용한 후 제반 사정에 비추어 (차)목에 해당된다는 이유로 원심을 파기 환송하였다.

따라서 원심과 대법원 판결에 제시된 (차)목에 관한 판단 기준의 비교 검토를 통해 관련 법리를 더욱 충실히 이해할 수 있을 것이다. 기록에 나타난 구체적인 사정을 살펴봄으로써, 대법원 판결의 유사 사안에 대한 사정거리(射程距離) 내지 이 판결이 패션디자인업계에 미치게 될 영향을 가늠해 볼 수 있을 것이다.

Ⅱ. 대상판결의 분석

1. 원심의 판단

지식재산권에 의한 보호의 대상이 되지 아니하는 타인의 성과를 이용하는 것은 본래 자유롭게 허용된다고 할 것이고, (중략) 또한 자유경쟁사회는 기업을 비롯한 모든 자의 경쟁참가기회에 대한 평등성 확보와 자기 행위의 결과에 대한 예측가능성(적법성의 한계에 대한 예측가능성을 의미한다)을 전제로 성립하는 것이므로 이와 같은 행위에 대한 법규범은 명확하여야 하고, 해석에 의하여 광범위한 법규범 창설기능이 있는 일반조항을 적용함에는 원칙적으로 신중하여야 한다. (중략)

타인의 성과 모방이나 이용행위의 경과, 이용자의 목적 또는 의도, 이용의 방법이나 정도, 이용까지의 시간적 간격, 타인의 성과물의 취득 경위, 이용행위의 결과(선행자의 사업이 괴멸적인 영향을 받는 경우 등) 등을 종합적으로 고려하여 거래 관행상 현저히 불공정하다고 볼 수 있는 경우로서, 절취 등 부정한 수단에 의하여 타인의 성과나 아이디어를 취득하거나 선행자와의 계약상 의무나 신의칙에 현저히 반하는 양태의 모방, 건전한 경쟁을 목적으로 하는 성과물의 이용이 아니라 의도적으로 경쟁자의 영업을 방해하거나 경쟁지역에서 염가로 판매하거나 오로지 손해를 줄 목적으로 성과물을 이용하는 경우, 타인의 성과를 토대로 하여 모방자 자신의 창작적 요소를 가미하는 이른바 예속적 모방이 아닌 타인의 성과를 대부분 그대로 가져오면서 모방자의 창작적 요소가 거의 가미되지 아니한 직접적 모방에 해당하는 경우 등에는 예외적으로 타인의 성과 모방이나 이용행위에 공정한 거래질서 및 자유로운 경쟁질서에 비추어 정당화될 수 없는 '특별한 사정'이 있는 것으로 보아 민법상 불법행위 또는 부정경쟁방지법 제2조 제1호 (차)목에서 규정하는 부정경쟁행위에 해당한다고 봄이 타당하다.

피고들 제품은 그 형태에 있어서 원고들 제품과 일부 유사성이 있음은 부인하기 어렵다. 그러나 원고들 제품과 피고들 제품 사이에 형태의 유사성이 인정된다는 사실만으로는 피고들의 피고들 제품 제작·판매행위가 공정한 거래질서 및 자유로운 경쟁질서에 비추어 정당화될 수 없는 '특별한 사정'이 있는 경우로서 원고들 제품 형태 이용행위를 보호하지 아니하면 원고들 제품 형태를 창출한 원고들에 대한 인센티브가 부족하게 될 것이 명백한 경우에 해당한다고 단정하기에 부족하고, 달리 이를 인정할 증거가 없다.

2. 원고들 상고이유 주장

원심은 "특별한 사정"이라는 새로운 요건을 창설한 후 (차)목의 적용범위를 지나치게 좁게 해석하고 있다.

3. 대법원의 판단

가. (차)목이 정하는 '공정한 상거래 관행이나 경쟁질서에 반하는 방법으로 자신의 영업을 위하여 무단으로 사용'한 경우에 해당하기 위해서는 권리자와 침해자가 경쟁 관계에 있거나 가까운 장래에 경쟁관계에 놓일 가능성이 있는지, 권리자가 주장하는 성과 등이 포함된 산업분야의 상거래 관행이나 경쟁질서의 내용과 그 내용이 공정한지, 위와 같은 성과 등이 침해자의 상품이나 서비스에 의해 시장에서 대체될 수 있는지, 수요자나 거래자들에게 성과 등이 어느 정도 알려졌는지, 수요자나 거래자들의 혼동가능성이 있는지 등을 종합적으로 고려해야 한다(대법원 2020. 3. 26. 선고 2016다276467 판결 등 참조).

나. 그런데도 원심은 이 사건 상품표지가 '원고들의 상당한 투자나 노력으로 만들어진

성과'에 해당하지만, 피고들의 피고들 제품 제작·판매행위가 공정한 거래질서 및 자유로운 경쟁질서에 비추어 정당화될 수 없는 '특별한 사정'이 있다고 볼 수 없으므로, (차)목에 해당하지 않는다는 취지로 판단하였다. 이 부분 원심의 판단에는 (차)목이 규정하는 부정경쟁행위에 대한 법리를 오해하여 판결에 영향을 미친 잘못이 있다.

(4) 대상판결의 이해

(가) 지지하는 견해[1)]

(차)목이 신설된 계기는 백신 프로그램을 통한 인터넷 포털사이트 광고 방해사건이다.[2)] (차)목 신설 이후 골프존 사건과 BTS 사건 등에서 (차)목 위반을 인정하였고, 루프박스 사건에서 (차)목 위반을 부정하였다. 대법원의 판단 기준은 민법상 불법행위와 같이 행위불법과 결과불법이라는 2가지 요건을 가지고 개별 사정을 평가하여 왔다.

피고들의 주장대로라면 타인의 상품형태에 자신의 상품표지를 부착하여 판매할 수 있는 자유를 허락하게 되는데, 이는 기존의 상거래 관행과 충돌하고, 거래질서에 혼란을 일으킬 우려가 있다, 미국의 My Other Bag 사건에서는 루이비통 가방의 모양을 사진 형태로 부탁한 후 가방에 "My Other Bag"이라는 표현을 넣어서 자사 상품이 루이비통의 제품이 아니라는 점을 명확히 하였다고 볼 수 있으나, 피고들 제품은 원고들의 이 사건 상품 표지가 다르다는 점을 명확히 하지 않았고, 패러디에 관한 기준을 적용하더라도 마찬가지다.

(나) 비판적 견해

대법원 판결이 아닌 원심 판결이야말로 제1심의 문제점을 해소하여 공정한 경쟁을 촉진하고 패션업계의 발전과 소비자의 후생에 기여할 수 있는 유의미한 판결로 볼 수 있다(관련 분야 교수 및 디자이너들의 각 진술서). 피고들의 플레이노모어 브랜드는 2016년 1월 에르메스 본사가 위치한 프랑스 파리에서 열린 세계적인 패션 박람회인 후즈넥스트에 한국 최초로 공식 초청되어 정당한 창작물로서 독창적인 심미감과 디자인 철학이 긍정적으로 평가된 바 있다. 대법원의 결론은 패션디자인업계의 특성을 제대로 이해하지 못하고, 피고들 제품이 가지는 디자인 철학을 제대로 고려하지 않은 것이 아닌가 하는 의문이 있다. 대법원이 제시한 사정들은 기본적으로 에르메스 등 명품 브랜드의 논리에 동조한 것이다.

법리적으로도, 이 사건은 (가)목과 (다)목 모두 해당되지 않는다는 평가를 받았다. 출처를 오인, 혼동할 가능성이 없고 원고들 제품은 저명하지 않고 주지한 정도의 상품 형태라는

1) 손천우, "타인의 명품가방 형태를 무단으로 이용한 행위와 부정경쟁행위(대법원 2020. 7. 9. 선고 2017다217847 판결을 중심으로)", 「Law&Technology」 제17권 제2호, 139~142.

2) 대법원 2010. 8. 25. 자 2008마1541 결정. 이 사건은 (차)목 신설 이전으로서, 영업상 이익을 침해하는 불법행위에 관하여 민법 제750조를 근거로 금지청구권을 인정할 수 있느냐가 실질적인 쟁점이었다.

것이다. 상품의 형태는 본래 3년의 보호기간을 가지던 것인데 (차)목의 신설로 인하여, 민법상 불법행위에 해당하기만 하면 손해배상청구권 외에 금지청구권까지 가지게 되었다. 소유권과 같은 형태로 격상하게 되었다. 전통적 민법 이론에서는 인격권, 환경권 등의 제한된 법익 침해에 대하여 금지청구권을 인정할 뿐 영업상 손실 등 경제적 손해에 관하여 금지청구권을 부여하는 데 매우 신중하다.

또한 "(차)목은 부정취득사용(misappropriation) 개념으로 한정하여야 한다. 피고들은 문제된 디자인을 출처표시가 아닌 상품 디자인으로 사용하였으므로 원, 피고의 상품은 상호 경쟁관계에 있지 않다. 위 판결은 상표적 사용과 디자인적 사용을 구분하는 기존의 판례와도 배치된다. 결국 대법원은 (차)목을 부정경쟁방지법뿐만 아니라 특허법이나 저작권법, 상표법에 우선하는 최상위 조항(supremacy clause)으로 해석하고 있다."[3]는 견해가 있다.

Ⅲ. 대상판결의 의의

대상판결은 선행 대법원 판결을 인용한 것 외에 원심판결에서 제시된 판단 기준을 배척하는 논거 내지 설명을 제시하지 않았다. (차)목의 해석에 관해서는 (차)목의 적용 범위와 관련하여 여러 이견과 논란이 이어지고 있다. 즉, ① 판결의 적용범위를 주지표지가 아닌 다른 유형의 홍보수단에도 적용할지, ② 이종업자의 사용에도 적용할지, ③ 상품형태에도 출처표시로서의 저명성을 인정할 수 있을지, ④ 이 판결이 비교광고나 설명적 사용 등 표현의 자유가 보장하는 공정한 경쟁행위를 위축시킬 위험이 없는지, ⑤ 형사처벌의 가능성을 피하기 위하여 일반조항을 이용하는 것이 적절한지 등의 여러 쟁점이 남겨져 있다.[4]

새로 시장에 진입하려는 패션 디자이너들은 상품의 형태에 관하여 변형하는 작업 및 자신의 제품이 기존 제조업체의 것이 아니라는 점을 표시하는 방법 등을 통하여 창작활동을 수행하고 상업적 목적을 실현해가는 방법을 찾아갈 것이다.

키워드

상품형태, 부정경쟁행위, (차)목, 눈알가방, 플레이노모어, 에르메스, 켈리백, 버킨백

---

3) 나종갑, "부정경쟁방지법 제2조 제1호 카목은 사냥허가(hunting license)인가? – 소위 '눈알가방' 사건과 관련하여", 「지식재산연구」 제15권 제4호, 150.

4) 박준우, "주지상표의 광고기능과 부정경쟁방지법 일반조항 – 대법원 2017다217847 판결('에르메스 눈알가방 사건')의 검토", 「법과 기업연구」 제11권 제1호, 59.

[55] 한문고전의 교감 · 표점 결과물이 성과물로 보호받기 위한 요건

—대법원 2021. 6. 30. 선고 2019다268061 판결—

정 현 순 (대법원)

[사실 개요]

1. 원고는 피고 1 산하 甲 연구원과 협력하여 조선시대 실학자 서유구가 저술한 '임원경제지(林園經濟志)'의 번역 사업을 수행하기로 하고, 16개의 지(志)로 구성된 임원경제지 중 '위선지(魏鮮志)'와 '만학지(晩學志)'의 일부에 관하여 교감 · 표점 작업[1)]이 되어 있는 원문과 이를 번역한 번역문으로 이루어진 번역본 초고를 작성하였다.
2. 甲 연구원은 2009. 8. 5. 임원경제지 중 4개의 지(志)에 대한 번역자를 공개 모집한다는 내용의 공고를 게시하였고, 이에 원고는 甲 연구원에 대하여 이 사건 협력 사업의 종결을 통보하면서 원고 번역본 초고를 비롯하여 甲 연구원이 취득한 원고의 자료 등을 폐기하고 서적 출판 등의 목적으로 사용하지 말라고 요청하였다.
3. 그 후 甲 연구원은 피고 3, 4, 5와 '위선지' 및 '만학지'의 번역을 위한 계약을 체결하였고, 이들의 번역을 거쳐 2010. 9. 30. '만학지'의 번역서가, 2011. 11. 20. '위선지'의 번역서가 피고 2를 통하여 출판되었다.

[판결 요지]

1. 계약 체결을 위한 교섭 과정에서 어느 일방이 보호가치 있는 기대나 신뢰를 가지게 된 경우에, 그러한 기대나 신뢰를 보호하고 배려해야 할 의무를 부담하게 된 상대방이 오히려 상당한 이유 없이 이를 침해하여 손해를 입혔다면, 신의성실의 원칙에 비추어 볼 때 계약 체결의 준비 단계에서 협력관계에 있었던 당사자 사이의 신뢰관계를 해치는 위법한 행위로서 불법행위를 구성할 수 있다고 보아야 한다. 특히 계약 체결을 위한 교섭 과정에서 상대방의 기대나 신뢰를 보호하고 배려해야 할 의무를 위반하면서 상대방의 성과물을 무단으로 이용한 경우에는 당사자 사이의 신뢰관계를 해칠 뿐만 아니라 상도덕

1) '교감(校勘)'이란 어떤 고전의 각기 다른 여러 판본을 수집하여 그 문자나 어구의 이동(異同)을 비교하고 검토하여 그 정오를 판정하고 원고(原稿)에 가까운 선본(善本)을 작성하는 작업을 말하고, '표점(標點)'은 고서의 실제 내용에 근거해서 표점부호를 사용하여 원문의 쉼, 구조, 어기 등을 분명하게 표시해 주는 작업을 말한다[정현순, "한문 고전에 대한 교감·표점의 법적 보호", 「계간 저작권」 제34권 제3호, 한국저작권위원회(2021), 115~116].

이나 공정한 경쟁질서를 위반한 것으로서 그러한 행위의 위법성을 좀 더 쉽게 인정할 수 있다.

2. 원고의 번역본 초고는 작성되기까지 상당한 시간과 적지 않은 비용 및 높은 수준의 정신적 노력이 투입되었을 것으로 판단되는 점, 원고의 번역본 초고가 甲 연구원과의 협력관계나 신뢰관계를 바탕으로 번역 계약의 체결을 위한 준비과정에서 원고의 노력과 투자에 의해 작성된 것이고, 원고가 협력 사업 종료 후 번역본 초고의 폐기와 사용금지를 명시적으로 요청하기도 하였는데, 만일 甲 연구원 등이 위와 같은 사정을 인식하고서도 원고의 번역본 초고를 무단으로 이용하여 위선지 번역서를 작성·출판한 것이라면 그 행위는 상도덕이나 공정한 경쟁질서에 반하는 것이라고 평가할 여지가 더욱 큰 점 등을 고려하면, 위와 같은 사정들을 구체적으로 심리하여 이를 기초로 甲 연구원 등의 행위가 계약 체결을 위한 준비단계에서 협력관계나 신뢰관계에 있었던 원고가 가지게 된 보호가치 있는 기대나 신뢰를 침해하고 부정한 경쟁행위로서 민법상 불법행위를 구성하는지 판단하였어야 하는데도, 이와 달리 민법상 불법행위가 성립하지 않는다고 본 원심판결에 법리오해 등의 잘못이 있다고 한 사례.

해설

Ⅰ. 대상판결의 쟁점

구 부정경쟁방지법(2013. 7. 30. 개정 전)은 제2조 제1호 (가)목 내지 (자)목에서 부정경쟁행위를 9개의 행위유형으로 한정 열거하고 부정경쟁행위를 포괄적으로 정의하는 일반조항을 두고 있지 않았으므로 기술 발전과 시장 변화에 따라 다양화, 지능화 되어 가는 수많은 유형의 부정경쟁행위에 대처하기 어렵다는 문제점을 가지고 있었다.[2] 이와 같은 상황에서 대법원 2010. 8. 25. 자 2008마1541 결정과 대법원 2012. 3. 29. 선고 2010다20044 판결 등에서 대법원은 경쟁자가 상당한 노력과 투자에 의하여 구축한 성과물을 상도덕이나 공정한 경쟁질서에 반하여 자신의 영업을 위하여 무단으로 이용함으로써 경쟁자의 노력과 투자에 편승하여 부당하게 이익을 얻고 경쟁자의 법률상 보호할 가치가 있는 이익을 침해하는 행위는 부정한 경쟁행위로서 민법상 불법행위에 해당한다고 하였고, 이는 2013. 7. 30. 법률 제11963호로 개정된 부정경쟁방지법 제2조 제1호 (차)목 신설에 큰 역할을 하였다.[3]

대상판결의 사안은 성과물 도용에 관한 (차)목이 신설된 부정경쟁방지법이 시행되기

2) 정상조 편집대표, 「부정경쟁방지법 주해」, 박영사(2020), 208(문선영 집필부분).
3) 윤태식, 「부정경쟁방지법」, 박영사(2021), 190.

전에 있었던 사실 관계를 대상으로 하므로 개정된 부정경쟁방지법이 적용될 수는 없고,[4] 위에서 본 판례의 법리에 따라 피고들의 위선지 등 출간과 관련된 행위들이 민법상 불법행위에 해당하는지가 쟁점이 되었다.[5]

Ⅱ. 대상판결의 분석

성과물 도용에 의한 민법상 불법행위가 성립하기 위해서는, 첫째로 해당 성과물이 경쟁자의 상당한 노력과 투자에 의하여 구축된 것이어야 하고, 둘째로 타인이 경쟁자의 성과물을 상도덕이나 공정한 경쟁질서에 반하여 자신의 영업을 위하여 무단으로 이용하여야 하며, 셋째로 이로써 경쟁자의 법률상 보호할 가치가 있는 법적 이익을 침해하여야 한다. 일반적으로, 민법상 불법행위의 위법성이란 어떤 행위가 법체계 전체에서 볼 때 허용되지 않아 부정적 평가를 받음을 의미하고, 이는 침해 법익의 성질, 피침해법익과 침해행위의 상관관계 등을 고려하여 구체적 행위마다 개별적, 상대적으로 판단하여야 한다.[6] 판례도 관련 행위 전체를 일체로만 판단하여 위법성을 결정하여야 하는 것은 아니고, 문제가 되는 행위마다 개별적·상대적으로 판단하여야 할 것이라고 하고,[7] 대상판결도 마찬가지이다.[8]

한편 판례는 계약 체결을 위한 교섭 단계에서 어느 일방이 상대방에게 계약이 확실하게 체결되리라는 정당한 기대 내지 신뢰를 부여하여 그 상대방이 그 신뢰에 따라 행동하였음에도 상당한 이유 없이 계약의 체결을 거부하여 손해를 입혔다면 이는 신의성실의 원칙에 비추어 볼 때 계약자유 원칙의 한계를 넘는 위법한 행위로서 불법행위를 구성한다고 보고 있다.[9] 따라서 계약 체결을 위한 교섭 과정에서 상대방의 기대나 신뢰를 보호하고 배려해야 할 의무를 위반하면서 상대방의 성과물을 무단으로 이용한 경우에도 당사자 사이의 신뢰관계를 해칠 뿐만 아니라 상도덕이나 공정한 경쟁질서를 위반한 것으로서 그러한 행위의 위법성을 좀 더 쉽게 인정할 수 있을 것이다.

---

4) 2013. 7. 30. 개정된 부정경쟁방지법의 시행 전에 있었던 행위에 개정 부정경쟁방지법제2조 (차)목이 적용될 수 없다고 본 원심을 수긍한 대법원 2016. 10. 27. 선고 2015다221903(본소), 2015다221910(반소) 참조.

5) 정희엽, "교감(校勘)·표점(標點) 결과물의 창작성 인정 여부 및 이를 무단으로 이용한 행위가 민법상 불법행위를 구성하는지 여부", 「대법원판례해설」 제128호(2021년 상), 법원도서관(2021), 233.

6) 정상조 편집대표(주 2), 227(문선영 집필부분); 김용덕 편집대표, 「주석 민법 [채권각칙 6](제5판)」, 한국사법행정학회(2021), 165(박동진 집필부분).

7) 대법원 2001. 2. 9. 선고 99다55434 판결 등 참조; 양창수·권영준, 「권리의 변동과 구제(제4판)」, 박영사(2021), 639.

8) 정희엽(주 5), 234.

9) 대법원 2001. 6. 15. 선고 99다40418 판결, 대법원 2003. 4. 11. 선고 2001다53059 판결 등 참조; 김재형, 「민법판례분석」, 박영사(2015), 245; 양창수·김재형, 「계약법(제3판)」, 박영사(2022), 70.

대상판결은 교감·표점 결과물이 포함된 원고 번역본 초고가 다수의 번역자와 교열자 등 해당 분야의 전문가들이 참여한 가운데 상당한 시간과 적지 않은 비용, 그리고 높은 수준의 정신적 노력이 투입된 성과물이며, 원고와 甲 연구원이 협력 사업을 통하여 임원경제지의 번역·출간 작업을 함께 수행하였고, 그 결과 원고와 甲 연구원 사이에는 일정한 정도의 협력관계나 신뢰관계가 형성되어 왔다고 볼 수 있는데, 만일 피고들이 이러한 사정을 인식하고도 원고 번역본 초고를 무단으로 이용하여 피고 저작물을 작성·출간한 것이라면 피고들의 행위는 상도덕이나 공정한 경쟁질서에 반하는 것이라고 평가할 여지가 크다고 하여 이와 달리 민법상 불법행위가 성립하지 않는다고 판단한 원심을 파기하였다.

Ⅲ. 대상판결의 의의

한국 고전 연구에 있어서 정본(定本)은 관련 학문의 원천을 제공한다는 측면에서 매우 중요하며, 정본을 만드는 과정에서 가장 중요한 것이 교감·표점이므로, 다양한 한국 고전 연구 활성화를 위해서는 교감·표점을 통한 정본화 작업의 결과물을 보호할 필요가 있다.[10]

대상판결은 원고 번역본 초고에 포함된 교감·표점 작업의 결과물에 대해서 원고의 창조적 개성이 드러나 있다고 보기 어렵다는 이유로 창작성을 부정하였으나, 성과물에는 해당될 수 있다고 하여 민법상 불법행위를 통해서 보호받을 수 있음을 인정하고, 어느 일방이 계약 체결을 위한 교섭 과정에서 상대방을 보호하고 배려해야 할 의무를 위반하면서 상대방의 성과물을 무단으로 이용한 경우에는 위법성을 좀 더 쉽게 인정할 수 있다는 법리를 밝힌 사례로서 의의가 있다.

키워드

한문고전, 교감, 성과물 도용, 표점

10) 정현순(주 1), 132.

[56] 사용기간의 정함이 없는 촬영계약 사진의 사용기간 해석

—대법원 2021. 7. 21. 선고 2021다219116 판결—

김 원 (김 · 장 법률사무소)

[사실 개요]

1. 원고는 2016. 6.경 목걸이, 귀걸이 등 장신구의 온라인 판매업을 영위하는 피고와 사이에, 원고를 모델로 하고 피고를 촬영자로 하는 촬영계약(이하 '이 사건 촬영계약'이라고 한다)을 체결하였다.
2. 원고는 2016. 7. 29.부터 2017. 6. 1.까지 9회에 걸쳐 피고가 판매하는 장신구를 목, 귀, 손, 팔 등에 착용하여 장신구가 부각될 수 있는 자세를 취한 상반신 사진들을 촬영하였고 피고로부터 모두 405만 원을 받았다.
3. 촬영한 사진들 중 원고가 이 사건에서 초상권 침해를 주장하는 사진(이하 '이 사건 사진'이라고 한다)이 1,000장을 상회하는데, 대부분 원고의 얼굴을 포함하고 있거나 피사체가 원고임을 식별할 수 있다.
4. 이 사건 촬영계약은 촬영한 사진의 저작권 및 사용권이 피고에게 있고 피고가 해당 상품의 촬영본을 인터넷에 게시, 인화, 전시 및 출판할 수 있다고 정하고 있으나, 촬영한 사진의 사용기간에 대하여는 정하고 있지 않다.
5. 한편 이 사건 촬영계약은 이 사건 사진의 초상권은 원고에게 있다고 명시하고 있고, 촬영본의 제3자에 대한 상업적인 제공 및 2차 가공은 불가능하며 상업적 활용 및 제3자에 대한 제공이 필요할 경우 원고와 피고가 상호 협의하여야 한다고 정하고 있다.
6. 원고는 2017. 6. 22. 연예매니지먼트 회사와 연예인 전속계약을 체결하였고, 2018. 11. 28. 피고에게 이 사건 촬영계약의 해지를 통보하는 한편 이 사건 사진에 대한 사용 허락을 철회한다고 밝히면서 이 사건 사진 사용의 중지를 요청하였다.

[판결 요지]

1. 사람은 누구나 자신의 얼굴 기타 사회통념상 특정인임을 식별할 수 있는 신체적 특징에 관하여 함부로 촬영 또는 그림묘사되거나 공표되지 아니하며 영리적으로 이용당하지 않을 권리를 가지는데, 이러한 초상권은 헌법 제10조에 의하여 헌법적으로도 보장되고 있는 권리이다. 따라서 타인의 얼굴 기타 사회통념상 특정인임을 식별할 수 있는 신체적 특징이 나타나는 사진을 촬영하거나 공표하고자 하는 사람은 피촬영자로부터 촬영에 관한 동의를 받고 사진을 촬영하여야 하고, 사진촬영에 관한 동의를 받았다 하더라도 사진촬영에 동의하게 된 동기 및 경위, 사진의 공표에 의하여 달성하려는 목적, 거래관행,

당사자의 지식, 경험 및 경제적 지위, 수수된 급부가 균형을 유지하고 있는지 여부, 사진촬영 당시 당해 공표방법이 예견 가능하였는지 및 그러한 공표방법을 알았더라면 당사자가 사진촬영에 관한 동의 당시 다른 내용의 약정을 하였을 것이라고 예상되는지 여부 등 여러 사정을 종합하여 볼 때 사진촬영에 관한 동의 당시에 피촬영자가 사회 일반의 상식과 거래의 통념상 허용하였다고 보이는 범위를 벗어나 이를 공표하고자 하는 경우에는 그에 관하여도 피촬영자의 동의를 받아야 한다. 그리고 이 경우 피촬영자로부터 사진촬영에 관한 동의를 받았다는 점이나, 촬영된 사진의 공표가 사진촬영에 관한 동의 당시에 피촬영자가 허용한 범위 내의 것이라는 점에 관한 증명책임은 그 촬영자나 공표자에게 있다.

2. 계약당사자 사이에 어떠한 계약 내용을 처분문서인 서면으로 작성한 경우에 문언의 객관적인 의미가 명확하다면 특별한 사정이 없는 한 문언대로 의사표시의 존재와 내용을 인정하여야 하나, 그 문언의 객관적인 의미가 명확하게 드러나지 않는 경우에는 문언의 내용, 계약이 이루어지게 된 동기와 경위, 당사자가 계약으로 달성하려고 하는 목적과 진정한 의사, 거래의 관행 등을 종합적으로 고찰하여 논리와 경험의 법칙, 그리고 사회일반의 상식과 거래의 통념에 따라 계약 내용을 합리적으로 해석하여야 한다. 특히 한쪽 당사자가 주장하는 약정의 내용이 상대방에게 권리를 포기하는 것과 같은 중대한 불이익을 부과하는 경우에는 그 약정의 의미를 엄격하게 해석하여야 한다.

3. 사용기간의 정함이 없는 촬영계약 사진의 사용 가부와 사용기간 등이 문제된 사안에서, 제반사정을 종합적으로 고려할 때 원고가 피고에게 이 사건 사진을 피고가 판매하는 상품을 광고하는 목적을 위하여 상업적으로 사용하는 것에는 동의하였다고 볼 수 있으나, 이 사건 사진의 촬영자이자 공표자인 피고가 원고로부터 이 사건 사진에 포함된 상품을 판매하는 동안이면 기간의 제한 없이 이 사건 사진을 사용할 수 있는 권한을 부여받았다고 보기는 어렵다고 한 사례.

해설

Ⅰ. 대상판결의 쟁점

대법원은 일찍이 초상권을 “사람이 자신의 얼굴 기타 사회통념상 특정인임을 식별할 수 있는 신체적 특징에 관하여 함부로 촬영 또는 그림묘사되거나 공표되지 아니하며 영리적으로 이용당하지 않을 권리”로 정의하고, 이러한 초상권을 헌법 제10조 제1문에 의해 헌법적으로도 보장되는 권리로 인정해 왔다(대법원 2006. 10. 13. 선고 2004다16280 판결).

대법원의 위 초상권 정의에서 보듯이, 초상권은 인격적 이익과 재산적 이익을 포함하는 권리로서, 구체적으로 ① 얼굴 기타 사회통념상 특정인임을 알 수 있는 신체적 특징을 함부로 촬영 또는 작성되지 아니할 권리(촬영작성거절권) ② 촬영된 사진 또는 작성된 초상이 함부로 공표 복제되지 아니할 권리(공표거절권), 그리고 ③ 초상이 함부로 영리 목적에 이용되지 아니할 권리(초상영리권)으로 세분하여 파악할 수 있다.

한편, 하급심 판례들을 중심으로 초상권의 인격적 측면과 재산적 측면을 분리하여 재산적 측면에 대해 별도로 '퍼블리시티권'으로 파악하려는 움직임이 있었는데(서울중앙지법 2007. 11. 28. 선고 2007가합2393 판결 이후 다수), 영미법상의 개념인 '퍼블리시티권'을 우리 법상 인정할 것인가에 대해서는 논란이 있어 왔다. 아직까지 대법원이 '퍼블리시티권'을 명시적으로 인정한 판결을 선고한 적은 없는 것으로 보인다.

퍼블리시티권 인정 여부에 관해서는 오랜 기간 논란이 지속되던 중에 2021. 12. 7. 개정되어 2022. 4. 20.부터 시행되고 있는 현행 부정경쟁방지법은 제2조 제1호에 열거된 부정경쟁행위, 즉 '일반 부정경쟁행위'의 대상으로 신설된 (타)목에서 '국내에 널리 인식되고 경제적 가치를 가지는 타인의 성명, 초상, 음성, 서명 등 그 타인을 식별할 수 있는 표지를 공정한 상거래 관행이나 경쟁질서에 반하는 방법으로 자신의 영업을 위하여 무단으로 사용함으로써 타인의 경제적 이익을 침해하는 행위'를 규정하고 있다. 소위 '퍼블리시티권'을 침해하는 행위를 부정경쟁행위의 하나로 도입한 것이다.

대상판결은 개정 부정경쟁방지법의 '퍼블리시티권' 관련 규정이 적용되기 이전 사례에 대한 것으로서, (i) 피고가 해당 사진을 피고가 판매하는 상품 광고 목적을 위하여 상업적으로 사용하는 것에 대해 원고가 동의하였는지와 (ii) 피고가 사진에 포함된 상품을 판매하는 동안이면 기간의 제한 없이 사진을 사용할 수 있는지가 쟁점이 되었다.

Ⅱ. 대상판결의 분석

우선 위 (i) 쟁점과 관련하여, 제1심은 이 사건 촬영계약만으로 피고가 이 사건 사진을 피고의 상품을 광고하는 등 상업적으로 사용할 권한이 발생한다고 보기 어렵다고 판단한 반면, 원심은 피고가 이 사건 촬영계약에 따라 이 사건 사진을 피고의 상품을 광고하는 등 상업적으로 사용할 수 있다고 판단하였다.

대법원은 이에 관하여는 원심과 같은 입장을 취하였다. 즉, 대법원은 "이 사건 촬영계약 문언의 내용과 체계, 계약이 이루어지게 된 동기와 경위, 피고가 영위하는 사업, 원고와 피고가 계약으로 달성하려고 하는 목적과 진정한 의사, 촬영된 이 사건 사진의 내용과 구도, 원고가 피고로부터 대가를 수령한 점과 그 대가의 규모 및 거래의 관행 등을 종합하여 보면, 원고가 피고에게 이 사건 사진을 피고가 판매하는 상품을 광고하는 목적을 위하여 상업적으로 사용하는 것에는 동의하였다"고 볼 수 있다고 판단하였다.

다음으로 위 (ii) 쟁점과 관련하여, 제1심은 설령 피고에게 이 사건 사진의 상업적 사용권한이 인정된다고 하더라도, 이미 통상적인 광고 모델 사진의 사용기간은 도과되었다고 판단한 반면, 원심은 사진에 포함된 상품을 판매하는 동안이면 기간의 제한 없이 사진을 사용하는 것이 원고가 허용한 범위에 속한다고 판단하였다.

대법원은 다음에서와 같은 이유로 피고가 이 사건 사진에 포함된 상품을 판매하는 동안이면 기간의 제한 없이 이 사건 사진을 사용할 수 있는 권한을 부여받았다고 보기는 어렵다고 판단하였다.

① 피고 상품을 판매하는 동안이면 기간의 제한 없이 이 사건 사진을 사용할 수 있다면 이 사건 사진의 광범위한 유포 가능성에 비추어 원고의 이 사건 사진에 관한 초상권을 사실상 박탈하여 원고에게 중대한 불이익을 부과하는 경우에 해당하므로, 이에 관한 명시적 약정 내지 그에 준하는 사정의 증명이 있어야 한다.

② 이 사건 촬영계약은 사진의 저작권, 사용권 귀속이나 사용방법 등을 구체적으로 기재하고 있음에도, 사용기간에 대하여는 아무런 내용을 두고 있지 않다. 이 사건 사진이 피고 상품의 판매를 위해 사용된다는 점을 고지한 것으로 볼 수 있다 하더라도 그 기간의 제한 없이 무한정 이를 사용할 수 있다는 사정까지 고지한 것으로 볼 수는 없다.

③ 사진의 피사체가 인격적 존재인 경우 사진은 피사체의 인격적 법익 즉 초상권의 대상이 되며, 이 사건 촬영계약은 초상권이 원고에게 있음을 명시적으로 확인하고 있으므로, 원고가 위 계약 당시 피고의 일방적인 선택에 따라서는 피고가 이 사건 사진을 기간의 제한 없이 사용할 가능성이 있다는 점을 예견할 수 있었다고 단정하기 어렵다.

④ 원고는 피고로부터 이 사건 촬영의 대가로 1회 45만 원씩 총 9회에 걸쳐 모두 405만 원을 받았다. 이 사건 사진의 자유로운 유포로 인하여 초상권의 행사에 현저한 제약을 받게 되는 당사자인 원고가 촬영에 응한 동기 및 경위, 경험과 지식, 경제적 지위, 원고가 촬영한 사진의 공표 범위와 사용 목적 및 원고의 식별 정도, 사진의 내용과 양, 촬영의 난이도 및 촬영기간, 이 사건 사진이 기간 제한 없이 무제한 사용된다는 사정을 알았더라면 원고가 다른 내용의 약정을 하였을 것으로 예상되는지 여부, 사진에 나오는 상품 유형의 일반적인 판매수명기간(사진모델 교환 기간)에 관한 거래관행 등의 사정까지 종합하여 보면, 그 사용기간에 대한 명백한 합의가 존재하지 않는 이 사건 사진의 사용기간은 위 각 사정을 반영하여 거래상 상당한 범위 내로 한정된다고 보는 것이 합리적이다.

대법원은 (ii) 쟁점에 관해 위와 같이 판단한 뒤에, 원심으로서는 원고가 이 사건 사진의 사용을 허용하였다고 볼 수 있는 합리적인 기간을 심리·판단하여 이를 바탕으로 이 사건 사진사용이 원고의 초상권을 침해하는지 여부를 판단하였어야 한다고 판단하였다(파기환송후 원심은 그 기간을 2년 6개월로 판단하였고, 파기환송후 원심 판결에 대한 상고는 기각되었다).

Ⅲ. 대상판결의 의의

대상판결은 초상권을 사실상 박탈하는 결과로 될 수 있는 의사 해석은 신중하게 하여야 한다는 전제 하에, 사진 사용 동의의 판단기준 및 증명책임의 소재 등 초상권 보호에 관한 법리를 재확인한 뒤에, 촬영계약에서 사진의 사용기간에 대한 명시적인 합의가 존재하지 않는다면 해당 사진의 사용기간은 제반사정을 고려하여 거래상 상당한 범위 내로 한정된다고 보아야 한다고 판단하였다.

대상판결에 대해서는, 촬영계약상 사용기간에 대한 명시적인 기재가 없더라도 당사자가 의도한 계약 목적이 달성될 때까지는 사용기간의 제한이 없는 경우가 있을 수 있는데, 대상판결 판시와 같은 여러 제반사정을 고려하여 법원이 사용기간을 거래상 상당한 범위 내로 한정해야 한다는 법리는 거래의 안정을 해치게 된다는 비판이 제기될 수도 있을 것으로 보인다. 하지만, 대상판결은 위와 같은 가능성을 배제한 것이 아니고, 대법원 판례 법리의 해당 사안에 대한 구체적인 적용에 있어 원심 판단의 위법성을 지적한 것이므로, 향후 구체적인 사례의 축적을 통해 구체적 타당성과 법적안정성 사이의 균형을 도모하는 것이 가능할 수 있을 것으로 보인다.

키워드

초상권, 촬영계약, 사진 사용 기간

[57] 가맹계약 식당 영업방법, 온라인 쇼핑몰 '그룹핑 서비스' 등의 무단 사용과 (파)목 부정경쟁행위

—대법원 2022. 6. 16. 자 2019마6625 결정, 대법원 2022. 10. 14. 선고 2020다268807 판결—

이 지 영 (특허법원)

[사실 개요] 대법원 2019마6625 결정

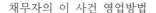

채무자의 이 사건 영업방법

1. 채무자는 돼지고기 음식점 가맹사업을 운영하는 채권자와 가맹계약을 체결하고 가맹점을 운영하다가 계약을 해지한 후 '바른고기'라는 상호의 돼지고기 음식점 및 가맹사업을 운영하고 있다.
2. 채무자는 기존의 음식점들의 외부 간판은 '바른고기'로 변경하였으나, 영업시간 안내 표지, 벽에 걸린 LED 돼지 모형, ㄷ자 모형의 테이블, 원형 화로와 코브라 환풍기, 복분자 모형의 소금, 날치알 사각주먹밥 등 채권자로부터 제공받은 인테리어, 메뉴 또는 세팅의 일부를 그대로 사용하였다(이 사건 영업방법).
3. 채권자는 채무자의 행위가 (나), (파)[1]목 부정경쟁행위에 해당한다고 주장하며 이 사건 영업방법 등의 사용을 금지하는 등의 가처분 신청을 하였고, (파)목에 기한 가처분 결정 및 인가결정(제1심)이 내려졌다. 원심은 이 사건 영업방법을 포함한 채권자의 영업방법을 통해 구축된 특유의 종합적 이미지는 (파)목의 '성과 등'에 해당하고 채무자가 이를 무단으로 사용한 것은 부정경쟁행위에 해당한다고 보아 채무자의 항고를 기각하였다.

[사실 개요] 대법원 2020다268807 판결

1. 원고는 이른바 오픈마켓 형태의 온라인쇼핑몰인 G마켓과 옥션의, 피고 또한 같은 유형인 11번가의

1) (파)목의 보충성 요건 관련 주장도 재항고 사유 중 하나였으나 대법원은 (파)목을 인정한 원심이 위법하다는 이유로 파기하였으므로 이 글에서는 보충성 요건 관련 논의는 생략한다.

각 운영자들이다. 공정거래위원회는 이른바 "여러 상품을 한 화면에 광고하면서 최초 화면에는 가장 저렴한 상품 가격만을 표시하는 '온라인 쇼핑몰의 기만적 가격표시' 관행"을 개선하기 위하여 원고와 피고를 비롯한 다수의 온라인쇼핑몰 운영자들을 상대로 4가지 방안을 제시하였다.

2. 원고는 그중 '최초 화면에 개별상품별로 광고하는 방안'을 수용하여, 상품등록 단위를 개별상품으로 전환하고 판매자가 함께 진열하고 싶은 상품들을 그룹으로 묶어 웹페이지에 개별상품과 함께 현출시킬 수 있는 '그룹핑 서비스' 기능을 담고 있는 상품 등록시스템인 '상품 2.0'을 개발 · 공개하였다.

3. 피고는 공정거래위원회에 원고의 선택과는 다른 방식을 채택하겠다고 회신하였음에도, 실제로는 원고의 그룹핑 서비스와 동일한 기능의 서비스(이하 '단일상품 서비스'라 한다)를 제공하였다. 원고는 '상품 2.0'이 (파)목의 '성과 등'에 해당한다고 주장하면서도 피고의 플랫폼인 '단일상품 서비스' 자체가 아닌 '그룹핑 서비스'만의 사용금지 및 손해배상을 구하였다.

[판결 요지]

1. 부정경쟁방지 및 영업비밀보호에 관한 법률」 제2조 제1호 (카)목[이하 '(카)목'이라고 한다][2)]은 그 보호대상인 '성과 등'의 유형에 제한을 두고 있지 않으므로, 유형물뿐만 아니라 무형물도 이에 포함되고, 종래 지식재산권법에 따라 보호받기 어려웠던 새로운 형태의 결과물도 포함될 수 있다. '성과 등'을 판단할 때에는 결과물이 갖게 된 명성이나 경제적 가치, 결과물에 화체된 고객흡인력, 해당 사업 분야에서 결과물이 차지하는 비중과 경쟁력 등을 종합적으로 고려해야 하고, 이러한 성과 등이 '상당한 투자나 노력으로 만들어진 것'인지는 권리자가 투입한 투자나 노력의 내용과 정도를 그 성과 등이 속한 산업분야의 관행이나 실태에 비추어 구체적 · 개별적으로 판단하되, 성과 등을 무단으로 사용함으로써 침해된 경제적 이익이 누구나 자유롭게 이용할 수 있는 이른바 공공영역(public domain)에 속하지 않는다고 평가할 수 있어야 한다. 또한 (카)목이 정하는 '공정한 상거래 관행이나 경쟁질서에 반하는 방법으로 자신의 영업을 위하여 무단으로 사용'한 경우에 해당하기 위해서는 권리자와 침해자가 경쟁관계에 있거나 가까운 장래에 경쟁관계에 놓일 가능성이 있는지, 권리자가 주장하는 성과 등이 포함된 산업분야의 상거래 관행이나 경쟁질서의 내용과 그 내용이 공정한지, 위와 같은 성과 등이 침해자의 상품이나 서비스에 의해 시장에서 대체될 수 있는지, 수요자나 거래자들에게 성과 등이 어느 정도 알려졌는지, 수요자나 거래자들의 혼동가능성이 있는지 등을 종합적으로 고려해야 한다(대법원 2020. 3. 26. 선고 2016다276467 판결, 대법원 2020. 3. 26. 자 2019마6525 결정 등 참조).

---

2) 결정 및 판결 당시에는 부정경쟁방지법 제2조 제1호 (카)목이었으나 2021. 12. 7. 법률 제18548호로 개정되어 같은 호 (파)목으로 변경되었다. 이 글에서는 대법원 판결 및 결정 본문을 제외하고는 모두 이해의 편의를 위하여 (파)목으로 기재한다.

2. (대법원 2019마6625 결정) 채권자의 가맹사업의 종합적 이미지는 (파)목의 '상당한 투자나 노력으로 만들어진 성과 등'에 해당한다고 볼 여지가 있으나, 채무자는 그 중 일부에 해당하는 이 사건 영업방법만을 사용한 것이고, 위 영업방법은 이미 다수의 식당에서 사용되고 있는 것과 유사한 형태이거나 메뉴 또는 세팅의 극히 일부에 불과하므로 '성과 등'에 해당되지 않는다고 판단한 사례(파기환송).

3. (대법원 2020다268807 판결) 원고의 개별상품 단위 등록을 전제로 한 '그룹핑 서비스'는 이미 알려진 것에 불과하여 보호 가치 있는 '성과 등'에 해당하지 않고, 설령 '성과 등'으로 인정된다 하더라도 피고가 독자적으로 현재의 단일상품 서비스를 구축한 것으로 보이므로 '무단 사용'으로 볼 수 없다고 판단한 사례(상고기각).

해설

Ⅰ. 대상판결의 쟁점

부정경쟁방지법 제2조 제1호 (파)목의 성과 등 무단사용행위는 제1호 각 목의 적용범위에 포함되지 않았던 새로운 유형의 부정경쟁행위를 규율하기 위하여 신설되었다. 이는 새로이 등장하는 경제적 가치를 지닌 무형의 성과를 보호하고 입법자가 부정경쟁행위의 모든 행위를 규정하지 못한 점을 보완하여 법원이 새로운 유형의 부정경쟁행위를 좀 더 명확하게 판단할 수 있게 함으로써 변화하는 거래관념을 적시에 반영하여 부정경쟁행위를 규율하기 위한 보충적 일반 조항이다.[3] (파)목의 부정경쟁행위가 성립하려면 '성과 등', '무단 사용', '타인의 경제적 이익 침해'라는 요건이 구비되어야 한다. 그중 '성과 등'과 관련해서는 (파)목이 보호대상인 '성과 등'의 유형에 제한을 두지 않으므로 무형물 및 종래 지식재산권법에 의해 보호받기 어려웠던 새로운 형태의 결과물도 포함된다.[4]

대상판결들의 주요 쟁점은 무형물인 가맹계약 종료 후 음식점의 영업방식(대법원 2019마6625 결정)이나 온라인 쇼핑몰 플랫폼의 일부 서비스 기능(대법원 2020다268807 판결)이 (파)목의 보호대상인 '성과 등'에 해당하는지 여부이다.

---

3) 대법원 2020. 3. 26. 선고 2016다276467 판결
4) 대법원 2020. 3. 26. 선고 2016다276467 판결

Ⅱ. 대상판결의 분석

첫 번째 대상판결(대법원 2019마6625 결정, '이베리코 식당' 사건)에서 대법원은, 가맹사업에 따른 가맹점의 외관이나 인테리어 등 전체적인 이미지, 주된 메뉴의 선정과 구성, 영업방식, 가맹사업의 규모와 관련 기사 등을 통해 특정 지역 소비자들에게 알려진 정도 등을 고려하면, 채권자의 가맹사업은 자신만의 독창적인 이미지를 구축하였으므로 (파)목의 '성과 등'에 해당할 수도 있다고 전제하였다. 그러나, 채무자는 가맹사업의 종합적 이미지를 형성하는 여러 요소 중 일부인 이 사건 영업방법만을 계속하여 사용하였는데, 이는 이미 다수의 식당에서 사용되고 있는 것과 유사한 형태이거나 메뉴 또는 세팅의 극히 일부에 해당할 뿐이어서 가맹사업의 종합적 이미지가 형성된다고 보기 어렵고, 이 사건 영업방법만을 별도로 '상당한 투자나 노력으로 만들어진 성과 등'에 해당한다고 보기도 어렵다고 판단하였다. 뿐만 아니라 채무자가 가맹계약 해지 후 상호와 간판 그리고 내부 인테리어의 일부를 변경하고, 최상급 고기를 사용한다는 점을 밝힘으로써 다른 이미지를 구축하고 있는 것으로 보인다는 이유를 들어 '무단 사용'에도 해당하지 않는다고 보았다.

두 번째 대상판결(대법원 2020다268807 판결, '11번가' 사건)에서 대법원은 다음과 같은 이유를 들어 원심의 판단이 정당하다고 보았다. 즉, 원고가 개발한 '상품 2.0'은 개별상품 단위 등록을 전제로 한 '그룹핑 서비스'를 포함하는데, 유사 상품을 묶어 하나의 웹페이지에 현출시키고자 하는 '그룹핑 서비스'의 아이디어는 전통적인 판매방식을 온라인에서 구현한 것에 불과하고, 피고도 이를 이미 인식하고 있으며, 이를 구현하는 기술적 수단 역시 고도화되었거나 독창적인 것이라고 보기 어려워 '성과 등'에 해당하지 않는다는 것이다. 설령 '상품 2.0'이나 '그룹핑 서비스'가 '성과 등'에 해당하더라도 피고가 자체 연구 성과 및 기존 오픈 마켓 운영 경험을 바탕으로 독자적으로 현재의 단일상품 서비스를 구축한 것으로 보이므로 '무단 사용'을 인정하기는 어렵다고 보았다.

무형물에 대해 '성과 등'을 인정한 대표적 사례로는 대법원 2020. 3. 26. 선고 2016다276467 판결('스크린 골프코스' 사건), 대법원 2020. 3. 26. 자 2019마6525 결정('BTS' 사건), 서울고등법원 2020. 10. 22. 선고 2019나2058187 판결('해운대암소갈비집' 사건), 특허법원 2023. 4. 7. 선고 2022나1548 판결('어서오시게' 사건), 서울고등법원 2016. 5. 12. 선고 2015나2044777 판결('단팥빵 매장' 사건) 등을 들 수 있다.

반면 대상판결들('이베리코 식당' 사건 및 '11번가' 사건)과 서울고등법원 2022. 12. 22. 선고 2022나2019793 판결('1미터무한리필' 사건), 특허법원 2022. 4. 28. 선고 2020나1520판결 ('이차돌' 사건), 창원지방법원 2022. 4. 21. 선고 2021가합51389 판결('족발튀김 조리법' 사건), 대전지방법원 2021. 10. 15. 선고 2020나110852 판결('월남쌈 샤브샤브 식당' 사건), 서울중앙지방법원 2021.

5. 21. 선고 2019가합567848 판결('실손보험금 청구대행 모델' 사건), 서울동부지방법원 2020. 10. 14. 선고 2019가합108860 판결('트니트니 교구' 사건), 서울고등법원 2020. 8. 27. 선고 2019나2050725 판결('멕시칸 식당' 사건), 서울중앙지방법원 2017. 5. 26. 선고 2016가합553954 판결('아비꼬 카레' 사건) 등은 '성과성'을 부정한 사례이다.

특히 첫 번째 대상판결('이베리코 식당' 사건)과 같이 침해자가 권리자와 가맹계약 등 일정한 관계를 맺었다가 계약이 종료되자 상호 정도만 바꾸어 유사한 영업을 계속하자 권리자가 침해자를 상대로 특수한 영업의 구성(음식점의 경우 메뉴, 서빙방식 등)이나 인테리어 등의 무단 사용을 이유로 (나)목, (파)목 부정경쟁행위를 주장하는 사례는 다수를 차지한다.[5] 서울고등법원 2016. 5. 12. 선고 2015나2044777 판결('단팥빵 매장' 사건)에서 법원은, '타인의 상당한 투자나 노력으로 만들어진 성과'에 새로운 기술과 같은 기술적인 성과 이외에 특정 영업을 구성하는 영업소 건물의 형태와 외관, 내부 디자인, 장식, 표지판 등 '영업의 종합적 이미지'를 구성하는 개별 요소들의 전체 혹은 결합된 이미지도 포함되므로 이를 무단으로 사용하는 것은 '성과 등' 도용에 해당된다고 판단하였다.[6] 위 사건 이후 많은 유사 사안에서 '영업의 종합적인 이미지'[7]가 형성되었는지를 기준으로 '성과 등'을 판단해 온 것으로 보인다. 그런데 대부분은 영업 방법이나 매장 외관 등이 동종 업계에서 이미 사용하던 것들을 일부 변형한 것에 불과하고('이차돌' 사건 등), '메뉴 구성'이나 '특정 방식의 서비스 제공' 등도 상당한 투자나 노력을 들이지 않고서도 어려움 없이 선택, 적용, 변형할 수 있는 사항에 불과하므로('멕시칸 식당' 사건, '월남쌈 샤브샤브 식당' 사건, '아비꼬 카레' 사건 등) '종합적 이미지'가 형성되지 않았다는 이유로 '성과 등'이 인정되지 않았다.[8]

두 번째 대상판결(대법원 2020다268807 판결, '11번가' 사건)과 같은 온라인 서비스 제공이 (파)목의 성과에 해당하는지를 다룬 사례들은 가맹계약 식당의 영업방법 사건 등에 비해 상대적으로 수가 적다. 위 판결에서는 무형의 영업방식이 (파)목의 '성과 등'에 해당하는지를 '영업의 종합적 이미지 형성 여부' 대신 '아이디어 내지 구현 수단의 고도화 내지 독창성'여

---

5) 권상한, "가맹계약 종료 후 음식점의 영업방법을 계속 사용한 행위가 부정경쟁방지법 카)목의 부정경쟁행위에 해당하는지", 「대법원 판례해설」 제132호, 법원도서관(2023), 313.

6) 이지영, "골프존 판결, BTS 결정으로 살펴 본 부정경쟁방지 및 영업비밀보호에 관한 법률 제2조 제1호 (카)목의 적용실무－대법원 2020. 3. 26. 선고 2016다276467 판결, 같은 일자 2019마6525 결정－", 「판례연구」 第33親, 부산판례연구회(2022), 612.

7) 물론 (파)목의 '성과 등'을 판단하는 기준으로 '종합적 이미지' 형성 여부를 고려하는 것은 식당 등의 영업방식에 한정되지 않는다. 대법원 2020. 3. 26. 선고 2016다276467 판결('골프존 스크린 골프코스' 사건)에서는 골프코스를 실제로 골프장 부지에 조성함으로써 외부로 표현되는 지형, 경관, 조경요소, 설치물 등이 결합된 골프장의 종합적 이미지가 (파)목의 '성과 등'에 해당한다고 본 원심의 판단에 위법이 없다고 보았다.

8) 구체적 판결례는 권상한(주 5), 313, 각주 4 참조.

부로 판단하는 것으로 보인다. 유사한 사건으로는 서울고등법원 2023. 8. 17. 선고 2022나2051889 판결('달리고' 사건)이 있다. 위 사건에서 법원은 원고가 상당한 기간 동안 비용을 들여 온라인으로 고객이 상품 주문 및 배달 서비스를 요청하였을 때 배달대행 솔루션 프로그램을 통하여 배달기사와 고객을 연결시키는 서비스를 제공하는 '달리고 사업'을 하면서 전국에 걸쳐 확보한 플랫폼 환경으로서의 정보 즉, '상당한 기간 동안 많은 비용을 들여 확장해 온 영업망을 통해 구축한 플랫폼 환경으로서의 정보'도 (파)목의 '성과 등'에 해당한다고 보았다.

Ⅲ. 대상판결의 의의

대상판결들은 가맹계약 식당의 영업방식이나 온라인 쇼핑몰의 '그룹핑 서비스'와 같은 무형물이 (파)목의 보호대상인 '성과 등'에 해당하는지 판단하는 구체적인 기준과 방식을 보여준다. 가맹계약 식당의 영업방식이 문제된 사안에서는 권리자가 상당한 노력과 비용을 투여하여 형성한 '영업의 종합적인 이미지' 여부로 판단한 반면, 그룹핑 서비스 등 온라인 영업방식이 문제된 사안에서는 '아이디어나 구현 수단의 고도화 내지 독창성'을 기준으로 판단하였다. 무형물의 종류와 성질 등에 따라 구체적·세부적 판단 기준을 적용하는 법원의 실무는 (파)목의 '변화하는 거래 관념을 적시에 반영하여 부정경쟁행위를 규율하는 보충적 일반조항'이라는 성격과 '공공영역(public domain)에 속하지 않고 법률상 보호할 가치가 있는 이익만을 보호한다'는 취지에 부합하는 것이라고 평가할 수 있다.

키워드

영업방식, 가맹계약, 프랜차이즈, 무형물, 음식점, 온라인 쇼핑몰, 그룹핑 서비스, 성과 등

[58] 저작권법에 의해 허용되는 모방행위를 (파)목의 부정경쟁행위로 규율할 수 있는지가 문제된 사례

—서울고등법원 2014. 12. 4. 선고 2014나2011480 판결—

문 선 영 (숙명여대)

[사실 개요]

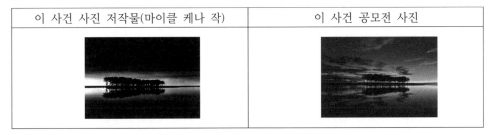

이 사건 사진 저작물(마이클 케나 작)	이 사건 공모전 사진

1. 원고는 이 사건 사진 저작물을 포함한 영국출신 사진작가 마이클 케나 작품의 국내 판매 및 전시대리권자로서 2010. 11.경 마이클 케나로부터 솔섬 작품들의 한국 저작권과 처분권, 소유권을 이전받았고, 피고는 2011.경 동 사가 주최한 공모전에서 당선된 소외 A의 이 사건 공모전 사진을 이용하여 광고 영상을 제작 후 이를 방송하였다.
2. 이 사건 사진 저작물 및 이 사건 공모전 사진은 모두 삼척시 소재 솔섬을 대상으로 촬영된 것인데, 원고는 피고가 저작권자인 원고 허락없이 이 사건 사진저작물을 모방한 이 사건 공모전 사진을 사용하여 광고하였으므로 저작권 침해에 해당하거나 마이클 케나의 성과물인 이 사건 사진저작물을 공정한 상거래 관행이나 경젱질서에 반하는 방법으로 사용하여 원고의 경제적 이익을 침해하였으므로 부정경쟁방지 및 영업비밀 보호에 관한 법률(이하 부정경쟁방지법) 제2조 제1호 현 (파)목에 해당하는 부정경쟁행위에 해당한다고 주장하였다.

[판결 요지]

1. 부정경쟁방지법 제2조 제1호 현 (파)목의 규정은 기술의 변화 등으로 나타나는 새롭고 다양한 유형의 부정경쟁행위에 적절하게 대응하기 위하여 신설된 것으로(2013. 7. 30. 법률 제11963호 개정이유 참조), 피고가 광고에 사용한 이 사건 공모전 사진은 이 사건 사진저작물과 실질적 유사성이 인정되지 아니하므로 원칙적으로 이를 자유롭게 사용할 수 있는 것이다. 원고는 이 사건 공모전 사진이 이 사건 사진저작물을 '모방'하였음을 전제로 부정경쟁방지법 제2조 제1호 현 (파)목의 적용을 구하나, 실질적 유사성이 인정되

지 아니하는 형태의 '모방' 행위는 저작권법에 의해 허용되는 것이고, 현 (파)목은 한정적으로 열거된 부정경쟁방지법 제2조 제1호 소정의 각 부정경쟁행위에 대한 보충적 규정일 뿐 저작권법에 의해 원칙적으로 허용되는 행위까지도 규율하기 위한 규정은 아니라고 보아야 한다.

2. 나아가 피고의 이 사건 공모전 사진의 사용행위가 마이클 케나 또는 원고에 대한 관계에서 공정한 상거래 관행이나 경쟁질서에 반한다고 볼 만한 사정도 찾아볼 수 없다.

해설

Ⅰ. 대상판결의 쟁점

대상 판결의 주된 쟁점은, 첫째 강원도 삼척시 소재 솔섬을 촬영한 이 사건 공모전 사진이 영국출신 사진작가인 마이클 케나의 이 사건 사진저작물에 의거하여 작성되었고 이와 실질적 유사성이 있어 원고의 저작권을 침해하는지였다. 법원은 이 사건 사진저작물 중 창작적 표현형식에 해당하는 요소를 파악한 후 이 사건 공모전 사진의 해당부분과 개별적으로 분리하여 각각 대비하는 방법과 함께, 보충적으로 사진저작물의 특성을 감안하여 전체 대비 방법에 의해서도 양 저작물의 실질적 유사성 여부를 판단하였고, 그 결과 양 저작물 사이에 실질적 유사성이 인정되지 않는다고 판단하여 원고의 저작권 침해 주장을 받아들이지 아니하였다.

이에 따라 대상 판결의 항소심에 추가된 피고가 이 사건 공모전 사진을 광고 동영상에 사용한 행위가 마이클 케나의 투자와 노력으로 만들어진 이 사건 사진저작물을 공정한 상거래 관행이나 경쟁질서에 반하는 방법으로 무단 사용함으로써 원고의 경제적 이익을 침해하는 부정경쟁행위에 해당하는지 여부가 핵심적인 쟁점이 되었는데, 이는 부정경쟁방지법 제2조 제1호 (파)목의 부정경쟁행위인 기타 성과 등 무단사용행위의 법적 성격과 적용범위를 어떻게 볼 것인가의 문제라고 할 수 있다.

(파)목의 부정경쟁행위는 기술의 변화 등으로 나타나는 새롭고 다양한 유형의 부정경쟁행위에 적절하게 대응하기 위하여 신설된 것이나, 입법 이후 요건사실의 모호성과 불명확성을 이유로 법적 성격, 적용범위, 위법성의 판단기준 등에 관한 논란이 지속되었는데, 대상 판결에서는 실질적 유사성이 인정되지 아니하는 형태의 '모방' 행위는 저작권법에 의해 허용되는 것이고, 현 (파)목은 한정적으로 열거된 부정경쟁방지법 제2조 제1호 소정의 그 밖의 부정경쟁행위에 대한 보충적 규정일 뿐 저작권법에 의해 원칙적으로 허용되는 행

위까지도 규율하기 위한 규정은 아니라고 보아야 한다고 판시하면서 현 (파)목에 해당되지 않는다는 점을 분명히 하였다.

본 평석에서는 원고의 선택적 청구 중, 항소심에 이르러 추가된 부정경쟁방지법상 현 (파)목의 부정경쟁행위에의 해당여부에 대하여 살펴본다.

Ⅱ. 대상판결의 분석

대상판결은 저작권법에 따라 허용되는 모방행위에 대하여 (파)목의 부정경쟁행위 조항으로 규율할 수 있는가에 대하여 명시적으로 판시하고 있어, (파)목의 법적 성격과 적용범위에 대한 법원의 입장을 확인할 수 있는 판결이다. 2013. 7. 31. 부정경쟁방지법 개정에 의해 당시 (차)목으로 신설된 기타 성과 등 무단사용행위에 관한 (파)목 조항은 기술의 변화 등으로 나타나는 새롭고 다양한 유형의 부정경쟁행위에 적절하게 대응하기 위한 보충적 일반조항이라는 것이 입법자의 설명이다.[1] 그러나 (파)목의 부정경쟁행위 조항은 그 법문과 입법자의 의도에도 불구하고 그 법적 성격에 대해서 많은 논란이 존재해 왔고, 이러한 논란들은 위 조항이 아무리 새롭게 발생하는 다양한 유형의 부정한 경쟁행위에 탄력적, 효율적인 규제하기 위해 도입된 것이라 하더라도 동 조항을 통해 지적재산에 대한 보호를 무한정 확장시킬 수 없다는 비판이 이어지고 있다.

(파)목의 부정경쟁행위의 성격에 대하여는 입법자의 설명에 따라 보충적 일반조항으로 설명하는 것이 다수이나,[2] '그 밖에'라는 문언에도 불구하고 일반조항이라기보다는 그 자체가 독자적으로 열거되어 있는 하나의 부정경쟁행위 조항으로 성과모용행위를 규율하는 조항이라고 설명하는 견해가 있고,[3] 보충적 일반조항이 아니라 기존의 부정경쟁행위 이외에 부정취득·사용행위(misappropriation)를 새로운 부정경쟁행위의 유형으로 추가한 것으로 보아야 한다는 견해가 있다.[4] 그러나, 어느 견해를 따르더라도 (파)목의 해당여부를 판단함에

---

1) 특허청 산업재산보호팀, "부정경쟁방지 및 영업비밀보호에 관한 법률 일부개정법률안 설명자료", 2011. 8, 1면; 박영규, "보충적 일반조항의 이론과 쟁점 분석", 2015 「제2회 지식재산 정책포럼 자료집」, 47면.

2) 사법연수원, 「부정경쟁방지법(2015)」, 79; 최정열·이규호, 「부정경쟁방지법」(제3판), 진원사, 2019, 219; 유영운, "부정경쟁방지법 일반조항의 적용범위에 관한 고찰", 「LAW & TECHNOLOGY」, 제11권 제4호, 「서울대학교 기술과 법 센터」, 2015. 7, 68; 김원오, "부정경쟁방지법상 신설된 일반조항의 법적 성격과 그 적용의 한계", 「산업재산권」, 제45호, 한국지식재산학회, 2014, 273; 문선영, "부정경쟁행위 일반조항에 관한 주요 법적 쟁점 연구", 「과학기술법연구」, 제22집 제1호, 한남대학교 과학기술법연구원, 2016. 2, 85; 문선영, "부정경쟁방지법상 '기타 성과 등 무단사용행위'에 대한 비판적 고찰", 「The Journal of Law & IP」 제12권 제1호, 충남대학교 세종지적재산권연구소, 2022. 7, 130.

3) 최승재, "부정경쟁방지법 (차)목에 대한 하급심 판결의 동향 분석", 「변호사」, 제49집, 서울지방변호사회, 2017, 402; 최승재, "제품의 형태와 색채 모방행위와 부정경쟁행위에 대한 소고-비아그라 판결과 세레타이드 판결을 중심으로-", 「상사판례연구」, 제30권 제2호, 한국상사판례학회, 2017, 212~213.

있어서 지적재산법제의 목적에 부합하도록 그 적용에 매우 신중하여야 한다는 점에는 이론이 없다.[5] 한편 대법원은 지난 2020년 (파)목은 "구 부정경쟁방지법의 적용 범위에 포함되지 않았던 새로운 유형의 부정경쟁행위에 관한 규정을 신설한 것으로, 이는 새로이 등장하는 경제적 가치를 지닌 무형의 성과를 보호하고 입법자가 부정경쟁행위의 모든 행위를 규정하지 못한 점을 보완하여 법원이 새로운 유형의 부정경쟁행위를 좀 더 명확하게 판단할 수 있도록 함으로써, 변화하는 거래관념을 적시에 반영하여 부정경쟁행위를 규율하기 위한 보충적 일반조항"임을 명시적으로 판시하였고, 이후 판례도 이를 계속하여 확인하는 판결을 내리고 있다.[6] 본 조항의 입법 경위 및 입법자가 밝히고 있는 법률 제, 개정 이유 등을 종합하면, 본 조항은 보충적 일반조항으로 입법된 것으로 판단되며, 이러한 해석이 법조문의 문언적 해석에도 부합하다고 생각된다.

따라서 (파)목에 의하여 다른 지식재산 법령을 보충하는 것이 허용된다 하더라도 그 범위는 종래의 지식재산권 관련 제도 내에서는 예상할 수 없어 기존 법률로는 미처 포섭할 수 없었던 유형의 행위로서 (가) 내지 (타)목의 부정경쟁행위에 준하는 것으로 평가할 수 있는 행위에 한하여야 할 것이다. 지적재산법제를 보완하기 위해 도입된 (파)목이 오히려 기존의 법제에 의해 허용되는 행위를 다시 규제하는 등 지적재산법제의 형해화를 초래하지 않도록 운용되어야 할 것이므로, 현행 법률 하에서 (파)목의 보호대상인지 여부를 판단함에 있어서는 관련 지식재산권법의 요건과 취지를 고려하여 해당 지식재산권법을 형해화 하지 않는 범위 내에서 부정경쟁방지법의 목적을 고려하여 신중히 판단해야 한다. 만약 지적재산법이나 다른 부정경쟁행위의 행위유형에 해당되지 않으나, 이를 규율할 만한 상당한 이유가 있는 경우, 상당한 투자나 노력으로 만들어진 성과로서, 나아가 이를 법적으로 보호할 만한 부정한 수단의 사용, 경쟁관계에서 타인의 손해를 초래하고 자신의 이익을 꾀하는 등 위법한 요소들이 충분한 경우라면, 보충적으로 (파)목의 적용이 가능할 수는 있다. 그러나 법이 위법하다고 특정해 놓은 행위유형에 해당되지 않는다면 이러한 행위는 원칙적으로 자유이므로, 이를 부정경쟁행위로 규율하기 위해서는 부정경쟁방지법의 본질로 보나 지적재산법의 목적에서 볼 때, (파)목의 적용대상인 성과에 해당되는지, 나아가 이러한 규율을 정

4) 나종갑, "부정경쟁방지법의 본질론과 무임승차 행위의 한계－한 우산속 바람꽃, 너도바람꽃, 나도바람꽃 －", 「산업재산권」, 제53호, 한국지식재산학회, 2017. 8., 77.

5) 김원오, 앞의 논문. 273면; 이규홍, "부정경쟁방지법 제2조 제1호 차목(변경 후 카목)에 대한 연구", 「정보법학」, 제22권 제2호, 한국정보법학회, 2018, 63.

6) 대법원이 ㈕목의 성격을 보충적 일반조항으로 판시한 최초의 사례는 2020. 3. 26. 선고 2016다276467 판결(골프존 사건) 및 대법원 2020. 3. 26. 자 2019마6525 결정(BTS 사건)이며, 그 밖의 판결례로는 대법원 2020. 7. 9. 선고 2017다217847 (눈알가방 사건); 서울고등법원 2016. 5. 12. 선고 2015나2044777 판결(서울연인 단팥빵 사건 2심, 대법원 2016. 9. 21. 선고 2016다229058 판결로 심불기각 확정) 등 다수가 있다.

당화할 수 있는 특별한 사정이 인정되는지의 위법성의 판단에 있어서 구체적이고 세밀한 검토가 요구된다.

Ⅲ. 대상판결의 의의

대상판결은 저작권법에 의하여 원칙적으로 허용되는 행위를 기타 성과 등 무단사용행위에 대한 (파)목의 부정경쟁행위 조항으로 규율할 수 없다는 점을 명확히 하였고 나아가 피고의 이 사건 공모전 사진의 사용행위가 마이클 케나 또는 원고에 대한 관계에서 공정한 상거래 관행이나 경쟁질서에 반한다고 볼 만한 사정도 찾아볼 수 없다고 판시하여 (파)목이 보충적 일반조항임을 분명히 한 사례로서 의의가 있다.

키워드

부정경쟁행위, 보충적 일반조항, 기타 성과 등 무단사용행위, 저작권

[59] 미용마사지 장치 사건 - 다른 지식재산권과의 관계에서 부정경쟁방지법 제2조 제1항 (파)목의 적용범위

—서울고등법원 2015. 8. 5. 자 2015라20242 결정—

배 효 인 (서울고등법원)

[사실 개요]

1. 채권자는 특허발명에 따라 'BBUP'라는 제품명으로 미용마사지 장치를 개발하여 제조 · 판매한 특허권자이고, 해당 제품명의 상표권자이다.
2. 채무자는 'Lady up'이라는 제품명으로 아래 채무자 실시제품 표시 가슴마사지 제품(이하 '채무자 실시제품'이라 한다)을 제조, 판매하고 있으며, 채무자 사용표장 및 채무자 실시제품의 기술구성은 아래와 같다.

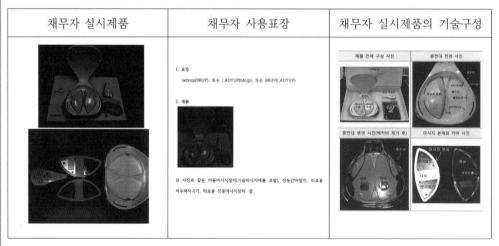

채무자 실시제품	채무자 사용표장	채무자 실시제품의 기술구성
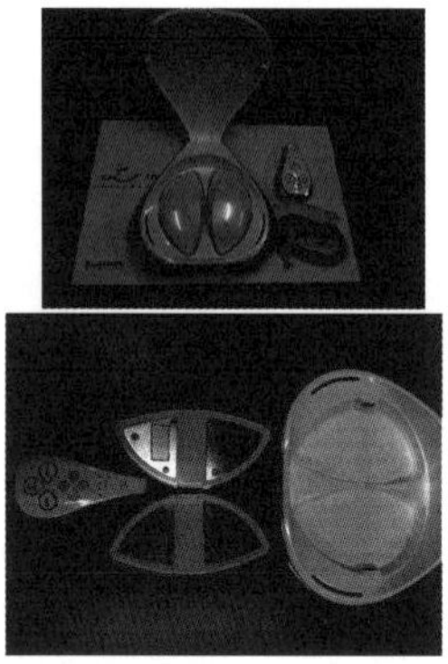	1. 표장 ladyup(BBUP), 또는 LADYUP(bbup), 또는 BBUP(LADYUP) 2. 제품  위 사진과 같은 미용마사지장치(가슴마사지제품 포함), 진동안마장치, 의료용 저주파자극기, 의료용 진동마사지장치. 끝.	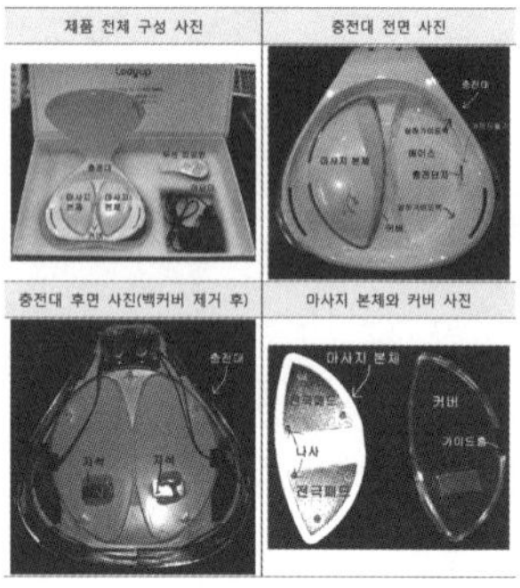

3. 채무자는 채권자와 채권자 제품에 대한 중국 수출계약을 체결하고 채권자 제품을 중국에서 판매하였고, 그 과정에서 채무자가 채권자로부터 채권자 제품에 관한 도면, 회로도 등을 제공받았으며, 채권자와 채무자 사이의 위 중국 수출 계약에 관련한 거래가 종료된 이후 채무자는 위 채무자 실시제품을 개발하였다.

[판결 요지]

1. 보호받고자 하는 어떤 기술정보와 관련하여 특허를 취득하였다거나, 그 기술정보가 부정경쟁방지법 제2조 제2호가 정한 '영업비밀'에 해당한다거나, 또는 위 '영업비밀'로서의 요건을 갖추지는 못하였더라도 '공공연히 알려져 있지 아니하고 독립된 경제적 가치

를 가지는 것'으로서 '상당한 투자나 노력'에 의해 만들어졌다거나 하는 등의 사정을 보호를 주장하는 사람이 증명하지 못하는 한, 그러한 기술정보는 누구나 자유롭게 이를 이용할 수 있는 이른바 공공영역(公共領域, public domain)에 속하게 되었다고 보아야 한다.

2. 채권자가 채권자 제품과 관련하여 특허를 받기는 하였으나, 해당 특허의 침해는 성립하지 않는다는 제1심 결정의 판단을 채권자도 받아들여 특허의 침해 주장은 철회하고, 다만 '채권자 자료'의 무단이용에 의하여 부정경쟁방지법 제2조 제1호 (파)목의 부정경쟁행위에 해당한다는 주장만을 한 당해 사건에서 '채권자 자료'에 나타나 있는 기술정보와 관련하여 위와 같은 사정 중 어느 하나에 해당함을 채권자가 소명하지 못하였으므로, 설령 채무자가 채권자의 기술정보를 이용하였다 하더라도 그것은 '공정한 상거래 관행이나 경쟁질서에 부합하는 적법한 행위로 보아야 한다'는 이유로 (파)목에 해당하지 않는다고 판단한 사례.

해설

Ⅰ. 대상결정의 쟁점

부정경쟁방지법은 2013. 7. 30. 법률 제11963호로 개정되어 일반조항 형식으로 제2조 제1호 (차)목을 신설하였고, 2018. 4. 17. (카)목으로 변경되었으며, 2021. 12. 7. 법률 제18548호로 개정되어 현행법상 (파)목에 해당한다(이하 '(파)목'이라고만 한다).

일반규정이 신설됨으로써 부정경쟁행위의 적용 영역이 확대될 가능성이 커졌고, 그 해석과 관련하여 지식재산권 및 다른 부정경쟁행위와의 관계 정립이 중요하게 되었다. (파)목 규정은 부정경쟁방지법 제2조 제1호 (가)목부터 (타)목에 규정된 구체적 개별적 부정경쟁행위에 해당되지 않는 경우에 보충적, 선택적으로 적용되는 조항으로, 법문상으로 이러한 점을 분명히 하기 위하여 '그 밖에'라는 문구를 넣어 개별조항이 (파)목보다 우선적으로 적용됨을 전제하고 있다.[1] 나아가, (파)목 위반행위와 다른 부정경쟁행위 또는 지식재산권 침해행위가 중첩되는 경우 (파)목 규정의 보충성, 일반성에 따라 다른 부정경쟁행위 규정 또는 지식재산권법 규정이 먼저 적용된다.

그런데 만약 경쟁자의 어떤 행위가 요건이 결여되어 부정경쟁방지법 (가)목부터 (타)목까지의 부정경쟁행위 위반이나 지식재산권 침해행위로 인정되지 않을 때 부정경쟁방지법

1) 정상조 편집대표, 「부정경쟁방지법 주해」, 박영사(2020), 214(문선영 집필부분).

(파)목 위반으로 규율할 수 있느냐의 문제에 대해서는 견해가 나뉜다.[2] (파)목 규정을 보충적, 일반적 규정으로 보면 (파)목의 성과물로 볼 것이고, (파)목 규정을 다른 부정경쟁행위와는 별개의 새로운 행위 유형을 규정한 독자적 규정이라거나 다른 부정경쟁행위와 적용범위가 다른 제한된 일반규정이라는 견해에서는 (파)목의 적용을 부정하게 될 것이다.[3]

특허의 경우 특허권자는 자신의 성과를 공개하는 대신 그 성과에 대하여 상당기간 독점적, 배타적 권리를 가진다. 독점적 권리로 인하여 성과 등을 이용하는 시장에서 경쟁 제한이 생기게 되므로 경쟁 제한을 완화하기 위해 특허권 침해에 대해서 구성요소완비의 원칙 등 그 요건을 다소 엄격하게 해석한다. 그런데 침해혐의자에 대하여 특허 침해를 평가한 결과 침해자로 판단되지 않은 경우 그럼에도 부정경쟁방지법 제2조 제1호 (파)목을 적용하여 성과물 무단사용행위로 인정할 수 있는지 여부가 문제되는바, 이 경우에 이를 인정하게 되면 사실상 특허제도가 형해화될 수 있다.[4]

한편, 부정경쟁방지법 제2조 제2호 소정의 영업비밀로서의 요건을 갖추지 못한 기술상 또는 경영상의 정보에 대한 무단 사용행위가 부정경쟁방지법 제2조 제1호 (파)목의 부정경쟁행위에 해당하는지 여부 또한 문제된다. 그 무단 사용행위가 부정경쟁방지법 제2조 제1호 (파)목의 부정경쟁행위가 되는 영업상 주요한 자산이 되기 위해서는 영업비밀성 인정의 3가지 요건 중 적어도 경제성과 비공지성을 요건을 갖추고, 다만 비밀관리성의 요건을 충족하지 못하여 영업비밀성을 인정받지 못하는 것이어야 할 것이다.[5]

대상판결에서는 채무자의 행위가 부정경쟁방지법 제2조 제2호 위반행위에 해당하지 아니하고 지식재산권 침해행위로 인정되지 않을 때 부정경쟁방지법 (파)목 위반으로 규율할 수 있는지 여부가 주된 쟁점으로 되었다.

Ⅱ. 대상판결의 분석

채권자는 채권자 제품과 관련하여 특허(등록번호 생략)를 받기는 하였으나, 채무자 실시제품에는 위 특허발명의 '중앙의 분리대에 자석이 내장된 구성'등과 동일하거나 균등한 구성이 결여되어 그 특허의 침해는 성립하지 않는다는 제1심 결정의 판단을 채권자도 당심에

---

2) 최병률, "부정경쟁방지법 제2조 제1호 (카)목의 적용 범위-다른 부정경쟁행위 및 지식재산권과 관련하여", 「사법」(2021), 1168.

3) 최승재, "제품의 형태와 색채 모방행위와 부정경쟁행위에 대한 소고 : 비아그라 판결과 세레타이드 판결을 중심으로", 「상사판례연구」 30집 2권(2017), 213.

4) 최병률(주 2), 1173.

5) 박정희, "부정경쟁방지법 제2조 제1호 차목의 적용범위", 「특허법원 개원20주년 기념논문집」(2018), 850.

서 받아들여 위 특허의 침해 주장은 철회하고, 다만 '채권자 자료'의 무단이용에 의하여 '부정경쟁방지법 제2조 제1호 (파)목의 부정경쟁행위'가 성립한다는 주장만을 하였다.

이에 대해 대상판결은 채무자가 채권자 자료를 무단으로 이용하여 채무자 실시제품을 개발하였음을 소명할 자료가 부족하다고 판단하였고, 나아가 설령 채권자의 주장과 같이 채무자가 채무자 실시제품을 개발하는 데 채권자 자료를 이용하였다 하더라도, 어떤 기술정보와 관련하여 특허를 취득하였다거나, 부정경쟁방지법 제2조 제2호가 정한 '영업비밀'에 해당한다거나, 또는 '영업비밀'로서의 요건을 갖추지는 못하였더라도 '공공연히 알려져 있지 아니하고 독립된 경제적 가치를 가지는 것'으로서 '상당한 투자나 노력'에 의해 만들어졌다거나 하는 등의 사정이 소명되지 아니하여, 그것은 공정한 상거래 관행이나 경쟁질서에 부합하는 적법한 행위라고 보았다.

Ⅲ. 대상판결의 의의

대상판결은 부정경쟁방지법상 다른 조항 및 다른 법률과의 관계에서 부정경쟁방지법 제2조 제1호 (카)목의 적용범위를 밝혔다는 점에 의의가 있다.

즉 경쟁자의 어떤 행위가 요건이 결여되어 부정경쟁행위 위반이나 지식재산권 침해행위로 인정되지 않을 때 부정경쟁방지법 제2조 제1호 (파)목 위반으로 규율할 수 있느냐의 문제에 대해 '공공연히 알려져 있지 아니하고 독립된 경제적 가치를 가지는 것'으로서 '상당한 투자나 노력'에 의해 만들어졌다는 등의 사정이 소명된다면 가능하다는 점을 밝힌 것이다.

특허의 경우 침해자로 판단되지 않았음에도 불구하고 부정경쟁방지법 제2조 제1호 (파)목을 적용하게 되면 사실상 특허제도가 형해화 될 수 있다는 점을 고려한 점, 부정경쟁방지법 제2조 제2호의 영업비밀로서의 요건을 갖추지는 못하였더라도 '공공연히 알려져 있지 아니하고 독립된 경제적 가치를 가지는 것'으로서 '상당한 투자나 노력'에 의해 만들어졌는지 여부를 고려한 점에서 대상판결의 의미가 있다.

키워드

부정경쟁방지법 제2조 제1호 (파)목의 적용 범위, 특허법과의 관계, 부정경쟁방지법상 다른 조항과의 관계

[60] 부정경쟁방지법 일반조항의 적용범위 해석

— 서울고등법원 2016. 1. 28. 선고 2015나2012671 판결[1] —

김 수 현 (서울중앙지방법원)

[사실 개요]

	버킨 백	켈리 백	켈리라키스 백
원고들 제품			
피고 제품[2]			

1. 원고 1은 핸드백, 의류, 신발 등을 생산 · 판매하는 프랑스 법인으로 표 상단과 같은 원고들 제품(버킨 백, 켈리 백, 켈리라키스 백)[3]을 생산하고 있고, 원고 2는 국내에서 원고들 제품을 독점 판매하는 회사이다.
2. 원고들 제품은 가죽 소재로 프랑스 현지 공장에서 수작업으로 제작되며 국내 소비자가격이 1,000만 원 이상이고, 켈리 백의 경우 1956년, 버킨 백의 경우 1984년 무렵부터 유명인사가 이를 사용하면서 널리 알려지기 시작하여 현재까지 각 제품의 독특한 디자인적 특성을 유지하고 있다. 원고 1은 전 세계에 200여 개의 직영점이 있고, 원고 2는 1997년부터 국내에 직영점을 설치하여 원고들 제품을 판매하고 있다. 원고들의 2000년부터 2007. 3.까지 국내 매출액은 약 610억 원에 이르고, 원고들이 2000년부터 2006년까지 지출한 국내 광고비 총액은 247,946,000원가량이다.
3. 피고는 가방, 의류, 잡화의 도 · 소매업 등을 영위하는 국내 법인으로, 원고들 제품의 형태를 촬영한 후 이를 폴리에스터 소재의 천에 입체(3D) 포토프린팅(photo-printing) 기법으로 인쇄하여 표 하단과 같은 피고 제품을 생산 · 판매하여 왔다[이러한 제품은 프린트 백(print bag), 페이크 백(fake bag), 패러디 백(parody bag) 등으로 불린다].

---

1) 대상판결은 상고장각하명령에 따라 2016. 2. 18. 그대로 확정되었다.

2) 대상판결에서 피고 제품으로 특정된 항목은 총 27개였으나 원고들 제품과 대비하기 위한 범위에서 대표적인 제품의 사진만을 첨부한다.

3) 대상판결에서는 버킨 백, 켈리 백을 위주로 살펴보면서 켈리라키스 백의 경우 두 제품에 지퍼 포켓이 추가된 형태임을 전제로 실질적으로 동일하게 판단하였다.

[판결 요지][4)]

1. 종래 부정경쟁방지법은 제2조 제1호 각 목에서 정하는 유형만을 부정경쟁행위로 열거하는 '한정열거주의 방식'을 취하여 사회의 변화 등에 따라 나타나는 새롭고 다양한 유형의 부정경쟁행위를 적절히 규제하지 못하는 한계가 있었다. 이에 따라 경쟁자들이 시장에서 공정한 경쟁을 하는 데 기초가 되는 '법률상 보호할 가치가 있는 이익'에 대한 보호의 공백을 없애고자 부정경쟁방지법 제2조 제1호 (파)목이 신설되었다.

이와 같은 입법 취지에 비추어 볼 때, 부정경쟁방지법 제2조 제1호 (파)목의 부정경쟁행위를 판단할 때에는, ① 보호되어야 한다고 주장하는 성과 등이 '상당한 투자나 노력'으로 만들어진 것인지 살펴본 다음, ② 특허법, 실용신안법, 디자인보호법, 상표법, 부정경쟁방지법, 저작권법 등 제반 지식재산권 관련 법률과 민법 제750조의 불법행위 규정을 비롯하여 시장의 경쟁과 거래질서를 규율하는 전체 법체계 내에서 보호주장 성과 등을 이용함으로써 침해되었다는 경제적 이익이 '법률상 보호할 가치가 있는 이익'에 해당하는지, 아니면 위와 같은 전체 법체계의 해석 결과 보호주장 성과 등이 누구나 자유롭게 이를 이용할 수 있는 이른바 공공영역(公共領域, public domain)에 속해 있는 것이어서 이를 무단으로 이용하더라도 '법률상 보호할 가치가 있는 이익'을 침해한 것으로 볼 수는 없는지를 독자적으로 규명하고, ③ 그러한 침해가 현재 우리나라 시장에 형성되어 있는 관행과 질서 체계에 의할 때 '공정한 상거래 관행이나 경쟁질서에 반하는 방법'이라고 평가되는 경쟁자의 행위에서 비롯되었는지 살펴보아야 한다.

2. 원고들 제품의 형태는 상품의 재산적 가치를 형성하는 핵심적인 요소로서 상당한 투자나 노력으로 만들어진 성과 등에 해당함에도, 피고가 원고들 제품의 형태가 갖는 독특한 디자인적 특징을 그대로 프린트한 피고 제품을 생산·판매하여 이를 무단으로 이용하는 행위는 법률상 보호할 가치가 있는 원고들의 경제적 이익을 공정한 상거래 관행이나 경쟁질서에 반하는 방법으로 침해하는 행위에 해당한다.

---

4) 대상판결에서 원고들은 버킨 백과 켈리 백에 대하여는 주위적으로 부정경쟁방지법 제2조 제1호 (다)목의 부정경쟁행위를 주장하였고, 버킨 백과 켈리 백에 대한 예비적 주장 및 켈리라키스 백에 대한 주장으로 부정경쟁방지법 제2조 제1호 (차)목의 부정경쟁행위[2021. 12. 7. 법률 제18548호로 개정됨에 따라 조항의 위치가 (파)목으로 변경되었다, 이하 '(파)목'이라 한다]를 주장하였다. 대상판결은 부정경쟁방지법 제2조 제1호 (다)목의 부정경쟁행위 주장에 대하여, 버킨 백과 켈리 백의 형태가 갖는 차별적 특징이 일반 수요자들 사이에는 특정의 상품 출처로서의 식별력을 갖추어 '주지성'을 취득하였으나, 이들 제품의 연간 생산량이 소량이고 가격이 높아 일반 공중이 이를 접하거나 구매하는 것이 쉽지 않다는 점을 고려할 때 일반 공중의 대부분에까지 특정 출처의 상품임을 연상시킬 정도로 '저명성'을 취득하였다고 보기 어렵다는 이유로 원고들의 위 주장을 배척하였다.

해설

Ⅰ. 대상판결의 쟁점

부정경쟁방지법 제2조 제1호 (파)목은 2013. 7. 30. 법률 제11963호로 신설되어 2014. 1. 31.부터 시행된 규정이다. 위 규정이 신설되기 이전에는 부정경쟁방지법 제2조 제1호 각 목에서 부정경쟁행위의 유형을 한정하여 열거하고 있었을 뿐 부정경쟁행위를 포괄적으로 정의하는 일반조항은 두고 있지 않았고, 기술의 발전과 시장의 변화 등으로 나타나는 새롭고 다양한 유형의 부정경쟁행위에 적절하게 대처하기 어렵다는 문제점이 있었다.[5] 이에 판례는 '경쟁자가 상당한 노력과 투자에 의하여 구축한 성과물을 상도덕이나 공정한 경쟁질서에 반하여 자신의 영업을 위하여 무단으로 이용함으로써 경쟁자의 노력과 투자에 편승하여 부당하게 이익을 얻고 경쟁자의 법률상 보호할 가치가 있는 이익을 침해하는 행위는 부정한 경쟁행위로서 민법상 불법행위에 해당한다.'고 보아 입법적인 공백을 메워왔는데,[6] 이러한 판례의 취지를 반영하여 위 (파)목의 일반조항이 신설되었고, 민법상 불법행위가 아니라 부정경쟁방지법상의 법리를 통해 일반적인 부정경쟁행위를 직접 규율할 수 있게 되었다.[7]

부정경쟁방지법 제2조 제1호 (파)목은 종래 같은 호 각 목의 적용범위에 포함되지 않았던 새로운 유형의 부정경쟁행위에 관한 규정을 신설한 것으로 다양한 경제적 가치를 지닌 무형의 성과를 보호하고 입법자가 모든 유형의 부정경쟁행위를 규정하지 못한 점을 보완하여 법원이 새로운 유형의 부정경쟁행위를 유연하게 판단할 수 있도록 한 보충적 일반조항에 해당한다.[8] 위 (파)목에서는 '성과 등'의 유형에 제한을 두고 있지 않으므로 유형물 외에 무형물이나 종래 지식재산권법에 따라 보호받기 어려웠던 새로운 형태의 결과물도 이에 포함될 수 있다.[9] 반면, 일반조항에 대한 해석이 남용될 경우 자유로운 영역에 있어야 할 성과물의 이용이 위축되거나 위법 여부에 대한 예견가능성이 확보되지 못할 우려가 있으며 개별적인 부정경쟁행위 규정이 형해화될 우려가 있으므로 적용범위의 해석에 있어 신중을 기할 필요가 있다.[10]

그러나 부정경쟁방지법 제2조 제1호 (파)목의 시행 직후에 그 적용범위에 관한 법리를 정리하는 대법원 판결은 선고되지 않았고, 대상판결에서는 위 (파)목에서 정하는 부정경쟁행위 여부를 판단하는 기준이 주된 쟁점이 되었다.

---

5) 정상조 편집대표, 「부정경쟁방지법 주해」, 박영사(2020), 208(문선영 집필부분).
6) 대법원 2010. 8. 25. 자 2008마1541 결정, 대법원 2012. 3. 29. 선고 2010다20044 판결.
7) 정상조·박준석, 「지식재산권법(제5판)」, 홍문사(2020), 693.
8) 대법원 2020. 3. 26. 선고 2016다276467 판결 등 참조.
9) 윤태식, 「부정경쟁방지법」, 박영사(2021), 192~193.
10) 정상조 편집대표(주 5), 214~215.

Ⅱ. 대상판결의 분석

대상판결은 피고가 피고 제품을 생산·판매하는 행위가 부정경쟁방지법 제2조 제1호 (파)목의 부정경쟁행위에 해당하는지에 대하여 다음과 같이 요건별로 판단하였다.

첫째, '상당한 투자나 노력으로 만들어진 성과 등'에 해당하여야 한다. 대상판결에서는 상품의 형태가 성과 등에 해당하는지 여부가 문제되었는데, 원고들 제품은 전면부와 측면부의 모양, 손잡이와 덮개의 형태 등이 함께 어우러져 독특한 디자인적 특징을 이루고 있고, 유명인사의 착용으로 널리 알려지기 시작한 이래 현재까지 위와 같은 독특한 디자인적 특징을 그대로 유지하고 있으며, 전 세계 및 국내에 다수의 직영점을 운영하며 지속적으로 광고하고 있는 점 등을 이유로 원고들 제품의 형태는 원고들의 상당한 투자나 노력으로 만들어진 성과 등에 해당한다고 판단하였다.

둘째, 타인의 성과 등을 '자신의 영업을 위하여 무단으로 이용'한 경우에 해당하여야 한다. 대상판결에서 피고 제품은 전면부와 손잡이 부분의 형상이 원고들 제품의 형태와 거의 동일하고, 무늬와 색상을 다양화하고 있기는 하지만 원고들 제품의 형태를 입체(3D) 포토프린팅(photo-printing) 기법으로 인쇄하여 제조함으로써 원고들 제품의 형태가 갖는 독특한 디자인적 특징이 그대로 나타나 있어 피고가 원고들의 허락 없이 피고 제품을 생산·판매하는 행위는 원고들 제품의 형태를 자신의 영업을 위하여 무단으로 이용하는 행위에 해당한다고 판단하였다.

셋째, 성과 등을 무단으로 이용하는 행위가 '법률상 보호할 가치가 있는 타인의 경제적 이익'을 '공정한 상거래 관행이나 경쟁질서에 반하는 방법'으로 침해하는 행위에 해당하여야 한다. 고가의 명품 핸드백의 경우 형상·모양·색채 또는 이들이 결합된 상품 형태가 가지는 디자인적 특징이나 상품의 명성·이미지가 그 재산적 가치를 형성하는 핵심적인 요소가 되므로 원고들 제품의 형태에 대하여는 법적 보호가 필요한데, 부정경쟁방지법의 다른 규정이나 디자인권, 저작권 등 기존의 지식재산권 체계에 의하여는 원고들이 구축한 성과물에 편승하여 부당하게 이익을 취득하는 피고의 행위를 규제하기 어려우나, 이는 법적 공백에 해당할 뿐 원고들의 성과물을 공공영역에 속하는 것으로 취급하여 법적 보호를 거부하는 것이 아니어서 (파)목의 적용대상에 해당한다고 판단하였다.

대상판결은 부정경쟁방지법 제2조 제1호 (파)목이 보충적 일반조항으로서 제한적으로 해석될 필요성이 있음을 전제로, 법문에 명시되어 있는 성립요건 외에도 '법률상 보호할 가치가 있는 경제적 이익'에 해당되는지 여부 등을 고려하여 침해 여부를 판단하고 있다.[11)]

11) 심현주·이헌희, "디자인 제품과 부정경쟁방지법상 부정경쟁행위에 대한 고찰: 에르메스 '프린트 백' 사건에 대한 한일 양국의 판례 비교를 중심으로", 「산업재산권」 제71호, 한국산업재산권법학회(2022),

대상판결이 확정된 후 대법원은 '눈알가방 사건(대법원 2020. 7. 9. 선고 2017다217847 판결)'[12]에서 '성과 등이 상당한 투자나 노력으로 만들어진 것인지는 권리자가 투입한 투자나 노력의 내용과 정도를 그 성과 등이 속한 산업분야의 관행이나 실태에 비추어 구체적・개별적으로 판단하되, 성과 등을 무단으로 사용함으로써 침해된 경제적 이익이 누구나 자유롭게 이용할 수 있는 이른바 공공영역(公共領域, public domain)에 속하지 않는다고 평가할 수 있어야 한다.'거나 '공정한 상거래 관행이나 경쟁질서에 반하는 방법으로 자신의 영업을 위하여 무단으로 사용한 경우에 해당하기 위해서는 권리자와 침해자가 경쟁 관계에 있거나 가까운 장래에 경쟁관계에 놓일 가능성이 있는지, 권리자가 주장하는 성과 등이 포함된 산업분야의 상거래 관행이나 경쟁질서의 내용과 그 내용이 공정한지, 위와 같은 성과 등이 침해자의 상품이나 서비스에 의해 시장에서 대체될 수 있는지, 수요자나 거래자들에게 성과 등이 어느 정도 알려졌는지, 수요자나 거래자들의 혼동가능성이 있는지 등을 종합적으로 고려해야 한다.'라고 설시하여 대상판결의 내용과 맥락을 같이 하면서도 판단 기준을 보다 구체적으로 정리하였다.

Ⅲ. 대상판결의 의의

대상판결은 부정경쟁방지법 제2조 제1호 (파)목 규정이 정하는 부정경쟁행위의 판단 기준을 제시하고 있다. 대상판결은 위 규정의 입법 취지와 보충적 일반조항으로서의 성격에 기초하여, 부정경쟁방지법 제2조 제1호 (파)목이 정하는 부정경쟁행위에 해당하는지 여부는 법문에 명시된 성립요건 외에도 침해되는 경제적 이익이 전체 법체계 내에서 법률상 보호할 가치가 있는 것인지 아니면 누구나 자유롭게 이용할 수 있는 공공영역에 속하는 것인지 등을 추가로 규명하여 판단하여야 한다는 해석 기준을 제시한 사례로서 의의가 있다.

키워드

성과 도용, 일반조항, 공공영역, 프린트 백

187~230.

12) 버킨 백, 켈리 백과 유사한 형태의 핸드백 전면에 눈알 도안 등을 부착하여 생산·판매한 행위가 성과 도용의 부정경쟁행위에 해당한다고 판단한 사례이다.

[61] 영업의 종합적 이미지에 관한 서울연인 단팥빵 사건

—서울고등법원 2016. 5. 12. 선고 2015나2044777 판결—

염 호 준 (법무법인 태평양)

[사실 개요]

1. 원고는 2013. 5. 2. 무렵부터 서울 소재 코레일공항철도 E역, 지하철 F역 등지에서 '서울연인 단팥빵'이라는 상호로 단팥빵 매장(이하, '원고 매장'이라 한다)을 운영하고 있다.
2. 피고 C는 원고에서 퇴사한 후인 2013. 12. 5.부터 2014. 5. 21.까지 피고 D과 함께 서울 소재 지하철 H역 내에서 '누이애 단팥빵'이라는 상호로 단팥빵 매장을 운영하였다.
3. 피고 D는 2014. 5. 무렵 피고 C와의 동업관계를 청산하고 2014. 7. 29.부터 기존의 '누이애 단팥빵'의 상호를 '누이 단팥빵'으로 변경한 후, 종전과 동일한 방식으로 단팥빵을 제조 · 판매하였다(이하, 통틀어 '피고들 매장'이라 한다).
4. 원고 매장과 피고들 매장은 대체로 표장, 외부 간판, 내부 인테리어, 매장 배치 등 각 매장의 전체적인 콘셉트를 구성함에 있어 아래 표와 같은 특징을 공통적으로 포함하고 있다.

<table>
<tr><th>항목</th><th>원고 매장</th><th>피고들 매장</th></tr>
<tr><td rowspan="2">① 표장
(브랜드 로고)</td><td></td><td>
</td></tr>
<tr><td colspan="2">전체적인 구성에 있어 ① 브랜드명('서울연인', '누이애' 또는 '누이'), ② '단팥빵', ③ '천연발효종' 또는 '천연효모종', ④ 낙관형상이 순차적으로 기재되어 있고, 모든 글자는 비정형의 붓글씨 형태로 기재되어 있으며, '천연발효종' 또는 '천연효모종'은 다른 글자의 하단에 맞추어 상대적으로 작은 크기로 기재되어 있고, 낙관형상은 붉은색 사각형 안에 흰색의 위 브랜드명이 기재되어 있는 형상.</td></tr>
<tr><td>② 외부 간판</td><td></td><td>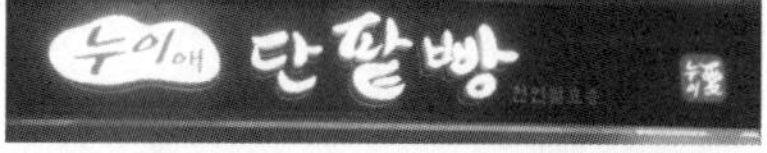
</td></tr>
</table>

<table>
<tr><td></td><td colspan="2">전체적으로 검은색 바탕에 위 표장이 기재된 형태로 구성되되, 브랜드명('서울연인', '누이애' 또는 '누이'), '단팥빵' 및 낙관형상 내부에 전등이 설치되는 방식으로 구성한 형상.</td></tr>
<tr><td rowspan="2">③ 매장 배치 및 디자인</td><td>

</td><td>

</td></tr>
<tr><td colspan="2">매장의 전면이 전체적으로 개방되어 있는 구조로서, 다음과 같은 내용의 매장 배치 및 디자인 형상
(1) 매장의 전면 디자인은 ① 상부에 위 '외부 간판'을 전면 좌우 폭 전체에 걸쳐 배치하고, ② 가운데에 판매용 빵들을 진열하는 투명한 매대를 고객들의 허리 정도 높이에 배열하며, 매대의 내부에 밝은 조명을 배치하면서 매대의 하단은 어둡게 하고, ③ 하부에 1자 형태의 목재 인테리어 제재를 수직으로 늘어뜨리며, ④ 매장의 좌측이나 우측에 대형 단팥빵 전광판을 배치.
(2) 매대의 바로 뒷부분에 직원들이 제빵 작업을 '즉석'에서 수행할 수 있는 작업대를 배치하고, 작업대의 뒤에 오븐 및 다 구워진 빵을 보관하는 보관대를 배열.</td></tr>
</table>

[판결 요지]

1. 부정경쟁방지법 제2조 제1호 (파)목[1]은, 새로운 유형의 부정경쟁행위에 대한 부정경쟁방지법의 포섭범위를 확대하기 위하여 기존의 한정적, 열거적 방식으로 제한된 부정경쟁행위에 대한 보충적 일반조항으로서 부정경쟁방지법에 새로 신설된 것이다. 위 개정 이유 등에 비추어볼 때, 특정 영업을 구성하는 영업소 건물의 형태와 외관, 내부

1) 대상판결에는 당시의 부정경쟁방지법에 따라 제2조 제1호 (차)목으로 기재되어 있는데, 이는 현행 부정경쟁방지법 제2조 제1호 (파)목에 해당하므로, 본 평석에서는 편의상 현행법에 따라 '(파)목'이라 한다.

디자인, 장식, 표지판 등 '영업의 종합적 이미지'의 경우 그 개별 요소들로서는 부정경쟁방지법 제2조 제1호 (가)목 내지 (자)목을 비롯하여 디자인보호법, 상표법 등 지식재산권 관련 법률의 개별 규정에 의해서는 보호받지 못한다고 하더라도, 그 개별 요소들의 전체 혹은 결합된 이미지는 특별한 사정이 없는 한 부정경쟁방지법 제2조 제1호 (파)목이 규정하고 있는 '해당 사업자의 상당한 노력과 투자에 의하여 구축된 성과물'에 해당한다고 볼 수 있다.

2. ① 원고 매장의 간판, 내부 인테리어 등을 포함한 원고 영업의 종합적 이미지(이하, '원고 매장 이미지'라 한다)는 원고의 상당한 투자나 노력으로 만들어진 성과에 해당하고, ② 피고들이 원고 매장의 표장 등 구성요소들을 모방하여 그대로 채택하거나 상호명이나 간판의 일부 글자 등만을 변형하여 피고들 매장을 운영한 것은 원고가 이룩한 성과를 공정한 상거래 관행이나 경쟁질서에 반하는 방법으로 무단으로 사용하는 행위에 해당하며, ③ 피고들이 원고 매장만의 독특한 분위기를 모방하여 원고와 동종의 영업인 단팥빵 판매영업을 함으로써 원고의 상당한 노력과 투자에 편승하여 원고 매장 이미지가 가지는 고객흡인력을 자신들의 영업을 위하여 무단으로 사용하여 원고의 단팥빵 판매영업과 관련한 경제적 이익을 침해하였다고 판단한 사례.

3. 디자인보호법 등 다른 법률에 의하여 보호되는 권리일지라도 그 법에 저촉되지 아니하는 범위 안에서는 부정경쟁방지법을 적용할 수 있다(대법원 1993. 1. 19. 선고 92도2054 판결, 대법원 1995. 11. 7. 선고 94도3287 판결, 대법원 1996. 5. 13. 자 96마217 결정 등 참조). 부정경쟁방지법 제2조 제1호 (파)목에서 규정하고 있는 부정경쟁행위는 디자인권 침해행위와는 달라서 반드시 등록된 디자인과 동일 또는 유사한 디자인을 사용하는 것을 요하는 것이 아니므로, 디자인 등록 여부와 관계없이 타인의 상당한 투자나 노력으로 만들어진 성과 등을 공정한 상거래 관행이나 경쟁질서에 반하는 방법으로 자신의 영업을 위하여 무단으로 사용함으로써 타인의 경제적 이익을 침해하는 행위도 위 (파)목에 포함된다.

해설

Ⅰ. 대상판결의 경과

이 판결은 매장의 간판, 내부 인테리어 등을 포함한 영업의 종합적 이미지에 대한 보호를 인정한 사례로서, 제1심에서 이를 소위 트레이드 드레스(trade dress)라고 하여 부정경쟁방지법 제2조 제1항 (파)목 부정경쟁행위를 인정한 것에 이어서,[2] 개별 요소들로서는 보호대상에 해당하지 않더라도 그 개별 요소들의 전체 혹은 결합된 이미지는 부정경쟁방지법 제2조 제1항 (파)목의 보호대상이 될 수 있다고 판시하였는데, 대상판결은 대법원에서 심리불속행기각으로 확정되었다.[3)]

Ⅱ. 대상판결의 분석

1. 영업의 종합적 이미지의 보호

대상판결 이전에도 벌꿀 아이스크림 사건에서 "부정경쟁방지법 제2조 제1호 (파)목의 도입 취지와 트레이드 드레스의 의미 및 요건을 종합적으로 고찰해 볼 때, 특정 영업을 구성하는 영업소의 형태와 외관, 내부 디자인, 장식, 표지판 등이 각각 개별 요소들로서는 부정경쟁방지법 제2조 제1호 (가)목 내지 (자)목을 비롯하여 디자인보호법, 상표법 등 지식재산권 관련 법률의 개별 규정에 의해서는 보호받지 못한다고 하더라도, 그 개별 요소들이 전체 또는 결합된 경우 식별력, 비기능성, 출처 혼동 가능성을 모두 갖추어 상품이나 서비스의 전체적인 이미지로서의 트레이드 드레스로 평가될 수 있다면, 특별한 사정이 없는 한 부정경쟁방지법 제2조 제1호 (파)목이 규정하고 있는 '해당 사업자의 상당한 노력과 투자에 의하여 구축된 성과물'에 해당한다고 볼 수 있다."고 판시한 바 있다.[4)]

대상판결에서는 ① 원고가 매장 개장 전 수차례 일본을 방문하여 지하철역 내 각종 식품 매장의 품목, 매장 인테리어, 각종 홍보물 디자인 등을 조사하였고, ② 수개의 디자인 업체로 하여금 지하철역에 개설 예정인 원고 매장의 표장 및 매장 디자인 등의 개발을 의뢰하기도 했으며, ③ 서울역 내 단독매장 입점을 제안하고 공동마케팅을 제안하는 등 세부 기획에 착수하였고, ④ 단팥빵 매장을 개설하기로 한 후 디자인전문회사를 통하여 원고 매장의 기본 브랜드 이미지, 포장 용기 및 쇼핑백, 광고홍보물 등의 제작을 확정하는 과정을 거쳐, 앞서 본 특징과 형상을 가진 표장, 간판, 매장 배치 및 디자인을 사용한 원고 매장을 개장하였다는 사정 등을 근거로 원고 매장 이미지는 원고의 상당한 투자나 노력으로 만들어진 성과에 해당한다고 판단하였다.

또한 ① 피고 C는 2013. 5.경 원고 회사에 제빵기능사로 입사하였다가 2013. 8.경 퇴사한 후 불과 4개월 남짓 지난 2013. 12. 5.부터 피고 D와 함께 피고들 매장을 개장하여 운영을 시작하였고, ② 피고들 매장 개장 직전 인테리어 업체 직원으로 하여금 원고 매장의 구

---

2) 서울중앙지방법원 2015. 7. 10. 선고 2014가합529490 판결.
3) 대법원 2016. 9. 21. 선고 2016다229058 판결.
4) 서울중앙지방법원 2014. 11. 27. 선고 2014가합524716 판결. 피고는 위 판결 중 각 간판, 메뉴판 등 물건, 매장 내부 인테리어 사용금지청구 부분에 대해서는 항소를 하지 않아 이 부분은 확정되었다.

조, 인테리어, 각종 홍보물 등의 사진을 무단 촬영하도록 하였으며, ③ 피고들 매장은 표장이나 간판의 색상, 매장 전체의 배치나 구조 등이 원고 매장과 매우 유사하고 판매 제품도 중복되는데다가, 지하철역 내에 위치하여 입지여건도 같은 특색을 나타내는 등 전체적인 매장 콘셉트가 원고 매장과 상당히 유사하고, ④ 일반 소비자들도 피고들 매장을 원고 매장의 지점으로 오인하는 등 원고 매장과 피고들 매장의 차이를 뚜렷이 구별하지 못한 경우도 있었다는 점을 근거로 피고들 매장을 운영하는 것은 원고가 이룩한 성과를 공정한 상거래 관행이나 경쟁질서에 반하는 방법으로 피고들의 영업을 위하여 무단으로 사용하는 행위에 해당한다고 판시하였다.

2. 개정 부정경쟁방지법 제2조 제1호 (나)목 및 (다)목과의 관계

2018. 4. 17. 법률 제15580호로 일부 개정된 부정경쟁방지법에서는, 영세·소상공인 등이 일정 기간 노력을 기울인 결과 일반 소비자에게 알려지게 된 매장의 실내·외 장식 등 영업의 종합적 외관을 무단으로 사용하여 영세·소상공인의 영업에 심대한 손해를 끼치는 불공정한 행위가 다양한 형태로 발생함에도 불구하고 기존 영업표지를 보호하는 규정은 이에 대한 보호 여부가 불분명한 부분이 있어 이를 명확히 규정하여 수요자의 이익을 보호할 필요가 있다는 이유로, 부정경쟁방지법 제2조 제1호 (나)목 및 (다)목에서 '표지'에 '상품 판매·서비스 제공방법 또는 간판·외관·실내장식 등 영업제공 장소의 전체적인 외관을 포함한다'는 내용을 괄호로 부기함으로써, 트레이드 드레스를 보호대상으로 포섭하고, 국내에 널리 인식된 타인의 상품 판매·서비스 제공방법 또는 간판·외관·실내장식 등 영업제공 장소의 전체적인 외관과 동일하거나 유사한 것을 사용하여 타인의 영업상의 시설 또는 활동과 혼동하게 하거나 타인의 표지의 식별력이나 명성을 손상하는 행위가 금지됨을 명확히 하게 되었다. 따라서 영업의 종합적 이미지에 대하여 주지, 저명성이 인정되는 경우라면 부정경쟁방지법 제2조 제1호 (나)목 또는 (다)목에 의하여 보호받을 수 있다.

다만 위 법 개정 이후 ① 부정경쟁방지법 제2조 제1호 (나)목 및 (다)목 외에 부정경쟁방지법 제2조 제1호 (파)목이 중첩적용될 수 있는지 여부, ② 주지, 저명성이 인정되지 않아 부정경쟁방지법 제2조 제1호 (나)목 및 (다)목에 의하여 보호될 수 없는 경우 (비록 위 개정 이전 사건이기는 하나) 대상판결과 같이 보충적으로 부정경쟁방지법 제2조 제1호 (파)목에 의하여 보호될 수 있는지 여부가 문제될 수 있다.[5)]

---

5) 이는 위 판결 요지 4항과 같이 부정경쟁방지법 제2조 제1호 (파)목의 보충성과 관련된 문제이기도 한데, 부정경쟁방지법 제2조 제1호 (파)목의 보충성 또는 중복적용의 허용 여부에 관한 학설에 대한 자세한 논의는 손천우, "부정경쟁방지법 제2조 제1호 (카)목이 규정하는 성과물 이용 부정경쟁행위에 관한 연구", 「사법」 제55호(2021), 1013~1030 참조.

대상판결 당시에는 트레이드 드레스에 대하여 적용할 수 있는 명시적인 부정경쟁행위의 유형이 없었기 때문에 부정경쟁방지법 제2조 제1호 (파)목을 적용할 수밖에 없었다는 부득이 한 사정이 있었던 것이므로 대상판결의 의미는 엄격하고 제한적으로 이해하여야 한다고 하여, 위 법 개정 이후에는 부정경쟁방지법 제2조 제1호 (파)목의 중첩적용이나 보충적용이 인정되어서는 안 된다는 취지의 견해[6]도 있으나, 판결 요지 1항과 같이 부정경쟁방지법 제2조 제1호 (파)목은 부정경쟁행위에 대한 보충적 일반조항이라는 점, 주지, 저명성이 인정되지 않아 부정경쟁방지법 제2조 제1호 (나)목 및 (다)목에 의하여 보호될 수 없는 경우에도 영업의 종합적 이미지를 구축함에 있어 상당한 투자나 노력이 투하되어 여전히 보호의 필요성이 인정되는 경우가 있을 수 있다는 점 등에 비추어보면 위 법 개정 이후에도 부정경쟁방지법 제2조 제1호 (파)목의 중첩적용이나 보충적용의 가능성을 일률적으로 배제할 필요는 없다고 판단된다.

Ⅲ. 대상판결의 의의

대상판결은 트레이드 드레스에 해당하는 매장의 간판, 내부 인테리어 등을 포함한 영업의 종합적 이미지에 대하여 부정경쟁방지법 제2조 제1항 (파)목에 의한 보호를 인정한 사례로서 기존 지식재산권법 및 부정경쟁방지법상에서 부정경쟁방지법 제2조 제1항 (파)목의 의의, 디자인보호법과의 관계 등에 관하여 함께 판단한 점에서 의의가 있다.

키워드

트레이드 드레스, 영업의 종합적 이미지, 부정경쟁행위, 보충적 일반조항, 상당한 투자나 노력으로 만들어진 성과

---

6) 나종갑, "성과 '모방' 도그마와 부정경쟁방지법 제2조 제1항 (카)목의 적용범위 – 서울연인단팥빵사건을 중심으로 –", 「산업재산권」 제62호(2020), 154~155.

[62] 지식재산권에 의한 보호의 대상이 되지 않는 타인의 성과의 이용과 부정경쟁행위 해당 여부

—서울고등법원 2017. 1. 12. 선고 2015다2063761 판결—

김 기 수 (특허법원)

[사실 개요]

원고 게임	피고 게임

1. 원고는 2013. 4. 매치-3-게임(match-3-game, 게임 속의 특정한 타일들이 3개 이상의 직선으로 연결되면 함께 사라지면서 점수를 획득하도록 고안된 게임을 말한다) 형식의 게임인 '팜히어로사가'(Farm Heroes Saga) 게임을 개발하여 전 세계에 출시한 이후, 2014. 1. 무렵에는 모바일 플랫폼으로, 2014. 6. 10.에는 카카오톡 플랫폼으로 원고 게임을 각 출시하였다.
2. 피고는 2014년 무렵 매치-3-게임 형식의 게임인 '포레스트 매니아(Forest Mania)' 게임을 개발하여 출시하였다.

[판결 요지]

지식재산권에 의한 보호의 대상이 되지 않는 타인의 성과 이용은 원칙적으로 자유로운 영역이므로, 그 이용을 규제하기 위해서는 일정한 합리성(사회적 타당성)이 인정되지 않으면 아니 된다. 그리고 이러한 합리성의 근거는 많은 경우 그 이용행위의 위법성, 즉 타인의 성과를 이용하는 행위가 경쟁사회의 공통규범인 경업자간의 공정하고 자유로운 경쟁의 확보라는 원칙에 비추어 상당하지 않은 것에 있다. 그러므로 지식재산권법에 의하여 보호되지 않는 타인의 성과인 정보(아이디어) 등은 설령 그것이 재산적 가치를 갖는다고 하더라도 자유로운 모방과 이용이 가능하다고 할 것이지만, 그와 같은 타인의 성과 모방이나 이용행위에 공정한 거래질서 및 자유로운 경쟁질서에 비추어 정당화될 수 없는 '특별한 사정'이 있는 경우로서 그 지적 성과물의 이용행위를 보호해 주지 않으면 그 지적 성과물을 창출하거나 고객흡인력 있는 정보를 획득한 타인에 대한 인센티브가 부족하게 될 것임이 명백한 경우 등에는 그와 같은 모방이나 이용행위는 허용될 수 없다고 할 것이다.

해설

Ⅰ. 대상판결의 쟁점 및 경과

대상판결에서는 피고 측이 피고 게임을 개발하고 이용자들에게 서비스한 행위가 (1) 원고 게임에 관한 복제권, 2차적저작물작성권, 공중송신권 침해(이하 '저작권 침해')에 해당하는지 여부 및 (2) 부정경쟁방지법 제2조 제1항 (카)목[현행법상 (파)목, 이하 편의상 '(파)목'이라고 한다]의 부정경쟁행위에 해당하는지 여부가 쟁점이 되었다.

대상판결은 (1) 저작권 침해 여부와 관련하여 '원고가 독창적이라고 주장하는 원고 게임의 게임규칙은 기존 매치-3-게임 등에서 널리 사용되던 게임규칙을 기초로 하여 이를 조합하거나 변형한 것으로서 아이디어 영역에 해당할 뿐만 아니라 원고 게임과 피고 게임에서 그 게임규칙이 표현된 표현방식에도 차이가 있어 실질적으로 유사하다고 보기 어렵다'는 이유로 저작권 침해를 부정했고, (2) (파)목 해당 여부와 관련하여 '피고 측의 게임 창작 및 제공행위는 원고의 저작권을 침해하지 않는 한도에서는 원칙적으로 허용되는 행위로서 그것이 상도덕이나 공정한 경쟁질서에 반하여 명백한 불법행위에 해당한다거나 공정한 상거래 관행이나 경쟁질서에 반한다고 보기 어렵다'는 이유로 (파)목 해당성을 부정했다.

대상판결에 대한 상고심에서 대법원은 '피고 게임물은 원고 게임물의 제작 의도와 시나리오가 기술적으로 구현된 주요한 구성요소들의 선택과 배열 및 유기적인 조합에 따른 창작적인 표현형식을 그대로 포함하고 있으므로, 양 게임물은 실질적으로 유사하다고 볼 수 있다'는 이유로 저작권 침해를 인정하여 대상판결을 파기하였고(대법원 2019. 6. 27. 선고

2017다212095 판결), 이후 이 사건은 화해권고결정에 의해 종결되었다.

비록 대상판결의 결론이 대법원에서 유지되지는 못했지만, 대상판결은 지식재산권에 의한 보호의 대상이 되지 않는 타인의 성과의 이용과 (파)목의 부정경쟁행위 해당 여부에 관하여 중요한 법리를 설시하였는바, 이하 이에 관하여 보다 자세히 살피기로 한다.

Ⅱ. 대상판결의 분석

1. 대상판결이 제시한 법리의 의미

대상판결은 종래 열거주의 방식으로 보호가 어려웠던 새로운 유형의 부정경쟁행위로부터 타인의 성과를 보호하기 위한 보충적 일반조항으로서 (파)목의 의의에 관하여 인정하면서도, 지적 성과의 보호의 한계를 정한 기존의 지식재산권의 보호범위와의 (파)목의 관계에 관하여 심층적인 법리를 설시하고 있다. 대상판결이 다루고 있는 법률적 질문은 저작권으로 보호받기 어려운 아이디어 영역에 해당하는 게임규칙 등에 대한 모방행위를 어떠한 경우에 (파)목의 부정경쟁행위로 규율할 수 있을 것인지에 관한 것이었다.

대상판결은 지식재산권에 의한 보호의 대상이 되지 않는 타인의 성과를 이용하는 것은 본래 자유롭게 허용되는 것이라고 하였다. 특히 저작권법에 있어 아이디어의 경우는 비록 그 아이디어가 독창적인 것이라고 하더라도 저작권법의 보호대상에 포함되지 않는 것으로서 누구나 이용 가능한 공공의 영역에 해당한다고 하였다. 즉, 지식재산권에 의한 보호의 대상이 되지 않는 타인의 성과 이용은 원칙적으로 자유로운 영역이므로, 지식재산권법에 의하여 보호되지 않는 타인의 성과인 정보(아이디어) 등은 설령 그것이 재산적 가치를 갖는다고 하더라도 자유로운 모방과 이용이 가능하다고 할 것이지만, 타인의 성과 모방이나 이용행위에 공정한 거래질서 및 자유로운 경쟁질서에 비추어 정당화될 수 없는 '특별한 사정'이 있는 경우 예외적으로 (파)목의 부정경쟁행위에 해당한다고 보는 것이 대상판결의 입장이다. 대상판결은 위 '특별한 사정'으로 아래와 같은 경우를 예시하고 있다.

① 절취 등 부정한 수단에 의하여 타인의 성과나 아이디어를 취득하는 행위
② 선행자와의 계약상 의무나 신의칙에 현저히 반하는 양태의 모방 행위
③ 의도적으로 경쟁자의 영업을 방해하거나 경쟁지역에서 염가로 판매하거나 오로지 손해를 줄 목적으로 성과물을 이용하는 행위
④ 타인의 성과를 토대로 하여 모방자 자신의 창작적 요소를 가미하는 이른바 예속적 모방[1])이 아닌 타인의 성과를 대부분 그대로 가져오면서 모방자의 창작적 요소가

---

1) 대상판결에서는 '예속적 모방'을 '창작적 모방'과 같은 의미로 사용한 것으로 보이나, 독일법에서의 '예속적 모방(sklavische Nachahmung)'을 '직접적 모방(unmittelbare Übernahme)'과 같은 의미('창작적 모방'

거의 가미되지 않은 직접적 모방행위

대상판결에서 제시한 법리는 (파)목에 대한 대법원의 법리설시가 있기 전까지 하급심의 판단 기준으로 중요하게 작용했고, (파)목이 쟁점이 된 많은 하급심 판결들이 대상판결의 법리를 인용하였다.[2)]

2. (파)목에 대한 대법원의 법리와의 차이점

대법원은 골프존 사건[3)]과 BTS 사건[4)]에서 (파)목의 적용 요건과 관련하여, '(파)목은 그 보호대상인 '성과 등'의 유형에 제한을 두고 있지 않으므로, 유형물뿐만 아니라 무형물도 이에 포함되고, 종래 지식재산권법에 따라 보호받기 어려웠던 새로운 형태의 결과물도 포함될 수 있다. '성과 등'을 판단할 때에는 위와 같은 결과물이 갖게 된 명성이나 경제적 가치, 결과물에 화체된 고객흡인력, 해당 사업 분야에서 결과물이 차지하는 비중과 경쟁력 등을 종합적으로 고려해야 한다. 성과 등이 '상당한 투자나 노력으로 만들어진' 것인지 여부는 권리자가 투입한 투자나 노력의 내용과 정도를 그 성과 등이 속한 산업분야의 관행이나 실태에 비추어 구체적, 개별적으로 판단하되, 성과 등을 무단으로 사용함으로써 침해된 경제적 이익이 누구나 자유롭게 이용할 수 있는 공공영역(public domain)에 속하지 않는다고 평가할 수 있어야 한다. 또한 '공정한 상거래 관행이나 경쟁질서에 반하는 방법으로 자신의 영업을 위하여 무단으로 사용'한 경우에 해당하기 위해서는 권리자와 침해자가 경쟁관계에 있거나 가까운 장래에 경쟁관계에 놓일 가능성이 있는지, 권리자가 주장하는 성과 등이 포함된 산업분야의 상거래 관행이나 경쟁질서의 내용과 그 내용이 공정한지 여부, 위와 같은 성과 등이 침해자의 상품이나 서비스에 의해 시장에서 대체될 가능성, 수요자나 거래자들에게 성과 등이 어느 정도 알려졌는지, 수요자나 거래자들의 혼동가능성 등을 종합적으로 고려해야 한다.'는 기준을 제시하였다. 대법원은, 대상판결에서 제시한 '지식재산권법에 의하여 보호되지 않는 타인의 성과의 이용은 공정한 거래질서 및 자유로운 경쟁질서에 비추어 정당화될 수 없는 '특별한 사정'이 있어야만 예외적으로 (파)목의 부정경쟁행위에 해당한다.'는 입장을 채택하지는 않은 것으로 보인다. 즉, 대법원은 '성과

의 반대 용어, 모방자가 어떠한 수정이나 어떠한 고유한 것을 가미하지 않고 복제한 것, dead copy)로 사용하고 있다(Ohly/Sosnitza, UWG, § 4, 3, Rdn. 3/26.; Harte－Bavendamm/Henning－Bodewig/Sambuc UWG § 4 Abs. 3 Rn. 191 ff.).

2) 서울고등법원 2017. 2. 16. 선고 2016나2035091 판결; 서울고등법원 2017. 5. 25. 선고 2017나2011078 판결; 서울중앙지방법원 2017. 6. 2. 선고 2015가합565936 판결; 서울중앙지방법원 2017. 9. 29. 선고 2017가합510770 판결; 특허법원 2017. 10. 20. 선고 2016나1950 판결 등.

3) 대법원 2020. 3. 26. 선고 2016다276467 판결.

4) 대법원 2020. 3. 26. 자 2019마6525 결정.

등'에는 종래 지식재산권법에 따라 보호받기 어려웠던 새로운 형태의 결과물이 포함될 수 있는 것이고, 이를 공정한 상거래 관행이나 경쟁질서에 반하는 방법으로 자신의 영업을 위하여 무단으로 사용한 경우에는 (파)목에 해당하는 것이지, (파)목에 해당하기 위한 '특별한 사정'이라는 별개의 요건을 요구하지는 않는 입장이다. 그렇지만 대법원의 법리에서도 (파)목에 해당하기 위해서는 '성과 등을 무단으로 사용함으로써 침해된 경제적 이익이 누구나 자유롭게 이용할 수 있는 공공영역(public domain)에 속하지 않는다고 평가할 수 있어야 한다'고 언급하고 있는바, 이는 (파)목의 적용범위가 지나치게 확대 적용되는 것을 경계하는 대상판결의 법리와 동일한 지향점을 가지고 있는 취지의 설시로 이해할 수 있을 것이다.

Ⅲ. 대상판결의 의의

대상판결은 지식재산권에 의한 보호의 대상이 되지 않는 타인의 성과의 이용행위는 그것이 공정한 거래질서 및 자유로운 경쟁질서에 비추어 정당화될 수 없는 '특별한 사정'이 있는 경우 예외적으로 (파)목의 부정경쟁행위에 해당한다는 법리를 설시하여 일반조항인 (파)목이 지나치게 확대 적용되는 것을 막고, 적용의 예측 가능성을 높이고자 하였다는데 그 의의가 있다. 비록 대상판결의 법리가 대법원에서 그대로 수용되지는 않았지만, 대상판결의 논리는 여전히 구체적인 사안에서 (파)목 해당성을 판단할 때 의미 있는 참고자료가 될 수 있을 것으로 보인다.[5)]

키워드
타인의 성과, 특별한 사정, 예속적 모방, 직접적 모방, 게임 규칙

5) 루프박스 사건에서 원고의 특허발명의 보호범위에 포함되지 않는 피고 제품의 생산, 판매가 (파)목에 해당하는지 여부가 쟁점이 되었는데, 대법원은 위 사건에서 (파)목 해당성을 부정했다(대법원 2020. 6. 25. 선고 2019다282449 판결). 이는 기술 분야에서 경쟁 업체는 해당 기술 분야의 특허문헌 등을 조사·분석하여 타인의 특허권을 침해하지 않는 회피 기술을 개발하는 것이 일반적인 경쟁의 모습이라는 점에서 특허의 권리범위에 포함되지 않는 회피 기술을 적용한 유사 제품의 생산·판매를 공정한 상거래 관행이나 경쟁질서에 반하는 행위라고 보기 어렵다는 고려가 반영된 것으로 이해할 수 있다[정희엽, "'차량의 루프박스 구조'와 관련하여 부정경쟁방지법 제2조 제1호 (카)목의 적용 여부가 문제된 사건", 「LAW & TECHNOLOGY」 제16권 제6호, 서울대학교 기술과법센터(2020)].

[63] 크롤링 프로그램을 이용하여 숙박업소 정보를 복제 및 영업상 이용한 행위가 성과 도용 부정경쟁행위에 해당 여부

—서울고등법원 2022. 8. 25. 선고 2021나2034740 판결—

차 상 육 (경북대학교)

[사실 개요]

1. 원고는 2007. 2.1. 설립되어 숙박정보를 제공하는 인터넷 웹사이트 및 모바일 어플리케이션('야○○', '야○○ 바로예약')을 운영하는 회사이다. 피고는 2015. 9. 23. 설립되어 숙박정보를 제공하는 인터넷 웹사이트 및 모바일 어플리케이션('여◇◇◇')을 운영하는 회사이다.
2. 피고의 당시 대표이사를 비롯한 임직원들은 2016. 1. 11.경부터 같은 해 10. 3.경까지 야○○ 크롤링 프로그램을 이용하여 원고의 모바일앱용 API 서버에 접속하여 원고의 제휴 숙박업소의 업체명, 업체번호, 지역, 주소, 타입(모텔, 호텔, 게스트하우스, 펜션), 방이름, 날짜, 대실가격, 숙박가격, 대실 할인가격, 숙박 할인가격, 입실시간, 퇴실시간, 이용 시간, 마이룸 여부, 예외사항과 같은 원고 제휴 숙박업소 정보(이하 '이 사건 제휴 숙박업소 정보'라 한다)를 복제하여 이용하였다.

[판결 요지]

1. 2013. 7. 30. 법률 제11963호로 개정된 부정경쟁방지 및 영업비밀보호에 관한 법률 제2조 제1호 (차)목은 대법원 2010. 8. 25. 자 2008마1541 결정의 취지를 반영하여 "그 밖에 타인의 상당한 투자나 노력으로 만들어진 성과 등을 공정한 상거래 관행이나 경쟁질서에 반하는 방법으로 자신의 영업을 위하여 무단으로 사용함으로써 타인의 경제적 이익을 침해하는 행위"를 부정경쟁행위의 하나로 추가하였고, 2018. 4. 17. 법률 제15580호로 개정된 부정경쟁방지 및 영업비밀보호에 관한 법률에서 위 (차)목은 (카)목으로 변경되었다 [이하 '(카)목'이라 한다].[1)]

2. 피고가 2016. 1. 11.경부터 2016. 10. 3.경까지 야○○ 크롤링 프로그램을 이용하여 이 사건 제휴 숙박업소 정보를 복제하여 자신의 영업에 이용한 행위는, 경쟁관계에 있는 원고의 상당한 투자나 노력으로 만들어진 성과 등을 공정한 상거래 관행이나 경쟁질서에 반하는 방법으로 자신의 영업을 위하여 무단으로 사용함으로써 원고의 경제적 이익을 침해하는 행위로서 부정경쟁방지법 제2조 제1호 (차)목의 부정경쟁행위에 해당한다(이하 '이 사건 부정경쟁행위'라 한다).

1) 2021. 12. 17. 법률 제18548호로 개정된 부정경쟁방지 및 영업비밀보호에 관한 법률에서 위 (카)목은 (파)목으로 변경되었다.

해설

Ⅰ. 대상판결의 쟁점

원고는 피고를 상대로 데이터베이스제작자 권리 침해 및 부정경쟁방지법 제2조 제1호 (카)목{변경후 (파)목}의 성과도용행위를 부정경쟁행위로 보아 선택적 청구원인으로 하여 침해금지 및 손해배상청구 소송을 제기하였다. 이에 대해 1심과 항소심에서는 야○○ 크롤링 프로그램을 이용하여 이 사건 제휴 숙박업소 정보를 복제하여 자신의 영업에 이용한 행위가 부정경쟁행위에 해당한다고 판단하였다.[2] 이 글에서 다룰 대상판결의 주된 쟁점은 웹크롤링 프로그램을 이용하여 원고 제휴 숙박업소 정보(이하 '이 사건 제휴 숙박업소 정보'라 함)를 복제하여 이용한 것이 부정경쟁방지법 제2조 제1호 (카)목{변경후 (파)목}의 부정경쟁행위, 즉 성과 등 도용행위에 해당하는지 여부이다.

Ⅱ. 대상판결의 분석

1. 보충적 일반조항에 있어 '성과 등 도용행위' 관련 법리

'성과 등 도용행위'를 부정경쟁행위로 규정한 조항은 구 부정경쟁방지법의 적용 범위에 포함되지 않았던 새로운 유형의 부정경쟁행위에 관한 규정을 신설한 것이다. 이는 새로이 등장하는 경제적 가치를 지닌 무형의 성과를 보호하고 입법자가 부정경쟁행위의 모든 행위를 규정하지 못한 점을 보완하여 법원이 새로운 유형의 부정경쟁행위를 좀 더 명확하게 판단할 수 있도록 함으로써, 변화하는 거래관념을 적시에 반영하여 부정경쟁행위를 규율하기 위한 보충적 일반조항이다.[3]

'성과 등 도용행위'에 관하여 종래 부정경쟁방지법에서는 명문으로 부정경쟁행위의 유형으로 규정하지 않았었다. 그래서 종래 판례 중에는 이러한 유형의 부정경쟁행위에 대해서 부정한 경쟁행위로서 민법상 불법행위에 해당한다고 판단함으로써 민법의 불법행위법리가 적용되는 경우가 있었다.[4] 대표적인 대법원 판례로서는 '인터넷 포털사이트 광고 방해'

---

2) 항소심은 이 사건 소 중 금지청구 부분은 판결의 주문 자체에서 금지대상이 되는 내용을 특정할 수 없이 구성된 것으로서 부적법하다고 하면서 그 부분 소를 각하하였고, 나머지 원고의 청구 중 손해배상청구 부분에 대해서는 일부 인용하였다.

3) 대법원 2020. 3. 26. 선고 2016다276467 판결 [손해배상(지)], 대법원 2020. 3. 26. 자 2019마6525 결정 [가처분이의].

4) 이 점에 대한 선행연구로서는, 박성호, "지적재산법의 비침해행위와－반불법행위 －불법행위법리에 의한 지적재산법의 보완 문제를 중심으로－", 「정보법학」 15(1), 한국정보법학회, 2011. 4, 197~237; 차상육, "저작권법의 보호대상이 되지 않는 지적 성과물의 모방도용행위와 일반불법행위의 기능", 「창작과 권리」 56호, 세창출판사, 2009. 9, 82~129 등 참조.

사건(대법원 2010. 8. 25. 자 2008마1541 결정[5])과 이른바 "한류드라마 대 HELLO KITTY" 사건(대법원 2012. 3. 29. 선고 2010다20044 판결)이 있다.[6] 종래 학계에서는 공유영역에서의 이용행위가 자유경쟁의 관점에서 정당화될 수 없는 '특별한 사정'이 있는 경우 불법행위의 성립을 인정할 수 있다는 견해가 주장되었다.[7] 그 후 위 대법원 결정과 판결의 취지를 반영하여 2013년 개정 부정경쟁방지법은 제2조 제1호 (차)목을 신설함으로써, '성과 등 도용행위'를 부정경쟁행위의 하나로 명시적으로 추가하였고, 2018년 개정 부정경쟁방법에서 위 (차)목은 (카)목으로, 2021년 개정 부정경쟁방지법에서 위 (카)목은 (파)목으로 그 위치가 각각 변경되었다. 위 (카)목의 '성과 등 도용행위'의 부정경쟁행위의 법리에 대해서는 그 철학적 및 규범적 토대를, goodwill이 형성된 것은 아니지만, 노동의 결과물을 무임승차로부터 보호하기 위한 것으로서 로크(J. Locke)의 재산권이론을 바탕으로 한 것이라는 견해도 있다.[8]

종래 보충적 일반조항인 (카)목이 경쟁관계를 전제로 하는지에 대해 긍정설[9]과 부정설[10]의 대립이 있다. 생각건대, 성과 도용 부정경쟁행위에 대한 (카)목의 입법취지와 공유의 영역에서의 위법성 판단기준을 엄격하게 함으로써 공유 영역 정보의 자유이용이라는 지적재산법의 원칙을 형해화 시킬 수 있다는 우려를 불식(拂拭)할 필요성 등을 고려하면, 비록 법문상 '타인'으로 규정하고 있음에도 불구하고, 긍정설을 지지한다.

성과 도용 부정경쟁행위에 대하여 판단기준과 일반법리의 모델을 제시한 것으로 평가받는 판례로서는 2020년 3월 26일의 이른바 'BTS' 사건 대법원 결정[11][12]과 이른바 '골프존' 사건 대법원 판결[13]이 있다. 현재 같은 취지의 따름 판례들[14]이 이어지고 있다.

---

5) 권영준, "성과 도용에 관한 부정경쟁행위－대법원 2020. 3. 26. 선고 2016다276467 판결", 「민법판례연구 Ⅱ」, 박영사, 2021, 195~198.

6) 이러한 판례들은 당시 지적재산법의 입법적 흠결로 인해 법적 보호가 미흡한 정보들에 대해 일반 불법행위법리에 의한 보호가 도모된 것이어서 결국 민법상의 불법행위법리는 지적재산법을 보완하는 역할을 수행하고 있었다고 할 수 있다.

7) 박성호(주 4), 200.

8) 나종갑, "공정경쟁과 불공정경쟁의 경계－불공정경쟁법의 철학적 규범적 토대에 관한 연구－", 「산업재산권」 59호, 한국지식재산학회, 2019. 4, 63~69.

9) 이규홍, "부정경쟁방지법 제2조 제1호 차목(변경 후 카목)에 대한 연구", 「정보법학」, 제22권 제2호, 한국정보법학회, 2018, 84; 박정희, "부정경쟁방지법 제2조 제1호 차목의 적용범위", 「특허법원 개원 20주년 기념논문집」, 특허법원, 2018, 843; 권영준(주 5), 198.

10) 유영운, "부정경쟁방지법 일반조항의 적용범위에 관한 고찰", 「LAW & TECHNOLOGY」, 제11권 제4호, 서울대학교 기술과법센터, 2015. 7, 54~55; 문선영, "부정경쟁방지법상 '기타 성과 등 무단사용행위에 대한 비판적 고찰'". The Journal of Law & IP(제12권 제1호), 충남대학교 세종지적재산권연구소, 2022. 6, 133; 문건영, "부정경쟁방지법 제2조 제1호 (타)목 해석의 쟁점 및 금지·손해배상 청구권자", 「산업재산권」 제75호, 한국지식재산학회, 2023. 8, 254.

11) 대법원 2020. 3. 26. 자 2019마6525 결정 [가처분이의].

12) 한편 위 'BTS' 사건 대법원 결정의 영향을 받아, 2021년 12월 개정 부정경쟁방지법에서는 퍼블리시티권 보호 규정(타목)[2022. 6. 8.부터 시행]이 신설 입법되었다.

2. 이 사건의 경우 부정경쟁행위 성립여부

우선, 이 사건 제휴 숙박업소 정보가 상당한 투자나 노력으로 만들어진 성과에 해당 여부가 쟁점이 되었다. 대상판결에서는 이 사건 제휴 숙박업소 정보는 원고의 상당한 투자나 노력으로 만들어진 성과에 해당한다고 봄이 타당하다고 판단하였다. 대법원의 일관된 태도[15]에 따르면, 부정경쟁방지법 제2조 제1호 (카)목(변경후 '파'목)은 그 보호대상인 '성과 등'의 유형에 제한을 두고 있지 않으므로, 유형물뿐만 아니라 무형물도 이에 포함되고, 종래 지식재산권법에 따라 보호받기 어려웠던 새로운 형태의 결과물도 포함될 수 있다는 것이다. 나아가 '성과 등'을 판단할 때에는 위와 같은 결과물이 갖게 된 명성이나 경제적 가치, 결과물에 화체된 고객흡인력, 해당 사업 분야에서 결과물이 차지하는 비중과 경쟁력 등을 종합적으로 고려해야 한다. 소송실무상으로는 (카)목(변경후 '파'목)의 보호객체 내지 보호대상인 '성과 등'이 구체적으로 무엇인지에 대해 특정하는 것이 필요하다.

다음으로, 피고가 원고의 성과물을 위법하게 무단으로 사용하였는지 여부가 쟁점이 되었다. 대상판결에서는 피고의 당시 대표이사를 비롯한 임직원들은 경쟁자인 원고가 상당한 노력과 투자에 의하여 구축한 성과물인 이 사건 제휴 숙박업소 정보를 공정한 상거래 관행이나 경쟁질서에 반하는 방법으로 피고의 영업을 위하여 무단으로 사용함으로써 원고의 경제적 이익을 침해하였다고 인정된다고 판단하였다. 대법원의 일관된 태도[16]에 따르면, (카)목(변경후 '파'목)의 보호대상인 '성과 등'이 '상당한 투자나 노력으로 만들어진' 것인지는 권리자가 투입한 투자나 노력의 내용과 정도를 그 성과 등이 속한 산업분야의 관행이나 실태에 비추어 구체적·개별적으로 판단하되, 성과 등을 무단으로 사용함으로써 침해된 경제적 이익이 누구나 자유롭게 이용할 수 있는 이른바 공공영역(公共領域, public domain)에 속하지 않는다고 평가할 수 있어야 한다. 여기서 공공영역이란 공유(公有)의 영역을 말하는 것인데, 본래 공유(公有)란 지적재산 전반에 관련되는 것으로서 보호기간 만료로 인한 공유 외에 그 밖의 사유로 발생하는 공유도 존재한다.[17] 요컨대 '타인의 성과'의 이용이 원칙적으로 자유롭게 되어 있는 영역에서는 그 이용을 규제하기 위하여 일정한 합리성 내지 사회적 타당성

---

13) 대법원 2020. 3. 26. 선고 2016다276467 판결[손해배상(지)].

14) 대법원 2020. 7. 9. 선고 2017다217847 판결[에르메스 눈알가방 형태 도용 사건], 대법원 2020. 7. 23. 선고 2020다220607 판결[BBQ 영상 광고 콘티 사건], 대법원 2022. 4. 28. 선고 2021다310873 판결[구동장치 도면파일의 무단 이용(전송) 사례], 대법원 2020. 6. 25. 선고 2019다282449 판결['차량의 루프박스 구조' 도용 사건] 등이다.

15) 대법원 2020. 3. 26. 선고 2016다276467 판결, 대법원 2020. 3. 26. 자 2019마6525 결정 등 참조.

16) 대법원 2020. 3. 26. 선고 2016다276467 판결, 대법원 2020. 3. 26. 자 2019마6525 결정 등 참조.

17) 박성호,"저작권법에 의한 보호가 부정되는 경우 부정경쟁방지 및 영업비밀보호에 관한 법률 제2조 제1호 (차)목의 적용범위",「한양법학」29(1), 한양법학회, 2018. 2, 83.

이 인정되어야 하며, 그 합리성의 근거는 다수의 경우 그 이용행위의 위법성이다. 즉 '타인의 성과'를 이용하는 행위가 경쟁사회의 공통규범인 경쟁자 내지 경업자 사이의 '공정하고 자유로운 경쟁'의 확보라는 원칙에 비추어 상당하지 않는 것이 근거로 된다.[18)]

또한 (카)목이 정하는 '공정한 상거래 관행이나 경쟁질서에 반하는 방법으로 자신의 영업을 위하여 무단으로 사용'한 경우에 해당하기 위해서는 권리자와 침해자가 경쟁관계에 있거나 가까운 장래에 경쟁관계에 놓일 가능성이 있는지, 권리자가 주장하는 성과 등이 포함된 산업분야의 상거래 관행이나 경쟁질서의 내용과 그 내용이 공정한지, 위와 같은 성과 등이 침해자의 상품이나 서비스에 의해 시장에서 대체될 수 있는지, 수요자나 거래자들에게 성과 등이 어느 정도 알려졌는지, 수요자나 거래자들의 혼동가능성이 있는지 등을 종합적으로 고려해야 한다. 특히 '공정한 상거래 관행에 반하는 것인지 여부'를 판단할 때는 원고와 피고의 경쟁관계를 파악하는 것이 필요하다.[19)]

Ⅲ. 대상판결의 의의

대상판결은 크롤링 프로그램을 이용하여 이 사건 제휴 숙박업소 정보를 복제하여 자신의 영업에 이용한 행위에 대해 부정경쟁방지법 제2조 제1호 (카)목{변경후 (파)목}의 부정경쟁행위에 해당한다고 판시한 사례로서 의의가 있다. 나아가 '성과 등'의 판단기준과 '공정한 상거래 관행이나 경쟁질서에 반하는 방법으로 자신의 영업을 위하여 무단으로 사용'한 경우에 해당하기 위한 판단요소를 구체적으로 명확하게 설시한 점에 의의가 있다. 한편 같은 사실관계의 형사 판결에서 대법원[20)]은 웹크롤링에 의한 데이터 수집이 데이터베이스제작자의 권리 침해(저작권법 제93조)를 부정하였다.[21)]

최근 2021년 12월 부정경쟁방지법 개정으로 데이터 부정취득, 사용행위 등도 부정경쟁행위의 유형으로 (카)목[시행 2022. 4. 20.]에 신설된 점도 유의해야 한다.[22)]

키워드

성과 도용 부정경쟁행위, 보충적 일반조항, 크롤링 프로그램, 숙박업소 정보

---

18) 松村信夫, 「新·不正競業訴訟の法理と実務」, 民事法研究會, 2014, 895~896頁.

19) 박준우, "부정경쟁방지법 제2조 제1호 차목의 유형화에 대한 검토－서울고등법원 판결을 중심으로", 「산업재산권」 55호, 한국지식재산학회, 2018. 4, 330.

20) 대법원 2022. 5. 12. 선고 2021도1533 판결.

21) 정현순, "저작권법상 데이터베이스제작 권리 침해에 관한 연구－대법원 2022. 5. 12. 선고 2021도1533 판결을 중심으로", 『계간저작권』, (2022 가을호), 한국저작권위원회, 2022. 9, 162.

22) 차상육, "2021년 개정 부정경쟁방지법상 데이터 보호와 부정사용행위의 규제－2021. 12. 7. 신설된 (카)목을 중심으로", 『정보법학』 26권 2호, 한국정보법학회, 2022. 8, 31~84 참조.

[64] 식별표지의 사용으로 인한 성과물에 (파)목을 적용하기 위한 요건

—특허법원 2017. 10. 19. 선고 2016나56 판결—

김 영 현 (서울고등법원)

[사실 개요]

원고 상표 표장			피고 제품 사진	
1번 표장	2번 표장	3번 표장	제주올레	제주소주

1. 원고는 주류의 제조 및 판매업 등을 영위하는 회사로서, 위 원고 상표 표장의 등록권자 또는 전용사용권자로, 그 지정서비스업은 법주, 소주 등이다.
2. 원고는 1990.경부터 초록병, 투명병을 사용하여 2종류의 소주제품을 판매하였다. 원고는 위 표 1번 표장에 대하여는 2014. 7. 2. 주식회사 올래로부터 상표권을 양수하여 이전등록을 마쳤고, 2, 3번 표장에 대하여는 2015. 6. 5. 상표를 출원하여 상표등록을 마쳤다. 원고는 원고 제품의 광고 · 홍보물과 홈페이지에 "제주 대표소주" 등의 문구를 사용하였고, 원고가 판매한 소주제품은 전체적으로 파란색이 바탕을 이루는 라벨, 파란색으로 되어 있거나 파란색 · 흰색 줄무늬가 형성되어 있는 뚜껑이 부착된 투명 소주병을 사용하였다.
3. 피고는 2014. 8.경 위 피고 제품 사진과 같은 소주병의 색이 투명병과 초록병인 소주 제품을 출시한 이후 지속적으로 판매하였고, 피고의 소주병, 간판, 명함, 팸플릿, 홈페이지 등에 "올레", "제주올레", "제주올레소주", "올레소주", "제주소주", "제주올레" 등의 표장을 사용하여 영업을 해왔다.

[판결 요지]

1. 식별표지의 사용으로 인한 성과물에 대하여 부정경쟁방지법 제2조 제1호 (파)목에 따른 보호를 인정할 수 있는지 여부는, 그러한 성과를 이루기 위해 들인 투자나 노력의 정도, 성과나 사회적·경제적 가치의 정도, 상대방의 행위로 인하여 침해되는 이익의 정

도, 모방의 정도, 공정한 상거래 관행이나 경쟁질서에 반하는 정도 등 제반 사정을 종합적으로 고려하여, 기존의 개별조항들에 준하는 정도의 보호를 할 필요가 있는지의 관점에서 매우 신중하게 판단하여야 한다.

2. '제주소주'는 국내에 널리 인식된 타인의 영업임을 표시하는 표지에 해당한다고 볼 수 없고, 피고가 영업표지인 '제주소주'와 '파란색 라벨 및 파란색 뚜껑이 부착된 투명 소주병'을 사용하여 소주 제품을 생산·판매한 행위는 원고의 상당한 투자나 노력으로 만들어진 성과 등을 공정한 상거래 관행이나 경쟁질서에 반하는 방법으로 자신의 영업을 위하여 무단으로 사용함으로써 타인의 경제적 이익을 침해하는 경우에 해당하지 않는다.

해설

Ⅰ. 대상판결의 쟁점

부정경쟁방지법 제2조 제1호 (파)목[1]의 부정경쟁행위가 성립하려면 타인의 상당한 투자나 노력으로 만들어진 성과, 공정한 관행이나 경쟁질서에 반하는 방법으로 타인의 영업을 위하여 무단으로 사용, 타인의 경제적 이익을 침해하는 행위라는 요건이 구비되어야 한다.

여기서 '타인의 상당한 투자나 노력으로 만들어진 성과 등'이란, 모든 성과물이 아닌 상당한 투자나 노력으로 만들어진 것으로서, 반대해석상 상당한 투자나 노력을 기울이지 않은 성과는 보호대상이 아닌 일반의 자유 이용 영역에 두어야 한다.[2] (파)목은 그 보호대상인 '성과 등'의 유형에 제한을 두고 있지 않으므로 유형물뿐만 아니라 무형물도 이에 포함되고 종래 지식재산권법에 따라 보호받기 어려웠던 새로운 형태의 결과물도 포함될 수 있다. '성과 등'을 판단할 때에는 위와 같은 결과물이 갖게 된 명성이나 경제적 가치, 결과물에 화체된 고객흡인력, 해당 사업 분야에서 결과물이 차지하는 비중과 경쟁력 등을 종합적으로 고려해야 한다. 이러한 성과 등이 '상당한 투자나 노력으로 만들어진' 것인지는 권리자가 투입한 투자나 노력의 내용과 정도를 그 성과 등이 속한 산업분야의 관행이나 실태에 비추어 구체적·개별적으로 판단하되, 성과 등을 무단으로 사용함으로써 침해된 경제적 이익이 누구나 자유롭게 이용할 수 있는 이른바 공공영역(공공영역, public domain)에 속하지 않는다고

1) 부정경쟁행위를 포괄적으로 정의하는 일반조항인 (파)목은 2013. 7. 30. 법률 제11963호로 부정경쟁방지법 개정시 처음 도입된 것으로 2014. 1. 31.부터 시행되었다. 당초 (차)목으로 입법되었으나, 2018. 4. 17. 법률 제15580호로 개정시 (차)목이 신설됨에 따라 구 (차)목은 (카)목으로 이동되었고, 2021. 12. 7. 법률 제18548호로 개정시 (카)목, (타)목이 신설됨에 따라 구 (카)목은 현재의 (파)목으로 이동되었다.
2) 정상조 편집대표, 「부정경쟁방지법 주해」, 박영사(2020), 210(문선영 집필부분).

평가할 수 있어야 한다. 또한 (파)목이 정하는 '공정한 상거래 관행이나 경쟁질서에 반하는 방법으로 자신의 영업을 위하여 무단으로 사용'한 경우에 해당하기 위해서는 권리자와 침해자가 경쟁관계에 있거나 가까운 장래에 경쟁관계에 놓일 가능성이 있는지, 권리자가 주장하는 성과 등이 포함된 산업분야의 상거래 관행이나 경쟁질서의 내용과 그 내용이 공정한지, 위와 같은 성과 등이 침해자의 상품이나 서비스에 의해 시장에서 대체될 수 있는지, 수요자나 거래자들에게 성과 등이 어느 정도 알려졌는지, 수요자나 거래자들의 혼동가능성이 있는지 등을 종합적으로 고려해야 한다(대법원 2020. 3. 26. 선고 2016다276467 판결).

대상판결의 사안에서는 원고가 오랫동안 '파란색 라벨 및 파란색 뚜껑이 부착된 투명 소주병'과 표장 "제주소주"를 사용해 옴으로써 쌓은 신용, 고객흡인력 등이 원고의 상당한 투자나 노력으로 만들어진 성과에 해당하는지가 주된 쟁점이 되었다.

Ⅱ. 대상판결의 분석

부정경쟁방지법 제2조 제1호 (파)목은 기술의 변화 등으로 나타나는 새롭고 다양한 유형의 부정경쟁행위에 적절하게 대응하기 위하여 도입된 조항으로 기존의 부정경쟁행위에 관한 보충적 일반조항으로, 부정경쟁방지법 제2조 제1호 (가) 내지 (타)목에 규정된 구체적 개별적 부정경쟁행위에 해당되지 않는 경우에 보충적, 선택적으로 적용되는 조항이다. 개정 전의 부정경쟁방지법은 '한정열거주의 방식'을 취하고 있었기 때문에 사회의 변화 등에 따라 나타나는 새롭고 다양한 유형의 부정경쟁행위를 적절히 규제하지 못하는 한계가 있었고, 이에 판례는 '경쟁자가 상당한 노력과 투자에 의하여 구축한 성과물을 상도덕이나 공정한 경쟁질서에 반하여 자신의 영업을 위하여 무단으로 이용함으로써 경쟁자의 노력과 투자에 편승하여 부당하게 이익을 얻고 경쟁자의 법률상 보호할 가치가 있는 이익을 침해하는 행위'를 부정한 경쟁행위로서 민법상 불법행위에 해당한다고 보아 입법적인 공백을 메워왔는데(대법원 2010. 8. 25. 자 2008마1541 결정, 대법원 2012. 3. 29. 선고 2010다20044 판결, 서울중앙지방법원 2014. 11. 7. 선고 2014가합524716 판결 등), 부정경쟁방지법 제2조 제1호 (차)목[현재의 (파)목]을 신설함으로써 위와 같은 판례의 판시취지를 입법화하였다.[3)]

부정경쟁방지법 제2조 제1호 (파)목과 같은 보충적 일반조항의 규정형식은 상표법 제33조 제1항 제7호,[4)] 저작권법 제35조의5,[5)] 「독점규제 및 공정거래에 관한 법률」 제45조

3) 사법연수원, 「부정경쟁방지법(2015)」, 78; 최정열 · 이규호, 「부정경쟁방지법(제3판)」, 진원사(2019), 219; 유영운, "부정경쟁방지법 일반조항의 적용범위에 관한 고찰", 「LAW & TECHNOLOGY」 제11권 제4호, 서울대학교 기술과 법 센터(2015. 7), 53.

4) 상표법 제33조(상표등록의 요건) ① 다음 각 호의 어느 하나에 해당하는 상표를 제외하고는 상표등록을 받을 수 있다.

제1항 제10호[6] 등에서 찾아볼 수 있는데, 이러한 보충적 일반조항의 경우는 해석에 따라 자유로운 영역에 있어야 할 많은 성과물의 이용이 위축되고 위법 여부에 대한 예견가능성이 확보되지 못할 우려가 있으므로 적용범위의 해석에 있어서 신중을 기하여야 한다.

(파)목은 기존법률로는 미처 포섭할 수 없었던 유형의 행위로서 (가) 내지 (타)목의 부정경쟁행위에 준하는 것으로 평가할 수 있는 행위에 한하여 적용되고, 특별한 사정이 없는 이상 (가) 내지 (타)목에서 정하고 있는 행위유형에는 해당하나 위 각 목에서 정하고 있는 부정경쟁행위로 인정되기 위한 요건을 갖추지 못한 행위에 대하여는 (파)목에 의한 부정경쟁행위로 함부로 의율하여서는 아니 된다[서울중앙지방법원 2014. 8. 28. 선고 2013가합552431 판결(확정)].

부정경쟁방지법은 상품주체 혼동행위[제2조 제1호 (가)목], 영업주체 혼동행위[제2조 제1호 (나)목], 식별력·명성 손상행위[제2조 제1호 (다)목] 등의 규정을 통하여 식별표지의 사용으로 인하여 일정한 신용 등의 이익을 보유한 자를 보호하고 있었는데, 이는 식별표지 보유자의 보호와 자유로운 경쟁이라는 두 가지 가치를 적절히 조화시키기 위한 입법자의 결단으로 볼 있다. 따라서 식별표지의 사용으로 인한 성과물에 대하여 위 (파)목에 따른 보호를 인정할 수 있는지 여부는, 그러한 성과를 이루기 위해 들인 투자나 노력의 정도, 성과의 사회적·경제적 가치의 정도, 상대방의 행위로 인하여 침해되는 이익의 정도, 모방의 정도, 공정한 상거래 관행이나 경쟁질서에 반하는 정도 등 제반 사정을 종합적으로 고려하여, 기존의 개별 조항들에 준하는 보호를 할 필요가 있는지의 관점에서 신중하게 판단하여야 한다.

이 사건에서 원고가 주장하는 영업표지 '파란색 라벨 및 파란색 뚜껑이 부착된 투명 소주병' 및 "제주소주"는 부정경쟁방지법 제2조 제1호 (가) 내지 (다)목에 의하여 보호받을 적격이 있는 영업표지, 상품표지에 해당하기는 하지만, 국내에 널리 인식된 타인의 상품 영업임을 표시한 표지임이 인정되지 않아 부정경쟁방지법 제2조 제1호 (가) 내지 (다)목에 의한 보호를 받을 수 없고,[7)8)] 이에 준하는 보호를 해주어야 할 만큼 원고의 투자나 노력, 성과의

---

7. 제1호부터 제6호까지에 해당하는 상표 외에 수요자가 누구의 업무에 관련된 상품을 표시하는 것인가를 식별할 수 없는 상표

5) 저작권법 제35조의5(저작물의 공정한 이용) ① 제23조부터 제35조의4까지, 제101조의3부터 제101조의5까지의 경우 외에 저작물의 일반적인 이용 방법과 충돌하지 아니하고 저작자의 정당한 이익을 부당하게 해치지 아니하는 경우에는 저작물을 이용할 수 있다.

6) 「독점규제 및 공정거래에 관한 법률」 제45조(불공정거래행위의 금지) ① 사업자는 다음 각호의 어느 하나에 해당하는 행위로서 공정한 거래를 해칠 우려가 있는 행위를 하거나, 계열회사 또는 다른 사업자로 하여금 이를 하도록 하여서는 아니 된다.
10. 그 밖의 행위로서 공정한 거래를 해칠 우려가 있는 행위

7) 대상판례는 "제주소주"라는 영업표지에 대하여 ① "제주소주 합동제조 주식회사"는 법인의 명칭으로만 사용된 점, ② 광고물에 사용된 "제주 대표 소주"가 영업표지로 인식되기는 어려운 점 등에 비추어 (나)목에 의한 보호를 받을 수 없다고 판단하였다.

사회적·경제적 가치, 공정한 상거래 관행이나 경쟁질서에 반하는 정도 등이 크다는 특별한 사정이 있다고 보기에는 부족하다고 판단된 것으로 나타난다.

Ⅲ. 대상판결의 의의

대상판결은 부정경쟁행위 일반조항에 따른 보호를 인정할 수 있는지 여부를 판단함에 있어서 기존의 개별조항들에 의한 법적 보호의 공백이 있는지 여부를 함께 살펴보아야 하며, 상품표지, 영업표지, 상품형태 등 개별조항들에 의하여 보호될 수 있는 적격이 있는 식별표지의 경우에는 더욱 신중하게 판단할 필요가 있으므로, 식별표지의 사용으로 인한 성과물 중 영업표지에는 해당하나 개별조항에 의하여 보호될 수 있는 적격이 없는 경우에는 (파)목에 해당되기 쉽지 아니함을 보여주는 사례[9]로서 의의가 있다.

키워드
일반조항, 식별표지, 상당한 투자나 노력, 파란 라벨 및 파란색 뚜껑이 부착된 투명 소주병, 제주소주

8) 대상판례는 '파란색 라벨 및 파란색 뚜껑이 부착된 투명 소주병'이라는 표장에 대하여 ① 소수이기는 하지만 원고를 제외한 다른 소주 제조회사에서도 투명색 소주병을 사용하고 있었던 점, ② 원고 주장에 의하면 원고가 그동안 사용한 라벨 부분과 관련하여 파란색이 배색된 구체적인 형상이 수차례 변경되었던 점, ③ 원고가 제조·판매한 소주 제품은 라벨에 표시된 제품의 명칭("한라산")을 강조하는 방법으로 광고가 이루어져, '파란색 라벨 및 파란색 뚜껑이 부착된 투명 소주병' 자체가 일반 수요자나 거래자에게 각인될 수 있는 방식으로 홍보·광고되어왔다고는 볼 수 없는 점, ④ 원고가 제조·판매하는 소주 제품의 라벨 중앙에는 "한라산"이라는 표지가 상당한 크기로 뚜렷이 표시되어 있어 수요자들은 위 문자 부분에 의해 출처를 인식할 가능성이 높은 점 등에 비추어, 거래자 또는 일반 수요자에게 특정 출처의 상품임을 연상시킬 정도로 현저하게 개별화된 정도에 이르렀다고 보기 어려우므로 (가)목에 의한 보호를 받을 수 없다고 보았다.

9) 다만, 영업표지 중 부정경쟁방지법의 개별조항에 의해 보호될 수 없다는 이유만으로 언제나 (파)목에 의한 보호가 부정되는 것이 아니라는 점에 유의할 필요가 있다[서울고등법원 2020. 10. 22. 선고 2019나2058187 판결(해운대 암소갈비 사건) 참조].

[65] 원격 계좌 개설 시스템과 성과 무단 사용

—특허법원 2017. 10. 20. 선고 2016나1950 판결—

계 승 균 (부산대학교)

[사실 개요]

1. 원고는 원격 계좌 개설 시스템을 개발하여 특허권을 취득한 자이고 피고들 역시 비대면 계좌 서비스 시스템과 영상통화를 이용한 신규 거래 처리 방법 및 시스템과 이를 기록매체를 발명하여 특허등록한 자이다.
2. 원고는 피고들이 실시하고 있는 서비스와 서버가 자신의 특허발명 중 청구항 1, 2, 8을 침해한 것이거나 부정경쟁방지법의 제2조 제1호 (차)목을 위반한 부정경쟁행위에 해당한다고 주장하였다.
3. 특허권 침해에 관한 주장은 모두 기각되었고, 부정경쟁행위에 해당되는 사안에 대해서는 다음과 같이 주장하였다. 원고는 2009년도 하반기에 스마트폰을 이용한 비대면 계좌개설 솔루션의 개발에 착수하여 4년이 넘는 기간 동안 총 개발비용 약 5억 8,000만 원가량을 투입한 끝에, 2015. 1. 16.경 스마트폰을 통한 온라인 계좌개설 서비스 "잇츠미(It's me)"를 출시하게 되었다. 그런데 피고는 원고로부터 위 서비스 시스템을 구입하는 대신, 2015. 5. 17.경부터 6. 14.경까지 3회에 걸친 시연 및 업무 협의 과정에 취득한 기술자료를 토대로, 계열사인 피고 데이터시스템으로 하여금 써니뱅크 시스템을 개발하게 하여 2015. 12. 2. 피고의 비대면 계좌개설 서비스에 사용하고 있다. 이러한 피고들의 행위는 원고의 상당한 투자나 노력으로 만들어진 성과 등을 자신의 영업을 위하여 무단으로 사용함으로써 경제적 이익을 침해하는 것으로서, 부정경쟁방지법 제2조 제1호 (차)목이 정한 부정경쟁행위에 해당한다.

[판결 요지]

1. 부정경쟁방지법 제2조 제1호 차목[1)]은 2013. 7. 30. 법률 제11963호로 부정경쟁방지법이 개정되면서 도입된 규정으로서, 기술의 변화 등으로 나타나는 새롭고 다양한 유형의 부정경쟁행위에 대하여 적절하게 대응하고자 새로운 유형의 부정경쟁행위에 대한 부정경쟁방지법의 포섭범위를 확대하기 위하여 기존의 한정적·열거적 방식으로 제한된 부정경쟁행위에 대한 보충적 일반조항으로 새로 신설된 것이다.

이러한 부정경쟁방지법 제2조 제1호 (차)목의 신설 경위와 제반 지식재산권법의 관계

---

1) 현행 부정경쟁방지법에서는 파목으로 조문의 위치가 변경되었다. 논의의 편의를 위하여 판결 당시의 차목으로 인용하고자 한다. 부정경쟁방지법에 계속해서 일반조항에 가까운 내용을 가지거나 그렇게 많이 연구되지 않은 조항들이 성급하게 늘어나고 있는 점에 대해서 개인적으로는 다소 의문을 가지고 있다.

등에 비추어 볼 때, 지식재산권법에 의하여 보호되지 않는 타인의 성과는 설령 그것이 재산적 가치를 갖는다고 하더라도 원칙적으로 자유로운 모방과 이용이 가능하고, 다만 예외적으로 그와 같은 타인의 성과 모방이나 이용행위에 공정한 거래 질서 및 자유로운 경쟁질서에 비추어 정당화될 수 없는 '특별한 사정'이 있는 경우에는 그와 같은 모방이나 이용행위는 허용될 수 없다고 보아야 한다.

위와 같이 예외적으로 타인의 성과 모방이나 이용행위에 공정한 거래 질서 및 자유로운 경쟁 질서에 비추어 정당화될 수 없는 특별한 사정이 있어 부정경쟁방지법 제2조 제1호 차목에서 규정하는 부정경쟁행위에 해당하기 위해서는, 타인의 성과 모방이나 이용행위의 경과, 이용자의 목적 또는 의도, 이용의 방법이나 정도, 이용까지의 시간적 간격, 타인의 성과물의 취득 경위, 이용행위의 결과 등을 종합적으로 고려하여 거래 관행상 현저히 불공정하다고 볼 수 있어야 한다.

그러한 유형의 행위에는 절취 등 부정한 수단에 의하여 타인의 성과나 아이디어를 취득하거나 선행자와의 계약상 의무나 신의칙에 현저히 반하는 양태로 이를 모방하는 행위, 건전한 경쟁을 목적으로 하는 것이 아니라 의도적으로 경쟁자의 영업을 방해하거나 경쟁지역에서 염가로 판매하거나 오로지 손해를 줄 목적으로 타인의 성과물을 이용하는 행위, 타인의 성과를 토대로 하여 모방자 자신의 창작적 요소를 가미하는 모방(예속적 모방)이 아니라 타인의 성과를 대부분 그대로 가져오면서 모방자의 창작적 요소가 거의 가미되지 않은 모방(직접적 모방) 등이 해당된다.

해설

Ⅰ. 대상판결의 쟁점

본 사례는 특허권을 침해하지 않는다고 판단한 경우에 다시 부정경쟁방지법에서 규정하고 있는 부정경쟁행위에 해당하는지 여부 특히 소위 일반조항이라고 불리는 부정경쟁방지법 제2조 제1호 (차)목의 성과 무단 사용 금지조항에 해당되는지 여부가 쟁점이다. 성과 무단 사용은 "그 밖에 타인의 상당한 투자나 노력으로 만들어진 성과 등을 공정한 상거래 관행이나 경쟁 질서에 반하는 방법으로 자신의 영업을 위하여 무단으로 사용함으로써 타인의 경제적 이익을 침해하는 행위"를 말한다.

Ⅱ. 일반조항의 의미

1. 의의

일반조항(General Klausel)은 법의 일반 원칙을 선언하고 있다는 인상이 들기도 한다. 사회구성원으로서 지켜야 할 내용이어서 도덕 또는 윤리규범이 법규범의 일부로 들어올 수 있는 창구 역할을 하기도 한다고 생각된다. 그리고 일반조항 내용은 추상성을 가지고 불확정 개념으로 이루어져 있기는 하지만 다른 법규범이 규율하지 못하는 규범의 경직성을 완화시켜 주어 성문법이 새로운 법현상에 탄력성 있게 대응할 수 있도록 하여 살아있는 법이 되도록 하는 역할을 한다. 다만 일반조항의 일반성·추상성·불확정성 때문에 구체적인 재판을 통해서 규범의 내용이 특정화·구체화하게 된다.[2)]

2. 일반조항의 단점

반면에 법률관계의 불안정성을 유발하기도 한다. 특히 영업활동을 하는 수범자는 자신의 영업활동과 관련하여 행위규범의 방향성이나 내용을 대법원의 최종 판결이 있기 이전에는 알 수 없다. 수범자는 우리 사회에서 지식재산권을 위반하지 않았음에도 소위 일반조항이면서 그 내용을 특정하거나 구체적으로 알 수 없는 내용을 위반하였다는 이유로 불법행위를 구성한다고 하면 자신의 법률행위나 법률관계에 대한 불안을 감출 수 없을 것이다. 그리고 피해자는 우선 일반조항을 위반하였다고 주장하여 법률관계 해결을 복잡하게 만들 수 있다.

3. 법관에 의한 법규범창조

일반조항은 사법(司法)에 대한 무한한 신뢰를 전제로 한다. 법규범을 적용하여야 하는 법관에 의해서 사실상 새로운 규범의 형성(richterliche Rechtsfortbildung),[3)] 다른 말로 표현하면 기존에 없었던 법 현상에 대해서 새로운 내용으로 일반조항을 입법에 가깝게 해석하게 되는 것이다. 따라서 일반조항을 적용하여 새로운 법 현상에 대한 새로운 법리를 제시하거나 규범적 기준을 제시하고자 할 경우 각 추상적인 요건을 비교적 구체적으로 설시하여 그 법규범을 적용받는 사람이 내용을 구체적으로 알 수 있어야 하고, 일반 수범자들도 이러한 행위를 하면 일반규정을 침해하는 행위라는 것과 규범의 내용을 어느 정도 짐작할 수 있어야 한다고 생각한다. 의심스러울 경우에 입법의 목적에 비추어 입법의 직접적이고 고유한 지

---

2) 김상용, 「민법총칙(전정판 보정)」, 법문사(2003), 114.

3) Karl Larenz·Claus-Wilhelm Canaris, Methodenlehre der Rechtswissenschaft(3. Aufl.), Springer Lehrbuch, 1995, S. 187f.

침을 적용하여야 하고, 입법목적을 위반한 것이 명백하게 드러날 경우 법관에게 입법을 교정할 수 있도록 위임하였고 결정권을 주었다고 할 수 있다.[4] 법관의 역할은 일반조항을 해석하여 규범 내용을 구체화하고,[5] 일반 공중의 법인식에 대한 대변인(Sprachrohr)이 되어야 한다.[6]

4. 지식재산권과 일반조항

특히 지식재산권법은 창작법 · 영업표지법 · 영업비밀보호법을 중심으로 다양한 영역에서 비교적 구체적인 규범 내용으로 재산권을 형성하고 있고, 부정경쟁방지법을 통하여 재산권 침해가 아니라도 불법행위법으로 규율하고 있다. 따라서 부정경쟁방지법의 일반조항을 적용하고자 할 경우는 구체적인 특허권, 상표권 등을 침해하지 않았고, 영업비밀도 침해하지 않았고, 부정경쟁방지법에서 열거하고 있는 부정경쟁행위를 하지 않았음에도 불구하고 법률상 보호할 가치가 있는 이익을 침해하는 행위라고 판단되는 부정한 경쟁행위[7]에 해당되어야 한다.

따라서 재산권의 내용이 유형화 · 개별화 · 구체화되어 있는 지식재산권법 영역에서는 일반조항을 근거로 법률 분쟁을 해결하고 법리를 구성하는 것은 수범자가 수긍할 수 있는 규범력을 형성하기가 힘들 가능성이 높기 때문에 가능하면 법체계 전체, 지식재산권법 전체에 비추어 신중하게 판단하고 그 내용을 구체적으로, 개별적으로 설시하여야 한다고 판단된다.

Ⅲ. 대상판결의 분석

1. 대상판결은 피고들이 성과모용에 의한 부정경쟁행위를 하지 않았다는 근거를 다음과 같이 제시하고 있다.

우선, 피고들 시스템은 피고 중 하나가 보유하고 있는 특허발명의 기술적 특징을 그대로 포함하고 있다는 점이다.

둘째는 원고가 2015. 5. 7. 피고 데이터시스템에서 개최한 세미나에서 참석자들에게 원고가 개발한 스마트폰을 통한 온라인 계좌개설 서비스 “잇츠미(It's me)”의 내용 및 이용순서도와 이를 위한 금융기관의 하드웨어 구성 등이 포함된 관한 설명자료를 배포한 바 있고,

---

4) Fritz von Hippel, *Rechtstheorie und Rechtsdogmatik*, Vittorio Klostermann, 1964, S. 315.
5) Rolf Wank, *Die Auslegung von Gesetzen(3. Aufl.)*, Carl Heymanns Verlag, 2005, S. 74.
6) Larenz · Canaris, *a.a.O.*, S. 45.
7) 대법원 2010. 8. 25. 자 2008마1541 결정; 대법원 2012. 3. 29. 선고 2010다20044 판결; 대법원 2017. 11. 9. 선고 2014다49180 판결; 대법원 2020. 2. 13. 선고 2015다225967 판결.

또한 위 잇츠미 솔루션은 2015. 6. 2. 인터넷 뉴스에 그 내용과 업무 구성도가 공개되었다는 점이다.

2. 피고 중의 하나가 보유하고 있는 기술적 특징을 그대로 실시하였기 때문에 부정경쟁행위에 해당하지 않는다는 취지로 짐작되는데 타인, 즉 피고가 실시하고 있는 기술이 원고의 상당한 투자나 노력으로 만들어진 성과에 해당되지 않는다는 점을 밝히려고 한 것으로 보인다. 사실 이 점은 특허권 침해에 대한 판단이기도 하지만 성과 무단 사용 해당되지 않는다는 점을 조금 더 구체적으로 설시해주는 것이 필요하지 않을까 하는 아쉬움이 있다.

3. 원고가 온라인 계좌개설 서비스 솔루션에 관한 설명자료를 배포한 것과 인터넷뉴스에 내용이 '공개'되었다고 해서 원고의 기술적 성과물이 상당한 투자나 노력으로 만들어진 성과가 아니라고 말할 수 없다. 판결문에도 나와 있다시피 원고는 4년이 넘는 기간 동안 총 개발비용 약 5억 8,000만 원가량을 투입하였기 때문이다.

4. 설명자료를 배포하였거나 신문 기사로 났다고 해서 누구나 마음대로 사용하라는 의미는 아니다.[8)] 설명자료에 있는 기술과 신문 기사에 난 기술이라고 하더라도 이를 사용하고자 하는 경우 자유실시기술이 아니라면 개발한 권리자로부터 실시허락을 받아야 하는 것이다. 설명자료가 배포되었거나 신문 기사로 난 기술을 사용하는 것이 마치 공정한 상거래 관행이나 경쟁질서에 반하는 방법으로 자신의 영업을 위하여 무단으로 사용하지 않은 것에 해당된다는 뉘앙스로 느껴지는데 이 점에 대해서는 사람마다 다소 이견이 있을 수 있다고 판단된다. 원고의 입장에서는 단지 자신이 개발한 기술을 과시하거나 홍보한 것일 수도 있는데 이를 무단으로 사용하라는 의미로 읽히지는 않는다. 공개된 경우 권리가 사라지는 것은 영업비밀 보호요건과 연관되는 것인데 대상판결의 사례는 영업비밀보호와는 관련이 없는 것으로 보인다.

키워드

부정경쟁방지행위, 성과모용금지, 일반조항, 특허권, 법적 안정성

8) 특허권이 인정되지 않는 기술에 대하여 일반조항 적용 가능성을 부정한 대법원 2020. 6. 25. 선고 2019다282449 판결, 영업비밀보호가 안 되는 기술에 대하여 일반조항에 해당한다고 판단한 대법원 2022. 4. 28. 선고 2021다310873 판결, 이미 알려진 정보라는 이유로 일반조항을 적용할 수 없다는 대법원 2022. 5. 12. 선고 2021도1533 판결도 일반조항의 의미와 함께 음미해볼 필요가 있다고 사료된다.

[66] 매장 이미지를 사용한 행위가 성과도용 부정경쟁행위에 해당하는지 여부

—특허법원 2023. 4. 7. 선고 2022나1548 판결[1]—

이 혜 진 (특허법원)

[사실 개요]

원고 '어서오시게' 매장	피고 '헬로크랩' 매장

1. 원고들은 2019. 11.경부터 대게 테이크아웃 전문점인 어서오시게 1호점을 개업하였고, 피고는 2020. 1.경 원고들과 동업계약을 체결하고 어서오시게 2호점을 운영하였다가 2020. 4. 22. 동업관계에서 탈퇴한 후 어서오시게 2호점을 '헬로크랩'이라는 상호로 변경하고 동일한 영업을 하였다.
2. 원고들은 피고를 상대로, '어서오시게' 매장의 표장(또는 로고), 박스, 그리고 간판과 인테리어 등을 포함한 원고들 영업의 종합적 이미지는 원고들이 상당한 투자와 노력을 기울여 만든 성과인데, 피고가 원고들의 성과를 모방하여 '헬로크랩' 상호로 피고 매장을 운영한 행위는 부정경쟁방지법 제2조 제1호 (파)목에 해당한다고 주장하면서 사용금지 및 손해배상으로 5,000만 원을 청구하였다.

[판결 요지]

1. 피고가 원고들의 표장(또는 로고), 박스, 간판 및 매장 인테리어 중 로고 부분의 성과를 무단으로 사용한 행위는 부정경쟁방지법 제2조 제1호 (파)목에 해당한다.

2. 다만, 매장 인테리어 중 로고를 제외한 나머지 부분은, 피고가 동업관계 탈퇴 시 그대로 사용하는 것으로 원고들과 사이에 합의가 있었던 사실이 인정되어 무단 사용이라 볼 수 없다는 이유로, 이 부분 원고들의 청구를 기각한 사례.

---

1) 상고 없이 확정되었다.

해설

Ⅰ. 대상판결의 쟁점

	어서오시게	헬로크랩
표장		
포장박스		
매장		

대법원 2010. 8. 25. 자 2008마1541 결정은 '인터넷 포털사이트 광고 방해 사건'에서 성과물을 무단 사용하는 부정경쟁행위에 대하여 민법상 불법행위를 적용하고 금지청구권도 인정하였다. 그 후 2013. 7. 30. 법률 제11963호로 개정된 부정경쟁방지법 제2조 제1호 (차)목은 위 대법원결정의 취지를 반영하여 "그 밖에 타인의 상당한 투자나 노력으로 만들어진 성과 등을 공정한 상거래 관행이나 경쟁질서에 반하는 방법으로 자신의 영업을 위하여 무단으로 사용함으로써 타인의 경제적 이익을 침해하는 행위"를 부정경쟁행위의 하나로 규정하였고, 2018. 4. 17. 법률 제15580호로 개정된 부정경쟁방지법에서 위 (차)목은 (카)목으로 변경되었으며, 2021. 12. 7. 법률 제18548호로 개정된 부정경쟁방지법에서 위 (카)목은 (파)목으로 변경되었다[이하 '(파)목'이라 한다].

(파)목은 구 부정경쟁방지법(2013. 7. 30. 법률 제11963호로 개정되기 전의 것)의 적용 범위에

포함되지 않았던 새로운 유형의 부정경쟁행위에 관한 규정을 신설한 것으로, 새로이 등장하는 경제적 가치를 지닌 무형의 성과를 보호하고 입법자가 부정경쟁행위의 모든 행위를 규정하지 못한 점을 보완하여 법원이 새로운 유형의 부정경쟁행위를 좀 더 명확하게 판단할 수 있도록 함으로써, 변화하는 거래관념을 적시에 반영하여 부정경쟁행위를 규율하기 위한 보충적 일반조항이다.[2)]

종래 (파)목의 적용에 있어서 지식재산권법 규정과 (가)목 내지 (타)목과의 관계를 고려하여 '특별한 사정'이 인정되는 경우에만 소극적 보호를 허용한 사례가 있었으나,[3)] 대법원 2020. 3. 26. 선고 2016다276467 판결('골프존' 사건)과 대법원 2020. 3. 26. 자 2019마6525 결정('BTS' 사건)은 '특별한 사정'을 요구함이 없이 그 입법취지와 성립 요건에 관한 법리 설시를 하였고, 이후 이러한 법리를 적용한 판단이 이루어지고 있다.[4)] (파)목이 보충적 일반조항의 성격이기는 하지만, (가)목 내지 (타)목의 각 규정은 별개의 요건으로 구체적인 사안에 따라 적용 여부를 종합적으로 검토하여야 하고, (가)목 내지 (타)목 중 어느 하나에 해당하더라도 (파)목의 요건을 충족하는 경우 중첩적으로 적용될 수 있다.[5)] 다만, (파)목의 요건을 너무 완화하여 그 적용 범위를 확대 적용 시 다른 부정경쟁행위와 지식재산권법이 형해화될 우려가 있으므로 그 요건을 엄격하게 적용할 필요가 있다.

(파)목 부정경쟁행위의 성립 요건에 대하여, 대법원 2020. 3. 26. 선고 2016다276467 판결은 "'성과 등'을 판단할 때에는 위와 같은 결과물이 갖게 된 명성이나 경제적 가치, 결과물에 화체된 고객흡인력, 해당 사업 분야에서 결과물이 차지하는 비중과 경쟁력 등을 종합적으로 고려해야 한다. 이러한 성과 등이 '상당한 투자나 노력으로 만들어진' 것인지는 권리자가 투입한 투자나 노력의 내용과 정도를 그 성과 등이 속한 산업분야의 관행이나 실태에 비추어 구체적·개별적으로 판단하되, 성과 등을 무단으로 사용함으로써 침해된 경제적 이익이 누구나 자유롭게 이용할 수 있는 이른바 공공영역(public domain)에 속하지 않는다고 평가할 수 있어야 한다. 또한 (파)목이 정하는 '공정한 상거래 관행이나 경쟁질서에 반하는 방

2) 대법원 2020. 3. 26. 선고 2016다276467 판결 등 참조.

3) 서울중앙지방법원 2014. 8. 28. 선고 2013가합552431 판결('모모코' 사건, 항소 없이 확정됨); 서울고등법원 2017. 1. 12. 선고 2015나2063761 판결('포레스트 매니아' 사건, 대법원 2019. 6. 27. 선고 2017다212095 판결로 파기환송됨) 등 참조.

4) 박태일, "성과도용 부정경쟁행위와 침해자 이익에 기초한 손해배상", 판례공보스터디 민사판례해설 Ⅲ-하(2022), 1186~1188; 정희엽, "'차량의 루프박스 구조'와 관련하여 부정경쟁방지법 제조 제1호 (카)목의 적용 여부가 문제된 사건[대법원 2020. 6. 25. 선고 2019다282449 판결]", 「LAW & TECHNOLOGY」 제16권 제6호, 서울대학교 기술과법센터(2020), 104.

5) 손천우, "부정경쟁방지법 제2조 제1호 (카)목이 규정하는 성과물 이용 부정경쟁행위에 관한 연구", 「사법」 제55호, 사법발전재단(2020), 1019~1030; 윤태식, 「부정경쟁방지법」, 박영사(2021), 192~192; 이한상, "부정경쟁방지법 제2조 제1호 (차)목에서 정한 부정경쟁행위의 판단 기준(대법원 2020. 7. 23. 선고 2020다220607 판결)", 「대법원판례해설」 제126호, 법원도서관(2021), 405~407.

법으로 자신의 영업을 위하여 무단으로 사용'한 경우에 해당하기 위해서는 권리자와 침해자가 경쟁 관계에 있거나 가까운 장래에 경쟁관계에 놓일 가능성이 있는지, 권리자가 주장하는 성과 등이 포함된 산업분야의 상거래 관행이나 경쟁질서의 내용과 그 내용이 공정한지, 위와 같은 성과 등이 침해자의 상품이나 서비스에 의해 시장에서 대체될 수 있는지, 수요자나 거래자들에게 성과 등이 어느 정도 알려졌는지, 수요자나 거래자들의 혼동가능성이 있는지 등을 종합적으로 고려해야 한다."라고 설시하였다.

대상판결의 사안에서는 원고들 상표(로고), 박스, 간판을 포함한 매장의 인테리어 등이 원고들의 상당한 투자나 노력으로 만들어진 성과에 해당하는지 여부 및 피고가 원고들의 성과를 무단으로 사용한 것인지 여부가 주된 쟁점으로 되었다.

Ⅱ. 대상판결의 분석

대상판결은 다음과 같은 이유로 원고들 상표(로고), 포장박스, 간판을 포함한 매장 인테리어는 상당한 투자나 노력으로 만들어진 성과에 해당한다고 보았다.

– 상표(로고): 전체 표장에서 차지하는 비중이 크고, 종래 동종 업종에서 사용하지 않았던 특이한 형상임 – 포장박스: 원고들이 오랜 기간 실험을 통해 개발한 것이고, 내측에 열반사층이 형성되고 수납공간에는 열을 발산하는 액체용기를 포함하는 구성으로 이동시간 동안 적정한 온도로 유지되어 좋은 식감을 가질 수 있도록 하는 것을 특징으로 하고 있음 – 간판을 포함한 매장 인테리어: 종래 갑각류 테이크아웃 매장에서 볼 수 없었던 전체적으로 분홍색이 사용된 벽과 가구 등을 배치하여 방문고객들이 마치 카페에 온 듯한 분위기를 갖도록 인테리어를 디자인하였고, 원고들 간판과 매장 내 메뉴판, 현판 등에는 종래 동종 업종에서 볼 수 없었던 독특한 게 모양의 형상을 사용하는 등 전체로서 원고들 영업의 독특한 분위기를 형성하여 원고들의 영업을 차별화하고 있음

종래 매장의 인테리어 등을 포함한 매장 이미지는 트레이드 드레스(trade dress)에 해당하는 것으로 성과도용 부정경쟁행위가 적용되는지 논란이 되었으나, 서울고등법원 2016. 5. 12. 선고 2015나2044777 판결('서울연인단팥빵' 사건)[6]에서 매장의 이미지가 상당한 투자나 노력으로 만들어진 성과의 대상이 됨을 명확히 하였고, 이러한 매장 이미지를 모방하는 행위는 (파)목의 부정경쟁행위에 해당한다고 판단하였다. 특허법원 2022. 4. 28. 선고

6) 대법원 2016. 9. 21. 선고 2016다229058 심리불속행기각 판결로 확정되었다.

2020나1520 판결('이차돌' 사건)[7]에서도 '매장 외관 사용행위'가 성과도용 부정경쟁행위에 해당하는지 쟁점이 되었는데, 법원은 원고 매장 외관은 동종 업계에서 인테리어 시 사용하던 해당 구성부분을 조합하여 일부 변형한 것으로 수요자의 감각에 강하게 호소하는 독특한 디자인적 특징이 없다고 보고 원고의 상당한 투자나 노력으로 만들어진 성과로 볼 수 없다고 판단하였다.

대상판결은 간판을 포함한 원고들 매장 인테리어는 종래 동종 업종에서 볼 수 없었던 독특한 분위기를 형성하여 원고들의 영업을 차별화하고 있으므로 원고들의 상당한 투자나 노력으로 만들어진 성과에 해당한다고 판단하였다. 다만, 대상판결은 피고가 원고들의 성과 등을 자신의 영업을 위하여 무단 사용하였는지 여부와 관련하여, 원고들의 표장(또는 로고), 박스, 간판 및 매장 인테리어 중 로고 부분에 대하여서 무단 사용을 인정하되, 매장 인테리어 중 로고를 제외한 나머지 부분은 피고가 동업관계 탈퇴 시 그대로 사용하는 것으로 원고들과 사이에 묵시적 합의가 있었던 사실이 인정되어 무단 사용이라 볼 수 없다고 보고, 이 부분 원고들의 청구를 기각하였다.

Ⅲ. 대상판결의 의의

대상판결은 '원고들의 매장 이미지'가 원고들의 상당한 투자나 노력으로 만들어진 성과라고 보았으나, 당사자들 사이에 매장 인테리어 중 로고를 제외한 나머지 부분은 피고가 그대로 사용하는 것에 대한 '묵시적 합의'가 있다고 인정하여 무단 사용을 부정한 사례로서 의의가 있다.

키워드

성과도용 부정경쟁행위, 매장 이미지, 어서오시게, 헬로크랩, 묵시적 합의

7) 대법원 2022. 9. 7. 선고 2022다237661 심리불속행기각 판결로 확정되었다.

[67] 부정경쟁방지법 제2조 제1호 (파)목의 보충적 적용 여부

—서울중앙지방법원 2015. 1. 16. 선고 2014가합529797 판결—

이 우 용 (서울중앙지방법원)

[사실 개요]

원고 표장	피고 표장
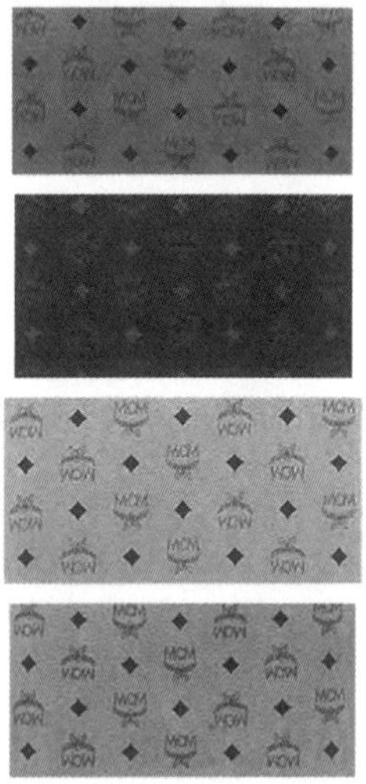	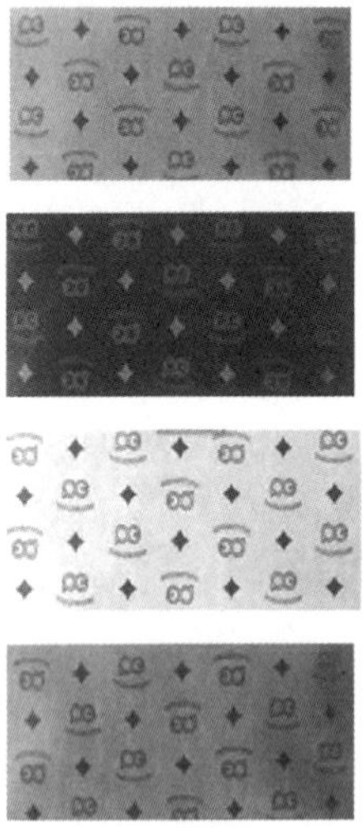

1. 원고는 핸드백 등 가방제품의 제조 · 판매 등의 영업을 하는 법인으로, 황토색 계열이나 검정색, 베이지색, 분홍색 등을 바탕색으로 하는 가방지에 위 표 좌측과 같은 원고 표장을 사용한 쇼퍼백, 백팩, 크로스백, 장지갑 등의 제품을 생산 · 판매하고 있다.
2. 피고들은 2013. 1. 1.경부터 2014. 9. 30.경까지 황토색 계열이나 검정색, 베이지색, 분홍색을 바탕색으로 하는 가방지에 위 표 우측과 같은 피고 표장을 사용한 쇼퍼백, 백팩, 크로스백, 장지갑 등의 제품을 생산 · 판매하였다.
3. 원고는 위와 같은 피고들의 행위에 대해, ① 상품출처를 혼동하게 하고, ② 원고 표장의 명성을 손상시키며, ③ 원고의 상당한 투자와 노력으로 만들어진 성과인 원고 표장을 공정한 상거래 관행이나 경쟁질서에 반하는 방법으로 무단 사용한 행위로서 부정경쟁방지법 제2조 제1호 (가), (다), (파)목[1]의 각 부정경쟁행위에 해당한다고 주장하였다.

---

1) 현행 부정경쟁방지법 제2조 제1호 (파)목의 부정경쟁행위 조항은 2013. 7. 30. 법률 제11963호로 개정된 부정경쟁방지법에 제2조 제1호 (차)목으로 신설된 후, 2018. 4. 17. 법률 제15580호로 개정되면서 (카)목으로 변경되었다가 2021. 12. 7. 법률 제18548호로 개정되면서 (파)목으로 변경되었다. 이하 편의상 판결을 직접 인용하는 경우를 제외하고는 (파)목으로 표시한다.

[판결 요지]

1. 원고 표장은 부정경쟁방지법에서 보호되는 주지·저명한 상품표지에 해당하고, 피고 표장은 원고 표장과 유사하여 일반 수요자로 하여금 상품의 출처를 혼동하게 할 우려가 있어, 피고들이 피고 표장을 사용한 가방 등 제품을 생산·판매한 행위는 부정경쟁방지법 제2조 제1호 (가)목의 부정경쟁행위에 해당할 뿐만 아니라, 고급 브랜드 제품으로서 원고 표장이 가지는 이미지 및 가치를 손상시키는 결과를 초래하는 행위로서 부정경쟁방지법 제2조 제1호 (다)목의 부정경쟁행위에도 해당한다.

2. 또한, 원고가 2002년 설립된 이래 원고 표장을 사용한 가방, 지갑 등을 생산·판매하는 과정에서 판매 증진 및 이미지 개선 등을 위해 상당한 금액의 비용을 지출하여 온 점 등에 비추어 보면, 원고 표장은 원고의 상당한 투자와 노력으로 만들어진 성과에 해당하고, 피고들이 이와 유사한 피고 표장을 사용한 가방 등 제품을 생산·판매한 행위는 위와 같은 원고의 성과를 공정한 상거래 관행이나 경쟁질서에 반하는 방법으로 자신의 영업을 위하여 무단으로 사용한 것으로 봄이 상당하므로 부정경쟁방지법 제2조 제1호 (파)목의 부정경쟁행위에 해당한다. 피고들의 위와 같은 행위가 부정경쟁방지법 제2조 제1호 (가)목, (다)목의 각 부정경쟁행위에 해당한다고 하여 위 (파)목 규정이 적용될 수 없다고 볼 수는 없다고 한 사례.

해설

Ⅰ. 대상판결의 쟁점

2013. 7. 31. 부정경쟁방지법 개정에 의해 당시 (차)목으로 신설된 성과도용 부정경쟁행위 조항은 기술의 변화 등으로 나타나는 새롭고 다양한 유형의 부정경쟁행위에 적절하게 대응하기 위한 보충적 일반조항이라는 것이 입법자의 설명이다.[2)]

대상판결이 있기 전, 서울고등법원 2014. 12. 4. 선고 2014나2011480 판결('솔섬 사진' 사건)에서는 "원고는 이 사건 공모전 사진이 이 사건 사진저작물을 '모방'하였음을 전제로 부정경쟁방지법 제2조 제1호 (차)목의 적용을 구하나, 실질적 유사성이 인정되지 아니하는 형태의 '모방' 행위는 저작권법에 의해 허용되는 것이고, 위 (차)목은 한정적으로 열거된 부정경쟁방지법 제2조 제1호 (가)~(자)목 소정의 부정경쟁행위에 대한 보충적 규정일 뿐 저작

2) 특허청 산업재산보호팀, 「부정경쟁방지 및 영업비밀보호에 관한 법률 일부개정법률안 설명자료」, 특허청(2011), 1; 박영규, "보충적 일반조항의 이론과 쟁점 분석", 「제2회 지식재산 정책포럼 자료집」, 한국지식재산연구원(2015), 47.

권법에 의해 원칙적으로 허용되는 행위까지도 규율하기 위한 규정은 아니라고 보아야 한다."고 판시하였고, 서울중앙지방법원 2014. 8. 28. 선고 2013가합552431 판결에서는 "부정경쟁방지법 제2조 제1호 (차)목은 (가) 내지 (자)목에 규정하고 있는 행위유형과는 다른, 종래의 지식재산권 관련 제도 내에서는 예상할 수 없어 기존 법률로는 미처 포섭할 수 없었던 유형의 행위로서 (가) 내지 (자)목의 부정경쟁행위에 준하는 것으로 평가할 수 있는 행위에 한하여 적용되고, 특별한 사정이 없는 이상 (가) 내지 (자)목에서 정하고 있는 행위유형에는 해당하나 위 각 목에서 정하고 있는 부정경쟁행위로 인정되기 위한 요건을 갖추지 못한 행위에 대하여는 (차)목에 의한 부정경쟁행위로 함부로 의율하여서는 아니 된다고 봄이 상당하다."고 판시하는 등, 부정경쟁방지법 제2조 1호 (파)목은 나머지 부정경쟁행위에 대해 보충적으로 적용하여야 한다는 취지의 판결들이 있었다.

대상판결에서, 피고들의 행위가 부정경쟁방지법 제2조 제1호 (가), (다)목 외에 (파)목 부정경쟁행위에도 해당한다는 원고의 주장에 대해, 피고들은 자신들의 행위는 부정경쟁방지법 제2조 제1호 (가), (다)목의 부정경쟁행위 여부만 문제될 뿐이고, (파)목이 적용될 수 없다고 주장하여, (파)목의 보충적 적용 여부가 쟁점이 되었다.

Ⅱ. 대상판결의 분석

부정경쟁방지법 제2조 제1호 (파)목의 보충성에 대하여, (파)목은 기존의 지식재산권법이 규율하지 못하는 상황을 상정하여 도입된 것이므로 일정한 경우로 한정하여 (파)목의 적용을 인정해야 한다고 보는 견해,[3] 불명확한 개념으로 신설된 (파)목의 해석에 신중할 필요가 있지만 (파)목을 보충적 일반조항으로 보아 그 지나친 확대적용을 제한하고자 하는 의도에서 막연하게 제한 해석하는 것은 법적 안정성을 해할 우려가 있다는 견해,[4] 구체적 타당성과 사회 일반의 정의 관념에 비추어 법원이 적정하게 판단하는 방법으로 탄력적으로 대응하는 것이 필요하다는 견해,[5] 입법 취지와 조문내용을 고려하면, (파)목은 그 자체로 독립적 법률요건에 따라 판단해야 하고, 보충적 일반조항의 의미는 바로 종래 보호받기 어려웠던 새로운 형태의 결과물에 대해서 보호가 가능하다는 적극적·긍정적 의미이지, 다른 지식재

3) 박정희, "부정경쟁방지법 제2조 제1호 (차)목의 적용 범위", 「특허법원 개원 20주년 기념논문집」 특허소송연구 특별호, 특허법원(2018), 846~849; 강동세, "부정경쟁방지법상 일반조항을 둘러싼 법적 문제에 관한 소고", 「특별법연구 15권」, 사법발전재단(2018), 312~313, 333, 337.

4) 이규홍, "부정경쟁방지법 제2조 제1호 차목(변경 후 카목)에 대한 연구－부정경쟁행위와 불공정거래행위의 교차점－", 「정보법학」 22권 2호, 한국정보법학회(2018), 94~95.

5) 정연덕, "퍼블리시티권에 관한 연구 부정경쟁방지법을 중심으로", 「산업재산권」 29호, 한국산업재산권법학회(2009), 179~180.

산권 또는 부정경쟁행위에 해당하지 않을 때에만 보호하겠다는 소극적·부정적 의미라고 볼 수는 없다는 견해,[6] (파)목은 보충적 일반조항으로서, 이를 독립적인 조항으로 보는 해석은 입법취지와 법문은 물론이고 지적재산법의 목적에도 부합하지 않으며, 더욱이 다른 개별 부정경쟁행위에 해당됨에도 다시 (파)목에 해당된다고 판시하는 것은 선택적 청구의 특성상 실익도 없다는 견해[7] 등 다양한 견해가 존재한다.

대상판결은, 피고들의 행위가 부정경쟁방지법 제2조 제1호 (가)목의 상품출처 혼동행위에 해당할 뿐만 아니라 부정경쟁방지법 제2조 제1호 (다)목의 식별력·명성 손상행위에 해당한다고 판단한 다음, 나아가 부정경쟁방지법 제2조 제1호 (파)목의 성과도용행위 해당 여부에 대해 판단하면서, 피고들의 행위가 부정경쟁방지법 제2조 제1호 (가), (다)목의 부정경쟁행위에 해당한다고 하여 부정경쟁방지법 제2조 제1호 (파)목의 규정이 적용될 수 없다고 볼 수는 없다고 판시하여, 부정경쟁방지법 제2조 제1호 (파)목이 반드시 나머지 부정경쟁행위에 대해 보충적으로만 적용되는 것은 아니라는 취지로 판단하였다.

위 판결 이후, 대법원은 부정경쟁방지법 제2조 제1호 (파)목의 성격에 대해, 2020. 3. 26. 선고 2016다276467 판결('골프존' 사건)을 통해 「2013. 7. 30. 법률 제11963호로 개정된 부정경쟁방지법 제2조 제1호 (차)목은 "그 밖에 타인의 상당한 투자나 노력으로 만들어진 성과 등을 공정한 상거래 관행이나 경쟁질서에 반하는 방법으로 자신의 영업을 위하여 무단으로 사용함으로써 타인의 경제적 이익을 침해하는 행위"를 부정경쟁행위의 하나로 추가하였고, 2018. 4. 17. 법률 제15580호로 개정된 부정경쟁방지법에서 위 (차)목은 (카)목으로 변경되었다[이하 '(카)목'이라 한다]. 위 (카)목은 구 부정경쟁방지법(2013. 7. 30. 법률 제11963호로 개정되기 전의 것)의 적용 범위에 포함되지 않았던 새로운 유형의 부정경쟁행위에 관한 규정을 신설한 것이다. 이는 새로이 등장하는 경제적 가치를 지닌 무형의 성과를 보호하고 입법자가 부정경쟁행위의 모든 행위를 규정하지 못한 점을 보완하여 법원이 새로운 유형의 부정경쟁행위를 좀 더 명확하게 판단할 수 있도록 함으로써, 변화하는 거래관념을 적시에 반영하여 부정경쟁행위를 규율하기 위한 보충적 일반조항이다.」라고 판시하였는데,[8] 이는 부정경쟁방지법 제2조 제1호 (파)목이 보충적 일반조항임을 밝히면서도 다른 부정경쟁행위 유형과의 관계에 대해 엄격한 입장을 취하지 않고, (파)목의 독자적인 요건에 해당되는지를 살펴본 것으로 평가할 수 있다.[9]

---

6) 손천우, "부정경쟁방지법 제2조 제1호 (카)목이 규정하는 성과물 이용 부정경쟁행위에 관한 연구", 「사법」 제55호, 사법발전재단(2021), 1019.

7) 문선영, "부정경쟁방지법상 '기타 성과 등 무단사용행위'에 대한 비판적 고찰–최근 선고된 판례 및 주요 쟁점 검토를 중심으로–", 「The Journal of Law & IP」 제12권 제1호, 충남대학교 세종지적재산권연구소(2022), 163.

8) 대법원 2020. 3. 26. 자 2019마6525 결정도 같은 취지이다.

현재 실무례의 경우, 복수의 부정경쟁행위 주장이 있는 경우 부정경쟁방지법 제2조 제1호 (파)목 외에 다른 부정경쟁행위가 인정되더라도 (파)목 부정경쟁행위 해당 여부를 판단하거나,[10] 복수의 부정경쟁행위 주장 중에서 부정경쟁방지법 제2조 제1호 (파)목 부정경쟁행위 주장만을 받아들이는 경우, ① (파)목이 보충적 일반조항이라는 점에서 다른 부정경쟁행위에 대한 판단을 먼저 한 후 (파)목 부정경쟁행위 해당 여부를 판단하거나,[11] ② 다른 부정경쟁행위에 대한 판단을 하지 않고 (파)목 부정경쟁행위 해당 여부만을 판단하는 등,[12] 대상판결과 마찬가지로 부정경쟁방지법 제2조 제1호 (파)목을 반드시 보충적으로 적용하여야 하는 것은 아니라는 전제에 선 판결들을 다수 확인할 수 있다.

Ⅲ. 대상판결의 의의

대상판결은 부정경쟁방지법 제2조 제1호 (가), (다)목 부정경쟁행위에 관한 원고의 주장을 받아들이면서 나아가 (파)목 부정경쟁행위 여부까지 판단하고 그 성립을 인정하여, (파)목이 반드시 나머지 부정경쟁행위에 대해 보충적으로만 적용되는 것은 아니라고 판시한 사례이고, 현재 실무례 역시 대상판결의 위 판단과 같은 전제에서 (파)목 부정경쟁행위 해당 여부를 판단하고 있다는 점에서 그 의의를 찾을 수 있다.

키워드

성과도용 부정경쟁행위, 보충적 일반조항, MCM가방 사건

---

9) 손천우(주 6), 1045.

10) 서울고등법원 2023. 5. 25. 선고 2022나2010420 판결[(자)목 부정경쟁행위를 인정한 후 (파)목 부정경쟁행위 해당 여부를 판단함]; 서울중앙지방법원 2022. 8. 25. 선고 2020가합518132 판결[원고가 (파)목을 주위적으로, (자)목을 예비적으로 주장하였는데, 위와 같은 원고의 청구에 따라 (파)목 해당 여부를 먼저 판단하여 이를 배척하고 (자)목 부정경쟁행위 주장을 받아들임]; 서울중앙지방법원 2022. 7. 7. 선고 2019가합585730 판결[복수의 부정경쟁행위 주장이 있었던 것은 아니나, 피고의 행위(게임물 제공)에 대해 저작권침해를 인정하고 (파)목 부정경쟁행위도 인정함].

11) 서울중앙지방법원 2016. 6. 1. 선고 2015가합549354 판결('눈알가방' 사건).

12) 서울고등법원 2020. 10. 22. 선고 2019나2058187 판결[주로 다른 부정경쟁행위의 성립이 불분명하거나 명확하지는 않지만, (파)목 부정경쟁행위에 해당된다고 볼 수 있는 경우에 이런 방식을 취하는 것으로 보인다].

[68] 웹 크롤링과 성과 무단 사용

—서울중앙지방법원 2017. 12. 29. 자 2017카합81043 결정—

권 보 원 (특허법원)

[사실 개요]

1. 채권자는 전국의 부동산중개업자 회원들로부터 부동산 매물정보를 공급받아 甲사와 乙사 온라인 부동산 매물정보 서비스에 제공 · 관리하고 있다. 그 정보는 ㉠ 아파트 단지 이름, 세대수 등 '기본정보'와 ㉡ 매매, 전 · 월세 대상 매물의 가격, 중개업소 연락처 등 '매물정보'로 구성되고, '매물정보'는 회원들이 채권자 시스템에 매물을 등록하면 실시간으로 업데이트된다.
2. 채무자는 2012년 1월경 모바일 앱, 같은 해 3월경 웹사이트로 소비자들에게 원룸, 투룸, 오피스텔의 임대 매물정보를 제공하는 서비스를 시작하였고, 2016년 6월경부터는 서비스 범위를 확대하여, 전국 아파트 단지와 주상복합단지에 관한 매매 및 임대 매물정보도 제공하고 있다.
3. 채권자는 "채무자가 크롤링 방식으로 채권자 웹사이트의 HTML 소스 중 부동산 매물정보를 무단 복제함으로써 채권자 저작권[데이터베이스제작자의 권리]을 침해하였고, 상당한 투자나 노력으로 만들어진 채권자의 성과인 부동산 매물정보 데이터베이스를 그대로 복제하여 사용함으로써 구 부정경쟁방지법(2018. 4. 17. 개정 전, 이하 따로 표시하지 않는 한 이 글에서 같다) 제2조 제1호 (차)목[현행 (파)목, 이하 '구법 (차)목'] 부정경쟁행위를 하였다."라고 주장하면서, 채무자를 상대로 ① 甲, 乙 사이트에 게재된 매물정보 HTML 소스 복제 · 제작 · 반포 · 판매 · 보관 및 채무자 앱 등에 게재 · 인터넷 전송 금지, ② 채무자 앱 등에 게재 · 보관되어 있는 위 HTML 소스 폐기, ③ 간접강제(1일 3,500만 원 지급)를 구하는 가처분을 신청하였다.

[결정 요지]

1. 甲, 乙 사이트에서 제공되는 부동산 매물정보는 저작권법상 보호되는 '데이터베이스'에 해당하고, 채권자는 그 '제작자'에 해당한다. 데이터베이스 복제 등 금지청구가 인용되려면 채무자가 채권자 데이터베이스를 '복제', 즉 정보를 다른 컴퓨터에 고정하거나 다시 제작한 사실이 증명되어야 하나, 채권자가 제출한 자료만으로는 채무자가 크롤링 방식으로 위 매물정보 전체 또는 일부를 무단으로 복제하였다고 인정하기 부족하다.

2. 구법 (차)목은 보충적 일반조항이므로, 그에 따른 금지청구 범위 확장은 매우 예외적으로 신중하게 이루어져야 한다. 이 사건에 그 엄격한 기준을 대입해 보면, 채권자가 제출한 자료만으로는 채무자가 '공정한 상거래 관행이나 경쟁질서에 반하는 방법'으로 채권자의 상당한 투자나 노력으로 만들어진 성과를 사용하고 있다고 인정하기 부족하다.

해설

Ⅰ. 대상결정의 쟁점

팀 버너스-리(Tim Berners-Lee)는 1989년 3월, 유럽입자물리연구소(CERN)의 정보 유실 문제에 대응하는 방법으로 여러 컴퓨터의 문서를 하이퍼텍스트로 연결하는 분산된 정보관리체계를 제안했다. 1990년 말까지 HTML, URL 시스템, HTTP 등을 고안한 그는 1991. 8. 6. 최초의 웹사이트를 공개한다. '월드 와이드 웹'(World Wide Web, WWW)이 탄생한 것이다. 버너스-리는 그의 웹 기술을 특허로 출원하자는 CERN의 요청을 거부했다. 인터넷이 자유롭게 발전하려면 무료로 공개되어야 한다는 신념 때문이었다.

웹브라우저에 URL을 입력하면 브라우저는 DNS 조회를 통해 웹서버의 IP주소를 찾고, 해당 서버와 TCP/IP 연결이 확립되면 브라우저는 서버에 HTTP 요청을 보낸다. 웹서버는 그 요청에 응답하여 브라우저로 HTML 문서를 전송하고, 브라우저는 HTML 문서에 쓰인 대로 웹페이지를 구성해 화면에 표시하는데, 이를 '렌더링(rendering)'이라 한다. HTML 문서는 텍스트로 작성되지만, 그 안에서 다양한 리소스를 참조하거나 링크할 수 있다. 이미지 등 멀티미디어 파일을 포함시킬 수도 있고, CSS로 웹페이지 스타일을 꾸밀 수 있으며, JavaScript로 동적 기능을 추가할 수도 있다. 웹페이지가 의도한 대로 표시되고 활용되려면 HTML 문서는 필요한 데이터를 어딘가에 포함하고 있어야 한다. '도로명주소' 사이트(juso.go.kr)에서 "특허법원"을 검색하면 웹브라우저는 예쁘게 정돈된 화면을 보여주지만, 그 이면에는 데이터 등을 담은 HTML 문서가 있다(도로명주소 표시 부분 발췌).

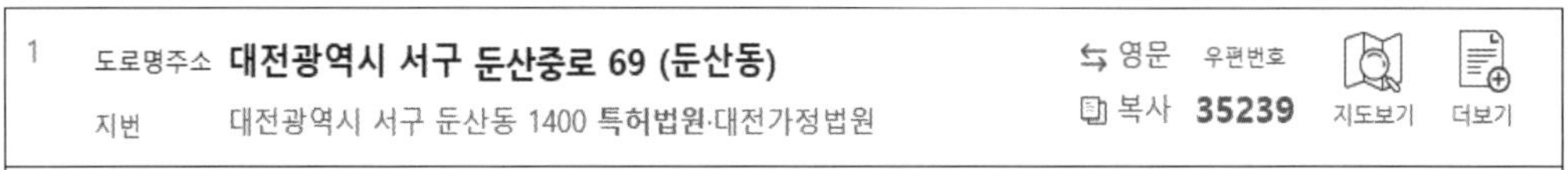


```
▼<span class="roadNameText">
   "대전광역시 서구 "
   <a href="#self" id="close_30170112001140000000021386" title="도로명정보 보기" data-popup="#searchAddressPopup"
   onclick="javascript:addrRoad('301703166022',this, '30170112001140000000021386'); return false;" class>둔산중로</a>
   " 69 (둔산동)"
 </span>
```

월드 와이드 웹은 세상을 향해 열려 있으므로, 웹을 구성하는 HTML 문서를 분석하면 다양한 정보를 수집할 수 있다. 이를 자동화한 것이 웹 크롤링(crawling) 또는 스크래핑(scraping)이다. 거미줄(web)을 기어 다니듯(crawl) 정보를 수집(scrap)하는 것이다. 네이버, 구글 같은 검색엔진도 Yeti, Googlebot 등 자체 크롤러(로봇)가 평소 인터넷을 부지런히 돌아다니며 콘텐츠를 발견하고 웹페이지 간 연관성을 파악하여 색인화한 것을 바탕으로 검색 결과를 제공한다. 검색은 방대한 웹에서 정보를 발견하는 핵심적 방법이고, 이는 크롤링 기술로 가능하게 되었다고도 말할 수 있다. 즉, 크롤링은 네트워크의 가치와 효율성을 높여줄 수 있다. 그러나 이메일주소를 수집해 스팸메일을 뿌리는 것처럼 악용될 수도 있다.

웹사이트들은 robots.txt 문서를 문패처럼 걸어 자기 사이트의 크롤링 관련 정책을 로봇들에 알린다. '도로명주소' 사이트는 모든 크롤러에 모든 페이지에 대한 접근을 허용하고 있고, '네이버 부동산'은 모든 페이지에 대한 접근을 불허하면서 루트 경로에 대한 접근만 허용한다. 구글, 아마존 등 외국 사이트들은 '전부 또는 전무'가 아닌 상세한 목록을 제공하는 경우가 많다. 문제는, 어떻게 써두든 그 준수를 로봇의 선의(?)에 기댈 수밖에 없다는 것이다. 어떤 로봇은 robots.txt를 간단히 무시해 버린다. HTML 문서는 누구나 볼 수 있으므로 IP 차단, ACL 설정 등 방법이 아니면 크롤링을 원천 봉쇄할 수는 없다.[1)]

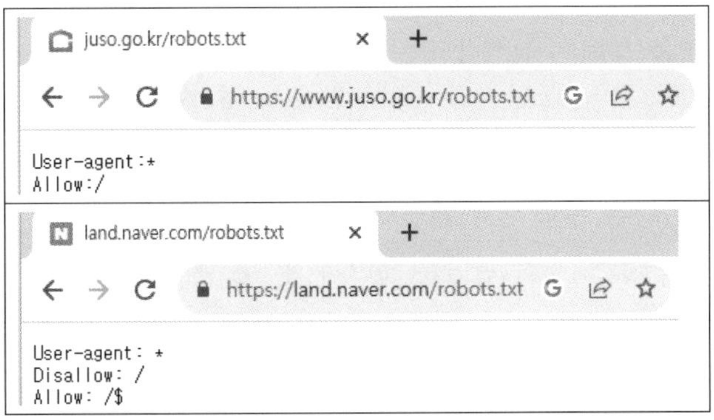

'데이터 경제'라는 말에서 보듯, 오늘날 데이터는 다양한 사업에 활용되고, 가치 창출의 원천이 되고 있다. 누군가 상당한 인적·물적 자원을 투입하여 애써 데이터를 모으고 이를 이용하여 온라인 서비스 등을 제공하는 경우에, 인터넷으로 쉽게 접근할 수 있는 데이터라 하여 경쟁업체 등이 이를 허락 없이 대량 복제하고 영업에 자유롭게 활용할 수 있다는 것은 부당하게도 느껴진다. 크롤링 분쟁에서는 '야놀자 대 여기어때' 형사사건처럼 「정보통신망 이용촉진 및 정보보호 등에 관한 법률」(이하 '정보통신망법') 제48조 제1항 정보통신망 침입에 해당하는지가 문제 되기도 하지만,[2)] 대상결정처럼 주로 저작권법 제93조 데이터베이스제작

1) 특정 IP의 크롤러를 차단한다고 하더라도 PC 등을 하이재킹해 봇넷(Botnet)을 형성하거나 가상사설망(VPN)을 써서 IP를 분산하면 여러 IP를 모두 차단하기가 어려워진다. 대량 접속을 자동 차단하는 방화벽규칙을 사용할 수도 있으나 검색엔진 등 악의 없는 로봇까지 영향받을 수 있다.

2) 1심(서울중앙지방법원 2020. 2. 11. 선고 2019고단1777 판결)에서는 정보통신망법위반, 저작권법위반, 컴퓨터등장애업무방해죄 성립이 인정되었으나, 항소심(서울중앙지방법원 2021. 1. 13. 선고 2020노611 판결)에서 모두 무죄가 선고되어 대법원 2022. 5. 12. 선고 2021도1533 상고기각 판결로 확정되었다. 관련 민사사건에서는 구 부정경쟁방지법(2021. 12. 7. 개정 전) 제2조 제1호 (카)목[현행 (파)목] 성립이 인정되어 10억 원 및 지연손해금 배상이 확정되었다[서울중앙지방법원 2021. 8. 19. 선고 2018가합508729 판결; 서울고등법원 2022. 8. 25. 선고 2021나2034740 판결(확정), 1심에서 금지청구가 인용되었

자의 권리, 부정경쟁방지법 제2조 제1호 (파)목이 쟁점이 된다.[3)]

Ⅱ. 대상결정의 분석

대상결정은 먼저 저작권법상 데이터베이스제작자 권리 침해 주장에 관하여, 甲, 乙 사이트 부동산 매물정보는 저작권법이 보호하는 '데이터베이스'에 해당하고 채권자는 그 '제작자'에 해당한다고 판단하면서도, ㉠ 채권자 주장에 따르더라도 채무자가 채권자의 정보를 어느 시점에 어느 범위까지 복제했다는 것인지 불분명한 점, ㉡ 중개업소들이 채무자에게 정보를 중복 제공하였을 가능성을 배제할 수 없고 부동산 매물정보의 특성상 일부가 일치한다는 사정만으로 복제되었다고 단정할 수 없는 점, ㉢ 채무자도 그 매물정보 중 일정 부분을 내부 조직 운영을 통해 수집했다고 보이는 점 등을 근거로 채권자 주장을 배척하였다.

부정경쟁행위 주장에 관하여는 비교적 간단하게 판단하였다. 보충적 일반조항인 구법 (차)목 적용은 매우 예외적으로 신중하게 이루어져야 하는데, 채무자가 '공정한 상거래 관행이나 경쟁질서에 반하는 방법'으로 채권자의 성과를 사용하고 있다는 소명이 부족하다는 것이다(따옴표는 원문의 것). 명시적 판단은 없으나 甲, 乙 사이트 부동산 매물정보가 저작권법의 '데이터베이스'이고 채권자가 그 '제작자'라고 판단한 것에 비추어 보면, 재판부는 그 정보가 부정경쟁방지법상 '(채권자의) 상당한 투자나 노력으로 만들어진 성과'에는 해당한다고 판단하였다고 보인다. 대상결정은 저작권법 관련 판단 등에 비추어 '무단 사용' 사실 자체가 만족적 가처분을 할 만큼 충분히 소명되지 않았다고 판단하였다 볼 여지는 있으나, 따옴표로 강조한 것처럼 채무자가 채권자 성과를 사용한 '방법', 즉 이 사건 크롤링 방식이 '공정한 상거래 관행이나 경쟁질서에 반하지 않는다'는 것으로 읽히기도 한다.

Ⅲ. 대상결정의 의의

타인의 상당한 투자나 노력으로 만들어진 성과를 '허락 없이' 사용했다고 하더라도, 그 방법이 공정한 상거래 관행이나 경쟁질서에 반하지 않는다면, 바꾸어 말해 '행위 태양'이 위

으나 항소심 법원은 금지대상을 특정할 수 없다는 이유로 각하].

3) '엔하위키 미러' 사건[서울중앙지방법원 2015. 11. 27. 선고 2014가합44470 판결; 서울고등법원 2016. 12. 15. 선고 2015나2074198 판결; 대법원 2017. 4. 13. 자 2017다204315 판결(심리불속행 기각)], '잡코리아 대 사람인' 사건[서울중앙지방법원 2016. 2. 17. 선고 2015가합517982 판결; 서울고등법원 2017. 4. 6. 선고 2016나2019365 판결; 대법원 2017. 8. 24. 자 2017다224395 판결(심리불속행 기각)]의 각 1심 법원은 구법 (차)목 등의 성립을 인정했으나, 각 항소심 법원은 데이터베이스제작자 권리 침해를 인정하면서 그와 예비적·선택적 관계에 있는 구법 (차)목 주장은 판단하지 아니하였다.

법하지 않다면 부정경쟁방지법 제2조 제1호 (파)목의 부정경쟁행위에 해당하지 아니한다. 이를 판단할 때는 권리자와 침해자가 경쟁관계에 있거나 가까운 장래에 경쟁관계에 놓일 가능성이 있는지, 권리자가 주장하는 성과 등이 포함된 산업분야의 상거래 관행이나 경쟁질서의 내용과 그 내용이 공정한지, 위와 같은 성과 등이 침해자의 상품이나 서비스로 시장에서 대체될 수 있는지, 수요자나 거래자들에게 성과 등이 어느 정도 알려졌는지, 수요자나 거래자들의 혼동가능성이 있는지 등을 '종합적으로' 고려해야 한다.[4)]

실제 사건에서는 특히 경쟁업체 데이터를 크롤링한 경우에, 그 반복성, 대량성 등으로 인하여 법관들이 쉽게 부정적 인상을 받는 것처럼 보이기도 한다.[5)] 그러나 크롤링이 본질적으로 위법한 방법은 아니다.[6)] 대상결정은 크롤링에 대한 편견을 걷어내고 구체적 사건에서 그것이 법문대로 '공정한 상거래 관행이나 경쟁질서에 반하는 방법'에 해당하는지를 개별적, 실질적으로 따져보아야 함을 상기하게 한다. 크롤링은 인공지능 학습용 데이터 수집의 유력한 수단인 점, 2021. 12. 7. 부정경쟁방지법 개정으로 신설된 제2조 제1호 (카)목이 부정경쟁행위로 보는 데이터 취득·사용을 제한적으로 규정하고 있는 점도 참고할 만하다.

키워드

웹 크롤링, 스크래핑, 데이터베이스, 데이터베이스제작자의 권리, 경쟁질서

---

4) 대법원 2020. 3. 26. 선고 2016다276467 판결; 대법원 2020. 3. 26. 자 2019마6525 결정; 대법원 2020. 7. 23. 선고 2020다220607 판결; 대법원 2022. 6. 16. 자 2019마6625 결정.

5) 언급한 사례들 외에도, '도그짱 대 삼도기' 사건[서울중앙지방법원 2018. 6. 27. 선고 2017가합556332 판결(확정)], '널스잡 대 잡서치 등' 사건[서울중앙지방법원 2020. 7. 9. 선고 2018가합528464 판결(확정)], '에브리타임 대 타임스프레드' 사건[서울중앙지방법원 2020. 9. 18. 선고 2018가합524486 판결; 서울고등법원 2021. 8. 19. 선고 2020나2036862 판결(확정)], '직방 대 방픽' 사건[서울중앙지방법원 2023. 2. 3. 선고 2020가합584719 판결(확정)](이상 모두 데이터베이스제작자 권리 침해 인정하면서 부정경쟁행위 주장은 판단 아니함), '스마트스코어 대 유스코어' 사건[서울중앙지방법원 2020. 10. 23. 선고 2019가합529983 판결; 서울고등법원 2021. 12. 9. 선고 2020나2042706 판결(확정)][검찰은 '크롤링 프로그램이 발견되지 않았다'는 등의 이유로 피고를 혐의없음(증거불충분) 처분했으나, 민사법원은 데이터베이스제작자 권리 침해, 부정경쟁행위 성립 인정], '사진 검색 서비스' 사건[서울중앙지방법원 2004. 9. 23. 선고 2003가합78361 판결; 서울고등법원 2005. 7. 26. 선고 2004나76598 판결(확정); 서울중앙지방법원 2005. 8. 25. 선고 2004가합86826, 86819, 86802 각 판결(항소취하 확정); 서울중앙지방법원 2006. 9. 29. 선고 2006가합19486 판결; 서울고등법원 2007. 10. 2. 선고 2006나96589 판결; 대법원 2010. 3. 11. 선고 2007다76733 판결(파기환송 후 조정)]; 서울남부지방법원 2021. 9. 8. 선고 2021고단588 판결(징역 6개월, 집행유예 1년 확정) 등이 있었다.

6) "비즈니스 특화 SNS인 LinkedIn의 공개 사용자 프로필 정보를 데이터분석 기업 hiQ가 스크래핑한 사안에 관한 참고할 만한 미국 판결로, hiQ Labs, Inc. v. LinkedIn Corp., 273 F.Supp.3d 1099 (N.D. Cal. 2017); 938 F.3d 985 (9th Cir. 2019); 31 F.4th 1180 (9th Cir. 2022)."

[69] 부정경쟁방지법상 금지 및 예방 청구권의 소멸시효 기산점

— 대법원 1996. 2. 13. 자 95마594 결정 —

김 연 수 (서울북부지방법원)

[사실 개요]

1. 신청인 회사는 화섬설비부품의 제조 · 판매 등을 목적으로 1986. 9. 24. 설립된 회사로 스핀 팩 필터[1)]를 생산해왔다.
2. 신청인 회사는 기존의 스핀 팩 필터의 문제점을 보완하기 위하여 1988. 2. 9. 주식회사 甲, 乙과 사이에 스핀 팩 필터 및 스핀 팩 관련 부품에 대하여 주문자생산(OEM)기본계약을 체결하여 위 회사들로부터 스핀 팩 필터 및 스핀 팩 관련 부품 생산에 필요한 금형과 생산공정에 필수적인 필터의 유량 및 압력계측기를 도입하는 한편 기술자료를 제공받고 기술지도를 받았고, 위 기본계약에 따라 1988. 2. 10. 주식회사 丙과 사이에 '스핀 팩 부품생산 및 수출독점권행사'에 관한 계약을 체결하여 노하우를 제공받는 등 스핀 팩 필터의 품질을 개선하였다.
3. 신청인 회사의 대표이사로 재직하였던 A(재직기간: 1991. 7. 25.~1992. 8. 12.)는 재직 중 스핀 팩 필터의 제조기술에 관련된 자료를 복사해두었고, 스핀 팩 필터 생산기술자인 B(재직기간: 1989. 7. 17.~1992. 8. 10.)와 판매 등 영업을 책임지고 있던 영업과장 C(재직기간: 1989. 7. 10.~1992. 8. 2.), 영업대리 D(재직기간: 1992. 3. 7.~1992. 8. 22.)를 신청인 회사에서 퇴사하도록 한 후 이들을 채용하여 1992. 8. 31. 피신청인 회사를 설립하였다.
4. 피신청인 회사는 신청인 회사가 납품하던 동종, 동질의 스핀 팩 필터를 만들어 덤핑가격으로 판매하였다.

[결정 요지]

1. 민법 제166조 제2항의 규정에 의하면 부작위를 목적으로 하는 채권의 소멸시효는 위반행위를 한 때로부터 진행한다는 점 및 부정경쟁방지법 제14조[2)]의 규정 내용 등에

---

1) 화학합성섬유를 만들기 위해 원사를 뽑는 기초공정에 필요한 설비인 스핀 팩 속에 압착되어 유동상태의 합성섬유 원료의 불순물을 제거하는 필터를 의미한다.

2) 이 사건에서는 구 부정경쟁방지법(1998. 12. 31. 법률 제5621호로 개정되기 전의 것) 제14조가 적용되었는데, 현행 부정경쟁방지법(2007. 12. 21. 법률 제8767호로 개정된 것) 제14조는 아래와 같이 시효기간을 각 3년, 10년으로 연장한 것을 제외하고는 구법과 내용이 동일하므로, 이하에서는 현행 부정경쟁방지법을 전제로 논의한다.

구 부정경쟁방지법	현행 부정경쟁방지법
제14조(시효) 제10조 제1항의 규정에 의하여	제14조(시효) 제10조 제1항에 따라 영업비밀

비추어 보면, 부정경쟁방지법 제10조 제1항이 정한 영업비밀 침해행위의 금지 또는 예방을 청구할 수 있는 권리의 경우, 그 소멸시효가 진행하기 위하여는 일단 침해행위가 개시되어야 하고, 나아가 영업비밀 보유자가 그 침해행위에 의하여 자기의 영업상의 이익이 침해되거나 또는 침해될 우려가 있는 사실 및 침해행위자를 알아야 한다.

2. 피신청인 회사가 신청인의 영업비밀을 이용하여 제품을 생산·판매하려고 설립된 회사라고 하더라도 피신청인 회사를 설립한 시점에 바로 침해행위가 개시되었다고 단정할 수 없으므로, 피신청인 회사가 설립된 때부터 부정경쟁방지법 제14조에서 전단에서 정한 소멸시효가 진행된다고 볼 수는 없다고 판단한 사례.

해설

Ⅰ. 대상결정의 쟁점

영업비밀의 보유자는 영업비밀 침해행위를 하거나 하려는 자에 대하여 그 행위에 의하여 영업상의 이익이 침해되거나 침해될 우려가 있는 경우에는 법원에 그 행위의 금지 또는 예방을 청구할 수 있는데(부정경쟁방지법 제10조 제1항), 이러한 권리는 영업비밀 침해행위가 계속되는 경우에 영업비밀 보유자가 그 침해행위에 의하여 영업상의 이익이 침해되거나 침해될 우려가 있다는 사실 및 침해행위자를 안 날부터 3년간 행사하지 아니하면 시효로 소멸하고, 그 침해행위가 시작된 날부터 10년이 지난 때에도 또한 같다(부정경쟁방지법 제14조). 이처럼 부정경쟁방지법 제14조는 단기 시효의 기산점으로 '영업상의 이익이 침해된 사실을 안 날' 뿐만 아니라 '영업상의 이익이 침해될 우려가 있다는 사실을 안 날'을 규정하고 있는데, 이 사건에서는 침해행위가 개시되기 전이라도 영업상의 이익이 침해될 우려가 있다는 사실을 알았다면 그 때를 단기 시효의 기산점으로 삼을 수 있는지가 쟁점이 되었다.

원심(대구고등법원 1995. 4. 19. 자 94라13 결정)은, 신청인 회사는 대표이사였던 A가 신청인

영업비밀 침해행위의 금지 또는 예방을 청구할 수 있는 권리는 영업비밀 침해행위가 계속되는 경우에 영업비밀 보유자가 그 침해행위에 의하여 영업상의 이익이 침해되거나 침해될 우려가 있는 사실 및 침해행위자를 안 날부터 1년간 이를 행사하지 아니하면 시효로 인하여 소멸한다. 그 침해행위가 시작된 날부터 3년을 경과한 때에도 같다.	침해행위의 금지 또는 예방을 청구할 수 있는 권리는 영업비밀 침해행위가 계속되는 경우에 영업비밀 보유자가 그 침해행위에 의하여 영업상의 이익이 침해되거나 침해될 우려가 있다는 사실 및 침해행위자를 안 날부터 3년간 행사하지 아니하면 시효(時效)로 소멸한다. 그 침해행위가 시작된 날부터 10년이 지난 때에도 또한 같다.

회사의 핵심 직원들을 빼돌려 스핀 팩 필터 제조업체를 설립하려 한다는 정보를 알고 직원 D가 퇴사하지 않도록 설득한 사실에 비추어 보면 신청인 회사로서는 '피신청인 회사가 설립된 때(1992. 8. 31.)'에 영업상의 비밀이 침해될 우려가 있음을 알았다고 할 수 있다고 보고 그때를 단기 시효의 기산점으로 삼았다. 반면 대법원은 부정경쟁방지법 제10조 제1항이 정한 영업비밀 침해행위의 금지 또는 예방을 청구할 수 있는 권리의 경우 그 소멸시효가 진행하기 위하여는 일단 침해행위가 개시되어야 한다고 판시하면서 피신청인 회사는 1993. 2.경에야 신청인 회사의 거래처에 스핀 팩 필터의 매출을 시작하였고, 신청인 회사는 1993. 12. 17.자로 피신청인 회사에 침해행위의 중지를 요구하는 경고장을 보냈는바, 사정이 이와 같다면 이 사건 신청을 제기할 당시 그 소멸시효가 완성되었다고 단정할 수 없다고 판단하였다.

Ⅱ. 대상결정의 분석

우리나라는 1991년 12월 31일 법률 제4478호로 부정경쟁방지법을 일부 개정하면서 영업비밀의 보호에 관한 규정을 신설하였다. 이로써 영업비밀의 보호를 입법화하면서 영업비밀 침해금지 및 예방청구권이 제10조에 규정되었다. 침해금지 및 예방청구권은 민법상 물권적 청구권과 상당히 유사한 문구로 규정되어 있고, 손해배상청구권 등과는 별도의 조항에서 규정되어 있다는 점에서 민법상 채권보다는 물권의 성격에 보다 가깝다고 할 수 있다.[3] 다만, 제14조에서 소멸시효기간을 규정하고 있다는 점에서 민법상 물권에 기한 금지 및 예방청구권과는 차이가 있다고 할 수 있으나, 당사자 간에 금지청구권에 관한 약정이 없더라도 부정경쟁방지법에 근거하여 직접 발동될 수 있다는 점[4]에서 부정경쟁방지법상 금지 및 예방청구권의 성격이 물권보다 채권에 가깝다고 하기는 어렵다.[5]

그런데 영업비밀의 보호가 지나치면 부당한 경쟁제한을 초래하여 영업의 자유가 제한되거나 직업선택의 자유가 침해되어 산업 발전에 악영향을 미칠 수 있으므로 영업비밀 보유자의 이익과 종업원 또는 경쟁업체의 이익의 균형된 보호를 이룰 수 있는 내용과 범위로 영업비밀을 보호할 필요가 있다.[6] 부정경쟁방지법이 물권적 성격에 가까운 금지 및 예방청

---

3) 박준석, "영업비밀 침해금지청구에 대한 우리 법원의 태도: 기술정보 유출을 중심으로", 「저스티스」 114호, 한국법학원(2009), 164.

4) "근로자가 전직한 회사에서 영업비밀과 관련된 업무에 종사하는 것을 금지하지 않고서는 회사의 영업비밀을 보호할 수 없다고 인정되는 경우에는 구체적인 전직금지약정이 없다고 하더라도 부정경쟁방지법 제10조 제1항에 의한 침해행위의 금지 또는 예방 및 이를 위하여 필요한 조치 중의 한 가지로서 그 근로자로 하여금 전직한 회사에서 영업비밀과 관련된 업무에 종사하는 것을 금지하도록 하는 조치를 취할 수 있다"(대법원 2003. 7. 16. 자 2002마4380 결정).

5) 박준석(주 3), 164.

6) 정상조, "부정경쟁방지법상 종업원의 영업비밀유지의무", 「법학」 36권 1호(97호), 서울대학교 법학연구

구권의 시효를 규정하고 있는 것 역시 이러한 정책적인 고려 등을 반영한 결과로 보인다. 우리나라 부정경쟁방지법이 많은 영향을 받은 일본 부정경쟁방지법[7][8] 역시 금지청구권의 소멸시효를 규정하고 있고, 미국 연방법인 Defend Trade Secret Act[9]도 소멸시효(Period of limitations)를 규정하고 있다[18 U.S.C. § 1836(d)[10]].

그런데 이 사건과 같이 전(前) 임직원들이 회사의 영업비밀을 이용하여 경쟁업체 설립을 준비하는 경우, 영업비밀 보유자로서는 실제 침해행위가 개시되기 전이라도 영업비밀이 침해될 것이라는 점과 그로 인하여 영업상의 이익이 침해될 우려가 있다는 점을 예상할 수 있다. 이러한 경우, 소멸시효의 기산점을 언제로 보는지에 따라 '영업비밀의 보호'와 '부당한 경쟁제한 방지' 중 무엇을 우선시하는지가 달라질 수 있다. 대상결정에서도 그러하다.

대법원은 민법상 부작위를 목적으로 하는 채권의 소멸시효 기산점과 부정경쟁방지법 제14조의 규정 내용 등에 근거하여 부정경쟁방지법상 금지 및 예방청구권의 소멸시효의 기산점을 판단하였다. 우선, 민법은 '소멸시효는 권리를 행사할 수 있는 때로부터 진행하고(제166조 제1항), 그중 부작위를 목적으로 하는 채권의 소멸시효는 위반행위를 한 때로부터 진행한다'고 규정하고 있다(동조 제2항). 일정한 기간 동안의 부작위를 내용으로 하는 채권의 경우 채무자의 위반행위가 있어야 비로소 부작위채권자가 그 채권을 행사할 수 있는 상태가 되므로, 부작위채권자로서는 채무자가 현실로 부작위의무를 위반한 때가 '권리를 행사할 수 있게 된 때'가 된다.[11] 또한, 부정경쟁방지법 제14조는 '영업비밀 침해행위가 계속되는 경

소(1995), 165~166.

7) 박준석(주 3), 168.

8) "第十五条(消滅時効) ① 第二条第一項第四号から第九号までに掲げる不正競争のうち´ 営業秘密を使用する行為に対する第三条第一項の規定による侵害の停止又は予防を請求する権利は´ その行為を行う者がその行為を継続する場合において´ その行為により営業上の利益を侵害され´ 又は侵害されるおそれがある営業秘密保有者がその事実及びその行為を行う者を知った時から三年間行わないときは´ 時効によって消滅する° その行為の開始の時から二十年を経過したときも´ 同様とする"[제15조(소멸시효) 제2조 제1항 제4호부터 9호까지의 부정경쟁 중 영업비밀을 사용하는 행위에 대한 제3조 제1항 규정에 의한 침해의 정지 또는 예방을 청구하는 권리는 그 행위를 하는 자가 그 행위를 계속하는 경우에 그 행위로 영업상 이익이 침해되거나 침해될 우려가 있는 영업비밀보유자가 그 사실 및 그 행위를 하는 자를 안 때로부터 3년간 행하지 아니한 때에는 시효로 소멸한다. 그 행위를 개시한 때부터 20년이 경과한 때에도 같다.]

9) 2016년도에 제정된 연방법으로, 민·형사적 구제와 연방정부의 역할을 강화하였다[홍성삼, "미국 영업비밀방어법(DTSA) 배경 및 시사점 연구", 「가천법학」 제12권 제4호 통권 41호, 가천대학교 법학연구소(2019), 51].

10) "(d) Period of limitations.—A civil action under subsection (b) may not be commenced later than 3 years after the date on which the misappropriation with respect to which the action would relate is discovered or by the exercise of reasonable diligence should have been discovered."[(b)항에 따른 민사소송은 영업비밀 부정유용행위가 발견되거나 또는 합리적 주의를 기울였으면 발견될 수 있었던 날로부터 3년 이내에 제기할 수 있다.]

우'를 규정하고 있다는 점에서 문언 자체로도 침해행위의 개시를 전제하고 있다고 할 수 있다. 즉, 부정경쟁방지법 제14조에서는 침해행위가 계속되어야 하고, '그 침해행위에 의하여' 보유자가 영업상의 이익이 침해되거나 침해될 우려가 있어야 시효가 진행한다고 규정하고 있으므로, '침해행위의 개시 내지 존재'를 전제하고 있다고 해석할 수 있다.

Ⅲ. 대상결정의 의의

영업상의 이익이 침해될 우려를 알게 된 때와 실제 침해행위가 개시된 때 간의 상당한 시간적 간극이 존재하는 경우, 부정경쟁방지법상 금지 및 예방청구권의 소멸시효를 언제로 볼지에 따라서 영업비밀의 보유자는 영업상의 이익이 침해될 것을 예상하고도 금지청구권을 행사하지 못하게 되는 결과가 발생할 수 있다. 대상결정은 부정경쟁방지법상 금지 및 예방청구권의 소멸시효가 진행하기 위해서는 침해행위가 개시되어야 한다고 판시한 사례로서 의의가 있다.

키워드

금지청구권, 소멸시효, 기산점

11) 편집대표 김용덕, 「주석민법(제5판) 총칙3」, 한국사법행정학회(2019), 880~881(이연갑 집필부분).

[70] 비밀유지의무위반, 폐기의 대상

—대법원 1996. 12. 22. 선고 96다16605 판결(이른바 모나미 판결)—

권 동 주 (법무법인 화우)

[사안의 개요]

1. 원고 회사와 피고 회사 두 업체는 국내 문구업계의 대표기업으로 원고 회사의 제품연구소 실장으로 근무하던 갑이 경쟁사인 피고 회사로 직장을 옮기면서 원고 회사와 피고 회사 간에 영업비밀 침해분쟁이 발생하게 되었다.
2. 원고 회사는 갑이 원고 회사에서 개발 중이거나 개발한 볼펜, 사무용 풀 등 48개 제품의 원료배합비율 등 기술 관련 자료가 적힌 노트를 가져가 경쟁사인 피고 회사에 제공함으로써 자신의 영업비밀을 침해당했다고 주장하면서 영업비밀침해금지 등 소송을 제기하였다.
3. 제1심(서울중앙지법 1995. 2. 22. 선고 94가합3033 판결)과 제2심(서울고등법원 1996. 2. 29. 선고 95나14420 판결)은 갑이 피고 회사로 전직하여 피고 회사로부터 고액의 급여와 상위 직위를 받는 등 이익을 취하고 피고 회사에 기술정보를 제공하고 이를 사용하여 잉크를 생산하거나 생산하려고 한 행위는 부정경쟁방지법 제2조 제3호 (라)목 소정의 영업비밀 유지의무 위반행위에 해당한다고 판단한 후, 영업비밀을 기재한 노트에 대하여 폐기를 명하였다.

[판결 요지]

1. 부정경쟁방지법 제2조 제3호 (라)목에서 말하는 '계약관계 등에 의하여 영업비밀을 비밀로서 유지할 의무'라 함은 계약관계 존속 중은 물론 종료 후라도 또한 반드시 명시적으로 계약에 의하여 비밀유지의무를 부담하기로 약정한 경우뿐만 아니라 인적 신뢰관계의 특성 등에 비추어 신의칙상 또는 묵시적으로 그러한 의무를 부담하기로 약정하였다고 보아야 할 경우를 포함한다.

2. 필기구 제조업체의 연구실장으로서 영업비밀에 해당하는 기술정보를 습득한 자가 계약관계 및 신의성실의 원칙상 퇴사 후에도 상당 기간 동안 비밀유지의무를 부담함에도 불구하고 타 회사로부터 고액의 급여와 상위의 직위를 받는 등의 이익을 취하는 한편 타 회사로 하여금 잉크를 제조함에 있어서 그 기술정보를 이용하여 시간적·경제적인 면에서 이익을 얻게 하기 위하여 타 회사로 전직하여 타 회사에서 그 기술정보를 공개하고 이를 사용하여 잉크를 생산하거나 생산하려고 한 경우, 그러한 행위는 공정한 경쟁의 이념에 비추어 선량한 풍속 기타 사회질서에 반하는 부정한 이익을 얻을 목적에서 행하여

진 것으로서 부정경쟁방지법 제2조 제3호 (라)목 소정의 영업비밀 유지의무 위반행위에 해당한다.

3. 영업비밀 보유자에게 고용되어 영업비밀을 취득한 자가 그 영업비밀을 자신의 노트에 기재한 행위 자체는 영업비밀의 침해행위에 해당하지 아니하나, 타 회사에 스카우트되어 그 노트에 기재된 영업비밀을 이용하여 영업비밀 침해행위를 하고 있다면 그 노트는 부정경쟁방지법 제10조 제2항 소정의 '침해행위를 조성한 물건'에 해당하므로, 영업비밀 침해행위가 계속될 염려가 있다면 그 노트에 대한 폐기를 명할 수 있다. 영업비밀의 '침해행위를 조성한 물건'에 대한 폐기는 그 현존 여부를 밝힌 다음 그 소유자나 처분권한이 있는 자에게 명하여야 한다.

해설

Ⅰ. 대상판결의 주요 쟁점

대상판결의 주요 쟁점은 첫째, 이 사건에서 연구실장 갑의 행위가 부정경쟁방지법 제2조 제3호 (라)목 소정의 '계약관계 등에 의하여 영업비밀을 비밀로서 유지할 의무'를 위반한 행위에 해당하는지 여부, 둘째, 이 사건 노트가 부정경쟁방지법 제10조 제2항 소정의 '침해행위를 조성한 물건'에 해당하여 폐기의 대상이 되는지 여부이다.

Ⅱ. 대상판결의 분석

1. 이 사건 기술정보의 영업비밀성 해당 여부

우선, 대상 판결은 이 사건 기술정보의 영업비밀성 관련하여 원심의 아래와 같은 사실인정과 판단이 정당하고 판시하였다. 즉 이 사건 기술정보는 잉크제조의 원료가 되는 10여 가지의 화학약품의 종류, 제품 및 색깔에 따른 약품들의 조성비율과 조성방법에 관한 것인데, 이는 원고 회사와 같은 필기구 제조업체에 있어서 가장 중요한 경영요소 중의 하나로서 원고 회사가 짧게는 2년, 길게는 32년의 시간과 많은 인적, 물적 시설을 투입하여 연구·개발한 것이고, 원고 회사가 생산하는 제품 중의 90% 이상의 제품에 사용하는 것으로서 실질적으로 원고 회사의 영업의 핵심적 요소가 되고 있는 기술정보로서 독립한 경제적 가치가 있으며, 그 내용이 일반적으로 알려져 있지 아니함은 물론 원고 회사의 연구소 직원들조차 자신이 연구하거나 관리한 것이 아니면 그 내용을 알기 곤란한 상태에 있어 비밀성이 있고, 원고 회사는 공장 내에 별도의 연구소를 설치하여 관계자 이외에는 그 곳에 출입할 수 없도록 하는 한편 모든 직원들에게는 그 비밀을 유지할 의무를 부과하고, 연구소장을 총책임자로 정하여 이 사건 기술정보를 엄격하게 관리하는 등으로 비밀관리를 하고 있으므로, 이 사건 기술정보는 부정경쟁방지법 소정의 영업비밀에 해당하고, 원고 회사가 외국의 잉크제품을 분석하여 이를 토대로 이 사건 기술정보를 보유하게 되었다거나, 역설계가 허용되고 역설계에 의하여 이 사건 기술정보의 획득이 가능하다고 하더라도 그러한 사정만으로는 이 사건 기술정보가 영업비밀이 되는 데 지장이 없다고 판단하였다.

2. 부정경쟁방지법 제2조 제3호 (라)목 소정의 '계약관계 등에 의하여 영업비밀을 비밀로서 유지할 의무'를 위반한 행위에 해당하는지 여부

대상판결은, 부정경쟁방지법 제2조 제3호 (라)목에서 말하는 '계약관계 등에 의하여 영업비밀을 비밀로서 유지할 의무'라 함은 계약관계 존속 중은 물론 종료 후라도 또한 반드시 명시적으로 계약에 의하여 비밀유지의무를 부담하기로 약정한 경우뿐만 아니라 인적 신뢰관계의 특성 등에 비추어 신의칙상 또는 묵시적으로 그러한 의무를 부담하기로 약정하였다고 보아야 할 경우를 포함한다고 판시하였다. 그리고 피고 갑이 원고 회사에 입사할 때 원고 회사의 업무상 기밀 등을 누설하지 않기로 서약하였던 점, 퇴직 후 회사의 기밀 및 영업방침의 누설을 금지하고 있는 원고 회사의 취업규칙의 규정, 이 사건 기술정보의 영업비밀로서의 성질과 그 경제적 가치 및 원고 회사와 피고 갑 사이의 이익교량 등의 제반 사정을 고려해 볼 때, 피고 갑은 계약관계 및 신의성실의 원칙상 원고 회사에서 퇴사한 후에도 상당 기간 이 사건 기술정보에 대하여 비밀유지의무를 부담한다고 판단하였다. 그럼에도 불구하고, 피고 갑은 피고 회사로부터 고액의 급여와 상위의 직위를 받는 등의 이익을 취하는 한편 피고 회사로 하여금 잉크를 제조함에 있어서 이 사건 기술정보를 이용하여 시간적·경제적인 면에서 이익을 얻게 하기 위하여 피고 회사에서 이 사건 기술정보를 공개하고 스스로도 피고 회사에서 원고 회사가 보유하는 이 사건 기술정보를 사용하여 잉크를 생산하거나 생산하려고 하였으므로, 피고 갑의 이러한 행위는 공정한 경쟁의 이념에 비추어 선량한 풍속 기타 사회질서에 반하는 부정한 이익을 얻을 목적에서 행하여진 것으로서 부정경쟁방지법 제2조 제3호 (라)목 소정의 영업비밀 침해행위에 해당한다고 판단하였다.

3. 부정경쟁방지법 제10조 제2항 소정의 '침해행위를 조성한 물건'에 해당하는지 여부

대상판결은, 원심이 인정한 사실관계에 의하면 피고 갑이 이 사건 영업비밀을 취득하고 이를 자신의 소유인 위 노트에 기재한 행위 자체는 영업비밀 침해행위에 해당하지 아니하나, 위 부정경쟁방지법 시행 이후에 위 영업비밀을 공개하는 행위는 그 침해행위를 구성하는 것이고, 원심이 인정하고 있는 것처럼 부정경쟁방지법 시행 이후에 피고 갑이 피고 회사에 근무하면서 그 노트에 쓰인 기술정보를 이용하여 잉크를 제조함으로써 이 사건 영업비밀을 피고 회사에 공개하는 데 제공되고 있다면 이 사건 영업비밀이 기재된 위 노트는 부정경쟁방지법 제10조 제2항 소정의 '침해행위 조성물'에 해당한다고 판단한 후, 영업비밀 침해행위가 계속될 염려가 있다면 이 사건 노트에 대한 폐기 사유가 있다고 보았다.

대상판결은, 비록 위 노트의 사본이 증거로 제출되어 기록에 현출되어 있다고 하여도 달리 볼 것은 아니며, 그 내용 중의 일부는 피고 갑이 직접 연구·개발한 것이라고 하더라도 피고 갑의 연구 내용은 원고 회사에 고용되어 급여를 받으면서 담당한 업무 그 자체이고, 원고 회사의 기자재와 연구 설비 및 다른 연구원의 연구 결과를 참조하여 연구한 것이며, 그 내용이 위 피고가 일반적인 지식, 기술, 경험 등을 활용하여 쉽게 알 수 있는 것이 아닌 이상 원고 회사의 영업비밀이 되는 것이므로 달리 볼 것이 아니라고 판단하였다. 다만 대상판결은, 위 노트의 폐기는 그 현존 여부를 밝힌 다음 그 소유자나 처분권한이 있는 자에게 명하여야 할 것인데, 원심이 위 노트가 현존하고 있는 것인지, 누가 소지하고 있는지, 또는 그에 대한 소유권이나 처분권한이 누구에게 있는 것인지를 심리하여 밝히지 아니한 채 피고들에게 그 폐기를 명한 것은 침해행위 조성물의 폐기에 대한 법리를 오해하였거나 심리를 다하지 아니한 잘못, 또는 이행불능의 항변에 대한 판단유탈이라는 이유로 원심판결 중 이 사건 노트의 폐기를 명한 피고들 패소 부분을 파기, 환송하였다.

Ⅲ. 대상판결의 의의

대상판결은 부정경쟁방지법상 영업비밀침해를 처음으로 인정한 사례이다.

부정경쟁방지법 제2조 제3호 (라)목은 "영업비밀을 비밀로서 유지하여야 할 의무가 있는 자"를 계약관계 등에 따라 비밀유지의무가 부과된 자로 규정하고 있다. 종업원의 비밀유지의무와 가장 밀접하게 관련된 이 규정은 정당하게 영업비밀을 취득한 자가 비밀유지 의무가 있음에도 불구하고 부정한 목적을 가지고 이 의무를 위반하여 당해 정보를 사용 또는 공개하는 행위를 규제하기 위한 목적을 가지고 있다. 본 규정의 침해행위에 해당하기 위해서는 ① 계약관계 등에 의하여 비밀유지의무가 있을 것, ② 부정한 이익을 얻거나 손해를 가할 목적, ③ 영업비밀을 사용 또는 공개하는 행위가 있어야 한다.[1)]

영업비밀을 비밀로서 유지하여야 할 의무는 계약뿐 아니라 신의칙 등에 의해서도 발생한다. 영업비밀 유지의무는 명문의 계약뿐 아니라 묵시적 계약, 그리고 쌍방 간의 계약 뿐

---

1) 박영규, "고용계약 종료 후의 영업비밀 보호에 관한 비교법적 고찰", 「정보법학」 제20권 제1호(2016. 4.), 23~24.

아니라 일방의 서약서 또는 다수자를 대상으로 하는 보편거래약관, 규칙, 사양서 등에 의해서도 인정될 수 있다.[2] 신뢰관계에 의해서도 영업비밀 유지의무가 발생한다고 보는 것이 미국의 주류적인 판례이고, 일본의 유력설이다. 명시적인 계약이 없어도 종업원과 사용자간의 신뢰관계에 의해서 영업비밀 유지의무가 발생한다고 보는 이유는, 사용자의 영업비밀은 사용자의 막대한 연구개발비와 오랜 시간을 들여 창출한 재산이고 이를 종업원에게 제공하는 것은 신뢰를 바탕으로 하는 것이므로 그 신뢰를 배신하여 영업비밀을 부정한 목적으로 사용하는 것을 사용자가 별도의 비밀유지계약을 체결하지 않았다고 해서 보호하지 않아서는 안되고, 영업비밀성이 인정되지 않은 정보는 영업비밀성 요건에 의해서 걸러지므로 신뢰관계에 의해서 영업비밀유지의무를 인정한다고 해서 종업원의 보호가 문제가 생기는 것은 아니기 때문이다.[3] 대상판결은 부정경쟁방지법 제2조 제3호 (라)목에서 말하는 '계약관계 등에 의하여 영업비밀을 비밀로서 유지할 의무'는 계약관계 종료 후라도 또한 반드시 명시적으로 계약에 의하여 비밀유지의무를 부담하기로 약정한 경우뿐만 아니라 인적 신뢰관계의 특성 등에 비추어 신의칙상 또는 묵시적으로 그러한 의무를 부담하기로 약정하였다고 보아야 할 경우를 포함한다는 점을 분명히 설시하고 있다.

신의측상 또는 묵시적 비밀유지의무를 인정하다고 하더라도 헌법상 보장된 직업선택의 자유를 본질적으로 제한하는 행위는 금지된다고 할 것이다.[4] 이러한 측면에서 비록 고용기간 중 사용자의 자원이 투입되었다고 하더라도 사용자는 종업원이 지득한 일반적인 지식, 기술, 경험 등에 대해 영업비밀이라고 주장하는 것은 허용되지 않는다.[5]

신뢰관계에 반한다고 하더라도 부정목적이 있는 의무위반의 경우에만 금지 등의 청구대상이 될 수 있으므로 부정성의 판단이 문제된다. 신의성실의무를 위반한 부정한 행위인지 여부는 여러 가지 요소를 종합하여 판단하여야 한다. 당사자간의 신뢰관계의 정도, 영업비밀보유자의 이익, 영업비밀을 지득한 자의 이익, 영업비밀이 일반적인 지식과 합성되어 있을 뿐 아니라 구분 사용이 현저히 곤란한 경우인지 여부, 영업비밀의 태양 등이 신의성실의무위반 유무를 판단하는데 고려되어야 한다.

키워드

영업비밀, 모나미, 신의칙, 영업비밀 유지의무, 침해행위 조성물, 폐기

2) 조경화, 「기업의 기술유출 방지를 위한 영업비밀 관리방안 및 보호제도 연구」, 특허청 보고서(2011. 12. 1), 28.
3) 최승재, "비밀유지의무 위반행위", 「영업비밀보호법」, 한국특허법학회 편, 박영사(2017), 175.
4) 서울지방법원 1995. 3. 27. 자 94카합12987 결정; 박영규, "고용계약 종료 후의 영업비밀 보호에 관한 비교법적 고찰", 「정보법학」 제20권 제1호(2016. 4.), 24.
5) 대법원 1996. 12. 23. 선고 96다16605 판결.

[71] 영업비밀의 취득행위

—대법원 1998. 6. 9. 선고 98다1928 판결—

이 현 경 (대법원)

[사실 개요]

1. 신청인 회사와 피신청인 회사는 화학섬유 제조설비의 부품인 스핀 팩 필터를 제조 · 판매하는 회사이다.
2. 피신청인 회사의 대표이사인 신청외 A는 신청외 B와 함께 신청인 회사의 공동대표이사로 재직하였고, 신청외 C, D, E는 신청인 회사에서 과장, 대리, 주임으로 각 근무하면서 신청인 회사의 스핀 팩 필터의 제조 내지 판매에 관한 핵심적인 업무를 담당하여 왔다.
3. 신청인 회사의 취업규칙은 “사원은 직무상의 기밀을 엄수하고 회사의 기밀이 누설되지 아니하도록 각별히 유의하여야 한다.”라고 규정하고 있고, 신청외 C, 신청외 D, 신청외 E는 신청인 회사에 입사할 당시 "회사에 근무하면서 얻은 기밀사항과 고객의 기밀사항은 외부에 절대로 누설하지 않겠으며 이를 이용하지 않겠다."는 서약을 하였다.
4. 신청외 A는 신청인 회사의 지분을 둘러싼 경영진 사이의 알력 때문에 신청인 회사의 대표이사직에서 물러난 직후인 1992. 8. 31. 피신청인 회사를 설립하여 스스로 대표이사에 취임하였고, 신청외 C, 신청외 D, 신청외 E로 하여금 신청인 회사의 기술 관련 자료를 임의로 가져오게 하거나 스핀 팩 필터 제조에 관한 핵심 기술을 복사하게 한 후, 신청인 회사를 퇴사하고 피신청인 회사에 입사하도록 한 다음, 신청인 회사의 자료 내지 핵심 기술을 토대로 신청인 회사에서 제조 · 판매하는 것과 유사한 스핀 팩 필터의 제조에 필요한 공장설비를 마련하는 한편, 1992. 11. 11.경에는 거래처에 위 신청외인들이 제조한 스핀 팩 필터의 샘플을 제공하고, 1993. 2.경부터는 신청인 회사에서 생산하는 것과 유사한 스핀 팩 필터를 본격적으로 제조하였다.

[판결 요지]

1. 영업비밀의 취득은 문서, 도면, 사진, 녹음테이프, 필름, 전산정보처리조직에 의하여 처리할 수 있는 형태로 작성된 파일 등 유체물의 점유를 취득하는 형태로 이루어질 수도 있고, 유체물의 점유를 취득함이 없이 영업비밀 자체를 직접 인식하고 기억하는 형태로 이루어질 수도 있고, 또한 영업비밀을 알고 있는 사람을 고용하는 형태로 이루어질 수도 있는바, 어느 경우에나 사회통념상 영업비밀을 자신의 것으로 만들어 이를 사용할 수 있는 상태가 되었다면 영업비밀을 취득하였다고 보아야 할 것이다. 따라서 회사가 다른 업

체의 영업비밀에 해당하는 기술정보를 습득한 자를 스카우트하였다면 특별한 사정이 없는 한 그 회사는 그 영업비밀을 취득하였다고 보아야 할 것이다(대법원 1996. 12. 23. 선고 96다16605 판결 참조). 한편 영업비밀의 사용은 영업비밀 본래의 사용 목적에 따라 이를 상품의 생산·판매 등의 영업활동에 이용하거나 연구·개발사업 등에 활용하는 등으로 기업활동에 직접 또는 간접적으로 사용하는 행위로서 구체적으로 특정이 가능한 행위를 가리킨다고 할 수 있다.

2. 신청외 A가 신청인 회사의 대표이사로 재직하다가 피신청인 회사를 설립하여 대표이사에 취임하였고, 피신청인 회사의 사업으로 위 스핀 팩 필터를 제작·판매할 목적으로 신청인 회사에 재직하면서 그에 관한 자료에 접근할 수 있었거나 핵심기술을 알고 있었던 신청외 C, D, E를 신청인 회사에서 퇴직시키고 피신청인 회사에 입사하도록 하였으며, 이어서 피신청인 회사가 그 대표이사 또는 직원인 위 신청외인들이 가지고 있었던 스핀 팩 필터 제조기술에 대한 자료와 지식 등을 기초로 하여 스핀 팩 필터 제조에 관한 제조설비를 갖추었다면, 피신청인 회사는 늦어도 그 무렵에는 이 사건 영업비밀을 취득하였다고 판단한 사례.

해설

Ⅰ. 대상판결의 쟁점

부정경쟁방지법 제2조 제2호, 제3호, 제3장(제10조 내지 제14조)의 각 규정은 1991. 12. 31. 법률 제4478호(이하 '개정 부정경쟁방지법'이라고 한다)로 신설된 것으로 개정 부정경쟁방지법 부칙 제1항, 같은 법 시행령 부칙 제2항에 의하여 1992. 12. 15.부터 시행되었다. 그런데 개정 부정경쟁방지법 부칙 제2항은 '이 법 시행 전에 행하여진 영업비밀 침해행위에 대하여는 제10조 내지 12조 및 제18조 제1항 제3호의 개정규정은 이를 적용하지 아니한다. 이 법 시행 전에 영업비밀을 취득한 자 또는 사용한 자가 그 영업비밀을 이 법 시행 후에 사용하는 행위에 대하여도 같다.'라고 규정하고 있어[1] 신청인 회사가 부정경쟁방지법 제10조를 근거로 가처분 신청을 할 수 있는지 여부와 관련하여 피신청인 회사가 개정 부정경쟁방지법의 시행 전에 영업비밀을 취득하거나 사용하였는지 여부가 문제되었다. 대상판결의 원심은 '비록 피신청인 회사가 신청외 A에 의하여 설립되었고, 신청인 회사를 퇴직한 신청외 C 등이 피신청인 회사에 채용되었으며, 그들이 스핀 팩 필터의 샘플을 제조하여 거래처에 제공한 바

1) 다만 개정 부정경쟁방지법의 시행 이전에 취득하였더라도 시행 이후에 공개하는 행위는 개정 법률의 적용대상에서 제외되어 있지 않다.

있다 하더라도, 그와 같은 신청외인들의 행위만으로 그들과 별개의 법인격을 가진 독립된 사업주체인 피신청인 회사가 그 영업비밀을 취득 또는 사용하였다고 단정할 수 없다. 오히려 피신청인 회사가 1993. 2.경부터 본격적으로 피신청인 회사 명의로 스핀 팩 필터를 제조·판매하기 시작하였을 때 비로소 신청외인들로부터 이 사건 영업비밀을 취득하여 이를 사용하게 된 것이다'라고 판단하였다. 이와 관련하여 대상판결에서는 영업비밀의 취득의 의미 및 시기, 특히 직원의 고용에 의한 법인의 영업비밀 취득행위가 주된 쟁점으로 되었다.

Ⅱ. 대상판결의 분석

부정경쟁방지법 제2조 제3호에서는 영업비밀 침해행위의 기본유형으로 '절취·기망·협박 기타 부정한 수단으로 영업비밀을 취득하는 행위'와 '그 취득한 영업비밀을 사용하거나 공개하는 행위'를 규정하고 있다. 대상판결의 경우 개정 부정경쟁방지법 시행 전에 영업비밀을 취득하거나, 사용하였을 경우 개정 부정경쟁방지법 시행 후에 그 영업비밀을 사용하더라도 개정 부정경쟁방지법의 적용을 받지 않으므로 피신청인 회사의 영업비밀 취득 또는 사용 시점이 매우 중요한데, ① 신청외 A가 피신청인 회사를 설립한 시점, ② 신청인 회사를 퇴직한 신청외 C, D, E가 피신청인 회사에 채용된 시점, ③ 피신청인 회사의 공장설비를 마련하는 한편 거래처에 신청외인들이 제조한 샘플을 제공한 시점, ④ 피신청인 회사 명의로 스핀 팩 필터를 본격적으로 제조·판매하기 시작한 시점 중 언제를 영업비밀의 취득 시점으로 볼 것인지가 문제된다.

우선 영업비밀의 취득행위에 관하여 보건대, '취득'의 사전적 의미[2]에 비추어 볼 때 영업비밀을 자신의 것으로 만들어 사용할 수 있는 상태가 되었다면 구체적인 취득행위의 태양이 어떠하건 영업비밀의 취득행위에 해당한다고 볼 수 있다.[3)4)] 영업비밀은 저장매체와 같은 유체물에 화체되어 있는 경우뿐만 아니라 머릿속의 기억 또는 지식으로 존재하는 경우도 있을 수 있으므로,[5] 영업비밀의 취득행위도 그와 같이 유형화하여 생각해볼 수 있다. 즉, 영업비밀 취득행위는 영업비밀이 화체된 유체물을 취득함으로써 이루어질 수도 있고,

---

2) 자기 것으로 만들어 가지다(국립국어원 표준국어대사전)

3) 같은 취지에서 대법원 2022. 11. 17. 선고 2022다242786 판결에서는 영업비밀인 정보를 담고 있는 유체물인 식물 원종을 취득하여 그 정보를 사용할 수 있는 상태에 이른 경우 영업비밀 취득행위에 해당함을 인정하였다.

4) 대상판결에서 설시한 법리에 덧붙여 후속판례로 '기업의 직원으로서 영업비밀을 인지하여 이를 사용할 수 있는 사람은 이미 당해 영업비밀을 취득하였다고 보아야 하므로 그러한 사람이 당해 영업비밀을 단순히 기업의 외부로 무단 반출한 행위는 영업비밀의 취득에는 해당하지 않는다'는 취지의 대법원 2008. 4. 10. 선고 2008도679 판결; 대법원 2009. 10. 15. 선고 2008도9433 판결 등이 선고되었다.

5) Sperry Rand Corp. v. Rothlein, 241 F. Supp. 549, 563(D.Conn 1964).

유체물의 점유 취득과는 무관하게 영업비밀 자체를 인식하고 기억하는 형태로도 이루어질 수 있으며, 영업비밀 자체를 인식하고 기억하는 사람을 영입함으로써 이루어질 수도 있는 것이다. 대상판결도 같은 취지로 영업비밀 취득행위의 태양을 유형화하여 설시하고 있다.

한편 법인의 경우에는 직원 등 자연인을 통하여 인식하고 행위할 수밖에 없는데, 직원 등 자연인은 그 자신의 독자적인 행동 영역 또한 가지고 있으므로 법인의 영업비밀 취득과 관련하여 어떠한 경우에 자연인의 행위를 법인에게 귀속시킬 수 있는지, 특히 유체물의 점유를 매개로 하지 않는 경우 그 취득시점을 언제로 볼 것인지가 문제된다. ① 우선 정보를 담고 있는 유체물인 매체의 점유를 취득하는 경우를 상정하여 보면, 법인이 그 점유를 취득한 때에 법인이 영업비밀을 취득한 것으로 볼 수 있을 것인데, 직원 등 점유보조자를 통한 직접점유, 점유매개자를 통한 간접점유에 의하여 영업비밀을 취득할 수 있을 것이다. ② 다음으로 유체물의 점유 취득과 무관하게 영업비밀 자체를 인식하고 기억하는 방식으로 영업비밀을 취득하는 경우에는 위임계약이나 고용계약 등의 계약관계를 통하여 법인을 위하여 영업비밀을 공개할 것이 예정되어 있는 자연인이 영업비밀을 취득한 경우, 이미 영업비밀 자체를 인식하고 기억하고 있는 자연인과 영업비밀의 공개를 목적으로 하는 계약을 체결한 경우라면 법인이 영업비밀을 자신의 것으로 만들어 사용할 수 있는 상태가 되었다고 볼 수 있으므로 영업비밀을 취득한 것으로 볼 수 있다.

대상판결의 사안에서 만일 신청외 A가 영업비밀을 인지하고 있는 상태에서 이를 실시할 목적으로[6] 피신청인 회사를 설립하여 대표이사로 취임한 것이라면 특별한 사정이 없는 한 ① 피신청인 회사의 설립과 동시에 피신청인 회사의 설립과 동시에 피신청인 회사는 영업비밀을 취득하였다고 볼 수 있다. 신청외 A가 영업비밀을 인지하고 있지 않았더라도, 법인이 이미 영업비밀을 인지하고 있는 자연인을 스카우트한 경우에도 법인은 이를 통해 영업비밀을 자신의 것으로 만들어 사용할 수 있는 상태가 되므로 늦어도 ② 영업비밀을 인지하고 있는 신청외 C, D, E가 피신청인 회사에 채용된 시점에는 피신청인 회사가 영업비밀을 취득하였다고 볼 수 있다. 다만, 근로자가 회사에 근무하면서 지득하게 된 업무상 지식이라 하여 모두 회사의 영업비밀로 인정되는 것은 아니고, 근로자가 근로계약에 따라 직장에서 근무하는 동안에 그 학력과 경력에 비추어 스스로 체득하게 된 일반적 지식, 기술, 경험, 거래선과의 친분관계 등은 그 자신에게 귀속되는 인격적 성질의 것이어서[7] 영업비밀이라 할 수 없으므로 그 구별에 유의할 필요가 있다.[8]

---

6) 그 목적이 유일한 것일 필요는 없고, 법인 설립의 여러 목적 중 하나로만 되어 있어도 관계없을 것이다.
7) 백승재, "전문가의 전직과 영업비밀보호의 한계", 「판례연구」 제22집(2), 서울지방변호사회(2018), 131.
8) 대법원 1996. 12. 23. 선고 96다16605 판결에서도 연구실장을 스카우트한 행위에 대하여 '연구실장이 비밀유지의무를 부담하면서 피해 회사로부터 습득한 특별한 지식, 기술, 경험 등을 사용하기 위해 그를 고용하여 그러한 비밀을 누설하도록 유인하는 등 부정한 수단으로 피해 회사가 보유하는 영업비밀을 취

Ⅲ. 대상판결의 의의

대상판결이 선고될 당시는 영업비밀 침해죄가 도입된 개정 부정경쟁방지법의 시행일로부터 오래 지나지 않아 아직 영업비밀의 취득, 사용 등에 관한 기준이 확립되지 않은 상태였다. 대상판결은 영업비밀 취득행위를 유형화하면서 영업비밀의 취득 및 사용의 의미에 관하여 설시하고, 나아가 법인이 영업비밀에 해당하는 기술정보를 습득한 자를 스카우트한 경우 특별한 사정이 없는 한 이로써 그 영업비밀을 취득한 것임을 명시적으로 판단한 사례로서 영업비밀에 관한 후속판례들에 지침이 되어 준 의의가 있다.

키워드

영업비밀, 법인의 영업비밀 취득, 영업비밀의 사용

득'하였음을 인정하면서, 피해 회사에서 다년간 근무하면서 지득한 일반적인 지식, 기술, 경험 등을 활용하기 위하여 그를 고용한 경우에는 영업비밀의 침해행위에 해당하지 않는다는 점을 부연하고 있다.

[72] 역공학 가능한 영업비밀의 유출과 업무상배임죄

—대법원 1999. 3. 12. 선고 98도4704 판결—

김 관 식 (한남대학교)

[사실 개요]

1. 이 사건에서 피고인들은, 피해자인 甲 주식회사에서 수백억 원 상당의 기술개발비를 투입하여 개발한 대외비의 64M SDRAM 메모리 반도체에 관한 회로도, 공정조건 등의 반도체 관련 생산 기술에 관한 자료를 몰래 빼내어 국외 乙사 등에 넘겨주거나 워크스테이션에 입력하는 방법 등으로 유출하였다.
2. 피해자에 의하여 판매된 SDRAM 메모리 반도체에 대해서는, 이를 분해하여 전자현미경 등을 이용한 이른바 역공학(Reverse Engineering) 분석 방법을 활용하여 피해자의 SDRAM 메모리 반도체 제조에 관한 일부 기술정보를 획득할 수 있었다.

[판결 요지]

1. 영업비밀이라 함은 일반적으로 알려져 있지 아니하고 독립된 경제적 가치를 가지며, 상당한 노력에 의하여 비밀로 유지·관리된 생산방법, 판매방법 기타 영업활동에 유용한 기술상 또는 경영상의 정보를 말하고, 영업비밀의 보유자인 회사가 직원들에게 비밀유지의 의무를 부과하는 등 기술정보를 엄격하게 관리하는 이상, 역설계가 가능하고 그에 의하여 기술정보의 획득이 가능하더라도, 그러한 사정만으로 그 기술정보를 영업비밀로 보는 데에 지장이 있다고 볼 수 없다(대법원 1996. 11. 26. 선고 96다31574 판결, 1996. 12. 23. 선고 96다16605 판결 등 참조).

2. 배임죄는 타인의 사무를 처리하는 자가 그 임무에 위배하는 행위로써 재산상 이익을 취득하거나 제3자로 하여금 이를 취득하게 하여 본인에게 손해를 가함으로써 성립하는바, 이 경우 그 임무에 위배하는 행위라 함은 사무의 내용, 성질 등 구체적 상황에 비추어 법률의 규정, 계약의 내용 혹은 신의칙상 당연히 할 것으로 기대되는 행위를 하지 않거나 당연히 하지 않아야 할 것으로 기대되는 행위를 함으로써 본인과 사이의 신임관계를 저버리는 일체의 행위를 포함하는 것이므로, 기업의 영업비밀을 사외로 유출하지 않을 것을 서약한 회사의 직원이 경제적인 대가를 얻기 위하여 경쟁업체에 영업비밀을 유출하는 행위는 피해자와의 신임관계를 저버리는 행위로서 업무상배임죄를 구성한다(대법원 1988. 4. 25. 선고 87도2339 판결 참조).

3. 영업비밀인 반도체 관계 자료를 취득함으로써 얻은 이익은 그 자료가 가지는 재산가치 상당이고, 그 재산가치는 그 자료를 가지고 경쟁사 등 다른 업체에서 제품을 만들

경우 그 자료로 인하여 기술개발에 소용되는 비용이 감소되는 경우의 그 감소분 상당과 나아가 그 자료를 이용하여 제품생산에까지 발전시킬 경우 제품판매이익 중 그 자료가 제공되지 않았을 경우와의 차액 상당으로서 그러한 가치를 감안하여 시장경제원리에 의하여 형성될 시장교환가격이라고 보아야 할 것인데 이에 대한 입증이 없고, 그 자료에 대한 활용가능성과 성패 여부 역시 불확실하다는 이유로, 피고인들이 자료를 유출함으로써 얻은 재산상 이익의 정도가 불명이라는 이유로, 피고인들이 얻은 이익이 甲전자가 투입한 기술개발비 상당인 것을 전제로 한 특정경제범죄가중처벌등에관한법률 위반의 점에 대하여는 무죄로 판단하고, 형법상의 업무상배임죄로 다스렸다.

기록에 비추어 살펴보면, 원심의 이러한 인정 판단은 정당하다.

해설

Ⅰ. 대상판결의 쟁점

대상판결의 사안에서는, ① 유출된 기술자료 정보가 판매된 제품에 대한 이른바 역공학(Reverse Engineering)[1]에 의하여 입수가 가능한 정보에 해당한다면 영업비밀에서 제외되어야 하는지, ② 영업비밀을 유출한 자에게 업무상배임죄(형법 제356조)의 죄책을 물을 수 있는지,[2] ③ 피고인에 의하여 유출된 기술자료에 의한 손해액·이익액이 기술자료의 개발에 투입된 수백억 원의 기술개발비에 해당하는 것으로 보아, 이득액이 5억 원[3] 이상인 경우의 「특정경제범죄 가중처벌 등에 관한 법률」 제3조를 적용할 수 있는지 여부가 쟁점으로 되었다.

Ⅱ. 대상판결의 분석

1. 역공학에 의하여 입수가능한 기술정보는 영업비밀에서 제외되는지 여부

유출된 기술자료는 메모리반도체의 일종인 SDRAM의 설계도 및 공정조건 등에 관한 것인데, 피고인은 메모리 반도체의 설계도 및 공정조건 등은 제조된 메모리 반도체에 대하여 현미경 등을 통하여 관측하는 등의 방법에 의하여 설계 조건 등을 알아낼 수 있는 등 이

1) 판결서에서는 '역설계'의 용어를 사용하고 있으며, 저작권법에서는 '역분석'의 용어를 사용하기도 한다.

2) 이 사건 당시의 부정경쟁방지법 제18조 제1항 제3호(기업의 임원 또는 직원으로서 부정한 이익을 얻거나 그 기업에 손해를 가할 목적으로 그 기업에 특유한 생산기술에 관한 영업비밀을 제3자에게 누설한 자) 규정의 죄는 동조 제2항에 의하여 친고죄로 되어 있었으나 2004. 1. 20. 삭제되어 현재에 이르고 있다.

3) 1990. 12. 31. 일부개정에 의하여 종전의 1억 원 이상이 5억 원 이상으로 개정되었다.

른바 역공학에 의하여 그 정보를 입수할 수 있으므로, 유출된 설계도 등의 자료는 영업비밀로 볼 수 없다는 취지로 주장하였다. 영업비밀로 인정되기 위해서는, 공연히 알려져 있지 아니하고, 독립적인 경제적 가치를 보유하고, (상당한 노력으로)[4] 비밀로 관리되고 있어야 하는데, 이러한 정보가 판매된 제품에 대하여 역공학적인 방법에 의하여 쉽게 취득할 수 있다면 영업비밀에 해당하지 않을 가능성이 있다.

역공학은 과학기술적인 개념이나 사상을 이용하여 현실의 문제를 해결하기 위하여 공학적으로 구현된 제품에 대하여, 이를 역으로 분해하거나 연구하여 제품에 구현된 기술적 개념이나 사상 등을 파악하는 행위를 말하는 것으로, 이러한 역공학 행위 자체는 기술 개발을 위하여 필수적으로 요구되는 것이라는 점과 통상적인 기술개발의 과정에서 역공학 행위가 널리 이루어지고 있다는 점을 고려하면, 역공학 행위 자체는 일반적으로 위법적인 행위로 볼 수 없을 뿐 아니라 오히려 기술개발을 위하여 적극적으로 활용되어야 하는 것으로 볼 수 있다.[5]

그런데 역공학에 의하여 정보의 취득이 쉽게 가능하고, 이러한 정보의 취득이 쉽게 가능함에도 아무런 조치를 취하고 있지 아니하다면, 영업비밀 인정 요건 중의 하나인 비밀 관리성의 요건이 충족되지 아니할 가능성이 있다. 이러한 사례의 하나로 이른바 고주파 의료기 사건[6]을 들 수 있는데, 대법원에서는 원고가 피고에게 고주파수술기의 제조방법 등에 관한 문서를 제공하면서 비밀유지 의무를 부과하지 않았고, 원고가 판매하는 고주파 의료기기는 국내에서 널리 판매되었는데 그 부품의 구성 및 부품소자의 규격 값은 부품에 기재된 수치를 판독하는 방법 등에 의하여 용이하게 파악할 수 있을 뿐만 아니라, 원고 회사 역시 이를 암호화하는 방법으로 비밀유지를 위하여 어떤 조치를 취하였다고 할 수 없다는 점을 들어, 고주파수술기의 제조방법이 비밀로 관리되어야 한다는 요건이 충족되지 않음을 들어 해당 의료기의 제조방법은 영업비밀에 해당하지 않는다고 판단하였다.

역공학적인 방법으로 파악되는 기술정보가 이미 널리 알려져서 해당 기술정보가 공지된 기술정보에 해당한다고 볼 수 없고, 또한 역공학적인 방법으로 일부 기술을 파악할 수 있다 하더라도 해당 기술을 영업비밀로 유지하기 위하여 일정한 수준으로 관리하고 있어 이를 쉽게 파악할 수 있는 정도에 이르지 않는다면, 단순히 판매된 제품에 대하여 역공학적인 방법으로 그 기술적 정보를 파악할 수 있다는 점만으로는 해당 기술정보의 영업비밀성

---

4) 1991. 12. 31. 영업비밀의 정의 규정 이래로 '상당한 노력에 의하여 비밀로 유지된... 정보'로 되어 있었으나, 2015. 1. 28. '합리적 노력에 의하여 비밀로 유지된 ... 정보'로 개정되었고, 2019. 1. 8. '비밀로 관리된 ... 정보'로 개정되어 현재에 이르고 있다.

5) 컴퓨터프로그램에 대한 역분석의 경우에는, 프로그램의 호환성 확보를 위한 일정한 목적으로 역분석을 제한하고 있다. 저작권법 제101조의 4(프로그램코드역분석) 참조.

6) 대법원 2010. 12. 23. 선고 2008다44542 판결.

을 부정할 수는 없다고 보는 것이 타당하다. 다만 역공학이 쉽게 이루어져서 이미 이러한 기술정보가 널리 알려져 있다면 영업비밀로 인정되기 위한 요건으로서의 비공지성이 충족되지 않게 될 것이다.

2. 영업비밀의 유출로 인한 업무상배임죄의 성부

영업비밀의 유출 행위가 업무상배임죄를 구성하는지 여부에 관하여, 배임죄는 타인의 사무를 처리하는 자가 그 임무에 위배하는 행위로써 재산상 이익을 취득하거나 제3자로 하여금 이를 취득하게 하여 본인에게 손해를 가함으로써 성립하고, 이 경우 그 임무에 위배하는 행위는 사무의 내용, 성질 등 구체적인 상황에 비추어 법률의 규정, 계약의 내용 혹은 신의칙상 당연히 할 것으로 기대되는 행위를 하지 않거나 당연히 하지 않아야 할 것으로 기대되는 행위를 함으로써 본인과 사이의 신임관계를 저버리는 '일체의 행위'를 포함하는 것인데,[7] 이 사건에서 기업의 영업비밀을 사외로 유출하지 않을 것을 서약한 회사의 직원이 경제적인 대가를 얻기 위하여 경쟁업체에 영업비밀을 유출하는 행위는 피해자와의 신임관계를 저버리는 행위의 하나로 업무상배임죄를 구성할 수 있음을 명확하게 하고 있다.

3. 기술자료 유출로 인한 이익액 및 피해자의 손해액

배임죄 성립요건 중의 재산상의 손해는 현실적인 손해를 가한 경우뿐만 아니라, 재산상 손해 발생의 위험을 초래한 경우도 포함하고, 재산상 손해의 유무에 대한 판단은 본인의 전 재산 상태와의 관계에서 '법률적 판단'에 의하지 아니하고 '경제적 관점'에서 파악하여야 한다.[8] 기술자료의 유출 행위에 따른 이익액 및 손해액과 관련하여, 1심에서는 고액의 연구개발비가 투하된 기술자료의 유출로 인한 이익액 및 피해자의 손해액을 기술자료의 개발에 투입된 수백억 원의 기술개발비 상당으로 보아, 그 이득액이 5억 원이 초과하는 것으로서 「특정경제범죄 가중처벌 등에 관한 법률」(배임) 행위에 해당하는 것으로 보았다.

그런데 항소심에서는 이익 및 손해는 경제적인 관점에서 실질적으로 판단하여야 한다고 전제한 후, 소정의 기술개발비가 투입된 자료를 취득한 자의 이익은 그 자료가 가지는 '재산가치' 상당이고, 이러한 재산가치는 이 기술자료를 가지고 경쟁사 등 다른 업체에서 제품을 만들 경우, i) 그 자료로 인하여 기술개발에 소요되는 비용이 감소되는 경우의 그 감소분 상당과, ii) 나아가 그 자료를 이용하여 제품생산에까지 발전시킬 경우 제품판매이익 중 그 자료가 제공되지 않았을 경우와의 차액 상당으로서, 그러한 가치들을 감안하여 시장경제원리에 의하여 형성될 '시장교환가격' 상당이 그 자료의 재산가치라고 보았다. 이러한 전

7) 대법원 1987. 4. 28. 선고 83도1568 판결; 대법원 1988. 4. 25. 선고 87도2339 판결 등.
8) 대법원 1992. 5. 26. 선고 91도2963 판결; 대법원 1995. 11. 21. 선고 94도1375 판결 등.

제에서 법원에서는 유출된 기술자료의 시장교환가격에 대한 입증이 없을 뿐만 아니라, 자료의 활용가능성과 성패여부도 불확실하다는 점을 들어, 자료의 유출에 따른 이익액은 '기술개발비' 상당이 아니라, 액수미상의 '시장교환가격' 상당이라고 하였다. 한편 피해자인 甲 전자회사의 손해액은, 이러한 자료를 이용하는 경쟁사의 제품개발 및 양산시기의 단축으로 인한 경쟁력 강화와 이로 인하여 생기는 메모리반도체 생산품의 공급과잉으로 인하여 발생하는 피해자 회사의 이익감소분을 손해액으로 보았다. 결국 기술자료 유출자인 피고인에 대해서는 그 이익액을 알 수 없어, 액수 미상의 업무상배임죄로 의율하였어야 함을 들어 제1심 판결의 해당 부분을 파기하였고, 대법원에서도 항소심의 판단을 그대로 인용하면서 상고를 기각하였다.

기술자료의 유출로 인한 이익액을 해당 기술자료에 대하여 시장경제원리에 의하여 형성되는 '시장교환가격'으로 보아야 한다고 한 점은, 재산상의 이득의 판단을 경제적 관점에서 파악하여야 한다는 점에서는 타당한 것으로 볼 수 있으나, 영업비밀에 해당하는 기술자료에 대해서는 시장에서의 자유로운 매매가 현실적으로 발생하기 어렵다는 점, 또한 우리나라에서는 특허권 등의 기술자료 시장이 활성화되어 있지 않아 해당 기술자료에 대하여 시장에서의 교환가격 형성이 쉽지 않다는 점을 고려하면, 현실적으로는 그 액수의 산정 및 입증이 쉽지 않을 것으로 예상된다는 점에서 실제적 적용에 있어 한계가 있어 보인다.[9]

Ⅲ. 대상판결의 의의

대상판결은 유출된 기술정보가 이른바 역공학적인 방법으로 입수가 가능하다는 점만으로 영업비밀에서 제외되는 것은 아니라는 점을 명확하게 한 점, 기업의 영업비밀을 사외에 유출하지 않기로 서약한 회사의 직원이 경제적인 대가를 얻기 위하여 경쟁업체에 영업비밀을 유출하는 행위도 피해자와의 신임관계를 저버리는 행위로서 업무상배임죄를 구성한다는 점을 명시적으로 인정한 점, 고액의 개발비가 투자된 기술자료의 유출로 인한 이익액 및 피해자의 손해액으로는 기술자료의 개발에 투입된 개발비 상당이 아니라 유출된 자료에 대하여 시장경제원리에 의하여 형성되는 시장교환가격 상당으로 보아야 한다는 점을 명확하게 한 점에 의의가 있다.

키워드

영업비밀, 역공학, 역설계, 리버스엔지니어링, 업무상배임죄

9) 같은 취지, 김기섭, "영업비밀유출과 업무상 배임죄성립의 조건", 「판례연구」 제13집, 서울지방변호사회(1999), 458.

[73] 영업비밀의 특정 및 금지기간의 기산점

—대법원 2003. 7. 16. 자 2002마4380 결정—

박 태 일 (서울서부지방법원)

[사실 개요]

1. 채무자는 채권자에서 줄곧 정보통신분야 연구개발파트에서 일해 왔고 특히 1998. 1.부터 2000. 5. 31.까지 이동통신 단말기 개발팀장으로 근무했는데, 직속상관과의 갈등 등으로 2000. 3.경 퇴사의사를 밝힌 후 2000. 6. 1.경 이동통신 단말기 시장에서 채권자와 경쟁관계에 있는 신청외 회사의 사장으로 전직하였다. 채권자가 전업금지 및 영업비밀침해금지를 구하는 가처분신청을 하였는데, 채무자는 채권자에 복귀하고 채권자는 위 신청을 취하하기로 하는 합의가 이루어졌고, 채무자는 채권자의 권유에 따라 약 1년간 미국에서 무선단말기 연구와 별 관계없는 연수를 받았다. 그런데 귀국할 무렵에도 정보통신 외 다른 분야 근무를 권유받자 채무자는 2001. 8.경 채권자에 사직서를 제출하고 다시 신청외 회사의 사장으로 전직하였다.
2. 채권자는 다시 전직금지약정 및 영업비밀침해금지청구권에 기하여 신청외 회사로의 전업금지 및 영업비밀침해금지를 구하는 가처분신청을 하였다. 특히 채권자의 영업비밀을 "채무자가 1998. 1. 1.부터 2000. 3. 29.까지 채권자의 무선사업부 개발팀장으로 이동통신단말기의 개발업무에 종사하면서 지득한 채권자의 GPRS 및 UMTS 이동통신단말기에 관한 영업비밀로서, 채권자가 연구·개발한 다음 각 호(구체적인 기술 내용에 대한 기재는 없이 항목별 제목만 기재)에 해당하는 정보"로 특정하였다.

[결정 요지]

1. 근로자가 전직한 회사에서 영업비밀과 관련된 업무에 종사하는 것을 금지하지 않고서는 회사의 영업비밀을 보호할 수 없다고 인정되는 경우에는 구체적인 전직금지약정이 없다고 하더라도 부정경쟁방지법 제10조 제1항에 의한 침해행위의 금지 또는 예방 및 이를 위하여 필요한 조치 중의 한 가지로서 그 근로자로 하여금 전직한 회사에서 영업비밀과 관련된 업무에 종사하는 것을 금지하도록 하는 조치를 취할 수 있다.

2. 영업비밀침해금지를 명하기 위해서는 그 영업비밀이 특정되어야 할 것이지만, 상당한 정도의 기술력과 노하우를 가지고 경쟁사로 전직하여 종전의 업무와 동일·유사한 업무에 종사하는 근로자를 상대로 영업비밀침해금지를 구하는 경우 사용자가 주장하는 영업비밀이 영업비밀로서의 요건을 갖추었는지의 여부 및 영업비밀로서 특정이 되었는지 등을 판단함에 있어서는, 사용자가 주장하는 영업비밀 자체의 내용뿐만 아니라 근로자의

근무기간, 담당업무, 직책, 영업비밀에의 접근 가능성, 전직한 회사에서 담당하는 업무의 내용과 성격, 사용자와 근로자가 전직한 회사와의 관계 등 여러 사정을 고려하여야 한다.

3. 근로자가 회사에서 퇴직하지는 않았지만 전직을 준비하고 있는 등으로 영업비밀을 침해할 우려가 있어서 이를 방지하기 위한 예방적 조치로서 미리 영업비밀침해금지 및 전직금지를 구하는 경우에는 근로자가 회사에서 퇴직하지 않았다고 하더라도 실제로 그 영업비밀을 취급하던 업무에서 이탈한 시점을 기준으로 영업비밀침해금지기간 및 전직금지기간을 산정할 수 있을 것이지만, 근로자가 회사에서 퇴직한 이후 전직금지를 신청하는 경우에는, 전직금지는 기본적으로 근로자가 사용자와 경쟁관계에 있는 업체에 취업하는 것을 제한하는 것이므로, 근로자가 영업비밀을 취급하지 않는 부서로 옮긴 이후 퇴직할 당시까지의 제반 상황에서 사용자가 근로자가 퇴직하기 전에 미리 전직금지를 신청할 수 있었다고 볼 특별한 사정이 인정되지 아니하는 이상 근로자가 퇴직한 시점을 기준으로 산정하여야 한다.

해설

Ⅰ. 대상결정의 쟁점

대상결정은 전직금지약정의 인정 여부와 영업비밀침해금지청구권에 기한 전직금지청구의 허용 여부, 영업비밀의 특정 여부, 침해금지기간 및 전직금지기간의 기산점을 주된 쟁점으로 다루고 있다.

Ⅱ. 대상결정의 분석

1. 전직금지청구의 근거

근로계약 존속 중 근로계약상의 부수적 의무인 충실의무 또는 신의칙상의 의무로서 경업금지의무(근로자가 사용자와 경쟁관계에 있는 업체에 취업하거나 스스로 경쟁업체를 설립, 운영하는 등의 경쟁행위를 하지 않을 의무)를 부담함은 별 의문 없이 받아들여지고 있다.[1] 그러나 근로계약 종료 후에도 이 의무가 당연히 유지된다고 보기는 어렵다. 실무상 단체협약이나 취업규칙 또는 개별 계약 등의 근로계약에서 별도로 근로계약관계 종료 후의 전직금지의무에 관한 조항을 두는 경우가 많은데, 이때에는 전직금지약정을 근거로 전직금지를 구할 수 있다.[2]

---

1) 이성호, "근로자에 대한 경업금지약정의 효력과 전직금지가처분의 허용 여부", 「저스티스」 제3권 제4호, 한국법학원(2001), 89.

다만 이러한 약정이 헌법상 직업선택의 자유와 근로권 등을 과도하게 제한하거나 자유로운 경쟁을 지나치게 제한하는 경우에는 선량한 풍속 기타 사회질서에 반하는 법률행위로서 무효(민법 제103조)로 될 수 있다(전직금지약정의 유효성 판단 기준은 대법원 2010. 3. 11. 선고 2009다82244 판결, 대법원 2021. 9. 9. 선고 2021다234924 판결 참조).[3)]

한편 영업비밀 보호와 관련하여 퇴직 근로자의 전직금지를 구하는 근거로 영업비밀침해금지청구권에 기한 청구를 생각할 수 있다. 대상결정은 결정 요지 1항과 같이 이 점을 명시적으로 인정한 대법원 선례이다. 다만 경쟁업체로의 전직 자체를 금지할 수 있는지 아니면 전직 자체는 허용하되 새로운 직장에서의 담당 업무만 종전 취급업무와 다른 분야의 업무로 제한하는 것인지 논란의 여지가 있다.[4)] 전직 자체를 금지하기 위해서는 담당했던 업무의 성질, 영업비밀에 관한 자료를 가져간 사실이 있는지, 새로운 직장에서 담당하는 업무의 성질, 기타 관련 분야의 기술 발전 속도와 새로운 회사의 기술 수준 등 제반 사정을 고려하여 전직 자체를 금지하지 않고는 영업비밀의 유출을 방지할 수 없는 구체적인 필요성이 인정되어야 할 것이다.[5)]

2. 영업비밀의 특정

영업비밀 침해행위에 대한 금지청구권이 인정되기 위해서는, 영업비밀이 존재한다는 점(즉 보호받고자 하는 정보가 '영업비밀'에 해당한다는 점)과 상대방이 영업비밀 침해행위를 하거나 하려고 하여 영업비밀 보유자의 영업상 이익이 침해되거나 침해될 우려가 있다는 점이 증명되어야 한다.[6)] 그런데 보호받고자 하는 정보가 영업비밀에 해당한다는 점을 증명하는 과정에서 그 비밀성이나 비공지성이 침해될 우려가 있고, 반대로 개괄적인 내용만으로 특정하는 방법을 폭넓게 허용하면 상대방이 그 정보의 공지성이나 경제성 여부 등을 다툴 방

---

2) 한국특허법학회 편, 「영업비밀보호법」, 박영사(2017), 358(박정희 집필부분).

3) 대상결정의 사안에서 채권자는 영업비밀보호서약 및 영업비밀 유지조항이 포함된 약정서, 최초 가처분 신청을 취하하는 과정의 합의 등을 근거로 전직금지약정의 존재를 주장하였으나 제1심과 항고심 모두 경업금지약정은 근로자가 사용자와 경쟁관계에 있는 업체에 취업하거나 스스로 경쟁업체를 설립, 운영하는 등의 경쟁행위를 하지 아니할 것을 내용으로 하므로 직업선택의 자유를 직접적으로 제한할 뿐만 아니라, 자유로운 경쟁을 저해하여 일반 소비자의 이익을 해칠 우려도 적지 아니하고, 특히 퇴직 후의 경쟁업체로의 전직금지약정은 근로자의 생계와도 직접적인 연관이 있으므로 사용자와 근로자 사이에 전직금지약정이 있는지에 관하여는 이를 엄격하게 판단하여야 한다는 전제에서, 전직금지약정의 존재를 인정하기에 소명자료가 부족하다고 보았고, 대법원도 이러한 판단을 유지하였다.

4) 김범희, "영업비밀 보호를 위한 전직금지청구권의 발생 근거", 「판례연구」 18집(1), 서울지방변호사회(2004), 136.

5) 한국특허법학회 편, 「영업비밀보호법」, 박영사(2017), 382(장현진 집필부분).

6) 김병식, "영업비밀 침해금지소송에서 영업비밀의 특정정도 및 판단 기준", 「대법원판례해설」 제97호 하, 법원도서관(2014), 319.

어권이 침해될 우려가 있어, 양자의 권리가 침해되지 않는 적정한 수준의 특정이 이루어짐이 바람직하다.[7] 사실 개요 3항과 같은 영업비밀 특정에 대하여, 제1심과 항고심 모두 영업비밀 보유자가 보호받고자 하는 영업비밀의 내용을 모두 구체적으로 상세히 기재할 것을 요구하는 것은 영업비밀의 보호를 위하여 부득이한 점이 있는데다가 위 영업비밀을 채무자가 1998. 1. 1.부터 2000. 3. 29.까지 채권자의 무선사업부 개발팀장으로 이동통신단말기의 개발업무에 종사하면서 지득한 것으로 제한하고 있는 이상 특정되었다고 보았다. 대법원도 결정 요지 2항과 같이 설시하면서, '영업비밀 보유자와 상대방 사이의 관계' 등 구체적 사정을 고려하여 다소 포괄적인 방법의 영업비밀 특정을 허용하였다.

다만 대상결정의 법리는 영업비밀 특정의 원칙에 대한 설시는 없이 예외적으로 완화된 기준으로 족하다는 취지만 나타내고 있어 일반 기준으로서는 한계가 있었다. 또 대상 결정 후 2011. 12. 2. 비밀유지명령 제도를 신설하는 부정경쟁방지법 제14조의4 등이 마련되어 영업비밀 특정의 원칙을 좀 더 강조할 수 있는 환경 변화도 있었다. 이에 대법원 2013. 8. 22. 자 2011마1624 결정은 "영업비밀 침해행위의 금지를 구함에 있어서는 법원의 심리와 상대방의 방어권 행사에 지장이 없도록 그 비밀성을 잃지 않는 한도에서 가능한 한 영업비밀을 구체적으로 특정하여야 하고, 어느 정도로 영업비밀을 특정하여야 하는지는 영업비밀로 주장된 개별 정보의 내용과 성질, 관련 분야에서 공지된 정보의 내용, 영업비밀 침해행위의 구체적 태양과 금지청구의 내용, 영업비밀 보유자와 상대방 사이의 관계 등 여러 사정을 고려하여 판단하여야 한다."는 일반 원칙을 밝히고 있다.[8]

3. 침해금지기간 및 전직금지기간의 기산점

침해행위 금지는 영업비밀 보호기간의 범위 내에서만 인정되므로,[9] 침해금지기간은 영업비밀 보호기간과 기본적으로 같다고 볼 수 있다. 실무는 침해금지기간을 설정하지 않은 경우와 침해금지기간을 설정한 경우로 나뉘고, 후자도 기산점을 퇴직일, 판결선고일(가처분결정일), 판결확정일, 침해행위시로 정한 사례들로 나뉘며, 대법원은 대체로 영업비밀의 보호기간이 지났는지 여부에 대한 사실심 법원의 판단을 존중하면서 결과를 유지해왔다.[10]

전직금지약정을 근거로 한 전직금지의 경우 약정의 유효성이 인정되면 전직금지기간

7) 정상조 편집대표, 「부정경쟁방지법 주해」, 박영사(2020), 331~332(백강진 집필부분).

8) 한편 형사사건에서 공소사실 특정의 문제로서 영업비밀 특정에 관하여는 대법원 2008. 7. 10. 선고 2006도8278 판결을 대상판결로 하는 79번 평석 참조.

9) 영업비밀 보호기간을 결정하는 방법 및 침해금지기간 설정의 문제에 관하여는 대법원 2019. 3. 14. 자 2018마7100 결정을 대상결정으로 하는 87번 평석 참조.

10) 상세한 내용은 손천우, "영업비밀 침해금지명령과 영업비밀 보호의 기간", 「지식과 권리」 통권 제21호, 대한변리사회(2018), 20~35.

은 원칙적으로 약정에 따르겠지만, 보호할 가치 있는 사용자의 이익, 근로자의 퇴직 전 지위, 퇴직 경위, 근로자에 대한 대상 제공 여부 등 제반 사정을 고려하여 약정한 전직금지기간이 과도하게 장기라고 인정될 때에는 적당한 범위로 전직금지기간을 제한할 수 있다(대법원 2007. 3. 29. 자 2006마1303 결정 등 참조).[11] 영업비밀침해금지청구권에 기한 전직금지의 경우에는 침해금지기간과 전직금지기간을 동일하게 정할 수도 있겠으나 근로자의 직업선택의 자유 제한 등을 고려하여 다른 기간으로 설정할 수도 있다.[12]

침해금지기간의 기산점과 전직금지기간의 기산점이 논리적으로 일치해야 하는 것은 아니다. 침해금지기간의 기산점은 영업비밀 보호기간의 범위와 종기를 확정하는 의미가 있는데 이는 원칙적으로 사실심의 전권사항이다(대법원 2019. 9. 10. 선고 2017다34981 판결 및 88번 평석 참조). 전직금지기간의 기산점은 전직금지약정을 근거로 한 경우에는 약정의 유효성이 인정되면 약정에 따르게 될 것이고, 영업비밀침해금지청구권에 기한 경우에는 대상결정이 결정 요지 3항과 같이 원칙적으로 퇴직 시점임을 밝히고 있다.[13]

Ⅲ. 대상결정의 의의

대상결정은 영업비밀침해금지청구권에 기하여 전직금지를 구할 수 있음을 설시한 선례이고, 영업비밀 보유자와 상대방 사이의 관계 등 구체적 사정을 고려하여 다소 포괄적인 방법의 영업비밀 특정을 허용한 사례이며, 원칙적으로 퇴직 시점을 기준으로 전직금지기간을 산정하는 것이 타당함을 밝힌 사례로서 의의가 있다.

키워드

영업비밀침해금지청구권에 기한 전직금지청구, 영업비밀의 특정, 침해금지기간 및 전직금지기간의 기산점

11) 대법원 2003. 3. 14. 선고 2002다73869 판결은 영업비밀침해금지기간을 3년으로 인정함으로써 전직금지기간 자체를 이 정도 기간으로 할 필요가 없다는 점도 전직금지약정상의 금지기간 3년을 1년으로 제한하는 이유로 설시하고 있다.

12) 장홍선, “판례상 나타난 영업비밀침해금지기간과 전직금지기간 및 그 기간 산정의 기산점에 관하여”, 「판례연구」 제16집, 부산판례연구회(2005), 829, 839.

13) 대상결정 사안에서 제1심과 항고심 모두 침해·전직금지기간을 동일하게 영업비밀 취급업무에서 실질적으로 이탈한 2000. 3. 29.부터 1년간으로 보고 가처분신청을 기각하였다. 대법원은 침해금지기간의 기산점 판단은 수긍하였으나, 전직금지기간에 대해서도 같은 시점을 기산점으로 본 판단은 잘못이라고 보았다. 다만 영업비밀 보호기간(=침해금지기간) 판단을 유지한 결과 퇴직 당시 이미 그 기간이 경과하여 전직을 금지할 필요성이 없다고 보고 재항고를 기각하였다.

[74] 출원공개된 발명과 유사한 영업비밀에 근거한 소송

— 대법원 2005. 9. 23. 선고 2002다60610 판결 —

정 차 호 (성균관대학교)

[사실 개요]

1. 원고는 특허 제111793호의 전용실시권자로서 특허발명이 적용된 (컨테이너화물 상 · 하역 장비인) 이동식교각을 생산하고 있다. 당연히 특허발명의 이동식교각 제조기술은 출원공개, 특허공고로 이미 공개되어 비밀성(비공지성)이 상실된 것이다.
2. 원고는 피고가 해당 특허의 권리를 침해하였다고 주장하며, 나아가 해당 이동식교각 제조에 특허발명 이외의 다른 설계정보 및 생산기술인 영업비밀이 적용되었으며, 피고가 그 영업비밀을 침해하였다고 주장하였다.
3. 원심법원은 해당 영업비밀의 비밀관리성을 인정하고, 피고가 원고의 직원 4명을 채용하였다는 점, 피고가 원고의 설계정보 및 생산기술을 사용하지 않고서는 짧은 시간 내에 피고 제품의 이동식교각을 생산할 수 없었을 것이라는 점 등에 근거하여 영업비밀 침해를 인정하였다.

[판결 요지]

1. 피고가 생산한 이동식교각은 "통상의 지식을 가진 자가 선행발명 1, 2로부터 용이하게 발명할 수 있는 정도이므로, 피고 제품은 이 사건 특허발명과 대비할 필요도 없이 이 사건 특허발명의 권리범위에 속하지 아니한다."

2. "특허출원된 발명에 대하여 영업비밀을 주장하는 자로서는 그 특허출원된 내용 이외의 어떠한 정보가 영업비밀로 관리되고 있으며 어떤 면에서 경제성을 갖고 있는지를 구체적으로 특정하여 주장·입증하여야 할 것이다."

3. "원심은, 원고가 이 사건 특허출원으로 공개된 제조기술 이외의 영업비밀로 주장하는 기술상 정보가 구체적으로 무엇인지 특정·밝히지 아니한 채 만연히 이동식교각에 대한 생산방법에 대한 정보를 영업비밀이라고 인정·판단하고 말았으니, 원심판결에는 부정경쟁방지법상의 영업비밀에 관한 법리를 오해하여 심리를 다하지 않은 위법이 있다."

해설

Ⅰ. 대상판결의 쟁점

주지된 바와 같이, 어떤 정보가 영업비밀로 인정되기 위해서는 비공지성(비밀성), 경제성 및 비밀관리성의 세 요건이 충족되어야 한다. 또 널리 알려진 바와 같이, 특허제도는 기술공개에 대한 반대급부로 특허권을 부여한다. 그래서, 특허제도는 출원공개 및 특허공고를 통하여 해당 특허발명이 공개되게 한다. 당연히, 그렇게 공개된 특허발명은 비공지성을 상실하여 영업비밀이 될 수 없다.

새로운 기술을 개발한 자는 통상 그 기술을 특허로 보호할 것인지 아니면 영업비밀로 관리할 것인지의 두 선택지 중 하나를 선택하게 된다. 그런데, 드물지 않게, 제3의 선택지가 현명한 것일 수 있다. 즉, 해당 기술의 뼈대는 특허로 보호하되, 상세기술은 영업비밀로 관리하는 전략이 가능한 것이다.[1] 이러한 전략은 권리의 남용에 해당하지 않고, 도덕적으로도 비난받을 대상도 아니다. 특허제도와 영업비밀제도를 공히 제공하는 현행 법제 내에서 어떤 기술의 보유자가 해당 기술의 성격, 시장상황 등을 감안하여 자유롭게 선택할 수 있는 것이다. 다만, 특허의 권리범위에는 공개된 뼈대기술만 포함되며, 영업비밀로 은닉되는 상세기술은 포함되지 않을 뿐이다.

대상 사건에서 원고는 ① 대상 이동식교각을 생산하기 위하여 특허발명 및 영업비밀이 적용되어야 한다는 점 및 ② 피고가 원고의 영업비밀을 부정한 방법으로 취득, 사용하였다는 점을 주장하는 것이다. 원심법원은 원고의 그 주장을 인정하였으나, 대상판결은 원심법원의 판단이 법리적용의 오류의 결과라고 보았다. 대상 사건의 쟁점은 ① 원고의 영업비밀의 특정의 문제와 ② 피고의 그 영업비밀의 침해의 문제로 나누어진다.

Ⅱ. 대상판결의 분석

1. 피고가 원고의 영업비밀을 침해하였다고 볼 수 있는 정황

다음과 같은 사실은 피고가 원고의 영업비밀을 부정한 방법으로 취득하여, 사용하였다고 볼 수 있게 한다. 첫째, 피고가 원고의 전 종업원 4명을 채용하여 이동식교각의 제작업무에 투입하였다는 점, 둘째, 피고가 이동식교각의 제작에 관한 경험이 전무함에도 불구하

---

1) 대법원 1998. 11. 10. 선고 98다45751 판결("비록 기계의 기본적인 작동원리나 구성이 이미 공연히 알려져 있기 때문에 그 자체는 영업비밀에 해당한다고 할 수 없다 할지라도 그 기계를 구성하는 개개 부품의 규격이나 재질, 가공방법, 그와 관련된 설계도면 등이 공연히 알려져 있지 아니할 때에는 영업비밀에 해당한다고 보아야 한다.").

고, 제작착수로부터 불과 3개월 만에 제품을 판매하기 시작하였다는 점, 셋째, 원고의 설계도면 등의 정보를 이용하지 않고서는 그렇게 단기간에 제작할 수 있다고 보기 어려운 점. 원심법원은 그러한 점에 주목하여 피고의 영업비밀 침해를 인정한 것으로 생각된다.

2. 원고의 영업비밀 특정 및 침해의 증명책임

민사소송에서 일반적으로는 원고가 주장, 증명책임을 부담한다. 민사소송의 한 종류인 영업비밀 침해소송에서도 원고가 해당 영업비밀을 특정하고, 그 영업비밀이 침해되었다는 사실을 증명하여야 한다.[2)]

3. 원고의 증명 여부

영업비밀 소송은 영업비밀이라는 지식재산의 존재를 전제로 한다. 그렇다면 원고는 가장 먼저 대상 영업비밀을 명확하게 특정하여야 한다. 대상 사안에서 원고는 원고가 보유하고 있는 설계도면이 어떤 것이라는 점을 공개된 특허발명과 구분하여 특정하였어야 했다. 그리고, 그 특정된 영업비밀과 피고 제품을 비교하여 피고가 '그' 영업비밀을 사용하였음을 증명하였어야 했다. 원고가 제시한 정황증거(위 1. 참고)는 피고가 원고의 영업비밀을 부정한 방법으로 취득하여 사용하였음을 추측하게 한다. 원심법원은 그러한 추측에 근거하여 피고의 영업비밀 침해를 인정한 것으로 생각된다. 그러나, 법리적으로 추측은 추측에 불과하다.

원고는 정황증거를 제시하였을 뿐, 가장 중요하게는, 본 소송의 전제가 되는 영업비밀을 정확하게 특정하지 못하였다. 그러한 특정실패는 ① 별도의 영업비밀이 존재하지 않고 특허발명이 원고가 보유한 기술의 전부일 수 있다는 추측, ② 원고가 보유한 영업비밀도 선행기술과 동일하거나 선행기술로부터 쉽게 발명할 수 있는 것이어서 권리행사가 부정될 수 있다는 추측을 가능하게 한다.

원고에게 유리한 추측과 불리한 추측이 충돌하는 장면에서 증명책임의 법리가 중요하게 작동한다. 두 추측은 추측에 불과한 것이고 원고가 증명책임을 다하지 못하였으므로, 원심법원은 단순히 영업비밀의 침해를 인정하지 않았어야 했다. 그럼에도 불구하고 원심법원은 영업비밀이 무엇인지도 모른 채 그것의 비밀관리성을 인정하고 침해까지 인정하는 오류를 범하였다.

---

2) 엄윤서 · 이회현, "영업비밀침해금지청구소송상 비공지성의 증명책임 완화와 비밀관리성에 대한 한국과 미국의 비교법적 고찰 : 메디톡스 對 대웅제약 사건을 중심으로", 「Ewha Law Review」 제11권, 이화여자대학교 법학전문대학원(2021), 48("원칙적으로 한국과 미국 법제 하에서 법률효과, 즉 청구권의 존재를 주장하는 소송당사자는 법률효과를 이루는 법률요건의 요건사실을 스스로 입증해야 할 책임을 부담한다").

4. 유사 사례의 비교

가. 특허법원 2021. 8. 20. 선고 2020나1391 판결

대상사건에서 원고는 2015년 설립된 회사로 특허 제10－1662798호(밤 가공식품의 제조방법 및 그 밤 가공식품)의 특허권자로서 밤가공업 등을 영위하고 있다. 원고는 피고회사 및 두 개인(원고의 전 종업원)을 상대로 영업비밀 침해소송을 제기하였다. 원고는 원고의 영업비밀의 내용에 관하여 수차례 주장을 변경하다가 항소심 법원에 이르러 ① 밤이 분리되지 않게 하는 방법, ② 밤이 물러지지 않게 하고 잡냄새를 제거하는 방법, ③ 설탕절임이 잘 되게 하는 방법 및 ④ 잡내제거를 위한 포장방법이 원고의 영업비밀이라고 특정하였다.

피고는 원고가 주장하는 영업비밀이 충분히 구체적으로 특정되지 않았다는 점을 지적하며, 나아가 원고가 주장하는 영업비밀은 특허출원을 통해 공개된 내용 이외에는 추가적인 것이 없다고 주장하였다.

특허법원은 원고가 특정한 영업비밀이 ① "당적밤 제조 과정에서 당연히 수행될 것으로 예상되는 통상의 업무로서 추상적, 일반적 내용일 뿐 구체적, 개별적 내용은 포함되어 있지 않다"는 점 및 ② "제조방법의 내용이나 특징이 아니라 그러한 방법의 목적이나 결과만 가지고 자신의 기술을 특정하고 있다"는 점을 지적하며, 결과적으로 원고는 소송의 전제가 되는 영업비밀을 제대로 특정하지 않고 있다고 판단하였다. 본 판결도 영업비밀 소송에서 원고의 영업비밀 특정의 책임이 중요함을 보여준다.

나. 특허법원 2018. 7. 12. 선고 2017나22 판결

대상사건에서 원고는 저작권 침해, 특허권 침해, 영업비밀 침해 및 계약교섭의 부당한 중도파기를 주장하였다. 원고는 특허발명 외의 영업비밀을 다음과 같이 주장하였다: "유압실린더의 상승 높이를 1,800mm로 설정하는 것(제1항), 철탑받침(가로세로 1.2m, 높이 약 5m)을 설치하고 그 상단부에 유압실린더를 설치하는 것(제2항), 기둥의 양쪽에 유압실린더를 설치하는 것(제3항), 각 기둥의 상승 높이가 편차 4mm 이내에서 제어되는 것(제4항), 기둥의 형태에 따라 상향 공법을 달리 적용하는 것(제5항) 등".

특허법원은 위 원고가 주장하는 것이 "공사현장의 조건에 따라 자연스럽게 결정되어지는 사항들로서 동종 업계의 기술자들이 원고의 위 특허발명의 명세서에 의해 공지된 기술을 이용한 역설계(Reverse Engineering) 등을 통하여 쉽게 도출해 낼 수 있는 기술정보에 불과"하다는 이유로 비공지성을 결여하여 영업비밀이 아니라고 판단하였다.

대상판결은 특허발명으로부터 쉽게 도출할 수 있는 기술을 비공지성을 결여한 것으로 보고 "영업비밀에 해당한다고 보기는 어렵다"고 설시하였다. 특허법에서 어떤 (선행)기술로부터 쉽게 도출할 수 있는지 여부는 진보성 요건에 해당한다. 그러한 진보성의 개념이 영업비밀의 (특허법의 신규성 요건과 비교되는) 비공지성 요건에 적용될 수 있는지 의문이다. 본 글의 초안에 대한 감수자(정영훈 변호사)는 선행기술로부터 쉽게 도출할 수 있는 기술은 경제적 우위를 가져다주지 못하므로 영업비밀로서의 경제성 요건을 충족하지 못한 것으로 볼 수 있음을 제안하였다. 흥미로운 제안이다. 선행기술로부터 쉽게 도출할 수 있는 기술은 영업비밀로서의 비공지성 요건 또는 경제성 요건을 충족하지 못하는 것으로 볼 것인지 아니면 영업비밀임은 인정하되, 자유실시기술의 항변에 근거하여 권리행사를 부정할 것인지의 세 가지 선택지에 대한 후속 연구가 필요하다.

Ⅲ. 대상판결의 의의

대상판결은 원고가 특허권 침해 및 영업비밀 침해를 동시에 주장하는 사안에서 원고가 대상 영업비밀을 특허발명과 구별하여 구체적으로 특정할 책임을 부담한다는 법리를 명확하게 한다. 이 법리는 명확하고 강력한 것이어서 여러 저자에 의하여 반복적으로 강조되고 있다.[3] 영업비밀 사건에서의 그러한 증명책임 법리가 영업비밀 제도를 형해화 할 위험이 있다는 우려가 있으나,[4] 원고가 소송물을 특정할 책임, 침해를 증명할 책임을 지는 것은 당연하다고 생각된다.

키워드

영업비밀, 증명책임, 특정책임, 공지기술, 자유실시기술의 항변

---

3) 백강진, "영업비밀의 특정", 「부정경쟁방지법 주해」(정상조 편집대표), 박영사(2020), 331("영업비밀의 특정은 보호대상인 '영업비밀'이 인식 가능한 일정한 형태로 존재한다는 사실에 대한 영업비밀 보유자 측의 증명에 해당한다. ... 영업비밀 침해자로 주장되는 사람 입장에서 보더라도, 상대방에 의해 영업비밀이 제대로 특정되지 아니하면 방어권 행사의 대상이 불명확하여 소송상의 권리행사에 지장을 받게 됨으로써 공정한 재판의 원칙을 해치게 된다.").

4) 김철환, "특허권과 영업비밀의 관계", 「특허판례연구」 개정판, 박영사(2004), 968("다만, 영업비밀의 주장, 입증 요건을 지나치게 엄격하게 보는 것은 영업비밀의 보호제도가 형해화될 우려가 있기 때문에 적절한 균형을 잡을 필요가 있다.").

[75] 영업비밀의 요건인 독립된 경제적 가치의 의미

—대법원 2008. 2. 15. 선고 2005도6223 판결—

구 성 진 (대법원)

[사실 개요]

1. 피고인은 2001. 7.경부터 2002. 4. 30.경까지 광반도체 LED[1] 생산판매업체인 피해 회사의 영업담당 이사로 근무하다가, 2002. 5.경부터 피해 회사의 경쟁업체로서 반도체·LED 생산판매업체인 甲 주식회사의 영업상무이사로 근무하던 사람이다.
2. A는 1997. 10.경부터 2003. 2. 22.경까지 피해 회사의 부사장이자 기술연구소 기술고문으로 근무하면서 2002. 6.경 자신이 피해 회사에 근무하는 동안 지득한 영업비밀을 유지하기로 약정하고 주도적으로 첨단기술인 WHITE LED 제조공법을 개발하였으나, 피해 회사로부터 뚜렷한 상여금이나 인센티브를 받지 못한 것에 대하여 불만을 품었다. 피고인은 이를 알고는 A에게 피해 회사를 퇴직하고 甲 주식회사에 근무할 것을 제의하였고, 이에 따라 A는 피해 회사를 퇴직하고 2003. 3. 9.부터 甲 주식회사의 기술고문으로 근무하였다.
3. 피고인과 A는 공모하여 2003. 3.경 A의 노트북 컴퓨터에 저장되어 있던 피해 회사에 유용한 기술상의 영업비밀을 출력한 프린트물을 甲 주식회사의 개발팀장인 B에게 각 교부하고, 2003. 3.~4.경 위 노트북 컴퓨터에 저장되어 있던 같은 영업비밀을 출력한 프린트물을 몇 차례에 걸쳐 B에게 교부하고, 2003. 9.경 위 노트북 컴퓨터에 저장되어 있던 같은 영업비밀을 甲 주식회사 개발팀 직원인 C에게 파일 형태로 교부하여, 피해 회사의 임원이었던 자로서 피해 회사의 유용한 기술상의 영업비밀을 계약관계 등에 의하여 비밀을 유지하여야 할 의무에 위반하여 제3자인 甲 주식회사에 누설하였다.

[판결 요지]

1. 구 부정경쟁방지법(2004. 1. 20. 법률 제7095호로 개정되기 전의 것, 이하 '구 부정경쟁방지법') 제2조 제2호의 영업비밀이란 일반적으로 알려져 있지 아니하고 독립된 경제적 가치를 가지며, 상당한 노력에 의하여 비밀로 유지·관리된 생산방법, 판매방법 기타 영업활동에 유용한 기술상 또는 경영상의 정보를 말하고, 이때 정보가 '독립된 경제적 가치를 가진다'는 의미는, 그 정보의 보유자가 그 정보의 사용을 통해 경쟁자에 대하여 경쟁상의 이익을 얻을 수 있거나 또는 그 정보의 취득이나 개발을 위해 상당한 비용이나 노력이 필요하다는 것인바, 어떠한 정보가 위와 같은 요건을 모두 갖추었다면, 위 정보가 바로 영업

---

1) Light Emitting Diode, 전압을 가하면 빛을 방출하는 발광소자로서 전자제품, 휴대폰, 바이오센서 등 광범위하게 사용되고 있는 광반도체의 일종

활동에 이용될 수 있을 정도의 완성된 단계에 이르지 못하였거나, 실제 제3자에게 아무런 도움을 준 바 없거나, 누구나 시제품만 있으면 실험을 통하여 알아낼 수 있는 정보라고 하더라도, 위 정보를 영업비밀로 보는 데 장애가 되는 것은 아니다.

2. 사원이 회사를 퇴사하면서 부품과 원료의 배합비율과 제조공정을 기술한 자료와 회사가 시제품의 품질을 확인하거나 제조기술 향상을 위한 각종 실험을 통하여 나타난 결과를 기재한 자료는 구 부정경쟁방지법에 정한 영업비밀에 해당한다고 한 사례.

해설

Ⅰ. 대상판결의 쟁점

영업비밀이란 공공연히 알려져 있지 아니하고 독립된 경제적 가치를 가지는 것으로서, 비밀로 관리된 생산방법, 판매방법, 그 밖에 영업활동에 유용한 기술상 또는 경영상의 정보를 말한다.[2] 영업비밀은 비공지성, 경제적 유용성, 비밀관리성을 그 요건으로 하는데, 이 사건에서는 경제성이 쟁점이 되었다.

피고인은 A와 공모하여 甲 주식회사에 교부한 자료에 대해 구체적으로 다음과 같은 이유로 경제적 유용성이 없다고 주장하였다.

① 甲 주식회사가 생산하고 있지 않는 LED에 관한 자료이다.

② 이론적으로는 가능하지만 실제 생산에는 적용될 수 없는 기술이다.

③ LED 샘플의 특성을 측정하여 얻은 데이터를 분석한 자료로 누구나 샘플만 있으면 실험을 하여 쉽게 얻을 수 있다.

즉, 영업비밀의 요건 중 '독립된 경제적 가치를 가진다.'는 부분의 해석을 통하여 피고인의 주장과 같이 누설된 영업비밀을 취득한 자가 이를 사용하지 않거나 사용할 수 없는 경우 또는 실험을 통해 누구나 쉽게 얻을 수 있는 자료인 경우에도 이러한 요건을 충족하여 영업비밀로 볼 수 있는지가 문제된다.

Ⅱ. 대상판결의 분석

1. 누설된 영업비밀 취득자가 이를 사용하지 않는 경우

누설된 영업비밀 취득자가 이를 사용하는지 여부는 경제적 유용성 판단과 무관하다.

---

2) 부정경쟁방지법 제2조 제2호.

보유자가 그 정보를 실제로 사용하고 있을 필요는 없고 장래에 경제적 가치를 발휘할 가능성이 있거나 그 내용을 알게 될 경우 경쟁상 유용하게 활용할 상업적 가치가 있는 것으로 충분하다.[3] 영업비밀 취득자가 이를 사용하는지 여부에 따라 경제적 유용성에 대한 판단이 달라져 영업비밀인지 여부가 좌우된다면 영업비밀 취득자의 사용 여부라는 우연한 사정에 따라 법적 평가가 달라지게 되어 부당하다. 또한 누설된 영업비밀을 취득할 당시에는 이를 사용하지 않았으나 추후 자신이 직접 영업을 하면서 사용하거나 제3자에게 누설할 수도 있어 장래에 경제적 가치를 가질 수 있다.

2. 누설된 영업비밀이 이론적으로만 가능할 뿐 실제로는 적용될 수 없는 경우

이 경우도 경제적 유용성이 있다. 어떤 정보가 이론적으로뿐만 아니라 실제로도 적용할 수 있다면 독립된 경제적 가치가 있음은 의문의 여지가 없으나, 실제 적용할 수 있는 정도에 이르지 못하였더라도 이를 입수한 제3자는 실패 과정을 반복하지 않을 수 있고, 그때까지의 과정을 생략할 수 있으며, 그 정보를 발전·보완시켜 개량하거나 완성할 수 있다. 과거의 실패경험을 축적한 실험데이터와 같이 소극적·부정적 정보도 독립된 경제적 가치가 긍정되므로,[4] 이론적으로만 가능할 뿐인 정보인 경우에도 경제적 가치를 부정할 수는 없다.

3. 실험을 통해 얻을 수 있는 자료인 경우

샘플을 구하여 간단한 실험을 반복함으로써 쉽게 얻을 수 있는 자료라고 하더라도 경제적 유용성이 있다. 이를 위해서는 상당한 비용이나 노력이 필요한데, 제3자가 이러한 자료를 취득할 경우 샘플을 구하거나 실험을 하는 등의 과정 없이 바로 자료를 활용할 수 있게 되어 시간과 비용을 상당히 절감할 수 있게 된다. 제품을 분해하거나 제조의 역순으로 분석하여 제조에 관한 영업비밀을 발견해 내어 이용하는 소위 역공정의 방법 등에 의하여 알아낼 수 있는 성질의 기술정보라도, 역공정의 방법에 의하여 독자적으로 알아낸 사실을 밝히지 못한다면 영업비밀 침해의 책임을 면할 수 없다.[5]

4. 독립된 경제적 가치를 가진다는 것의 의미

위에서 본 바와 같이 어떤 정보가 '독립된 경제적 가치를 가진다.'는 것은 결국 그 정보의 취득이나 개발을 위해 상당한 비용이나 노력이 필요하다는 것이고, 한편으로 정보의 보유자가 그 정보의 사용을 통해 경쟁자에 대하여 경쟁상의 이익을 얻을 수 있다는 의미이

---

3) 윤태식, 「부정경쟁방지법」, 박영사(2021), 324~325.
4) 정상조 편집대표, 「부정경쟁방지법 주해」, 박영사(2020), 312(박준석 집필부분).
5) 정상조·박준석, 「지식재산권법(제5판)」, 홍문사(2020), 711.

다.[6] '독립' 혹은 '경제적 가치' 등 추상적 개념의 해석은 궁극적으로 '건전한 거래질서 유지'라는 부정경쟁지법 제1조의 명시적 목적에 비추어 판단되어야 하는데,[7] 경제적 유용성은 절대적인 것을 의미하는 것은 아니고 상대적인 것이며 그 정도도 높게 보아서는 아니 되므로, 영업비밀을 보유함으로써 지니게 되는 경쟁사업자에 대한 우위가 매우 근소한 것인 경우에도 경제적 유용성은 인정될 수 있다.[8] 그러므로 정보가 바로 영업활동에 이용될 수 있을 정도의 완성된 단계에 이르지 못하였거나, 실제 영업비밀 취득자 등 제3자에게 아무런 도움을 준 바 없거나, 누구나 시제품만 있으면 실험을 통하여 알아낼 수 있는 정보라고 하더라도, 위와 같은 경제적 유용성 요건에 해당한다면 그러한 사정은 경제적 유용성 판단과 무관하다.

5. 대상판결 이후 판단 사례[9]

가. 독립된 경제적 가치가 인정된 사례

① 피고인이 냉각탑 부품들의 세부적인 수치, 부품들 사이의 결합관계, 전체적인 구조 등에 관한 기술상의 정보가 담긴 설계도를 피해회사의 경쟁사에 인도하였고, 경쟁사가 이를 이용하여 냉갑탑을 제조하고 관련 협회의 인증을 받은 경우(대법원 2009. 7. 9. 선고 2009도250 판결)

② 공소외 1 주식회사가 캐드파일 및 기술자료를 완성하는 데 많은 시간과 비용을 투여하였고 공소외 1 주식회사의 경쟁업체인 공소외 4 주식회사가 이 사건 캐드파일 등을 사용할 경우 절약되는 시간과 비용이 상당한 경우(대법원 2009. 7. 9. 선고 2006도7916 판결)

③ 회로도 파일, 레이아웃 도면 파일 등은 비메모리 반도체집적회로의 설계 및 판매 전문회사인 공소외 주식회사가 상당한 시간과 비용을 들여 연구 개발한 것으로서 공소외 주식회사의 영업에 있어 핵심적인 요소 중의 하나일 뿐만 아니라, 외부로 유출될 경우 경쟁사, 특히 후발경쟁업체가 동종 제품을 개발함에 있어 기간 단축의 효과를 가져올 수 있는 경우(대법원 2009. 10. 29. 선고 2007도6772 판결)

④ 원고 회사가 고객들에게 자신을 소개하기 위해 작성한 모바일 게임 사업제안서는 해외 영업망 구축에 관하여 우위를 점할 수 있는 정보가 포함되어 있고 그 정보의 취득을

---

6) 일본에서는 당해 정보 자체가 사업활동에 사용·이용되고 있거나 혹은 이와 같이 사용·이용됨으로써 비용의 절약, 경영효율의 개선 등에 역할을 하는 것을 말하는 의미이며, 따라서 사업활동에 있어 유용하다는 것은 정당한 사업활동에 있어 객관적인 경제적 가치가 인정되는 것을 의미한다고 하는 것이 통설이다[한국특허법학회, 「영업비밀보호법」, 박영사(2017), 36(김동준 집필부분).].

7) 정상조 편집대표(주 4), 312.

8) 최정열·이규호, 「부정경쟁방지법－영업비밀보호법제 포함(제3판)」, 진원사(2015), 288.

9) 밑줄 친 부분이 판단 대상이 된 정보이다.

위해 상당한 정도의 노동력과 비용이 투입될 것으로 보이며, 원고 회사가 게임 비즈니스 모델을 수출하는 과정에서 가격 등 주요정보에 관한 몇 가지 비즈니스 모델 등을 포함한 문서는 향후 이 제품 또는 이와 유사한 제품을 다른 회사에 판매하는 경우에 유용하게 활용될 정보로서 경쟁업체가 이를 입수할 경우 가격정책 수립 등에서 시간과 비용을 상당히 절약할 수 있는 경우(대법원 2011. 7. 14. 선고 2009다12528 판결)

나. 독립된 경제적 가치가 부정된 사례

① 바이어 명단이 상당 부분 동종 업계에 알려져 있었고 관련 업체들이 별다른 노력을 하지 않고도 그 명단을 확보할 수 있었을 경우 및 가격산정에 관한 제반자료가 대략적으로 동종 업계에 알려져 있었던 경우(대법원 2008. 7. 10. 선고 2006도8278 판결)

② 휴대전화기용 미들웨어의 설명서가 거래처 배포용 등으로 제공되고 그 일부가 웹사이트에 공개되어 있으며 그 내용이 미들웨어에 관하여 기술적으로 중요한 정보가 기재되어 있거나 그 보유자가 경쟁상의 이익을 얻을 수 있는 정보를 담고 있다기보다는 미들웨어의 구성과 기능상의 특징에 관하여 간략히 개괄하고 있는 것에 불과한 경우(대법원 2009. 4. 9. 선고 2006도9022 판결)

Ⅲ. 대상판결의 의의

대상판결은 최초로 부정경쟁방지법상 영업비밀의 요건 중 경제적 유용성의 의미를 "정보의 보유자가 그 정보의 사용을 통해 경쟁자에 대하여 경쟁상의 이익을 얻을 수 있거나 또는 그 정보의 취득이나 개발을 위해 상당한 비용이나 노력이 필요하다는 것"이라고 객관적으로 해석하였다. 이와 같은 해석 하에 실제 정보가 영업비밀 취득자의 생산에 활용되지 않거나 이론적으로만 가능할 뿐 실제로는 적용될 수 없거나, 또는 누구나 시제품만 있으면 실험을 통하여 알아낼 수 있는 정보라는 사정은 경제적 유용성 인정에 방해가 되지 않음을 명확히 하였다는 데에 의의가 있다.

키워드

영업비밀, 경제적 유용성, 독립된 경제적 가치, 생산에 활용되지 않는 정보, 이론적으로만 가능한 정보, 실험을 통하여 알아낼 수 있는 정보

[76] 영업비밀의 비공지성 및 경제적 유용성 요건

―대법원 2008. 4. 24. 선고 2007도9477 판결―

양 인 수 (특허청)

[사실 개요]

1. 피고인은 피해자 회사에 재직하다가 퇴사하면서, 피해자 회사가 개발하여 대외비로 보관 중이던 'Soft Hand RF Repeater의 RFM 회로도, ICM 회로도, OSC 회로도' 등(이하 '이 사건 회로도'라 한다)을 CD에 복제하여 몰래 반출하여 보관 중이었다.
2. 이후 피고인은 갑 주식회사의 '무변파 RF중계기' 관련 기술자문에 응하여 피해자 회사의 이 사건 회로도 파일을 갑 주식회사의 직원에게 복제하여 주어, 피해자 회사의 기술상 영업비밀을 누설하고, 업무상 배임행위를 하였다는 이유로 공소가 제기된 사건이다.

[판결 요지]

1. 이 사건 회로도 중 OSC 회로도와 을 주식회사가 운용하고 있는 노치3 중계기의 SA 회로도는 모두 스펙트럼을 검출하여 일정한 전압을 출력하는 회로라는 점에서 유사한 기능을 가지고 있으나, 회로를 구체적으로 구현하는 데 있어서 신호를 처리하는 순서와 각 처리단계에서 사용된 소자 등이 전혀 다르다고 할 것이므로 원심이, 이 사건 회로도 중 OSC 회로도가 위 노치3 중계기의 SA 회로도에 의하여 공지되지 않았다고 판단한 결론은 정당하다.

2. 회로도란 부품의 배열, 부품의 연결, 부품의 규격과 전기적 수치 등을 공인된 기호를 사용하여 단면에 표시한 도면으로서 회로도를 설계함에 있어 가장 중요한 부분은 소자의 선택과 소자의 배열 등이고, 향후 제품에서 실현할 구체적 기능 구현을 완성하기 위해서는 주어진 규격에 따른 성능 테스트 등을 통하여 세부 규격을 정하는 과정을 거쳐야만 하므로, 설령 회로도에 담긴 추상적인 기술사상이 공지되었다고 하더라도 위와 같은 과정을 거쳐서 완성되는 회로도의 독립된 경제적 가치를 부정할 수는 없다. 위 법리와 기록에 의하여 살펴보면 원심이, 이 사건 회로도에 담긴 위상제어기능을 통하여 발진위치를 현 통화대역에서 다른 통화대역으로 이동시켜 발진을 제어하는 기술사상이 공지되었다는 사정만으로는 이 사건 회로도의 독립된 경제적 가치성이 부정되지 않는다고 판단한 것은 정당하다.

3. 을 주식회사가 지정한 장소에 설치한 이 사건 회로도가 적용된 무선중계기는 제3자

가 그 내부를 전혀 알 수 없고, 납품받은 을 주식회사 관계자라도 위 무선중계기가 운용되고 있는 이상은 역설계를 위하여 분해하기는 어려운 점, 피해자 회사가 납품한 위 무선중계기는 도급계약에 의하여 납품한 제품이어서 역설계를 위해 합법적인 방법으로 시중에서 구하기 어려운 점 등의 역설계를 위해 합법적인 방법으로는 위 무선중계기에 접근하기 어려운 사정, 이 사건 회로도가 그 회로구성이 간단하다고 하더라도 기계장치와는 달리 완성된 제품에서 판독 가능한 회로도를 역설계하는 데에는 일반적으로 많은 시간과 노력이 들고, 각 소자 사이의 연결 관계를 추출해 내더라도 각각의 소자가 어떠한 기능과 역할을 하는지 등의 작동과정을 알아내는 데에도 상당한 시간이 소요되는 점 등을 고려하면, 2004. 5.경 이 사건 회로도가 적용된 무선중계기 5대가 설치되었다고 하더라도 피고인이나 다른 경쟁자 등이 이 사건 범죄일시인 2004. 9.경까지 역설계와 같은 합법적인 방법에 의하여 이 사건 회로도에 나타난 기술상 정보를 취득하는 것은 어렵다고 할 것이므로 원심이, 이 사건 회로도의 비공지성이 상실되지 않았다고 본 것은 정당하다.

해설

Ⅰ. 대상판결의 쟁점

부정경쟁방지법 제2조 제2호는 "공공연히 알려져 있지 아니하고 독립된 경제적 가치를 가지는 것으로서, 비밀로 관리된 생산방법, 판매방법, 그 밖에 영업활동에 유용한 기술상 또는 경영상의 정보를 말한다."라고 규정하고 있으므로, 영업비밀로 인정받기 위해서는 ① 공공연히 알려져 있지 않을 것(이하 '비공지성'이라 한다), ② 독립된 경제적 가치를 가질 것(이하 '경제적 가치성'이라 한다), ③ 비밀로 관리될 것(이하 '비밀 관리성'이라 한다), ④ 생산방법, 판매방법, 그 밖에 영업활동에 유용한 기술상 또는 경영상의 정보(이하 '유용성[1]'이라 한다)를 충족하여야 한다.

대상판결의 사안에서는 위의 영업비밀로서의 요건 중 ① 비공지성 및 ② 경제적 가치성 요건이 주된 쟁점으로 되었다.

1) 본 요건을 '정보성'으로 칭하기도 한다(대상판결의 원심인 서울고등법원 2007. 10. 25. 선고 2006노2121 판결에서도 '정보성'으로 표현하고 있다).

Ⅱ. 대상판결의 분석

영업비밀의 성립요건 중 위 ② 경제적 가치성과 ④ 유용성의 관계에 대해서, 요건 ②와 요건 ④를 구별하여 별개의 요건으로 보는 견해도 있으나,[2] 본 두 요건은 그 의미에 있어서 실질적으로 차이를 갖고 있다고는 보기는 어려우므로,[3] '독립된 경제적 가치'와 '유용한'이라는 용어를 함께 하나의 '경제적 유용성(가치성)'이라는 요건으로 이해하는 것이 타당하고, 판례도 대체로 이와 같은 입장으로 보인다.

'경제적 유용성'의 요건의 의미와 관련하여, 대법원 2008. 2. 15. 선고 2005도6223 판결은, "그 정보의 보유자가 그 정보의 사용을 통해 경쟁자에 대하여 경쟁상의 이익을 얻을 수 있거나(요건 ⓐ) 또는 그 정보의 취득이나 개발을 위해 상당한 비용이나 노력이 필요하다는 것(요건 ⓑ)"이라고 판시하고 있다.[4]

경제적 유용성에서 말하는 '경제적 가치'는 원칙적으로 비밀성으로부터 유래하는 것으로 그 공개 또는 사용에 의해 경제적 가치를 얻을 수 있는 자에게 일반적으로 알려져 있지 않고 또한 정당한 수단에 의해서는 쉽게 알 수 없기 때문에 현실적이건 잠재적이건 경제적 가치를 가지게 되며 법률상 정당한 이익을 가져야 한다는 의미이고, 정보 그 자체가 경제거래의 대상이 되는 독자적·금전적 가치를 가져야 한다는 의미는 아니라고 한다.[5] 따라서, 비밀로 관리되지 아니하거나 이미 공개된 정보, 즉 공공연히 알려져 비공지성 요건을 충족하지 않는 정보는, 그것을 얻는 데 상당한 노력이나 비용을 필요로 한다고도 볼 수 없는 것이므로, 경제적 유용성 요건을 충족시키기 어려울 것이다.[6][7] 더불어, 특정 자료나 정보에

---

2) 김국현, 「영업비밀보호법 실무」, 세창출판사(2010), 11~12("영업비밀보호법의 정의규정에서 '유용한 정보'를 수식하는 '독립된 경제적 가치를 가지는' 정보일 것을 요건으로 규정한 문언에 비추어 보면, 또한 이와 같은 문언 표현 자체가 없는 일본의 부정경쟁방지법에 비교하여 볼 때 일본의 학설이나 판례의 태도를 우리 법제에 그대로 수용하기는 어렵다."); 황의창·황광연, 「부정경쟁방지 및 영업비밀보호법(6정판)」, 세창출판사(2011), 190~211("영업비밀의 네 번째 요건은 당해 정보가 현실적으로(실제 사용하고 있는) 또는 잠재적(장래에 사용할)으로 생산방법, 판매방법 기타 영업활동에 유용한 정보이어야 한다는 의미에서의 유용성, 즉 이용성이다").

3) 김동준, "영업비밀 성립요건 중 경제적 유용성", 「강원법학」 제52권(2017. 10), 564.

4) 김동준(주 2), 590(요건 ⓐ는 직접적 증거를 통한 입증방법에 관한 것이고 요건 ⓑ는 정황증거를 통한 입증방법을 통해 경제적 가치를 입증할 수 있는 것으로 볼 수 있는데, 후자의 경우 '그 정보의 취득이나 개발을 위해 상당한 비용이나 노력이 필요하다'는 점 외에 다른 정황증거도 함께 고려하여 전체적으로 볼 때 해당 정보의 경제적 가치를 인정할 수 있는지 여부를 판단하는 방법으로 이해하는 것이 바람직하다고 한다).

5) 현대호, "영업비밀의 보호요건과 구제수단에 관한 법제연구", 「법조」 2005. Vol. 54 No. 8, 188.

6) 반대로 비공지성 요건을 충족하더라도 경제적 유용성 요건을 충족하지 않은 경우는 존재할 수 있겠지만, 실제 판결례에서는 해당 정보나 자료가 공공연히 알려지지 않았다는 근거를 들어, 비공지성 요건을 충족하고 나아가 경제적 유용성도 충족한다고 판시한 경우가 많다.

관련된 추상적인 기술사상만 공지되고 세부적인 규격 등은 공지되지 아니한 경우에도, 경제적 유용성이 부정되지 않을 것이다.

대상판결은 이와 같은 입장을 명확히 하였는데, "설령 회로도에 담긴 추상적인 기술사상이 공지되었다고 하더라도, 성능 테스트 등을 통하여 소자의 세부 규격을 정하는 과정을 거쳐서 완성되는 회로도의 독립된 경제적 가치를 부정할 수는 없다."라고 하였다. 유사한 취지의 판시가 다른 대법원 판례에서도 나타난다. 가령, 대법원 1998. 11. 10. 선고 98다45751 판결에서는, "비록 기계의 기본적인 작동원리나 구성이 이미 공연히 알려져 있기 때문에 그 자체는 영업비밀에 해당한다고 할 수 없다 할지라도, 기계를 구성하는 개개 부품의 규격이나 재질, 가공방법, 그와 관련된 설계도면 등이 공연히 알려져 있지 아니하고 독립된 경제적 가치를 가지는 것으로서, 상당한 노력에 의하여 비밀로 유지된 생산방법이나 그에 관한 정보라면 이는 영업비밀에 해당한다."라고 판시하였다. 또한, 대법원 2009. 10. 29. 선고 2007도6772 판결에서도 "회로도에 표시된 소자의 선택과 배열 및 소자값 등에 관한 세부적인 내용이 공연히 알려져 있지 아니한 이상, 다른 업체들이 공소외 주식회사 제품과 기능이 유사한 제품들을 생산하고 있다거나 타 회사 제품의 데이터시트 등에 그 제품의 극히 개략적인 회로도가 공개되어 있다는 등의 사정만으로 이와 달리 볼 수 없다."라고 하였다.

한편, 대상판결에서는 역설계에 의한 비공지성 여부도 쟁점으로 되었는데, 대상 회로도가 적용된 제품이 공지된 경우라 하더라도 해당 제품의 역설계를 통하여 대상 회로도가 공지된 것으로 보기는 어렵다고 판단하였다.[8] 통상의 기술자가 쉽게 역설계의 방법으로 그 제품에 구현된 기술이나 정보를 파악할 수 있는 경우에는 비공지성이 인정되지 않을 것이나, 반면에 역설계를 통해 해당 제품에 구현된 기술이나 정보를 파악하는데 고도의 전문지식이 필요하거나 상당한 시간이나 비용이 소요되는 경우에는, 비공지성이 인정되는 것이 일반적일 것이다. 피고가 역설계에 의해 취득한 것임을 주장하는 경우, 역설계의 방법 등에 의해 알아낼 수 있는 성질의 기술정보라고 하는 사실뿐만 아니라 자신이 직접 이러한 기술정보를 역설계에 의해 독자적으로 알아낸 사실을 밝혀내지 못한다면 영업비밀 침해 책임을 면할 수 없게 된다고 할 것이다.[9] 가령, 대법원 1999. 3. 12. 선고 98도4704 판결 및 대법원

7) 다만, 개별적인 각각의 정보 형태로는 공지된 것이지만, 그러한 정보들을 상당량 축적하여 유용한 정보를 형성한 경우, 그러한 축적된 정보 전체로서는 공지되지 아니한 것이고, 그것을 얻는 데 상당한 노력이나 비용을 필요로 하는 것이라면, 경제적 유용성을 충족하는 것으로 보아야 할 것이다.

8) 이 사건 회로도가 그 회로구성이 간단하다고 하더라도 기계장치와는 달리 완성된 제품에서 판독 가능한 회로도를 역설계하는 데에는 일반적으로 많은 시간과 노력이 들고, 각 소자 사이의 연결 관계를 추출해 내더라도 각각의 소자가 어떠한 기능과 역할을 하는지 등의 작동과정을 알아내는 데에도 상당한 시간이 소요되는 점 등을 그 근거로 들었다.

9) 최동준, 근로자의 전직과 영업비밀보호, 연세대학교 석사학위논문(2011. 12), 23.

1996. 12. 23. 선고 96다16605 판결 등에서는, “역설계가 가능하고 그에 의하여 기술정보의 획득이 가능하더라도, 그러한 사정만으로 그 기술정보를 영업비밀로 보는 데에 지장이 있다고 볼 수 없다.”라고 하였다.

Ⅲ. 대상판결의 의의

대상판결은 영업비밀의 성립요건 중 비공지성과 경제적 유용성 요건이 쟁점으로 되었고, 특히 회로도의 경제적 유용성의 판단기준을 제시하였다는 데 의의가 있다. 구체적으로, 대상판결은 회로도에 대한 추상적인 기술적인 사상이 공지되었다는 사실과 세부적인 규격에 관한 회로도 자체가 공지되었는지 여부의 사실을 구별하여, 회로도 자체에 대한 정보가 구체적으로 공지된 것이 아니고 그와 관련한 추상적인 기술적인 사상이 공지된 것만으로는 경제적 유용성이 부정되지 않는다고 판시하였다.

영업비밀의 ‘경제적 유용성’ 요건은 ‘비공지성’ 및 ‘비밀 관리성’과 함께, 영업비밀 보유자가 입증해야 하는 것으로, 후자의 두 요건을 충족한다고 하더라도 만약 경제적 유용성을 충족하지 못한다면, 영업비밀에 해당하지 않을 것이다. 한편, 경제적 유용성 요건을 충족하는 것으로 일단 인정하게 된다면, 이는 해당 영업상 또는 기술상의 정보가 ‘보호할 만한 경제적 가치’를 가지는 것으로 인정해 주는 결과가 되므로, 비공지성이나 비밀 관리성 요건 관련 판단에서도 이러한 점이 고려되게 될 것이므로, 결국 경제적 유용성 요건은 영업비밀 보유자에게 유리하게 작용하도록 활용될 수도 있다고 보인다.[10)]

키워드

회로도, 영업비밀, 비공지성, 경제적 유용성, 경제적 가치

10) 가령, 대법원 2008. 2. 15. 선고 2005도6223 판결에서는, “어떠한 정보가 경제적 유용성 요건을 갖추었다면, 위 정보가 바로 영업활동에 이용될 수 있을 정도의 완성된 단계에 이르지 못하였거나, 실제 제3자에게 아무런 도움을 준 바 없거나, 누구나 시제품만 있으면 실험을 통하여 알아낼 수 있는 정보라고 하더라도, 위 정보를 영업비밀로 보는 데 장애가 되는 것은 아니다.”라는 취지로 판시하였다.

[77] 공소사실의 특정 및 영업비밀의 비공지성, 경제성

—대법원 2008. 7. 10. 선고 2006도8278 판결—

박 정 현 (부산지방법원)

[사실 개요]

1. 피고인은 1986. 1. 6.부터 甲금속에서 근무하기 시작하여, 1999. 9. 6.부터 2004. 2. 29.까지는 무역부장으로 근무하면서 甲금속의 납품처인 乙사와 사이에 구매 및 수출판매, 하청업체 선정 및 납품요청, 무역 상담 등의 업무에 종사하던 자이다.
2. 피고인은 ① 甲금속이 보유하고 있던 乙사의 바이어 명단, ② 납품가격, 아웃소싱 구매가격, 물류비, 가격산정에 관한 제반자료, ③ 甲금속의 중국 하청업자인 A, B에 대한 자료(이하 위 ①, ②, ③을 통칭하여 '쟁점 정보'라 한다)를 이용하여, 甲금속이 납품하는 손톱깎이 등을 중국 내 甲금속의 하청업체를 이용하여 생산한 후 위 乙사 등에 납품하는 방법으로 이익을 취득할 목적으로, 2004. 7. 21.부터 2005. 1. 13.까지 중국 양강시 (이하 생략) 소재 위 피고인 운영의 丙회사에서 쟁점 정보를 이용하여 중국인 하청업자인 위 'A' 등에게 손톱깎이 등의 제품을 생산하게 한 후, 이를 위 乙, 丁사 등에 납품하여 합계 473,699,501원의 재산상 이익을 취하였다.

[판결 요지]

1. 공소를 제기함에 있어 공소사실을 특정하여 기재할 것을 요구하는 형사소송법 제254조 제4항의 취지는 법원에 대하여 심판의 대상을 한정함으로써 심판의 능률과 신속을 꾀함과 동시에 방어의 범위를 특정하여 피고인의 방어권 행사를 쉽게 해 주기 위한 것에 있으므로, 부정한 이익을 얻을 목적으로 영업비밀을 사용하였는지 여부가 문제되는 부정경쟁방지법 위반 사건의 공소사실에 영업비밀이라고 주장된 정보가 상세하게 기재되어 있지 않다고 하더라도, 다른 정보와 구별될 수 있고 그와 함께 적시된 다른 사항들에 의하여 어떤 내용에 관한 정보인지 알 수 있으며, 또한 피고인의 방어권 행사에도 지장이 없다면 그 공소제기의 효력에는 영향이 없다.

2. 부정경쟁방지법 제2조 제2호의 영업비밀이라 함은 공공연히 알려져 있지 않고 독립된 경제적 가치를 가지는 것으로서, 상당한 노력에 의하여 비밀로 유지된 생산방법·판매방법 기타 영업활동에 유용한 기술상 또는 경영상의 정보를 말한다. 여기서 공공연히 알려져 있지 않다고 함은 그 정보가 동종 업계에 종사하는 자 등 이를 가지고 경제적 이익을 얻을 가능성이 있는 자들 사이에 알려져 있지 않은 것을 뜻하고, 독립된 경제적 가치

를 가진다 함은 정보의 보유자가 그 정보의 사용을 통하여 상대방 경쟁자에 대하여 경쟁상의 이익을 얻을 수 있거나 그 정보의 취득이나 개발을 위하여 상당한 비용이나 노력이 든 경우를 뜻한다(대법원 2008. 2. 15. 선고 2005도6223 판결 등 참조). 따라서 피고용인이 퇴사 후에 고용기간 중에 습득한 기술상 또는 경영상의 정보 등을 사용하여 영업을 하였다고 하더라도 피고용인이 고용되지 않았더라면 그와 같은 정보를 습득할 수 없었다는 사정만으로 곧바로 위 정보가 영업비밀에 해당한다고 볼 수는 없고, 그러한 정보가 동종 업계 등에 널리 알려져 있지 않고, 독립된 경제적 가치를 가지며, 상당한 노력에 의하여 비밀로 유지되고 있는 경우에만 영업비밀에 해당한다고 보아야 한다.

3. 甲회사를 퇴직한 피고인이 재직 중 취득한 甲회사의 납품가격 및 하청업자에 대한 정보 등을 이용하여 甲의 거래사인 乙회사와 영업을 한 사안에서, 위 정보는 부정경쟁방지법상 '영업비밀'에 해당하지 않는다고 한 사례.[1)]

해설

Ⅰ. 대상판결의 쟁점

대상판결의 첫 번째 쟁점은 공소제기시 요구되는 공소사실의 특정 정도이다. 형사소송법 제254조 제4항은 "공소사실의 기재는 범죄의 시일, 장소와 방법을 명시하여 사실을 특정할 수 있도록 하여야 한다."라고 규정하여 공소사실의 특정을 요구하고 있다. 그러나 부정경쟁방지법위반의 경우 영업비밀을 구체적으로 특정할 경우 비밀유출의 우려가 발생하므로[2)] 어느 정도로 영업비밀을 특정하는 것이 요구되는지 문제된다.

대상판결의 두 번째 쟁점은 영업비밀의 요건 중 비공지성과 경제적 독립성에 대한 판단기준이다. 부정경쟁방지법 제2조 제2호는, "영업비밀"이란 공공연히 알려져 있지 아니하고(비공지성), 독립된 경제적 가치를 가지는 것으로서(경제성), 비밀로 관리된(비밀관리성) 생산방법, 판매방법, 그 밖에 영업활동에 유용한 기술상 또는 경영상의 정보를 말한다고 규정하고 있다. 이 사건에서는 구체적으로 ① 바이어 명단, ② 납품가격, 아웃소싱 구매가격, 물류비, 가격산정에 관한 제반자료 및 ③ 중국 하청업자인 A, B 등에 대한 자료의 각 비공지성 및 경제성 판단 기준이 쟁점이 되었다.

1) 대상판결이 원심판결(대전지방법원 2006. 11. 2. 선고 2006노1302 판결)을 파기환송한 후, 대전지방법원 2008. 9. 25. 선고 2008노1764 판결에서 검사의 항소를 기각하는 판결이 확정되었다.

2) 김병국, "미국의 영업비밀 소송실무", 「외국사법연수논집」 제135집, 법원도서관(2017), 142~143.

Ⅱ. 대상판결의 분석

1. 공소사실의 특정 판단기준

공소사실의 특정 정도와 관련하여, 침해금지의 범위를 정하고, 향후 집행이 가능하도록 하며, 영업비밀을 제대로 특정하지 않은 채 재판을 진행하는 경우 실질적으로 영업비밀 요건보다는 피고인이 비난받을 행위를 했는지에 초점이 맞추어질 우려가 있다는 점 등을 근거로 특정의 정도를 엄격하게 보아야 한다는 견해가 있다.[3] 피고인이 영업비밀의 존재를 다투는 경우 검사는 여전히 영업비밀의 구체적 내용을 특정하고 그 존재를 밝혀야 할 증명책임을 부담하고, 영업비밀 요건과 침해행위의 유형은 별개의 요건사실이므로 특정문제를 완화해도 심리의 초점이 행위에 맞추어지기는 어렵다는 반론도 있다.[4] 공공 영역의 정보인지에 대한 정확한 판단을 하고, 기판력, 집행력의 범위를 명정하기 위하여, 비밀성을 잃을 위험이 없는 한도에서 영업비밀을 구체적으로 특정하는 것이 바람직하다는 견해도 있다.[5]

이에 대하여 대상판결은 영업비밀이라고 주장된 정보가 상세하게 기재되어 있지 않다고 하더라도, ① 다른 정보와 구별될 수 있고, ② 그와 함께 적시된 다른 사항들에 의하여 어떤 내용에 관한 정보인지 알 수 있으며, ③ 피고인의 방어권 행사에도 지장이 없다면[6] 그 공소제기의 효력에는 영향이 없다고 판시하여, 특정의 정도를 완화하여 판단하고 있다.[7][8] 이러한 세 가지 기준은 영업비밀에 관한 형사사건에서 공소사실 특정 정도 판단에 중요한 이정표 역할을 할 것이라는 평석[9]이 있다(실제로 후속 대법원 판결들[10]이 공소사실 특정정도를 판

3) 박정희·박성수 부장판사의 2009. 7. 20.자 법원 지적재산권법 커뮤니티·서울대학교 기술과법센터 공동워크숍에서의 각 토론내용(정상조·박준석, 「영업비밀의 사법적 보호에 관한 비교법적 연구」, 서울대학교 기술과법센터(2009), 81~83에서 재인용).

4) 김병국(주 2), 147.

5) 김병식, "영업비밀 침해금지소송에서 영업비밀의 특정정도 및 판단 기준", 「대법원 판례해설」 제97호 하, 법원도서관(2013), 320.

6) 이에 대하여 한국특허법학회, 「영업비밀보호법」, 박영사(2017), 201(김병국 집필부분)은 ③ 피고인의 방어권 행사 보장 요건은 다소 추상적이나, 앞선 위 ①, ② 요건이 인정될 경우 일반적으로는 위 ③ 요건도 인정될 것이라고 설명하고 있다.

7) 대상판결은 위와 같은 법리에 따라 쟁점 정보에 관한 공소사실이 특정되었다고 보았다. 참고로, 원심판결은 대상판결과 이 부분 결론을 같이하였으나, 제1심 법원(대전지방법원 천안지원 2006. 6. 29. 선고 2005고단902 판결)은 가격산정에 관한 제반자료 및 중국 하청업자인 A, B 등에 대한 자료 부분은 특정이 되어 있지 않았다고 보았다.

8) 김시열, "영업비밀 침해금지청구에서 영업비밀 특정의 정도 및 판단기준", 「IP Insight」 제3권 제1호, 한국지식재산연구원(2013), 39; 박성수, "소송절차상 영업비밀의 특정", 「국제규범의 현황과 전망: 2010년 국제규범연구반 연구보고 및 국제회의 참가보고」, 대법원 법원행정처(2016), 88~89.

9) 김원오, "영업비밀 침해소송에서 그 특정을 둘러싼 쟁점과 과제", 「법학연구」 제14집 제2호, 인하대학교 법학연구소(2011), 13.

10) 대법원 2009. 7. 9. 선고 2006도7916 판결; 대법원 2012. 10. 25. 선고 2011도9158 판결.

단하는 기준으로 대상판결을 원용하고 있기도 하다). 대상판결은 대법원 2006. 4. 14. 선고 2005도 9561 판결 등에서 제시한 공소사실의 특정 정도에 관한 판시를 참조한 것으로 보인다(한편, 대법원은 "공소범죄의 성격에 비추어 그 개괄적 표시가 부득이하며 또한, 그에 대한 피고인의 방어권 행사에 지장이 없다고 보여지는 경우에는 그 공소내용이 특정되지 않았다고 볼 수 없다."라고 판시[11]하기도 하였는바, 영업비밀에서의 비밀성의 유지가 위 '공소범죄의 성격'에 해당하여 개괄적 표시가 가능하다고 볼 여지도 있다). 영업비밀의 특정기준이 민사 사건의 기준과 다르기는 하지만, 형사소송법상 절차에 따라 영업비밀의 내용을 피고인이 잘 알게 되는 등으로 그 방어권 행사에 지장이 없다면 공소제기 효력을 부정할 이유가 없고, 형사판결에서는 판결 주문의 집행이 문제될 여지가 없다는 점에서 수긍할 만한 판시라는 평석[12]도 있다.

2. 영업비밀의 비공지성, 경제성 판단기준

영업비밀의 요건으로서 비공지성을 요구하는 것은 영업비밀 보유자가 비밀관리를 한다고 하더라도 그러한 정보가 공연하게 알려져 있다면, 다른 경쟁 사업자도 어려움 없이 그 정보를 취득하여 사업에 활용할 수 있으므로, 그 비밀의 보유자가 다른 경쟁사업자에 비하여 경쟁에서 우위를 점할 수 없어 그에 대하여 법적 보호를 해줄만한 재산적 가치를 인정하기 어렵기 때문이다.[13] 이러한 측면에서 비공지성은 경제성과도 연관이 있다고 볼 수 있는데, 대상판결도 동일한 간접사실을 바탕으로 비공지성과 경제성에 대하여 함께 판단하였다.

상세히 살펴보면, 대상판결은 그동안의 거래 양태상 쟁점 정보가 상당 부분 동종 업계에 알려져 있었고, 관련 업체들도 쟁점 정보 확보가 용이한 점, 피고인이 중국업체를 이용해 현저히 낮은 가격으로 乙사에 납품을 하여 쟁점 정보 중 일부의 가치가 낮은 점 등을 근거로 쟁점 정보의 비공지성과 경제성이 인정되지 않는다고 판단하였다.[14] 대상판결은 쟁점 정보를 이용하여 경제적 이익을 얻을 가능성이 있는 자들(비공지성의 판단 범위)의 구체적 예로 '동종 업계'를 제시하고,[15] 정보의 경제적 가치를 판단함에 있어 '정보의 유무가 수익에

---

11) 대법원 2002. 10. 11. 선고 2002도2939 판결.

12) 정상조 편집대표, 「부정경쟁방지법 주해」, 박영사(2020), 335(백강진 집필부분). 다만, 위 견해는 형사사건을 거친 후 민사소송이 제기되는 경우가 아닌 이상, 위 형사판례의 기준을 민사소송에 그대로 원용하는 것은 부적절하다고 보고 있다.

13) 최정열 · 이규호, 「부정경쟁방지법 – 영업비밀보호법제 포함(제4판)」, 진원사(2020), 292.

14) 대상판결의 제1심은 무죄부분 판단시 이와 유사한 태도를 취한 반면, 원심은, 쟁점 정보가 경쟁업체에 전부 알려져 있다고 보기 어렵고, 수출제품 단가의 차이는 계약 체결여부에 있어 중요한 요소인 점 등을 근거로 비공지성과 경제성을 인정하였다.

15) 윤태식, 「부정경쟁방지법」, 박영사(2021), 321도 문제되는 정보가 반드시 대중 전체에 알려지지 않아도, 그 정보로부터 경제적인 이익을 얻을 수 있는 주요 인물이 그것을 알게 된 경우나 특정한 산업 · 기술 · 과학 분야에 알려진 것으로 비공지성을 부정할 수 있다는 취지로 설명한다.

영향을 미치는 정도'(이 사건에서는 '납품계약의 체결')를 기준으로 제시하였다.

한편, 대상판결은 경제성에 대하여 ① 정보의 보유자가 그 정보의 사용을 통하여 상대방 경쟁자에 대하여 경쟁상의 이익을 얻을 수 있거나, ② 그 정보의 취득이나 개발을 위하여 상당한 비용이나 노력이 든 경우를 말한다고 판시하였다. 이에 대하여는 판례가 위 ①과 ②의 관계를 '또는'이라고 판시하고 있으므로 정보보유자는 경제성에 관하여 위 ①과 ② 중 어느 하나만을 주장·입증하면 충분하고, 위 각 항목은 경제성을 파악하는 관점을 하나는 정보보유자의 측면에서, 다른 하나는 경쟁자의 측면에서 각도를 달리하여 본 것일 뿐이며, 그 실질에 있어서는 표리에 관계에 있으므로, 둘 중의 하나만 인정되는 경우를 상정하기 어렵다는 견해가 있다.[16] 반면 영업비밀의 개념상 위 ①과 ②를 동시에 충족하여야만 영업비밀로 인정된다고 주장하는 견해도 있다.[17] 대상판결은 '乙사의 바이어 명단'과 관련하여 비공지성이 인정되지 않고, 위 ②가 충족되지 않아 영업비밀이 아니라고 판시하였다. 대상판결이 위 ①에 대하여는 별도의 판단을 하지 않았다는 점에서 후자의 입장을 따른 것으로 볼 수도 있으나, 앞서 본 바와 같이 비공지성이 인정되지 않는다면 경쟁상의 이익을 인정하기 어려울 것이므로, 비공지성에 대한 판단을 통하여 실질적으로 위 ①에 대한 판단도 한 것이라고 볼 여지도 있다.

Ⅲ. 대상판결의 의의

대상판결은 공소사실 특정 정도를 판단하는 구체적인 기준으로 ① 다른 정보와의 구별 가능성, ② 그와 함께 적시된 다른 사항들에 의하여 특정 가능성, ③ 피고인의 방어권 행사를 제시하여, 공소사실 특정에 요구되는 정도를 완화하였고, 이를 통해 소송과정에서의 비밀유출에 대한 우려를 완화하였다. 또한 대상판결은 비공지성 판단의 기준이 되는 범위를 쟁점 정보를 이용하여 경제적 이익을 얻을 가능성이 있는 '동종 업계'로 제시하고, 경제성 판단 기준을 구체적으로 설시하였다는 점에서 의의가 있다.

키워드

공소사실의 특정, 피고인의 방어권, 영업비밀, 비공지성, 경제성

---

16) 김동진, "퇴직근로자의 정보사용과 업무상배임죄–영업비밀분쟁에 관한 새로운 해결방법", 「법조」 통권 제657호, 법조협회(2011), 135는 이러한 택일적 주장·증명을 허용함으로써 적극적으로 영업비밀을 보호할 수 있다고 한다.

17) 김국현, 「영업비밀보호법실무」, 세창출판사(2010), 20~21.

[78] 영업비밀의 부정목적 취득 · 사용죄와 업무상배임죄

—대법원 2009. 10. 15. 선고 2008도9433 판결 및 2012. 10. 11. 선고 2010도13917 판결—

김 동 규 (수원고등법원)

[사실 개요][1)]

1. 제1 대상판결: 대법원 2009. 10. 15. 선고 2008도9433 판결

가. 피해자 甲중공업에서 담수화 설비건설 분야를 담당하던 임직원인 피고인 1 내지 6은 甲중공업에서 퇴사한 후 담수 · 발전사업 경험이 전혀 없는 乙중공업에 산업플랜트사업부의 임직원으로 입사한 다음, 각각 甲중공업 재직시 취득하여 개인적으로 보유하고 있던 甲중공업의 영업비밀 자료를 업무용 컴퓨터 내지 개인용 USB에 복사하여 이를 저장하였다. 피고인들은 이러한 영업비밀 자료 중 일부는 ○프로젝트 등을 추진하기 위한 제안서 작성, 견적가 산출, 설계업무 등을 위해 참고자료로 사용하고(기수), 나머지도 이를 참고자료로 사용하려고 하였으나 검찰에 발각되어 업무용 컴퓨터 등이 압수되는 바람에 그 뜻을 이루지 못하고 미수에 그쳤다(미수).

나. 검사는, 피고인들을 영업비밀 부정목적 사용 및 사용미수로 인한 부정경쟁방지법위반죄로 기소하는 한편, 피고인 3이 甲중공업 퇴직 당시 영업비밀을 반환하지 않은 점에 대하여 피고인 3을 영업비밀 부정목적 취득으로 인한 부정경쟁방지법위반죄와 업무상배임죄로도 기소하였다.

2. 제2 대상판결: 대법원 2012. 10. 11. 선고 2010도13917 판결

가. 피고인 21은 STB(Set-top Box) 및 PVR(Personal Video Recorder) 개발업체인 피해자 丙회사에서 연구소장으로 근무하다가 2005. 7.경 퇴사한 다음, 2005. 9.경 동일한 제품 개발을 목적으로 丁회사를 설립하고 대표이사로 이를 경영하고 있다. 피고인 22는 戊회사에서 근무하다가 2005. 10.경 丁회사가 戊회사를 합병하자 그때부터 丁회사의 연구소장으로 근무하면서 제품 연구개발을 총괄하고 丁회사의 개발서버 및 파일서버를 관리하고 있다. 피고인 21, 23 내지 30은 2005년부터 2007년경까지 사이에 丙회사에서 순차 퇴사한 후 丁회사에 입사하여 영업이사, 선임연구원, 연구원, 개발업부담당, 품질관리업무담당 등으로 근무하고 있다.

나. 피고인 22가 관리하는 丁회사의 개발서버 및 파일서버에는 다른 피고인들이 丙회사에 재직할 당시 취득하여 가져온 丙회사의 영업비밀이 저장 · 관리되어 있었다.

다. 검사는 '피고인들이 공모하여 아래와 같이 丙회사의 영업비밀을 취득 · 사용하고, 아울러 丙회사에 대하여 업무상배임행위를 하였다'는 공소사실로 피고인들을 기소하였다.[2)]

---

1) 아래 각 사건의 사안은 논의의 집중을 위하여 상고심에서 쟁점이 되었던 부분에 초점을 맞추어 단순화한 것이다.

2) 상고심에서 법리상 주로 쟁점이 되었던 부분은 공소사실 ㉮부분 중 피고인 22에 대한 공모관계에 의한 업무상배임죄 성립 여부와 공소사실 ㉯부분에 관한 것이다.

㉮ 피고인 21, 23 내지 30이 각각 피해자 丙회사 재직 당시 취득하여 보관 중이던 丙회사의 영업비밀 자료들을 퇴직할 때 저장매체에 복사하여 오는 등의 방법으로 丙회사의 영업비밀을 취득하고, ㉯ 피고인 24 내지 26은 각각 위와 같이 가져온 丙회사의 영업비밀을 참고하여 丁회사의 제품을 개발함으로써 위 영업비밀을 사용하고, ㉰ 피고인 22는 丙회사의 영업비밀 자료들을 그가 관리하는 丁회사의 개발서버 및 파일서버에 저장 · 관리하면서 이를 활용하여 丁회사의 제품을 개발하는 등의 방법으로 丙회사의 영업비밀을 취득 · 사용하였다.

[판결 요지]

1. 제1 대상판결: 대법원 2009. 10. 15. 선고 2008도9433 판결

가. 구 부정경쟁방지법(2007. 12. 21. 법률 제8767호로 개정되기 전의 것) 제18조 제2항에서 정하고 있는 영업비밀부정사용죄에 있어서는, 행위자가 당해 영업비밀과 관계된 영업활동에 이용 혹은 활용할 의사 아래 그 영업활동에 근접한 시기에 영업비밀을 열람하는 행위(영업비밀이 전자파일의 형태인 경우에는 저장의 단계를 넘어서 해당 전자파일을 실행하는 행위)를 하였다면 그 실행의 착수가 있다.

나. 영업비밀의 사용은 영업비밀 본래의 사용 목적에 따라 이를 상품의 생산·판매 등의 영업활동에 이용하거나 연구·개발사업 등에 활용하는 등으로 기업활동에 직접 또는 간접적으로 사용하는 행위로서 구체적으로 특정이 가능한 행위를 가리킨다.

다. 회사 직원이 영업비밀이나 영업상 주요한 자산인 자료를 적법하게 반출하여 그 반출행위가 업무상배임죄에 해당하지 않는 경우라도 퇴사시에 그 영업비밀 등을 회사에 반환하거나 폐기할 의무가 있음에도 경쟁업체에 유출하거나 스스로의 이익을 위하여 이용할 목적으로 이를 반환하거나 폐기하지 아니하였다면, 이러한 행위는 업무상배임죄에 해당한다.

라. 구 부정경쟁방지법 제18조 제2항에서 영업비밀의 '취득'은 도면, 사진, 녹음테이프, 필름, 전산정보처리조직에 의하여 처리할 수 있는 형태로 작성된 파일 등 유체물의 점유를 취득하는 형태는 물론이고, 그 외에 유체물의 점유를 취득함이 없이 영업비밀 자체를 직접 인식하고 기억하는 형태 또는 영업비밀을 알고 있는 사람을 고용하는 형태로도 이루어질 수 있으나, 어느 경우에나 사회통념상 영업비밀을 자신의 것으로 만들어 이를 사용할 수 있는 상태가 되었다면 영업비밀을 취득하였다고 할 것이다. 그리고 기업의 직원으로서 영업비밀을 인지하여 이를 사용할 수 있는 사람은 이미 당해 영업비밀을 취득하였다고 보아야 하므로 그러한 사람이 당해 영업비밀을 단순히 기업의 외부로 무단 반출한 행위는, 업무상배임죄에 해당할 수 있음은 별론으로 하고, 위 조항 소정의 '영업비밀의 취득'에는 해당하지 않는다.

2. 제2 대상판결: 대법원 2012. 10. 11. 선고 2010도13917 판결[3)]

가. 업무상배임죄의 실행으로 인하여 이익을 얻게 되는 수익자 또는 그와 밀접한 관련이 있는 제3자를 배임의 실행행위자와 공동정범으로 인정하기 위해서는, 실행행위자의 행위가 피해자 본인에 대한 배임행위에 해당한다는 것을 알면서도 소극적으로 그 배임행위에 편승하여 이익을 취득한 것만으로는 부족하고, 실행행위자의 배임행위를 사주하거나 또는 배임행위의 전 과정에 관여하는 등으로 배임행위에 적극 가담할 것을 필요로 한다. 또한, 회사 직원이 영업비밀을 경쟁업체에 유출하거나 스스로의 이익을 위하여 이용할 목적으로 무단으로 반출하면 그때 업무상배임죄는 기수에 이르므로 회사 직원이 영업비밀을 무단반출한 후에 그에게 접촉하여 영업비밀을 취득 또는 사용하려고 한 자는 업무상배임죄의 공동정범이 될 수 없다(대법원 2003. 10. 30. 선고 2003도4382 판결 등 참조).

나. 피고인 22가 丙회사의 영업비밀이 저장된 서버에 보관된 자료들을 어떻게 사용하였는지에 대한 구체적 주장·입증이 없는 이상 단순히 그 자료들을 서버에 보관하여 관리하고 있었다는 등의 사실만으로는 이를 '사용'하였다고 볼 수도 없다.

해설

Ⅰ. 대상판결들의 쟁점

대상판결들은 모두 피고인들이 피해자 회사 재직 당시 취득하였던 피해자 회사의 영업비밀을 퇴직 시 반환하지 않은 채 보유하고 있다가, 피해자 회사의 경쟁회사에 취업한 다음 그 경쟁회사의 기업활동을 위하여 그 영업비밀을 사용하였거나 사용하려던 사안에 관한 것으로, ① 피고인들이 피해자 회사에서 퇴사할 때 피해자 회사 재직 시 취득한 영업비밀을 반환하지 않은 것이 부정경쟁방지법 제18조 제1항, 제2항에서 규정한 영업비밀의 부정목적 취득 또는 형법상 업무상배임에 해당하는지(① 쟁점), ② 피고인들이 경쟁회사에 취업하여 피해자 회사의 영업비밀을 이용하는 것이 부정경쟁방지법 제18조 제1항, 제2항에서 규정한 영업비밀의 부정목적 취득 및 사용에 해당하는지(② 쟁점), ③ 부정경쟁방지법 제18조의2는 제18조 제1항 및 제2항의 미수범을 처벌한다고 규정하고, 제18조의3은 그 예비·음모의 처벌에 대하여 규정하고 있으므로 영업비밀 부정목적 사용의 예비·음모 단계, 실행의 착수 단계, 기수 단계를 구별하여야 하는바, 영업비밀 부정목적 사용은 언제 실행의 착수가 있다

3) 2010도13917 판결은 별도로 법리를 설시함이 없이 2008도9433 판결의 법리를 기초로 사실관계에 대한 판단만 설시하였다.

고 볼 수 있는지(③ 쟁점) 등이 주된 쟁점이었다.

Ⅱ. 대상판결들의 분석

부정경쟁방지법은 제2조 제3호 각 목에서 영업비밀침해행위의 태양을 정의하는 한편 그와 별도로 영업비밀의 사용 장소가 외국인지, 국내인지에 따라 제18조 제1항, 제2항에서 ㉠ 부정한 이익을 얻거나 영업비밀 보유자에 손해를 입힐 목적(이하 '부정목적')으로 한 영업비밀의 취득·사용·누설·무단 유출·삭제 또는 반환 거부 행위, ㉡ 영업비밀 부정취득행위, ㉢ 이러한 행위들이 개입된 사실을 알면서도 그 영업비밀을 취득하거나 사용하는 행위를 한 자를 처벌하도록 규정하여, 영업비밀의 부정목적 취득 등으로 인한 부정경쟁방지법위반죄의 구성요건과 영업비밀침해행위의 성립요건을 달리하고 있다.[4] 이들 조항에서 '취득'과 '사용'의 의미와 포섭되는 행위 태양의 범위 자체는 동일할 것으로 보이지만, 부정경쟁방지법이 영업비밀의 '취득'과 '사용'의 의미나 범위에 대하여 별도로 규정하지 않았으므로, 실무적으로는 사안에서 쟁점이 되는 행위가 영업비밀의 '취득'이나 '사용'에 해당하는지 종종 문제가 된다.

영업비밀의 '취득'과 '사용'의 의미와 범위에 관하여 대법원은 "영업비밀의 '취득'은 문서, 도면, 사진, 녹음테이프, 필름, 전산정보처리조직에 의하여 처리할 수 있는 형태로 작성된 파일 등 유체물의 점유를 취득하는 형태로 이루어질 수도 있고, 유체물의 점유를 취득함이 없이 영업비밀 자체를 직접 인식하고 기억하는 형태로 이루어질 수도 있고, 또한 영업비밀을 알고 있는 사람을 고용하는 형태로 이루어질 수도 있는바, 어느 경우에나 사회통념상 영업비밀을 자신의 것으로 만들어 이를 사용할 수 있는 상태가 되었다면 영업비밀을 취득하였다고 보아야 하고, 한편 영업비밀의 '사용'은 영업비밀 본래의 사용 목적에 따라 이를 상품의 생산·판매 등의 영업활동에 이용하거나 연구·개발사업 등에 활용하는 등으로 기업활동에 직접 또는 간접적으로 사용하는 행위로서 구체적으로 특정이 가능한 행위를 가리킨다고 할 수 있다."라고 판시하여 왔다.[5] 다만 기업의 직원으로서 영업비밀을 인지하여 이를 사용할 수 있는 사람은 이미 당해 영업비밀을 취득하였다고 보아야 하므로 그러한 사람이 당해 영업비밀을 단순히 기업의 외부로 무단 반출한 행위는, 업무상배임죄에 해당할 수 있음은 별론으로 하고, 부정경쟁방지법 제18조 각 항 소정의 영업비밀의 취득에는 해당하지

4) 이 점에서 부정경쟁방지법이 부정경쟁행위에 대해서는 제18조 제3항 제1호에서 제2조 제1호 각 목{다만 아목, 차목, 카목 1)부터 3)까지, 타목 및 파목은 제외} 소정의 부정경쟁행위를 한 자를 처벌하도록 규정하여 이러한 부정경쟁행위 자체가 형사처벌규정의 구성요건이 되도록 한 것과 차이가 있다.

5) 대법원 1998. 6. 9. 선고 98다1928 판결; 대법원 2008. 4. 10. 선고 2008도679 판결; 대법원 2019. 9. 10. 선고 2016도1241 판결; 대법원 2022. 11. 17. 선고 2022다242786 판결 등 참조.

않는다.[6] 대상판결들도 이러한 법리를 따른 것이다. 또한, 대법원은 영업비밀의 '사용' 태양에 관하여 "영업비밀인 기술을 단순 모방하여 제품을 생산하는 경우뿐 아니라, 타인의 영업비밀을 참조하여 시행착오를 줄이거나 필요한 실험을 생략하는 경우 등과 같이 제품 개발에 소요되는 시간과 비용을 절약하는 경우 또한 영업비밀의 사용에 해당한다."라고 판시하였다.[7] 다만 '영업비밀을 알고 있는 사람을 고용하는 형태'의 영업비밀 '취득'의 경우에는 직업선택의 자유라는 종업원의 헌법상 기본권을 제한할 수 있는 점을 고려하여 신중하게 판단할 필요가 있다.[8] 대법원은 「단순히 경쟁사에서 퇴사한 종업원을 고용하는 행위가 모두 부정한 수단에 의한 영업비밀 '취득'으로 인정되는 것이 아니라 '비밀유지의무의 위반 또는 그 위반의 유인(誘引) 등'의 경우에 부정한 수단에 의한 영업비밀 '취득'으로 인정되며, '계약관계 등에 의하여 영업비밀을 비밀로서 유지할 의무'라 함은 계약관계 존속 중은 물론 종료 후라도 또한 반드시 명시적으로 계약에 의하여 비밀유지의무를 부담하기로 약정한 경우뿐만 아니라 인적 신뢰관계의 특성 등에 비추어 신의칙상 또는 묵시적으로 그러한 의무를 부담하기로 약정하였다고 보아야 할 경우를 포함한다」는 취지로 판시하였다.[9]

이러한 법리를 전제로 하여, 대상판결들의 사안에 대하여 살펴본다.

먼저 ① 쟁점에 관하여 보면, 직원이 피해자 회사 재직 시 기취득한 영업비밀을 퇴사할 때 반환하지 않은 행위를 두고 그 자체를 새로운 영업비밀의 취득에 해당한다고 볼 수는 없다.[10] 기존 대법원판례[11]와 대상판결들에 따르면 그러한 행위는 형법상 업무상배임죄로 의

---

6) 대법원 2008. 4. 10. 선고 2008도679 판결.

7) 대법원 2019. 9. 10. 선고 2016도1241 판결.

8) 대법원이 영업비밀의 보호기간을 결정할 때 '종업원이었던 자의 직업선택의 자유와 영업활동의 자유'도 고려하여야 한다고 판시하여 온 것(대법원 1998. 2. 13. 선고 97다24528 판결; 대법원 2019. 3. 14. 자 2018마7100 결정 등)도 같은 이유로 보인다.

9) 대법원 1996. 12. 23. 선고 96다16605 판결; 대법원 2009. 3. 16. 자 2008마1087 결정 등. 2008마10876 결정은 '신청외인이 신청인 회사에 근무하면서 영업비밀 준수에 관한 서약을 하는 등 신청인 회사를 퇴사한 후에도 상당 기간 신청인 회사의 영업비밀을 유지할 의무를 부담함에도, 피신청인이 퇴사 직후의 신청외인을 채용한 뒤 그가 알고 있는 신청인 회사의 영업비밀을 이용하여 피신청인의 중국 공장에 신청인 회사의 신형 산화로와 같은 형태의 신형 산화로 2기를 축조하게 하고, 이를 이용하여 산화아연 제품을 생산하게 한 것은 부정한 수단으로 신청인의 영업비밀을 취득하여 사용한 행위로서 부정경쟁방지법 제2조 제3호 가목이 규정하는 영업비밀의 침해행위에 해당한다'고 판단한 원심결정을 수긍한 것이다.

10) 제1 대상판결 사안의 경우, 피고인 3이 甲중공업 퇴직 시 영업비밀을 반환하지 않은 점에 대해서 검사가 영업비밀 부정목적 취득으로 인한 부정경쟁방지법위반죄와 업무상배임죄로 기소하였는바, 제1심은 부정목적 또는 배임의 범의를 인정하기 어렵다는 이유로 무죄를 선고하였으나, 원심은 피고인 3이 퇴사하면서 영업비밀 자료를 반출하였다고 하더라도 이는 영업비밀을 사용할 수 있는 상태가 계속되는 것에 불과하고 별개의 취득행위를 구성하지 않는다는 이유로 부정경쟁방지법위반죄의 성립을 부정하고 업무상배임죄의 성립만 인정하였으며, 이에 대하여 피고인 3과 검사가 상고하였으나 제1 대상판결은 원심의 위와 같은 판단을 그대로 수긍하였다.

율할 수밖에 없다. 즉, 직원이 ㉠ 이미 취득한 피해자 회사의 영업비밀을 경쟁업체에 유출하거나 스스로의 이익을 위하여 이용할 목적으로 무단으로 반출하였다면 그 반출시에 업무상배임죄의 기수가 되고, ㉡ 영업비밀을 적법하게 반출하여 그 반출행위가 업무상배임죄에 해당하지 않는 경우라도 퇴사시에 그 영업비밀을 회사에 반환하거나 폐기할 의무가 있음에도 경쟁업체에 유출하거나 스스로의 이익을 위하여 이용할 목적으로 이를 반환하거나 폐기하지 아니하였다면, 이러한 행위는 업무상배임죄에 해당하며,[12] 그 기수시기는 퇴사시이다.[13] 다만 직원이 피해자 회사에서 퇴사한 후에는 특별한 사정이 없는 한 그 직원은 피해자 회사와의 관계에서 더 이상 업무상배임죄에서 타인의 사무를 처리하는 자의 지위에 있다고 볼 수 없고, 위와 같이 반환하거나 폐기하지 아니한 영업비밀 등을 경쟁업체에 유출하거나 스스로의 이익을 위하여 이용하더라도 이는 이미 성립한 업무상배임 행위의 실행행위에 지나지 아니하므로, 그 유출 내지 이용행위가 부정경쟁방지법위반(영업비밀누설등)죄에 해당하는지는 별론으로 하더라도, 따로 업무상배임죄를 구성할 여지는 없다. 그리고 위와 같이 퇴사한 직원에 대하여 타인의 사무를 처리하는 자의 지위를 인정할 수 없는 이상 제3자가 위와 같은 유출 내지 이용행위에 공모·가담하였더라도 타인의 사무를 처리하는 자의 지위에 있다는 등의 사정이 없는 한 업무상배임죄의 공범 역시 성립할 수 없다.[14] 같은 이유로 제2 대상판결은 피고인 22에 대하여 공모로 인한 업무상배임죄의 성립을 부정하였다.

다음 ② 쟁점에 관하여 보면, 피해자 회사의 영업비밀을 참고하여 이루어진 프로젝트 입찰제안서의 작성(제1 대상판결)과 테스트 기준서, PVR 소스코드, 기구설계도 등의 작성, 테스트보드 회로도 제작, 소프트웨어 테스트 실시 등(제2 대상판결)은 피해자 회사의 영업비밀을 기업활동에 간접적으로 이용한 것으로 영업비밀의 사용에 해당한다.[15]

제2 대상판결 사안의 경우, 피고인 21, 23 내지 30이 丙회사에서 퇴직하면서 기취득한 영업비밀을 반환하지 않고 반출한 점에 대해서 검사가 영업비밀 부정목적 취득으로 인한 부정경쟁방지법위반죄로도 기소하였으나, 제1심은 무죄를 판단하였고, 원심도 제1심과 같은 이유로 그에 대한 검사의 항소를 기각하였으며, 이에 대하여 검사가 상고하지 않아 그 부분은 그대로 확정되었다.

11) 대법원 2008. 4. 24. 선고 2006도9089 판결.

12) 제1 대상판결의 사안에서 검사는 피고인 3에 대해서만 업무상배임죄도 기소하였는데, 이는 피고인 3만이 甲중공업에 '비밀유지 및 경업금지 서약서'를 작성·제출하였기 때문으로 보이고, 원심도 '비밀유지 및 경업금지 서약서'를 근거로 '피고인 3이 재직 중 입수한 파일들을 퇴사시 반환할 의무가 있고, 만약 이를 반환할 수 없는 부득이한 사정이 있었다면 고용계약에 따른 부수적 의무 내지 신의칙에 비추어 퇴사 직후 이를 폐기할 의무가 있다'는 이유로 피고인 3에 대해서 업무상배임죄의 성립을 긍정하였다. 이처럼 직원이 재직 중에 적법하게 취득한 영업비밀을 퇴직 시 반환하지 않고 계속 보유하고 있다고 하더라도 이러한 사정만으로 업무상배임죄가 바로 성립한다고 보기는 어렵고, 그 영업비밀을 회사에 반환하거나 폐기할 의무가 있다는 등의 추가적인 사정이 인정되어야 업무상배임죄의 성립이 긍정되는 것으로 보인다.

13) 대법원 2017. 6. 29. 선고 2017도3808 판결.

14) 대법원 2017. 6. 29. 선고 2017도3808 판결.

끝으로 ③ 쟁점에 관하여 본다. 제1 대상판결은 앞서 [판결요지] 제1의 가.항에서 본 바와 같은 법리를 설시한 후 ㉠ '피고인들이 乙중공업에서 ○프로젝트 등을 추진하는 과정에서 그에 대한 참고자료로 활용하기 위하여 甲중공업의 영업비밀을 열람하였음이 인정되는 부분'은 실행의 착수가 인정되고, ㉡ '피고인들이 甲중공업의 영업비밀을 乙중공업 사무실에 있는 업무용 컴퓨터에 저장하거나 그 사무실에 하드카피 형태로 비치하여 언제든지 업무에 활용할 수 있도록 한 정도만 인정되는 부분'은 실행의 착수가 부정된다고 본 원심의 판단을 수긍하였다.[16] 제2 대상판결 역시 같은 법리에 입각하여 '피고인 22가 丙회사의 영업비밀 자료들을 서버에 보관하여 관리하고 있었다'는 점만으로는 영업비밀을 '사용'하였다고 볼 수 없다는 이유로 이와 달리 본 원심판결을 파기하였다.[17]

---

15) 피고인들의 변호인은 '영업비밀의 사용이 인정되기 위해서는 영업비밀과 기업활동 사이에 관련성이 인정되어야 함을 전제로, 영업비밀의 사용행위는 구체적으로 특정할 수 있어야 하므로 확인 가능한 사용의 결과물이 특정되고, 그 결과물이 원래의 영업비밀의 사용에 의한 것임이 원래의 영업비밀과 사용의 결과물의 대비를 통하여 확인되는 등 엄격히 검증되어야 한다'고 주장하였으나, 대법원은 '결과물이 영업비밀의 사용에 의한 것임을 영업비밀과 결과물 사이의 엄격한 대비에 의해서만 검증할 수 있다고 하면, 간접적인 사용행위의 경우는 거의 인정되기 어렵다'는 점을 고려하여, 영업비밀의 사용을 인정한 원심의 판단을 수긍한 것으로 보인다. 상세한 내용은 남양우, "부정경쟁방지 및 영업비밀보호에 관한 법률상의 영업비밀 부정사용 등 죄에 관한 사례", 「대법원판례해설」 제82호(2009 하반기), 법원도서관(2010), 809 이하 참조.

16) 제1 대상판결의 원심은 영업비밀 부정목적 사용으로 인한 부정경쟁방지법위반죄의 실행의 착수 시기와 기수 시기에 대하여 "① 행위자가 관계된 영업활동에 이용 혹은 활용하고자 그 영업활동에 근접한 시기에 당해 영업비밀을 열람하는 단계에 이르렀다[특히 영업비밀이 파일(file)의 형태인 경우는 저장의 단계(이는 영업비밀이 서류의 형태인 경우 비치의 단계에 해당할 것이다)를 넘어 최소한 해당 파일을 불러오는 단계에까지는 이르러야 할 것이다]면, 부정경쟁방지법 제1조가 목적한 타인의 영업비밀을 침해하는 행위를 방지하여 거래질서의 건전성을 유지하고자 하는 바를 침해하는 직접적인 위험성(이와 더불어 영업비밀의 취득으로 인한 부정경쟁방지법위반죄와의 관계에 있어서의 독립적인 위험성)을 포함하는 행위를 한 것으로 볼 수 있어, 그것으로 영업비밀의 사용으로 인한 부정경쟁방지법위반죄의 실행에 착수한 것으로 보아야 할 것이며, ② 영업비밀의 사용에 해당하려면 당해 영업비밀이 관계된 영업활동에 어떻게 이용 또는 활용되었는지가 그 영업비밀의 본래의 용법 및 속성, 관계된 영업활동의 내용, 진행 정도 등 구체적인 상황 아래에서 어느 정도 특정이 가능한 상태에 이르러야 할 것이고, 이러한 상태에 이르렀다면 바로 기수가 되는 것이며, 그 사용의 결과가 실제로 발생하여야 하는 것은 아니다."라고 설시하고, 이러한 기준을 바탕으로 ㉠ 취득, ㉡ 저장/비치, ㉢ 열람<미수>, ㉣ 열람 후 이용성·활용성 고려중<미수>, ㉤ 실행(이용/활용)<기수>, ㉥ 결과(미완성 포함)<기수> 등의 단계를 제시하였다(서울고등법원 2008. 10. 2. 선고 2008노1298 판결). 반면 제1심은 "유사 프로젝트를 수행하고 있던 피고인들이 위 자료들을 사무실에 비치하거나 그 컴퓨터에 저장함으로써 이미 그 사용행위는 착수에 나아갔다고 봄이 상당하다."라는 이유로 피고인들이 甲중공업의 영업비밀을 乙중공업 사무실에 보관한 것만으로도 실행의 착수가 인정된다고 보았다(서울중앙지방법원 2008. 5. 1. 선고 2007고합1330 판결). 상세한 내용은 남양우(주 15), 803 이하 참조.

17) 피고인 22가 丙회사의 영업비밀을 서버에 저장·관리한 점이 영업비밀 부정목적 사용의 예비·음모에 해당한다고 볼 여지는 있으나, 제1심과 원심이 이에 대하여 전혀 판단한 바 없고, 검사도 상고이유에서 이에 관하여 전혀 주장하지 않았을 뿐만 아니라, 미수와 달리 예비·음모를 인정하기 위해서는 공소장 변경이 필요한 것으로 보이므로, 대법원에서도 이에 대하여 따로 판단하지는 않은 것으로 보인다.

Ⅲ. 대상판결들의 의의

대상판결들은 영업비밀의 '취득' 및 '사용'의 의미와 범위, 영업비밀 반출로 인한 업무상배임죄의 성립요건과 공범의 성립범위 등에 관한 기존 대법원판례의 법리를 확인하고, 나아가 피해자 회사의 임직원이 기취득한 영업비밀 자료를 퇴직 시 반환하지 않고 보유한 것이 영업비밀 부정목적 취득에 해당하는지, 영업비밀 부정목적 취득·사용 등으로 인한 부정경쟁방지법위반죄에서 실행의 착수 시기 등에 대하여 명시적으로 판단한 사례로서 의의가 있다.

키워드

영업비밀, 취득, 사용, 부정경쟁방지법위반미수, 실행의 착수, 업무상배임, 공범

[79] 노사간 경업금지약정의 유효성 판단기준 및 보호가치 있는 사용자의 이익

—대법원 2010. 3. 11. 선고 2009다82244 판결—

이 숙 연 (특허법원)

[사실 개요]

1. 피고는 1986년경 원고(손톱깎이 등 제품 제조 · 판매사)에 입사 후 무역부장으로 근무하던 중인 2002년경 '퇴직 후 2년 이내에는 경쟁업체에 취업하거나 직 · 간접 영향을 미쳐서는 안된다'는 내용이 포함된 연봉 · 근로계약(이하 '이 사건 경업금지약정')[1]을 체결하였다.
2. 피고는 2004. 2. 말경 퇴직한 후 2004. 4. 말경 중개무역회사인 A사를 설립 · 운영하면서 원고와 거래하던 중국 하청업체에 도급을 주어, 원고가 그 거래 상대방인 미국의 B사에 납품한 바 있는 손톱깎이 세트 등과 일부 유사한 제품을 B사에 납품하였다.
3. 원고는, 피고가 이 사건 경업금지약정에 위반하여 경쟁사를 설립하고 원고의 영업비밀인 'B사의 바이어 명단, 납품가격, 아웃소싱 구매가격, 물류비, 가격산정 제반자료, 중국 하청업체에 대한 자료'(이하 '이 사건 각 정보')를 이용하여 원고에게 손해를 끼쳤다고 주장하며, 주위적으로 ① 이 사건 경업금지약정 위반으로 인한 원고의 영업이익 감소에 따른 손해, ② 영업비밀 침해의 불법행위 또는 부정경쟁방지법 제2조 제1호 자목의 '부정경쟁행위'로 인한 같은 법 제5, 6조의 손해, ③ 피고의 퇴직 전 거래행위 및 원고의 기존거래선 침탈의 업무상 배임의 불법행위로 인한 손해에 대한 배상으로 10억 원, 예비적으로 피고의 행위로 인해 원고가 입은 무형의 손해에 대한 배상으로 5억 원 및 각 이에 대한 지연손해금을 구하였다.

[판결 요지]

1. 사용자와 근로자 사이에 경업금지약정이 존재한다고 하더라도, 그와 같은 약정이 헌법상 보장된 근로자의 직업선택의 자유와 근로권 등을 과도하게 제한하거나 자유로운 경쟁을 지나치게 제한하는 경우에는 민법 제103조에 정한 선량한 풍속 기타 사회질서에 반하는 법률행위로서 무효라고 보아야 하며, 이와 같은 경업금지약정의 유효성에 관한 판단은 **보호할 가치 있는 사용자의 이익, 근로자의 퇴직 전 지위, 경업 제한의 기간 · 지역 및 대상 직종, 근로자에 대한 대가의 제공 유무, 근로자의 퇴직 경위, 공공의 이익 및 기타 사정 등을** 종합적으로 고려하여야 하고, 여기에서 말하는 '보호할 가치 있는 사용자의

---

1) 위 연봉·근로계약에는 3년간 비밀유지약정도 포함되어 있었다.

이익'이라 함은 부정경쟁방지법 제2조 제2호에 정한 '영업비밀'뿐만 아니라 그 정도에 이르지 아니하였더라도 당해 사용자만이 가지고 있는 지식 또는 정보로서 근로자와 이를 제3자에게 누설하지 않기로 약정한 것이거나 고객관계나 영업상의 신용의 유지도 이에 해당한다.

2. 근로자인 피고가 고용기간 중에 습득한 기술상 또는 경영상의 정보 등을 사용하여 영업을 하였다고 하더라도 그 정보는 이미 동종업계 전반에 어느 정도 알려져 있었던 것으로, 설령 일부 구체적인 내용이 알려지지 않은 정보가 있었다고 하더라도 이를 입수하는데 그다지 많은 비용과 노력을 요하지는 않았던 것으로 보이고, 원고가 다른 업체의 진입을 막고 거래를 독점할 권리가 있었던 것은 아니며 그러한 거래처와의 신뢰관계는 무역업무를 수행하는 과정에서 자연스럽게 습득되는 측면이 강하므로 경업금지약정에 의해 보호할 가치가 있는 이익에 해당한다고 보기 어렵거나 그 보호가치가 상대적으로 적은 경우에 해당한다고 할 것이고, 경업금지약정이 피고의 이러한 영업행위까지 금지하는 것으로 해석된다면 근로자인 피고의 직업선택의 자유와 근로권 등을 과도하게 제한하거나 자유로운 경쟁을 지나치게 제한하는 경우에 해당되어 민법 제103조에 정한 선량한 풍속 기타 사회질서에 반하는 법률행위로서 무효라고 할 것이므로, 경업금지약정이 유효함을 전제로 하는 손해배상청구는 이유 없다고 한 사례.[2)]

해설

I. 대상판결의 쟁점

기업들은 사업상 비밀정보를 알고 있는 근로자와 사이에 '퇴직 후 경업(전직)금지 내지 비밀유지의무를 부과하는 약정'(이하 '경업금지약정'이라 한다)을 체결하는바,[3)] 이는 근로자의 직업선택 내지 영업활동의 자유 및 근로권에 대한 제한이 된다.[4)] 퇴직한 근로자의 경업은 사용자에 피해를 초래할 배신적 행위 또는 영업비밀 침해행위가 될 수 있으나, 근로자에게는 축적된 경험과 지식을 활용하여 최고의 수입을 얻을 기회이고, 선진 기술이나 경영기법이 전파됨으로써 경쟁과 발전이 촉진되어 사회 전체적인 후생이 증대될 수도 있다. 경업금지약정의 유효성 판단에는, 이를 통해 지키고자 하는 사용자의 이익과 그로써 제한되는 근

2) 대상판결은 판결요지 2와 같은 사유에 비추어 피고의 행위가 업무상 배임에 해당하여 불법행위를 구성한다고 보기 어렵다고 판단하였는바, 그에 관한 기재는 생략한다.

3) 한국특허법학회 편, 「영업비밀보호법」, 박영사(2017), 392(차상육 집필부분).

4) 정차호·박지인, "경업금지약정에서의 대가(반대급부)의 필수성, 서울고등법원 2016라21261 결정의 파장은?", 「인권과정의」 제471호, 대한변호사협회(2018. 2), 54.

로자의 권리 사이의 형량 및 공공의 이익에 대한 고려가 필요하다.

대상판결에서는, 경업금지약정의 유효성 판단기준 및 원고(사용자)가 주장하는 비밀정보(이 사건 각 정보)가 영업비밀 또는 보호할 가치가 있는 이익에 해당하는지 여부 및 피고의 행위가 업무상 배임의 불법행위를 구성하는지 여부가 쟁점이 되었다.

Ⅱ. 대상판결의 분석

대상판결 전 판례들은, 경업금지약정의 성격을 고려하여 경업금지의무는 영업비밀을 보호하기 위한 목적의 범위 내로 한정된다고 보았고, 근로자의 지위, 직무 내용, 금지기간의 장단, 금지지역의 광협, 금지직종의 여하 및 대상(代償)조치 유무에 따라 경업금지약정의 유무효를 판단하였으며, 장기의 금지기간은 일정한 범위로 제한하고 이를 초과하는 부분은 민법 제103조 위반으로 보아 무효로 판단하여 왔다.[5]

대상판결 역시 경업금지약정이 헌법상 보장된 근로자의 직업선택의 자유와 근로권 등을 과도하게 제한하거나 자유로운 경쟁을 지나치게 제한하는 경우에는 민법 제103조에 정한 선량한 풍속 기타 사회질서에 반하는 법률행위로서 무효라고 보아야 함을 명시하였다. 대상판결은 경업금지약정의 유효성에 관한 구체적인 판단기준으로서, ① 보호할 가치 있는 사용자의 이익, ② 근로자의 퇴직 전 지위, ③ 경업 제한의 기간·지역 및 대상 직종, ④ 근로자에 대한 대가의 제공 유무, ⑤ 근로자의 퇴직 경위, ⑥ 공공의 이익 및 기타 사정 등을 구체적으로 제시하였고, 위 각 요소를 필수요건으로 보기보다는 종합적인 고려요소로 보았다. 대법원 2016. 10. 27. 선고 2015다221903·221910 판결은 위 각 고려요소 내지 제반 사정에 관한 주장·증명책임이 사용자에게 있음을 명시하였다.

대상판결은 '보호할 가치 있는 사용자의 이익'을 ㉮ 부정경쟁방지법 상의 '영업비밀', ㉯ 영업비밀에 이르지 않더라도 사용자만이 가지고 있는 지식 또는 정보로서 근로자와 이를 제3자에게 누설하지 않기로 약정한 것, ㉰ 고객관계나 영업상의 신용의 유지라는 세가지로 나누어 설시한다. 대상판결은, '이 사건 각 정보'가 영업비밀에 해당하지 않고, 위 판결요지 2항 기재 이유로 '이 사건 각 정보' 및 '거래처와의 신뢰관계' 역시 보호할 가치가 있는 이익에 해당한다고 보기 어렵거나 그 보호가치가 상대적으로 적다고 보았다.

이후 경업금지약정 관련 판례들은 대상판결을 거의 빠짐없이 인용하고 있는데, 보호하려는 정보가 '영업비밀'로 인정되는 경우 (대가의 지급이 없더라도) 경업금지약정의 효력을 인정하는 경향을 보인다. 영업비밀에 이르지는 않더라도, ㉠ 타이어 제조·수출 회사(유럽 타이

5) 신권철, "근로자의 경업금지의무", 「노동법연구」 제18호, 서울대학교 노동법연구회(2005. 6), 240~244. 위 논문은 이와 같이 판단한 다수의 판례들을 열거하고 있다.

어 시장점유율이 경쟁업체의 2배)가 보유한 유럽 마케팅·영업 전략 및 완성차 업체들과 사이의 영업망[6], ㉡ 학원이 수집·정리·개발한 자료들과 커리큘럼, 관리시스템[7]이 '보호할 가치 있는 이익'이라고 보아 경업금지약정의 유효성을 인정한 하급심판례가 있다.

판례들은 퇴직자가 임원급 또는 기술개발팀 책임자 등으로 기술상 또는 경영상의 비밀 정보를 숙지할 수 있는 지위에 있는 경우에는 경업금지약정의 유효성을 더 쉽게 인정하는 반면, 근로기준법상의 근로자이거나 학원강사 등인 경우에는 원칙적으로 대가의 지급을 필수요소로 보는 것 같다. 대가가 없었음에도 약정의 유효성이 인정된 경우는 금지기간이 1년 이하인 경우가 많고 그 이상인 경우 대가를 요구하는 경향이 있다는 분석[8] 및 대가 없는 1년 이상의 약정은 그 기간을 1년으로 단축하는 경향이 있다는 분석[9]도 설득력이 있다.

대가를 필수요소로 본 대법원판례는 없으나, 하급심에서는 ㉠ 서울중앙지방법원 2008. 1. 10. 선고 2007가합86803 판결(확정),[10] ㉡ 서울고등법원 2014. 9. 25. 선고 2013나70516 판결(상고기각),[11] ㉢ 서울고등법원 2017. 2. 17. 자 2016라21261 결정(확정),[12] ㉣ 서울남부지방법원 2022. 1. 14. 선고 2020가합104485 판결(확정)이 있는데, 모두 대가가 없었고 '영업비밀' 기타 보호할 가치 있는 이익도 인정되지 않아, 경업금지약정이 무효로 판단되었다.

퇴직 전 상당한 지위에 있었고 대가가 지급되었으며 경업금지약정의 유효성이 인정된 하급심판례로는 ㉠ 타이어 제조·수출회사의 마케팅 총괄 등 담당자가 퇴사 후 1년간 월보수의 80% 상당액을 자문료로 지급받는 경영자문계약을 체결한 사례,[13] ㉡ 반도체 제조·판매 회사의 개발팀 수석 연구원이 퇴직금과 별도로 1억 5,000만 원을 지급받은 사례[14]가 보인다. 한편, 하급심판례 중에는 아무런 대가가 지급되지 않았음에도 ㉠ 미용실 업주와 미용사 간 경업금지약정(2년, 반경 5㎞ 내)[다만, 8개월, 반경 376m(도보 5분) 초과 부분은 무효],[15] ㉡ 인터넷 관련 콘텐츠 제공 업체와 운영팀 사원 간 경업금지약정(6개월),[16] ㉢ 평촌 소재 학원과 학원강사 간 경업금지약정(1년, 5㎞ 내-지역적 특수성, 수강생 등의 학습권 등을 고려하여 기간과 범

---

6) 서울중앙지방법원 2022. 12. 22. 선고 2022가합511791 판결(확정).
7) 수원지방법원 2023. 8. 23. 선고 2022가단506950 판결(항소기간 중).
8) 박재헌, "영업비밀 보호를 위한 경업금지의 허용성에 관련된 요소", 「저스티스」 제131호, 한국법학원(2012), 157.
9) 정차호·박지인(주 4), 59.
10) 학원강사와 학원 사이의 경업금지약정(1년간, 5㎞ 내).
11) S/W 유지보수 업체와 그 총괄본부장 등 사이의 경업금지약정(1년).
12) 커넥터 생산·판매 회사와 그 선임연구원 등과의 사이의 경업금지약정(3년).
13) 위 서울중앙지방법원 2022가합511791 판결(다만, 금지기간은 3년에서 2년으로 단축).
14) 서울서부지방법원 2017. 6. 1. 선고 2016가합38184 판결: '영업비밀'도 인정되어 2년간 전직금지 및 위반 시 2배액 반환 약정의 유효성이 인정되었다(항소심 화해권고).
15) 의정부지방법원 2022. 10. 12. 선고 2021가합55128 판결(항소기각으로 확정).
16) 수원지방법원 2022. 3. 31. 선고 2021가단542812 판결(확정).

위 모두 유효로 보았다)[17]의 유효성을 인정한 경우가 있다. '재직 중 받은 혜택'에 관하여는, ㉠ 해외출장 및 연수비용,[18] ㉡ 보안수당[19]은 경업금지약정의 대가로 보기 어렵다고 한 판례가 있는 반면, ⓐ 급여 및 상여금,[20] ⓑ 경업금지약정이 포함된 근로계약에 의한 수익분배금[21] 등을 대가로 본 판례들도 있다.

판례는 기간, 지역, 업종의 광협 그 자체를 경업금지약정 유무효를 결정하는 사유로 보지는 아니하며 다른 요소와 함께 고려하여 경업금지약정이 유효하다고 인정될 경우 지나치게 넓은 범위를 제한하는 경향을 보인다. 지역적 범위가 중요한 학원업, 미용업, 식당업의 경우 그 범위를 합리적으로 제한하는 것에 비해, 전국적 범위로 이루어지는 사업의 경우 제한을 두지 않는 경향을 보인다. 사용자의 업종과 관련성이 낮을 경우 합리적인 범위로 제한될 여지가 있다. 근로자의 퇴직에 배신적 행위의 성격이 강할수록, 경업이나 전직이 공공의 이익(첨단 기술 국외 유출 등)에 반할수록 경업금지약정의 유효성을 인정하는 경향이 강한 반면, 퇴직이 비자발적이거나 경영난 등 사용자의 귀책사유로 인한 것[22]일수록, 경업이나 전직이 공공의 이익과 무관하거나 이를 금지하는 것이 오히려 독점을 초래하고 자유경쟁을 저해할 우려가 클수록 무효로 될 여지가 크다 하겠다.

Ⅲ. 대상판결의 의의

대상판결은 경업금지약정의 유효성을 판단하는 기준으로서 여섯 가지의 요소를 구체적으로 제시하였을 뿐 아니라, 그중 가장 중요한 '보호할 가치 있는 사용자의 이익'은 '영업비밀'뿐만 아니라 근로자와 비밀유지약정을 한 사용자만의 노하우 및 거래처와의 신뢰관계 등도 이에 해당한다는 점을 처음으로 명시적으로 밝혔다는 점에서 그 의의가 있다. 나아가 위와 같은 법리를 토대로 구체적인 사정들을 종합하여 경업금지약정의 효력을 부인하는 판시를 함으로써, 향후 경업금지약정의 유효성이 문제되는 사건에서 중요한 지침이 되어왔고 앞으로 판례법리가 더 풍부하게 전개될 것으로 기대된다.

키워드

경업금지약정, 영업비밀, 보호할 가치 있는 사용자의 이익, 대가의 지급

17) 수원지방법원 안양지원 2023. 1. 13. 선고 2021가단102858 판결(확정).
18) 수원지방법원 안산지원 2016. 10. 14. 자 2016카합10089 결정(위 서울고등법원 2016라21261결정의 1심).
19) 서울고등법원 2017. 11. 9. 선고 2017나2048186 판결(심불기각).
20) 서울고등법원 2012. 11. 14. 자 2012라1120 결정(확정).
21) 서울동부지방법원 2022. 12. 1. 선고 2021가합114066 판결(확정).
22) 대법원 2007. 3. 29. 자 2006마1303 결정, 근로자들이 회사의 경영진 교체시기에 느꼈을 정리해고에 대한 불안감 등을 고려하여 금지기간을 1년으로 제한하였다.

[80] 영업비밀 침해행위에 있어서 부정취득행위의 의미

—대법원 2011. 7. 14. 선고 2009다12528 판결—

좌 승 관 (특허청)

[사실 개요]

1. 원고는 국내 업체들과 제휴하여 위 업체들이 개발한 모바일 콘텐츠 등을 해외에 판매하는 사업을 영위하는 회사이고, 피고는 원고회사의 해외 영업팀장으로 근무하면서 수출을 위한 시장조사, 해외 바이어 발굴, 상담 및 고객관리, 수출계약진행 및 계약서 작성업무 등을 담당하였다.
2. 원고는 2004. 6월경 모바일 게임 개발업체인 타회사(피고회사)와 전략적 사업제휴계약을 체결하였다. 즉, 피고회사의 모바일 게임을 원고가 유럽 시장에 판매하되, 원고가 추천한 업체와 업무 진행시 피고회사는 원고를 경유하여서만 그 업체와 업무를 진행하여야 하는 등의 전략적 사업제휴계약을 체결하였다.
3. 피고는 원고회사에 근무하면서 위 사업제휴계약에 따른 업무를 담당하다가 2004. 8월경 원고회사에서 퇴직하였고, 그 다음날 원고회사에서 본인이 사용하던 컴퓨터에 저장된 일부 문서 파일 등을 CD에 복사하여 가져가 피고회사에 입사 후 피고회사에서 지급한 노트북에 저장하였으며, 피고회사에서는 피고회사의 모바일게임을 중국에 수출하는 업무를 담당하였다.
4. 이에 원고는 피고와 피고회사에 대하여 영업비밀침해에 따른 손해배상청구의 소를 제기하였다.

[판결 요지]

1. 부정경쟁방지법 제2조 제3호 (가)목 전단에서 말하는 '부정한 수단'이라 함은 절취·기망·협박 등 형법상의 범죄를 구성하는 행위뿐만 아니라 비밀유지의무의 위반 또는 그 위반의 유인 등 건전한 거래질서의 유지 내지 공정한 경쟁의 이념에 비추어 위에 열거된 행위에 준하는 선량한 풍속 기타 사회질서에 반하는 일체의 행위나 수단을 말한다(대법원 1996. 12. 23. 선고 96다16605 판결 등 참조). 또한 영업비밀을 부정취득한 자는 그 취득한 영업비밀을 실제 사용하였는지 여부에 관계없이 부정취득행위 그 자체만으로 영업비밀의 경제적 가치를 손상시킴으로써 영업비밀 보유자의 영업상 이익을 침해하여 손해를 입힌다고 봄이 상당하다.

2. 피고가 원고회사에서 퇴직한 후 그 사무실에서 원고회사와 전략적 사업제휴계약을 체결한 피고회사에 입사하여 그 담당업무에 사용할 목적으로 이 사건 영업비밀 문서들을 복사하여 가져간 행위는 영업비밀 침해행위에 해당한다고 할 것이고, 또한 피고의 영업

비밀 부정취득행위가 있는 이상 그 보유자인 원고회사의 영업상 이익을 침해하여 손해를 입혔다고 보아야 한다고 한 사례.

해설

Ⅰ. 대상판결의 쟁점

부정경쟁방지법 제2조 제3호는 "영업비밀 침해행위"를 정의하고 있고, 그중 하나로 동호 (가)목에는 "절취, 기망, 협박, 그 밖의 부정한 수단으로 영업비밀을 취득하는 행위(이하 "부정취득행위"라 한다) 또는 그 취득한 영업비밀을 사용하거나 공개하는 행위"를 규정하고 있다. 영업비밀 침해행위로 보기 위해서는 부정취득행위가 인정되어야 하고, 이는 부정한 수단에 의해 영업비밀을 취득하는 행위이어야 한다.

원심은 이 사건 문서 파일들은 전부 영업비밀에 해당하지 않고, 따라서 영업비밀 침해행위 및 피고회사의 관련 불법행위도 인정하지 않았다. 다만, 예비적 판단으로 위 파일들이 영업비밀에 해당된다 하더라도 피고와 피고회사는 원고와 경쟁관계에 있다고 볼 수 없고 또한 피고가 이 사건 문서 파일들을 취득·사용한 행위로 인해 원고의 영업상 이익이 침해되었다고 인정할 아무런 증거가 없어서 원고의 주장은 이유없다고 판결하였다.

대상판결은, 이 사건 문서들이 영업비밀에 해당하는지 여부, 부정경쟁방지법 제2조 제3호 (가)목 전단에서 말하는 '부정한 수단' 내지 '부정취득행위'의 의미 그리고 영업비밀을 부정취득한 자가 그 취득한 영업비밀을 실제 사용하지 않더라도 영업비밀 보유자에게 손해를 입힌다고 볼 수 있는지 여부가 주된 쟁점이었다.

Ⅱ. 대상판결의 분석

1. 영업비밀

우리나라 부정경쟁방지법상 영업비밀의 대상은 기술정보와 경영정보를 제시하고 있는데, 사실상 모든 정보가 기술정보나 경영정보 두 가지로 분류될 수 있어서[1] 영업비밀의 보호에 있어서 정보를 구별할 실익이 없다.[2] 따라서 영업비밀 인정 여부는 '비공지성', '경제적 유용성' 및 '비밀관리성' 요건에 달려 있다.

대상판결은 이 사건 문서들 중 일부가 영업비밀에 해당한다고 보았다. 즉, 원고회사가

1) 나종갑, 「영업비밀보호법의 철학적 규범적 토대와 현대적 적용」, 경인문화사(2022), 341.
2) 한국특허법학회, 「영업비밀보호법」, 박영사(2017), 4(홍정표 집필부분).

고객들에게 자신을 소개하기 위해 작성한 모바일게임 사업제안서 등은 해외 영업망 구축에 관하여 우위를 점할 수 있는 정보가 포함되어 있고 그 정보의 취득을 위해 상당한 정도의 노동력과 비용이 투입될 것으로 보이며, 문서 하단에 비밀표시가 되어 있고 피고가 이를 작성하여 보관하고 있었던 점 등을 고려하여 경제적 유용성 및 비밀관리성이 인정되었다. 대상판결에 비공지성 여부에 대하여는 구체적으로 판시되어 있지 않지만 영업비밀에 해당하는 문서들이 비밀을 지킬 의무가 있는 피고에게만 보유되어 있는 상태이어서 비공지성도 당연히 인정된다.

2. 부정취득행위

부정경쟁방지법 제2조 제3호 (가)목에 따른 영업비밀 침해행위는 영업비밀을 부정한 수단으로 취득하였을 때 성립하는데, 핵심은 '취득'과 '부정한 수단'이다.[3] 부정경쟁방지법 제2조 제3호 (가)목에서 열거한 절취, 기망, 협박은 영업비밀의 부정취득행위의 전형적 수단의 예시이고,[4] 신의성실에 반하는 수단에 의하여 영업비밀을 입수하는 것도 포함되는 것으로 본다.[5] 영업비밀의 취득행위는 유체물의 점유를 취득하는 형태 또는 유체물의 점유를 취득함이 없이 영업비밀 자체를 직접 인식하고 기억하는 형태로 이루어질 수도 있으며, 또한 영업비밀을 알고 있는 사람을 고용하는 형태로 이루어질 수도 있으므로, 어느 경우에나 사회통념상 영업비밀을 자신의 것으로 만들어 이를 사용할 수 있는 상태가 되었다면 영업비밀을 취득하였다고 보아야 할 것이다.[6]

일본 부정경쟁방지법은 제2조 제1항 제4호에서 "절취, 사기, 강박 기타 부정한 수단으로 영업비밀을 취득하는 행위(이하 '부정취득행위'라 한다) 또는 부정취득행위에 의해 취득한 영업비밀을 사용 또는 개시하는 행위(비밀을 유지하면서 특정한 자에게 나타내는 것을 포함한다)"라고 규정하고 있는데, 이는 우리나라의 영업비밀 침해행위 규정과 매우 유사하다. 그리고 일반적으로 신의성실에 반하는 수단에 의해서 영업비밀을 입수하는 것을 부정취득행위로 인정하고 있는 점에서 우리나라의 판례상의 해석과 동일하고, 부정한 수단에 의한 부정취득

---

3) 정태호, "영업비밀침해행위에 있어서 부정취득행위의 의미에 대한 고찰", 「형사법의 신동향」 통권35호, 대검찰청(2012), 265.

4) '그 밖의 부정한 수단'에 대한 정의가 불명확한 면이 있어서 그 범위를 지나치게 확대해석하여 운용할 경우 원활한 노하우 거래 등을 저해할 우려가 있다는 의견이 이 법 입법과정에서 제기되었으나, 정보의 취득 형태가 다양하여 한정열거하는 것이 입법기술상 현저하게 곤란하기 때문에 절취, 기망, 협박 등의 예시에 의하여 수단의 위법성의 정도를 어느 정도 좁히기로 하였다고 한다(황의창·황광연, 「부정경쟁방지 및 영업비밀보호법」, 세창출판사(2009), 208.).

5) 정상조 편집대표, 「부정경쟁방지법 주해」, 박영사(2020), 342(김병일 집필부분).

6) 조성필, "부정경쟁방지 및 영업비밀보호에 관한 법률상의 영업비밀의 보호에 관한 검토 : 민사적 구제 및 이에 대한 판례를 중심으로", 「재판실무연구 2000」, 광주지방법원(2001), 294.

행위의 범위를 상당히 넓게 해석하고 있다.[7)]

한편, 피고는 이미 원고회사에서 정당하게 영업비밀을 취득한 상태에서 이것을 CD로 복사하여 피고회사 소유의 노트북에 저장만 하고 실제 사용을 하지 않은 상황이기 때문에 이것을 '부정취득행위'라고 보기도 어려울 수 있다는 견해가 있다.[8)]

하지만, 모바일게임 사업제안서와 같은 자료는 피고가 원고회사에서 근무하면서 작성한 영업비밀이어서 이 장면에서는 피고가 그 영업비밀을 정당하게 취득한 것으로 볼 수 있으나, 피고가 원고회사에서 퇴직한 다음 날 원고회사의 본인 컴퓨터에서 그 영업비밀을 복사하여 이직한 (원고와 전략적 사업제휴계약을 체결한) 피고회사에서 사용할 목적으로 피고회사 소유의 본인 노트북에 저장한 행위는 그 영업비밀을 정당하게 취득한 것으로 볼 수 없을 것이다. 이는, 피고가 원고회사 재직시 위 전략적 사업제휴계약에 관한 업무를 담당하고 있었던 점 등을 고려하면, 신의성실에 반하는 행위이거나 건전한 거래질서의 유지 내지 공정한 경쟁의 이념에 반하는 행위로 볼 수 있을 것이다.

나아가 피고가 원고회사에서 퇴사한 후 컴퓨터에 저장된 문서들을 CD로 복사하여 가져간 행위가 부정경쟁방지법 제2조 제3호 (가)목의 '절취'에 해당하는지에 대해 의문을 가질 수도 있지만, 판례는 일관되게 서류는 재물이지만 컴퓨터에 저장되어 있는 정보는 절도의 대상이 되는 재물이 아니어서 절도죄를 구성하지 않는다는 취지의 입장을 보이고 있다(대법원 2002. 7. 12. 선고 2002도745 판결 등). 이와 같이 피고의 위 행위는 형법상의 절도 행위는 아니지만 그에 준하는 위법성을 가지고 있어서 대상판결에서 영업비밀에 대한 '부정취득행위'로 인정한 것으로 보인다.[9)]

3. 손해배상청구

부정경쟁방지법 제11조에 따라 영업비밀 침해에 대한 손해배상청구가 인정되기 위해서는 민법상 불법행위의 일반원칙에 따라 ① 영업비밀 침해행위, ② 손해의 발생, ③ 침해행위와 손해 발생 사이의 인과관계, ④ 침해자의 고의 또는 과실 등의 요건이 충족되어야 한다.[10)] 불법행위의 성립요건으로서는 고의·과실을 구별할 실익이 없으나 침해자에게 고의 또는 중대한 과실이 없을 때에는 법원은 손해배상액을 산정함에 있어서 이를 고려할 수 있다.[11)]

고의 또는 과실에 의한 영업비밀 침해행위로 영업비밀 보유자의 영업상 이익을 침해하

7) 정태호(주 3), 275~276.
8) 정태호(주 3), 266~267.
9) 정태호(주 3), 282.
10) 한국특허법학회, 「영업비밀보호법」, 박영사(2017), 210(염호준 집필부분).
11) 한국특허법학회(주 10), 211(염호준 집필부분).

여 손해를 입히는 경우는 통상 영업비밀의 사용·공개와 같은 적극적인 수단을 통해서인데, 대상판결은 그러한 수단 이외에 부정취득한 영업비밀(①요건 충족)을 실제 사용하였는지 여부에 관계없이 부정취득행위 그 자체만으로 영업비밀의 경제적 가치를 손상시킴으로써(③요건 충족) 영업비밀 보유자의 영업상 이익을 침해하여 손해를 입힌다(②요건 충족)고 보았다. 대상판결은 ④요건인 피고의 고의 또는 과실 여부에 대해서는 판시하지 않았지만, 피고가 피고회사에서 사용할 목적으로 영업비밀을 CD에 복사하여 가져간 상황이어서 고의 또는 과실이 있는 것으로 충분히 볼 수 있을 것이다. ③요건인 '침해행위와 손해 발생 사이의 인과관계'에 관해 대상판결 이전에는 주로 부정취득한 영업비밀을 사용함에 따른 손해 발생의 관계를 살폈지만, 대상판결은 처음으로 실제로 사용하지 않은 부정취득한 영업비밀과 손해 발생 사이의 연관성을 제시하였고, 이후 대법원 2017. 9. 26. 선고 2014다27425 판결도 이를 따르고 있다. 대법원 2014다27425 판결에서는 나아가 영업비밀 침해에 따른 손해의 액수를 증명하는 것이 어려운 경우 그 손해배상 액수를 정하는 구체적인 방법을 제시하였다.

한편, 이 사건은 대상판결에 따른 원심 파기환송 이후 2011년에 조정에 의해 피고가 원고에게 원래 원고가 청구한 손해배상청구액 대비 매우 낮은 금액을 지급하는 것으로 마무리되었는데(2011나60881 조정조서), 이는 영업비밀 취득자가 부정으로 취득한 영업비밀을 사용, 공개 등을 하지 않고 보유만 한 상황에서 영업비밀 보유자가 손해배상액을 증명하는 것이 실무적으로 매우 곤란한 점을 반영하는 것으로 보인다.

Ⅲ. 대상판결의 의의

대상판결은 영업비밀을 취급하였던 종업원에 대해서도 '부정한 수단'의 개념을 보다 넓게 해석하여 부정경쟁방지법 제2조 제3호 (가)의 부정취득행위를 적용·인정함으로써 부정경쟁방지법의 입법취지를 최대한 살리려고 하였다는 점에서 의의가 있고, 또한 영업비밀 침해에 대한 손해배상책임의 범위에 있어서 영업비밀을 실제 사용하였는지와는 상관없이 그 영업비밀을 부정한 수단으로 취득하였다면 그 자체만으로도 영업비밀의 경제적 가치를 손상시켰다고 보고 이러한 행위에까지 확장함으로써 영업비밀의 보호를 강화한 사례로서 의의가 있다.

키워드

영업비밀, 부정한 수단, 부정취득행위, 손해배상청구, 모바일게임

[81] 영업비밀과 직무발명과의 관계

—대법원 2012. 11. 15. 선고 2012도6676 판결—

시 용 재 (서울북부지방법원)

[사실 개요]

1. 피해자 회사의 등기이사인 피고인1은 피해자 회사와 사이에 '피해자 회사에서 재직하는 기간 중 자신들이 독자적으로 또는 타인과 함께 개발한 모든 발명은 발명 즉시 피해자 회사에 서면으로 공개하여야 하고, 그 발명에 대한 일체의 권리는 피해자 회사에 독점적 · 배타적으로 귀속되는 것으로 한다.'는 내용이 포함된 비밀유지 및 경업금지약정을 체결하였다.
2. 피고인1은 피해자 회사의 종업원이 아닌 피고인3과 함께 강도가 높으면서도 가벼운 특성이 필요한 휴대 전자제품의 부품을 제조하는 데 적합한 경량 고강도 다이캐스팅용 합금을 공동으로 발명하였다.
3. 피고인1은 위 발명에 관한 자신의 공유지분을 피해자 회사에 이전하는 절차를 밟지 않은 채 위 발명 전체에 대하여 피고인3 명의로 단독 특허출원을 하고, 피고인3 명의의 사업체를 통해 피고인1, 3이 공동으로 수익을 얻고자 다른 업체와 사이에 직무발명에 대한 라이선스 계약을 체결하여 발명이 공개되도록 하였다.

[판결 요지]

1. 발명자주의에 따라 직무발명을 한 종업원에게 원시적으로 발명에 대한 권리가 귀속되는 이상 위 권리가 아직 사용자 등에게 승계되기 전 상태에서는 유기적으로 결합된 전체로서의 발명의 내용 그 자체가 사용자 등의 영업비밀로 된다고 볼 수는 없으므로, 직무발명에 대한 권리를 사용자 등에게 승계한다는 취지를 정한 약정 또는 근무규정의 적용을 받는 종업원 등이 비밀유지 및 이전절차협력의 의무를 이행하지 아니한 채 직무발명의 내용이 공개되도록 하는 행위를 발명진흥법 제58조 제1항, 제19조[1])에 위배되는 행위로 의율하거나, 또는 직무발명의 내용 공개에 의하여 그에 내재되어 있었던 사용자 등의 개개의 기술상의 정보 등이 공개되었음을 문제삼아 누설된 사용자 등의 기술상의 정보 등을 개별적으로 특정하여 부정경쟁방지법상 영업비밀 누설행위로 의율할 수 있음은 별론으로

---

1) 제58조(벌칙) ① 제19조를 위반하여 부정한 이익을 얻거나 사용자등에 손해를 가할 목적으로 직무발명의 내용을 공개한 자에 대하여는 3년 이하의 징역 또는 3천만원 이하의 벌금에 처한다.
제19조(비밀유지의 의무) ① 종업원등은 사용자등이 직무발명을 출원할 때까지 그 발명의 내용에 관한 비밀을 유지하여야 한다. 다만, 사용자등이 승계하지 아니하기로 확정된 경우에는 그러하지 아니하다.

하고, 특별한 사정이 없는 한 그와 같은 직무발명의 내용 공개가 곧바로 부정경쟁방지법 제18조 제2항에서 정한 영업비밀 누설에도 해당한다고 볼 수는 없다.

2. 피해자 회사의 종업원인 피고인1이 피해자 회사와 사이에 직무발명에 대한 특허를 받을 수 있는 권리를 피해자 회사에게 승계하여야 한다는 내용의 약정을 체결하였음에도, 이를 위반하여 직무발명의 완성 사실을 피해자 회사에게 알리지 않은 채 그 발명에 대한 특허를 받을 수 있는 권리를 피고인3에게 이중으로 양도하여 피고인3으로 하여금 단독으로 특허출원을 하게 하는 등의 방법으로 발명의 내용이 공개되도록 하였다면, 피고인1은 업무상 배임의 죄책을 지나, 영업비밀 누설로 인한 부정경쟁방지법위반은 성립하지 않는다고 본 사례.

해설

Ⅰ. 대상판결의 쟁점

직무발명이라 함은 종업원 등이 그 직무에 관하여 발명한 것이 성질상 사용자 등의 업무 범위에 속하고 그 발명을 하게 된 행위가 종업원 등의 현재 또는 과거의 직무에 속하는 발명을 말한다(발명진흥법 제2조 제2호).

직무발명과 관련하여, 종업원이 사용자와 사이에 직무발명에 대한 권리를 사용자에게 승계하기로 하는 내용의 사전 약정을 체결하는 경우가 흔히 있는데, 대상판결에서는 종업원인 피고인1이 직무발명을 하였음에도 사전승계 약정에 따라 사용자인 피해자 회사에 그 권리를 이전하지 아니한 채, 공동발명자인 피고인3에게 직무발명에 대한 권리를 양도하고 그 과정에서 직무발명의 내용이 공개되도록 한 경우, 영업비밀 누설로 인한 부정경쟁방지법위반의 죄책을 부담하는가가 쟁점이 되었다.

Ⅱ. 대상판결의 분석

특허를 받을 수 있는 권리는 발명자에게 원시적으로 귀속되고(특허법 제33조 제1항), 이는 직무발명이라도 마찬가지이다(발명진흥법 제10조 제1항). 다만, 직무발명의 경우에는 종업원과 사용자가 직무발명에 대한 권리를 사용자에게 귀속하기로 하는 약정을 체결할 수 있고, 그와 같은 약정을 체결한 이후 종업원이 직무발명을 하였다면 사용자는 일정 기간 내에 그 발명에 대한 권리를 승계할 의사를 종업원에게 통지할 수 있으며(발명진흥법 제13조 제1항), 직무발명에 대한 권리는 위 통지일로부터 사용자에게 승계된다(같은 조 제2항).

따라서 대상판결의 사안과 같이 종업원이 사용자와 사이에 체결한 사전승계 약정에 따라 직무발명에 대한 권리를 사용자에게 승계하지 않고 직무발명을 공개한 경우에 있어, 종업원이 영업비밀 누설로 인한 부정경쟁방지법위반의 죄책을 부담하는지는, 특허를 받을 수 있는 권리가 원시적으로 발명자인 종업원에게 귀속된다는 점에 주목하여 실제로 직무발명에 대한 권리가 사용자에게 승계되기 전까지는 종업원만이 영업비밀에 대한 보유자에 해당된다고 볼 것인지, 아니면 사용자의 일방적인 의사표시로 직무발명에 대한 권리가 사용자에게 이전될 것이 확정적으로 예정되어 있다는 점에 주목하여 실제로 직무발명에 대한 권리가 사용자에게 승계되기 전이라도 사용자를 영업비밀에 대한 보유자로 볼 수 있을 것인지의 관점에서 접근할 수 있다.

이에 대해서 견해가 대립하는데, 종업원이 사용자에게 직무발명에 대한 권리를 실제로 승계하기 전에는 종업원이 그 발명을 공개하더라도 영업비밀 누설행위에 해당하지 않는다고 보는 것이 다수의 견해이다. 이 견해는 ① 발명진흥법에 따라 사용자 앞으로 사전승계 약정에 의한 권리 이전이 이루어지지 않았다면 애당초 그 영업비밀은 사용자가 보유하고 있는 영업비밀이 아니므로 영업비밀 누설 등의 객체가 될 수 없다거나,[2] ② 직무발명이라 하더라도 실제로 발명행위를 한 자연인만이 그 발명에 대해 특허를 받을 수 있는 권리를 원시적으로 취득한다는 발명자주의에 입각할 때 직무발명을 한 종업원에게 원시적으로 그 발명에 대한 권리가 귀속되는 것이므로 그 권리가 아직 사용자에게 승계되기 전 상태에서는 발명의 내용 그 자체를 사용자의 영업비밀로 볼 수 없다고 한다.[3] 즉, 특허를 받을 수 있는 권리와 영업비밀의 귀속 주체를 동일시하여 실제로 직무발명에 대한 권리의 승계가 이뤄지기 전에는 사전승계 약정의 존재에도 불구하고 영업비밀 보유자의 지위가 종업원에게만 있다고 보고 있다.

반면, 반대 견해는 종업원의 직무발명 공개행위는 실제로 직무발명에 대한 권리의 승계가 완료되었는지 여부와 무관하게 영업비밀 누설행위에 해당한다고 보고 있는데, ① 종업원이 직무발명에 관해서 특허권을 취득하면 사용자는 발명진흥법 제10조 제1항에 따라 법정통상실시권을 가지므로 이러한 권리를 근거로 하여 사용자를 영업비밀의 보유자로 볼 수 있다거나,[4] ② 직무발명에 대해 특허를 받을 수 있는 권리가 누구에게 귀속되는지와 그 직무발명의 내용을 영업비밀로 유지하고 공개와 사용을 거부할 수 있는 주체가 누구인지는 법리상 별개의 문제이므로 직무발명에 대한 권리를 사용자가 승계하지 않더라도 사용자로

---

2) 박준석, “영업비밀의 부정공개 및 이후의 침해행위에 대한 고찰”, 「인권과 정의」 479호, 대한변호사협회(2019), 39.

3) 박성호, “2012년 지적재산법 중요판례”, 「인권과 정의」 432호, 대한변호사협회(2013), 172.

4) 차상육, “영업비밀의 보호: 부정경쟁방지및영업비밀보호에관한법률 제2조 제3호 라.목을 중심으로”, 「산업재산권」 23호, 한국지식재산학회(2007), 110.

서는 종업원과 사이에 그 내용을 비밀로 유지하기로 약정할 수 있고 그에 따라 사용자는 영업비밀의 귀속 주체가 될 수 있다거나,[5] ③ 사용자와 종업원 사이에 직무발명이 완성될 것을 정지조건으로 하여 직무발명에 대한 특허를 받을 수 있는 권리가 사용자에게 귀속되도록 하는 정지조건부 약정이 체결될 수 있고 그 경우 발명진흥법에서 정한 승계 절차 규정에도 불구하고 직무발명이 이루어짐과 동시에 그에 대한 권리가 사용자에게 귀속되므로 사용자를 영업비밀의 보유자로 볼 수 있다고 한다.[6]

원심은 직무발명에 대한 권리가 실제로 피해자 회사에 이전되기 전이라도, 피고인1이 사전승계 약정을 위반하여 발명을 공개한 것은 피해자 회사에 대한 관계에서 영업비밀 누설에 해당한다고 보았다. 그러나 대상판결은 발명자주의에 따라 직무발명을 한 종업원에게 원시적으로 발명에 대한 권리가 귀속됨을 전제로 하여 그 권리가 사용자에게 승계되기 전까지는 사용자는 영업비밀의 보유자가 아니라고 판단하였고, 따라서 사전승계 약정을 체결한 종업원이 비밀유지 및 이전절차협력의 의무를 이행하지 아니한 채 직무발명의 내용을 공개하더라도 특별한 사정이 없는 한 그와 같은 공개가 곧바로 부정경쟁방지법 제18조 제2항에서 정한 영업비밀 누설행위에 해당하지는 않는다고 판시하였다.

다만, 대상판결은 직무발명의 공개에 의하여 그에 내재되어 있었던 사용자의 개개의 기술상의 정보 등도 함께 공개된 경우에는 부정경쟁방지법상 영업비밀 누설행위가 될 수도 있다고 판시함으로써,[7] 직무발명에 사용자의 기존 영업비밀이 포함되어 있고, 종업원이 직무발명을 공개하여 그 영업비밀이 함께 누설되었다면 부정경쟁방지법상의 책임을 질 수도 있음을 지적하였다.

이러한 대상판결의 태도는 특허를 받을 수 있는 권리의 원시적인 귀속자와 영업비밀의 보유자의 개념을 일치시킴으로써 특허법, 발명진흥법, 부정경쟁방지법 상호 간에 통일성 있는 해석을 도모한 것으로 이해할 수 있다. 다만 대상판결의 법리적 타당성과는 별개로, 직무발명의 과정에서는 회사에 축적된 해당 기술 분야의 노하우나 영업정보 등이 활용되는데 사전승계 약정을 위반한 종업원의 직무발명 공개행위를 영업비밀 누설로 보지 않는다면 사회적 상식이나 일반인의 법적 감정과 배치된다는 의견이 존재한다.[8] 이에 따라 입법론적으로는 사전승계 약정이 있고 사용자가 승계의 의사표시를 한 경우에는 직무발명 완성시점에 소급하여 사용자에게 특허를 받을 수 있는 권리가 원시적으로 귀속되는 것으로 제도를 변환시킬 필요성도 제기되고 있다.[9]

5) 조영선, 「특허법3.1」, 박영사(2023), 226.
6) 박태일, 직무발명의 이중양도에 관한 연구, 한양대학교 박사학위논문(2015), 79.
7) 이 경우 누설된 사용자 등의 기술상의 정보 등은 개별적으로 특정되어야 한다.
8) 박태일(주 6), 89.
9) 조영선(주 5), 227.

Ⅲ. 대상판결의 의의

대상판결은 종업원의 직무발명에 대한 권리가 사용자에게 승계되기 전까지는 종업원이 특허를 받을 수 있는 권리에 관한 원시적인 귀속주체임과 동시에 영업비밀의 보유자임을 인정하여 종업원이 직무발명의 내용을 공개하더라도 원칙적으로는 영업비밀 누설에는 해당하지 않는다고 보되, 직무발명에 사용자의 기존 기술상의 정보 등이 포함되어 있을 수 있으므로 개별 사안에 따라서는 직무발명의 공개가 사용자의 영업비밀 누설에 해당할 수 있다고 판시함으로써 직무발명 공개행위와 부정경쟁방지법상 영업비밀 누설행위 사이의 관계를 정리하였다는 점에서 의의가 있다.

한편 대상판결은 종업원이 사전승계 약정을 위반하여 직무발명에 대한 권리를 제3자에게 이중으로 양도하였다면 업무상 배임죄에 해당한다고 판시하였는데, 이에 따라 종업원은 사용자에 대한 배신적 행위로 인하여 손해배상을 비롯한 민사적 책임에 더하여 형사적 책임까지 부담할 수 있게 되었는바, 이는 사전승계 약정의 성실한 이행을 확보하는 하나의 유인으로 작용할 것으로 기대된다.

키워드

직무발명, 사전승계, 이중양도, 영업비밀 누설

[82] 영업비밀 침해행위로 인한 손해배상의 범위

—대법원 2017. 9. 26. 선고 2014다27425 판결—

정 영 훈 (법무법인 바른)

[사실 개요]

1. 피고 1은, 원고 회사 대표이사 몰래 피고 2가 신설하는 피고 3에 원고 회사 메디컬 사업부 직원들을 이직하도록 주도하고, 그로써 원고 회사의 업무 자체가 불가능하도록 하였다.
2. 피고 2는 피고 1의 위 행위를 인식할 수 있었음에도 이를 묵인하거나 용인하였다.
3. 피고 1은 피고 3의 피용자이고, 피고 1의 위 행위는 외형상 사무집행 관련성이 인정된다.
4. 이에 원고는, 피고 1, 2를 상대로 공동불법행위에 기한 손해배상청구를, 피고 3을 상대로 민법 제756조 소정의 손해배상청구를 하였다.
5. 원심은 피고들 모두 불법행위로 인한 손해배상책임을 부담한다고 판단하였고, 그 인과관계 있는 손해액으로 3억 원을 인정하였다.

[판결 요지]

1. 영업비밀 또는 영업상 주요 자산인 자료 등(이하 '영업비밀 등'이라 한다)을 부정취득한 자는 그 취득한 영업비밀 등을 실제로 사용하였는지 여부와 관계없이 부정취득행위 자체만으로 영업비밀 등의 경제적 가치를 손상시킴으로써, 영업비밀 등 보유자의 영업상 이익을 침해하여 손해를 입힌다(대법원 2011. 7. 14. 선고 2009다12528 판결 참조).

2. 영업비밀 등을 취득함으로써 얻는 이익은 영업비밀 등이 가지는 재산가치이고, 재산가치는 영업비밀 등을 가지고 경쟁사 등 다른 업체에서 제품을 만들 경우 영업비밀 등으로 인하여 기술개발에 소요되는 비용이 감소되는 경우의 그 감소분과 나아가 영업비밀 등을 이용하여 제품 생산에까지 발전시킬 경우 제품판매이익 중 영업비밀 등이 제공되지 않았을 경우의 차액으로서 그러한 가치를 감안하여 시장경제 원리에 따라 형성될 시장교환가격이다(대법원 1999. 3. 12. 선고 98도4704 판결 참조).

3. 불법행위로 인한 손해배상청구소송에서, 손해가 발생한 사실은 인정되나 구체적인 손해의 액수를 증명하는 것이 사안의 성질상 매우 어려운 경우에, 법원은 증거조사의 결과와 변론 전체의 취지에 의하여 밝혀진 당사자들 사이의 관계, 불법행위와 그로 인한 재산적 손해가 발생하게 된 경위, 손해의 성격, 손해가 발생한 이후의 여러 정황 등 관련된 모든 간접사실을 종합하여 적당하다고 인정되는 금액을 손해배상액수로 정할 수 있다

(대법원 2009. 8. 20. 선고 2008다51120, 51137, 51144, 51151 판결 등 참조). 민사소송법 제202조의2는 종래의 판례를 반영하여 "손해가 발생한 사실은 인정되나 구체적인 손해의 액수를 증명하는 것이 사안의 성질상 매우 어려운 경우에 법원은 변론 전체의 취지와 증거조사의 결과에 의하여 인정되는 모든 사정을 종합하여 상당하다고 인정되는 금액을 손해배상 액수로 정할 수 있다."라고 정하고 있다.

해설

Ⅰ. 대상판결의 쟁점

이 사건에서는, 영업비밀 등을 부정취득[1]한 자가 그 취득한 영업비밀 등을 실제 사용하였는지 여부와 관계없이 부정취득행위를 한 것만으로 영업비밀 등 보유자에게 손해를 입히는지 여부, 만일 그렇다면 그 손해액이 얼마인지, 손해액을 구체적으로 입증하는 것이 사안의 성질상 매우 어려운 경우 손해액을 어떻게 정하는지가 쟁점이었다.

Ⅱ. 대상판결의 분석

1. 영업비밀 등을 부정취득한 자가 취득한 영업비밀 등을 실제 사용하지 않더라도, 영업비밀 등 보유자에게 손해가 발생하는지 여부

영업비밀 보유자는 영업비밀 침해행위를 한 자를 상대로 영업비밀 침해행위에 기한 손해배상을 구할 수 있는데, 이를 위해서는 영업비밀 침해행위에 따른 손해의 발생 및 손해배상의 범위를 입증해야 한다. 이와 관련하여, 이 사안에서는 영업비밀 등을 부정취득한 것만으로도 영업비밀 등 보유자에게 손해가 발생하였는지 여부가 주요 쟁점들 중 하나이었다.

이 부분 쟁점에 관하여 대법원 2011. 7. 14. 선고 2009다12528 판결은 영업비밀을 부정취득한 자는 취득한 영업비밀을 실제 사용하였는지에 관계없이, 부정취득행위 그 자체만으로 영업비밀의 경제적인 가치를 손상시킴으로써, 영업비밀 보유자의 영업상 이익을 침해하여 손해를 입힌다고 판시하였다.

---

1) 부정경쟁방지법 제2조 제3호 (가)목 전단 소정의 '부정한 수단으로 영업비밀을 취득하는 행위', 즉 부정취득행위를 의미한다. 여기에서 '부정한 수단'의 의미에 관하여, 대법원 2011. 7. 14. 선고 2009다12528 판결은 " '부정한 수단'은 절취·기망·협박 등 형법상 범죄를 구성하는 행위뿐만 아니라 비밀유지의무 위반 또는 그 위반의 유인 등 건전한 거래질서의 유지 내지 공정한 경쟁의 이념에 비추어 위에 열거된 행위에 준하는 선량한 풍속 기타 사회질서에 반하는 일체의 행위나 수단을 말한다."라고 판시하고 있다.

그리고, 대상판결은 영업상 주요 자산을 포함하는 영업비밀 등의 부정취득에 관하여도 대법원 2009다12528 판결이 설시한 위 법리를 동일하게 적용하였다.[2)]

2. 부정취득행위로 인한 영업비밀 등 보유자의 손해액

부정경쟁방지법 제2조 제3호 (가)목 소정의 부정취득행위를 한 자가 그 부정취득행위에 의해 이익을 받은 것이 있으면 그 이익액을 영업비밀 보유자의 손해액으로 추정한다(부정경쟁방지법 제14조의2 제2항). 그렇다면, 영업비밀을 부정취득한 자가 '부정취득행위 자체만으로 얻은 이익액'이 얼마인지 살펴볼 필요가 있다.

이와 관련하여, 대법원 1999. 3. 12. 선고 98도4704 판결은 영업비밀을 취득함으로써 얻는 이익은 그 영업비밀이 가지는 재산가치 상당이고, 그 재산가치는 그 영업비밀을 가지고 경쟁사 등 다른 업체에서 제품을 만들 경우 그 영업비밀로 인하여 기술개발에 소요되는 비용이 감소되는 경우의 그 감소분 상당과 나아가 그 영업비밀을 이용하여 제품생산에까지 발전시키는 경우 제품판매이익 중 그 영업비밀이 제공되지 않았을 경우의 차액 상당으로서 그러한 가치를 감안하여 시장경제원리에 의하여 형성될 시장교환가격이라고 판시하였다.

이 사안에서는 영업상 주요 자산을 포함하는 영업비밀 등의 부정취득행위 자체로 인한 손해액이 얼마인지가 쟁점이다. 이에 대해, 대상판결은 대법원 98도4704 판결이 이른바 차액설에 근거하여 설시한 위 법리를 적용하여, '영업비밀 등을 부정취득한 자가 그 부정취득행위로 인하여 얻은 이익액'(영업비밀 등의 보유자가 입은 손해액)을 위 시장교환가격으로 보았다.

3. 영업비밀 등의 부정취득행위 그 자체로 인한 손해액을 입증하는 것이 사안의 성질상 매우 어려운 경우의 손해액 산정 방법

이 사안은 '영업비밀 등의 부정취득행위(불법행위)로 인해 손해가 발생한 사실은 인정되지만 구체적인 손해의 액수를 증명하는 것이 사안의 성질상 매우 어려운 경우'에 해당한다.

이 경우 법원은 증거조사의 결과 및 변론 전체의 취지에 의하여 밝혀진 당사자들 사이

---

2) 대법원 2011. 7. 14. 선고 2009다12528 판결이 선고되기 전의 하급심 판결인 서울고등법원 2006. 11. 14. 선고 2005나90379 판결(확정)은 아래와 같이 판단한 바 있다.
"영업비밀은 그 속성상 공연히 알려지지 아니하여야 그 가치를 가지는 것이라 할 것이므로, 그것이 실제로 사용되든 또는 사용되지 아니하든 상관없이 영업비밀 보유자 이외의 타인에게 공개되는 것만으로 재산적 가치가 감소되는 것인바, 부정하게 영업비밀을 취득하고 이를 공개하였다면 특별한 사정이 없는 한 그것만으로도 영업비밀 보유자는 침해 행위자에게 부정경쟁방지 및 영업비밀보호에 관한 법률 제14조의2 제3항에 따라 '영업비밀의 사용에 대하여 통상 받을 수 있는 금액에 상당하는 액'을 손해배상으로서 구할 수 있다."

의 관계, 불법행위와 그로 인한 재산적 손해가 발생하게 된 경위, 손해의 성격, 손해가 발생한 이후의 여러 정황 등 관련된 모든 간접사실을 종합하여 적당하다고 인정되는 금액을 손해액으로 정할 수 있다(대법원 2009. 8. 20. 선고 2008다51120, 51137, 51141, 51151 판결 등 참조).

원심은 이러한 법리에 기초하여 피고들에게 3억 원의 손해배상을 명하였고, 대상판결은 원심의 이 부분 판단에 필요한 심리를 다하지 않은 채 논리와 경험의 법칙에 반하여 자유심증주의의 한계를 벗어나거나 손해의 범위 및 손해액의 산정에 관한 법리를 오해해 판결에 영향을 미친 잘못이 없다고 판단하였다.

Ⅲ. 대상판결의 의의

부정경쟁방지법 제2조 제3호는 여섯 가지 유형의 영업비밀 침해행위를 규정하고 있고, 영업비밀 보유자는 영업비밀 침해행위에 기한 손해배상을 구함에 있어 손해의 발생과 손해액을 입증하여야 한다. 그런데 영업비밀의 취득자가 사용행위로 나아가지 않고 취득행위에 그쳤거나, 사용행위로 나아갔다고 추정되기는 하지만 그 사용행위를 입증하는 데 어려움이 있고 부정취득행위만 증거에 의하여 인정되는 경우, 영업비밀 보유자에게 손해가 발생하였는지 여부 및 만일 손해가 발생하였다면 그 손해액이 얼마인지가 실무상 종종 문제된다. 대상판결은 이러한 사안에서 문제되는 쟁점들에 관하여 일괄하여 명확히 관련 법리를 설시한 점에서 중요한 의미를 가진다.

키워드

영업비밀 침해행위, 부정취득행위, 손해배상, 손해액

[83] 「산업기술의 유출방지 및 보호에 관한 법률」 위반죄의 범죄구성요건으로서의 목적에 대한 판단 기준

—대법원 2018. 7. 12. 선고 2015도464 판결—

조 현 선 (청주지방법원)

[사실 개요]

1. 甲 회사는 LCD 등 평판 디스플레이 패널의 검사 장비를 판매하는 다국적기업으로 피고인 회사의 지분 100%를 가지고 있고, 피고인들은 피고인 회사 소속 직원들이다.
2. 아몰레드(AM-OLED) 기술은 차세대 평판 디스플레이 기술로 산업기술 및 국가핵심기술로 지정되었고, 乙 주식회사, 丙 주식회사는 국내 아몰레드 기술을 주도하고 있다.
3. 甲 회사는 乙 주식회사, 丙 주식회사에 광학검사장비(AOI), 전기검사장비(AC)와 같은 디스플레이 패널의 검사 장비를 납품하였다. 피고인들은 乙 주식회사 등 고객사 현장에 방문하여 甲 회사가 납품한 검사 장비를 운용, 보수, 유지하는 업무를 수행하였고, 피고인 3, 4는 각 나라 현장 엔지니어와 본사 R&D 센터 사이의 중간 조직으로 본사의 지시를 받는 아시아 기술총괄(DAP, Display Asia Pacific)에 소속되어 본사와 연계된 업무도 수행하였다.
4. 피고인들과 피고인 회사는, 피고인들이 乙 주식회사 등의 아몰레드 핵심기술 자료를 반출하고, 이를 활용하여 내부 공유용 또는 발표용 자료를 작성하며, 핵심기술 자료를 서로 주고 받고, 핵심기술 자료를 甲 회사 해외 계열사 직원들과 공유하였다는 공소사실로 기소되었다.
5. 1심과 원심은, 피고인 1이 부정한 방법으로 산업기술을 취득하고 이를 사용 및 공개하였다고 산업기술의 유출방지 및 보호에 관한 법률 제36조 제2항, 제14조 제1호 위반으로 공소제기된 부분을 유죄로 판단하고, 피고인들에 대한 나머지 공소사실[취득, 사용 및 공개에 의한 산업기술의유출방지및보호에관한법률위반의 점(주위적 공소사실, 제36조 제1항, 제14조 제1호, 제2호, 제2호는 피고인 4에 한함), 취득, 사용 및 누설에 의한 부정경쟁방지법위반의 점(예비적 공소사실, 제18조 제1항), 업무상 배임의 점]을 모두 무죄로 판단하였다.

[판결 요지]

1. 「산업기술의 유출방지 및 보호에 관한 법률」(이하 '산업기술보호법') 제36조 제1항 위반의 죄는 고의 외에 '외국에서 사용하거나 사용되게 할 목적'을, 위 조항이 인용하는 구 산업기술보호법(2023. 1. 3. 개정전) 제14조 제2호는 '부정한 이익을 얻거나 그 대상기관에게 손해를 가할 목적'을 추가적인 범죄성립요건으로 하는 목적범이다. 그리고 형사

재판에서 공소가 제기된 범죄의 구성요건을 이루는 사실에 대한 증명책임은 검사에게 있으므로 행위자에게 '부정한 이익을 얻거나 그 대상기관에게 손해를 가할 목적'과 '외국에서 사용하거나 사용되게 할 목적'이 있었다는 점은 검사가 증명하여야 한다. 따라서 행위자가 산업기술임을 인식하고 제14조 각 호의 행위를 하거나, 외국에 있는 사람에게 산업기술을 보냈다는 사실만으로 그에게 위와 같은 목적이 있었다고 추정해서는 아니 된다. 행위자에게 위와 같은 목적이 있음을 증명할 직접증거가 없는 때에는 산업기술 및 비밀유지의무를 인정할 여러 사정들에 더하여 피고인의 직업, 경력, 행위의 동기 및 경위와 수단, 방법, 그리고 산업기술 보유기업과 산업기술을 취득한 제3자와의 관계, 외국에 보내게 된 경위 등 여러 사정을 종합하여 사회통념에 비추어 합리적으로 판단하여야 한다.

2. 외국 기업의 100% 자회사인 국내회사 직원들이 산업기술로 지정된 거래 상대방 회사의 아몰레드 핵심기술 정보를 취득하고 내부적으로 또는 해외 계열사 소속 직원들과 이메일 등을 통해 공유하였다고 기소된 사안에서, 산업기술보호법 제36조 제1항, 제14조 제2호의 '외국에서 사용하거나 사용되게 할 목적', '부정한 이익을 얻거나 그 대상기관에게 손해를 가할 목적', 부정경쟁방지법 제18조 제1항의 '부정한 이익을 얻거나 기업에 손해를 가할 목적'의 증명이 부족하다고 보아 무죄로 판단한 사례.

해설

I. 대상판결의 쟁점

산업기술보호법 제14조 제1호는 '절취·기망·협박 그 밖의 부정한 방법으로 대상기관의 산업기술을 취득하는 행위 또는 그 취득한 산업기술을 사용하거나 공개하는 행위'를, 구 산업기술보호법 제14조 제2호는 '산업기술에 대한 비밀유지의무가 있는 자가 부정한 이익을 얻거나 그 대상기관에 손해를 가할 목적으로 유출하거나 그 유출한 산업기술을 사용 또는 공개하거나 제3자가 사용하게 하는 행위'를 금지하고 있다. 산업기술보호법 제36조 제2항은 제14조 제1호, 제2호 위반행위를 처벌하고, 제36조 제1항에서 '산업기술을 외국에서 사용하거나 사용되게 할 목적으로' 제14조 제1호, 제2호 위반행위를 한 자를 가중처벌하고 있으며, 구 산업기술보호법 제14조 제2호를 위반하여 제36조 제1항에 따라 처벌할 경우에는 '외국에서 사용하거나 사용되게 할 목적'과 '부정한 이익을 얻거나 그 대상기관에게 손해를 가할 목적'의 이중의 목적범이 된다.[1][2] 한편 구 부정경쟁방지법(2013. 7. 30. 개정전) 제18

1) 손천우, "산업기술의 유출방지 및 보호에 관한 법률 및 부정경쟁방지법 위반죄의 구성요건인 목적의 판단 기준", 「대법원판례해설」 제118호, 법원도서관(2019), 474.

조 제1항은 '부정한 이익을 얻거나 기업에 손해를 입힐 목적으로' 그 기업에 유용한 영업비밀을 외국에서 사용하거나 외국에서 사용될 것임을 알면서 취득·사용 또는 제3자에게 누설한 자를 처벌하고 있다.[3)]

대상판결의 사안에서는 피고인들에게 산업기술보호법 제36조 제1항에서 규정하고 있는 '외국에서 사용하거나 사용되게 할 목적' 또는 구 부정경쟁방지법 제18조 제1항에서 규정하고 있는 '부정한 이익을 얻거나 기업에 손해를 가할 목적'이 있는지 여부와 피고인 4에게 구 산업기술보호법 제14조 제2호에서 규정하고 있는 '부정한 이익을 얻거나 그 대상기관에게 손해를 가할 목적'이 있다고 인정할 수 있는지가 주된 쟁점으로 되었다.

Ⅱ. 대상판결의 분석

부정경쟁방지법의 보호대상인 영업비밀은 비공지성, 경제적 유용성, 비밀관리성을 가진 기술상, 경영상의 정보이고,[4)] 반면 산업기술보호법의 적용범위는 법률에 의해 지정·고시 등이 된 산업기술(제2조 제1호) 및 국가핵심기술(제2조 제2호)로 한정된다.[5)] 영업비밀의 '취득'은 사회통념상 영업비밀을 자신으로 것으로 만들어 이를 사용할 수 있는 상태가 되었다면 특별한 사정이 없는 한 영업비밀 취득에 해당하고, 이 법리에 따라 대법원은 2009. 10. 15. 선고 2008도9433 판결, 2010. 1. 14. 선고 2009도9434 판결 등에서 기업의 직원으로서 영업비밀을 인지하여 이를 사용할 수 있다면 그는 이미 당해 영업비밀을 취득하였다고 보아야 하므로 당해 영업비밀을 단순히 기업의 외부로 무단 반출한 행위는 영업비밀의 취득에 해당하지 않는다고 판시하였다. 영업비밀의 '사용'은 영업비밀 본래의 사용 목적에 따라 이를 상품의 생산·판매 등의 영업활동에 이용하거나 연구·개발사업 등에 활용하는 등으로 기업활동에 직접 또는 간접적으로 사용하는 행위로서 구체적으로 특정이 가능한 행위를 가리킨다.[6)] 영업비밀 '누설'의 범위에 관하여, 서울중앙지방법원 2011. 5. 13. 선고 2011노378

---

2) 2023. 1. 3. 개정된 산업기술보호법 제14조 제2호는 '산업기술에 대한 비밀유지의무가 있는 자가 부정한 이익을 얻거나 그 대상기관에게 손해가 발생하는 것을 알면서도 유출하거나 그 유출한 산업기술을 사용 또는 공개하거나 제3자가 사용하게 하는 행위'로 산업기술침해행위의 요건을 완화하여 이중의 목적범에 해당하지 않는다.

3) 현행 부정경쟁방지법 제18조 제1항은 영업비밀 침해행위를 구체적으로 3개의 행위유형으로 나누어 영업비밀의 부정취득 및 그 사용행위 외에 누설행위, 무단 유출행위, 반환 요구 불응행위도 처벌하고 있다. 그중 무단 유출행위 및 반환 요구 불응행위는 2019. 1. 8. 개정된 부정경쟁방지법에서 신설된 것으로, 위와 같이 개정하기 이전에는 대법원 2009. 10. 15. 선고 2008도9433 판결 등에서 무단 유출행위나 반환 요구 불응행위를 업무상 배임죄로 처벌하였다[윤태식, 「부정경쟁방지법」, 박영사(2021), 391].

4) 윤태식(주 3), 31.

5) 최정열·이규호, 「부정경쟁방지법」, 진원사(2020), 280.

6) 대법원 2009. 10. 15. 선고 2008도9433 판결.

판결은 "누설의 대상이 되는 제3자는 그 영업비밀을 취득함으로써 이를 사용하거나 타인에게 공개하여 공정한 경쟁을 해할 우려가 있는 자로 한정하여 해석함이 타당하다."고 판단하였고 이는 대법원 2011. 11. 10. 선고 2011도6604 판결로 확정되었다. 구 부정경쟁방지법 제18조 제1항은 행위자가 '부정한 이익을 얻거나 기업에 손해를 입힐 목적으로' 영업비밀을 취득·사용·누설하는 목적을 요하고 있으므로, 행위자가 영업비밀을 취득하는 등의 행위로 손해가 발생할 수 있다는 점을 인식하였다고 하더라도 손해를 입힐 목적이 인정되지 아니하면 그 구성요건은 충족되지 아니한다.[7] 대법원은 2007. 4. 26. 선고 2006도5080 판결, 2017. 11. 14. 선고 2014도8710 판결 등에서 "부정경쟁방지법 제18조 제1항 및 제2항 위반의 죄는 고의 외에 '부정한 이익을 얻거나 기업에 손해를 가할 목적'을 범죄성립요건으로 하는 목적범이고, 그와 같은 목적은 반드시 적극적 의욕이나 확정적 인식이 아니더라도 미필적 인식으로도 되며, 그 목적이 있었는지 여부는 피고인의 직업, 경력, 행위의 동기 및 경위와 수단, 방법, 그리고 영업비밀 보유기업과 영업비밀을 취득한 제3자와의 관계 등 여러 사정을 종합하여 사회통념에 비추어 합리적으로 판단하여야 한다."고 그 판단기준을 설시하였고, 대상판결도 같은 취지이다.

산업기술 침해행위와 관련하여, 대법원 2012. 8. 30. 선고 2011도1614 판결[8]은 산업기술의 범위에 관하여, 대법원 2013. 12. 12. 선고 2013도12266 판결[9]은 비밀유지의무 대상성에 관하여 각 판단기준을 설시한 바 있고, 대상판결은 외국사용 목적의 판단기준에 관한 첫 판시이다. 구 부정경쟁방지법 제18조는 단순히 외국에서 사용하거나 외국에서 사용될 것임을 인식하는 것에서 나아가 '부정한 이익을 얻거나 기업에 손해를 입힐 목적'이 필요한 반면, 산업기술보호법 제36조 제1항은 '외국에서 사용하거나 사용되게 할 목적'을 요구하고 있다. 이 사건에서 원심은, 피고인들이 취득한 정보를 甲 회사 내부적으로 정리, 취합, 공유한 것은 甲 회사, 피고인 회사, DAP 내 관련 담당자들 사이에서 고객사 생산 제품의 결함을 정확하고 효율적으로 찾아내는 노하우를 얻기 위해 필요한 정당한 업무 방식인 점, 甲 회사 R&D 센터 엔지니어, DAP 소속 엔지니어들이 고객사를 지원해왔고 乙 주식회사 등도 甲 회사 본사 R&D 센터 소속 엔지니어들의 지원을 수시로 받아온 점, 패널 검사 장비업체의 특

7) 정상조 편집대표, 「부정경쟁방지법 주해」, 박영사(2020), 684(최승재 집필부분).

8) 비밀유지의무가 있는 선급검사관인 피고인이 자신의 선급검사 업무와 아무런 관련이 없는 드릴쉽 선박에 대한 기술자료를 외장형 하드디스크에 복사하여 자신의 주거지에 보관한 사안으로 피고인들이 취득한 산업기술 및 영업비밀이 자신의 업무와 관련이 있다는 점에서 이 사건과 사실관계가 다르다[손천우(주 1), 486].

9) 피고인(대상기관의 직원)은 산업기술보호법 제34조 제1항에 따라 이 사건 신기술들에 대하여 비밀유지의무를 부담하는데, 이 사건 신기술들과 관련하여 특허로 등록되어 공중에 기술 일부가 공개되어 있다는 사실만으로 피고인이 부담하는 비밀유지의무가 없어지지 않는다고 판단한 원심을 수긍한 사례이다[사법연수원, 「지식재산권 재판실무편람」, 박영사(2020), 274].

성상 고객사를 전담하는 현장 엔지니어가 경험이 풍부한 본사 엔지니어들과 자료를 공유하는 것은 당연히 예측 가능한 적법한 업무방식으로 보이는 점 등을 감안할 때, 취득한 자료들이 피고인들의 업무상 필요한 범위를 일탈하여 사용되었다거나 위 자료들의 사용으로 공정한 경쟁을 해할 위험성이 초래되었다거나 그 내용이 피고인들이 담당한 정당한 업무 범위 및 목적과 무관한 정보였다는 등의 사정이 증명되지 아니한 이상, 피고인들에게 외국사용 목적이나 부정한 목적이 있다고 단정할 수 없다고 판단하였다. 다국적기업의 특수성을 감안하지 않고 국내 회사 직원이 해외 계열사 직원들에게 이메일 등을 통해 자료를 보낸 사정만으로 산업기술의 해외유출 목적이 있었다고 단정할 수는 없는데, 외형적으로는 국경을 넘나드는 자료송부가 있더라도 외국 본사 입장에서는 기업집단 내부의 자료송부로 볼 수 있고 이 경우 외국 본사 외부의 외국회사로의 유출 여부를 따져야 할 것으로 보이며, 행위자가 산업기술임을 인식하고 산업기술보호법 제14조의 각호의 행위를 하거나 외국에 있는 사람에게 산업기술을 보냈다는 사실만으로 '외국에서 사용하거나 사용되게 할 목적'이 있었다고 추정해서는 안 될 것이다.[10]

Ⅲ. 대상판결의 의의

대상판결은 산업기술보호법 제36조 제1항에서 구성요건으로 규정하고 있는 '외국에서 사용하거나 사용되게 할 목적'에 관하여 단지 정보나 자료가 외국으로 보내졌다는 사실만으로 그와 같은 목적이 있었다고 추정해서는 안 되고, 피고인의 직업, 경력, 행위의 동기 및 경위와 수단, 방법, 산업기술 보유기업과 산업기술을 취득한 제3자와의 관계, 외국에 보내게 된 경위 등 여러 사정을 종합하여 합리적으로 판단하여야 한다는 외국사용 목적의 인정기준을 처음으로 제시한 사례로서 의의가 있다.

키워드

산업기술, 국가핵심기술, 영업비밀, 기술유출, 외국사용 목적

10) 손천우(주 1), 475, 481.

[84] 영업비밀 사용의 묵시적 승낙을 인정하기 위한 요건

—대법원 2019. 1. 31. 선고 2017다284885 판결—

김 지 수 (특허청)

[사실 개요]

1. 원고는 1975. 10. 1. 발전소 설계기술의 자립을 위해 정부 주도로 설립된 회사로 영흥, 당진, 보령, 태안 등에 있는 다수의 화력발전소를 설계하였고, 피고는 2001년 공기업 甲으로부터 분리되어 설립된 회사로 삼천포화력발전소, 영흥화력발전소 등의 발전소를 운영하고 있다.
2. 원고와 피고는 2003. 2. 28. 피고가 건설하는 영흥 3, 4호기(이하, '선행호기'라 함)에 관한 기술설계 및 용역 업무를 수행하는 설계기술용역계약을 체결하였고, 위 계약에 따라 이 사건 설계자료를 작성하였다.
3. 그 후 피고는 선행호기 계약 당시부터 예정되어 있었던 영흥 5, 6호기(이하, '후속호기'라 함)의 설계기술용역계약 체결을 위해 원고와 교섭을 하였으나 입찰금액의 이견으로 인해 결렬되었다. 이에 피고는 원고와 경쟁관계에 있는 주식회사 乙과 후속호기에 대한 설계기술용역계약을 체결하고, 이를 위해 선행호기와 관련된 이 사건 설계자료를 주식회사 乙에 제공하였다.
4. 원고는 피고가 선행호기의 계약에 따른 비밀유지의무를 위반하여 원고의 동의 없이 이 사건 설계자료를 주식회사 乙에 제공하였다고 주장하면서 선택적으로 영업비밀침해행위 또는 계약 위반을 이유로 손해배상으로 10억 원(일부 청구)을 청구하였다.

[판결 요지]

1. 영업비밀 보유자가 거래상대방에게 영업비밀을 사용하도록 승낙하는 의사표시는 일정한 방식이 요구되지 않고 묵시적 의사표시로도 할 수 있고, 위와 같은 묵시적 의사표시의 존재는 거래상대방과 체결한 영업비밀 관련 계약의 내용, 영업비밀 보유자가 사용하도록 승낙한 것으로 볼 수 있는 범위, 관련 분야의 거래 실정, 당사자의 태도 등 여러 사정을 종합적으로 고려하여 판단하여야 한다.

2. 이 사건에서는 후속호기의 참고자료로 이용될 것이라는 선행호기의 계약서 내용, 선행호기의 설계자료를 후속호기의 여건에 맞게 개선·반영하는 거래 실정, 후속호기의 설계기술용역 수행계획서에 대해 원고가 별다른 이의를 제기하지 않은 상황 등을 종합하여 볼 때, 이 사건 설계자료의 제공에 있어서 묵시적 승낙이 존재하였다고 판단한 사례.

해설

Ⅰ. 대상판결의 쟁점

부정경쟁방지법 제2조 제3호 (라)목[1]은 영업비밀 부정취득행위[같은 호 (가)목]와 더불어 영업비밀을 침해하는 대표적인 형태로서, 계약관계 등에 의하여 영업비밀을 준수할 의무가 있고 이러한 전제 하에서 영업비밀 보유자로부터 합법적으로 영업비밀을 취득한 자가 그 신뢰관계에 반하는 부정한 목적을 얻으려 하거나 영업비밀 보유자에게 손해를 입게 할 목적으로 영업비밀을 사용하거나 공개하는 행위를 영업비밀침해행위로 간주한 것이다.[2] 이에 해당하는 대표적인 유형으로는 ① 상대기업과 공동개발, 기술제휴 등을 통해 적법하게 공개된 비밀정보를 지득하여 사용하는 것에 의한 경우, ② 영업비밀보유자와 도급계약을 체결하고 영업비밀을 사용하는 수급인에 의한 경우, ③ 영업비밀보유자인 사용자와 고용계약을 체결한 종업원에 의한 경우 등이 있다.[3]

이 중 외주 생산을 위한 교섭 과정에서 상대방에게 영업비밀을 개시하여야만 할 경우가 있는데 이러한 경우에 상대방에게 공개된 영업비밀을 비밀로서 유지해야할 의무가 당연히 발생한다고 볼 수는 없으므로 계약교섭 이전에 먼저 장차 계약 교섭과정에서 공개될 영업비밀에 대하여 비밀유지계약을 체결해 두어야 할 것이다.[4] 본 호의 구성요건 중 부정한 이익을 얻을 목적이란 공서양속 또는 신의칙에 반하는 행위로 부당하게 이익을 얻을 것을 목적으로 하는 것을 의미하며 자기뿐만 아니라 제3자의 이익을 도모하는 것도 포함한다.[5]

대상판결의 사안에서는 원고와 피고 사이에 작성된 '설계기술용역계약서'에 '기술지식의 이용 및 기밀엄수 의무' 조항을 두어 "피고는 원고가 제출하는 각종 기술자료의 전부 또는 일부를 원고의 승인을 얻어 피고의 이익을 위하여 이용 또는 공개할 수 있다"라고 계약하여 이 사건 설계자료의 사용에 있어서 원고의 승인을 받도록 하였다. 그런데 피고가 주식회사 乙에게 이 사건 설계자료를 제공함에 있어 명시적으로 원고의 승인을 얻었다는 증거는 없었기 때문에, 피고가 주식회사 乙에게 후속호기의 설계 목적 범위에서 선행호기인 이 사건 설계자료를 제공하여 이용하도록 하는 것에 대하여 원고의 묵시적인 허락이 있었는지가 주된 쟁점으로 되었다.

---

1) 계약관계 등에 따라 영업비밀을 비밀로서 유지하여야 할 의무가 있는 자가 부정한 이익을 얻거나 그 영업비밀의 보유자에게 손해를 입힐 목적으로 그 영업비밀을 사용하거나 공개하는 행위

2) 최정렬 · 이규호, 「부정경쟁방지법 – 영업비밀보호법제 포함(제2판)」, 진원사(2017), 281.

3) 한국특허법학회, 「영업비밀보호법」, 박영사(2017), 172(최승재 집필부분).

4) 최정렬 · 이규호(주 2), 282.

5) 한국특허법학회(주 3), 177(최승재 집필부분).

Ⅱ. 대상판결의 분석

1. 관련 판결 사례

가. 계약관계에서 묵시적 영업비밀유지 의무부담을 인정한 판결

부정경쟁방지법 제2호 제3호 (라)목에 따른 '계약관계 등에 의하여 영업비밀을 비밀로서 유지하여야 할 의무가 있는 자'에는 명시적인 문언에 의한 비밀유지약정을 체결한 경우뿐만 아니라, 인적신뢰관계의 특성 등에 비추어 신의칙상 또는 묵시적으로 그러한 의무를 부담하기로 약정하였다고 보아야 할 경우도 포함된다고 할 것이다(인천지방법원 2004. 11. 19. 선고 2001가합2507 판결 확정).

나. 특허권의 묵시적 지분이전을 인정한 판결

특허를 받을 수 있는 권리는 발명의 완성과 동시에 발명자에게 원시적으로 귀속되지만, 이는 재산권으로 양도성을 가지므로 계약 또는 상속 등을 통하여 그 전부 또는 일부 지분을 이전할 수 있고(특허법 제37조 제1항), 그 권리를 이전하기로 하는 계약은 명시적으로는 물론 묵시적으로도 이루어질 수 있고, 그러한 계약에 따라 특허등록을 공동출원한 경우에는 그 출원인이 발명자가 아니라도 등록된 특허권의 공유지분을 가진다 할 것이다(대법원 2012. 12. 27. 선고 2011다67705, 67712 판결, 대법원 2015. 7. 23. 선고 2013다77591, 77607 판결 등).

다. 상표권의 묵시적 통상사용권 설정을 인정한 판결

서비스표의 통상사용권은 서비스표권자 또는 전용사용권자의 등록서비스표에 대한 사용권의 범위 내에서 설정되는 것이므로 등록서비스표를 그 지정서비스업에 관하여 사용할 권리를 의미하고, 다만 그 설정은 반드시 서면에 의할 필요는 없고 명시적 또는 묵시적 합의만으로 충분하다(특허법원 2009. 4. 16. 선고 2008허9962 판결).

2. 미국의 영업비밀보호법[6]

미국의 통일법위원회(Uniform Law Commission)는 주별로 다른 영업비밀 관련 규정을 통일화하기 위해 1979년에 UTSA(Uniform Trade Secrets Act)를 제정하여 영업비밀 침해에 대한 금지청구, 손해배상 등 민사적 구제수단을 마련하였다. 90년대에 접어들어서 정보통신기술 발달로 인해 외국 기업에 의한 기술유출 또는 영업비밀의 침해가 심화되자 미국의회는 영업비밀 침해에 대한 형사적 제재를 위하여 1996년에 경제스파이법(Economic Espionage Act)을 제정하였다.

UTSA와 경제스파이법의 제정에도 불구하고, 영업비밀 침해가 미국 경제에 심각한 손

6) 김윤정, "미국 영업비밀보호법(DTSA)의 주요내용 검토 및 시사점", 「법학논고」 제70집, 경북대학교 법학연구원(2020), 305~335.

실을 끼침에 비해 연방 정부 차원의 법적 보호가 미흡하다는 비판이 제기되어, 백악관, 미국 상공회의소의 강력한 지지와 미국의회의 초당적 합의에 따라 영업비밀의 민형사상 구제수단을 통합하여 연방법인 미국 영업비밀보호법(Defend Trade Secret Act)이 2016. 5. 11. 오바마 대통령의 서명으로 시행되었다.

미국 DTSA는 해당 영업비밀이 부적절한 방법을 통해 입수되었다는 것을 알았거나 알았어야 하는 자가 타인의 영업비밀을 취득한 경우, 영업비밀에 대한 지식을 얻기 위해 부적절한 방법을 사용한 자 등이 명시적 또는 묵시적 동의 없이 타인의 영업비밀을 공개하거나 사용한 경우에는 영업비밀의 부정이용(misappropriation)에 해당한다고 명시하고 있다.[7)]

미국에서는 영업비밀을 보호해야 할 신뢰 또는 계약관계는 명시적일 뿐 아니라 묵시적으로도 인정된다.[8)] 이러한 신뢰관계에서 특정 목적을 위해 정보가 제공되었다면 그 정보는 그 목적을 위해서 사용되어야 하고, 그 목적범위를 벗어난 사용은 영업비밀 침해가 된다.[9)]

3. 이 사건의 검토

가. 묵시적 승낙의 적용요건

대상판결은 부정경쟁방지법 제2호 제3호 (라)목에서 영업비밀을 사용하도록 승낙하는 의사표시는 일정한 방식을 따르지 않는 묵시적인 방법으로도 가능하다고 판시하였다. 또한, 이와 같은 묵시적 의사표시의 존재는 ① 거래상대방과 체결한 영업비밀 관련 계약 내용, ② 영업비밀 보유자의 사용승낙 범위, ③ 관련 분야의 거래 실정, ④ 당사자의 태도 등 여러 사정을 종합적으로 고려하여 판단해야 한다는 새로운 법리를 설시하였다.

나. 묵시적 승낙 여부 판단

1) 계약의 내용, 승낙의 범위 및 원고의 태도 관련 사항

원고와 피고 간에 체결한 이 사건 설계자료에 대한 계약서에는 '준공자료는 본 발전소 운전 및 정비에 필수적으로 이용되고, 향후 발전소 건설 시 중요한 참고자료로 이용될 것'이라는 참고자료 이용 조항이 명시되어 있다. 그리고 피고와 주식회사 乙 사이의 후속호기 용역과 관련된 수행계획서와 계약서에는 주식회사 乙이 피고가 제공하는 자료를 기준으로 기존 설비를 조사·검토하고 이를 설계에 반영하도록 하고 있다.

---

7) (5) the term 'misappropriation' means
(A) (생략) or
(B) disclosure or use of a trade secret of another without express or implied consent by a person who
(i) used improper means to acquire knowledge of the trade secret;

8) Aerospace America, Inc. v. Abatement Technologies, Inc., 738 F.Supp. 1061 (1990)

9) 나종갑, 「영업비밀보호법의 철학적·규범적 토대와 현대적 적용(초판)」, 경인문화사(2022), 468.

또한, 원고는 2009. 6.경에 이 사건 설계자료를 토대로 설계용역을 수행한다는 취지가 기재된 후속호기의 설계기술용역 수행계획서를 검토한 적이 있었다. 이 경우 이 사건 설계자료가 후속호기의 설계용역사에게 제공될 것이 예정되어 있다고 볼 수 있음에도 원고는 이에 대한 이의를 제기하지 않았다.

2) 거래실정 관련 사항

피고의 전신인 공기업 甲은 1984년에 500MW급, 1995년에 800MW급 화력발전소의 설계표준화를 추진하였고, 그 과정에서 보령 3~6호기, 태안 5, 6호기와 삼천포 3~6호기 등을 연속적으로 설계하면서 선행호기의 설계자료를 후속호기의 여건에 맞게 개선·반영하는 이른바 '카피플랜트 설계방식'으로 설계하도록 하였다. 이와 같은 선행호기 설계자료를 후속호기 설계에 사용하였을 때 후속호기의 발주자나 설계용역사가 선행호기 설계 용역사에게 그 이용에 대한 대가를 지급하거나 별도의 사용승낙을 받은 예가 없었다.

또한, 피고의 전신인 공기업 甲은 원고와 1989년에 삼천포 3, 4호기 설계용역계약을 할 때에도 원고가 선행호기인 삼천포 1, 2호기의 설계자료를 조사·검토하고 이를 반영하여 설계자료를 작성하도록 하였다. 한편 위 삼천포 1, 2호기 설계업무의 상당부분은 주식회사 乙이 수행하였는데, 원고는 주식회사 乙로부터 별도의 사용승낙을 받거나 대가를 지급하지 않고 공기업 甲으로부터 선행호기인 삼천포 1, 2호기의 설계자료를 제공받았다.

3) 결론

영업비밀 관련 계약 내용, 영업비밀 보유자의 승낙 범위 및 태도, 거래실정을 종합하여 볼 때, 원고와 피고 사이에는 영업비밀 사용에 대한 묵시적 승낙이 있다고 볼 수 있다.

Ⅲ. 대상판결의 의의

대상판결은 부정경쟁방지법 제2호 제3호 (라)목에서 규정한 '계약관계 등에 의하여 영업비밀을 비밀로서 유지하여야 할 의무가 있는 자'가 영업비밀 보유자로부터의 명시적 뿐만 아니라 묵시적 승낙이 있는 경우에도 영업비밀을 사용·공개할 수 있다는 새로운 법리를 제시하였다. 또한, 대상판결은 위 묵시적 승낙의 존재여부에 대해 영업비밀 관련 계약의 내용, 영업비밀 보유자의 승낙의 범위 및 태도, 거래실정 등을 종합적으로 판단해야 한다는 요건과 구체적인 판단기준을 제시했다는 점에서 의의가 있다.

키워드

묵시적 승낙, 영업비밀, 계약, 거래실정, 카피플랜트

[85] 영업비밀 침해행위 금지명령 시 금지기간의 설정 여부

—대법원 2019. 3. 14. 자 2018마7100 결정—

이 한 상 (대법원)

[사실 개요]

1. 신청인은 세포치료제 및 콜라겐을 이용한 재생의료 제품을 개발하여 국·내외에 판매하고 있는 회사이다.
2. 피신청인 1은 2000년경 신청인에 입사하여 콜라겐 제품 개발업무를 등을 담당하다가 2009년경 퇴사하면서 고농도 콜라겐 제조공정 기술인 이 사건 기술정보 등이 포함된 이 사건 기술파일을 저장장치에 복사하여 가지고 나왔다. 피신청인 2는 2002년경 신청인에 입사하여 국내 영업 업무 등을 담당하다가 2009년경 퇴사한 후 2010년경 피신청인 3을 설립하였다.
3. 피신청인들은 이 사건 기술파일을 참조하여 피신청인 제품을 개발·제조하였다.
4. 신청인은, 피신청인들이 신청인의 영업비밀인 이 사건 기술파일을 부정사용하여 피신청인 제품을 제조하는 등으로 영업비밀 침해행위를 하였다고 주장하며, 침해행위 금지 등의 가처분 신청을 하였다.
5. 원심은, 피신청인들의 영업비밀 부정사용행위를 인정하면서도, 피신청인 1이 이 사건 기술파일을 유출한 2009년경(퇴직일)으로부터 9년이 지난 현재는 그 보호기간의 경과되었다고 판단하여 신청인의 신청과 항고를 기각하였다. 이에 신청인이 재항고하였다.

[판결 요지]

1. 영업비밀 침해행위를 금지시키는 것은 침해행위자가 그러한 침해행위에 의하여 공정한 경쟁자보다 우월한 위치에서 부당하게 이익을 취하지 못하도록 하고 영업비밀 보유자로 하여금 그러한 침해가 없었더라면 원래 있었을 위치로 되돌아갈 수 있게 하는 데에 그 목적이 있다. 영업비밀 침해행위의 금지는 이러한 목적을 달성하기 위해 영업비밀 보호기간의 범위 내에서 이루어져야 한다. 영업비밀 보호기간은 영업비밀인 기술정보의 내용과 난이도, 침해행위자나 다른 공정한 경쟁자가 독자적인 개발이나 역설계와 같은 합법적인 방법으로 영업비밀을 취득할 수 있었는지 여부, 영업비밀 보유자의 기술정보 취득에 걸린 시간, 관련 기술의 발전 속도, 침해행위자의 인적·물적 시설, 종업원이었던 자의 직업선택의 자유와 영업활동의 자유 등을 종합적으로 고려하여 정해야 한다.

2. 사실심의 심리 결과 영업비밀 보호기간이 남아 있으면 남은 기간 동안 침해금지청구권이 인정되고, 이미 영업비밀 보호기간이 지나면 침해금지청구권은 소멸한다. 다만

침해행위자나 다른 공정한 경쟁자가 독자적인 개발이나 역설계와 같은 합법적인 방법으로 영업비밀을 취득하거나 영업비밀과 동일한 기술을 개발할 가능성이 인정되지 않는 등으로 영업비밀 보호기간의 종기를 확정할 수 없는 경우에는 침해행위 금지의 기간을 정하지 않을 수 있다. 이처럼 금지기간을 정하지 않는다고 해서 영구히 금지하는 것은 아니고, 금지명령을 받은 당사자는 나중에 영업비밀 보호기간이 지났다는 사정을 주장·증명하여 가처분 이의나 취소, 청구이의의 소 등을 통해 다툴 수 있다.

3. 영업비밀 침해행위가 인정되어 침해행위 금지명령의 발령 여부를 판단하여야 하는 사안에서, 사실심의 심리결과 영업비밀의 보호기간이 남아 있는지 여부에 따라 침해금지청구권의 존부를 판단하되, 영업비밀의 종기를 확정할 수 없는 사정이 있는 경우에는 금지기간을 정하지 않은 금지명령을 할 수 있다는 점 및 금지기간을 정하지 않은 금지명령을 받은 당사자의 불복 방법을 법리로 선언하는 한편, 대상결정의 사안에서는 영업비밀 보호기간이 지나 침해금지청구권이 소멸하였다고 판단한 사례.

해설

Ⅰ. 대상결정의 쟁점

부정경쟁방지법 제10조 제1항은 "영업비밀의 보유자는 영업비밀 침해행위를 하거나 하려는 자에 대하여 그 행위에 의하여 영업상의 이익이 침해되거나 침해될 우려가 있는 경우에는 법원에 그 행위의 금지 또는 예방을 청구할 수 있다."라고 규정한다. 영업비밀 침해소송에서 침해행위의 금지 또는 예방 청구(이하 통틀어 '침해금지청구'라고 한다)가 있는 경우, 법원은 변론종결 당시를 기준으로 영업비밀 침해금지청구권이 인정되는 경우에 금지를 명한다. 즉 사실심의 심리 결과 영업비밀 보호기간이 남아 있으면 남은 기간 동안 침해금지청구권이 인정되고, 이미 영업비밀 보호기간이 지나면 침해금지청구권은 소멸한다.

대상결정의 사안에서는, 영업비밀 침해행위가 인정되는 경우에도 원심이 영업비밀의 보호기간을 설정하여 심문종결 당시 그 보호기간(침해행위 금지기간)[1]이 경과되었다는 이유로 신청인의 피보전권리(영업비밀 침해금지청구권)가 소멸되었다고 할 수 있는지, 원심이 보호기간의 기산점을 피신청인 1의 퇴직일로 정한 것이 적절한지 여부가 쟁점이 되었다.

---

1) 대법원 판례는 영업비밀 보호기간과 영업비밀 침해행위 금지기간을 기본적으로 같다고 보는 입장으로 이해된다. 영업비밀 침해행위의 금지는 영업비밀 보호기간의 범위 내에서 이루어져야 한다는 대법원 2020. 1. 30. 선고 2015다49422 판결 등 참조.

Ⅱ. 대상결정의 분석

대법원 1996. 12. 23. 선고 96다16605 판결, 대법원 1998. 2. 13. 선고 97다24528 판결은 영업비밀 침해행위가 인정되는 경우에도 그 침해가 금지되는 기간을 정하는 등으로 침해행위 금지기간을 제한한 사실심 판단을 수긍하면서 침해행위 금지기간의 제한 내지 금지기간의 설정에 관한 법리를 설시한 바 있다. 위 판결들은 영업비밀인 기술정보의 내용과 난이도, 침해행위자나 다른 공정한 경쟁자가 독자적인 개발이나 역설계와 같은 합법적인 방법으로 영업비밀을 취득할 수 있었는지 여부, 영업비밀 보유자의 기술정보 취득에 걸린 시간, 관련 기술의 발전 속도, 침해행위자의 인적·물적 시설, 종업원이었던 자의 직업선택의 자유와 영업활동의 자유 등을 종합적으로 고려하여 침해행위의 금지기간을 정하도록 판시하고 있다. 다만 위 판결들 중 '영업비밀 침해행위의 금지는… 시간적 범위 내에서만 인정되어야 하고(시간적 범위 내로 제한되어야 하고)'라는 부분은 마치 침해행위 금지를 명할 때 반드시 금지기간을 정하여야 한다는 취지로 이해될 여지가 있으나, 이는 심리 결과 법원이 금지기간의 설정이 필요하다고 판단할 경우를 전제로 하는 판시로 새기는 것이 타당하다.

위 대법원 판결 이후 사실심은 침해행위 금지기간의 설정이 필요한지 여부를 심리하여 구체적인 사안에 따라 금지기간을 정하거나[2] 정하지 않는[3] 판단을 하였고, 대법원은 이러한 사실심의 판단을 그대로 유지해 왔다. 이에 대하여 학계와 실무계에서는 법원이 반드시 금지기간을 제한하여야 한다는 견해,[4] 사안에 따라 금지기간을 설정하지 않은 법원의 태도가 합리적이라는 취지의 견해,[5] 법원이 원칙적으로 금지기간을 한정하여서는 안 된다는 견해[6] 등이 제시되고 있다.

사실심 심리 결과 역설계나 독자적인 개발 등을 통해 영업비밀을 합법적으로 취득할 수 있고 그러한 취득에 소요되는 기간을 정할 수 있는 경우 등과 같이 장래 일정한 기한 내에 영업비밀 요건의 상실이 확실시되어 침해행위 금지기간이 자연스럽게 도출되는 경우에

---

2) 서울고등법원 2012. 8. 3. 선고 2011나78967 판결; 서울고등법원 2016. 10. 18. 자 2015라700 결정; 서울고등법원 2017. 6. 1. 선고 2014나4592 판결; 서울고등법원 2017. 7. 6. 선고 2015나9945 판결 등.

3) 서울고등법원 2008. 7. 4. 자 2007라376 결정; 서울고등법원 2011. 1. 19. 선고 2010나27047 판결; 서울고등법원 2016. 6. 2. 선고 2015나2009569 판결; 서울고등법원 2018. 1. 11. 선고 2014나2011824 판결; 서울고등법원 2018. 4. 19. 선고 2017나2041055 판결 등.

4) 민현아, "영업비밀의 비공지성 판단기준 및 영업비밀 보호기간에 관하여－서울고등법원 2016. 6. 2. 선고 2015나2009569 판결", 「지식재산정책」 제33호, 한국지식재산연구원(2017), 165~167.

5) 손천우, "영업비밀 침해금지명령과 영업비밀 보호의 기간", 「지식과 권리」 통권 제21호, 대한변리사회(2018), 38~42; 정상조 편집대표, 「부정경쟁방지법 주해」, 박영사(2020), 502~505(박준석 집필부분).

6) 정차호·장광홍, "영업비밀 침해에 대한 기간한정(limited) 또는 기간무한정(perpetual) 금지명령－서울고등법원 2014나2011824 판결－", 「지식재산연구」 제14권 제2호, 한국지식재산연구원(2019), 72~81.

는 그 기간을 설정할 수 있을 것이다. 다만 심리를 하는 데에 한계가 있거나 금지기간을 확정하기 어려운 사정이 있는데도 금지기간을 설정하는 것은 곤란하다. 침해행위 금지기간 산정에 필요한 여러 요소를 심리하는 데에 상당한 시간이 소요되고 그러한 심리 과정에서 사실심 변론종결 시에 영업비밀 보호기간이 지나는 경우를 상정한다면 이러한 결과는 영업비밀 보유자의 법적 구제와 법감정에도 반하여[7] 바람직하지 않다. 영업비밀 보호기간이 일정 기간으로 제한된다는 점은 영업비밀 보유자의 침해행위 금지청구권을 소멸시키는 것이어서 침해행위자가 주장·증명할 책임이 있으므로, 그러한 주장·증명의 부족 등으로 영업비밀 보호기간의 종기를 확정할 수 없는 경우에도 금지기간을 설정하지 않을 수 있다.[8]

대상결정은 "침해행위자나 다른 공정한 경쟁자가 독자적인 개발이나 역설계와 같은 합법적인 방법으로 영업비밀을 취득하거나 영업비밀과 동일한 기술을 개발할 가능성이 인정되지 않는 등으로 영업비밀 보호기간의 종기를 확정할 수 없는 경우에는 침해행위 금지의 기간을 정하지 않을 수 있다."라고 판시함으로써, 법원이 영업비밀 보호기간의 종기를 확정할 수 없는 경우에는 금지기간을 두지 않을 수 있다는 것을 명시하였다. 다만 이처럼 금지기간을 정하지 않는다고 해서 영구히 금지하는 것은 아니다. 대상결정 또한 "금지명령을 받은 당사자는 나중에 영업비밀 보호기간이 지났다는 사정을 주장·증명하여 가처분 이의나 취소, 청구이의의 소 등을 통해 다툴 수 있다."라고 하여, 금지기간의 정함이 없는 금지명령을 받은 당사자의 불복 수단에 관하여도 판시하고 있다.

한편 침해행위의 금지기간을 설정할 경우 그 기산점은 금지기간의 종기를 결정하는 기준이 되므로 당사자 사이에 이해관계가 크다. 이에 관하여 학설은 퇴직시설, 침해행위시설, 재판집행시설 등으로 견해가 대립되어 있고, 판례도 퇴직 시,[9] 침해행위 시,[10] 판결확정 시[11] 등을 기산점으로 정한 바 있다.

대상결정은, 피신청인들이 신청인의 영업비밀인 이 사건 기술파일을 사용하였지만, 신청인이 이 사건 기술정보를 취득하는 데 걸린 기간, 이 사건 기술정보 개발 이후 발표된 식품의약품안전처의 '콜라겐이 함유된 의료기기의 평가 가이드라인'의 내용, 이 사건 기술정보의 주요 내용이 신청인의 특허명세서를 통해 공개된 사정, 피신청인들의 지식과 개발능

---

7) 손천우, "영업비밀 침해행위 금지명령을 발령할 때 금지기간 설정에 관한 판단기준 – 대법원 2019. 3. 14. 자 2018마7100 결정을 중심으로 –", 「LAW & TECHNOLOGY」 제15권 제4호, 서울대학교 기술과법센터(2019), 115.

8) 손천우(주 7), 115.

9) 대법원 1998. 2. 13. 선고 97다24528 판결; 대법원 2003. 3. 14. 선고 2002다73869 판결; 대법원 2014. 12. 24. 선고 2012다77761 판결; 대법원 2017. 4. 13. 자 2016마1630 결정, 대법원 2017. 11. 29. 선고 2017다24113 판결 등.

10) 대구고등법원 2017. 5. 11. 선고 2016나1602 판결; 서울고등법원 2017. 12. 28. 자 2016라21189 결정 등.

11) 대법원 1996. 12. 23. 선고 96다16605 판결; 대법원 2002. 3. 15. 선고 2001다71293 판결 등.

력 등을 종합할 때 피신청인 1 등이 퇴직하면서 이 사건 기술파일을 유출한 때부터 9년이 지난 시점에 영업비밀 보호기간이 지나 영업비밀 침해금지청구권이 소멸하였다고 보아 신청인의 신청을 모두 기각한 원심 판단에 법리를 오해한 잘못이 없다고 판단하였다.

대상결정 이후 선고된 대법원 2019. 9. 10. 선고 2017다34981 판결은 "영업비밀 보호기간에 관한 사실인정을 통하여 정한 영업비밀 보호기간의 범위 및 그 종기를 확정하기 위한 기산점의 설정은 그것이 형평의 원칙에 비추어 현저히 불합리하다고 인정되지 않는 한 사실심의 전권사항에 속한다."라고 하여, 영업비밀 보호기간의 범위 및 기산점의 설정이 사실심의 전권사항에 속한다는 점을 명시하였다. 대법원 판례의 입장을 종합하면, 대법원은 사실심 법원이 제반 사정에 근거하여 구체적인 사안별로 판단하는 침해행위 금지기간의 설정 여부와 그 금지기간의 범위는 일률적 기준에 따라 산정될 수 없다는 전제에서, 영업비밀 침해사건에서 영업비밀 보호기간의 산정은 형평의 원칙에 비추어 현저히 불합리하다고 인정되지 아니하는 한 사실심의 전권사항에 속한다고 보아 사실심의 판단을 존중해 온 것으로 평가할 수 있다.

Ⅲ. 대상결정의 의의

대상결정은, 영업비밀 침해행위가 인정되어 침해행위 금지명령의 발령 여부를 판단하여야 하는 경우에 사실심의 심리 결과 영업비밀의 보호기간이 남아 있는지 여부에 따라 침해금지청구권의 존부를 판단하되, 침해행위 금지명령을 하여야 하는 경우에도 반드시 금지기간을 정해야만 하는 것은 아니고 사실심의 심리 결과 영업비밀 보호기간의 종기를 확정할 수 없는 때에는 금지기간을 정하지 않을 수 있음을 명시적인 법리로 선언하는 한편, 금지기간을 정하지 않은 금지명령을 받은 당사자의 불복 수단을 구체적으로 제시하였다는 점에 그 의의가 있다.[12)]

키워드

영업비밀 보호기간, 영업비밀 침해금지기간, 영업비밀 침해금지청구권, 금지명령

---

12) 대상결정의 태도에 찬성하는 견해로, 정상조 편집대표(주 5), 505(박준석 집필부분); 정차호·장광홍(주 6), 58.

[86] 영업비밀의 보호기간과 손해배상액 산정에서의 기여도

— 대법원 2019. 9. 10. 선고 2017다34981 판결 —

김 광 남 (서울고등법원)

[사실 개요]

1. 원고는 甲 등 수입자동차 생산업체에게 내비게이션 제품을 개발하여 납품하는 회사이다.
2. 피고 1은 자동차용품 제조 및 판매업을 하는 회사이고, 중국 현지법인을 두고 있다. 피고 2는 피고 1 및 위 중국법인의 실질적인 운영자이다. 피고 3은 2008. 7.경부터 2010. 3.경까지 원고의 직원으로 근무하다가, 2010. 5.경부터 2010. 10.경까지 피고 1의 직원으로 근무하였고, 피고 4 내지 6은 피고 1의 연구 · 생산 등을 담당하는 직원이다.
3. 피고 1은 원고의 직원인 피고 3으로 하여금 내비게이션 인터페이스 모듈에 관한 원고의 기술정보(이하 '이 사건 기술정보'라 한다)를 유출하게 한 후 이를 그대로 이용하여 제1 내비게이션을 생산 · 판매하였다. 甲은 이 사건 기술정보가 유출된 사실을 알게 된 후 추가 유출되는 것을 막고자 피고 1과 비밀유지협약을 체결하고, 甲의 차량에 장착될 내비게이션 개발을 피고 1에게 의뢰하였다. 피고는 위 의뢰에 따라 제2-1 내비게이션을 개발 · 판매하였고, 그 후 후속모델인 제2-2 및 제2-3 내비게이션을 개발 · 판매하였다.
4. 원심은, 피고들이 영업비밀 침해행위를 하였음을 인정하면서[1] 이 사건 기술정보의 보호기간에 관하여 피고들이 제2-1 내비게이션 개발을 본격적으로 시작하였던 2010. 9. 1.경부터 원고와 같은 규모의 내비게이션 개발회사가 그 개발에 소요될 것으로 추정되는 1년 6개월이 지난 2012. 3.경까지로 판단하였고, 그 결과 ① 원고의 금지 및 예방청구에 관하여 변론종결일 현재 보호기간이 경과하였다는 이유로 기각하였고, ② 원고의 손해배상청구에 관하여 일부 인용하였는데, 이 사건 기술정보의 기여율을 제1 내비게이션에 대하여는 50%, 제2-1 내비게이션에 대하여는 40%, 제2-2 내비게이션에 대하여는 4%로 보아 그 손해액을 산출하였다.

[판결 요지]

1. 영업비밀 침해행위를 금지시키는 목적은 침해행위자가 그러한 침해행위에 의하여 공정한 경쟁자보다 우월한 위치에서 부당하게 이익을 취하지 못하도록 하고 영업비밀 보유자로 하여금 그러한 침해가 없었더라면 원래 있었을 위치로 되돌아갈 수 있게 하는 데

---

1) 원심은 이 사건 제1, 제2－1, 제2－2 내비게이션에 대하여 영업비밀 침해를 인정하였고, 이 사건 제2－3 내비게이션에 대하여는 영업비밀의 보호기간을 도과하였음을 이유로 영업비밀 침해를 인정하지 않았다.

에 있다. 영업비밀 침해행위의 금지는 이러한 목적을 달성하기 위하여 영업비밀 보호기간의 범위 내에서 이루어져야 한다. 영업비밀 보호기간은 영업비밀인 기술정보의 내용과 난이도, 침해행위자나 다른 공정한 경쟁자가 독자적인 개발이나 역설계와 같은 합법적인 방법으로 영업비밀을 취득할 수 있었는지 여부, 영업비밀 보유자의 기술정보 취득에 걸린 시간, 관련 기술의 발전 속도, 침해행위자의 인적·물적 시설, 종업원이었던 자의 직업 선택의 자유와 영업활동의 자유 등을 종합적으로 고려하여 정해야 한다. 이러한 영업비밀 보호기간에 관한 사실인정을 통하여 정한 영업비밀 보호기간의 범위 및 그 종기를 확정하기 위한 기산점의 설정은 그것이 형평의 원칙에 비추어 현저히 불합리하다고 인정되지 않는 한 사실심의 전권사항에 속한다.

2. 물건의 일부가 영업비밀 침해에 관계된 경우, 침해자가 물건을 제작·판매함으로써 얻은 전체 이익에 대한 영업비밀의 기여율은 전체 물건에서 영업비밀의 침해에 관계된 부분이 필수적 구성인지 여부, 기술적·경제적 가치, 전체 구성 내지 가격에서 차지하는 비율 등을 종합적으로 고려하여 정해야 한다. 한편 영업비밀의 기여 부분 및 정도에 관한 사실인정이나 비율을 정하는 것은 형평의 원칙에 비추어 현저히 불합리하다고 인정되지 아니하는 한 사실심의 전권사항에 속한다.

해설

Ⅰ. 대상판결의 쟁점

대상판결의 사안에서 원고는 부정경쟁방지법상 대표적인 구제수단인 금지청구와 손해배상청구를 모두 구하였다. 먼저 금지청구와 관련해서는 영업비밀의 보호기간이 쟁점이 되었다. 만약 사실심 변론종결시 영업비밀의 보호기간이 경과되었다면 원고의 금지청구권은 소멸하게 되어 원고의 금지청구는 기각될 것이고, 영업비밀의 보호기간이 경과되지 않았다고 하더라도 영업비밀의 보호기간을 정할 수 있다면 침해금지기간의 범위를 한도로 하여 금지청구가 일부 인용될 것이다. 다음으로 손해배상청구와 관련해서는 기여율이 쟁점이 되었다. 내비게이션은 수많은 기술과 부품의 집약체인데 이 사건 기술정보는 주로 인터페이스 모듈에 관한 것이었고, 영업비밀 침해에 대한 손해액 산정에 이를 어느 정도 고려해야 하는지 여부가 쟁점이 된 것이다.

Ⅱ. 대상판결의 분석

1. 영업비밀의 보호기간

20년의 존속기간을 두고 있는 특허와 달리 영업비밀은 보호요건을 갖추고 있는 한 이론상 보호기간의 제한이 없다. 그러나 대법원은 1996. 12. 23. 선고 96다16605 판결 이후 사실상 보호기간의 제한을 가하고 있다.[2] 즉, 대법원은 영업비밀 침해행위를 금지시키는 목적 등을 고려하여 영업비밀 침해행위의 금지에 관하여 '침해행위자나 다른 공정한 경쟁자가 독자적인 개발이나 역설계와 같은 합법적인 방법에 의하여 그 영업비밀을 취득하는 데 필요한 시간에 상당한 기간 동안'으로 제한하고 있다. 그 후 하급심은 침해금지기간 설정의 필요성 및 그 기간에 대하여 심리한 후 다양한 방식으로 침해금지기간을 정하여 왔다.

침해금지기간의 설정, 즉 영업비밀의 보호기간을 정함과 관련하여 많은 판례가 축적되어 왔다. 가장 일반적인 방식은 ① 영업비밀 보호기간의 기산점을 정한 후 ② 영업비밀 보호기간의 범위를 정하여 침해금지기간의 종기를 정하는 방식이다. 기산점을 정하는 방법에 대해서 ① 판결확정시설, ② 전직자의 퇴직시설, ③ 침해행위시설, ④ 판결선고시설이 있고, 위 각 견해에 따르는 판례가 모두 존재한다.[3] 사견으로는 어느 한 견해를 고집할 필요는 없다고 생각한다. 영업비밀은 보호기간이 필연적으로 존재하는 것이 아니고, 경쟁자와의 이해관계 조율을 위해 정한 것이며, 그 기산일은 침해금지기간의 종기를 정하기 위한 역수상 기준점에 불과하기 때문이다. 또한, 기산일을 어떻게 정함에 따라 보호기간의 범위도 다르게 산정하게 될 것이고, 영업비밀 보유자가 특정 시점에 스스로 공개한 경우에는 기산점을 정하는 것이 무의미하기도 하다. 결국 기산일은 사안마다 가장 적합한 방식을 찾아서 정하는 것이 바람직하다고 할 것이다.[4] 또한 침해행위자나 다른 공정한 경쟁자가 독자적인 개발이나 역설계와 같은 합법적인 방법으로 영업비밀을 취득하거나 영업비밀과 동일한 기술을 개발할 가능성이 인정되지 않는 등으로 영업비밀 보호기간의 종기를 확정할 수 없는 경우에는 침해행위 금지의 기간을 정하지 않을 수도 있을 것이다. 다만 금지기간을 정하지 않는다

---

2) 대법원이 부정경쟁방지법 영역의 다른 권리들과는 달리 영업비밀에 관하여 침해금지기간을 원칙적으로 설정하는 것은 전직 종업원의 열악한 지위를 고려하는 등의 고려가 가미된 결과라고 보는 견해도 있다[정상조 편집대표, 「부정경쟁방지법 주해」, 박영사(2020), 329(박준석 집필부분)].

3) 손천우, "영업비밀 침해금지명령과 영업비밀 보호의 기간", 「지식과 권리」 통권 제21호, 대한변리사회(2018), 18~33.

4) 예를 들면, 하급심은 회사와 전직자가 퇴직 후 3년간 영업비밀 사용을 금지하는 내용의 회사기밀보호계약을 체결한 사안에서 영업비밀의 보호기간을 '퇴직 후 3년'으로 보았고(서울고등법원 1997. 4. 29. 선고 96나49805 판결), 원자력 발전소에 관한 영업비밀이 문제된 사안에서 해당기술의 경쟁자가 매우 적고, 역설계에 의한 개발가능성이 낮은 점 등을 고려하여 영업비밀의 보호기간을 '판결확정시부터 5년'으로 보았으며(서울고등법원 2006. 1. 18. 선고 2005나24952 판결), 대상판결은 뒤에서 보는 바와 같이 영업비밀의 보호기간을 '침해행위시로부터 1년 6개월'로 보았다.

고 해서 영구히 금지하는 것은 아니고, 금지명령을 받은 당사자는 나중에 영업비밀 보호기간이 지났다는 사정을 주장·증명하여 가처분 이의나 취소, 청구이의의 소 등을 통해 다툴 수 있다.[5] 한편, 영업비밀 보호기간의 범위와 관련해서는 누구를 기준으로 삼느냐에 따라 객관적 방법과 주관적 방법이 논해지고 있다. 즉, 객관적 방법은 '선의의 경쟁자'가 합법적 수단을 사용하여 해당 시장에 진출할 때까지의 기간으로 계산하게 되고, 주관적 방법은 '침해자'가 합법적 수단을 사용하여 해당 시장에 진출할 때까지의 기간으로 계산하게 된다.[6] 대법원은 "범위를 정함에 있어서는 영업비밀인 기술정보의 내용과 난이도, 영업비밀 보유자의 기술정보 취득에 소요된 기간과 비용, 영업비밀의 유지에 기울인 노력과 방법, 침해자들이나 다른 공정한 경쟁자가 독자적인 개발이나 역설계와 같은 합법적인 방법에 의하여 그 기술정보를 취득하는 데 필요한 시간, 침해자가 종업원(퇴직한 경우 포함)인 경우에는 사용자와의 관계에서 그에 종속하여 근무하였던 기간, 담당 업무나 직책, 영업비밀에의 접근 정도, 영업비밀보호에 관한 내규나 약정, 종업원이었던 자의 생계 활동 및 직업선택의 자유와 영업활동의 자유, 지적재산권의 일종으로서 존속기간이 정해져 있는 특허권 등의 보호기간과의 비교, 기타 변론에 나타난 당사자의 인적·물적 시설 등을 고려하여 합리적으로 결정하여야 한다."[7]고 판시하여 객관적 방법과 주관적 방법을 모두 고려하고 있다.

대상판결의 원심은 영업비밀 보호기간의 기산점을 '피고들이 제2-1 내비게이션 개발을 본격적으로 시작하였던 시점'인 2010. 9. 1.경으로 보았고, 영업비밀 보호기간의 범위를 '원고와 같은 규모의 내비게이션 개발회사의 경우 甲에 적합한 내비게이션을 개발하는데 소요될 것으로 추정되는 기간인 1년 6개월'로 보아[8] 영업비밀 보호기간의 종기를 2012. 3.경으로 보았다. 결국 원심은 변론종결일 현재 영업비밀 보호기간이 경과하여 원고의 영업비밀 침해금지청구권이 모두 소멸하였다고 판단하였다. 이에 대해 대상판결은 그것이 형평의 원칙에 비추어 현저히 불합리하다고 인정되지 않는 한 사실심의 전권사항에 속한다고 하면서 원심의 판결을 존중하였다.

2. 손해액 산정에서의 기여율

영업비밀이 침해제품 일부에만 해당하거나, 침해제품의 판매나 가치에 해당 영업비밀 외에 침해자의 자본, 신용, 영업능력, 선전광고, 브랜드, 지명도 등 다른 요인들도 기여한 경우 실무적으로 손해액 산정에 있어서 영업비밀의 기여율을 고려하고 있다. 이는 영업비밀

5) 대법원 2019. 3. 14. 자 2018마7100 결정. 최근 신속한 심리를 위해 침해금지기간을 설정하지 않은 하급심 판결들의 비중이 늘어나고 있다고 한다[손천우(주 3), 42].

6) 손천우(주 3), 35~36.

7) 대법원 1998. 2. 13. 선고 97다24528 판결 등 참조.

8) 대상판결의 원심은 원고의 내비게이션 개발의 소요된 기간을 약 1년 6개월로 보았다.

뿐만 아니라 특허 등 지식재산권 침해소송에서도 마찬가지이다. 이에 대한 주장·증명책임은 침해자가 부담한다.[9)]

기여율의 산정은 일률적으로 정할 수 없고, 다양한 간접증거를 통해 종합적으로 판단하여 산출할 수밖에 없다. 대상판결의 사안에서 이 사건 기술정보는 내비게이션의 인터페이스 모듈에 관한 것이고, 매출액은 내비게이션 전체에 대한 것이어서 기여율이 문제되었고, 원고는 기여율 100%를, 피고들은 기여율 10%를 주장하였다. 대상판결의 원심은 ① 원고가 생산한 내비게이션에서 인터페이스 부분의 기술 중요도의 평균값이 76.83%인 점, ② 피고가 생산한 제2-1 내비게이션에서 하드웨어측면에서 인터페이스 부분의 단가비율은 19.6%인 점, ③ 원고가 생산한 내비게이션 제품 중 이 사건 기술정보의 원가 비율 기여도는 약 41%(인도수출제품) 내지 43%(일본수출제품)인 점, ④ 제2-2 내비게이션의 경우 이 사건 기술정보의 비중이 낮아진 점, ⑤ 제1 내비게이션의 경우 이 사건 기술정보 외에 다른 자료가 없었던 점 등을 고려하여, 이 사건 기술정보의 기여율을 제1 내비게이션은 50%, 제2-1 내비게이션은 40%, 제2-2 내비게이션은 4%로 보았다.[10)] 이에 대해 대상판결은 영업비밀의 기여율은 ① 전체 물건에서 영업비밀의 침해에 관계된 부분이 필수적 구성인지 여부, ② 기술적·경제적 가치, ③ 전체 구성 내지 가격에서 차지하는 비율 등을 종합적으로 고려하여 정해야 하여야 하고, 그것이 형평의 원칙에 비추어 현저히 불합리하다고 인정되지 않는 한 사실심의 전권사항에 속한다고 하면서 원심의 판결을 존중하였다.

Ⅲ. 대상판결의 의의

대상판결은, 영업비밀 보호기간 정함에 관한 기존의 법리를 재확인함과 동시에 영업비밀 기여율 산정에 대한 법리를 제시하였고, 영업비밀 보호기간의 범위, 그 종기를 확정하기 위한 기산점의 설정 및 기여율의 산정은 현저히 불합리하다고 인정되지 않는 한 사실심의 전권사항임을 선언하였다는 점에서 그 의의가 있다.

키워드

영업비밀 보호기간, 영업비밀 침해금지기간, 영업비밀 보호기간의 기산점, 기여율

9) 특허법원 지적재산소송 실무연구회, 「지적재산소송실무」, 박영사(2019), 567.

10) 이에 대해 대상 부품의 가격비율 19.6%와 기술중요도 76.83%의 평균값 48.2%에 근사치인 50%를 기준으로 하여 제1 내비게이션에서의 기여율을 도출하고, 시간에 흐름에 따라 이 사건 기술정보의 중요도가 조금 낮아진 점을 감안하여 제2-1 내비게이션에서의 기여율을 40%로 도출하였으며, 제2-2 내비게이션에서 이 사건 기술정보의 비중이 상당히 낮아진 점을 감안하여 1/10인 4%로 책정한 것으로 보는 견해가 있다[정차호, "대법원 내비게이션 판결(2017다34981 판결)이 제시한 손해배상액 산정에서의 기여도 법리", 「산업재산권」 제73호, 한국지식재산학회(2022. 12.), 127].

[87] 영업비밀 요건으로서 상당한 노력을 요구하는 비밀관리성

—대법원 2019. 10. 31. 선고 2017도13791 판결—

권 창 환 (부산회생법원)

[사실 개요]

1. 주류 제조 · 판매업을 영위하는 피고인 회사는 도매점들과 1년 단위로 일정 지역에 대한 판매 독점권을 주는 대신 도매점들도 피고인 회사의 제품만을 취급하였는데, 피고인 회사는 2002년경 도매점들이 거래하는 거래처에 대한 정보를 효율적으로 관리 · 활용하기 위해 자신의 비용으로 이 사건 도매점 전산시스템을 구축하였고, 도매점장들은 휴대용 단말기(PDA)나 개인용 컴퓨터를 통해 피고인 회사의 제품을 취급하는 거래처와 관련된 이 사건 정보를 입력하였다.
2. 도매점장들은 위 시스템을 이용할 수 있는 소프트웨어를 자신의 컴퓨터에 설치한 후 피고인 회사가 운영하는 서버에 접속하여 피고인 회사에게 물품공급 요청, 재고관리, 고객관리 등의 업무를 수행하였고, 피고인 회사도 영업계획 수립, 도매점의 소매점별 판매목표 설정 · 재고관리 · 판촉행사비용지원, 도매점들에 대한 포상금과 광고비 지급 등의 업무를 위하여 이 사건 정보(거래처 정보, 매출정보, 수금정보, 구체적인 거래 조건 등)를 활용하였다.
3. 피고인 회사의 대주주 내지 임원인 피고인 1 내지 3은 2009년경 영업실적이 미흡한 도매점을 퇴출시키기 위하여 ① 계약의 일방적 종료, ② 일방적 매출목표 설정, ③ 현저한 물량공급 축소, ④ 이 사건 도매점 전산시스템에 대한 접근 차단 등의 방법을 사용하는 한편, ⑤ 이 사건 정보를 이용하여 퇴출 대상 도매점의 거래처를 상대로 기존 납품물량의 반품을 조건으로 추가 사은품을 제공하는 등 더 유리한 조건으로 거래를 개시하였다.
4. 피고인 1 내지 3은 위 ⑤의 행위(도매점장들에게 손해를 입힐 목적으로 이 사건 정보를 부정사용한 행위)에 대해 부정경쟁방지법위반(영업비밀누설등)죄로 1심과 원심에서 유죄판결을 받았으나, 대법원은 이 사건 정보가 영업비밀 보유자라라고 주장하는 '도매상들의 상당한 노력에 의하여 비밀로 유지되었다'고 보기는 어렵다는 이유로 파기환송판결을 선고하였다.[1)2)]

---

1) 1심에서는 위 ① 내지 ④의 행위에 의한 업무방해, 위 ⑤의 행위에 의한 부정경쟁방지법위반(영업비밀누설등), 위 ①, ②의 행위에 의한 공정거래법위반의 점에 대해 유죄판결을 내렸으나, 항소심은 ① 내지 ③의 행위에 의한 업무방해의 점에 대해서는 위력에 해당하지 않는다는 등의 이유로 무죄 판단을 하였고, 한편 피고인 회사에 대해서는 부경법위반과 공정거래법위반에 관한 양벌규정으로 기소되었으나, 1심과 원심은 부경법위반의 점에 대해서는 신규도매점이 재산상 이득을 얻었을 뿐 피고인 회사는 재산상 이익을 얻었다고 보기 어렵다는 이유로 무죄로 판단하였다. 대법원은 비밀관리성에 대한 판단만을 달리하였을 뿐 나머지 상고이유는 모두 배척하였다.

2) 피고인 회사의 직원들에 대한 동일한 쟁점의 사건으로 대법원 2019. 10. 31. 선고 2017도13792 판결이 선고되었다.

[판결 요지]

구 부정경쟁방지법 제2조 제2호의 '영업비밀'이란 공공연히 알려져 있지 않고 독립된 경제적 가치를 가지는 것으로서, 상당한 노력에 의하여 비밀로 유지된 생산방법, 판매방법 그 밖에 영업활동에 유용한 기술상 또는 경영상의 정보를 말한다(대법원 1999. 3. 12. 선고 98도4704 판결 등 참조). 여기에서 '상당한 노력에 의하여 비밀로 유지된다'는 것은 정보가 비밀이라고 인식될 수 있는 표지를 하거나 고지를 하고, 정보에 접근할 수 있는 대상자나 접근 방법을 제한하거나 정보에 접근한 사람에게 비밀준수의무를 부과하는 등 객관적으로 그 정보가 비밀로 유지·관리되고 있다는 사실이 인식 가능한 상태인 것을 뜻한다(대법원 2008. 7. 10. 선고 2008도3435 판결 등 참조). 이러한 유지·관리를 위한 노력이 상당했는지는 영업비밀 보유자의 예방조치의 구체적 내용, 해당 정보에 접근을 허용할 영업상의 필요성, 영업비밀 보유자와 침해자 사이의 신뢰관계와 그 정도, 영업비밀의 경제적 가치, 영업비밀 보유자의 사업 규모와 경제적 능력 등을 종합적으로 고려해야 한다.

해설

Ⅰ. 대상판결의 쟁점

부정경쟁방지법상 '영업비밀'의 성립요건으로는 ① 비공지성, ② 경제적 유용성, ③ 비밀관리성을 요하는데(법 제2조 제2호), 실무상 '③ 비밀관리성'의 요건이 영업비밀 관련 소송의 핵심 쟁점이 되는 경우가 적지 않다.

1961년에 제정된 부정경쟁방지법에서는 영업비밀을 규정하지 않고 있었는데, 우루과이라운드(UR) 지식재산권 분야 협상(TRIPs) 등 선진국의 입법압력에 따라 1991년 영업비밀에 관한 규정이 부정경쟁방지법(1991. 12. 31. 법률 제4478호)에 도입되었고, 당시 '비밀관리성' 요건은 '상당한 노력에 의하여 비밀로 유지된'으로 정의되었다. 그러나 소송실무에서 이와 같은 비밀관리성 요건에 대한 엄격한 적용으로 인하여 자금사정 등 여건이 좋지 않은 중소기업의 영업비밀 보호가 미흡하다는 문제점 지적이 잇따랐고, 이에 영업비밀의 비밀관리성 요건(비밀관리의 정도)을 완화하기 위하여 2015년에는 '합리적 노력에 의하여 비밀로 유지된'으로 개정되었다가(2015. 1. 28. 법률 제13081호), 2019년에는 다시 '비밀로 관리된'으로 개정되었다(2019. 1. 8. 법률 제16204호).

대상판결의 사안에서는 2015년 개정 전의 비밀관리성 요건인 '상당한 노력에 의하여 비밀로 유지되었는지 여부'가 주된 쟁점으로 되었다.

Ⅱ. 대상판결의 분석

무체물인 지식재산은 원래 누구나 자유롭게 이용할 수 있는 이른바 공공영역(public domain)에 속하는 것이나,[3] 특허권과 같이 창작유인을 위하여 공개를 대상으로 독점권을 부여하는 등의 법률이 제정되는 경우에는 특정인에게 배타적 권리가 부여된다. 배타적 권리는 분쟁방지를 위하여 권리의 경계가 분명하여야 하고 특허권은 등록제도를 통해 이를 달성하지만, 영업비밀은 비공지성과 경제적 유용성이 있어 재산적 가치가 인정되는 경우에도 비밀의 정보라는 근원적 성격 때문에 등록제도를 성립요건으로 요구하기는 어렵다. 따라서 부정경쟁방지법은 영업비밀 보유자 외의 자에 대하여 권리의 경계를 공시하기 위하여 비밀관리성 요건을 성립요건으로 요구하고 있다(비밀관리성의 '공시기능').[4]

영업비밀의 비밀관리성은 자유로이 사용할 수 있는 정보와 그렇지 못한 정보를 구분하는 경계선이라 할 것인데, 비밀관리성 요건이 명확하지 않거나 지나치게 완화하여 적용된다면 그 정보를 이용하려는 제3자의 관점에서는 영업비밀인지를 조사·확인해야 하는 부담이 커져서[5] 정보의 자유로운 유통과 이용 및 이를 통한 기술혁신에 장애가 발생하고,[6] 종업원의 관점에서는 전직·경업제한 등 직업선택의 자유가 제한된다.[7]

한편 실무적으로 영업비밀을 유출한 주체로는 퇴직자가 가장 높았고 그 다음으로 재직자, 외부인 순으로 조사되었는데, 퇴직자와 재직자가 차지하는 비율이 80%에 육박할 정도로 영업비밀 유출은 대부분 전·현직 직원에 의하여 발생하였다. 또한 국내에서 영업비밀이 유출되는 피해 발생 건수는 '중소기업>중견기업>대기업' 순인 것으로 조사되었다.[8] 비밀관리성 요건을 '상당한 노력'에서 '합리적 노력'으로 개정한 2015년 부정경쟁방지법의 개정 경위에서도 "영업비밀로 보호받기 위해서는 '상당한 노력'으로 비밀을 유지하여야 하는데, 자금사정이 좋지 않은 중소기업은 영업비밀 보호를 위한 충분한 시스템을 구비하지 못하여 영업비밀로 보호받지 못하는 사례가 발생하고 있다."는 점이 지적된 바가 있다.

이와 같이 영업비밀의 성립요건으로서 비밀관리성의 적정한 설정은 '기업의 재산권 보호 v. 개인의 직업선택의 자유'의 문제로 접근하여야 하는 양면적인 문제로서, 사회적 합의 내지 입법적 결단의 문제라 할 수 있다. 그런데 우리 부정경쟁방지법은 중소기업의 열악한

3) 대법원 2020. 3. 26. 선고 2016다276467 판결 등 참조.
4) 한국특허법학회 편, 「영업비밀보호법」, 박영사(2017), 47(김종석 집필부분).
5) 김국현, 「영업비밀보호법 실무」, 세창출판사(2010), 38.
6) 한국특허법학회 편(주 4), 47.
7) 대법원 2003. 7. 16. 자 2002마4380 결정 등 참조.
8) "2022년 기업의 영업비밀·기술 보호 실태조사 결과보고서", 특허청(2023. 3.)(해외 유출 피해는 '대기업>중견기업>중소기업' 순으로 조사되었다).

자금사정 등을 고려하여 최소한 중소기업의 경우에는 '기업의 재산권 보호'를 우선시 하여 비밀관리성 요건을 완화하여야 한다는 취지로 2차례 개정을 한 바가 있고, 우리 대법원도 이러한 취지를 반영한 법리를 발전시켜 오고 있다.[9)]

비밀관리성에 대한 최초의 판시를 낸 리딩케이스인 대법원 2008. 7. 10. 선고 2008도3435 판결에서는 "'상당한 노력에 의하여 비밀로 유지된다'는 것은 그 정보가 비밀이라고 인식될 수 있는 표시를 하거나 고지를 하고, 그 정보에 접근할 수 있는 대상자나 접근 방법을 제한하거나 그 정보에 접근한 자에게 비밀준수의무를 부과하는 등 객관적으로 그 정보가 비밀로 유지·관리되고 있다는 사실이 인식 가능한 상태인 것을 말한다."고 하여 비밀관리성에 대한 개념(비밀표시+접근제한)을 구체화하는 판시를 하였다.

이러한 비밀관리성의 개념 하에서 비밀관리의 정도는 당해 회사의 규모, 정보나 기술의 종류 및 성질, 정보나 기술의 고도성 여부, 종업원의 규모, 인사배치 현황 등을 종합적으로 고려하여 각각의 사안에서 개별적으로 판단할 수밖에 없다는 것이 학설의 일반적인 견해로 보이는데, 대상판결은 이러한 취지를 반영하여 "이러한 유지·관리를 위한 노력이 상당했는지는 영업비밀 보유자의 예방조치의 구체적 내용, 해당 정보에 접근을 허용할 영업상의 필요성, 영업비밀 보유자와 침해자 사이의 신뢰관계와 그 정도, 영업비밀의 경제적 가치, 영업비밀 보유자의 사업 규모와 경제적 능력 등을 종합적으로 고려해야 한다."고 판시하였다. 다만 대상판결은 피고인 회사가 이 사건 도매전산시스템을 설치하고 이 사건 정보를 관리하였음에도 영업비밀 보유자라고 주장하는 도매점장들이 이를 용인하였을 뿐만 아니라 예방조치를 취하지 않은 점 등을 고려하여 비밀관리성을 부정하였다.

이와 같은 '상당한 노력'에 관한 대상판결의 법리는 '합리적 노력'으로 개정된 2015년 부정경쟁방지법이나 '비밀로 관리된'으로 2019년 개정된 현행 부정경쟁방지법에도 그대로 적용될 수 있다고 보이나,[10)] 비밀관리의 정도에 대한 구체적 적용 내지 판단에 있어서는 입법취지를 존중하여 보다 완화된 기준을 적용하여야 할 것이다.[11)12)13)]

---

9) 온주 부정경쟁방지법 해설(김병국 집필부분: "그간 법원은 비밀관리성의 판단에 있어서 대기업 정도만이 충족할 수 있는 일률적인 기준을 적용하지 않고, 보유자의 능력이나 규모를 비밀관리성의 판단에 있어서 주요 고려요소로 삼아 탄력적으로 판단해 왔으므로, 법원이 지나치게 높은 기준을 채택하여 약자가 보호받지 못하는 결과가 초래되었다는 법현실에 대한 인식 역시 온당치 않은 측면이 있다.").

10) 미국의 연방모델법인 UTSA(Uniform Trade Secret Act), 연방 영업비밀보호법인 DTSA(Defend Trade Sceret Act), 형사법인 경제스파이법(Economic Espionage Act), 지식재산권 분야 협상(TRIPs), 유럽연합 영업비밀에 관한 신지침(EU 2016/943) 등에서는 '합리적인 조치'를 요구하고 있고, 일본 부정경쟁방지법은 '비밀로 관리되는'이라고만 규정하고 있으나 법원은 비밀관리성의 판단에 있어서 '합리적인 정도의 노력에 의하여 관리될 것'으로 해석하고 있다. 이와 같은 비교법적 연구 등에 기초하여 '비밀로 관리된'이라는 개념 자체에 '합리적 노력'이 요구되는 것으로 해석하여야 한다는 것이 학설의 일반적인 견해로 보인다[김병국(주 9); 정태호, "영업비밀의 비밀관리성에 관한 개정 동향의 비판적 고찰", 「선진상사법률연구」 통권 제86호(2019. 4.), 258].

Ⅲ. 대상판결의 의의

대상판결은 비밀관리의 정도 내지 노력에 대한 구체적인 기준을 제시한 사례로서 의의가 있다. 영업비밀 보유자와 침해자 사이의 신뢰관계와 그 정도, 영업비밀의 경제적 가치, 영업비밀 보유자의 사업 규모와 경제적 능력 등을 종합적으로 고려하여 개별적인 사정에 따라 비밀관리성을 인정할 수 있도록 함으로써 중소기업에 대한 영업비밀을 실효적으로 보호할 수 있는 길을 열어주었다. 2015년 개정 전 구법 하의 '상당한 노력'에 관한 법리이나 2015년 개정된 구법의 '합리적인 노력'에 관한 법리 내지 현행법의 '비밀로 관리된'에 대하여도 기본적인 틀이 그대로 적용될 수 있는 지침이 되는 사례라고 할 수 있다.

키워드

영업비밀, 비밀관리성, 상당한 노력

---

11) '상당한 노력'과 '합리적 노력'을 동의어로 볼 수 있다는 견해[정차호, "영업비밀 관리성 요건: 객관적 인식을 위한 상당한 노력", 「성균관법학」 제26권(2014. 3.), 290]도 있다. 한편 '상당한 노력'과 '합리적 노력'을 동일하게 해석할 수 있다는 전제에서 비밀관리성을 부정한 의정부지방법원 고양지원 2016. 6. 17. 선고 2015고정1353 판결과 달리 항소심인 의정부지방법원 2016. 9. 27. 선고 2016노1670 판결은 '합리적 노력'에 관한 상세한 법리를 설시하면서 비밀관리성을 인정하였고, 상고심인 대법원 2020. 5. 28. 선고 2016도17110 판결에서도 이를 수긍하여 상고기각으로 종결되었다(다만 구체적인 법리를 선언하지는 않았다).

12) 같은 취지에서 비밀관리성의 개념에 대해 '비밀표시+접근제한'을 요구하는 대법원 2008. 7. 10. 선고 2008도3435 판결보다 완화하는 해석이 필요하다[同旨: 김병국(주 9) "비밀이라고 인식될 수 있는 표시를 하거나 고지를 할 것'이라는 요건은 비밀보유자의 회사직원들이 어떤 정보가 중요한 것이고 대외에 유출하면 안 된다는 공통의 인식이 있는 경우 등에는 필요하지 않은 것이다. 소규모 회사의 경우에 이러한 비밀표시나 고지가 없더라도 구성원들 사이에서 이러한 인식이 있는 경우를 종종 찾아볼 수 있다"].

13) 한편 실무상 비밀관리성 요건을 엄격하게 적용함으로써 중소기업의 영업비밀이 제대로 보호받지 못하는 문점이 있었고, 이를 해결하기 위해 영업상 주요한 자산 반출행위를 업무상 배임죄로 처벌하는 우회적인 방법(대법원 2006도9089 판결 등)을 활용한다는 평가가 있다[한국특허법학회 편(주 4), 53; 정태호(주 10), 249]. 그러나 각주 12와 같이 비밀관리성 요건을 완화하는 해석을 함으로써 그와 같은 사안에 대해서도 영업비밀 규정을 적용하는 것이 타당하다고 보인다[同旨: 김병국(주 9)].

[88] 시중에 판매된 기계 관련 정보의 영업비밀성 판단 방법

—대법원 2020. 1. 30. 선고 2015다49422 판결—

이 경 은 (춘천지방법원)

[사실 개요]

1. 원고와 피고는 모두 봉강절단기[1]를 제조·판매하는 회사로, 1995. 8. 31. 원고가 피고에게 봉강절단기 제작 기술을 이전하고, 피고는 제작실시료로 판매가격의 15%를 지급하기로 하는 기술제휴계약을 체결하였다.
2. 피고는 이 사건 기술제휴계약에 따라 원고로부터 봉강절단기 제품에 관한 도면 2,100장을 제공받아 1995. 8. 24.부터 1999. 2. 24.까지 여러 업체에 봉강절단기를 제조·판매하였으나, 이를 원고에게 보고하지 않았다.
3. 원고는 피고를 상대로 기술제휴계약 위반을 이유로 위약금 등 청구의 소를 제기하였고, 최종적으로 해당 봉강절단기의 제작·판매 등 금지, 원고가 제공한 원고 고유기술에 대한 사용 등 금지와 손해배상의 지급을 명하는 판결을 선고받아, 2003. 2. 11. 위 판결이 확정되었고, 피고는 2004. 3. 15. 선행판결에 따른 의무를 성실히 준수하기로 약정하기도 하였다.
4. 그럼에도 피고는 원고에게 보고하지 않고 2005. 8. 22.부터 2012. 9. 1.까지 봉강절단기 17대를 합계 58억여 원에 제조, 판매하였고, 원고는 2012. 4. 12. 피고를 상대로 선행판결 또는 위 약정에 따른 의무 위반을 청구원인으로 하여 봉강절단기 제조 금지 및 봉강절단기 제조·판매로 인한 손해배상을 구하는 이 사건 소를 제기하였다.
5. 제1심 법원은 피고의 선행판결에 따른 의무 위반을 인정하여 봉강절단기의 제조 금지 청구와 손해배상청구 중 일부(총 판매금액의 15%)를 인용하였는데, 원고와 피고가 모두 항소하였고, 항소심(대상판결의 원심)은 원고가 항소심에서 청구원인으로 영업비밀침해를 원인으로 한 금지 및 손해배상청구를 선택적으로 추가하였다고 선해하여 영업비밀침해를 인정하고, 금지 청구와 손해배상청구의 일부를 인용하였다.

[판결 요지]

1. 구 부정경쟁방지법(2015. 1. 28. 법률 제13081호로 개정되기 전의 것) 제2조 제2호는

---

1) 봉강절단기는 강재를 압연하여 봉 형태로 만든 봉강(bar steel, 철봉)을 자동차 부품, 기타 기계 부품에 사용하기 적합하도록 정밀하게 절단하는 기계로, 연속하여 봉강을 절단하고, 절단면에 흠집이나 찌그러짐 없이 가공하며, 지름 수십 센티미터의 단단한 철제봉도 절단할 수 있는 내구성 등을 필요로 한다.

'영업비밀'이란 "공공연히 알려져 있지 아니하고 독립된 경제적 가치를 가지는 것으로서, 상당한 노력에 의하여 비밀로 유지된 생산방법, 판매방법, 그 밖에 영업활동에 유용한 기술상 또는 경영상의 정보를 말한다."라고 정하고 있었다. 그 후 2015. 1. 28. 법률 제13081호로 위 조항이 개정되면서 '상당한 노력'이라는 문구가 '합리적인 노력'이라는 문구로 바뀌었고, 2019. 1. 8. 법률 제16204호로 다시 개정되면서 '합리적인 노력에 의하여 비밀로 유지'라는 문구가 '비밀로 관리'라는 문구로 바뀌었다. 따라서 이 사건에서 손해배상청구에 대해서는 침해행위 시를 기준으로 2015. 1. 28. 법률 제13081호로 개정되기 전의 구 부정경쟁방지법 제2조 제2호가 적용되나, 금지 청구에 대해서는 원심 변론종결 시에 시행 중인 법률이 적용된다. 위 조항에서 정한 영업비밀에 해당하는지는 공공연히 알려져 있지 않은지, 독립된 경제적 가치를 가지는지, 비밀로 유지되거나 관리되고 있는지에 관하여 개정 전후의 조항에 따라 판단하여야 한다. 그리고 영업비밀 침해행위의 금지는 영업비밀 보호기간의 범위 내에서 이루어져야 한다.

2. 원고가 피고를 상대로 선행판결 또는 2004. 3. 15.자 약정에 따른 의무 위반을 청구원인으로 하여 봉강절단기 제조 금지 및 봉강절단기 제조·판매로 인한 손해배상을 구한 사안으로, 원심은 원고의 청구에 영업비밀 침해를 원인으로 하는 금지 및 손해배상청구를 구하는 취지도 포함되어 있다고 선해하여 이를 일부 인용하였는데, 대상판결은 처분권주의 위반을 인정하여 원심을 파기하고,[2] 다만 위와 같이 선해할 경우에도 원고가 영업비밀로 특정한 정보들을 봉강절단기의 형상에 관한 정보와 기술 내용에 관한 정보로 나누어 보면, 이미 영업비밀성을 상실하였거나, 비공지성, 비밀관리성과 금지기간 도과 여부 등에 관한 필요한 심리가 이루어지지 않았으므로, 원심에 잘못이 있다는 가정적 판단을 덧붙인 사례.

---

2) 대상판결은 '선행판결이나 2004. 3. 15. 자 약정에 따른 의무 위반을 원인으로 하는 금지 및 손해배상청구는 부정경쟁방지법상 영업비밀침해를 원인으로 하는 금지 및 손해배상청구와는 그 요건과 증명책임을 달리하는 전혀 별개의 소송물이다. 따라서 원고와 피고가 비록 선행판결이나 약정의 효력범위와 관련해 영업비밀성에 관한 공방을 하였다고 하더라도 원고의 청구에 부정경쟁방지법상 영업비밀침해를 원인으로 하는 청구가 포함되어 있다고 보기는 어렵다'고 하여 원심을 파기하였는데, 이러한 판단은 위 두 청구가 기본적으로 소송물을 달리하는 전혀 별개의 청구이고, 어떤 청구를 하는지에 따라 요건사실과 이에 대한 주장·증명책임, 이에 따른 상대방의 방어방법 역시 달라질 수 있기 때문에 위와 같은 선해는 그 자체로 타당하지 않고 당사자에게 불측의 손해를 줄 수 있다는 점에 근거한다. 이 부분에 관하여 보다 상세한 내용은 이경은, "원심의 처분권주의 위반 여부와 영업비밀 해당 여부 등이 문제된 사안(대법원 2020. 1. 30. 선고 2015다49422 판결:공2020상, 521)", 「대법원 판례해설」 제123호, 153 내지 167 참조.

해설

Ⅰ. 대상판결의 쟁점

부정경쟁방지법의 영업비밀의 요건으로는 비공지성과 경제적 유용성, 비밀관리성의 3가지를 드는 것이 일반적이다. 비공지성, 즉 공연히 알려져 있지 아니하다고 함은 그 정보가 간행물 등의 매체에 실리는 등 불특정 다수인에게 알려져 있지 않기 때문에 보유자를 통하지 않고서는 그 정보를 통상 입수할 수 없는 것을 말하고, 보유자가 비밀로서 관리하고 있다고 하더라도 당해 정보의 내용이 이미 일반적으로 알려져 있을 때에는 영업비밀이라고 할 수 없다(대법원 2004. 9. 23. 선고 2002다60610 판결 등 참조). 이러한 비공지성은 상대적 개념으로 보유자 이외의 타인이 당해 정보를 알고 있다 하더라도 보유자와의 사이에 비밀준수 의무가 형성된 경우라면 비공지 상태라고 할 수 있고, 보유자와 무관한 제3자가 독자개발 등에 의해 동일한 정보를 보유하고 있어도 그 제3자가 당해 정보를 기밀로서 유지하는 경우 역시 비공지상태의 정보라고 할 수 있다. 그런데, 실제에 있어서 당사자의 주장·증명에도 불구하고 영업비밀이라고 주장되는 전문 지식을 담은 많은 분량의 정보들을 분류하여 비공지성을 판단하는 것이 쉽지 않다. 때로는 이 판단에 선행되어야 하는 영업비밀이라고 주장되는 정보의 특정 자체가 되지 않거나 특정된 정보와는 다른 정보를 영업비밀로 주장한다거나 영업비밀로 주장된 정보 외의 다른 정보들이 영업비밀이라고 판단되는 사례들도 볼 수 있다.[3] 이 사건 원심판결에서도 그와 같은 판단의 어려움을 엿볼 수 있다. 대상판결에서는, 비록 가정적 판단이기는 하지만, 영업비밀성이 문제되는 정보의 유형을 제품의 형상에 관한 정보와 그 외의 기술 내용에 관한 정보로 나누어 비공지성과 비밀관리성 등을 판단함으로써 이를 극복하고 있다. 이하에서는 이 부분에 집중하여 살펴보도록 한다.

Ⅱ. 대상판결의 분석

이 사건에서 영업비밀 해당성이 문제된 정보는 간략하게 보면 원고가 이 사건 기술제휴계약에 따라 피고에게 제공한 도면에 기재된 ① 봉강절단기를 구성하는 여러 장치들을 구성하는 부품의 상세한 사양(각 부품의 치수, 허용 오차, 재질, 열처리 방법, 경도 지정, 표면 마무리 기호, 접속 부품 사이의 결합 정밀도, 지정 부품 제작사명, 제작 개수 등), ② 각 장치들과 관련된 기술, 장치 그 자체, 구조, 정보 등이다. 이러한 정보들은 크게 부품의 '형상에 관한 정보'와 '기술 내용에 관한 정보'로 나누어 볼 수 있다.

---

3) 권창환, "영업비밀침해사건에서 영업비밀 특정의 중요성(대법원 2022. 6. 16. 선고 2018도51 판결: 미간행)", 「대법원 판례해설」 제132호, 323 내지 340 등 참조.

먼저 형상에 관한 정보는 도면에 표기된 부품의 형태와 치수에 의해 파악되는 부품의 입체적 형태와 그 설계 관련 정보로 이해할 수 있다. 일반적인 기계장치에서 형상에 관한 정보는 제품을 외관에서 직접 관찰하기만 하여도 쉽게 알 수 있고, 외부 커버를 제거하거나 하위 조립물 단위로 분해해 나가면 더 정확한 형상 정보를 확인할 수 있다. 따라서, 이 사건에서 문제된 기술정보 중, 기계부품 및 장치의 형상에 관한 정보는 제품이 판매되어 작업현장에 설치될 때부터 공지 상태에 놓이고, 설치 기간이 길수록 영업비밀의 비공지성 요건이 부정될 개연성이 커지게 된다. 어떤 부품 또는 장치의 채택 여부에 관한 정보도 마찬가지이다. 반면 도면에 표시된 공차, 재질, 열처리 방법(조질, 담금질, 소둔), 경도 지정, 표면 마무리 기호, 접속 부품의 감합 정밀도 등의 정보들은 부품에 대한 설계 특성, 설계 사상, 제작, 물성 등의 기술 내용에 관한 정보에 해당하고, 도면이 아니면 그 정확한 정보를 지득하기 어려워, 비공지성이 인정될 가능성이 형상 정보에 비하여 크다고 볼 수 있다.

이러한 정보 유형에 따른 차이점을 염두에 두고 이 사건을 구체적으로 살펴보면, 원고의 고유기술로 제작된 봉강절단기들은 수십 년 전부터 국내외에 판매되어 왔고, 원고와 피고가 제품의 구매자들과 사이에 원고의 봉강절단기에 사용된 기술내용에 관하여 비밀유지 약정 같은 것을 체결하였다는 자료는 없다. 봉강절단기는 실제 제품의 구성을 분해하여 보는 것만으로도 쉽게 이해할 수 있는 공작기계로, 특히 부품들의 크기가 커 육안으로도 확인이 가능하고 웬만한 단위의 측정기로 수치 측정도 가능하며, 유지보수 및 개선을 위하여 부품들은 서로 볼트 등의 체결부품으로 조립과 분해가 가능할 뿐 아니라 분해하여도 기능이 손상되지 않고, 재조립하여도 본래 기능을 잃지 않는다. 이러한 점에서 봉강절단기와 관련된 형상 정보들은 모두 공지되어 있었다고 볼 수 있고, 비밀로 관리되었다고 보기도 어렵다. 결국 원심이 영업비밀성이 문제된 원고 특정 기술 정보 중 특정 부품의 채부 자체와 그 수치 등 형상에 관한 정보를 비공지된 정보로서 비밀로 관리되어 영업비밀성이 인정된다고 판단한 것은 타당하지 않다.

한편, 도면에 기재된 정보 중 공차, 재질, 열처리 방법(조질, 담금질, 소둔), 경도 지정, 표면 마무리 기호, 접속 부품의 감합 정밀도 등의 정보들은 부품에 대한 설계 특성, 설계 사상, 제작, 물성 등의 기술 정보는 형상 정보들과 같이 제3자에 판매되었다는 이유만으로 공지되었다고 단정하기는 어렵다. 이와 같은 기술 정보들의 비공지성 문제는 역설계의 난이도, 소요 기간 등의 문제로 연결된다. 시중에 판매된 제품으로부터 특별한 노력을 하지 않거나, 적은 시간과 노력을 들여 해당 정보를 취득할 수 있다면 '영업비밀 보유자를 통하지 않고서도 입수 가능한 상태에 있다'고 보아 비공지성이 부인될 것이지만, 상당한 비용과 노력이 투입되어야 한다면, 영업비밀의 비공지성은 유지되어야 한다. 물론 역설계에 필요한 시간이 어느 정도에 이를 때에 비공지성이 유지되는 것으로 볼 것인가의 문제는 남겠지만,

이 사건의 봉강절단기와 같이 시중에 판매된 제품에 관한 기술 정보의 비공지성과 관련해서는 역설계에 소요되는 시간과 비용 등을 감정이나 증인 등 적절한 증거방법을 통해 심리할 필요가 있고, 역설계에 소요되는 시간은 금지기간의 문제로도 연결되기 때문에 대상판결에서는 비공지성과 금지기간에 대한 심리가 부족함을 지적하고 있는 것이다.

Ⅲ. 대상판결의 의의

시중에 판매된 제품과 관련하여 영업비밀성이 문제될 때에는 그 정보의 유형을 위와 같이 나누어 판단하는 것이 매우 유용할 수 있다. 대상판결 이후 선고된 대법원 2022. 6. 30. 선고 2018도4794 판결에서도 업무상배임죄의 영업상 주요 자산 요건으로서 비공지성 및 경제적 유용성과 관련해 대상판결과 같은 방법을 사용하고 있어,[4] 대상판결과 함께 기계장치, 특히 시중에 판매된 제품 관련 정보의 영업비밀성 판단과 관련해 실무에서 참고하여 볼 만하다.

키워드
영업비밀, 비공지성, 비밀관리성, 금지기간, 시중에 판매된 제품

4) 이 판결은 "비밀유지조치를 취하지 아니한 채 판매 등으로 공지된 제품의 경우, 역설계(reverse engineering)를 통한 정보의 획득이 가능하다는 사정만으로 그 정보가 불특정 다수인에게 공개된 것으로 단정할 수 없으나, 상당한 시간과 노력 및 비용을 들이지 않고도 통상적인 역설계 등의 방법으로 쉽게 입수 가능한 상태에 있는 정보라면 보유자를 통하지 아니하고서는 통상 입수할 수 없는 정보에 해당한다고 보기 어려우므로 영업상 주요한 자산에 해당하지 않는다."고 하여 시중에 판매된 제품 관련 정보의 공지 여부 판단에 관한 의미 있는 법리를 설시하였다.

[89] 식물 원종의 부정취득과 영업비밀침해

—대법원 2022. 11. 17. 선고 2022다242786 판결—

김 선 아 (서울고등법원)

[사실 개요]

1. 원고(일본 종자회사 X의 자회사)는 2009. 7. 9. 국립종자원에 X가 개발한 토마토 종자 T에 대한 품종판매신고를 한 뒤 국내에서 T 종자를 판매하고 있다.
2. 피고는 2015. 11. 3. 국립종자원에 토마토 종자 S에 대한 품종판매신고를 한 뒤 국내에서 이를 판매하고 있다.
3. 원고가 2018. 4. 3. 서울대학교 산학협력단에 분석을 의뢰한 결과 원고의 T 품종과 피고의 S 품종의 유전자형이 100% 일치함이 확인되었다.[1)]
4. 원고는 피고가 원고의 영업비밀인 T 원종을 취득한 뒤 이를 사용하여 S 종자를 생산하고 있고 피고의 행위는 영업비밀침해행위에 해당한다며, 피고를 상대로 S 종자 및 S 품종 원종의 생산 등 금지, 폐기 및 손해배상을 구하였다.

[판결 요지]

1. 구 부정경쟁방지법(2019. 1. 8. 법률 제16204호로 개정되기 전의 것, 이하 같다) 제2조 제2호의 '영업비밀'은 공공연히 알려져 있지 아니하고 독립된 경제적 가치를 가지는 것으로서, 합리적인 노력에 의하여 비밀로 관리된 생산방법, 판매방법, 그 밖에 영업활동에 유용한 기술상 또는 경영상의 정보를 말한다. 영업비밀의 '취득'이란 사회통념상 영업비밀을 자신의 것으로 만들어 이를 사용할 수 있는 상태에 이른 경우를 의미하므로, 절취, 기망, 협박, 그 밖의 부정한 수단으로 영업비밀에 해당하는 정보를 담고 있는 유체물을 취득함으로써 그 정보를 본래의 목적에 맞게 사용할 수 있는 상태에 이른 경우에는 영업비밀을 취득하였다고 인정할 수 있다.

2. 피고의 S 종자는 원고의 T 부계 및 모계 원종과 동일한 원종을 사용해 생산된 것이고, 피고가 T 원종을 취득할 당시 부정취득행위가 개입되어 있었음이 인정되며, 피고가 원고로부터 S 종자가 T 종자와 동일한 품종으로 밝혀졌다는 취지의 내용증명우편을 받은 2018. 5. 15.경 이후부터 S 종자를 생산한 행위는 구 부정경쟁방지법 제2조 제3호 (다)목의 행위에 해당한다고 한 사례.

1) T 품종과 S 품종의 유전자형이 100% 일치하는 이상 과학적 증거에 따라 양자의 원종이 동일함이 인정된다.

해설

Ⅰ. 대상판결의 쟁점

부정경쟁방지법은 영업비밀을 "공공연히 알려져 있지 아니하고 독립된 경제적 가치를 가지는 것으로서, 비밀로 관리된 생산방법, 판매방법, 그 밖에 영업활동에 유용한 기술상 또는 경영상의 정보"라고 정의하고(제2조 제2호), "영업비밀을 취득한 후에 그 영업비밀에 대하여 부정취득행위[2]가 개입된 사실을 알거나 중대한 과실로 알지 못하고 그 영업비밀을 사용하거나 공개하는 행위"를 영업비밀 침해행위 중 하나로 규정하고 있다[같은 조 제3호 (다)목].

대상 사안에서 원고는 T 원종 자체를 영업비밀로 특정하였다. 이에 대하여 피고는 부정경쟁방지법이 영업비밀을 '… 기술상 또는 경영상의 정보'라고 정의하므로 유체물인 T 원종은 영업비밀이 될 수 없고, T 원종을 취득하여도 그 유전정보까지 파악할 수는 없으므로 영업비밀을 취득한 것으로 볼 수 없다고 다투었다. 유체물 자체가 영업비밀 대상에 해당하는지, 유체물 자체의 취득을 영업비밀의 취득으로 볼 수 있는지가 쟁점이 되었다.[3]

Ⅱ. 대상판결의 분석

1. 배경기술과 종자회사의 영업방식

순종[동형접합체, RRYY, rryy]인 부모를 교배해 생산한 잡종 제1대(F1, RrYy)는 항상 우성인 형질을 나타내고 순종인 부모보다 생산성이나 농업 특성에서 더 우수하다. 순종은 각자 자가수정을 통해 계속 증식시킬 수 있고, F1을 교배해 생산한 잡종 제2대(F2)는 형질이 균일하지 않다(멘델의 법칙).

종자회사는 상당한 비용을 들여 원하는 형질을 나타내는 순종을 개발한다. 이를 원종(stock seed, foundation seed)이라 한다. 원종이 유출되면 타인이 원종을 교배시켜 F1 교배종 종자를 얻을 수 있으므로 종자회사는 외부에 원종을 공개하지 아니하고, 부계 및 모계 원종을

2) "절취, 기망, 협박, 그 밖의 부정한 수단으로 영업비밀을 취득하는 행위"[부정경쟁방지법 제2조 제3호 (가)목].

3) 피고의 부정취득 사실 인정에 관한 채증법칙 위반 등도 쟁점이 되었다. 원고는 T 원종이 유출된 경위, 피고의 T 원종 취득 경위를 특정하지 못하였다. 피고는 원고가 피고의 T 원종 부정취득 사실을 증명하지 못하였다고 다투면서 S 원종은 T 종자 시험재배지에서 수집한 이형주(다른 품종의 종자가 혼입되는 이유 등으로 다른 형질을 보이는 개체)를 이용해 피고가 독자개발한 것이라고 주장하였다. 원심은 구체적인 취득행위 태양이 특정되고 증명되지 않았더라도, T 원종과 S 원종이 동일한 점, 원고의 T 원종 관리 방식, 피고 주장의 S 원종 육성 경위가 극도의 낮은 가능성에 기초한 막연한 주장에 불과한 점 등을 이유로 피고의 부정취득 사실을 인정하였고, 대상판결은 이를 수긍하였다. 사실인정과 관련된 부분은 대상판결의 분석 쟁점에서 제외한다.

교배한 F1 교배종 종자만을 판매한다. 소비자는 F1끼리 교배하여도 F2에서 항상 원하는 형질을 얻지는 못하므로 매번 종자회사로부터 F1 종자를 구매해야 한다.

2. 유체물인 원종의 영업비밀 대상성

부정경쟁방지법은 영업비밀을 '정보'라고 정의하고 있는데, 그것이 무형의 것만을 의미하는지 아니면 유체물까지 포함하는지에 대한 논의는 많지 않다. 유체물 불포함설은 부정경쟁방지법이 영업비밀을 '정보'로 정의하고 있음을 근거로 한다. 다만, 사전적으로 '정보'는 '관찰이나 측정을 통하여 수집한 자료를 실제 문제에 도움이 될 수 있도록 정리한 지식 또는 그 자료'이기 때문에 유체물을 반드시 배제하는 것이라고 단정하기 조심스럽다.[4)]

미국, 일본, 독일도 영업비밀을 '정보'로 정의하고 있지만 유체물까지 포함하는지에 관한 논의를 특별히 찾아보기는 어렵다. 미국에서 옥수수품종, 박테리아 균주, 일본에서 코엔자임 Q10 생산균의 영업비밀성이 문제된 적이 있으나, 모두 유체물 자체가 영업비밀인지가 쟁점이 되지는 않았다.[5)]

대법원에서 유체물의 영업비밀 해당성 여부를 명시적으로 판단한 선례는 발견되지 않는다. 하급심 중에는 피고인이 피해 회사가 개발한 양배추 품종의 부계 원종을 취득한 사안에서 양배추 부계 원종 자체가 영업비밀에 해당한다고 판단한 예가 있다(수원지방법원 2019. 9. 19. 선고 2018노5924 판결). 위 판결은 상고기각 판결로 확정되었으나, 이 부분 쟁점은 상고심에서 다투어지지 않았다. 대상판결의 원심은 대법원 2017. 9. 26. 선고 2015도13931 판결의 취지를 근거로 유체물인 T 원종 자체가 영업비밀에 해당한다고 판단하였으나, 위 판결은 피고인이 영업비밀보유자의 야간투시경 완제품과 부품을 취득함으로써 영업비밀인 야간투시경에 관한 기술정보를 취득한 사안으로 '유체물의 점유를 취득하는 형태로 영업비밀을 취득할 수 있다'는 대법원 2009. 10. 15. 선고 2008도9433 판결과 다르지 않다.[6)]

원종은 종자회사의 가장 중요한 자산이다. 비밀로 관리하는 원종을 유출하거나 무단으로 취득하는 행위가 규제되어야 할 필요성은 매우 크다. 유체물인 원종 자체를 영업비밀로 인정하기 어렵다고 하더라도 원종이 가지고 있는 유전정보는 상품성 있는 F1 교배종을 생산해내는 일종의 설계도 내지 생산방법으로 평가될 수 있다. 유체물인 원종 자체와 그것이 담고 있는 유전정보가 일체화된 경우 원종 자체와 원종이 가지고 있는 유전정보 중 무엇을 영업비밀로 보아야 하는가?

---

4) 권상한, "식물 원종의 부정취득에 의한 영업비밀침해", 「대법원 판례해설」 제1345호, 법원도서관(2023), 263.

5) 권상한(주 4), 257~261.

6) 권상한(주 4), 262.

원종과 원종이 지닌 유전정보가 일체화되어 있다는 점에서 원종의 비공지성, 비밀관리성, 경제적 유용성에 관련된 주장은 원종이 지닌 유전정보의 비공지성, 비밀관리성, 경제적 유용성에 관한 주장으로 볼 수 있다. 같은 이유로 원종과 원종이 지닌 유전정보의 비공지성, 비밀관리성, 경제적 유용성이 달라지는 것은 상정하기 어렵고, 아래 제3항에서 보는 바와 같이 누군가 원종을 탈취하여 원종이 지닌 유전정보를 사용할 수 있는 상태에 이른 경우 영업비밀의 취득을 인정할 수 있다는 결론에 있어서도 차이가 없다.[7] 즉, 유체물인 원종 자체를 영업비밀로 보건 그것이 담고 있는 유전정보를 영업비밀로 보건 실체적·소송법적으로 결론에 영향을 미치지 않는다. 반면, 유체물의 영업비밀 대상성에 대한 학계의 논의가 활발하지 않고 유체물 포함설과 불포함설 중 어느 하나가 뚜렷하게 타당하다고 말하기 어렵다.

대상판결은 유체물의 영업비밀 대상성에 대해 명시적으로 판단하지 않았다.

3. 영업비밀의 취득 인정 여부

대법원은 1998. 6. 9. 선고 98다1928 판결에서 “영업비밀의 ‘취득’은 문서, 도면, 사진, 녹음테이프, 필름, 전산정보처리조직에 의하여 처리할 수 있는 형태로 작성된 파일 등 유체물의 점유를 취득하는 형태로 이루어질 수도 있고, 유체물의 점유를 취득함이 없이 영업비밀 자체를 직접 인식하고 기억하는 형태로 이루어질 수도 있고, 또한 영업비밀을 알고 있는 사람을 고용하는 형태로 이루어질 수도 있는바, 어느 경우에나 사회통념상 영업비밀을 자신의 것으로 만들어 이를 사용할 수 있는 상태가 되었다면 영업비밀을 취득하였다고 보아야 한다.”라고 설시하여 부정경쟁방지법 제2조 제3호에 정한 영업비밀 '취득'의 의미를 정의하였다. 이는 부정경쟁방지법 제18조 제2항에 정한 영업비밀 부정취득 및 사용에도 그대로 적용되고 있다(대법원 2009. 10. 15. 선고 2008도9433 판결).[8]

그런데 영업비밀인 정보와 일체화된 유체물을 취득한 경우, 기술적 한계로 유체물에 담긴 영업비밀의 구체적인 내용을 파악할 수 없을 때에도 ‘영업비밀을 자신의 것으로 만들어 이를 사용할 수 있는 상태’가 되었다고 볼 수 있는가?

대상판결은 영업비밀에 해당하는 정보가 저장된 유체물을 취득함으로써 ‘그 정보를 본래 목적에 맞게 사용할 수 있는 상태에 이른 경우’에는 영업비밀을 취득하였다고 볼 수 있다고 설시하여, 구체적인 내용을 파악할 수 없는 영업비밀에 해당하는 정보가 저장된 유체물에 대한 영업비밀 취득의 판단기준을 명확히 하였다.

대상 사안에서 피고는 T 부계 및 모계 원종과 동일한 원종을 사용해 S F1 교배종을 생

---

7) 권상한(주 4), 261, 264.
8) 사법연수원, 「지식재산권 재판실무편람(2020)」, 284.

산하였다. 피고가 기술적 한계로 T 원종이 지닌 유전정보의 구체적인 내용을 파악할 수 없을지라도 T 원종을 부정취득하여 T F1 교배종을 생산할 수 있게 된 이상 그 정보를 본래의 목적에 맞게 사용할 수 있는 상태에 이르러 사회통념상 영업비밀을 자신의 것으로 만들어 이를 사용할 수 있는 상태가 되었다고 할 것이므로 피고의 영업비밀 취득을 인정할 수 있다.

Ⅲ. 대상판결의 의의

대상판결은 유체물 자체가 영업비밀에 해당하는지에 대해서는 명시적으로 판단하지 않았지만, 영업비밀에 해당하는 정보가 저장된 유체물을 취득함으로써 그 정보를 본래 목적에 맞게 사용할 수 있는 상태에 이른 경우에는 영업비밀을 취득하였다고 볼 수 있다는 법리를 설시하고, 원종을 부정취득하여 교배종을 생산한 행위에 대하여 부정경쟁방지법 제2조 제3호 (다)목의 영업비밀침해를 인정하였다.

대상판결은 영업비밀에 해당하는 정보가 저장된 유체물에 대한 영업비밀 취득의 판단기준을 정립하고, 종자 산업에서 중요한 역할을 하는 원종의 부정취득에 의한 영업비밀침해를 인정한 사례로서 의의가 있다.

키워드

원종, 유체물, 영업비밀, 취득

[90] 영업비밀의 비밀관리성을 판단할 때 고려할 요소

—서울고등법원 2022. 11. 24. 선고 2021나2043478 판결(심리불속행 상고기각)—

남 현 (법무법인 세움)

[사실 개요]

1. 원고와 피고 1은 각각 프라이드치킨 프랜차이즈 사업 등을 하는 회사로, 과거에 원고 그룹에 함께 속해 있었는데, 원고 그룹은 2013. 6.경 피고 1을 매각하였다. 피고 2는 종래에 원고의 사내이사 등으로 재직하다가 피고 1이 매각된 후에는 피고 1의 대표이사로 재직하였다.
2. 원고는, ① 피고 2를 포함한 피고 1의 임직원들이 원고의 영업비밀에 해당하는 수십 건의 정보를 부정한 수단으로 취득하거나 부정취득된 정보라는 점을 알면서 사용하였으며, 부정한 이익을 얻거나 원고에게 손해를 입힐 목적으로 사용하거나 공개하는 등의 행위를 하였으므로, 부정경쟁방지법 제2조 제3호 각 목에서 정한 영업비밀 침해행위를 하였고, ② 위 정보가 영업비밀에 해당하지 아니한다고 하더라도 원고의 상당한 투자나 노력으로 만들어진 성과로는 볼 수 있으므로, 피고 1은 이 사건 정보를 자신의 영업을 위하여 무단으로 사용함으로써 구 부정경쟁방지법 제2조 제1호 (차)목[1]에서 정한 부정경쟁행위를 하였으며, ③ 피고 1은 영업비밀 또는 원고의 성과에 해당하는 이 사건 정보를 이용하여 제품을 개발하는 등 영업활동을 하였다고 주장하면서, 피고들의 위 정보 사용이나 제3자 공개 금지, 위 정보의 폐기 또는 반환 및 위 제품의 폐기, 원고들에 대한 손해배상을 피고에게 명하여 줄 것을 구하는 소를 제기하였다.

[판결 요지]

1. 원고 정도 규모의 기업이 보유·관리하는 정보는 그 종류나 양에 비추어 보았을 때 기업이 취급하는 모든 정보가 영업비밀인 경우는 상정하기 어렵고, 그 정보의 종류를 영업비밀인 정보, 경영상 중요한 정보, 위 두 가지 모두 해당하지 않는 일반정보로 나누어 볼 수 있다. 그중 영업비밀인 정보와 나머지 정보를 구별하는 것은 당해 기업이나 임직원들에게 매우 중요한 문제이므로, 특정 정보가 비밀로 유지되었는지 판단하는 데 있어서 무엇보다 해당 정보가 영업비밀이라고 인식될 수 있을 정도로 다른 정보와 차별화된 조치를 취하였는지를 살펴보아야 한다.

2. 원고가 ① 정보보안 등에 관한 내용이 포함된 원칙경영기준을 시행하고 그에 관한 임직원 교육을 실시하였고, ② 원고의 전산망의 그룹웨어에 이중 로그인을 금지하는 장치

1) 현행 부정경쟁방지법 제2조 제1호 (파)목.

를 두는 등 전산망에 대한 조치를 하였으며, ③ 임직원들로부터 보안서약서를 징구하였고, ④ 피고 1 등 거래처에 제공한 자료에 대하여 비밀로 관리하고 있는지 확인하는 등의 조치를 취하기도 하였으며, ⑤ 국내 가맹점에 제공한 '브랜드 운영관리 매뉴얼'에 '대외비' 등의 표시를 하는 등의 조치를 취하였으나, 어떤 정보가 영업비밀에 해당하는지 인식할 수 있을 정도로 차별화된 조치가 되어 있지 않았던 이상 위와 같은 사정들만으로는 이 사건 정보가 상당한 노력 또는 합리적 노력에 의하여 비밀로 관리되었다고 인정하기 어렵다는 취지로 판단한 사례.

해설

Ⅰ. 대상판결의 쟁점

구 부정경쟁방지법(2015. 1. 28. 법률 제13081호로 개정되기 전의 것) 제2조 제2호는 영업비밀을 "공공연히 알려져 있지 아니하고 독립된 경제적 가치를 가지는 것으로서, 상당한 노력에 의하여 비밀로 유지된 생산방법, 판매방법, 그 밖에 영업활동에 유용한 기술상 또는 경영상의 정보"로 정의하고 있다. 즉 영업비밀을 구성하는 요소는 ① 비공지성(비밀성), ② 경제적 가치성(유용성), ③ 비밀유지(관리)성으로 요약할 수 있다. 한편, 위 정의 규정 중 "상당한 노력에 의하여 비밀로 유지된" 부분은 2015. 1. 28. 개정법에서 "합리적인 노력에 의하여 비밀로 유지된"으로 개정되었다.[2)]

이 사건에서 원고는, 위 사실 개요 제2항과 같은 주장을 하였고 결과적으로 모두 배척되었는데,[3)] 소송 과정에서 원고가 영업비밀이라고 주장한 정보(이하 '이 사건 정보'라 한다)가 '원고의 상당한 투자나 노력으로 만들어진 성과'에 해당한다는 주장[부정경쟁방지법 제2조 제1호 (파)목이 정한 부정경쟁행위 주장]은 이 사건 정보가 '영업비밀'로 인정받지 못할 경우를 대비한 예비적 주장의 성격을 가지는 것이므로, 주위적 주장[4)]에 관한 판단, 즉 이 사

---

2) 2015. 1. 28. 개정법은 그 개정이유로 '비밀유지에 필요한 "상당한 노력"을 "합리적인 노력"으로 완화'하는 점을 들고 있기는 하나, 종전 규정에서 "상당한"의 의미가 '수준이나 실력이 꽤 높다, 어지간히 많다'(국립국어원 표준국어대사전 표제어 '상당하다'의 뜻풀이 중 [Ⅱ]「형용사」 [2])가 아닌 '어느 정도에 가깝거나 알맞다, 일정한 액수나 수치 따위에 알맞다'(위 뜻풀이 중 [Ⅱ]「형용사」 [1])였다고 새길 때는, 위 개정의 의의는 법문의 의미를 보다 명확히 하는 데에 불과하였던 것으로 보게 될 것이다. 대상판결도 개정 전후를 구별하여 다른 기준을 적용하지 않고 뭉뚱그려 판단하고 있다.

3) 원고는 그 밖에, 위 정보가 원고의 영업비밀이나 성과에 해당하지 아니한다고 하더라도 원고의 영업상 주요 자산에 해당하므로 피고들은 원고의 영업용 주요 자산을 침해함으로써 민법 제750조 소정의 공동불법행위를 한 것이라는 주장도 하였으나, 이 또한 배척되었다.

4) 대상판결은 "주위적", "예비적"이라는 표현을 사용하여 구분하지는 아니하였다. 엄밀히 보면 '영업비밀'

건 정보가 영업비밀에 해당하는지, 특히 상당한 노력이나 합리적인 노력에 의해 비밀로 유지·관리되었다고 볼 수 있는지가 이 사건에서 가장 중요한 쟁점으로 되어 있었다.

Ⅱ. 대상판결의 분석

위 정의 규정에서 '공연히 알려져 있지 않다'는 것은 정보가 간행물 등의 매체에 실리는 등 불특정 다수인에게 알려져 있지 않기 때문에 보유자를 통하지 않고는 정보를 통상 입수할 수 없는 것을 말하고, '독립된 경제적 가치를 가진다'는 것은 정보 보유자가 정보의 사용을 통해 경쟁자에 대하여 경쟁상 이익을 얻을 수 있거나 정보의 취득이나 개발을 위해 상당한 비용이나 노력이 필요하다는 것을 말하며, '상당한 노력에 의하여 비밀로 유지된다'는 것은 정보가 비밀이라고 인식될 수 있는 표시를 하거나 고지를 하고, 정보에 접근할 수 있는 대상자나 접근 방법을 제한하거나 정보에 접근한 자에게 비밀준수의무를 부과하는 등 객관적으로 정보가 비밀로 유지·관리되고 있다는 사실이 인식 가능한 상태인 것을 말한다.[5)]

대상판결은 위와 같이 확립된 법리에 근거하여 원고가 영업비밀이라고 특정한 정보들에 대하여 개별·구체적인 검토를 하였는데, '개발완료보고서', '인·익스테리어 디자인 시안' 정보를 제외한 나머지 정보는 모두 경제적 가치나 비공지성을 인정할 증거 자체가 부족한 것으로 판단하였다. 따라서 위 나머지 정보들의 비밀관리성에 관하여서는 나아가 판단할 필요가 없었으나, 관련 형사사건과의 관계 등에서 비밀관리성이 가장 큰 쟁점으로 되어 있었던 점 등을 고려하여 대상판결은 이 사건 정보 모두에 대하여 비밀관리성 유무를 판단하였다. 현행법에서는 위 정의 규정 중 "합리적인 노력에 의하여 비밀로 유지된" 부분이 다시 개정되어 단순히 "비밀로 관리된"이라고만 되어 있으나, 이 사건에서 원고가 주장하는 영업비밀 침해행위는 모두 위 개정 부분 시행(2019. 7. 9.) 전에 벌어진 것이어서 구법이 판단의 근거가 되었다.

대상판결은 이처럼 이 사건 정보 전부에 대해 비밀관리성 유무를 판단하면서, 해당 항목의 첫머리에 제1심판결의 이유 부분을 인용하여 "원고 정도 규모[6)]의 기업이 보유·관리하는 정보는 그 종류나 양에 비추어 보았을 때 기업이 취급하는 모든 정보가 영업비밀인 경우는 상정하기 어렵고, 그 정보의 종류를 영업비밀인 정보, 경영상 중요한 정보, 위 두 가지

과 '상당한 투자나 노력으로 만들어진 성과'가 양립 불가능한 것은 아닐 것이므로, 위 각 주장이 주위적·예비적 관계에 있다고 말하기 어려울 수 있다.

5) 대법원 2011. 7. 14. 선고 2009다12528 판결 등.

6) 원고의 매출액은 2012년 약 1,698억 원부터 매년 증가하여 2019년 약 2,437억, 2020년 약 3,199억 원에 이르렀고, 전국적으로 가맹점을 보유하고 있다.

모두 해당하지 않는 일반정보로 나누어 볼 수 있다. 그중 영업비밀을 침해하는 행위에 대하여는 민사책임뿐만 아니라 형사책임도 인정될 수 있는 만큼, 영업비밀인 정보와 나머지 정보를 구별하는 것은 당해 기업이나 임직원들에게 매우 중요한 문제이다. 따라서 이 사건 정보가 비밀로 유지되었는지 판단하는 데 있어서 사무실 공간이나 전산망 전반에 대하여 취한 보안조치의 내용도 중요할 것이나, 무엇보다 해당 정보가 영업비밀이라고 인식될 수 있을 정도로 다른 정보와 차별화된 조치를 취하였는지를 살펴보아야 한다."라고 그 판단의 기준을 설시하였다.

이 사건 정보에 관하여 여러 가지 비밀관리조치를 취하였다는 원고의 주장에 대하여, 대상판결은 이 사건 변론에 나타난 여러 사정을 위와 같은 판단기준에 비추어 볼 때 이 사건 정보가 상당한 노력 또는 합리적인 노력에 의하여 비밀로 관리되었다고 인정하기 어렵다는 취지로 결론지었는데, 그 대표적인 사정들은 다음과 같다. 즉 ① 원고는 정보보안 등에 관한 내용이 포함된 원칙경영기준을 시행하고, 그의 내용을 정리한 교육 자료를 만들어 임직원들을 대상으로 교육을 실시하였으며, 원고 총무팀이 '퇴근 시 주요자료 보안'에 관하여 점검을 실시하기는 하였으나, 원칙경영기준은 실제 어떠한 정보가 기밀에 해당하는지에 관하여는 구체적인 규정을 두고 있지 않고, 원고는 위와 같은 원칙경영기준 시행 이후 보안규정[7]을 제정하였음에도 이 사건 정보를 위 규정에 따라 비밀로 분류, 표시, 관리하지 않았다. ② 원고가 전산망에 대하여 외부에서의 침입 또는 내부 직원들의 정보 유출을 방지하는 조치를 취한 것은 사실이나, 원고 직원의 입장에서 전산망에 있는 각종 정보 가운데 어떤 것이 비밀인지 알 수 있는 조치가 취해졌다고 보기는 어렵다. 원고와 피고 1의 전산망을 분리하는 것은 피고 1의 매각에 수반된 당연한 조치일 뿐 원고의 전산망에 있던 자료 중 영업비밀을 분류, 관리하였다는 사정으로 보기는 어렵다. ③ 원고는 임직원들로부터 보안 관련 서약서를 작성받았고, 그중 정보보안 서약서와 영업비밀보호 서약서에는 영업비밀에 해당하는 사항이 나열되어 있기는 하나, 이는 사실상 원고 임직원들의 업무에 관한 모든 정보를 망라한 것이고, 정보의 종류만 추상적으로 알 수 있을 뿐 구체적으로 어떠한 자료가 영업비밀에 해당하는지 알기 어렵다. 이를 좀 더 명확하게 구체화하고자 마련한 것이 보안규정인 것으로 보이는데, 원고는 보안규정에 따라 비밀관리를 하지 않았다. 원고 임직원들의 경우 업무를 수행하는 과정에서 어떠한 정보가 중요한 정보인지 대략적으로 알 수 있었을 가능

7) 그 주요 내용은 ① 영업비밀을 그 누설이 회사에 미치는 영향에 따라 Ⅰ급비밀, Ⅱ급비밀, Ⅲ급비밀, 연구개발 관련 사항은 연구Ⅰ급비밀, 연구Ⅱ급비밀, 연구Ⅲ급비밀로 구분하고(영업비밀의 분류), ② 밀은 일반문서와 식별될 수 있도록 매면의 상·하단에 적색으로 Ⅰ급비밀, Ⅱ급비밀, Ⅲ급비밀을 표시하고, 비밀 문서 출력 또는 인쇄시 약식으로 '제너시스 ○급 비밀'로 표시하며(영업비밀의 표시), ③ 최종결재권자의 결재를 통하여 비밀로 지정되면 이를 비밀관리기록부에 등재하고 비밀문서에 관리번호를 부여하여 표시하는 것(영업비밀의 관리)이었다.

성도 없지 않아 보이나, 보안규정에 구체적으로 비밀의 분류, 표시, 관리에 관한 규정을 두고 있었음에도 그러한 조치가 취해지지 않은 자료에 대하여 위와 같은 막연한 가능성만으로 객관적으로 영업비밀에 해당한다는 것을 인식할 수 있는 상태에 있었다고 인정하기는 어렵다. ④ 원고가 피고 1에 대하여는 계약 이행을 위하여 주고받는 일체의 정보를 비밀로 유지하기로 약정하였기는 하나, 원고와 피고 1은 상품공급과 물류용역에 관하여 계속적 거래관계를 맺으면서 다양한 정보를 주고받고 있었고, 그러한 정보 중에는 영업비밀로 볼 수 없는 정보도 있을 수 있는데, 비밀유지조항에는 '영업비밀 등 일체의 정보'라고 포괄적으로 기재되어 있을 뿐이다.

Ⅲ. 대상판결의 의의

구 부정경쟁방지법에서는 영업비밀의 구성요소인 '비밀관리성'을 매우 모호하게 정의하고 있어서, 어느 정도로 비밀관리를 해야 영업비밀로 인정받을 수 있는지에 관한 해석은 법원의 판단에 맡겨져 있었고, 다양한 요소를 고려하여야 하는 탓에 개별 사안에서 구체적으로 판단될 수밖에 없었다. 지침이 될 만한 포괄적 기준으로는, 기업의 규모나 정보의 가치 등을 고려할 것을 제시한 하급심 판결이 발견되는 정도이다.

대상판결은, 종류나 양에 있어 상당한 정도의 정보를 보유·관리하는 규모의 기업이 보유한 특정 정보에 대하여 영업비밀 해당 여부를 판단할 때, 해당 정보에 관하여 영업비밀이라고 인식될 수 있을 정도로 다른 정보들(경영상 중요한 정보 또는 일반정보)과의 관계에서 차별화된 조치가 취하여져 있었는지를 판단기준으로 삼도록 제시한 사례로서 의의가 있다.

키워드

영업비밀, 비밀관리성, 비밀로 유지, 영업비밀 인식, 차별화된 조치

[91] 영업비밀 성립요건에 있어 비밀관리성의 완화된 기준

—의정부지방법원 2016. 9. 27. 선고 2016노1670 판결—

이 윤 재 (서울중앙지방법원)

[사실 개요]

1. 피해 회사는 제약 및 식품 회사의 해외전시회 개최시 항공권 및 호텔 숙박을 제공하는 여행 전문업체이고, 피고인은 피해 회사의 이사로 근무하던 자이다.
2. 피해 회사는 고객들의 성명, 소속업체, 직위, 이메일주소, Fax 번호, 휴대전화번호 등이 포함된 파일(이하 '이 사건 고객정보'라 한다)을 별도 관리하면서 피해 회사 직원들에게만 접근을 허용하였고, 피고인은 피해 회사의 이사 직함으로 근무하면서 단체항공권 예약, 현지 호텔 수배 및 예약, 환전, 여행자보험가입, 해외전시회 동행 및 동행시 고객인솔 등의 업무를 담당하고 있었다.
3. 피고인은, 피해 회사 사무실에서 피고인이 업무용으로 사용하는 컴퓨터에 저장되어 있던 이 사건 고객정보를 USB에 옮기는 방법으로 이를 취득하고, 피해 회사를 퇴사한 후 이 사건 고객정보 파일에 기재되어 있는 업체 등 1,400명에게 전시회 판매 안내문을 송부하여 이를 사용하였다는 부정경쟁방지법위반(영업비밀누설등)의 공소사실로 공소제기되었다.

[판결 요지]

1. 비밀로 유지하기 위한 "합리적인 노력"을 기울였는지 여부는, 해당 정보에 대한 접근을 제한하는 등의 조치를 통해 객관적으로 정보가 비밀로 유지·관리되고 있다는 사실이 인식 가능한 상태가 유지되고 있는지 여부(= 접근 제한 + 객관적 인식가능성)를 해당 정보에 대한 ① 물리적, 기술적 관리, ② 인적, 법적 관리, ③ 조직적 관리가 이루어졌는지 여부에 따라 판단하되, 각 조치가 "합리적"이었는지 여부는 영업비밀 보유 기업의 규모, 해당 정보의 성질과 가치, 해당 정보에 일상적인 접근을 허용하여야 할 영업상의 필요성이 존재하는지 여부, 영업비밀 보유자와 침해자 사이의 신뢰관계의 정도, 과거에 영업비밀을 침해당한 전력이 있는지 여부 등을 종합적으로 고려해 판단해야 할 것이다.

2. 피해 회사는 직원 4명, 연간매출액 2억 원 정도에 불과한 소규모 회사인 점, 피해 회사가 관리하던 고객정보는 사전에 고객의 수요를 예측하여 항공권이나 호텔 등을 미리 예약할 수 있게 해주는 중요한 기능을 수행하고 있었던 점, 피해 회사가 피고인을 비롯한 회사 직원들에게 이 사건 고객정보에 대하여 상시 접근을 허용하였던 것은 이 사건 고객정보가 다른 직원들의 업무와도 밀접하게 관련되어 있었을 뿐만 아니라 지속적인 업데이

트가 필요하였기 때문이었던 점, 피고인의 피해 회사 근속기간이 10년을 초과하여 피고인과 피해 회사 대표 간에 상당한 신뢰관계가 형성되어 있었던 점 등을 종합적으로 고려하여, 피해 회사는 이 사건 고객정보를 비밀로 유지하기 위한 "합리적인 노력"을 다하였다고 판단한 후 부정경쟁방지법위반(영업비밀누설등)의 점을 유죄로 판단한 사례.

해설

Ⅰ. 대상판결의 쟁점

최초 부정경쟁방지법이 제정되었을 당시 영업비밀은 "공연히 알려져 있지 아니하고 독립된 경제적 가치를 가지는 것으로서, 상당한 노력에 의하여 비밀로 유지된 생산방법·판매방법 기타 영업활동에 유용한 기술상 또는 경영상의 정보"로 정의되었고(제2조 제2호), 위 규정에 따라 주로 ① 비공지성(공연히 알려져 있지 않는 것), ② 경제적 유용성(독립된 경제적 가치를 가진 것), ③ 비밀관리성(상당한 노력에 의하여 비밀로 유지된 것)의 3개 요소를 기준으로 삼아 어떤 기술상 또는 경영상의 정보가 영업비밀에 해당하는지 여부를 판단하게 되었다.

그런데 위 3개 요소 중 비밀관리성 요건을 엄격하게 해석하는 경우 정보의 활용성, 기업의 경제성, 중소기업의 보호 측면에서 바람직하지 않다는 의견이 제기되었고,[1] 이를 반영하여 2015년 부정경쟁방지법은 "합리적인 노력에 의하여 비밀로 유지된 (것)"으로, 2019년 부정경쟁방지법은 "비밀로 관리된 (것)"으로만 규정하였다.

종래 대법원 판례는 구 부정경쟁방지법[2]에 따라 비밀관리성 요건에 관하여 다소 엄격한 기준을 적용하여 비공지성과 경제적 유용성의 요건을 갖추고 있으면서도 비밀관리성의 요건을 갖추지 못하여 영업비밀로서 보호받지 못하는 사례가 발생하였고,[3] 이 사건 원심[4]은 비밀관리성 요건이 "상당한 노력"에서 "합리적인 노력"으로 변경된 2015년 개정 부정경쟁방지법에 대하여도 종래 대법원 판례와 동일하게 해석할 수 있다고 판시하며 이 사건 고객정보의 영업비밀성을 부정하였다. 이에 대상판결에서는 부정경쟁방지법의 개정에 따라 비밀관리성 요건이 완화되어 영업비밀 보호의 범위가 확대된 것인지, 그렇다면 "상당한 노

1) 정차호, "영업비밀 관리성 요건: 객관적 인식을 위한 상당한 노력", 「성균관법학」 제26권, 성균관대학교 법학연구원(2014), 312~313.

2) 2015. 1. 28. 법률 제13081호로 개정되기 전의 것, 이하 같다.

3) 한국특허법학회 편, 「영업비밀보호법」, 박영사(2017), 53.

4) 의정부지방법원 2016. 6. 17. 선고 2015고정1353 판결: "피고인은 이 사건 고객정보를 2014. 12.경 취득하였고, 2015. 3. 26. 위 정보를 사용하였으므로, 2015년 개정 부정경쟁방지법이 적용된다(대법원 2009. 10. 15. 선고 2008도9433 판결 참조)."

력"과는 구별되는 "합리적인 노력"의 구체적인 의미가 무엇인지 여부가 쟁점이 되었다.

Ⅱ. 대상판결의 분석

1. 구 부정경쟁방지법에 따른 대법원 판례의 동향

대법원은, 구 부정경쟁방지법상 "상당한 노력에 의하여 비밀로 유지된 (것)"이라 함은 그 정보가 비밀이라고 인식될 수 있는 표지를 하거나 고지를 하고, 그 정보에 접근할 수 있는 대상자나 접근 방법을 제한하거나 그 정보에 접근한 자에게 비밀준수의무를 부과하는 등 객관적으로 그 정보가 비밀로 유지·관리되고 있다는 사실이 인식 가능한 상태인 것을 말한다는 취지로 일관되게 판시하여 왔다.[5]

이에 따라 "상당한 노력"을 기울였는지를 판단하기 위하여, 정보에 접근하는 자에게 그것이 영업비밀이라는 사실을 인식할 수 있도록 영업비밀인지 여부를 고지·표시하였는지 여부, 단체협약, 취업규칙, 근로계약 또는 개별적인 비밀유지계약 등의 방식으로 영업비밀 보호의무를 부과하였는지 여부, 직원, 제3자 내지 거래상대방의 출입·접근을 제한하거나 기타 보안 조치를 실시하였는지 여부 등이 기준으로 거론되었다.[6]

대법원은 구체적인 사안에 대하여, 대법원 2014. 8. 20. 선고 2012도12828 판결(비밀유지서약서 제출, 출입·접근대상자 통제 등 물리적 보안조치, 보안 프로그램 설치 등을 실시한 사례), 대법원 2012. 6. 28. 선고 2012도3317 판결(비밀유지확인서 제출, 대외비 표시, 전산망 보안조치 등을 실시한 사례), 대법원 2011. 7. 18. 선고 2009도8265 판결(대외비 표시, 비밀유지서약서 제출, 보안 프로그램 설치 등을 실시한 사례) 등에서 "상당한 노력"을 인정한 한편, 대법원 2012. 6. 28. 선고 2011도3657 판결(보고서에 비밀표시를 하지 않았고 보고서를 보관한 사무실에 출입자를 제한하지도 않았던 사례), 대법원 2011. 11. 10. 선고 2010다42570 판결(접근대상자나 접근방법을 제한하였다는 점에 관한 입증이 없고 거래상대방에 비밀유지의무를 부과하지도 않았던 사례), 대법원 2009. 9. 10. 선고 2008도3436 판결(자료가 저장되어 있는 컴퓨터가 비밀번호도 설정되어 있지 않고 별도의 잠금장치도 없었으며 네트워크가 연결된 다른 컴퓨터를 통해서도 자유롭게 자료에 접근할 수 있었던 사례) 등에서는 "상당한 노력"을 부정하였다.

---

5) 대법원 2008. 7. 10. 선고 2008도3435 판결; 대법원 2019. 10. 31. 선고 2017도13791 판결; 대법원 2020. 2. 27. 선고 2016도14642 판결 등.

6) 한국특허법학회 편(주 3), 49~51; 특허청, 「꼭 알아야 할 영업비밀 보호 가이드」, 진한엠앤비(2016), 3~5.

2. 부정경쟁방지법 개정에 따른 판단기준의 변화

한편 부정경쟁방지법이 2015년 개정됨에 따라 비밀관리성에 관한 규정 문언이 "합리적인 노력에 의하여 비밀로 유지된 (것)"으로 변경되었는데, 당시 개정 경위[7]에 비추어 보면 이는 중소기업이 처한 현실적 여건을 고려하고 미국[8]·일본[9]의 입법례를 참고하여 비밀관리성 요건을 완화하려는 입법자들의 의사가 반영된 것으로 보인다.

그러나 이와 같은 법개정에도 불구하고 일각에서는 "상당한 노력"과 "합리적인 노력"이 개념적으로 구분되는 것이 아니므로 구 부정경쟁방지법 및 그에 따른 판례에 의하더라도 영업비밀 보호를 위한 탄력적인 운용이 가능하다는 견해[10]가 대두되었다. 특히 대법원은 위 2012도3317 판결에서 피해 회사의 규모나 종업원 수를 고려하였을 때 "나름의 합리적인 노력"을 기울임으로써 비밀을 관리하였다고 판시하며 영업비밀을 인정하기도 하였는바, 대법원이 구 부정경쟁방지법상 비밀관리성 요건의 판단 기준을 피해 회사의 규모, 해당 정보의 성격 및 중요성 등 피해 회사가 처한 구체적 사정에 따라 달리 적용함으로써 "합리적인 노력"만을 기울인 경우에도 "상당한 노력"을 인정할 수 있음을 시사한 점[11]은 그 유력한 근거가 되었다.

대상판결은, 구 부정경쟁방지법 하에서는 물리적·기술적 관리, 인적·법적 관리, 조직적 관리를 통해 비밀로 유지하였는지 여부를 주된 판단요소로 하여 '상당한 노력'이 있었는지를 판단하고, 기업의 규모, 종업원의 수 등은 부차적인 판단요소로만 취급하여 왔다고 보았다. 대상판결은 이에 나아가, 2015년 부정경쟁방지법에서는 물리적·기술적 관리, 인적·

---

7) 김광묵, 부정경쟁방지 및 영업비밀보호에 관한 법률 일부개정법률안 검토보고(김한표의원 대표발의), 산업통상자원위원회, (2014), 1~4.

8) 미국의 통일 영업비밀보호법(Uniform Trade Secrets Act) 제1조 제4항은, 영업비밀을 "공식, 형상, 조합, 프로그램 장치, 수단, 기술 또는 과정 등의 정보로서 (i) 공개 또는 사용됨으로써 경제적 가치를 향유할 수 있는 타인에게 일반적으로 공개되어 있지 않고 그러한 타인으로 하여금 적절한 수단으로 용이하게 접근할 수 없게 함으로써 실질적·잠재적인 독립된 경제적 가치를 창출하는 것이자; (ii) 그러한 상황에서 비밀성을 유지하기 위한 합리적인 노력의 대상이 되는 것"으로 정의하고 있다.

9) 일본의 부정경쟁방지법 제2조 제6항은, 영업비밀을 "비밀로서 관리되는 생산방법, 판매 방법 기타 영업활동에 유용한 기술상 또는 영업상의 정보로서 공공연하게 알려져 있지 않은 것"으로 정의하고 있다.

10) 판례에 의하여도 상당성과 합리성을 명확히 구분할 수 있는 차별적 판단기준이 형성되지 않았다는 견해로 백승만, "영업비밀 요건의 변천에 따른 대응방안에 대한 소고-비밀관리성을 중심으로-", 「법학연구」 제63집, 전북대학교 법학연구소(2020), 338; 비밀을 관리하기 위한 상당한 노력과 합리적인 노력을 동일한 의미로 이해하여야 한다는 견해로 정차호(주 1), 290; 단순한 법률개정만으로 영업비밀 보유자에게 요구되는 비밀관리성의 요건이 달라졌다고 보기 어렵다는 견해로 이용인, "영업비밀 보호를 위한 신뢰의무와 손해배상", 「민주법학」 제81권, 민주주의법학연구회(2023), 281.

11) 이순옥, "영업비밀의 비밀관리성에 대한 연구-형사 사례를 중심으로-", 「문화·미디어·엔터테인먼트법」 제13권, 중앙대학교 법학연구원(2019), 82.

법적 관리, 조직적 관리 기준으로는 '일정한 노력을 기울여 비밀로 관리하였는지 여부'를 판단하되, 기업의 규모, 해당 정보의 성질과 가치, 해당 정보에 일상적인 접근을 허용하여야 할 영업상의 필요성이 존재하는지 여부, 영업비밀 보유자와 침해자 사이의 신뢰관계의 정도, 과거에 영업비밀을 침해당한 전력이 있는지 여부 등을 종합적으로 검토하여 '그러한 노력이 합리적이었는지 여부'를 판단하여야 한다는 취지로 판시하였다.

대상판결에서 제시한 판단 기준은, 비밀관리성을 판단함에 있어서 '제3자의 입장에서 객관적으로 보아 상당한 노력을 기울였는지 여부'에 주안을 두었던 기존 시각에서 벗어나 '당사자들의 주관적인 사정도 고려하여 합리적인 노력을 기울였는지 여부'를 살펴본다는 점에서, 즉 객관적인 사정 외에 영업비밀 보유자의 주관적 사정(기업의 규모, 영업비밀을 침해당한 전력이 있는지 여부 등)과 침해자의 주관적 사정(영업비밀 보유자와 형성한 신뢰관계의 정도, 해당 정보의 성질과 가치에 대한 인식 여부 등)을 두루 고려한다[12]는 점에서 2015년 부정경쟁방지법의 취지에 따라 비밀관리성 기준을 완화하였다고 할 것이다[13].

Ⅲ. 대상판결의 의의

이 사건은 2015년 부정경쟁방지법이 구법에 비하여 비밀관리성 요건을 완화하였음을 확인함과 동시에 비밀관리성의 새로운 요건인 "합리적인 노력"에 관한 구체적인 판단 기준을 처음으로 제시한 데에 의의가 있다. 다만, 2019년 부정경쟁방지법은 비밀관리성 요건을 "비밀로 관리된 (것)"으로만 간명하게 규정하고 있는바, 이에 따르면 2015년 부정경쟁방지법에 비하여 다시 요건을 완화하여 비밀로 관리하기 위한 합리적인 노력조차 요구하지 않는 것인지, 비밀로 '유지'된 것과 비밀로 '관리'된 것이 어떻게 다른지 여부에 관하여 추가적인 논의의 여지는 여전히 남아있다.

키워드

영업비밀, 비밀관리성, 상당한 노력, 합리적인 노력

12) 이석희, "영업비밀 보호에 있어서 비밀관리성의 판단 기준에 대한 검토", 「연세 글로벌 비즈니스 법학연구」 제8권, 연세대학교 법학연구원(2016), 19~20.

13) 이규호, "영업비밀의 대상과 비밀관리성 요건에 관한 연구", 「중앙법학」 제22권, 중앙법학회(2020), 35~36.

[92] 금지청구권과 의무자가 입게 될 불이익

—대법원 1988. 4. 12. 선고 87다카90 판결—

이 상 현 (법무법인 태평양)

[사실 개요]

1. 원고는 소외 미국 법인으로부터 가구용 광택제 '프레지'의 국내 판매에 필요한 모든 권리를 양도받은 자회사로서, 1974년부터 '프레지' 용기를 사용한 제품을 국내에 판매하였다.
2. '프레지' 용기는 1920년경 이래 세계 각국에서 판매된 가구용 광택제 제품에 사용되었는데, 원고는 국내 판매를 개시한 이후 1979년부터 1984년까지 8,000만 원 상당의 광고 및 판촉비를 투입하여 같은 해 합계 약 90만 통 상당의 판매실적을 올렸다.
3. 피고는 1984년 하반기부터 가구용 광택제 '랙스'를 제조하여 판매하였는데, '랙스' 용기는 '프레지' 용기와 마찬가지로 분사장치가 된 원통형 하단에 "레몬향 가구광택제"라는 글자가 있고, 중앙 전면에는 리본 모양의 도형 위에 톱니바퀴 도형을 겹쳐 놓은 표지가 표시되어 있었다.
4. 원심은 피고가 국내에 널리 인식되어 있는 '프레지' 용기의 표지와 동일 또는 유사한 용기를 사용함으로써 원고의 영업상 이익을 침해할 우려가 있다고 보아, 피고를 상대로 위 표지의 사용 및 해당 용기를 사용한 가구용 광택제의 판매 금지를 구하는 원고의 청구를 받아들였다. 다만, 피고가 공장, 창고, 사무실, 대리점에 보관 중인 가구용 광택제 용기의 폐기를 구할 권원에 대해서는 원고의 주장 및 입증이 없다고 보아 이 부분 청구를 배척하였다.

[판결 요지]

1. 부정경쟁방지법 제4조 제1항의 중지청구권에는 당해 부정경쟁행위 그 자체의 정지 이외에도 그의 예방적 조치를 청구할 수 있는 권능이 포함되어 있고, 부정경쟁행위로 인한 조성물의 제거, 폐기청구권이 거기에 포함될 수 있다. 그러나 '중지'의 범위는 당해 부정경쟁행위의 정지, 예방, 배제를 함에 필요하고도 충분한 한도 내에서 그쳐야 하는 것이고 특히 그것을 결정함에 있어서 고려해야 할 여러 가지 사정 가운데에서 "중지"에 의하여 의무자가 입게 되는 불이익까지도 아울러 충분하게 고려하여야 한다.

2. 부정경쟁행위에 대한 '중지'의 범위는 의무자가 입게 되는 불이익 등 형평적 요소까지 아울러 고려해야 한다는 점을 전제로, 유사 표장 사용 등에 대한 금지청구는 인용하면서도, 침해품의 제거 및 폐기청구는 배척한 사례.

해설

Ⅰ. 대상판결의 쟁점

금지청구권은 부정경쟁행위로 인하여 영업상 이익이 침해되거나 침해될 우려가 있는 경우 그 행위의 금지를 직접 청구할 수 있는 구제수단이다. 영업상 이익을 침해당한 자가 사후적으로 손해를 증명하여 전보받는 것에 그치지 않고, 현재 진행 중이거나 장래에 발생할 수 있는 부정경쟁행위를 근원적으로 차단한다는 점에서 금지청구권의 의의를 찾을 수 있다.[1)]

부정경쟁방지법은 1961년 제정 당시부터 "중지청구권"이라는 이름으로 부정경쟁행위의 금지를 청구할 수 있는 권리를 인정하였다. 1986년 부정경쟁방지법이 전부 개정되면서 조문의 위치 및 체계 등이 재정비되었으나 중지청구권에 관하여는 실질적인 변화가 없었다. 한편, 1991년 개정된 구 부정경쟁방지법(2001. 2. 3. 일부 개정 전)에서 그 명칭이 "중지청구권"에서 "금지청구권"으로, 청구의 주체가 "자신의 영업상의 이익이 침해될 우려가 있다고 인정하는 자"에서 "자신의 영업상의 이익이 침해되거나 침해될 우려가 있다고 인정하는 자"로 각각 변경되었고, 금지청구를 할 때 부정경쟁행위를 조성한 물건의 폐기, 부정경쟁행위에 제공된 설비의 제거 등 필요한 조치도 함께 청구할 수 있다는 점이 처음으로 명시되었다.[2)]

대상판결의 쟁점은 ① 1991년 개정을 통하여 조성물의 폐기 및 설비의 제거를 청구할 수 있는 권리(이하 '폐기청구권'이라 한다)가 법률에 명시되기 전에도 부정경쟁행위에 대한 구제수단으로 인정할 수 있는지, ② 부정경쟁행위의 중지 범위를 판단할 때 의무자가 입게 되는 불이익도 함께 고려해야 하는지로 요약된다.

Ⅱ. 대상판결의 분석

1. 폐기청구권의 인정 근거

금지청구권은 현재 진행 중이거나 장래에 진행될 수 있는 침해행위를 대상으로 하고, 금지명령을 발령받은 상대방에게는 침해행위를 중단해야 할 부작위의무가 발생한다. 가령, 대상판결의 사실관계와 같이 국내에 널리 인식된 타인의 표장을 부착한 상품을 사무실이나 창고에 보관하고 있다면, 금지명령에 따라 상대방은 보관 중인 상품을 판매하지 않아야 할

1) 정상조 편집대표, 「부정경쟁방지법 주해」, 박영사(2020), 391(백강진 집필 부분)은 특히 부정경쟁행위는 손해의 확대가 급격하거나 침해행위가 단기간에 집중적으로 이루어지는 경우가 많아 금지청구권의 중요성이 강조된다고 설명한다.

2) 이하에서는 혼동을 방지하기 위하여 가급적 현행 부정경쟁방지법의 문언에 따라 '금지청구권'으로 기재하되, 대상판결을 인용할 때에는 원문을 존중하여 '중지청구권'으로 옮긴다.

의무를 부담하게 된다.

폐기청구권은 여기에서 더 나아가 침해를 발생시키는 원인을 적극적으로 차단하는 것을 목적으로 한다. 단순히 타인의 표장이 부착된 상품을 판매해서는 안 된다는 부작위 의무를 발생시키는 것에 그치지 않고, 보관 중인 상품을 폐기하거나 침해 표장 내지 상품을 만들어 내는 설비까지 제거할 작위 의무를 부담시키는 것이다. 이러한 점에서 금지청구권과 폐기청구권의 내용과 법적 성격이 일치한다고 보기는 어려운 면이 있다.

그런데 예방적 구제수단으로서 금지청구권이 추구하는 궁극적인 목적은 침해행위를 중단시키는 것이고, 폐기청구권은 금지명령에 따른 부작위 의무의 위반 가능성을 원천적으로 제거하기 위한 조치라는 점에 주목하면, 결국 폐기청구권은 금지청구권의 실효성을 확보하기 위한 수단으로 해석할 수 있다.

앞서 본 바와 같이, 폐기청구권은 1991년 개정 부정경쟁방지법에 이르러서야 비로소 법문에 명시되었다. 그렇다면 개정법 시행 전 부정경쟁행위에 대해서는 부작위 의무를 넘어 침해의 원인을 적극적으로 제거할 작위 의무까지는 없다고 보아야 할 것인가? 이에 관하여 대상판결은 중지청구권에는 부정경쟁행위 그 자체의 정지 외에 예방적 조치를 구할 수 있는 권능이 포함되고, 이러한 예방적 조치에는 부정경쟁행위로 인한 조성물의 제거 내지 폐기가 포함된다고 판시함으로써, 개정법 시행 이전에도 폐기청구권을 행사할 수 있는 길을 열어 두었다.[3)]

2. 이익형량의 고려

대상판결은 "'중지'의 범위는 당해 부정경쟁행위의 정지, 예방, 배제를 함에 필요하고도 충분한 한도 내에서 그쳐야 하는 것이고 특히 그것을 결정함에 있어서 고려해야 할 여러가지 사정 가운데에서 '중지'에 의하여 의무자가 입게 되는 불이익까지도 아울러 충분하게 고려하여야 하는 것이다."라고 판시하였다. 그동안 학계와 실무에서 큰 관심을 받지는 못하였으나, 일단 침해행위가 인정되면 예외 없이 자동적으로 금지명령을 발령해 온 재판례가 자리 잡은 상황에서, 이른바 형평적 요소의 고려를 선언한 위 판시의 사정거리는 흥미로운 화두를 제공한다.

먼저 이익형량은 금지청구 '인용 여부'를 결정하는 단계에서 고려되는 것이 아니라, 일단 금지청구가 인용됨을 전제로 그 '범위'를 정하는 국면에서만 고려된다는 의미로 대상판결을 해석하는 방법을 생각해 볼 수 있다.[4)] 앞서 살펴본 바와 같이, 폐기청구는 침해를 발

3) 유정주, "부정경쟁행위에 대한 중지청구권", 「대법원판례해설」 제9호, 법원도서관(1988), 173~174는 대상판결이 중지청구권에 정지청구, 예방청구, 폐기청구 등 3개의 권능이 포함되어 있다는 점을 확인하였다고 분석한다.

생시키는 원인을 적극적으로 제거하는 권리라는 점에서, 그러한 예방적 조치가 꼭 필요한 것인지 고민되는 상황을 접하게 된다. 이를테면, 범용적으로 널리 사용될 수 있는 고가의 생산설비가 단순히 장래 침해품 생산에도 이용될 가능성이 있다는 이유만으로 그 설비 전체의 폐기를 명하는 것은 의무자에게 가혹할 뿐만 아니라 경제적 관점에서도 바람직하지 않은 면이 있다. 금지의 '범위'에 초점을 맞추는 입장에 따르면, 금지명령 자체는 부정경쟁행위가 인정되는 이상 당사자의 청구에 따라 언제나 발령되고, 다만 대상판결은 금지의 범위를 정하는 단계에서만 의무자가 입게 되는 불이익을 고려하도록 한 취지로 해석한다. 현재의 실무례와 최대한 조화롭게 대상판결의 의미를 해석한 것으로 평가할 수 있다.

한편, 금지청구 인용 여부를 결정하는 단계부터 형평적 요소를 고려할 수 있는 선례로 대상판결을 활용해보자는 시각도 있다. 이러한 견해는 과거 상표법의 보완 규범으로 출발하였던 부정경쟁방지법의 체계와 역할이 점차 변화하고 있는 점에 주목하여, 이익형량 없이 바로 금지명령을 발령해 온 관행을 재고할 필요성이 있음을 전제로 한다.[5] 대법원은 2010년 이른바 '인터넷 포털사이트 광고' 사건에서, 저작권법이나 부정경쟁방지법에 의하여 보호되지 않는 지적 창작물을 무단으로 이용하는 행위도 민법상 불법행위에는 해당할 수 있다고 하면서, "무단이용 상태가 계속되어 금전배상을 명하는 것만으로는 피해자 구제의 실효성을 기대하기 어렵고 무단이용의 금지로 인하여 보호되는 피해자의 이익과 그로 인한 가해자의 불이익을 비교·교량할 때 피해자의 이익이 더 큰 경우"에는 그에 대한 금지청구권이 인정될 수 있다고 판시하였다.[6] 그런데 위 판례에서 설시한 성과 무단이용 행위 유형이 2013년 개정 부정경쟁방지법 제2조 제1호 (파)목[개정 당시 (차)목]에 도입되면서 사실상 금지청구의 인용 요건이 달라졌다. 즉, 이익형량을 거친 후 금지명령의 대상이 되었던 유형의 불법행위가 부정경쟁행위로 편입된 후에는 형평적 고려 없이 자동적으로 발령되는 금지명령의 대상이 된 것이다.

금지청구권은 권리자 입장에서는 전보배상을 보완하는 의미를 지니는 한편, 상대방 입장에서는 고의, 과실이 없더라도 일체의 영업활동이 금지된다는 점에서 매우 강력한 구제수단이다. 미국 연방대법원은 2006년 eBay 판결에서 금지청구권 행사 요건 중 하나로 원고와 피고가 겪을 고통의 균형이 맞아야 한다는 점을 설시하면서, 특허권 침해에 대해 사실상 금지청구권을 자동적으로 인용해 온 하급심 실무에 제동을 걸었다.[7][8] 우리나라의 경우 부

4) 방석호, "부정경쟁방지법의 의미분석 - 대법원 1994. 6. 28. 선고 92다18214 판결-", 「민사판례연구」 제18집, 민사판례연구회(1996), 453.

5) 이상현, "개정 부정경쟁방지법상 금지청구권에 관한 소고", 「저스티스」 제159호, 한국법학원(2017), 329~330.

6) 대법원 2010. 8. 25. 자 2008마1541 결정.

7) eBay Inc. v. MercExchange, L.L.C., 547 U.S. 388, 391(2006).

정경쟁방지법은 물론 지식재산권 침해소송 전반에서 권리자와 상대방의 이익 형량을 통해 금지청구의 인용 여부를 결정하는 실무례는 찾아보기 어렵다. (파)목의 보충성을 완화하는 취지의 대법원 판례가 이어지고,[9] 앞으로 얼마나 다양한 유형의 부정경쟁행위가 (파)목으로 포섭될지 예측하기 어려운 상황에서, 대상판결의 사정거리를 다시금 고민해 볼 필요가 있다.

Ⅲ. 대상판결의 의의

대상판결은 과거 부정경쟁방지법에 폐기청구권이 명문화되지 않았음에도 금지청구권을 구성하는 권원 중 하나로 보아 예방적 조치로 인정한 사례이다. 또한, 금지의 범위를 정할 때에는 의무자가 입게 될 불이익까지 고려해야 한다고 판시함으로써, 부정경쟁방지법상 금지청구권에 형평적 요소를 고려할 수 있는 통로를 열었다는 의의가 있다. 다만, 대상판결을 인용한 하급심 재판례 자체가 상당히 드물어, 이익형량 요소가 실제 재판실무에서 어떻게 고려되고 있는지 알기 어려운 실정이다.[10] 이미 오랜 시간이 흘렀음에도 대상판결의 의미를 재조명할 필요가 있는 이유이기도 하다.

키워드

금지청구, 이익형량, 형평, 중지청구, 폐기청구

8) 유영선, “부정한 경쟁행위와 관련한 불법행위 성립요건 및 그에 기한 금지청구권 허용 여부”, 「사법논집」 제53집, 법원도서관(2011), 171은 대상판결이 대법원 2010. 8. 25. 자 2008마1541 결정의 취지를 이어받은 것으로서, 의무자가 입게 되는 불이익을 고려하는 것은 미국 연방대법원의 eBay 판결이 설시한 금지청구 요건과 같은 맥락이라고 설명한다.

9) 대법원 2020. 3. 26. 선고 2016다276467 판결; 대법원 2020. 3. 26. 자 2019마6525 결정; 대법원 2020. 7. 9. 선고 2017다217847 판결 등 참조; 손천우, “부정경쟁방지법 제2조 제1호 (카)목이 규정하는 성과물 이용 부정경쟁행위에 관한 연구”, 「사법」 제55호, 사법발전재단(2021), 1027~1028은 위 대법원 판결이 그동안 논란이 되어 온 파목의 보충성에 대하여 엄격한 입장을 취하지 않은 사례라고 설명한다.

10) 현재까지 대상판결을 명시적으로 인용한 사례는 서울중앙지방법원 2005. 11. 30. 선고 2005노507 판결, 서울남부지방법원 2019. 5. 16. 자 2019카합20052 결정이 확인될 뿐이다.

[93] 부정경쟁행위에 대한 금지를 청구할 수 있는 자의 범위

—대법원 1997. 2. 5. 자 96마364 결정—

정 승 호 (대구지방법원 서부지원)

[사실 개요]

1. 신청외 A는 1985년경부터 양념통닭의 제조 및 판매영업을 하면서 '맥시칸 양념통닭', 'MEXICAN CHICKEN'의 문자상표 등('이 사건 표장 등'이라 한다)을 사용하면서 대구 및 경북 일원에 맥시칸 양념통닭의 체인점을 모집하여 영업을 하다가 체인사업이 확장됨에 따라 1989년경 신청외 주식회사 甲을 설립하여 개인 사업체를 법인 형태로 변경하였다.
2. 신청인 회사는 맥시칸 양념통닭의 수요가 늘고 경쟁 상점들이 많이 생겨서 전국적인 선전의 필요가 있다는 각 영업대리점의 요구에 따라 설립되었는데, 신청외 A 내지 주식회사 甲으로부터 이 사건 표장 등에 대하여 포괄적인 사용을 허락받아 이를 사용하였고, 서울 · 인천 · 경기지역에 있어서는 독립적인 성격을 가진 체인점영업을 하여 왔으며, 독자적인 지사를 개설하기도 하였고, 설립 이후 1994년 말까지 합계 8억 8,000여만 원 이상의 광고선전비를 지출하면서 중앙일간지, 텔레비전, 라디오방송 등을 통한 선전활동을 하였다.
3. 피신청인들은 1993년경부터 '맥시칸 치킨'이라는 명칭이 포함된 상표 내지 서비스표를 사용하여 신청인 회사와 동종의 영업을 하고 있다.

[결정 요지]

1. 부정경쟁방지법 제2조 제1호 (가)목 및 (나)목 소정의 국내에 널리 인식된 상품표지 또는 영업표지에 관한 부정경쟁행위로 인하여 자신의 영업상의 이익이 침해되거나 침해될 우려가 있어 같은 법 제4조 제1항에 의하여 그 행위의 금지 또는 예방을 청구할 수 있는 자에는 그러한 표지의 소유자뿐만 아니라 그 사용권자 등 그 표지의 사용에 관하여 고유하고 정당한 이익을 가지고 있는 자도 포함된다.

2. 신청인 회사는 이 사건 표장 등의 사용에 관하여 고유하고 정당한 이익을 가지고 있으므로, 이 사건 표장 등과 동일 또는 유사한 표지의 사용으로 부정경쟁행위를 하거나 하고자 하는 자에 대하여 그 행위의 금지나 예방을 청구할 수 있다고 본 사례.

해설

Ⅰ. 대상결정의 쟁점

부정경쟁방지법은 제2조 제1호에서 열거하고 있는 부정경쟁행위에 대하여 민사적 구제수단의 하나로서 금지청구권(제4조) 규정(이하 '본 규정'이라 한다)을 두고 있다. 즉, 부정경쟁방지법 제4조에 따르면, 부정경쟁행위로 자신의 영업상의 이익이 침해되거나 침해될 우려가 있는 자는 부정경쟁행위를 하거나 하려는 자에 대하여 법원에 그 행위의 금지 또는 예방을 청구할 수 있고(제1항), 그 부정경쟁행위를 조성한 물건의 폐기, 부정경쟁행위에 제공된 설비의 제거 기타 부정경쟁행위의 금지 또는 예방을 위하여 필요한 조치를 청구할 수 있다(제2항).

이처럼 부정경쟁방지법은 금지청구권의 행사주체를 '부정경쟁행위로 자신의 영업상의 이익이 침해되거나 침해될 우려가 있는 자'로 규정하고 있는데, 이와 같은 형태의 규정형식은 특허법이나 저작권법 등이 취하고 있는 형식과는 다르다.[1)]

이 점에서 본 규정에 따른 금지청구권을 행사할 수 있는 자의 범위에 관하여 논의가 있고, 대상결정의 사안에서 이 사건 표장 등의 소유자가 아닌 신청인 회사가 피신청인들을 상대로 부정경쟁행위를 이유로 위 규정에 따른 금지청구를 행사할 수 있는 자에 해당하는지 여부가 문제되었다.

Ⅱ. 대상결정의 분석

부정경쟁행위도 그 본질은 불법행위의 일종이므로 부정경쟁행위에 대한 민사적 구제수단은 손해배상이 원칙이고 예외적인 경우에 한하여 금지청구를 할 수 있는 것이지만, 본 규정은 부정경쟁행위의 특수성을 고려하여 일반적인 금지청구권을 인정한 것이다.[2)3)] 본 규정에 따른 금지청구권은 특허권, 상표권 등과 같이 권리의 성격에 기초하여 그 권리에 대세적 효력을 부여함으로써 그에 기한 금지청구권이 인정되는 경우가 아니라 행위의 성격에 기초하여 특정한 행위를 금지하는 경우에 해당한다.[4)]

---

1) 특허법상 금지청구를 할 수 있는 자는 '특허권자와 전용실시권자'로 규정되어 있다(특허법 제126조). 실용신안, 디자인, 상표의 경우에도 같다(실용신안법 30조, 디자인보호법 제113조, 상표법 제107조). 저작권법은 '저작권자 및 저작권법에 따라 보호되는 권리를 가진 자'(가령 저작인접권자)가 침해의 정지를 청구할 수 있다고 규정하고 있다(저작권법 제123조).

2) 최정열·이규호, 「부정경쟁방지법－영업비밀보호법제 포함(제4판)」, 진원사(2020), 454.

3) 부정경쟁행위에 의한 피해의 특징은 계속적인 침해행위에 의한 피해의 반복, 피해범위의 광범위, 피해회복의 어려움에 있기 때문에, 공정한 경쟁질서를 유지하기 위하여 부정경쟁행위 자체를 금지시키는 것이 가장 직접적이며 유효한 수단이 된다.

이처럼 행위규제형 입법형식을 취하고 있는 부정경쟁방지법은 금지청구권의 행사주체를 '부정경쟁행위로 자신의 영업상의 이익이 침해되거나 침해될 우려가 있는 자'로 규정하고 있다. 따라서 직접적으로 영업상의 이익이 침해되지 않는 사업자단체, 소비자단체, 일반 소비자 등은 부정경쟁행위에 대하여 금지청구권을 행사할 수 없다.[5)]

대상결정은 '부정경쟁방지법 제2조 제1호 (가)목 및 (나)목 소정의 국내에 널리 인식된 상품표지 또는 영업표지에 관한 부정경쟁행위로 인하여 자신의 영업상의 이익이 침해되거나 침해될 우려가 있어 같은 법 제4조 제1항에 의하여 그 행위의 금지 또는 예방을 청구할 수 있는 자에는 그러한 표지의 소유자뿐만 아니라 그 사용권자 등 그 표지의 사용에 관하여 고유하고 정당한 이익을 가지고 있는 자도 포함된다'고 판시하면서, 이 사건 표장 등의 소유자로부터 사용허락을 받고, 독립적인 체인점 영업과 광고선전 활동을 하여 온 신청인 회사는 본 규정에 따른 금지청구를 행사할 수 있다고 판단하였다.

대상결정은 부정경쟁방지법 제2조 제1호 (가)목, (나)목 부정경쟁행위에 있어서 금지청구를 구할 수 있는 자의 범위에 대한 판결이지만, 다른 부정경쟁행위나 이를 이유로 한 손해배상청구권을 행사할 수 있는 자의 범위에 대한 판단에 있어서도 동일하게 적용된다 할 것이다.

금지청구권의 행사주체의 범위와 관련하여 상품주체, 영업주체혼동행위[부정경쟁방지법 제2조 제1호 (가)목, (나)목] 사안에서 논의가 많은 편이다.

영업과 함께 주지표지를 양수받은 자는 금지청구권을 갖지만 금지청구권 그 자체만은 성질상 양도될 수 없다.[6)] 주지표지의 양도가 이루어지게 되면 양도인은 당해표지의 사용에 관하여 고유하고 정당한 영업상 이익을 가진다고 볼 수 없으므로 양도인은 금지청구권을 행사할 수 없다. 표지모용자의 경쟁사업자는 모용자의 행위에 의하여 경쟁상 상대적으로 불리한 입장에 놓인다 하더라도 주지표지의 사용에 관한 고유의 이익을 가지지 못하므로 금지청구권을 행사할 수 없고, 표지의 모용자가 당해 표지를 계속 사용한 결과 모용자 자신의 상품, 서비스를 나타내는 것으로 그 주지성을 취득한다 하더라도 모용자는 표지의 사용

---

4) 부정경쟁방지법은 유통시장에서 널리 알려진 상표·상호 등의 영업표지와 혼동이 생길 염려가 있는 행위를 개별·구체적 사안에 따라 금지하여 공정한 경업질서를 유지하고자 하는 '행위규제형 입법'인데 비해, 상표법은 상품 및 서비스에 관한 상표의 등록이라고 하는 절차적 수단을 통해 독점적인 사권을 창설함으로써 1차적으로 등록상표권자의 사익을 보호하는 '권리부여형 입법'이라는 차이가 있으며, … (중략)… 부정경쟁방지법은 주지된, 즉 널리 알려진 표지와 혼동이 생길 염려가 있는 행위 등을 개별적·구체적으로 규제하는 것이기 때문에 보호대상보다는 규제대상을 한정하는 것이 문제로 된다(헌재 2001. 9. 27. 99헌바77 참조).

5) 한편, 독일과 스위스의 부정경쟁방지법은 소비자나 사업자단체 등에 금지청구권을 인정하고 있다고 한다[정상조 편집대표, 「부정경쟁방지법 주해」, 박영사(2020), 400(백강진 집필부분)].

6) 송영식·이상정·황종환, 「지적소유권법(제9판)」, 육법사(2005), 442.

에 관한 정당한 이익을 가진다고 볼 수 없으므로 금지청구권을 행사할 수 없다.[7)]

이처럼 부정경쟁행위의 금지 또는 예방을 청구할 수 있는 자에는 주지표지의 소유자뿐만 아니라 독점적 실시권자, 그룹명칭의 경우 계열사 중 한 회사, 프랜차이즈에 있어서 그 본부와 가맹점 등의 경우에도 그 표지의 사용에 관하여 고유하고 정당한 이익을 가지므로 부정경쟁방지법에 따른 금지청구권을 행사할 수 있다.[8)]

이와 관련한 하급심 재판례를 살펴보면, ① 외국법인의 한국 자회사로서 모회사인 외국법인으로부터 상표에 대한 통상사용권을 설정받아 한국 내에서 외국법인의 제품을 독점적으로 수입, 판매하고 있는 자에게 금지청구권을 인정한 사례[서울고등법원 2000. 11. 15. 선고 99나61196 판결(확정)], ② 주지 영업표지(KT, KT전화번호부)의 소유자로부터 전화번호부 발행업무 협약을 통해 그 표지의 사용을 허락받은 자에게 손해배상청구권을 인정한 사례[서울고등법원 2014. 9. 18. 선고 2013나61390 판결(확정)], ③ '뮤지컬 캣츠' 저작물과 '캣츠' 표지에 관한 정당한 권리자로부터 국내에서의 독점적인 공연권을 부여받으면서 그 광고와 홍보를 위해 '캣츠' 표지를 독점적으로 사용할 수 있는 권한을 함께 부여받았고, 국내에서 뮤지컬 캣츠를 공연해 오면서 이를 광고·홍보한 자에게 금지청구권을 인정한 사례[서울고등법원 2015. 4. 2. 선고 2015나5134 판결(상고심에서 심리불속행기각 확정)], ④ '烟台古酿酒' 표시의 한국 내 독점사용권, 연태고량주의 한국 내 독점판매권을 부여받은 자에게 금지청구권을 인정한 사례[서울고등법원 2019. 11. 14. 선고 2019나2028506 판결(상고심에서 심리불속행기각 확정)] 등이 있다.

반면 독점적 통상사용권을 보유하지 아니한 독점적 판매업자는 금지청구권을 행사할 수 없다고 판단한 하급심도 있다[서울고등법원 2008. 6. 17. 선고 2008나40436 판결(확정)].[9)10)]

상품형태 모방행위[부정경쟁방지법 제2조 제1호 (자)목]와 관련해서도 금지청구권의 행사주체의 범위에 대해 논의가 있다. 하급심은 ① 부정경쟁방지법 제2조 제1항 (자)목의 입법취지는 상품개발자의 선행투자에 대한 노력과 비용을 보호하기 위한 것인데, 독점적 판매권

---

7) 윤병각, "부정경쟁행위의 유형과 구제방법", 「재판자료 제57집」, 법원도서관(1992), 579~580.

8) 사법연수원, 「부정경쟁방지법(2000)」, 36.

9) 위 하급심은 '단지 상표권자 또는 표지에 관한 권리를 가진 자로부터 완제품을 공급받아 이를 독점 판매할 수 있는 권한만을 가진 경우, 이는 완제품의 독점 판매자가 공급자에 대하여 가지는 계약상 권리에 불과하므로 독자적으로 부정경쟁행위에 대한 손해배상청구권을 갖는다고 할 수 있으려면 적어도 전용사용권과 유사한 정도로 독점적 통상사용권을 갖고 있다고 평가할 수 있어야 할 것이다'라고 판시하여 독점 판매권만을 가진 자의 손해배상청구권을 부정하였다. 위 판결에 대한 해설로는, 함석천, "부정경쟁행위에 대한 금지청구 및 손해배상청구를 할 수 있는 자", 「Law&Technology」, 제5권 제5호(2009), 147 이하.

10) 이에 대해 독점적 수입판매업자가 당해 상품 등의 표지의 주지성 획득에 기여하였고 또 그 수업판매업자에게 구체적인 영업상 이익의 침해(고객의 상실, 매상의 감소 등)를 인정할 수 있는 경우라면, 설령 그 표지에 대해 원고가 독점적 통상사용권을 가지고 있지 않더라도 손해배상청구권 등을 긍정함이 타당하다는 반대 견해가 있다[정상조 편집대표(주 5), 427~428(박성호 집필부분)].

자도 판매망의 개척과 확보를 위한 노력을 한 결과 보호되어야 할 '영업상의 이익'이 있다고 보아야 하는 점, ② 금지청구권자로 그 주체를 상품의 제작자로 한정하고 있지 않은 점, ③ 개발자로서의 손해와 독점판매권자로서의 손해는 서로 다른 것인 점 등을 고려하면 상품의 제작자뿐만 아니라, 상품의 제작자와 독점공급계약을 체결한 독점적 판매권자도 부정경쟁방지법상 손해배상청구권을 행사할 수 있다고 판단한 사례가 있다[서울중앙지방법원 2018. 5. 14. 선고 2017가합502502 판결(항소심에서 항소기각 확정)].[11)]

Ⅲ. 대상결정의 의의

대상결정은 신청인 회사가 주지표지의 소유자로부터 사용허락을 받고, 독립적인 체인점 영업과 광고선전 활동을 한 사안에서 신청인 회사는 부정경쟁방지법 제4조에 따른 금지청구를 구할 수 있는 고유하고 정당한 이익이 있다고 판단하였다.

부정경쟁방지법의 규정 형식과 해석상 금지청구권의 행사주체에 대하여 대상결정은 그 기준을 설시하고, 대상결정의 사안에서 신청인 회사가 금지청구권를 행사할 수 있음을 인정한 사례로서 의의가 있다.

키워드

부정경쟁행위 금지청구권, 금지청구권의 행사주체, 고유하고 정당한 이익

11) 이에 대해서 '혼동'을 전제로 하는 상품주체 혼동행위의 규제의 경우와 상품형태 모방행위의 규제는 그 입법취지를 달리 하므로 상품주체 혼동행위의 경우처럼 그 청구주체의 외연을 확대할 필요는 없다고 보아 반대하는 견해가 있다[정상조 편집대표(주 5), 162~163(박성호 집필부분)].

[94] 부정경쟁행위를 목적으로 한 상표등록과 권리남용

—대법원 2001. 4. 10. 선고 2000다4487 판결—

권 보 원 (특허법원)

[사실 개요]

<table>
<tr><th>㉮ 원고 캐릭터</th><th>㉯ 원고 등록상표</th><th>㉰ 피고 등록상표</th><th>㉱ 피고 등록상표</th></tr>
<tr><td></td><td>
</td><td>
</td><td>
</td></tr>
</table>

1. 원고(주식회사 산리오)는 1960. 8. 10. 설립된 일본 회사이다. 원고 소속 디자이너인 시미즈 유우코(清水侑子)는 1974년 10월경 ㉮ 캐릭터를 직무상 창작하여 "헬[로]키티(HELLO KITTY)"라는 이름을 지었다. 원고가 1975년 2월 카탈로그에 위 캐릭터를 처음 공표하고 1975년 4월 일본에서 상표출원을 시작하여 캐릭터가 부착된 손지갑을 판매하는 등 사업을 확장한 이래, 일본에서 260여 개, 미국 등 38개국에서 900여 개 원고 캐릭터 관련 상표가 등록되었고(사실심 변론은 1999. 11. 30. 종결), 1998년 기준으로 일본에서 150여 개 직영점, 2,000여 개 상설 점포가 운영되고 있다. 1983년에는 헬로키티가 미국 유니세프 위원회 초대 주니어 대사로 임명되기도 하였다. 원고는 대한민국에서도 1978. 4. 25. 지정상품 18류(현 8류) 도시락, 43류(현 28류) 인형 등으로 ㉯ 표장을 출원, 1979년 상표 제60430호, 제61130호로 등록받은 것을 비롯하여 국내 상표 17개를 보유하고 있고, 1980. 5. 1.부터 매년 라이선스계약을 갱신하면서 한국에서 캐릭터 상품화 사업을 하였으며, 1988년 6월에는 특허청 발간 '외국 상표 자료집'에 원고 상표가 의복 등 여러 상품에 걸쳐 유명상표로 등재되었다. 원고는 1998. 7. 16. 한국 법인 산리오 코리아를 설립하여 상품화 사업을 추진하고 있다.
2. 甲은 지정상품 45류 멜빵, 혁대 등에 관하여, 1982. 4. 3. ㉰ 상표를 출원하여 1983. 3. 22. 상표 제89491호로 등록받고, 1983. 11. 10. ㉱ 상표를 출원하여 1984. 9. 25. 상표 제105341호로 등록받았다. 피고는 甲의 ㉰, ㉱ 상표권을 상속받은 乙로부터 1997. 10. 17. 상표사용허락을 받아(주: 하급심 판시와 달리 상표원부에는 피고가 乙로부터 각 상표권을 양수하였다고 나온다), ㉮ 캐릭터와 매우 유사한 그림이 표시된 멜빵, 벨트 등 제품을 판매하고 있다.
3. 원고는 피고가 그 제품을 제작, 판매하는 행위가 원고 저작권을 침해할 뿐 아니라 부정경쟁행위에 해당한다고 주장하면서 1998. 8. 26. 피고를 상대로 피고 제품의 판매 등 금지와 폐기를 구하는 소를 제기하였다. 1심법원은 '피고 사용권 범위 내의 표지 사용이 부정경쟁행위에 해당하지 않는다'는 등의 이유로 원고 청구를 모두 기각하였으나, 항소심법원은 '상표권의 정당한 사용에 해당하지 않는다'는

이유로 부정경쟁행위를 인정하고 피고의 등록상표권 사용 항변을 배척하였다(피고가 제작한 바 없는 서적 등에 대한 금지청구는 기각).

[판결 요지]

1. 주지성을 획득한 상품표지와 동일·유사한 표지를 사용하여 상품을 생산·판매하는 경우 주지 상품표지의 상품과 다른 상품이라 하더라도 한 기업이 여러 분야에 걸쳐 다른 상품을 생산·판매하는 것이 일반화된 현대 산업구조에 비추어 일반 수요자들로서는 해당 상품표지의 소유자나 그와 특수관계에 있는 자가 생산·판매하는 것으로 인식하여 출처를 혼동할 수 있으므로 부정경쟁방지법 제2조 제1호가 정한 부정경쟁행위에 해당한다.

2. 부정경쟁방지법 제15조(이하 개정 전후를 통틀어 '제15조'라고만 한다)는 상표법 등에 다른 규정이 있는 경우 부정경쟁방지법을 적용하지 않고 다른 법률 규정을 적용하도록 규정하고 있으나, 상표권 등록이 자기 상품을 타인 상품과 식별시킬 목적으로 한 것이 아니고 국내에 널리 인식되어 사용되고 있는 타인 상표와 동일·유사한 상표를 사용해 일반 수요자에게 타인 상품과 혼동하게 하여 이익을 얻을 목적으로 형식상 상표권을 취득하는 것이라면 그 상표의 등록출원 자체가 부정경쟁행위를 목적으로 하는 것으로서, 권리행사의 외형을 갖추었다 하더라도 상표법을 악용하거나 남용한 것이 되어 상표법에 따른 적법한 권리의 행사라고 인정할 수 없으므로 제15조 적용이 배제된다.

해설

Ⅰ. 대상판결의 쟁점

상표법은 상표를 보호함으로써 상표 사용자의 업무상 신용과 수요자 이익을 보호한다(제1조). 여기서 "상표"는 자타상품을 식별하기 위해 사용하는 표장을 말하고(제2조 제1항 제1호), "표장"은 기호, 문자, 도형 등 상품출처를 나타내기 위해 사용하는 모든 표시를 말한다(같은 항 제2호). 상표는 표장 자체가 새롭고 독특하거나 아름다워서 보호하는 것이 아니다. 평범하고 단순하고 익숙한 표장일지라도,[1] 그로써 상품출처가 혼동 없이 식별될 수 있게 하려고 보호한다. 상표에 관한 권리는 "표장"과 "상품", 표장과 상품의 연관된 사용으로 축적되는 "신용"(goodwill)을 따로 떼어놓고 생각할 수 없다. 그 점에서 상표권은 표장이 사용

1) 1990. 1. 13. 상표법 개정으로 상표(서비스표)의 "특별현저" 요건이 삭제되었다. In re Trade-Mark Cases, 100 U.S. 82, 94 (1879)도 참조.

되는 맥락의 제한을 받는 권리라고 할 수 있고, 상표의 가치와 힘도 표장에 쌓인 신용과 고객흡인력에서 나온다.

우리 상표법은 '상표권에 관하여' 선출원주의와 등록주의를 취한다. 둘 이상의 출원이 있으면 앞선 날 출원한 자만 상표를 등록받을 수 있고(제35조 제1항), 상표권은 설정등록으로 발생한다(제82조 제1항). 그러나 상표법은 '주지상표' 등록을 불허하고(제34조 제1항 제9호), 선사용권자의 사용권을 인정하는 등(제99조) 사용주의적 요소도 가미하고 있다.

한편 부정경쟁방지법은 국내에 널리 알려진 타인 상표의 부정한 사용 등을 방지하여 건전한 거래질서를 유지함을 목적으로 한다(제1조). 상표법이 등록이라는 절차적 수단을 통해 독점·배타적 권리를 음각적(陰刻的)으로 창설하는 법이라면, 부정경쟁방지법 중 표지 관련 규정은 등록을 떠나 이미 널리 인식된 표지와 혼동을 초래할 수 있는 행위(passing off)를 규제함으로써, 표지 보유자가 쌓아 올린 이익을 양각적(陽刻的)으로 보호한다.[2] 보호 대상과 방법은 다소 다르지만, 두 법은 출처혼동을 방지하여 영업자 신용[3]과 수요자 이익을 보호한다는 점에서 공통된다. 상표법도 넓은 의미에서는 부정경쟁을 방지하는 법이라 할 수 있고,[4] 부정경쟁방지법은 이론적으로나 실무상으로나 상표법의 원천(源泉)이 된다.

'부정경쟁행위에 해당하는가'의 판단은 소송에서 이루어지므로 불명확성, 불확실성을 안고 있다. 법 규정이 있어도 크게 다르지 않다. 거래상 명확성, 예측 가능성에 대한 요청은 등록에 기초한 상표법에 표지법의 지배적 역할을 할당하고 부정경쟁방지법은 이를 보완하게 하는 경향으로 나타난다.[5] 제15조도 상표법 등에 다른 규정이 있으면 상표법 등에 따른다고 정하고 있는바, 부정경쟁방지법의 보충적 지위를 규정한 것처럼 보인다.[6]

그런데 '상표권 등록주의'하에서는, 어떤 표장이 담고 있는 신용의 주체가 아닌 자가 그 표장을 상표로 출원하여 등록받는 일이 생길 수 있다. 출처로 인식되는 '보호할 상표'(의 보

2) 파리협약 Art. 10bis(2)는 "산업 또는 상업상 정직한 관행(honest practice)에 반하는 경쟁행위"를 부정경쟁행위로 규정한다.

3) 부정경쟁방지법 제6조(부정경쟁행위 등으로 실추된 신용의 회복) 참조.

4) Hanover Star Milling Co. v. Metcalf, 240 U.S. 403, 413 (1916)("[T]he common law of trademarks is [a] part of the broader law of unfair competition."); 대법원 1984. 9. 25. 선고 83후65 판결("상표제도의 목적은 부정경쟁을 방지하[는] 데 있다.") 등.

5) 예컨대, 미국에서 미등록상표 침해 등을 규율했던 판례법은 연방 상표법(15 U.S.C. § 1125)으로 흡수되었다. 여러 부정경쟁방지법은 보충적 일반조항(우리 현행법 제2조 제1호 파목, 독일 UWG § 3 등)을 두고 있는바, 이를 통해 미처 법정되지 못했지만 거래관념 변화 등으로 등장할 새로운 부정경쟁행위 유형을 법원이 개별 사건에서 탄력적으로 파악할 수 있고, 궁극적으로는 해당 유형이 상표법 등 성문법에 편입됨으로써 적어도 그 영역에서는 일반조항의 역사적 역할이 끝난다고도 볼 수 있다.

6) 다수 학설은 상표법이 부정경쟁방지법의 특별법적 지위에 있다고 본다. 윤선희, 「상표법(제6판)」, 법문사(2021), 106; 정상조, "상표법과 부정경쟁방지법의 조화/통합", 「특별법연구」 제8권, 박영사(2006), 749 등.

유자)와 등록되어 '실제로 보호받는 상표'(의 보유자)가 분리되는 것이다.[7] 상표 사용자의 업무상 신용을 유지하고 출처혼동을 방지하여 수요자 이익을 보호한다는 상표법 목적에 반하는 사태이다.[8] 주지상표와 혼동하게 하여 이익을 얻을 목적으로 그와 동일·유사한 상표를 등록한 경우에도 제15조를 근거로 상표법적 보호를 부여할 것인지, 침해소송 등에서 등록상표의 효력을 부인하는 것이 행정행위(상표등록결정)의 공정력이나, 권력분립원리에 기초하여 등록상표의 효력은 일단 심판절차로 다투게 하고 법원에는 항고소송으로 그 심결 취소만 구할 수 있게 한 취지[9]에 반하는 것은 아닌지 문제 된다.

Ⅱ. 대상판결의 분석

1961. 12. 30. 제정된 부정경쟁방지법 제7조는 '상표법 등에 의하여 권리를 행사하는 행위'에 대하여는 부정경쟁방지법을 적용하지 아니한다고 규정하고 있었다. 그러나 사실상 방치되어 있던 부정경쟁방지법이 1986. 12. 31. 개정되면서 제9조가 현행 제15조와 같이 규정하고, 대법원이 '사임당가구' 사건에서 '상표법 등으로 보호되는 권리가 있어도 상표법 등에 저촉되지 않는 범위에서는 부정경쟁방지법을 적용할 수 있다'는 이유로 [판결 요지] 2.와 같은 법리를 처음 낸 이후,[10] 법원은 일관하여 '타인의 주지상표와 혼동을 일으켜 이익을 얻고자 형식상 상표권을 취득했다면 상표등록출원이나 상표권 양수 자체가 부정경쟁행위를 목적으로 상표법을 악용하거나 남용한 것이 되어 적법한 권리의 행사로 인정할 수 없으므로 제15조에 해당하지(제15조가 적용되지) 않는다'고 판단하고 있다.[11] 권리행사의 외형을 띠었더라도 민법의 대원칙에 따라 권리남용은 허용할 수 없다는 것이다. 앞서 본 바와 같은 두 법의 공통된 목적에 비추어 '상표법에 부정경쟁방지법과 다른 규정이 있는 경우'라 볼 수 없고, 처음부터 부정경쟁(부당한 이익)을 목적으로 상표법을 악용하거나 상표권을 남용하는

---

7) 오영준, "가. 음반의 제명이 자타상품의 식별표지로서 인정되는 경우(제목 후략)", 「대법원 판례해설」 제69호, 법원도서관(2008), 580. 위 글, 595는 상표권이 손쉬운 등록으로 인정되기 때문에 무조건 등록상표를 우선할 때 오히려 상표제도의 목적과 기능에 배치되는 결과를 가져오게 될 수 있음을 지적한다.

8) 구 상표법(1990. 1. 13. 개정 전) 제9조 제1항 제9호(현행법 제34조 제1항 제9호)의 취지에 관한 대법원 1985. 2. 26. 선고 84후15 판결 참조.

9) 대법원 2003. 8. 19. 선고 2002후321 판결, 2004. 7. 22. 선고 2004후356 판결 등 참조.

10) 대법원 1993. 1. 19. 선고 92도2054 판결(부정경쟁방지법위반죄 성립 인정).

11) 대법원 1995. 11. 7. 선고 94도3287 판결; 대법원 1999. 11. 26. 선고 98다19950 판결('정읍미화분회' 사건); 대법원 2000. 5. 12. 선고 98다49142 판결('비제바노' 사건); 대법원 2003. 8. 25. 자 2002마2311 결정('타이레놀' 사건); 대법원 2004. 2. 26. 선고 2001다51299 판결('Z·P·Z·G' 사건); 대법원 2004. 11. 11. 선고 2002다18152 판결('CASS' 사건); 대법원 2007. 6. 14. 선고 2006도8958 판결('캠브리지멤버스' 사건); 대법원 2008. 9. 11. 자 2007마1569 결정('K2' 사건) 등 다수.

행위에 대해서까지 부정경쟁방지법 적용을 배제하기 위해 제15조를 적용하는 것은 모순적이거나 부당하다는 생각이 깔려 있다고도 볼 수 있다.[12)]

이러한 판결에 대하여, '상표법 우선 적용 원칙을 정한 제15조의 취지에 반하여 법관의 개인적 도덕 기준으로 상표법이 상정하지 않은 선악 판단을 개입시켜 입법적 해석을 한 것'이라고 비판하는 견해가 있다.[13)] 그러나 제15조는, 문언이 투박하기는 하나 상표법과 부정경쟁방지법이 밀접한 관계에 있으면서도 구체적 입법목적과 규율 방법이 달라 저촉·충돌될 가능성에 대비하기 위한 것으로서,[14)] 상표법이 모든 국면에서 언제나 부정경쟁방지법보다 우선 적용되는 특별법임을 선언한 조항이라고 단정할 수 없다. 1986년 입법자료에는 '법 적용의 유연성을 보장하고 타법과의 관계를 명확히 구분(區分)함으로써 법 집행상 혼란을 없애 법의 실효성을 확보'한다는 개정이유가 나올 뿐이다.[15)] 부정경쟁방지법도 민법상 불법행위 법리를 구체화한 특별법인데다, 상표법은 상표에 관한 법이지 등록상표나 상표권자만을 위한 법은 아니다.[16)] 학설 상황과는 별개로, 하급심 판결을 통틀어 보더라도 두 법이 일반법·특별법 관계라고 본 판례는 발견되지 않고, 오히려 당사자의 그러한 주장을 배척하기도 한다.[17)] 일본도 구 부정경쟁방지법 제6조에 '상표법에 의한 권리행사라고 인정되는 행위'에는 부정경쟁방지법을 적용하지 않는다는 우리 제정법과 유사한 조항을 두었으나, 판례도 학설도 등록상표가 항상 주지상표에 우선한다는 식으로 해석하지는 않았고, 두 법 사이의 형식적 위계론을 피하고자 1993년 결국 해당 조항을 삭제하였다.[18)] 두 법이 이루는 음양각(陰陽刻)은 각자 강점을 갖는 장면에서 실력을 발휘하면서 표지법의 형식과 실질, 절차와 실체, 과거와 미래를 아우른다고 해야 하지 않을까.

---

12) 일본에는 1934년 부정경쟁방지법 제정 무렵 부정경쟁방지법의 목적이 권리남용에 해당하는 경쟁행위를 규제하기 위한 것이라 보는 견해도 있었다. 渋谷達紀, 「不正競争防止法」, 発明推進協会(2014), 11.

13) 대표적으로 정상조 교수가 "주지상표의 보호: 상표법과 부정경쟁방지법의 조화를 위한 제언", 「법학」 제43권 제4호, 서울대학교 법학연구소(2002); 주 6의 논문(2006); 정상조·박준석, 「지적재산권법(제5판)」, 홍문사(2020) 등 여섯 편 이상의 문헌에서 거듭 비판론을 펼치면서 상표법으로의 통합을 주장하고, 국내 문헌 다수가 이를 인용한다.

14) 헌법재판소 2001. 9. 27. 선고 99헌바77 결정은 두 법의 관계, 제15조의 입법 배경, 판례로 구체화된 내용 등을 종합하여 위와 같이 설시하면서, 제15조는 두 법이 저촉·충돌하는 양상에 따라 해석을 통해 의미가 구체화될 여지를 남기고 있다고 보았다.

15) 제131회 국회, 제15차 상공위원회(1986. 12. 12.) 상정 심사보고서 및 회의록 참조.

16) 상표법 제2조는 제10호에서야 "등록상표"를 정의하고, 이는 제1호 "상표"의 하위개념이다. 상표법은 제정 당시부터 1990. 9. 1. 개정 전까지 상표가 "특별현저"할 것을 요구하였고, 등록상표의 정의 규정도 위 개정 때 비로소 들어왔다.

17) 헌법재판소 사건(주 14)에서 특허청장도 '두 법은 취지와 규율대상이 달라 일반법·특별법 관계라고 할 수 없다'는 의견을 냈다.

18) 小野昌延·松村信夫, 「新·不正競争防止法概説(第3版) 上巻」, 青林書院(2020), 48~58. 이 사건 항소심판결도 일본이 위 조항을 삭제했음을 지적하고 있다.

비판론은 이와 같은 사안이 '부정경쟁방지법에 의한 보호가 상표법의 취지와 충돌하는 경우'라고 전제하고 있다. 그러나 상표법도 타인의 주지상표와 저촉되는 상표를 출원한 경우를 등록거절(제34조 제1항 제9호, 제54조 제3호, 제87조 제1항 제1호), 이의신청(제60조 제1항), 등록무효(제117조 제1항 제1호, 단 제122조 제1항 제척기간 적용) 사유로 규정한다. 그렇다면 현상적으로 상표권자와 주지상표 보유자의 이익이 충돌한다고 하여 두 법이 규범적으로 저촉·충돌한다거나 상표법이 부정경쟁방지법과 다르게 규정한 경우라고 볼 수 있을까. 더구나 이 사건은, 원고가 주지성을 획득한 캐릭터로 ㉯ 상표 등을 먼저 등록했음에도 피고 상표가 등록되었고, 원고가 적시에 청구한 최초의 무효심판 등에서 '㉯ 상표와 ㉰, ㉱ 상표는 외관, 호칭이 다르다'는 등 선뜻 이해하기 어려운 이유로 청구가 받아들여지지 않았으며,[19] 피고도 ㉰, ㉱ 상표를 그대로 사용하지 않고 ㉮ 캐릭터에 더 가깝게 도안을 변형하여 사용했던 사안이다. 甲 말고도 원고 상품으로 혼동하게 할 목적으로 ㉮ 캐릭터와 유사한 상표를 출원하는 사람이 계속 있고 더러 등록을 받던 상황에서,[20] '등록주의가 원칙이고, ㉰, ㉱ 상표의 등록무효가 확정되지 않았으니 (실은 역시 상표권자이기도 했던) 원고가 아니라 피고를 보호해야 한다'는 것은, 정녕 상표 보호에 충실한 결론일까?

Ⅲ. 대상판결의 의의

대상판결 등은 타인의 주지상표를 먼저 등록하면 무조건 상표법을 악용한 것이 된다고 간편히 단죄한 판결이 아니다. 개별 사정을 구체적으로 따져 '자기 상품임을 표시할 목적이 아니라, 타인 상품과 혼동하게 하여 (부당한) 이익을 얻을 목적으로' 상표를 등록받았다고 인정될 때, 그렇게 형식상 취득한 상표권에는 상표법도 부정경쟁방지법도 보호를 제공하지 않는다는 것이다(상표법 제34조 제1항 제13호 참조). 대상판결은 상표법이 정한 절차가 그 목적에 맞게 작동하지 않고 있을 때 상표법과 부정경쟁방지법 공통의 목적을 고려하여 정의와 형평에 부합하는 결론을 끌어냈다는 데 의의가 있다. 권리남용 법리는 다른 나라에서도 상표권 등록주의나 등록상표의 효력을 기계적으로 관철할 때 발생하는 불합리를 완화하는 기능을 하고 있고,[21] 이는 특허권,[22] 디자인권[23] 등에서도 마찬가지이다. 다만, 균형과 일관

19) 심판소 1985. 6. 29. 자 84심판756 심결; 항고심판소 1987. 11. 30. 자 85항당143 심결; 대법원 1988. 11. 8. 선고 87후138 판결과 심판소 1986. 1. 18. 자 85당478 심결; 항고심판소 1988. 4. 28. 자 86항당31 심결; 대법원 1989. 4. 25. 선고 88후608 판결(원고가 심판에 제대로 대응하지 않은 측면도 있다고 보인다). 위와 같은 결론은 원고가 10여 년 후(그 사이 특허심판원과 특허법원이 개원했다) 이 사건 1심 계속 중에 청구한 갱신등록무효 및 취소심판에서 바로잡혔고, 심결 결과가 항소심 변론에 반영되었다.

20) KIPRIS 검색 결과, 甲은 헬로키티뿐 아니라, 스누피, 피노키오, 삐삐, 스머프 등 잘 알려진 캐릭터를 상표로 등록출원하려는 시도를 계속하였던 것으로 확인된다.

성을 잃지 않아야 할 것이다.

키워드

부정경쟁방지법 제15조, 상표법과 부정경쟁방지법의 관계, 주지상표와 등록상표의 충돌, 상표권 남용

21) 정태호, "상표권 남용에 관한 판례의 유형별 고찰: 한국과 일본의 판례를 중심으로", 「지식재산연구」 제9권 제3호, 한국지식재산연구원·한국지식재산학회(2014); 이문지, "상표권의 남용에 관한 미국의 판례법", 「현대상사법 논집」, 법지사(2001) 등 참조.

22) 대법원 2012. 1. 19. 선고 2010다95390 전원합의체 판결 등. 일본에는 '킬비(キルビー)' 항변이 특허권의 존재가 아니라 효력만 부정하는 것이어서 공정력에 반하지 않는다고 보는 견해가 있다. 나카야마 노부히로(中山信弘) 외 3인 편저, 「제4판 특허판례백선」, 박영사(2014), 475[나카야마 이치로(中山一郎) 집필, 김철환 번역 부분].

23) 대법원 2013. 3. 14. 선고 2010도15512 판결 등.

[95] 상품표지의 주지성과 혼동위험성을 인정하기 위한 요건

—대법원 2009. 8. 20. 선고 2007다12975 판결—

이 춘 수 (김 · 장 법률사무소)

[사실개요]

원고들 상표	피고 상표
RUMMIKUB	RUMMY

1. 원고들은 'RUMMIKUB'의 상표권자 및 'RUMMIKUB' 상표를 사용한 보드게임 기구의 국내 독점판매권자이고, 피고는 'RUMMY'라는 상표를 사용하여 원고들의 보드게임 기구와 유사한 보드게임 기구를 인터넷 사이트와 온라인 오픈 마켓을 통하여 판매한 자이다.
2. 'RUMMIKUB' 보드게임 기구는 1에서 13까지의 숫자를 검정, 빨강, 파랑, 노랑의 4가지 색상으로 새긴 가로 2cm, 세로 3cm의 타일(tile) 및 조커 표시를 새긴 같은 크기의 타일을 타일받침대에 배열하는 보드게임 기구로, 1930년대 초반 이스라엘 사람이 서양에서 오래전부터 성행하던 러미(rummy)라는 카드게임의 규칙과 기구를 다소 변형하여 타일 형식으로 개발한 것이고, 'rummy'라는 단어는 카드게임의 일종을 의미하는 것으로 영어사전에 등재되어 있다.
3. 'RUMMIKUB' 보드게임 기구는 70여 년간 전 세계적으로 3천만 개 이상이 판매되었고, 각국 대표들이 참가하여 위 보드게임 기구를 사용하는 세계대회(WRC, World Rummikub Championship)가 3년에 1번씩 개최되면서 2003년 기준 제5회 세계대회가 개최되었으며, 국내에서는 위 'RUMMIKUB' 보드게임 기구가 2004. 12. 31.을 기준으로 하여 전국 286개 판매처에서 연간 6만 개 정도가 판매되면서, 2005년 기준 서울과 부산에서 위 보드게임 기구를 사용하는 '루미큐브 페스티발'이 8회 개최되고, '한국 루미큐브 챔피언결정전'이 2회 개최되었다.

[판결 요지]

1. 부정경쟁방지법 제2조 제1호 (가)목, (나)목에서 타인의 상품 또는 영업임을 표시한 표지가 "국내에 널리 인식되었다"는 의미는 국내 전역에 걸쳐 모든 사람에게 주지되어 있음을 요하는 것이 아니고, 국내의 일정한 지역범위 안에서 거래자 또는 수요자들 사이에 알려진 정도로써 족하다고 할 것이고, 널리 알려진 상표 등인지 여부는 그 사용기간, 방법, 태양, 사용량, 거래범위 등과 상품거래의 실정 및 사회통념상 객관적으로 널리 알려졌느냐의 여부가 일응의 기준이 된다. 부정경쟁방지법 제2조 제1호 (가)목에서 "타인의 상

품과 혼동을 하게 하는"이라는 의미는 상품의 출처가 동일하다고 오인하게 하는 경우뿐만 아니라 국내에 널리 인식된 타인의 상품표지와 동일 또는 유사한 표지를 사용함으로써 수요자로 하여금 '당해 상품표지의 주체와 사용자 간에 자본, 조직 등에 밀접한 관계가 있을 수 있지 않을까'라고 오신하게 하는 경우도 포함하며, 타인의 상품과 혼동을 하게 하는 행위에 해당하는지 여부는 상품표지의 주지성과 식별력의 정도, 표지의 유사 정도, 사용태양, 상품의 유사 및 고객층의 중복 등으로 인한 경업·경합관계의 존부, 그리고 모방자의 악의(사용의도) 유무 등을 종합하여 판단하여야 한다.

2. 원고들의 상품표지 'RUMMIKUB'가 사용된 상품의 개발 시기, 국내 판매처의 개수 및 연간 판매수량, 'RUMMIKUB' 상품을 사용하는 국내 대회의 개최 횟수와 규모, 'RUMMIKUB' 상품의 주지성을 인식하는 주체는 상품의 종류와 특성에 비추어 보드게임에 관심이 많은 청소년층으로 보이는 점 등을 종합하여 볼 때, 피고의 상품표지인 'RUMMY'를 사용한 상품을 국내에서 판매하기 시작한 2005. 2.경 원고들의 상품표지가 국내에서 널리 인식되었다고 볼 수 있고, 원고들의 상품표지가 국내에서 주지성을 획득한 점, 원고들 및 피고의 상품표지가 유사하고 양 상품표지가 사용된 상품이 흡사한 점, 양 상품의 고객층 또한 중복되는 점 등에 비추어 볼 때, 상품주체의 혼동위험성이 있다고 한 사례.

해설

Ⅰ. 대상판결의 쟁점

부정경쟁방지법 제2조 제1호 (가)목은 "국내에 널리 인식된 타인의 성명, 상호, 상표, 상품의 용기·포장, 그 밖에 타인의 상품임을 표시한 표지(標識)와 동일하거나 유사한 것을 사용하거나 이러한 것을 사용한 상품을 판매·반포(頒布) 또는 수입·수출하여 타인의 상품과 혼동하게 하는 행위"를 부정경쟁행위로 규정한다. 주지의 상품표지와 동일·유사한 것을 무단 사용함에 따른 상품주체 혼동행위로, 같은 호 (나)목의 영업주체 혼동행위와 함께 타인의 신용에 부당하게 편승하는 이른바 사칭통용(詐稱通用) 행위를 규율하기 위한 것이다. 상품주체혼동행위가 성립하려면 ① 타인의 성명, 상호, 상표, 상품의 용기·포장, 그 밖에 타인의 상품임을 표시한 표지('타인의 상품표지')가 국내에 널리 인식되어 있을 것('주지성')을 요하고, ② 그와 같은 주지상품표지와 동일하거나 유사한 표지를 사용함으로써 타인의 상품과의 혼동을 초래할 것('혼동위험성')을 요한다.

여기서 상품표지의 주지성은 "국내에 널리 인식"되어 있는 것을 의미하므로, 외국에서 널리 알려져 있다 하더라도 국내에서 주지성이 없다면 부정경쟁방지법에 의한 보호대상이 될 수 없다.[1] 대상판결에서는 서양에서 널리 알려져 있는 'RUMMIKUB'라는 상표가 국내에서도 널리 인식되어 있다고 할 수 있는지가 다투어졌다. 또한, 주지상품표지와 혼동하게 하는 행위는 상품출처를 혼동하게 하는 행위보다 광의로 새기는 것이 일반적이다. 관련하여 대상판결에서는 피고의 보드게임에 'RUMMY' 상표를 사용하는 것이 'RUMMIKUB' 상표를 부착한 원고의 상품과 혼동하게 하는 행위에 해당하는지가 쟁점이 되었다.

Ⅱ. 대상판결의 분석

타인의 상품표지가 국내에 널리 인식되었다는 것은 국내의 전역 또는 일정한 범위 내에서 거래자 또는 수요자들이 그것을 통하여 특정의 상품을 다른 상품과 구별하여 널리 인식하는 것을 의미한다.[2] 주지성이 인정되기 위해서 모든 사람들이 표지를 인식하고 있을 필요는 없지만,[3] 적어도 어떠한 상품이나 영업과 관계를 맺는 거래자나 수요자 사이에서는 널리 인식되어야 하고, 여기에는 실제로 사용되고 있는 범위는 물론 광고 등에 의하여 널리 알려진 범위까지 포함된다.[4] 주지성의 판단기준과 관련하여 대법원은 "(타인의 상품임을 표시한 표지의) 사용기간, 방법, 태양, 사용량, 거래범위 등과 상품거래의 실정 및 사회통념상 객관적으로 널리 알려져 있느냐의 여부"를 제시하고 있다.[5] 대상판결은 위와 같은 법리에 따라 'RUMMIKUB' 상품의 주지성을 인정하는 주체를 보드게임에 관심이 많은 청소년층으로 보고, 'RUMMIKUB' 상표의 사용기간과 태양, 상품의 판매량과 판매점의 개수 및 국내 대회의 개최 회수 등을 종합한 결과, 'RUMMIKUB' 상표가 수요자들 사이에 주지성을 획득하였다고 판단하였다.

주지성이 인정되면, 다음으로 그 상품표지와 동일하거나 유사한 표지의 사용으로 타인의 상품과 혼동하게 하는지를 살펴보아야 한다. 여기서, 타인의 상품과 혼동하게 한다는 것은 상품출처의 혼동(협의의 혼동)뿐만 아니라, 상품주체 간에 일정한 관계가 있지 않은가 하는 혼동(광의의 혼동)까지 포함하는 개념으로 이해하는 것이 일반적이다. 법원도 "상품의 출처가 동일하다고 오인하게 하는 경우뿐만 아니라 국내에 널리 인식된 타인의 상품표지와 동일 또는 유사한 표지를 사용함으로써 일반 수요자나 거래자로 하여금 '당해 상품표지의 주체와 사용자 간에 자본, 조직 등에 밀접한 관계가 있지 않을까'라고 오신하게 하는 경우도 포함한다."고 판시하고 있다.[6] 상표법이 등록상표와 동일하거나 유사한 상표를 그 지정

1) 정상조 편집대표, 「부정경쟁방지법 주해」, 박영사(2020), 29(이대희 집필부분).
2) 대법원 1997. 12. 12. 선고 96도2650 판결.
3) 대법원 2003. 9. 26. 선고 2001도76861 판결.
4) 윤태식, 「부정경쟁방지법」, 박영사(2021), 57.
5) 대법원 2001. 9. 14. 선고 99도691 판결; 대법원 2003. 9. 26. 선고 2001다76861 판결.

상품과 동일하거나 유사한 상품에 사용하는 행위만으로 상표권 침해를 인정하고 혼동 초래 여부를 별도로 요구하지 않는 것[7]과는 달리 부정경쟁방지법 제2조 제1호 (가)목은 타인의 상품과 혼동하게 할 것을 요하고 있기에, 실제 혼동의 결과를 초래할 것까지 요하는지가 문제되나, 혼동의 위험성만으로 충분하다고 보는 것이 일반적이고, 판례 또한 같은 태도이다. 참고로, 미국 연방상표법 제32조 제1항, 제43조 (a)항은 '혼동을 일으킬 가능성이 있는(likely to cause confusion)'이라고 하여 혼동가능성만 있으면 됨을 규정하고 있다.[8] 구체적으로 타인의 상품과 혼동을 하게 하는 행위에 해당하는지에 대한 판단기준과 관련하여, 대법원은 "상품표지의 주지성과 식별력의 정도, 표지의 유사 정도, 사용태양, 상품의 유사 및 고객층의 중복 등으로 인한 경업·경합관계의 존부, 그리고 모방자의 악의(사용의도) 유무 등을 종합하여 판단하여야 한다."고 설시한 바 있고,[9] 대상판결도 그에 따라 'RUMMIKUB' 상표가 국내에서 주지성을 획득한 점, 원·피고의 상품표지가 유사하고 양 상품표지가 사용된 상품이 유사한 점, 양 상품의 고객층 또한 중복되는 점 등을 종합하여 혼동위험성을 인정하였다.

Ⅲ. 대상판결의 의의

사회가 다변화되고 구성원들의 관심사도 다양해짐에 따라, 종래 외국에서만 알려져 있던 상품들을 국내에 도입하여 판매망을 구축하고 홍보함으로써 국내에서도 수요층이 형성되고 인지도를 쌓게 되는 표지들이 증가하고 있다. 그리고 그에 편승하여 오픈 마켓 등을 통하여 유사 상품을 판매하는 경우도 함께 나타나고 있다. 대상판결은 이러한 경우에 상품주체 혼동행위의 요건인 주지성과 혼동위험성을 판단함에 있어서 참고할 수 있는 기준을 제시한 사례로서 의의가 있다.

키워드

상품주체 혼동행위, 상품표지 주지성, 혼동위험성, 보드게임

6) 대법원 2007. 4. 27. 선고 2006도8459 판결.
7) 상표법 제108조 제1항 제1호.
8) 정상조 집필대표(주 1), 34~35.
9) 대법원 2007. 12. 27. 선고 2005다60208 판결.

[96] 등록디자인의 사용과 상표권 침해 및 부정경쟁행위

—대법원 2013. 3. 14. 선고 2010도15512 판결—

장 현 진 (김 · 장 법률사무소)

[사실 개요]

1. 이 사건에서 피고인은 피해자 甲이 등록출원한 도형상표 ""와 유사한 "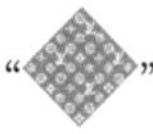" 문양의 피고인 사용표장이 부착된 가방과 지갑을 판매하거나 판매 목적으로 전시함으로써 甲의 상표권을 침해하였다는 내용으로 기소되었다.
2. 피고인과 공소외 1은 이 사건 범죄사실 이전에 피고인 사용표장인 문양에 대해 디자인등록을 받았고, 핸드백 등을 지정상품으로 하여 피고인 사용표장 "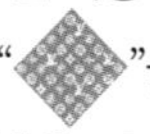"을 구성하는 개별 도형들 및 이를 다소 변형한 도형들에 대하여 각각 나누어 상표등록을 받은 바 있다.

[판결 요지]

1. 상표의 유사 여부의 판단은 두 개의 상표 자체를 나란히 놓고 대비하는 것이 아니라 때와 장소를 달리하여 두 개의 상표를 대하는 거래자나 일반 수요자가 상품 출처에 관하여 오인·혼동을 일으킬 우려가 있는지 여부의 관점에서 이루어져야 하고, 두 개의 상표가 그 외관, 호칭, 관념 등에 의하여 거래자나 일반 수요자에게 주는 인상, 기억, 연상 등을 전체적으로 종합할 때 상품의 출처에 관하여 오인·혼동을 일으킬 우려가 있는 경우에는 두 개의 상표는 서로 유사하다(대법원 2007. 2. 26. 자 2006마805 결정 참조).

2. 디자인과 상표는 배타적, 선택적인 관계에 있는 것이 아니므로 디자인이 될 수 있는 형상이나 모양이라고 하더라도 그것이 상표의 본질적인 기능이라고 할 수 있는 자타상품의 출처표시를 위하여 사용되는 것으로 볼 수 있는 경우에는 위 사용은 상표로서의 사용이라고 보아야 하고(대법원 2000. 12. 26. 선고 98도2743 판결 등 참조), 그것이 상표로서 사용되고 있는지의 여부를 판단하기 위하여는, 상품과의 관계, 당해 표장의 사용 태양(즉, 상품 등에 표시된 위치, 크기 등), 등록상표의 주지저명성, 그리고 사용자의 의도와 사용 경위 등을 종합하여 실제 거래계에서 그 표시된 표장이 상품의 식별표지로서 사용되고 있는지 여부를 종합하여 판단하여야 한다(대법원 2003. 4. 11. 선고 2002도3445 판결 참조).

3. 디자인의 등록이 대상물품에 미감을 불러일으키는 자신의 디자인의 보호를 위한 것이 아니고, 국내에서 널리 인식되어 사용되고 있는 타인의 상품임을 표시한 표지와 동일 또는 유사한 디자인을 사용하여 일반 수요자로 하여금 타인의 상품과 혼동을 일으키게

하여 이익을 얻을 목적으로 형식상 디자인권을 취득하는 것이라면, 그 디자인의 등록출원 자체가 부정경쟁행위를 목적으로 하는 것으로서, 가사 권리행사의 외형을 갖추었다 하더라도 이는 디자인보호법을 악용하거나 남용한 것이 되어 디자인보호법에 의한 적법한 권리의 행사라고 인정할 수 없으니, 이러한 경우에는 부정경쟁방지법 제15조 제1항에 따라 같은 법 제2조의 적용이 배제된다고 할 수 없다.

4. 피고인이 피해자 甲이 상표등록한 도형상표와 유사한 표장이 부착된 가방 등을 판매·전시한 행위가 디자인 및 상표등록에도 불구하고 피해자 甲의 상표권 침해, 부정경쟁방지법 제2조 제1호 (가)목, (다)목의 부정경쟁행위에 해당한다고 판단한 사례.

해설

Ⅰ. 대상판결의 쟁점

대상판결의 사안에서는, ① 도형상표의 유사 여부, ② 등록디자인의 사용이 상표로서의 사용에 해당하는지 여부, ③ 등록디자인의 사용이 부정경쟁행위에 해당하는지 여부 및 부정경쟁방지법 제15조 제1항의 해석이 쟁점으로 되었다.[1]

Ⅱ. 대상판결의 분석

1. 도형 상표의 유사 여부

유사 상표인지 여부에 관하여 판례는 해당 상품에 관한 거래실정을 바탕으로 그 외관, 호칭, 관념 등에 의하여 거래자나 일반 수요자에게 주는 인상, 기억, 연상 등을 전체적으로 종합할 때, 양 상표를 때와 장소를 달리하여 대하는 거래자나 일반 수요자가 상품 출처에 관하여 오인·혼동할 우려가 있는지 여부를 기준으로 판단해야 한다고 보고 있다.[2] 이러한 판단에 있어서 해당 상표의 표장이 실제 사용되고 있는 경우 표장의 주지 정도[3] 및 당해

1) 그 밖에 상표법위반죄와 각 부정경쟁방지법위반죄의 죄수가 쟁점이 되었고, 대상 판결은 형법 제40조 소정의 상상적 경합의 관계에 있다고 보아 형법 제37조 전단의 경합범 관계에 있다고 본 원심판결을 파기하였으나, 본고에서 이 부분은 다루지 않는다.

2) 대법원 2007. 2. 26. 자 2006마805 결정; 대법원 2015. 10. 15. 선고 2014다216522 판결.

3) 피고인은 상고이유로 이 사건 등록상표의 주지성을 고려할 때 수요자의 오인혼동 가능성이 없으므로 상표권 침해가 아니라고 주장하며, 대법원 1996. 7. 30. 선고 95후1821 판결, 대법원 1996. 9. 24. 선고 96후153, 96후191 판결 등을 근거로 들었으나, 위 판결들은 후출원상표가 저명상표이거나 양 상표 모두 주지저명한 상표였던 경우로 이 사건과는 사안을 달리하여 적용될 수 없다고 보았다[박태일. "전체 표장에 대한 디자인권 및 이를 구성하는 개별 도형들에 대한 상표권과 전체 표장의 사용으로 인한 상표권침해 및 부정경쟁행위 사이의 충돌에 관한 연구", 「IT와 법연구」 제8집, 경북대학교 IT와 법연구소

상품과의 관계, 표장에 대한 수요자들의 호칭 및 인식 등 당해 상품을 둘러싼 거래실정을 종합적·전체적으로 고려한다.[4]

도형상표의 유사 여부에 관하여, 판례는 도형만으로 구성되거나 도형과 문자의 결합상표 중에서 도형 부분이 현저하게 구성된 상표의 경우에는 그 외관이 지배적 인상을 남기므로, 외관의 유사 여부에 따라 상표의 유사 여부를 판단하고,[5] 도형상표의 외관이 유사한지 여부를 판단할 때에는 특히 이격적 관찰이 필요하며, 두 개의 상표를 나란히 놓고 대비하는 것이 아니라 때와 장소를 달리하여 이격적으로 관찰하였을 때 거래자나 일반 수요자에게 주는 인상, 기억, 연상 등을 전체적으로 종합하여 판단하여야 한다고 보고 있다.[6]

대상사건에서 등록상표인 "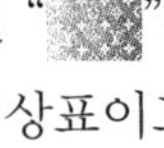"와 피고인의 사용표장인 ""는 여러 도형들이 연속적으로 배열된 형태의 도형상표이고, 각각의 도형들의 모양과 배열 방식이 서로 동일하지는 않다. 그러나 피고인의 사용표장을 구성하는 개별 도형들은 각각 이 사건 등록상표를 구성하는 도형들과 유사한 도형들을 모티브(motive)로 하고 있고, 이들을 규칙적·반복적으로 조합·배열한 구성, 배열 형태 및 표현방법 등에 있어서도 매우 유사하다. 대상판결은 이러한 양 상표의 외관의 유사성을 고려할 때, 피고인 사용표장과 이 사건 등록상표는 일반 수요자에게 오인·혼동을 일으킬 우려가 있고 유사하다는 취지로 판단하였다.

2. 등록디자인의 사용이 상표로서의 사용에 해당하는지 여부

상품에 표시되어 있는 표장은 장식적인 기능을 하기도 하지만 다른 한편으로는 자타상품을 구별하는 표지가 되기도 하는데, 이러한 표장이 상표로서 사용되고 있는지 여부에 관하여 판례는 "디자인과 상표는 배타적, 선택적인 관계에 있는 것이 아니므로 디자인이 될 수 있는 형상이나 모양이라고 하더라도 그것이 상표의 본질적인 기능이라고 할 수 있는 자타상품의 출처표시를 위하여 사용되는 것으로 볼 수 있는 경우에는 상표로서의 사용"에 해당하고, 순전히 디자인적으로만 사용되는 등으로 상표의 사용으로 인식될 수 없는 경우에는 등록상표의 상표권을 침해한 행위로 볼 수 없으며, 해당 표장이 상표로서 사용되고 있는지 여부는 상품과의 관계, 당해 표장의 사용 태양, 등록상표의 주지저명성 그리고 사용자의 의도와 사용경위 등을 종합하여, 실제 거래계에서 그 표시된 표장이 상품의 식별표지로서

(2014), 40~41]. 반면, 이 사건과 같이 선등록상표가 주지저명한 상표인 경우 그 주지저명성으로 인해 오히려 상표권의 보호범위가 좁아진다고 판단될 수는 없다.

4) 대법원 1996. 7. 30. 선고 95후1821 판결; 대법원 2019. 8. 14. 선고 2018후10848 판결.

5) 대법원 2014. 1. 23. 선고 2013후1900 판결; 대법원 2008. 10. 9. 선고 2007후2834 판결.

6) 대법원 1990. 7. 27. 선고 89후919 판결; 대법원 2010. 1. 14. 선고 2009후3770 판결 등; 도형상표의 유사판단에 관한 판례의 판단기준에 대해서는 김병식, "도형상표의 유사", 「대법원판례해설」 제98호, 법원도서관(2014), 246~248 참조.

사용되고 있는지 여부를 종합적으로 판단하여야 한다고 보고 있다.[7)]

대상사건에서 피고인은 그 사용표장을 가방 등 제품의 외부에 전체적으로 표시하는 방법으로 사용하였는데, 이처럼 제품 외부에 표시된 문양이 디자인적으로 사용된 것일 뿐 상표로서 사용된 것이 아니라고 볼 수 있는지 여부가 쟁점이 되었다. 이에 대해 대상판결은, ① 일반적으로 가방이나 지갑 제조업체는 일반 수요자가 외관상 눈에 잘 띄는 부분을 보고 그 상품의 출처를 식별하는 관행을 감안하여 제품 외부에 상표를 표시하고 있는 점, ② 피고인이 이전에도 이 사건 등록상표와 유사한 다른 표장을 가방 등의 제품 외부의 대부분에 표시하는 방법으로 사용하였고, 이에 대해 상표권침해금지판결을 받은 바 있는 점, ③ 피고인과 공소외 1이 피고인 사용표장에 대하여 디자인무심사등록출원을 하기 전부터 이 사건 등록상표는 국내에서 피해자의 상품 출처를 표시하는 표지로 널리 인식되어 있는 주지저명상표인 점 등의 사정에 비추어 볼 때, 이 사건 등록상표의 고객흡인력 등에 편승하기 위한 의도로 피고인 사용표장을 자타상품의 출처를 표시하기 위하여 사용한 것이라고 보아, 피고인 사용표장은 상표로서 사용되었다고 판단하였다.

3. 등록디자인의 사용이 부정경쟁행위에 해당하는지 여부 및 부정경쟁방지법 제15조 제1항의 해석

부정경쟁방지법 제15조 제1항은 디자인보호법 등 다른 법률에 부정경쟁방지법 제2조 등과 다른 규정이 있는 경우에는 부정경쟁방지법의 규정을 적용하지 아니하고 다른 법률의 규정을 적용하도록 규정하고 있는바, 등록디자인을 사용한 행위에 대해서는 부정경쟁방지법의 적용이 배제되어 부정경쟁행위에 해당될 수 없는지 여부가 쟁점이 되었다.

종래 판례는 등록상표의 사용이 부정경쟁행위에 해당될 수 있는지 여부에 관하여, "상표권의 등록이 자기의 상품을 타인의 상품과 식별시킬 목적으로 한 것이 아니고 국내에서 널리 인식되어 사용되고 있는 타인의 상표와 동일 또는 유사한 상표를 사용하여 일반 수요자로 하여금 타인의 상품과 혼동을 일으키게 하여 이익을 얻을 목적으로 형식상 상표권을 취득하는 것이라면 그 상표의 등록출원 자체가 부정경쟁행위를 목적으로 하는 것으로서, 가사 권리행사의 외형을 갖추었다 하더라도 이는 상표법을 악용하거나 남용한 것이 되어 상표법에 의한 적법한 권리의 행사라고 인정할 수 없으므로 이러한 경우에는 부정경쟁방지법 제15조의 적용이 배제된다"고 보았다.[8)] 대상 판결은 디자인권의 경우에도 동일한 법리

---

7) 대법원 2000. 12. 22. 선고 2000후68 판결; 대법원 1997. 2. 14. 선고 96도1424 판결; 대법원 2008. 10. 9. 선고 2007후2834 판결; 대법원 2013. 1. 24. 선고 2011다18802 판결.

8) 대법원 1993. 1. 19. 선고 92도2054 판결; 대법원 2001. 4. 10. 선고 2000다4487 판결; 대법원 2004. 11. 11. 선고 2002다18152 판결 등.

를 적용하여 디자인의 등록출원 자체가 부정경쟁행위를 목적으로 하는 경우에는 디자인보호법에 따른 적법한 권리 행사라고 볼 수 없고, 부정경쟁방지법 제15조 제1항의 적용이 배제된다고 판단하였다.

대상사건에서 피고인과 공소외 1은 그 사용표장의 문양에 관하여 '가방지'를 대상물품으로 디자인등록을 받았다.[9] 그러나 대상판결은 공소외 1이 피고인 사용표장인 문양에 대하여 디자인등록을 받은 것은 자신의 디자인의 보호를 위한 것이라기보다는 일반 수요자로 하여금 위 문양이 사용된 상품을 피해자의 상품과 혼동을 일으키게 하여 이익을 얻을 목적으로 형식상 디자인권을 취득한 경우에 해당하여, 그 디자인의 등록출원 자체가 부정경쟁행위를 목적으로 한 것이어서 피고인 사용표장에 대한 디자인등록이 부정경쟁행위 성립에 장애가 되지 않는다고 판단하였다.[10]

Ⅲ. 대상판결의 의의

대상판결은 타인의 주지저명한 등록상표와 유사한 모방 상표를 디자인 출원등록한 뒤 이를 상품의 외관에 전체적으로 표시하는 방법으로 사용한 사안에서, 도형상표의 유사성, 상표로서 사용한 것인지 여부에 관하여 구체적 거래 실정 등을 고려하도록 하는 기존 판례 법리를 재확인하는 한편, 형식상 디자인권이 있더라도 그 등록출원 자체가 부정경쟁행위를 목적으로 하고 있다면 부정경쟁행위가 성립될 수 있다고 봄으로써 디자인권과 주지저명표지에 대한 부정경쟁행위가 충돌하는 경우의 해결 방안에 관한 법리를 최초로 제시한 판결이라는 점에 그 의의가 있다.

키워드

도형상표, 상표의 유사, 상표적 사용, 부정경쟁행위, 부정경쟁방지법 제15조 제1항

9) 디자인 출원 당시 의장법 규정에 따라 무심사등록된 것이었고, 피해자가 루이비통의 선등록디자인과 유사하다는 이유로 이의신청을 한 결과 등록취소되었다[박태일(주 3), 51].

10) 피고인과 공소외 1은 이 사건 범죄사실 이전에 그 사용표장을 구성하는 개별 도형들에 대해서도 각각 상표권등록을 받았는데, 대상판결은 이들 개별 도형들에 대한 상표권은 위 개별 도형들이 조합된 전체 형태의 피고인 사용표장에는 미치지 않으므로 위 상표권 등록 사실이 사건 등록상표에 대한 상표권침해 및 부정경쟁행위가 성립하는 데 장애가 되지 못한다고 판단하였다.

[97] 비밀유지명령

— 대법원 2015. 1. 16. 자 2014마1688 결정 —

설 범 식 (서울고등법원)

[사실 개요]

1. 재항고인(원고)은 독일에 본사를 두고 있는 제약, 화학회사 그룹이 2002년 국내에 설립한 법인으로서 액정 표시장치의 주요 구성요소인 액정(Liquid Crystal) 혼합물의 생산, 판매를 목적으로 하는 회사이다.
2. 피신청인 1(피고 1)은 1973년 설립된 화공약품 제조 및 판매업 등을 목적으로 하는 회사로서 2011년경부터 액정 혼합물을 양산하여 대기업에 납품하고 있다. 피신청인 2(피고 2)는 2004년경 재항고인에 입사하여 2006년경까지는 액정 혼합물 생산부에서 팀 리더로, 그 후부터는 설비부서에서 매니저로 근무하다가 2009년 퇴사하였다. 그 후 액정 혼합물의 원료물질을 피신청인 1에 납품하는 甲 회사에 근무하고 있다.
3. 재항고인은 피신청인 2가 재항고인의 직원으로 근무하면서 취득한 영업비밀인 작업지시서(Work Instruction) 기재 관련 정보를 피신청인 1에 공개하고, 피신청인 1은 이를 취득, 사용함으로써 재항고인의 영업비밀을 취득하였다고 주장하면서, 피신청인들을 상대로 영업비밀 침해행위의 금지와 조성물 등의 폐기, 손해배상을 청구하는 본안소송을 제기하였다.
4. 재항고인은 본안소송에서 작업지시서 발췌본을 갑호증으로 제출하면서 '작업지시서(Work Instruction) 발췌본 중 1~5면의 Work Instruction INDEX를 제외한 나머지 문서 전체'에 대하여 비밀유지명령을 신청하였다.

[판결 요지]

1. 부정경쟁방지 및 영업비밀보호에 관한 법률('부정경쟁방지법'으로 약칭) 제14조의4 제1항은, 법원은 영업비밀 침해행위로 인한 영업상 이익의 침해에 관한 소송에서 그 당사자가 보유한 영업비밀에 대하여 다른 당사자(법인인 경우에는 그 대표자), 당사자를 위하여 소송을 대리하는 자, 그 밖에 해당 소송으로 인하여 영업비밀을 알게 된 자에게 비밀유지명령을 할 수 있다고 규정하면서, 그 단서에서 "다만, 그 신청 시점까지 다른 당사자(법인인 경우에는 그 대표자), 당사자를 위하여 소송을 대리하는 자, 그 밖에 해당 소송으로 인하여 영업비밀을 알게 된 자가 제1호에 규정된 준비서면의 열람이나 증거 조사 외의 방법으로 그 영업비밀을 이미 취득하고 있는 경우에는 그러하지 아니하다."고 규정하고 있다.

2. 위 규정에 따른 비밀유지명령은 소송절차에서 공개된 영업비밀의 보호를 목적으로 하는 것으로서 소송절차와 관계없이 다른 당사자 등이 이미 취득하고 있는 영업비밀은 위와 같은 목적과는 아무런 관련이 없으므로, 영업비밀 침해소송에서 자기의 영업비밀을 다른 당사자 등이 부정하게 취득하여 사용하고 있다고 주장하면서 그 영업비밀에 대하여 한 비밀유지명령 신청은 받아들일 수 없다고 보아야 한다.

3. 영업비밀 침해소송에서 자기의 영업비밀을 다른 당사자 등이 부정하게 취득하여 사용하고 있다고 주장하면서 그 영업비밀에 대하여 한 비밀유지명령 신청은 받아들일 수 없다고 한 사례.

해설

Ⅰ. 대상판결의 쟁점

영업비밀 침해소송에서는 '영업비밀'의 존재와 침해행위에 관한 주장·증명책임이 이를 주장하는 원고에게 있다. 영업비밀 침해소송에서 침해의 금지를 구하는 경우 그 금지대상의 특정은 청구취지나 판결 주문의 특정에 해당하므로 원칙적으로 집행기관이 별도로 재량판단을 하지 않고도 이해하는 데 지장이 없도록 특정되어야 한다.[1] 다만 영업비밀을 지나치게 상세하게 특정하도록 하는 경우에는 이로 인해 원고가 주장하는 영업비밀이 공개될 우려가 있다. 이와 같이 영업비밀 침해소송에서 영업비밀의 특정이 주요한 심리 대상으로 대두된다.[2]

한편, 2011. 12. 2. 부정경쟁방지법이 개정됨에 따라, 소송절차에서 제출하는 준비서면이나 조사되는 증거에 영업비밀이 포함되어 있는 경우 이를 알게 된 당사자 등에게 소송의 목적을 넘어서 해당 영업비밀을 이용하거나 제3자에게 공개하지 말 것을 법원이 명할 수 있는 비밀유지명령 제도가 도입되었다.[3] 비밀유지명령의 발령 요건으로는 '준비서면이나 증거에 영업비밀이 포함되어 있을 것'(제14조의4 제1항 제1호)과 '영업비밀의 사용 또는 공개를

1) 정상조 편집대표, 「부정경쟁방지법 주해」, 박영사(2020), 331(백강진 집필부분).

2) 영업비밀의 특정 방법과 관련하여 대법원 2013. 8. 22. 자 2011마1624 결정은 "영업비밀 침해행위의 금지를 구하는 경우에는 법원의 심리와 상대방의 방어권 행사에 지장이 없도록 그 비밀성을 잃지 않는 한도에서 가능한 한 영업비밀을 구체적으로 특정하여야 하고, 어느 정도로 영업비밀을 특정하여야 하는지는 영업비밀로 주장된 개별 정보의 내용과 성질, 관련 분야에서 공지된 정보의 내용, 영업비밀 침해행위의 구체적 태양과 금지청구의 내용, 영업비밀 보유자와 상대상 사이의 관계 등 여러 사정을 고려하여 판단하여야 한다."고 판시하고 있다.

3) 윤태식, 「부정경쟁방지법」, 박영사(2021), 278.

제한할 필요가 있을 것'(제14조의4 제1항 제2호) 등이다. 그런데 같은 조 제1항 단서에서, "다만, 그 신청 시점까지 다른 당사자, 당사자를 위하여 소송을 대리하는 자, 그 밖에 해당 소송으로 인하여 영업비밀을 알게 된 자가 준비서면의 열람이나 증거 조사 외의 방법으로 그 영업비밀을 이미 취득하고 있는 경우에는 그러하지 아니하다."고 규정하고 있어, 이 단서의 해석상 영업비밀 침해소송에서 원고가 침해를 당하였다고 주장하는 영업비밀에 관하여 비밀유지명령을 신청할 수 있는지가 문제된다.

Ⅱ. 대상결정의 분석

1. 대상결정의 사례와 같은 사안, 즉 영업비밀 침해소송에서 원고가 자기의 영업비밀을 다른 당사자 등이 부정하게 취득하여 사용하고 있다고 주장하면서 그 영업비밀에 대하여 비밀유지명령 신청을 하는 경우 이를 받아들일 수 있는지 여부에 관하여 아래와 같은 견해가 있다.

첫째, 대상결정과 같은 견해로서 논거는 다음과 같다.[4] 비밀유지명령은 소송절차에서 개시된 영업비밀을 보호함을 목적으로 도입된 것이고, 소송절차와 관계없이 당사자가 취득한 영업비밀은 그러한 목적과는 관계없기 때문에 제외한 것이다. 자기의 영업비밀을 상대방이 부정하게 취득하여 사용하고 있다는 등의 이유로 사용의 금지나 손해배상을 구하는 사건에서, 원고의 영업비밀은 비밀유지명령의 대상이 아니다. 원고는, 소송제기 전에 피고가 이미 원고의 영업비밀을 취득하고, 또는 개시를 받았다는 것을 전제로 하여, 해당 소송을 제기하고 있는 것이기 때문이다.

둘째, 대상결정에 대한 비판적 견해로서 다음과 같은 논거를 내세운다.[5] 원고는 법원에 피고가 원고의 영업비밀을 부정취득 하였다는 사실을 심리하여 확정하여 달라는 목적으로 소를 제기하는 것이므로, 원고도 피고가 원고의 영업비밀을 부정취득하였는지 여부를 확신할 수 없다. 피고가 원고의 주장을 자인하였다면 모를까 별다른 심리도 없이 원고 주장 사실이 확정되었음을 전제로 원고의 영업비밀이 비밀유지명령의 대상이 될 수 없다고 보는 것이 본말이 전도된 것이다. 원고가 주장하는 영업비밀은 원칙적으로 비밀유지명령의 대상이 된다고 보는 것이 맞고, 예외적으로 피고가 원고의 영업비밀을 취득하였음을 자인하거나 증거 등에 의하여 이러한 사정이 인정되어야 비밀유지명령의 대상이 될 수 없다고 보아야 한다.

---

4) 전효숙, "지식재산소송절차와 비밀유지명령 제도", 「법학논집」(제17권 제2호), 이화여자대학교(2012), 46.
5) 박병민·이주연, "민사소송절차에서 비밀 보호에 관한 연구-in camera 심리절차를 중심으로-", 사법정책연구원(2022), 39~40.

셋째, 현행법의 해석론으로는 부정설이 당연하지만, 비밀유지명령의 신청인이 본안에서 영업비밀 침해를 청구원인으로 주장하는 원고인 경우 다음과 같이 위 조항의 비밀유지명령의 발령요건을 합리적으로 설정하는 것이 필요하다는 견해이다.[6] 신청인이 부정경쟁방지법 제14조의4 제1항 본문 및 각호 해당 사유를 주장·소명하면 법원으로서는 원칙적으로 비밀유지명령을 발령한다. 다만 비밀유지명령 신청 시점까지 이미 제출된 주장·증명에 비추어 이미 비밀유지명령 피신청인측이 신청인이 주장하는 영업비밀을 해당 준비서면의 열람이나 증거조사 외의 방법으로 이미 취득하고 있다고 인정되는 경우에는 비밀유지명령을 발령하지 아니한다. 이러한 예외사유에 해당하려면, '신청인이 주장하는 영업비밀을 해당 준비서면의 열람이나 증거조사 외의 방법으로 이미 취득하고 있다고 인정'되어야 한다. 즉 신청인이 원고인 경우 단순히 그가 본안의 청구원인으로 당해 영업비밀 침해 자체를 주장하고 있다는 것만으로는 부족하고, 피고 스스로 이미 그 영업비밀을 취득하고 있음을 인정하거나, 그렇지 않다고 하더라도 증거 등에 의하여 이러한 사정이 인정되어야 한다고 설정함이 타당하다.

2. 영업비밀 침해소송에서 원고는 그가 청구취지로 주장하는 영업비밀을 특정하여야 하므로 원고의 영업비밀이 소송절차를 통해 공개될 위험에 직면한다는 본질적인 문제가 있고, 영업비밀 침해를 주장하는 원고로서도 본안 소송 심리가 충분히 이루어지기 전까지는 실제로 피고가 원고의 영업비밀을 이미 취득하였는지 여부, 취득하였다고 하더라도 어느 범위까지 취득하였는지를 원고 스스로 제대로 알고 있지는 못하다는 특성이 있다.[7] 이러한 특성을 고려하면, 비밀유지명령의 발령 요건을 재설정할 필요가 있다는 견해는 원고의 영업비밀 보호를 위하여 합리적인 방안이라고 생각된다. 그런데 실무상 청구취지의 특정은 심리의 초기 단계에 진행되는 점에 비추어 관련 형사판결 등이 있는 경우를 제외하고는 그 단계에서 원고가 침해되었다고 주장하는 영업비밀이 이미 소송 외에서 상대방이 이를 취득하였음을 인정할 수 있을 정도로 증거나 자료가 제출되기는 어렵고, 결국 이를 인정할 자료가 없다고 보아 비밀유지명령을 발령할 개연성이 높다.

비밀유지명령 제도는 소송절차에서 제출되는 준비서면이나 증거에 의하여 상대방 등에게 알려지는 영업비밀을 보호함을 목적으로 도입된 것이고, 소송절차와 관계없이 당사자가 취득한 영업비밀은 그러한 목적과는 관계없기 때문에 부정경쟁방지법 제14조의4 제1항 단서에서 이를 명문으로 제외한 것으로 보인다.[8] 따라서 원고가 자기의 영업비밀을 상대방

---

6) 한국특허법학회 편, 「영업비밀보호법」, 박영사(2017), 275~276(박태일 집필부분).

7) 한국특허법학회 편(주 6), 273(박태일 집필부분)

8) 입법론적으로는 부정경쟁방지법 제14조의4 제1항 단서규정을 비밀유지명령 취소의 요건으로 규정함이 타당하다고 생각한다.

이 부정하게 취득하여 사용하고 있다는 등의 이유로 사용의 금지나 손해배상을 구하는 사건에서는 원고의 주장 자체로 피고가 이 사건 소송 절차 외에서 이미 원고의 영업비밀을 취득하였다는 것이므로, 비밀유지명령의 대상이라고 보기 어렵다. 만약 위와 같은 영업비밀에 관하여, 소송절차 중에 피고에 대하여 사용 및 공개를 금지하는 비밀유지명령을 내리게 되면, 비밀유지명령의 수명자인 상대방 등은 그 영업비밀을 해당 소송의 계속적인 수행 외의 목적으로 사용하거나 제3자에게 공개하여서는 아니 되는 의무를 지게 되어, 결과적으로 원고로서는 해당 소송에서 원고가 구하는 있는 청구를 심리에 앞서서 실현하는 것이 되고, 원고에 대하여 만족적 가처분을 초과하는 보호를 부여하는 결과가 된다. 따라서 영업비밀 침해소송에서 원고가 자기의 영업비밀을 다른 당사자 등이 부정하게 취득하여 사용하고 있다고 주장하면서 그 영업비밀에 대하여 비밀유지명령 신청을 하는 경우 이를 받아들일 수 없다고 본 대상결정은 타당하다.

이와 같은 결론에 따르면, 영업비밀 침해소송에서 원고가 해당 영업비밀을 피고가 이미 부정하게 취득하여 알고 있다고 주장하면서 침해된 영업비밀 자체에 대하여 한 비밀유지명령은 허용되지 아니하나, 침해된 영업비밀을 설명하거나 특정하기 위하여 관련된 다른 영업비밀이 포함된 준비서면이나 증거를 제출하는 경우에는 이에 대하여 비밀유지명령을 할 수 있을 것이다.

Ⅲ. 대상결정의 의의

대상결정은 부정경쟁방지법을 포함한 특허법, 상표법, 디자인보호법 및 저작권법 등 지식재산권법에 비밀유지명령제도가 도입된 이후 처음으로 비밀유지명령과 관련하여 대법원에서 판시한 결정이다. 부정경쟁방지법 제14조의4 제1항 단서에서 규정하는 "다만, 그 신청 시점까지 ~ 준비서면의 열람이나 증거 조사 외의 방법으로 그 영업비밀을 이미 취득하고 있는 경우에는 그러하지 아니하다."는 규정의 해석에 관하여 그 의미를 분명하게 선언한 결정으로서 의의가 있다. 대상결정이 있은 이후 영업비밀 침해소송에서의 영업비밀 특정과 그 과정에서 공개되는 영업비밀 보호를 위한 논의가 활발하게 이루어지고 있고, 입법론적 대안도 제시되고 있다. 대상결정은 영업비밀 침해소송에서 원고가 자기의 영업비밀을 다른 당사자 등이 부정하게 취득하여 사용하고 있다고 주장하면서 그 영업비밀에 대하여 비밀유지명령 신청을 하는 경우 이를 받아들일 수 없다고 해석한 결정으로서 의의가 있다.

키워드

비밀유지명령, 영업비밀 침해소송, 영업비밀의 특정

[98] 부정경쟁행위로 인한 손해액 추정의 일부 복멸

—대법원 2023. 6. 1. 선고 2020다238639(본소), 238646(반소) 판결—

김 기 수 (특허법원)

[사실 개요]

원고의 상호	피고의 상호
삼화기전 주식회사	삼화기업 주식회사
원고의 상표	피고의 상표
삼화 그랜드 SAMWHA GLAND	SAMWHA GLAND

1. 원고는 2015. 2. 피고와 사이에, 피고가 원고의 국내 총판대리점 역할을 수행하고, 원고로부터 제공받은 설비를 이용하거나 원고가 보유하고 있는 다수의 인증(시스템, 안전, 규격 인증 등)을 적용한 제품을 생산하여 판매하는 등의 권한을 부여하는 내용의 '위탁생산 및 공급계약'을 체결하였다가, 2016. 2. 18.자로 이 사건 위탁계약을 해지하였다.
2. 원고는 피고가 이 사건 위탁계약이 해지된 이후에도 원고와 유사한 상호를 사용하고, 원고의 인증을 무단으로 도용하고 있으며, 원고의 상표권 등 지식재산권을 침해하고 있음을 이유로 손해배상을 청구하였다(본소).
3. 이에 피고는 원고를 상대로 이 사건 위탁계약의 부당 파기 등을 원인으로 하는 손해배상을 청구하였다(반소).

[판결 요지]

1. 부정경쟁방지법 제14조의2 제2항은 부정경쟁행위로 영업상의 이익을 침해당한 자가 부정경쟁방지법 제5조에 따른 손해배상을 청구하는 경우 영업상의 이익을 침해한 자가 그 침해행위에 의하여 이익을 받은 것이 있으면 그 이익액을 영업상의 이익을 침해당한 자의 손해액으로 추정한다고 규정한다. 상표법 제110조 제3항은 상표권자 또는 전용사용권자가 상표법 제109조에 따른 손해배상을 청구하는 경우 권리를 침해한 자가 그 침해행위에 의하여 이익을 받은 경우에는 그 이익액을 상표권자 또는 전용사용권자가 받은 손해액으로 추정한다고 규정한다. 다만 침해자가 침해자 상품의 품질과 기술의 우수성, 침해

자 고유의 신용, 영업능력, 판매정책, 광고·선전 등으로 인하여 부정경쟁행위나 상표권 등 침해와 무관하게 얻은 이익이 있다는 특별한 사정이 있는 경우에는 위 각 규정에 따른 추정의 전부 또는 일부가 뒤집어질 수 있다. 추정을 뒤집기 위한 사유와 그 범위에 관해서는 침해자가 주장·증명을 해야 한다(대법원 2008. 3. 27. 선고 2005다75002 판결; 대법원 2022. 4. 28. 선고 2021다310873 판결 등 참조).

2. 피고의 연장야간근로수당을 제외한 인건비는 조업도에 따라 비례적으로 발생하는 비용이 아니라고 보아 이를 공제하지 않고 피고의 한계이익률을 산정한 다음 이를 기초로 부정경쟁방지법 제2조 제1호 (나)목의 부정경쟁행위와 이 사건 제1, 2, 5, 6, 7, 9 상표권 침해행위에 의하여 피고가 받은 이익액을 계산하여 그 이익액을 부정경쟁방지법 제14조의2 제2항과 상표법 제110조 제3항에 따라 원고의 손해액으로 일단 추정하되, 다만 그 이익액 중 70% 정도는 부정경쟁행위나 상표권 침해와 무관하게 피고의 자체적인 안전인증 보유, 기술력, 판매정책, 사후관리 노력 등으로 인하여 얻은 이익이라는 점을 피고가 증명하였다고 보아 그 추정을 일부 복멸하여, 결국 피고의 이익액에서 이를 제외한 나머지 금액을 위 각 규정에 따른 원고의 손해액으로 인정한 원심을 정당하다고 본 사례.

해설

Ⅰ. 대상판결의 쟁점

이 사건에서 본소와 관련한 원고의 청구원인은 (가)목, (나)목, (차)목[현행법상 (파)목, 이하 편의상 '(파)목'이라고 한다]의 부정경쟁행위, 9개의 상표권 침해, 실용신안권 침해, 디자인권 침해, 특허권 침해, 일반불법행위 등으로 다양했는데, 원심은 그중 (나)목과 (파)목의 부정경쟁행위 및 6개의 상표권 침해를 인정하였다. 대상판결에서는 (나)목, (파)목, 상표권 침해 쟁점에 대한 판단도 이루어졌지만, 주된 쟁점은 (나)목 및 상표권침해로 인한 손해액 산정, 특히 침해자의 이익에 의한 손해액 추정규정의 복멸과 관련된 부분인바, 이하 이에 관하여 더 자세히 살피기로 한다.

Ⅱ. 대상판결의 분석

1. 침해자의 이익에 의한 손해액 추정

부정경쟁방지법 제14조의2 제2항은 부정경쟁행위로 영업상의 이익을 침해한 자가 그 침해행위에 의하여 이익을 받은 것이 있으면 그 이익액을 영업상의 이익을 침해당한 자의 손해액으로 추정한다고 규정하고 있다.[1] 이는 부정경쟁행위로 인한 피해자의 증명책임을 경감하기 위한 규정이다. 즉, 불법행위의 요건사실인 '침해행위와 인과관계 있는 손해액'을 증명하는 대신에 이보다 증명이 용이한 '침해자가 침해행위로 얻은 이익액'을 증명함에 의하여 '침해행위와 인과관계 있는 손해액'이 증명된 것으로 추정할 수 있는 것이다. 다만, 위 규정에 의해 손해의 발생 사실까지 추정되는 것은 아니므로, 피해자는 손해의 발생 사실 내지는 영업상의 이익이 침해된 사실을 증명하여야 한다. 다만 그 증명은 권리자가 침해자와 경업관계 등에 있어 손해 발생의 염려 내지 개연성이 있음을 주장, 증명하는 정도로 충분하다.[2]

'침해자가 받은 이익'이란 침해자가 침해행위로 얻게 된 것으로, 침해자가 침해로 얻은 이익에서 침해로 말미암아 추가로 들어간 비용을 공제한 이른바 한계이익 또는 공헌이익(침해자가 침해품의 판매로 인해 이익을 얻은 경우라면 매출액에서 변동비용을 공제한 금액)으로 보는 것이 일반적이다.[3] 한편, '침해자가 받은 이익'의 내용에는 특별한 제한이 없으므로 부정경쟁행위의 모습에 따라 여러 가지 방식으로 산정될 수 있고, 반드시 침해품의 판매를 통해 얻은 이익에만 한정되지 않는다. 타인의 성과 등을 무단으로 사용하여 완제품을 제조함으로써 타인의 성과 등을 적법하게 사용한 경우에 비해 완제품 제조비용을 절감한 경우에는 비용 절감으로 인한 이익을 침해자의 이익으로 볼 수도 있다.[4]

2. 손해액 추정의 일부 복멸 가능성 및 증명책임

부정경쟁방지법 제14조의2 제2항의 침해자의 이익에 의한 손해액 추정에서, 피해자의 손해액과 침해자의 이익이 동일하지 않다는 점이 밝혀진 경우 위 추정이 어느 범위에서 복멸되는지가 문제된다. 추정이 전부 복멸된다는 견해는, '침해자의 이익'이 증명된 경우에도 침해자의 이익 중 일부가 피해자의 손해와 관련이 없는 것이라는 점을 증명하면(예컨대 침해자 이익 중 일부는 침해자 고유의 신용 및 영업능력에 의한 것으로, 침해행위가 없었더라도 그 이익을 피해자가 가져갈 수 없었을 것이라는 점에 대한 증명), 부정경쟁방지법 제14조의2 제2항의 손해액 추정 규정에 따른 사실추정이 전부 복멸되게 되고(침해자 이익 ≠ 피해자 손해), 피해자가 처음부터 본증에 의해 실제 손해액을 다시 증명해야 한다고 본다. 반면, 추정의 일부 복멸이 가능하

1) 이와 같이 침해자의 이익을 권리자의 손해로 추정하는 규정은 특허법 제128조 제4항, 디자인보호법 제115조 제3항, 상표법 제110조 제3항, 저작권법 제125조 제1항 등 다른 지식재산권 관련 법률에도 존재한다. 특허법 등 다른 지식재산권법의 침해자 이익에 의한 손해 추정 규정에 관한 해석론과 논의는, 그 성질상 차이가 있는 부분을 제외하고는, 부정경쟁방지법상 침해자 이익에 의한 손해 추정 규정과 관련된 논의에도 적용할 수 있다.
2) 대법원 2006. 10. 12. 선고 2006다1831 판결.
3) 대법원 2008. 3. 27. 선고 2005다75002 판결; 대법원 2014. 12. 24. 선고 2012다77761 판결.
4) 대법원 2022. 4. 28. 선고 2021다310873 판결.

다는 견해는, 침해자의 이익 중 일부가 피해자의 손해와 관련이 없는 것이라는 점이 증명된 경우 그와 같이 증명된 부분에 한하여 추정이 복멸되고, 나머지 부분에 대한 손해액 추정은 그대로 유효하다고 본다.[5] 대법원은 리프터 구동장치 사건[6]에서 '원고가 실제로 입은 손해가 구 부정경쟁방지법 제14조의2 제2항에 따른 추정액에 미치지 못하는 경우에는 추정의 전부 또는 일부가 뒤집어질 수 있다'고 판시하여 추정의 일부 복멸 가능성을 이론적으로 언급하기는 하였으나, 위 사건에서 실제 추정의 일부 복멸이 인정되지는 않았다. 그런데 대상판결에서는 '침해자가 침해자 상품의 품질과 기술의 우수성, 침해자 고유의 신용, 영업능력, 판매정책, 광고·선전 등으로 인하여 부정경쟁행위나 상표권 등 침해와 무관하게 얻은 이익이 있다는 특별한 사정이 있는 경우에는 위 각 규정에 따른 추정의 전부 또는 일부가 뒤집어질 수 있다. 추정을 뒤집기 위한 사유와 그 범위에 관해서는 침해자가 주장·증명을 해야 한다.'고 판시하고, 추정의 일부 복멸을 허용한 원심을 지지함으로써 추정의 일부 복멸이 가능하다는 점과 그 증명 책임을 명확하게 하였다.[7]

추정의 복멸을 위해서는, 침해자가 단순히 자신의 제품이 우수하고, 많은 광고·선전 등을 통해 침해품의 판매를 촉진시키기 위한 노력을 하였다는 점 등을 주장, 증명하는 것만으로는 부족하고, 그와 같은 침해 제품과 관련한 특별한 사정으로 인해 침해행위가 없었던 경우에도 피해자가 침해자의 이익 중 일부를 얻지 못하였을 것이라는 점까지 증명해야 한다. 이는 침해자 제품의 우수성, 영업전략, 광고·선전 등이 피해자의 것과 차별화되는 것이라는 점을 보임으로써 간접적으로 증명할 수 있다.[8] 다만, 개별적인 사건에서 추정 복멸의 정도와 관련한 침해자의 주장, 증명의 수준을 너무 높게 요구하는 것은 타당하지 않다. 침

---

5) 침해자의 이익에 의한 손해액 추정 규정의 법적 성질과 관련하여 ① 법률상의 사실추정설과 ② 잠정적 진실설, ③ 손해평가설 등이 논의되고 있는데, 그 논의의 실익은 추정의 일부 복멸을 허용할 것인지 여부에 있다고 보아 ① 법률상의 사실추정설에 의할 경우 추정의 일부 복멸이 허용되지 않고(추정의 전부 복멸), ② 잠정적 진실설, ③ 손해평가설에 의하면 추정의 일부 복멸이 허용된다고 설명하는 견해도 있으나, 법률상의 사실추정설을 채택하더라도 그 추정이 어떤 사실의 존부에 관한 것이 아니라 어떤 금액의 다과에 관한 것이라면 추정의 일부 복멸을 허용하지 않을 이유가 없다는 점에서 손해액 추정 규정의 법적 성질과 추정의 일부 복멸 가능성이 반드시 논리적으로 연결되어 있다고 보기는 어렵다[정상조, 박성수, 「특허법 주해Ⅱ」, 박영사(2010), 218, 219].

6) 대법원 2022. 4. 28. 선고 2021다310873 판결.

7) 주 5에서 살핀 바와 같이 추정의 일부 복멸 가능성과 손해액 추정 규정의 법적 성질이 논리적으로 연결된 것은 아니므로, 대상판결이 추정의 일부 복멸을 인정하였다고 하여 손해액 추정 규정의 성질에 관하여 '법률상의 사실추정설'을 배척하고, 잠정적 진실설 또는 손해평가설을 채택하였다고 말할 수는 없다[정상조, 박성수(주 5), 219].

8) 특허법원 2019. 8. 29. 선고 2018나1893 판결 참조(위 사건에서 법원은 피고의 자본, 영업능력, 상표, 기업신용, 제품의 품질, 디자인 등의 요소가 원고의 영업능력, 디자인 등과 차별화된 요소로서 침해제품 판매이익의 발생 및 증가에 기여할 소지가 없지는 않지만 크지는 않다고 보아, 위 요소들을 기여율에 다소 반영은 하되 중요하게 반영하지는 않았다).

해자가 얻은 이익 중 몇 %가 침해와 무관하게 얻은 이익인지를 정확하게 증명한다는 것은 사실상 불가능하기 때문이다. 결국 침해자가 추정의 복멸을 주장할 경우에는, 법원은 증거조사의 결과와 변론 전체의 취지를 종합하여, 침해자 상품의 품질과 기술의 우수성, 침해자 고유의 신용, 영업능력, 판매정책, 광고·선전 등으로 인하여 부정경쟁행위나 상표권 등이 침해자의 이익에 미치는 영향 및 그 정도를 재량에 의해 판단하여야 할 것이다.[9)]

Ⅲ. 대상판결의 의의

원고가 침해자의 이익 추정 규정에 따른 손해액 산정을 주장하는 사건에서, 피고가 침해자 상품의 품질과 기술의 우수성, 침해자 고유의 신용, 영업능력, 판매정책, 광고·선전 등으로 인하여 부정경쟁행위나 상표권 등 침해와 무관하게 얻은 이익이 있다는 점을 주장할 경우, 실무상 침해자의 이익 추정 규정에 의해 손해액을 산정하기 어렵다고 보아 재량에 의한 상당한 손해액 산정 규정(부정경쟁방지법 제14조의2 제5항)에 따라 손해액을 산정하는 경우가 적지 않았다. 그러나 재량에 의한 상당한 손해액 산정 규정은, 손해액에 대한 예측 가능성이 떨어지고(손해액을 법관이 자의적으로 산정하는 것이 아닌지에 대한 의심), 충분한 보상액 산정이 어렵다는 점에서 이를 원칙적인 손해액 산정 규정으로 활용하는 것이 적절하다고 보기는 어렵다. 법문상으로도 재량에 의한 상당한 손해액 산정 규정은 '손해액을 입증하기 위하여 필요한 사실을 입증하는 것이 해당 사실의 성질상 극히 곤란한 경우'에 적용하는 것으로 규정하고 있다. 그런데 대상판결은 추정의 일부 복멸을 허용함과 동시에 '추정을 뒤집기 위한 사유와 그 범위에 관해서는 침해자가 주장·증명을 해야 한다'고 명시적으로 판시하여, 침해자가 '침해행위와 무관하게 얻은 이익'과 관련한 구체적 사유 및 범위를 증명한 한도 내에서만 추정의 복멸을 허용하고, 침해자가 복멸시키지 못한 범위 내에서는 '침해자의 이익' 규정에 따른 추정이 유지될 수 있도록 하여 향후 '침해자 이익 규정'에 따른 손해액 산정의 활용도를 크게 높일 수 있는 근거를 마련하였다는 점에서 실무상 중요한 의미가 있다.

키워드

부정경쟁행위, 침해자 이익, 손해액 추정, 추정의 일부 복멸, 증명책임

---

9) 대상판결의 사안에서도 '이익액 중 70%'라는 정확한 수치가 증거에 의해서 제시된 것이 아님에도, 원심은 피고의 자체적인 안전인증 보유, 기술력, 판매정책, 사후관리 노력 등을 종합적으로 고려하여 이익액 중 70% 정도는 침해와 무관한 것으로 인정하였고, 대법원은 원심의 이와 같은 조치를 수긍하였다.

[99] 부당한 가압류에 의한 손해배상책임에서의 고의 · 과실 추정의 번복 및 책임제한

—대법원 2023. 6. 1. 선고 2020다242935 판결—

이 현 경 (대법원)

[사실 개요]

1. 원고와 피고는 모두 반도체 제조장비 전문 생산업체로, 피고 직원이었던 A 등은 원고 회사로 전직을 하면서 피고의 기술정보를 구현한 소스 프로그램 등 파일 401개를 무단으로 복사한 뒤 원고의 업무용 컴퓨터에 복사하였고, A는 그중 85개 파일의 부정사용에 관하여 유죄판결이 확정되었다.
2. 피고는 2011. 5. 6. 원고와 A 등이 피고의 영업비밀 등을 침해하였다고 주장하며 그 손해 중 일부인 50억 원의 지급을 구하는 소를 제기하였고, 제1심은 2013. 12. 6. 원고와 A에게 영업비밀 침해로 인한 손해배상으로 약 41억 원을 지급하라는 판결을 선고하였으나, 제2심은 2017. 6. 1. 원고와 A의 영업비밀 침해행위를 인정하면서도 손해배상으로 3,000만 원을 지급하라는 판결을 선고하였고, 대법원에서 2017. 11. 29. 상고기각 판결이 선고되었다.
3. 피고는 2013. 7. 16. 영업비밀 침해행위로 인한 손해배상청구권을 피보전권리로 하여 원고가 甲회사에 대하여 반도체장비 등의 거래로 인하여 가지는 물품대금채권 중 청구금액 51억 200원에 대한 채권가압류를 신청하였고, 2013. 7. 24. 가압류 결정이 내려졌으며(이하 '최초 가압류'라 한다), 2013. 12. 19. 관련 본안소송 제1심판결에 따라 최초 가압류 결정 중 청구금액 4,118,841,283원의 범위 내에서 이를 인가하고, 이를 초과하는 부분은 취소하는 결정이 내려졌다(이하 '최종 가압류'라 한다). 이후 관련 본안소송 확정 후 2017. 12. 4. 보전소송절차에서 최종적으로 가압류 취소 결정이 내려졌다.

[판결 요지]

1. 채권자가 가압류신청에서 진정한 채권액보다 지나치게 과다한 가액을 주장하여 그 가액대로 가압류 결정이 된 후 본안소송에서 피보전권리가 없는 것으로 확인된 부분의 범위 내에서는 채권자의 고의·과실이 추정된다(대법원 1999. 9. 3. 선고 98다3757 판결 등 참조). 다만 불법행위에 따른 손해배상액을 산정할 때에 손해부담의 공평을 기하기 위하여 가해자의 책임을 제한할 수 있으므로(대법원 2015. 3. 20. 선고 2012다107662 판결 등 참조), 보전처분과 본안소송에서 판단이 달라진 경위와 대상, 해당 판단 요소들의 사실적·법률적 성격, 판단의 난이도, 당사자의 인식과 검토 여부 등 관여 정도를 비롯한 여러

사정에 비추어 채권자에게 가압류 집행으로 인하여 채무자가 입은 손해의 전부를 배상하게 하는 것이 공평의 이념에 반하는 것으로 평가된다면 채권자의 손해배상책임을 제한할 수 있다.

2. 관련 본안소송에서 상당한 손해액이 인정되었다거나 영업비밀 침해로 인한 손해배상액의 산정이 어렵다는 사정만으로 집행채권자인 피고의 고의 또는 과실의 추정이 번복된다고 보기는 어렵고, 다만 여러 사정들을 종합적으로 고려하여 피고의 책임을 60%로 제한한 원심의 판단[1]을 수긍한 사례.

해설

Ⅰ. 대상판결의 쟁점

부정경쟁방지법 제14조의2는 부정경쟁행위에 의하여 영업상의 이익 침해로 인한 피해자의 손해를 법률상 추정하는 다양한 특칙을 두고 있고, 그중 영업비밀 침해로 인한 손해배상책임에서 주로 활용되는 조항은 제1항(양도수량 산정방식), 제2항(침해자이익 산정방식), 제5항(상당한 손해액 인정방식)이다. 특히 부정경쟁방지법 제14조의2 제1 내지 3항 등의 각 요건사실이 증거로 명확하게 인정되지 않은 경우 제5항을 근거조항으로 하여 손해액을 산정하면서도 양도수량 산정방식이나 침해자의 이익 산정방식에 기초하여 손해액을 인정하는 경우들이 있고, 관련 본안소송 제1, 2심에서도 부정경쟁방지법 제14조의2 제5항에 기하여 손해배상액을 산정하면서 ① 침해행위 외의 사유로 판매할 수 없었던 경우(상당인과관계), ② 한계이익률, ③ 기여율, ④ 영업비밀 보호기간 등을 고려하여 손해액을 산정한 뒤 그중 상당한 금액의 배상을 명하였다.

문제는 영업비밀 침해로 인한 손해액을 산정하는데 고려되는 위 ① 내지 ④의 요소들을 정확하게 산정하는 것이 어렵고, 부정경쟁방지법 제14조의2 제5항에 따른 상당한 손해액이 인정되는 경우가 많아 집행채권자의 입장에서도 자신의 정확한 승소금액을 예측할 수 없는 측면이 있다는 점이다. 관련 본안소송의 경우에도 제1심에서는 가압류 청구금액에 가까운 약 41억 원의 상당한 손해액이 인정되었으나 제2심에서는 그 3,000만 원의 상당한 손해액만이 인정되었다.[2]

---

1) 제1심은 영업비밀 침해로 인한 손해배상액의 산정이 어렵다는 사정 등을 들어 피고의 고의 또는 과실 추정의 번복을 인정하였다.

2) 특히 관련 본안소송 제1심과 제2심은 ① 침해행위 외의 사유로 판매할 수 없었던 경우(甲회사에 대한 판매분 중 레이저드릴링 장비 판매분의 포함 여부, 레이저스크라이빙 장비 판매분의 포함 여부에 있어

대상판결의 사안에서는 가압류채권자가 본안소송에서 승소하기는 하였으나 집행된 가압류의 청구금액과 본안소송에서 최종적으로 인용된 금액 사이에 큰 차이가 있는 이른바 '과잉 가압류'의 경우에 있어 영업비밀 침해에 따른 손해액 산정의 난이도, 법원에 의하여 상당한 손해액이 인정될 경우의 불확실성 등의 특수성을 고려하여 고의 또는 과실 추정의 번복이 보다 쉽게 인정될 수 있는지 여부, 부당 보전처분으로 인한 손해배상책임에 대하여 책임제한 법리를 적용할 수 있는지 여부가 주된 쟁점으로 되었다.

Ⅱ. 대상판결의 분석

보전처분의 집행 후 집행채권자가 본안소송에서 패소 확정된 경우 보전처분의 집행으로 인하여 채무자가 입은 손해에 대하여는 특별한 반증이 없는 한 집행채권자에게 고의 또는 과실이 있다고 추정되고, 따라서 집행채권자는 보전처분의 부당한 집행으로 인한 손해에 대하여 채무자에게 이를 배상할 책임이 있다(대법원 1992. 9. 25. 선고 92다8453 판결, 대법원 2012. 8. 23. 선고 2012다34764 판결 등)는 것이 대법원 판례의 확립된 입장이고, 이는 본안소송에서 가압류청구금액의 일부만이 인용된 이른바 '과잉 가압류'의 경우에도 마찬가지이다(대법원 1999. 9. 3. 선고 98다3757 판결). 고의 또는 과실 추정의 번복과 관련하여 대법원은 피보전권리의 존부와 관련된 사실을 오인한 경우에는 추정의 번복을 쉽게 허용하지 않고 피보전권리의 법적 해석이나 법률적 평가에 관한 오인의 경우에는 비교적 관대하게 추정의 번복을 허용하고 있는 것으로 보이나[3] 전체적으로는 특히 불합리한 것으로 보이지 않는 이상 고의·과실 추정의 번복을 쉽게 인정하고 있지는 않은 것으로 평가된다.[4]

위와 같은 대법원 판례의 입장에 따른다면 이른바 과잉 가압류에 해당하는 대상판결 사안에서 집행채권자인 피고는 원칙적으로 가압류 집행에 따른 원고의 손해를 배상할 책임이 있다. 그런데 그 집행채권이 정확한 손해액의 산정이 어려운 영업비밀 침해에 따른 손해배상채권이었다는 점,[5] 법원에서도 상당한 손해액 인정 조항에 근거하여 손해액을 산정하

서의 차이), ③ 기여율(제1심은 80% 인정한 반면 제2심은 3% 인정), ④ 영업비밀 보호기간(제1심은 제한하지 않은 반면 제2심은 피고 A의 퇴사일로부터 3년만을 인정) 판단에 있어 큰 차이가 있었다.

3) 다만 법적 해석이나 법률적 평가의 오인을 이유로 추정의 번복을 인정한 판례들은 비교적 오래전에 선고된 것들이어서 현재까지도 그와 같은 경향성이 유지되고 있는 것인지는 의문이다.

4) 편집대표 김용덕, 주석 민법 [채권각칙 6] (제5판), 한국사법행정학회(2020), 786(기우종 집필 부분).

5) 특히 영업비밀 침해로 인한 손해액을 산정하는데 고려되는 요소 중 ② 기여율은 구체적인 직접증거나 일정한 계산식에 의해 구해지는 것이 아니라 다양한 간접증거들에 의해 종합적으로 판단되는 것으로 그 산정은 단순한 사실인정에 그치는 것이 아니라 규범적 평가까지 반영되는 것으로, 대법원 2004. 6. 11. 선고 2002다18244 판결, 대법원 2019. 9. 10. 선고 2017다34981 판결 등에서 기여율 산정에 고려할 사항들에 관하여 제시하고는 있으나 추상적인 고려 요소들만이 제시되어 있을 뿐 구체적인 산식 등이

였다는 점, 관련 본안소송 제1심 법원조차 영업비밀 침해에 따른 정확한 손해액을 산정해내지 못하여 집행채권자인 피고가 산정한 손해액과 별반 차이가 없는 손해액을 인정한 바 있다는 점에서 보전처분의 부당한 집행에 관한 피고의 고의 또는 과실 추정을 번복할 여지는 없는지가 문제된 것이다.

대상판결은 그와 같은 점들을 고려하더라도 집행채권자의 고의 또는 과실의 추정은 쉽게 번복될 수 없음을 명확히 하였다. 부당한 보전처분으로 인한 손해배상책임 사건에서 집행채권자의 고의 또는 과실 추정이 번복되는지 여부는 채권자와 채무자 사이의 공평의 실현과 보전제도의 기능 유지를 어떻게 조화시킬 수 있는지의 문제라고 할 수 있는데, 부당 보전처분으로 인하여 발생한 손해는 원칙적으로 채권자가 부담하도록 하는 것이 손해의 공평한 분담과 절차상 불평등의 회복에 부합하고,[6] 보전처분의 남용을 방지[7]하고 제도의 건전한 이용을 촉진함으로써 보전제도의 기능 유지에도 긍정적인 역할을 할 수 있다는 점에서 영업비밀 침해로 인한 손해액 산정의 난이도에도 불구하고 고의·과실 추정의 번복을 인정하지 않은 대상판결의 입장은 타당해 보인다.

다만 부당 보전처분으로 인한 손해배상책임의 경우 집행채권자의 과실로 집행채무자에게 손해가 발생하였고, 집행채무자에게 달리 과실이 없거나 책임을 제한할 만한 손해의 확대 등에 기여한 부분이 없음에도 그 보전처분으로 발생한 손해 전부를 집행채권자에게 분배하는 것이 공평의 원칙상 부당해 보이는 경우가 있을 수 있는데, 대상판결의 사안이 그러한 경우에 해당하고[8] 대상판결은 이 문제를 책임제한을 통해 해결하고 있다. 명시적으로

제시된 바 없어 관련 당사자들의 입장에서 법원이 기여율을 어느 정도로 인정할 것인지에 관한 예측가능성이 부족한 것이 사실이다. ③ 영업비밀 보호기간도 마찬가지로 영업비밀침해 사건에 있어서 법원이 반드시 보호기간을 제한하여야 하는 것은 아니고(대법원 2019. 3. 14. 자 2018마7100 결정), 영업비밀 보유자의 기술정보 취득에 소요된 기간과 비용 등에 관한 사실인정을 토대로 규범적 평가를 통해 합당한 영업비밀 보호기간이 판단되는 것이므로(대법원 1998. 2. 13. 선고 97다24528 판결) 법원이 종국적으로 인정할 영업비밀 보호기간을 완벽하게 예측하기란 불가능한 측면이 있다.

6) 부당한 보전처분으로 인한 손해는 채권자의 일방적 행위에 따라 발생한 것으로 채무자는 절차적으로 불평등한 위치에 있고, 손해의 공평한 분담 측면에서도 고의·과실 추정의 번복을 엄격하게 함으로써 무과실책임에 가깝게 운영하되 과실상계, 책임제한 법리 등을 통해 구체적 타당성을 꾀할 필요가 있다고 보이며, 가집행선고부 승소판결에 의한 가집행에 관한 민사소송법 제215조 제2항과의 균형에 비추어 보아도 고의·과실 추정의 번복은 엄격하게 할 필요가 있다고 생각된다.

7) 특히 지식재산권 침해로 인한 손해배상청구권을 피보전채권으로 한 보전처분의 경우 단순히 집행채무자의 재산권 행사를 제한하는 것에 그치지 않고 시장에서 집행채무자의 신용도를 훼손하는 등의 부수적 효과로 인하여 시장에서 경쟁업체를 도태시키기 위한 전략으로 남용될 가능성도 없지 않으며, 이 사건 가압류와 같은 채권가압류의 경우 집행채무자의 현금 유동성 악화에 따른 여러 부수적인 효과(신용평가 하락, 추가 대출에 따른 이자 부담 등)를 발생시키기도 한다.

8) 대상판결 사안의 경우 관련 본안소송이 제기된 때로부터 상고심에서 확정되기까지 오랜 시간이 소요됨(피고는 2011년 5월경 관련 본안소송을 제기하였고 가압류는 2017. 12. 4. 최종 취소됨)으로써 손해가 확대된 측면이 있고, 상고심에서 최종적으로 확정된 손해액의 약 136배에 달하는 금액이 제1심에서 손

책임제한 법리에 근거하여 부당한 보전처분으로 인한 손해배상액을 감경한 대법원 선례는 없었던 것으로 보이나 책임제한 법리는 불법행위로 인한 손해배상책임 전반에 걸쳐 일반적으로 적용가능하므로 책임제한을 통해 손해의 공평한 분담을 모색한 대상판결의 취지를 충분히 이해할 수 있다.

Ⅲ. 대상판결의 의의

대상판결은 영업비밀 침해로 인한 손해배상채권을 집행채권으로 하여 가압류집행을 하였으나 본안소송에서 가압류 청구금액의 일부만이 인용된 경우 영업비밀 침해로 인한 손해액의 산정이 쉽지 않고 실제로 부정경쟁방지법 제14조의2 제5항에 근거하여 상당한 손해액이 인정된 사정이 있다고 하더라도 부당한 보전처분에 관한 집행채권자의 고의 또는 과실은 추정되지 않으며, 다만 집행채권자에게 가압류 집행으로 인하여 집행채무자가 입은 손해의 전부를 배상하게 하는 것이 공평의 이념에 반하는 것으로 평가된다면 집행채권자의 손해배상책임을 제한할 수 있음을 인정한 사례로서 의의가 있다.

키워드

부당한 보전처분, 고의·과실 추정의 번복, 책임제한

해액으로 인정됨으로써 피고가 이 사건 가압류를 상고심 판결 시까지 유지하게 하는 계기로 작용했을 여지도 있어 보인다[피고의 부당 가압류로 인하여 발생한 원고의 재산상 손해액(제3채무자인 A회사가 집행공탁한 금액에 대한 지연이자) 약 8억 7,000만 원 중 관련 본안소송 제1심 이후 발생한 금액이 7억 7,000만 원에 이른다].

[100] 영업비밀 침해와 업무상배임죄

—헌법재판소 2019. 12. 27. 선고 2017헌가18 전원재판부 결정—

진 주 (수원고등법원)

[사실 개요]

1. 당해 사건의 피고인은 피해자 회사에서 부공장장으로 근무한 사람으로, 피해자 회사 사무실에서 다이아몬드 공구제작용 기계설비 도면 파일이 저장되어 있는 피고인 소유의 노트북 1대를 들고 나오는 방법으로 위 도면 파일을 유출한 후, 위 도면 파일을 이용해 피해자 회사에서 개발, 생산하였던 것과 유사한 기계설비를 생산, 판매하였다는 혐의로 업무상배임으로 기소되었다.
2. 제1심법원은 피고인은 피해자 회사의 기술상, 경영상 자료를 임의로 외부에 유출하거나 사용하지 않고, 퇴사시에는 불특정 다수에게 공개되지 않은 영업상 중요 자산 자료를 반납하거나 폐기할 업무상 임무가 있음에도, 위 공소사실 기재와 같이 업무상 임무에 위배하여 피해자 회사의 중요 자료들을 반출하거나, 반환 또는 폐기하지 않고 이를 이용하여 액수 미상의 재산상 이익을 취득하고 피해자 회사에 동액 상당 손해를 가하였다고 판단하여 징역 8월, 집행유예 2년을 선고하였다.
2. 이에 대하여 피고인이 항소하였는데, 항소심 법원은 직권으로 "업무상배임죄를 처벌하도록 규정한 형법 제356조 중 제355조 제2항에 관한 부분이 구 부정경쟁방지법(2007. 12. 21. 법률 제8767호로 개정되고, 2013. 7. 30. 법률 제11963호로 개정되기 전의 것, 이하 '구 부정경쟁방지법'이라 한다)상 영업비밀에 해당하지 않는 영업상 주요자산인 정보를 유출한 경우까지 처벌하는 것은 근로자의 직업선택의 자유 및 영업의 자유를 침해한다."는 이유로 위헌법률심판을 제청하였다.

[결정 요지]

1. 심판대상조항은 업무상 신임관계의 배반 및 그로 인한 재산상 손해 방지를 위한 것으로서 그러한 입법목적은 정당하고, 업무상 신임관계를 침해한 경우 형사처벌하는 것은 위와 같은 입법목적 달성에 기여할 수 있으므로 수단의 적합성 또한 인정된다.

2. 구 부정경쟁방지법 제2조 제2호의 영업비밀은 그 범위가 매우 한정적이고, 법원은 영업비밀의 범위를 법문보다도 엄격하게 제한하여 해석하고 있는 점에 비추어 보면, 영업비밀에 해당하는 정보를 유출한 경우에만 업무상배임죄로 처벌할 수 있다고 한다면 심판대상조항의 입법목적을 달성하기에 부족하다.

3. 한편 대법원은 기업의 자료를 유출하였다는 사정만으로 업무상배임죄의 성립을 인정하는 것이 아니라, 불특정 다수의 사람에게 공개되지 않았고, 사용자가 상당한 시간, 노력

및 비용을 들여 제작한 설계도면 등을 담은 컴퓨터 파일과 같은 것에 한하여 영업상 주요한 자산에 해당한다고 보고 그 경우에만 업무상배임죄를 구성한다고 하여 영업상 주요 자산의 범위를 한정하고 있으므로, 근로자에 대한 형사처벌의 범위가 지나치게 확대된다고 보기도 어렵다.

4. 따라서 심판대상조항이 과잉금지원칙을 위반하여 근로자의 직업수행의 자유를 침해한다고 볼 수 없다.

해설

Ⅰ. 대상결정의 쟁점

우리 형사실무는 회사의 임직원이 업무 과정에서 보관 중이던 자료 등을 반출하거나 경쟁사에 제공한 경우 업무상배임죄를 널리 적용하고 있다.[1)2)] 회사의 자료가 영업비밀에 해당하지 않아 이를 유출한 행위가 부정경쟁방지법상 형사처벌 대상에 해당하지 않더라도, '영업상 주요한 자산'에 해당하면 업무상배임죄의 적용 대상이 된다.

판례의 이러한 태도에 대하여 이전부터 여러 비판이 있었다.[3)] 가령 법원이 비밀관리성 요건을 엄격하게 해석한 결과로 부정경쟁방지법의 영역에서 해결하여야 할 분쟁유형을 부정경쟁방지법의 외적 영역에서 떼어놓은 후 아무런 근거 없이 대상법리를 정립하고 있다는 비판,[4)] 비밀유지가 되지 않은 자료를 영업상 주요한 자산이라는 개념으로 평가해 배임죄를 인정하는 것은 적절치 아니하고 배임의 고의를 인정하기도 어렵다는 비판[5)] 등이 있다. 이 사건에서는 위 비판적 견해들과 같은 견지에서, 영업비밀에 해당하지 않는 영업상 주요자

1) 2015. 1. 1.부터 2016. 12. 31.까지 영업비밀 침해가 문제된 형사 사건을 피고인별로 집계하면 총 636건/명이다. 피고인 1인에 대해 죄목이 2개 이상인 경우 중복으로 집계하여 산정한 결과, 부정경쟁방지법 위반으로 기소된 사건은 443건이고, 업무상배임으로 기소된 사건은 369건이다[법무법인 다래, 부정경쟁방지법 관련 국내 판결문 분석 연구 : 최종보고서, 특허청 산업재산보호정책과(2017), 105].

2) 2017. 1. 1.부터 2019. 12. 31.까지 영업상 주요한 자산 침해로 업무상배임으로 기소된 피고인은 543명이고, 그중 업무상배임과 부정경쟁방지법 위반의 경합범으로 기소된 피고인은 362명이다[법무법인 다움, 부정경쟁방지 및 영업비밀보호에 관한 법률 판결문 분석연구(2017~2019), 특허청 산업재산보호정책과(2020), 139~140].

3) 정유나, "영업비밀보호에 관한 형사법적 보호방안 : 부정경쟁방지법을 중심으로", 「법학논총」 제43권 제2호, 전남대학교 법학연구소(2023), 136.

4) 김동진, "퇴직근로자의 정보사용과 업무상배임죄－영업비밀분쟁에 관한 새로운 해결방법", 「법조」 제657호, 법조협회(2011), 174.

5) 안경옥, "퇴사한 직원들의 기술자료 반출행위와 배임죄 성부－영업상 주요한 자산의 개념을 중심으로", 「법학논집」 제36권 제2호, 단국대학교 법학연구소(2012), 382.

산을 유출한 경우 업무상배임죄로 처벌함이 타당한지가 헌법적 측면에서 문제된 것이다.

Ⅱ. 대상결정의 분석

1. 부정경쟁방지법상 영업비밀과 비밀관리성 요건의 엄격 해석

부정경쟁방지법상 영업비밀에 해당하기 위해서는 ① 비공지성, ② 독립된 경제적 가치성, ③ 비밀관리성 요건을 충족하여야 한다. 이 중 비밀관리성 요건 입증부족이 실무상 영업비밀 침해죄의 무죄 사유 중 다수를 차지하고 있는데,[6] 그로 인해 비밀 유지·관리에 상대적으로 미숙한 중소기업이 영업비밀을 보호받기가 지나치게 어렵다는 지적이 있어 왔다.[7] 이러한 논의를 반영하여, 2015. 1. 28. 법률 제13081호로 개정된 부정경쟁방지법 제2조 제2호는 영업비밀로 보호되기 위하여 필요한 비밀 유지·관리 수준을 종래 요구하던 '상당한 노력'에서 '합리적인 노력'으로 완화하였고, 2019. 1. 8. 법률 제16024호로 개정된 부정경쟁방지법 제2조 제2호는 '합리적인 노력'도 삭제하고 '비밀로 관리된'만을 요구하는 방식으로 개정되어 영업비밀의 인정요건을 더욱 완화하였다.

이 사건에는 2015년 개정 전 구 부정경쟁방지법이 적용되므로 영업비밀에 해당하려면 '상당한 노력'에 해당하는 비밀 유지·관리 수준이 요구된다. 법원은 "상당한 노력에 의하여 비밀로 유지된다는 것은 그 정보가 비밀이라고 인식될 수 있는 표지를 하거나 고지를 하고, 그 정보에 접근할 수 있는 대상자나 접근방법을 제한하거나 그 정보에 접근한 자에게 비밀준수의무를 부과하는 등 객관적으로 그 정보가 비밀로 유지·관리되고 있다는 사실이 인식가능한 상태인 것을 말한다"고 하여(대법원 2008. 7. 10. 선고 2008도3435 판결), 해당 요건을 엄격하게 해석하고 있다. 이에 이 헌법재판소 결정은 법원의 엄격한 해석을 근거로 들며, 구 부정경쟁방지법상 영업비밀에 해당하는 정보를 유출한 경우에만 형사처벌이 가능하다고 하면 기업의 기술재산 보호라는 입법목적을 달성하기에 부족하다고 보았다.

한편 2015년 개정으로 '상당한 노력'이 '합리적 노력'으로 개정되었음에도 불구하고, 판단 기준의 차이를 인정하지 않은 전제에서 판시한 판결례(상당한 노력과 합리적 노력은 동일하거나 별 차이가 없다고 설시하거나, 기존의 상당한 노력의 의미에 관하여 대법원 판례를 그대로 설시하면서 판시한 경우)가 다수인 것으로 보인다.[8] '합리적 노력' 문구까지 사라진 현행 부정경쟁방지법에서의 비밀관리성 요건의 의미에 관하여 판단한 사례는 아직 많지 않다. 개정 부정경쟁방지법상 영업비밀 정의규정의 문언과 그 개정 취지에 비추어 보면, 비밀관리성 요건에 대한

6) 법무법인 다움(주 2), 146.
7) 윤태식, 「부정경쟁방지법」, 박영사(2021), 331~332.
8) 법무법인 다움(주 2), 19.

지나친 엄격 해석은 지양하고, 부정경쟁방지법의 보호 범위를 그 입법 취지에 맞게 넓히는 것이 바람직하다고 생각한다. 그와 같은 해석 방법이 정착된다면, 이 헌법재판소 결정의 '영업비밀에 대한 법원의 엄격한 해석' 논거에 영향을 미치는 만큼, 비밀관리성 등이 부정되어 영업비밀에 해당하지 않는 자료를 업무상배임죄의 적용대상에 포함시키는 것이 형사법원칙상 타당한지 다시 한번 검토할 필요도 있을 것으로 보인다.

2. '영업상 주요한 자산'의 의미

대법원은 2005. 7. 14. 선고 2004도7962 판결에서 최초로 '영업상 주요한 자산'이라는 개념을 도입한 이후, "회사 직원이 경쟁업체 또는 스스로의 이익을 위하여 이용할 의사로 무단으로 자료를 반출한 행위를 업무상배임죄로 의율함에 있어서는, 그 자료가 반드시 영업비밀에 해당할 필요까지는 없다고 하더라도, 적어도 그 자료가 불특정 다수인에게 공개되어 있지 않아 보유자를 통하지 아니하고는 이를 통상 입수할 수 없고, 그 자료의 보유자가 자료의 취득이나 개발을 위해 상당한 시간, 노력 및 비용을 들인 것으로 그 자료의 사용을 통해 경쟁자에 대하여 경쟁상의 이익을 얻을 수 있는 정도의 영업상 주요한 자산에는 해당할 것을 요한다."는 입장을 유지하고 있다(대법원 2011. 6. 30. 선고 2009도3915 판결 등 참조). 위 판시상, 영업상 주요한 자산에 해당하기 위하여서는 ① 비공지성과 ② 경제적 유용성이 요구된다.[9] 이 헌법재판소 결정은 이처럼 영업상 주요한 자산의 범위가 제한되고 있으므로, 영업상 주요한 자산에 해당하는 정보 유출 행위를 업무상배임으로 규율하더라도 형사처벌의 범위가 부당히 넓어진다고 볼 수 없다고 판단하였다.

그러나 '영업상 주요한 자산'의 개념이 다소 모호하다는 지적도 있다.[10] 대법원이 부정경쟁방지법상 영업비밀에 해당하지 않는 영업상 주요한 자산이라는 법리를 개발하여 형사처벌 범위를 넓히는 해석을 하고 있는 만큼, 영업상 주요한 자산의 개념은 가능한 한 구체적이고 명확하게 설정되어야 죄형법정주의에 부합할 것이다. 대법원은 2022. 6. 30. 선고 2018도4794 판결에서 "비밀유지조치를 취하지 아니한 채 판매 등으로 공지된 제품의 경우, 역설계를 통한 정보의 획득이 가능하다는 사정만으로 그 정보가 불특정 다수인에게 공개된 것으로 단정할 수 없으나, 상당한 시간과 노력 및 비용을 들이지 않고도 통상적인 역설계 등의 방법으로 쉽게 입수 가능한 상태에 있는 정보라면 보유자를 통하지 아니하고서는 통상 입수할 수 없는 정보에 해당한다고 보기 어려우므로 영업상 주요한 자산에 해당하지 않는다."고 판시하여 영업상 주요한 자산의 요건인 '비공지성' 요건을 더욱 구체화하였다.

---

9) 김종석, "업무상배임죄에 있어서의 영업상 주요한 자산의 의미(2011. 6. 30. 선고 2009도3915 판결 : 공 2011하, 1549)", 「대법원판례해설」 제88호, 법원도서관(2011), 520.

10) 김종석(주 9), 530.

한편, 위 2022년 판결에서는 통상적인 역설계로 정보의 취득이 가능했다는 사실 등에 더하여, 피해자 회사가 해당 자료에 대해 직원들과 비밀유지약정을 체결하지 않는 등 비밀관리 조치를 취하지 아니한 사실도 근거로 삼아 영업상 주요한 자산에 해당하지 않는다고 판단하였다. 이로 미루어 보건대, 영업상 주요한 자산의 '비공지성' 요건은 영업비밀의 '비밀관리성' 요건으로부터 자유롭지는 않다. 영업상 주요한 자산의 법리는 구 부정경쟁방지법상 '상당한 노력'에 의한 비밀관리가 필요하였던 때에 등장한 법리로, 그와 같은 정도의 비밀관리 조치는 없었더라도 일정한 정도의 비밀유지·관리로 비공지성이 인정된다면 형법에 의한 보호를 인정하는 것이라고 보인다. 특히 제품 판매 등의 이유로 어느 정도의 공개가 불가피한 정보 등 철저하게 비밀로 관리할 수 없는 경우라도 보호의 필요성이 있는 경우가 있으므로, 이에 대해서는 역설계의 용이성 등을 기준으로 보호 범위를 확정한 것이다.

Ⅲ. 대상결정의 의의

이 헌법재판소 결정은 구 부정경쟁방지법상 '영업비밀'에 해당하지 않는 경우에도 '영업상 주요한 자산'에 해당한다면 업무상배임죄의 대상이 될 수 있다는 기존 대법원 판례의 해석론을 유지하여, 업무상배임에 대해 규정한 형법 제356조 중 형법 제355조 제2항에 관한 부분이 과잉금지원칙에 위배하여 직업의 자유를 침해하지 않는다고 밝혔다. 이 헌법재판소 결정에 따라 앞으로도 형사실무에서 회사 임직원의 회사 자료 무단 반출 사안에 대해 구 부정경쟁방지법위반죄와 업무상배임죄가 널리 경합하여 적용될 것으로 예상된다.

한편, 2019년 부정경쟁방지법 개정에 따라 영업비밀의 비밀관리성 요건과 관련하여 '합리적 노력' 문구가 삭제되었고, 영업비밀 침해행위에 대한 법정형이 대폭 상향되어 업무상배임죄보다 높아지게 되었다(특히 벌금형이 행위태양에 따라 5억 원 내지 15억 원 이하로 설정되어 3천만 원 이하의 벌금을 정한 업무상배임죄의 법정형과 큰 차이가 발생하였다). 따라서 개정된 신법이 적용되는 사안에서는 부정경쟁방지법상 영업비밀침해죄와 업무상배임죄 중 어떤 법조를 적용할 것인지에 대한 보다 깊은 고려가 필요할 것이고, 개정 취지에 따른 부정경쟁방지법의 보다 폭넓은 적용이 기대된다.

키워드

영업비밀 침해, 업무상배임, 비밀관리성, 영업상 주요한 자산

대상판례색인

사항색인

부정경쟁방지법 판례백선

초판발행 2024년 1월 5일

지은이 법원 지적재산권법연구회/사단법인 한국특허법학회
펴낸이 안종만·안상준

편 집 심성보
기획/마케팅 조성호
표지디자인 벤스토리
제 작 우인도·고철민·조영환

펴낸곳 (주) 박영사
서울특별시 금천구 가산디지털2로 53, 210호(가산동, 한라시그마밸리)
등록 1959. 3. 11. 제300-1959-1호(倫)
전 화 02)733-6771
f a x 02)736-4818
e-mail pys@pybook.co.kr
homepage www.pybook.co.kr
ISBN 979-11-303-4606-9 93360

정 가 35,000원